Theodor Storm

Sämtliche Werke

Band 7

Theodor Storm

Sämtliche Werke
Band 7

ISBN/EAN: 9783743321922

Hergestellt in Europa, USA, Kanada, Australien, Japan

Cover: Foto ©Andreas Hilbeck / pixelio.de

Manufactured and distributed by brebook publishing software (www.brebook.com)

Theodor Storm

Sämtliche Werke

Braunschweig.

Verlag von George Westermann.

1898.

Inhalt

des siebenten Bandes.

... (85/86) ....
...) ....
... (1888) ....
...enators (1879/80) ....

―――――――

... ruck ist untersagt. — Alle Rechte vorbehalten.

Druck von George Westermann in Braunschweig

Bötjer Basch.

In der Süderstraße meiner Vaterstadt, dem Gäßchen gegen=
über, das nach dem St. Jürgenskirchhof und über diesen an
dem Stift entlang nach der Norderstraße führt, stand seit
Anfang des 17. Jahrhunderts ein kleines Haus, über dessen
Eingangsthür sich ein in Sandstein ausgehauenes Bild be=
fand: ein Mann in einem Schifflein, zu dem durch hohe
Wellen der Tod geschwommen war und schon den Mann
zu sich ins Meer hinabriß; darunter stand: „Up Land un
See." Es hieß, ein Steinhauer habe derzeit sich das Haus
gebaut und zum Gedächtniß seines Vaters, der als kleiner
Schiffer zwischen den Inseln gefahren war und dabei im
Sturme seinen Tod gefunden hatte, dieses Epitaphium an=
gefertigt.

Im dritten Jahrzehnte unseres Jahrhunderts, nachdem
die derzeitige alte Inhaberin gestorben war, sah man mehr=
fach einen untersetzten Mann, Alltags mit einem Schurzfell,
Sonntags in langem blauem Tuchrock und Stulpstiefeln,
davor stehen bleiben und allmählich unter den kleinen Lin=
denbaum treten, dessen lang und schmal geschorene Krone
sich zwischen dem Bilde und dem Giebelfenster streckte. Nach=
dem seine blaßblauen Augen wieder eines Tages an dem
Steinbilde gehaftet hatten, griff er an die Thürklinke, um
ins Haus zu treten: aber es war verschlossen; durch die

Butzenscheiben des Thürfensters sah er auf einen langen schmalen Flur und durch einen offenen Eingang am Ende desselben in ein weites leeres Zimmer, in das von der Hofseite her die Mittagssonne schien. Langsam kehrte der Mann sich ab und schritt die Süderstraße hinunter bis auf den Markt, wo er die Steintreppe zum Rathhaus hinaufstieg.

Dieser kleine Mann war der Böttcher oder auf Plattdeutsch der Bötjer Daniel Basch, eine grüblerische Natur, bei alledem aber kein übler Handwerksmeister. Vier Wochen später hatte er das alte Haus im gerichtlichen Aufgebot gekauft und hielt mit einem alten Gesellen und einer noch älteren Schwester seinen Einzug in dasselbe; bald hingen bunte Zitzgardinen vor dem Fenster der unteren Stube, und zwischen den Geranien- und Resedatöpfen, die auf der Fensterbank standen, schaute das gutmüthige Gesicht der alten Jungfer Salome auf die Gasse, wenn an den Markttagen alle die Wagen von den Dörfern in die Stadt hineinfuhren; im Pesel aber — so heißt in den alten Häusern der hintere Saal — war die Böttcherwerkstatt, und draußen vom Hofe klang es Tag für Tag: „Band, halte fest, halt fest!" und die Schlägel klappten und die leeren Fässer tönten.

So mochte wohl etwa fünf Jahre die alte Schwester in ihrem Schlafstübchen oben von der Wirthschaftsarbeit geruht und in dem Giebelfenster ihre Ableger für das untere Blumenfenster gezogen haben, als sie eines Tages zu ihrem Bruder sprach: „Daniel, du bist erst fünfzig; ich aber, eure Älteste, habe bald die Siebenzig; ich kann nicht mehr die schweren Wassereimer schleppen, und das viele Kartoffelschälen vertrag ich auch nicht mehr."

Daniel Basch, der im Schurzfell vor ihr stand, wurde ganz bestürzt. „Hmm," sagte er, „wie meinst du? Eine Magd? Es ist schon richtig, etwas wackelig wirst du aussehen!" Und er betrachtete sorgvoll das gute runzelvolle Angesicht; zugleich aber hub er im Stillen an zu rechnen, ob das Handwerk es wohl abwerfen möge, zu der Alten noch eine junge Magd ins Haus zu nehmen.

"Nein, Daniel," sagte die Schwester lächelnd, "laß nur das Calculiren: die alte Franke Michels in St. Jürgen ist gestorben, ihre Kammer ist leer, und die Herren werden mich wohl hineinnehmen, wenn ich bitte; wir sind ja Meisterkinder aus der Stadt hier."

Daniel nickte; das Stift war nur durch ein kurzes Gäßchen von seinem Hause getrennt, es gab gute Kost dort, besser als in den gewöhnlichen Bürgerhäusern. Er drückte seiner alten Salome die Hand: "Halt, Schwester!" rief er. "Sprich nicht mehr! Sprich nicht mehr! Ich muß einen Gang thun"; — ein Strahl wie von unglaublicher Glückeshoffnung flog durch seine blaßblauen Augen — "ei, sei so gut und hol mir meinen Tuchrock und die Stulpstiefeln!" Er fühlte mit der Hand nach seinem Kinn; der Bart stand schon drei Tage; er nickte wieder, Meister Daniel wußte, was er wollte. Nun half seine Schwester ihm in den langen blauen Staatsrock; die Stiefel hatte er schon angezogen; nur noch den hohen Seidenhut und das Bambusrohr zur Hand, dann schritt er zuerst schrägüber zum Meister Bartscher und, als er bald glattrasirt herauskam, mit etwas langsameren Schritten durch die Krämerstraße nach der Schiffbrücke und dort in das Haus des alten Hafenmeisters Peters, mit dessen jüngerem Bruder er einst, wie gebräuchlich, die unterste Classe der Gelehrtenschule besucht hatte. Als er in das Zimmer trat — die Nachmittagssonne schien herein, und der Canarienvogel, der unter den Blumen am Fenster stand, sang eben aus allen Kräften — erhoben sich drei Jungfrauen mit ihrem Nähzeug von den Stühlen; das waren die Töchter des Hafenmeisters: Mine, Stine und Line, von vierzig, neununddreißig und siebenunddreißig Jahren; sie waren alle brave Mädchen, aber die braune Line war doch die bravste: sanft, wirthschaftlich und von gutem Menschenverstande, dabei ein wenig schelmisch. Und der Meister Daniel schaute sie an, und die Braune lächelte dabei recht hübsch; „Mamsell Linchen," sagte Daniel, „könnte ich ein Wort mit Ihrem Vater reden?" Und Linchen wurde dunkelroth und schoß hinaus, um ihren Vater aufzusuchen.

Eine Stunde später — im Böttcherhause hatte der Gesell die Jungfer Salome schon zweimal nach dem Meister gefragt — trat dieser durch die Hausthür, als die Jungfer Salome eben aus der Küche in den Flur kam. Er winkte ihr schweigend mit gekrümmtem Finger in die Wohnstube. Als sie dort waren, hob der kleine Meister seinen hohen Hut vom Haupte: „So," sagte er, „Schwester, nun sprich nur, sprich nur weiter!"

Aber die Schwester sah ihn ganz verwundert an: „Was hast du, Daniel?" frug sie; „an jedem Haar hängt dir ein Schweißtropf, und ist doch kalt Novemberwetter; und deine Augen — — warum freust du dich so? Haben wir das große Loos gewonnen?"

„Ja, Salome, so etwas von der Art; oder vielleicht, ich gewinne es noch später, denn Line Peters ist, denk ich, eine sichere Nummer!"

„Was hast du mit Line Peters, Daniel?"

„Ruf erst den Gesellen!" sagte Daniel.

Und als der Gesell gekommen, da wurde es in der Familie offenbart, Meister Daniel und Line Peters wollten ein Ehepaar werden; und die beiden alten Geschwister fielen sich um den Hals und weinten vor Freuden über den jungen Bräutigam. „Und nun sprich nur weiter, Salome!" sagte dieser.

„Ich hab ja weiter nichts zu sprechen, Daniel," erwiderte die Alte lachend; „ich will ins Stift; setz dich nun hin und schreib mir die Bittschrift an die Vorsteher! Du bist nun gut berathen!" — — Und noch war es nicht Weihnachten, da saß die alte Schwester in Franke Michels

Stube in St. Jürgen und Lina Peters als Frau Meisterin hinter den Blumentöpfen in dem Böttcherhause. Die erste That aber, welche Meister Daniel als junger Ehemann in den Flitterwochen vollbrachte, war, daß er mit einem Eimer voll Mörtel, die Kelle in der Hand, auf einer Leiter zu dem Todtenbild über seiner Hausthür hinaufstieg und eine glatte Mörtelfläche sanft darüber legte. „Das paßt nicht mehr!" sagte er bei sich selber; „nein, es paßt nicht mehr!" und damit machte er den letzten Strich daran. Dann stieg er von seiner Leiter; und nach acht Tagen, da es wohl ge= trocknet war, mußte der Gesell den alten Maler Hermes holen, der die schönen Nelken und Vergißmeinnicht für die Stammbücher machte; nun stieg dieser auf die Leiter und malte die schönste rothe Provinzrose mit zwei grünen Blät= tern auf die graue Fläche. „Schön," sagte Meister Daniel, der betrachtend in seinem Schurzfell neben der Leiter stand; „dann nun noch ein kleines Knöspchen dabei, aber nicht zu groß!" Und als auch das geschehen war, da trabte er in das Haus und holte seine kleine schmucke Frau. „Nun guck einmal!" sagte er und wies auf das neue Kunstwerk, „und weißt du, wie die Rose heißt?" Das wußte die junge Frau nicht; da sprach er: „Die Rose heißt Line Basch!" — „Ach was!" rief sie und lief ganz roth ins Haus zurück, und Meister Daniel freute sich und lief ihr nach.

*   *
*

Und es dauerte gar nicht so lange, da hatte Meister Daniel zu der Rose auch schon die Rosenknospe unter seinem Dach, und das war ein kleiner Bube, der immer größer wurde und aus dem allmählich ein ganz verteufelter Junge aufstand. Noch hatte er seinen sechsten Geburtstag nicht gefeiert, als Fritz Basch schon in der ganzen Straße bekannt war; so gern seine Mutter ihn hochdeutsch aufziehen wollte,

am liebsten sprach er doch plattdeutsch, vorzüglich mit den
Thieren, die er alle in ihren schönen alten Versen anzu=
singen wußte. Fand er im Sommer eine von den hübschen
bunten Gartenschnecken, so guckte er sie mit seinen großen
braunen Augen an und sang:

> „Tinkeltut,
> Komm herut,
> Stäk din Fi=fat=Hörens ut!"

Streckte der Schneck dann aber seine zarten Fühler ihm
entgegen, so tippte er mit seinem kleinen Finger darauf und
rief: „Lat bi nich narren, Dummbart; bliev to Huus!" und
warf das Thierchen in den Zaun. Flog dann ein gelber
Citronenfalter oder gar ein Pfauenauge durch den Garten,
dann flog er hinterdrein:

> „Sommervagel sett di!
> Näs un Ohren blött di!"

und je länger er hinter dem Schmetterling laufen mußte,
desto lauter und zorniger wurde sein Gesang; schrie er sei=
nen Sommervagelspruch gar zu arg, dann flog auch wohl
die Mutter in den Garten: „Fritze, um Gottes willen, was
giebt es denn?" Dann ließ er die Ärmchen hängen und
sah halb verschämt, halb schelmisch zu ihr auf: „De Dumm=
bart wull sick ock nich eenmal setten!" und dabei wies er
auf den Schmetterling, der eben nach dem Nachbargarten
hinübergaukelte. Die Mutter faßte ihrem Jungen lachend
in seinen braunen Haarpull und küßte ihn ab; dann lief sie
mit ihm nach dem Weidenzaun unten im Garten und schnitt
mit dem Küchenmesser, das sie beim Herauslaufen in der
Hand behalten hatte, ein paar frische Zweige ab: „Da hast
du ein ander Spielwerk! Nun mach dir eine Wiechelflöte!"
Sie putzte und kerbte ihm noch das Weidenstöcklein, und
nun saß Fritz wieder lustig auf der Bank unter dem großen

Birnbaum, klopfte wacker mit dem Messerstiel darauf, damit er das innere weiße Stöcklein aus der Rinde ziehen könne, und sang:
"Fabian, Sebastian!
Lat de Saft ut Holt rut gan!"
und das so lange, bis die Flöte fertig war.

Aber er machte auch selber Verse: eines Sonntagnachmittags kam die alte Jungfer Basch aus ihrem Stifte zum Kaffee auf Besuch, und auf ihrem grauen Scheitel saß eine schimmernd weiße Haube mit Rosataffetbändern. Die stach dem Jungen so in die Augen, daß er nur immer auf die Haube guckte. "Sag Tante Salome doch guten Tag!" ermahnte ihn Frau Line. "Tag, Tante!" sagte er und sah immer nur nach der weißen Haube mit den rothen Bändern; auch als er danach auf einem Schemel in der Ecke saß, während Vater und Mutter sich mit der Schwester am Kaffeetisch vergnügten. Bald aber fing er an zu murmeln, und seine lustigen Augen lachten wie über einen Schelmstreich. "Wat hett de Jung?" sagte die Alte, die auch gern plattdeutsch sprach.

"Was hast du, mein Junge?" übersetzte Frau Line, indem sie sich zu ihm wandte.

"Dörf ick nich segg'n," erwiderte Fritz.

"Warum nich, min Kind?" sagte die Tante, "ick gäv di Verlöv."

Da sah der Junge die Alte ganz spitzbübisch lustig an und sagte:
"Ros' in Snee! Ros' in Snee!
Dat is Tante Salome!"

"Sieh so!" rief Meister Daniel, "nu hest du't!"

Die gute Alte aber drohte dem Jungen halb ärgerlich mit dem Finger: "Is awer doch 'n näskloken Slüngel, jüm Fritz!" sagte sie dann und tauchte ihre Nase in die Kaffeetasse.

"Hmm!" machte Meister Daniel und griff mit der Hand

in seinen schon ergrauenden Haarpull. Als aber Fritz zu seinen Kameraden auf die Gasse gelaufen war, blickte er wieder auf. „Line! Mutter!" sagte er.

„Was denn, Daniel?"

„Accurat so wie ich," erwiderte Daniel und schüttelte behaglich lachend seinen Kopf.

„Was ist accurat so wie du?" frug Frau Line.

„Was? — Das mit dem Jungen! Ich saß auch einmal in seinem Alter so auf dem Schemel — es ist noch just derselbige —, da trat eine alte dicke Ostenfelderin zu meinem Vater in die Stube, und da es die Bauervögtin war, so sagte er: ‚Jung, steh auf und sag schmuck guten Tag!' Aber ihre roth und gelb und blaue Staatsuniform und der weiße Lappen auf dem Kopf, ich hatte so viel daran zu sehen und konnte nicht mit mir einig werden, ob sie doch nicht vielleicht ein Türke wäre — bis daß ich endlich, ehe ich noch ein Wort hervorbrachte, von meinem hitzigen Vater einen hanebüchenen Backenstreich erhielt."

Tante Salome nickte, sie kannte die Geschichte; Frau Line Basch lachte: „Ich meinte, du hättest auch Verse gemacht, Daniel!"

Der Alte schüttelte den Kopf: „Nein, Linchen, das ist es eben: ich bekomme meinen Backenstreich und falle vom Schemel; der Fritz macht seinen Vers und läuft zur Thür hinaus." Daniel sah seine Frau recht freundlich an: „Mutterwitz!" sagte er schelmisch. Und Frau Line nickte.

* * *

Glückes genug war in Meister Daniels Hause; aber wer, der seine Zeit gelebt hat, wüßte es nicht, daß, wie das Leben, so noch mehr das Glück auf leichten Flügeln geht.

Es war um die Frühlingszeit, und im Garten wurden die Stachelbeerbüsche grün, und die Störche kamen nach der

langen Winterzeit wieder aus dem Süden, um auf den
Schornsteinen der Stadt ihre alten Nester zu beziehen oder
hie und da ein neues sich zu bauen. Fritz lag vor seinem
Gartenstück auf den Knieen und setzte seine Primeln und
Veilchen schon zum dritten Mal an eine neue Stelle, da
flog ein Schatten über ihm weg, und als er aufblickte, sah er
einen Storch nach seines Vaters Dach fliegen und sich dort
mit seinen langen Beinen niederlassen. „Halloh!" rief er:

„Adebare Esther,
Bring mi 'n lütje Schwester!"

Und der Storch warf den Kopf in den Nacken und
klapperte schallend in die helle Frühlingsluft hinaus; der
lange rothe Schnabel glänzte in der Sonne.

Da warf Fritz den kleinen Spaten hin und klatschte
fröhlich in seine Hände und rief:

„Adebar, swart un witt,
Bring mi ock en Kringel mit!"

Die Erfüllung war näher, als er dachte; aber der Ade=
bar kam statt mit der Windel mit einem schwarzen Flor ge=
flogen, und von Kringeln war bald eine ganze Fülle im
Hause, aber es waren Todtenkringel, und Fritz saß auf der
Bodentreppe und aß sie unter strömenden Thränen. Das
Schwesterlein war zwar dagewesen, ein kleines rothes Dings,
das Fritz nur ganz von ferne anzusehen wagte; die Mutter
sah so bleich aus, sie reichte ihm aus ihrem Bett die Hand
und frug: „Magst du sie leiden, Fritz?" Aber Fritz schüt=
telte stumm den Kopf, dann lief er aus dem beklommenen
Stübchen in die frische Maienluft hinaus.

Drei Tage später stand er mit seinem Vater an einem
Sarge; darin lag seine bleiche Mutter, die gute schelmische
Frau Line; sie regte sich gar nicht, und ihre Augen waren
ganz geschlossen; in ihrem linken Arme lag ein sehr kleines

Kind, das war auch todtenbleich. Wie vor einem fremden schauerlichen Wunder stand der Knabe mit verhaltenem Athem; er war eben erst sechs Jahre alt geworden.

Tante Salome, die mit ihnen dastand, drückte ihrem Bruder die Hand: „Ja, Daniel," sagte sie, „dat Kind hett bi dinn Fru mit wegnamen!"

Daniel nickte stumm und sah, wie keines Gedankens mächtig, auf seine Todten; aber des Knaben Gehirn war durch das Wort der Alten aufgestört: „Mitnamen, Vatter?" frug er leise. „Warum? Warum doch?"

Meister Daniel blickte auf seinen Jungen, der mit erwartenden Augen zu ihm aufsah: „Das weiß nur der liebe Gott!" sagte er, und seine Lippen zitterten, „vielleicht ... das arme kleine Ding, es hat wohl so allein nicht in die weite dunkle Ewigkeit hineingekonnt." Dann hob er plötzlich den Knaben auf seinen Arm und legte die andere Hand auf die kalte Stirn der Todten: „Fritz — se kummt nimmer wedder, vergitt är nich!"

— — Am anderen Abend waren Mutter und Kind begraben; Tante Salome blieb ein paar Tage, bis eine Frau angenommen war, die täglich einige Stunden kam, um die Hausarbeit zu besorgen. Der alte Gesell, der in seiner Jugend einmal Schiffskoch gewesen, übernahm das bischen Kochen, was sie nöthig hatten, und Tante Salome kehrte in ihr Stift zurück.

So ging denn der kleine Haushalt nothdürftig weiter, aber es war kein so fröhlicher Gang mehr wie vorher; die Musik von Frau Lines lebensfrischer Stimme fehlte. — Wenn Fritz in seiner Klippschule saß und um neun Uhr Vormittags auch die Arbeitsfrau sich entfernt hatte, dann lag das lange Vorderhaus wie ausgestorben; es rührte sich nichts mehr darin, zumal wenn dann auch zur Frühstückszeit im Pesel und auf dem Hof die Arbeit ruhte und Meister und Gesell sich auf der Schnitzbank oder den kleinen Fässern schweigend gegenüber saßen und ihre Stückchen Brot verzehrten. Es war, als ob Beide nach der Stille lauschten, die vorne in dem todten Hause herrschte. Fiel dort von den Wänden etwa ein Stückchen Kalk mit leisem Geräusch zu Boden, dann flog es wohl auf einen Augenblick wie ein Leuchten über des Meisters Angesicht; war ihm doch, als sei der leichte Fußtritt seiner Line ihm ins Ohr gedrungen; aber er wischte es bald mit seiner harten Hand wieder fort.

Einmal hatte sich die Nachbarskatze in die dämmerige, nach einem engen Gang belegene Küche eingeschlichen; so heimlich sie auch schlich, es kam doch ein Geräusch von da nach der Werkstatt; die Feuerzange war vom Herd gefallen. Meister Daniel ließ den Schlägel ruhen: wie oft war sie nicht auch Frau Lines rascher Hand entglitten! Wie oft hatte er sie dann neckend ihr wieder aufgehoben, und wenn er auch aus der Werkstatt hatte herzuspringen müssen! Auch jetzt lief er in die Küche, es war ihm wie ein heiliger Spuk. Als aber die Katze in der offenen Thür an ihm vorbeigesprungen war und er die Zange leise wieder an ihre Stelle gelegt hatte, setzte er sich auf den leeren Küchenstuhl und starrte bald nach dem Herd, bald nach dem Küchenschranke, zwischen denen sie sich einst geschäftig hin und her bewegt hatte; aber es blieb Alles still, nur ein Sperlingspaar, das sich draußen mit einander haschte, rutschte an den kleinen Fensterscheiben herunter und flog dann kreischend weiter.

Als Meister Daniel in einer halben Stunde noch nicht wieder in der Werkstatt war, ging der Gesell in die Küche und legte sacht die Hand auf seine Schulter: „Meister!"

„Ja, ja, Marten." — Dann gingen sie mit einander in die Werkstatt, und Meister Daniel nahm wieder sein Handwerkszeug und machte sich schweigend an die Arbeit.

Erst wenn nach elf Uhr die Glocke der Straßenthür schellte und Fritz, aus der Schule kommend, durch den engen Flur nach dem Pesel stürzte, kam wieder Leben in das

Haus und in den alten Meister. Der Gesell stand dann am Herd, um die kleine Mahlzeit zu bereiten; Vater und Sohn aber gingen in den Garten und zu Fritzens Beeten. War hie und da eine Knospe an einer Blume aufgegangen, dann grub er sie unbarmherzig aus, und am Feierabend ging er mit seinem Vater nach dem Kirchhof und pflanzte sie auf Mutters Grab. „Sie sieht es doch, Vater?" frug er dann. Der Alte nickte: „Das hoffen wir, mein liebes Kind."

Aber die Welt war so voll anderer Dinge, und viele davon waren so vergnüglich: Hunde und Katzen, Marmel und Haselnüsse, Pflaumen und Kirschen; der Junge konnte doch nicht immer an seine todte Mutter denken. Einmal in der Dämmerstunde, da er mit seinem Vater im Garten unter dem Birnbaum saß, sagte er, nachdem sie eine Zeit lang nicht gesprochen hatten: „Vater!"

„Was meinst du, Fritz?"

„Ich glaub," sagte er leise — denn es war die Frucht seines langen Nachdenkens — „ich glaub, es ist doch gut, daß Mutter mit Schwester in den Himmel gegangen ist!"

„Wie meinst du das, Fritz?" frug Meister Daniel.

„Ja, Vater, sie war so furchtbar klein noch; sie wär wohl bange vor dem lieben Gott geworden!"

„Nein, Kind, vor dem lieben Gott wird Niemand bange, nur die Bösen. Ich, Fritz, ich denke, es wär doch schöner, wenn wir sie behalten hätten, dann wüßtest du auch noch, wie weich Mutterhände sind!"

Aber Fritz sprang von der Bank und stellte sich strack und mit geballten Fäustlein vor seinen Vater hin: „Ja, Vater," rief er, „schöner wäre es wohl; aber ich brauch keine Mutter mehr, ich bin ein Junge."

Und Meister Daniel betrachtete etwas ängstlich seinen Jungen, der schon so früh für sich selber stehen wollte.

* *
*

Allmählich war die Zeit vergangen, und Fritz hatte bald sein dreizehntes Jahr erreicht. Er war ein leidlich gewachsener Junge, trug einen kurzen blauen Tuchrock, manchesterne Hosen und eine große runde Tellermütze, wie sie damals unter den Jungen Mode waren, und wanderte Vor- und Nachmittags, wie einst sein Vater, mit einem Packen Bücher in die unterste Classe der Gelehrtenschule. In Geographie und Rechnen war er bald der Meister; auch in den anderen Fächern konnte er gewaltig lernen, das heißt, wenn er mochte; aber er mochte nur nicht immer, und im Lateinischen wollte er mit mensa und amo nichts zu thun haben. „Was brauch ich Latein!" sagte er. „Wenn ich confirmirt bin, komm ich in Vaters Werkstatt, und die Faßbinderei geht auch auf Deutsch, am besten auf Plattdeutsch!"

Es war aber nicht das allein: er hatte, gleich seinen Kameraden, eine knabenhafte Nichtachtung gegen den alten Collaborator, der doch in der ganzen Stadt für ein „höchst gelehrtes Haus" galt; aber dieses schöne Wissen ging über den Kopf der dummen Jungen weg, und in den Dingen des frischen Lebens, worin sie die Meister waren, war er zeitlebens ein Kind geblieben.

Wenn Morgens bei seinem Eintritt die Jungen mit allerlei Possen auf ihre Plätze gekrochen und gesprungen waren, pflegte der etwas ärgerliche Herr seinen hageren Hals vorzustrecken und, in der einen Hand das Buch, mit der anderen und seinem kahlen Kopf ihre Sprünge nachzuäffen: „Ei, ihr Knaben," sagte er dann wohl, „ihr seid ja lustig wie die Galgenvögel! Wen wollet ihr denn heute rupfen?"

„Hol dich der Henker!" murmelte Fritz oben auf seinem Platze, und: „Hol dich der Henker! Hol dich der Henker!" lief es sogleich die Bank hinunter.

„Was erlaubet ihr euch zu bemerken?" frug dann der etwas harthörige Alte.

Und Alle riefen: „Wir wünschten Ihnen guten Morgen, Herr Collaborator!"

„Nun," erwiderte er, „wenn eure Fröhlichkeit aus einem guten Gewissen stammt, so sag mir einmal, Fritz Basch, wie heißt das Gerundium von pulso, ich schlage?"

Wenn aber auch Fritz mit dem Lateinischen bald in die Brüche kam, in allem Anderen war er doch der Baas unter seinen Kameraden. Bedurfte es zu einer Lustigkeit oder zu einem Schelmstück einer kleinen Barschaft, so winkte er seine Vertrauten in den dunklen Raum, der zwischen ihrer oben belegenen Classe und dem Dache lag. „Habt ihr Geld?" frug er· eines Nachmittags; „sieben Schilling gebrauchen wir; ich habe zwei!"

„Nä," sagte Hans Reimers, der dicke Schlachterssohn, der nie etwas ausgeben mochte, „ick heb nix, hev mi güstern erst 'n Meerswienbock köft."

„Von wem hest de köft?"

„Hier, von Claus Schohster."

„Gut! — Claus, wo väl hest du noch davon?"

„Dree Schilling!" sagte Claus ein wenig beklommen, indem er das Geld aus seiner Tasche sammelte.

„Das sind fünf!" rief Fritz, „wer hett de Rest?" Aber schon kamen vier Jungenshände und reichten ihm jede einen Sechsling, und so konnte die Sache losgehen. Fritz war ihr Vertrauensmann; sie wußten, für die Sechslinge oder Schillinge, die sie ihm gaben, konnten sie sicher ihren Spaß oder Schabernack erwarten.

— — Diese Schillingsammlung war nur das Vorspiel zu einem Knabenstreiche gegen den Collaborator gewesen; mit kleinen Schellen war dabei gebingelt und mit einer klei=
nen Kanone dabei geschossen worden. Alles war sehr accu=
rat gegangen, aber dem Alten hatte diese Lustigkeit ein Gallenfieber zugezogen; die lateinischen Stunden wurden ausgesetzt, und Fritz und seine Mitschuldigen mußten eine

Woche lang jeden Nachmittag nachsitzen; die Sache wurde in der ganzen Stadt besprochen.

„Fritz," sagte Meister Daniel zu seinem geliebten und sonst so bewunderten Sohn, „wie konntet ihr so mit dem gelehrten Manne umgehen, von dem ihr doch so viel lernen könnt!"

Aber Fritz lachte überlegen und schüttelte langsam seinen Kopf: „Lernen, Vater? — Nä, lernen nicht."

„Was, Fritz? Nicht lernen? Warum nicht?"

„Ja, Vater" — und der Junge steckte beide Hände in die Hosentaschen — „weil er sonst zu dumm ist!"

Der Meister fuhr seinem Fritz mit der Hand auf den Mund: „Junge, daß das die Nachbarn doch nicht hören!" denn sie gingen mit einander an dem Gartenzaun entlang, und nebenan der Schneider häufte eben seine Kartoffeln.

Fritz war bei Seite gesprungen: „Vater," rief er, „nimm grünen Hafer und eine Buchweizenpflanze und halte sie dem Herrn Collaborator unter die Nase! Ich wett meine drei Kaninchen, er sagt dir: ‚Dieses ist der Rübsamen, und auf jenem wird wohl die nützliche Kartoffel wachsen!'"

„Aber Fritz, das ist ja schrecklich!" sagte Meister Daniel und schob sich die blaue Zipfelmütze von einem Ohr zum anderen, „und deshalb wollt ihr den armen Mann vom Leben bringen! Was geht denn die Gelehrten der Hafer und der Buchweizen an? Das ist ja Bauernweisheit!"

Fritz stutzte: „Vom Leben bringen, Vater?"

„Ja, ja; es muß wohl nicht zum Besten stehen, denn gestern haben sie noch den zweiten Doctor an sein Bett geholt. Denk mal, wenn seine arme Frau und seine kleine Magdalena, von der du mir so oft erzählt hast, nun ihren Vater um euren dummen Spaß verlören! — Fritz, du hast doch wenigstens einmal eine Mutter gehabt ..." Da aber brach dem alten Daniel die Stimme. „Und dein alter Vater ..." begann er noch einmal. „Besinne dich, Fritz!

und damit trabte er ins Haus zurück. Fritz blieb allein im Garten. Als nach einer halben Stunde der Gesell durch den Hauptsteig ging, lief er noch immer dort hin und wieder, sammelte kleine Steine auf und schleuderte sie einen nach dem anderen durch die Luft, daß sie wie grimmig dahin sausten.

„Halloh, Fritz!" rief Marten. „Auf wen bist du so zornig?"

„Up mi un de Welt!" brummte Fritz und schleuderte einen neuen Stein in die Luft.

„Smiet man keen Lüd dot!" sagte der Gesell und ging seiner Wege.

Aber vor dem Abendessen mußte er in die Stadt, denn Fritz war nirgend zu finden. Endlich am Hafen sah er einen Jungen im Maste eines Schoners auf der Gaffel sitzen. „Is dat uns' Fritz?" frug er den Capitän, der am Bollwerk stand; denn Fritz war gut Freund mit allen Schiffern und konnte fast einen Leichtmatrosen abgeben.

Der Capitän nickte: „Ja frili; he kickt all över'n halv Stunn in't Abendroth!"

Aber nun mußte Fritz herunter und mit Marten an die Abendschüssel, aus der er zwar kaum eine Pellkartoffel und einen Häringsschwanz verzehrte.

„Lat em!" raunte der Meister leise seinem Gesellen zu. „He besinnt sick!"

Ebenso stumm ging Fritz am anderen Morgen in die Schule. Der Vormittag verging; es war schon Essenszeit, und noch war er nicht wieder da; Meister und Geselle saßen schon an ihrer Grütze, da wurde erst die Haus= und dann die Stubenthür aufgerissen, und Fritz stürmte herein. „Vater!" rief er — und seine Augen funkelten von Glück und Freude — „Vater, es geht ihm heute viel besser! Und nun soll er es auch gut bei uns haben!"

„Wem? Wer?" rief Meister Daniel. „Der Collaborator?"

Und Fritz nickte wichtig: „Verlaß dich darauf, Vater; wir haben eine Verschwörung gemacht!"

Da legte Daniel Basch seinen Löffel hin und zog seinen Jungen mit Gewalt in seine Arme: „Min Fritz, min Sön! Mutter är gude Jung!"

Aber Fritz hatte sich losgerissen, lief auf den Hausflur und kam mit einem hübschen Vogelbauer wieder in die Stube, worin ein rothbrüstiger Vogel mit schwarzem Käppchen auf der Stange saß. „Sieh, Vater," rief er und hielt das Bauer empor, „den hat mir Julius Bürgermeister geschenkt; der flötet ‚Üb immer Treu und Redlichkeit', aber nur die erste Hälfte, und darum hat Julius seine Mutter gesagt, sie könnte die halbe Redlichkeit nun nicht mehr in ihrem Kopf aushalten."

„Segg mal, Fritz," sagte der Gesell, „wat is dat eigentlich vör'n Vagel?"

„Das ist ein Dompfaff!" erwiderte Fritz stolz, „er hat Bürgermeisters fünf Thaler gekostet."

Daniel hatte bald seinen Jungen, bald den Vogel mit glücklichen Augen angesehen. „Fritz," sagte er, „wi wülln em beholen, tum Andenken an düssen Dag."

So war Alles wieder gut; aber bald geschah in der Schule etwas Merkwürdiges. Der alte Collaborator, als er wieder seine Stunden hielt und nun sogar Fritz Basch auch im Lateinischen ein Held wurde, vermochte offenbar die gewohnten kurzweiligen Neckereien der Jungen nicht mehr zu entbehren; ihm fehlte etwas, was zu seinem Leben gehörte; er fing nun selbst an zu necken und wurde bleich und elend bei diesem Frieden, der trotz alledem, als beschworen, nicht gebrochen wurde, so lange Fritz in der Classe herrschte.

* * *

Aber der Dompfaff wollte nicht flöten; er hing oben in der Giebelstube, in welcher Fritz, seit er Gelehrtenschüler war, schlief und arbeitete; wenn es Mittags zu heiß wurde — denn es war im Hochsommer — hing er das Bauer auch wohl nach draußen neben dem Fenster, wo der schmale Lindenschatten es bedeckte. Aber auch hier wollte der Vogel mit seinem Liede nicht beginnen, sondern krakelte nur mitunter ein unmelodisches Gezwitscher. „De kann nix," sagte der Gesell, „je hebt bi wat wiis makt, Fritz!"

„Geduld, Marten!" rief dann Fritz, „en Bötjerhuus mutt so'n vörnehmen Vagel erst wendt warren!"

Und richtig, als nach einigen Tagen Fritz aus der Schule kam und, wie jetzt immer, leise und lauschend die Treppe hinanstieg, da mußte er plötzlich stehen bleiben.

„Üb immer Treu und Redlichkeit!"

Wahrhaftig! das war der Vogel, er flötete. Und noch einmal wieder: „Üb immer Treu und Redlichkeit!"

Die Melodie war ganz genau, und Fritz sang leise die Worte mit; aber weiter kam der Vogel nicht. Fritz stand lange unbeweglich; als er aber zum dritten Male anhub, rannte er in die Werkstatt hinab, um seinen Vater zu holen, und Beide standen hinter der Kammerthür, und der gut gelaunte Dompfaff pfiff ihnen dreimal nach einander sein Stückchen vor, und da er nichts Weiteres konnte, so pfiff er es ihnen auch zum vierten und zum fünften Male. Da der Alte wie der Junge so etwas noch nie gehört hatten, so entzückte es sie, als wär's ein lieblich Wunder. Zuletzt kam auch noch der Gesell und stand mausestill mit an die Thür gelehntem Ohr. „Fritz!" flüsterte er, „so'n Vagel! Hev min Lävdag noch so'n Vagel nich hört!" Als Fritz aber, während der Dompfaff jetzt noch einmal anhub, leise die Kammerthür zurückdrängte, brach das Thierchen jählings ab; „Fiuh!" machte er noch, dann wetzte er seinen schwarzen Schnabel und kroch in sich zusammen.

Seine Hörer blieben doch des Wunders voll. „Fritz,“ sagte Meister Daniel seufzend, indem er heftig seines Sohnes Hand drückte, „wenn deine Mutter das belebt hätte!“ Die Zeit rückte weiter; nach und nach störte den Vogel die Gegenwart der Hausgenossen immer weniger, und auch sie wurden sein Kunststückchen gewohnt; aber Fritz blieb sein getreuer Pfleger; im Winter — denn in der Giebelkammer war kein Ofen — hing er am Fenster in der Wohnstube unten über dem Stuhl, wo einstmals Tante Salome und später, nur zu kurz, die gute Frau Line ihren Platz gehabt hatten, und manche Kinder, die vorübergehen wollten, blieben stehen und hörten nach dem wunderbaren Vogel.

So waren ein paar Jahre vorüber; Fritz war jetzt ein stämmiger Bursche mit sicheren und kühnen Augen und hantirte schon lange als Lehrling in seines Vaters Werkstatt. Lenkbeil und Schlägel standen ihm fix zur Hand; nur etwas zu rasch und kräftig arbeitete er mitunter, und als Tante Salome, was wegen zunehmender Altersschwäche nur etwa ein- oder zweimal im Sommer geschah, eines Vormittages in die Werkstatt kam, sagte sie: „Du makst'n Larm vör bree, Fritz! Is denn de Arbeit ock bana?“

„Fix oder nix, Tante!“ rief der Junge und schlug dabei auf die Bänder, daß sie in Splittern aus einander flogen.

„Gott bewahr uns in Gnaden!“ rief die Alte, „du hest'n düren Leerburs, Daniel!“

Aber Meister Daniel lachte, er kannte seinen Fritz; irgendwie und -wo mußte mitunter das Feuer in dem Jungen sich Luft machen, und auf ein Faßband kam's nicht an; denn er wußte es, Fritz war ein Waghals; die Gefahr war für ihn, was die Vogelbeere für den Krammetsvogel, und je kräftiger er wurde, um desto mehr. Mit dem Küster, der zugleich Glöckner war, hatte er nur Freundschaft geschlossen, weil die drei großen Glocken im Kirchthurme geheimnißvoll seine Neugier reizten. Wenn eine vornehme Leiche mit

allen dreien zu Grabe geläutet werden sollte, so war er
sicher vorher schon auf dem drittobersten Thurmboden, und
kam der erste Ton des Geläutes, so klomm er an den
Querleisten des emporgehenden Balkens hinauf, der von
dort statt einer Stiege an der größten Glocke vorbeiführte,
und während sie sich heulend dicht an ihm vorüberschwang,
suchte er, an seinem Balken angeklammert, mit den Augen
ihren Taufspruch zu erhaschen und sang ihn laut nach einer
wilden Melodie in das hallende Dreigetön hinaus: „Sum
regina Poli, virgo Maria, tonantis!" bis er zuletzt fast
taumelnd den Boden wieder erreichte.

Stand ein Sturm am Himmel und flog dann ein Boot
durch das schäumende Wasser aus dem Hafenstrom in das
Wattenmeer hinaus, so saß sicher Niemand als Fritz Basch
und ganz allein darin; man brauchte nur einen der Schiffer
an dem Hafen zu fragen.

„Wer anners!" war die Antwort. „De Gewaltsbengel,
wenn he um't Boot fragt, so hett he't ock all losknütt; de
Antwoort givt he sick wull sülven!"

Kam er dann durchnäßt, mit wirrem Haar, nach Hause,
so sah der Meister ihn wohl angstvoll an: „Fritz, Fritz!"
sagte er einmal, „wenn du mir von solcher Fahrt nicht
wiederkämst!"

Aber Fritz nahm lustig seinen Schlägel und ein Faß
und begann ohne Weiteres seine unterbrochene Arbeit wieder.
„Vater," sagte er treuherzig, „ich mach heute eine Stunde
später Feierabend; aber den jungen Seehund hättst du
sehen sollen, mit dem ich um die Wette fuhr; das war heut
just unser Wetter!"

„Ja, ja, Fritz!" sagte der Alte. „Ein Seehund, aber
du bist ja denn doch keiner!"

Der Junge ließ die Hand mit dem Schlägel hängen,
und in sein geliebtes Plattdeutsch fallend, sagte er stolz:
„Na, wat en Seehund swemmt, dat swemm ick ock!"

Der alte Meister Daniel schüttelte seufzend den Kopf, und die Schläge an den Fässern tönten wieder durch die Werkstatt.

* * *

Nachdem drei Jahre seit Fritzens Confirmation verflossen waren, war es recht still in Meister Daniels Haus geworden; denn Fritz arbeitete jetzt als Gesell in einer großen Faßbinderei in Hamburg; nur etwa einmal im Monat kam ein Brief von ihm. Meister Daniel und sein Marten konnten die Arbeit zu Hause aber auch jetzt gewaltig allein thun, denn unten in der Stadt hatte sich eine große neumodische Brauerei mit einem eigenen Böttcher aufgethan, und Daniels Hauptkundschaft, die alte Petersensche Brauerei ihm gegenüber, die nur das hergebrachte Gut- und Dünnbier für Stadt und Umgegend lieferte, hatte dadurch einen großen Theil ihres Absatzes verloren. Tante Salome kam auch nicht mehr aus ihrem Stift; sie war zu schwach dazu geworden. Meister Daniel stand oft nachdenklich unter der Linde vor seiner Hausthür und sah nach seinem von Wind und Wetter schon recht verwaschenen Thürstück auf; traurig schüttelte er den Kopf: seine Rose lag ja längst im Grabe, und die Knospe war als großer wehrhafter Bengel in die Welt gegangen.

„Paßt nicht mehr!" sprach er leise vor sich hin und ging wieder in die Werkstatt. Mitunter lief er auch in den Garten, als könne er dort sich frisches Leben holen; wenn er aber an seines Jungen Blumenbeete kam, die jetzt ganz verunkrautet lagen, dann stand er lange, riß ein paar Mal eine Hand voll Nesseln aus und sah dann, daß das Blumenbeet doch nicht wieder kam.

Aber es sollte noch stiller um ihn werden. Ein großes Sterben — ein Typhus, wie die Ärzte sagten, fiel auf die Stadt. Die Ersten, welche zum Kirchhofe hinausgetragen wurden, waren der Collaborator und seine noch leidlich junge Frau; seine beiden Kinder, die kleine Magdalena und ihr etwas älterer Bruder, ein heimtückischer, schieläugiger Bursche, kamen zu ihrer Großmutter, einer alten gelähmten Pastors=wittwe, deren Geschichten von gläsernen Bergen und ver=wünschten Prinzen dem Lenchen besser behagten als die antiken Lebensregeln ihres ärgerlichen Vaters. Zum Unglück Meister Daniels aber war gleich danach auch sein alter Brauer Petersen gestorben, und die Wittwe hatte den Muth zur Fortsetzung des Geschäfts verloren. So wurden Arbeit und Verdienst noch kleiner, und der alte Marten mußte auf sei=nes Meisters Drängen sich einen Platz in der neuen Brauerei verschaffen, wo dem Böttcher ein Geselle nöthig wurde.

Daniel hatte das Alles eben an seinen Sohn geschrieben, ging dann durch die leeren Räume seines schmalen Hauses, stellte in der Werkstatt Dauben und Hölzer gegen die Wände und stand endlich vor einem Fenster der Wohnstube, mit wirren Gedanken in den hellen Februartag hinausstarrend. Von den Menschen, die dann und wann vorübergingen, sahen seine Augen nichts; er hatte seine blaue Zipfelmütze in der Hand und fuhr sich von Zeit zu Zeit in seine Haare. Ja, er wollte jetzt ganz allein in seinem Hause bleiben; er war ein ordentlicher Wirth gewesen; die Zinsen von ein paar ersparten Capitalien und der Verdienst von seiner noch verbliebenen kleinen Kundschaft würden für ihn schon reichen! Er begann zu rechnen, wieder und wieder, aber das Facit blieb dasselbe. Es schoß ihm heiß zu Kopfe; er hatte ge=dacht, es mache doch ein Sümmchen mehr; und wenn er für Noth und Krankheit noch etwas hinter der Hand be=halten wollte? ... Da fiel es wie ein Strahl in die dunkle Kammer seines Kopfes; er hatte ja ein ganz leeres Haus; was brauchte er jetzt noch die Wohnstube und die Kammer, die dahinter lag! Eine Mietherin, eine stille alte Person, das wär's; dann hätte er genug! Er selber zöge nach oben

hinauf in die Giebelkammer seines Fritz; nur ein kleiner
Kochofen müßte dort noch gesetzt werden, dann könnte er sich
selber seinen Mittag machen!

Eine trübe Art Zufriedenheit kam über Meister Daniel,
und er hörte nun auch, daß am anderen Fenster der Dom‑
pfaff flötete:
> Üb immer Treu und Redlichkeit,
> Bis an dein......

"Finh!" machte der Vogel, und der alte Mann nickte.
Ja, so weit hatte Fritz es ihm noch beigebracht, und nun
begann das Thier sein Stück von Neuem. Als Daniel wie‑
der durch das Fenster blickte, vor dem schon längst keine
Rosen und Geranien mehr grünten, sah er draußen eine
Rosenknospe, ein acht‑ oder neunjähriges Mädchen mit einem
sanften Gesichtlein und ein Paar blauen Augen, mit denen
sie, andächtig lauschend, nach dem Vogel hinauf sah; denn
sie stand mit einem älteren Knaben dicht unter dem Fenster.
Der Junge aber schielte und sah bös und häßlich aus und
schien indessen seine Marmel in der Tasche nachzuzählen.
Da zog das Mädchen ihr rothes Händchen aus dem Muff,
und ihn zu sich ziehend, wies sie mit dem Finger nach dem
Vogelbauer. Aber Meister Daniel, den die Kinder nicht zu
bemerken schienen, erschrak fast; denn wie eine Katze, die
nach einer Beute springt, fuhr der Junge mit einem Schrei
empor, als wolle er den schönen Vogel greifen. Unwill‑
kürlich klopfte der Meister an die Scheiben und drohte mit
der Faust; da machte der Bube ihm ein Schelmgesicht und
rannte davon; das blonde Dirnlein aber stand, als könne
sie vor Schreck nicht von der Stelle.

Ein Lächeln zog über des guten Meisters Antlitz, und
er winkte dem Kinde, daß es zu ihm kommen solle; da sie
aber keinen Fuß rührte, ging er zu ihr auf die Gasse.
"Komm mit mir in die Stube!" sagte er, ihre Hand fassend;
"da kannst du dir in der Wärme den Vogel besehen!"

Als sie drinnen waren, nahm er das Bauer von der Wand und stellte es vor ihr auf den Tisch; aber der Dompfaff wetzte nur den Schnabel und sah sie mit seinen schwarzen Augen an.

Sie that einen tiefen Athemzug: „Was ist das für ein Vogel?" frug sie leise.

„Das ist ein Dompfaff!" erwiderte der Meister.

„Ein Dompfaff?" und sie hielt lange den kleinen Zeigefinger an die Lippen. „Ist er denn verzaubert?"

„Was denn? Verzaubert?" frug der Alte, und sie nickte mit ihren großen Augen.

„Warum denn verzaubert?" frug er nochmals.

„Er flötet ja wie ein Junge!"

„Wart mal," sagte der Meister, dem diese Frage wie aus einer anderen Welt kam; „nein, so was nicht! Nur, sie sagen, daß er ein dummer Vogel sei; aber, Kind, er ist gewaltig klug, und darum kann er auch flöten."

„Darum?" wiederholte das Kind; und Beide verfielen nun in tiefes Sinnen über diesen wunderlichen Fall. „Sag einmal," sprach Meister Daniel dann, nachdem er eine Weile in das feine Gesichtlein geschaut hatte, „bist du nicht die kleine Magdalena, von der mein Fritz mir oft erzählt hat?"

Sie sah ihn fragend an. „Wir sind dem Collaborator seine," sagte sie; „aber unser Vater, auch Mutter ist gestorben."

„Ja, ja, ich weiß; arme Kinder!" sagte er und strich mit seiner harten Hand ihr sanft die goldblonden Härchen aus dem Gesichtlein, das bei den letzten Worten sich zum Weinen verzogen hatte. „War denn das dein Bruder, den du bei dir hattest?"

Sie nickte. „Wir sind beide bei unserer Großmutter; aber die kann gar nicht von ihrem Lehnstuhl auf!"

„Das ist nicht gut für deinen Bruder," sagte der Meister ein wenig strenge. „Wie heißt er denn?"

„Tiberius."

„Was für was?" frug er, und das Kind wiederholte das Wort.

Der Alte schüttelte den Kopf. „Ist denn das ein christlicher Name? Hat unser Pastor ihn so getauft?"

„Ich weiß nicht," sagte die Kleine halb gedankenlos; denn der Dompfaff begann plötzlich wieder seine Melodie, und sie hatte für nichts Anderes Aug und Ohren. Als er aufgehört hatte, wandte sie ihre leuchtenden Augen dem Meister zu: „Ich muß nun nach Hause," sagte sie leise; „ich danke auch vielmal!"

Er nahm ihre beiden Händchen und sah sie zärtlich an: „Willst du auch wohl einmal wiederkommen?"

Und nach kleiner Bedenkzeit nickte sie so bedeutsam, als sollte es ein Schwur sein. Dann brachte er sie an die Hausthür und sah ihr nach, wie sie bedächtig die Straße hinauf ging. Als er danach wieder in sein Zimmer trat, war ihm, als sei hier inmittelst ein Lichtlein ausgethan. Aber der Dompfaff hub wieder seine Melodie an. „Fritz! Min Fritz!" rief der Alte und lehnte sich zitternd an den Thürpfosten.

* *
*

Als der Mai ins Land gekommen war, saß schon die Miethern unten in der Wohnstube, ein zierliches, etwa fünfzigjähriges Frauenzimmer. Riekchen Therebinte hieß sie und lebte von einem Sümmchen Erbzinsen und einem kleinen Jahrgehalt, den ihr eine zwanzigjährige Kammerjungfernschaft bei einer gräflichen Gutsbesitzerin eingetragen hatte; wenn Bälle oder andere Festlichkeiten in der Stadt waren, kammerjungferte sie auch jetzt noch bei den Töchtern der Beamten oder vornehmeren Bürger und hatte dadurch noch eine hübsche Extra-Einnahme. Sie war klein und mager, und wenn sie aus einer Thür ein paar Stufen hinab ging, so war's, als wenn ein Vogel heraus hüpfte; „sie ist ein hüpfendes Gerippchen," hatte einmal ein kleines boshaftes Mädchen von ihr gesagt. Sie hatte nur ein winziges Stumpfnäschen, aber eine weitläufige Stirn darüber, daher sie denn auch, wenn die Schönheit eines jungen Mädchens vor ihr gelobt wurde, selten, wiewohl etwas zaghaft, zu bemerken unterließ: „Ja, hübsch, recht hübsch! Aber die Stirn, ist die nicht etwas unbedeutend?" Sie wurde dann meistens ausgelacht, und sie selber lachte mit, denn Neid und Bosheit waren nicht dahinter; sie wollte nur in Betreff der Schönheit sich doch auch ein wenig in Erinnerung bringen. Die niedrige Stirn ihres Miethsherrn pflegte sie voll wahren Mitleids zu betrachten und erwähnte ihrer niemals gegen Andere.

Oben in der Giebelstube hing der Dompfaff am Fenster, und in der Ecke stand der Ofen, auf dem Meister Daniel seine Kartoffeln und sein Stückchen Sonntagsfleisch kochte; er hatte seinen einsamen Haushalt eingerichtet. Wenn er Vormittags seine paar Stunden in der Böttcherwerkstatt gearbeitet oder in seinem Garten gegraben hatte, den er später fast ganz mit Kartoffeln bepflanzte, dann saß er oben mit aufgestütztem Arm an einem Tische und las in der Laßschen Chronik seiner Vaterstadt oder in des alten Pastor primarius Melchior Krafftens städtischer zweihundertjähriger Kirchen- und Schulhistorie. Die alten Lederbände waren noch aus seines Vaters Nachlaß, hatten aber lange Zeit bei seinen Rechnungsbüchern in der Schatulle gelegen; nun sahen sie ihn an, wie auch schon seine alte Zeit, und wenn er las, wie früher die Pastores von Ost und West, aus Pommern und aus Sachsen in unsere Stadt gekommen waren, und wie nun hier auf ein paar Buchseiten sich ihr Leben eines nach dem anderen abspann, dann blickte er wohl halb verwirrt empor und wunderte sich, wie er und der Dompfaff doch noch immer weiter lebten.

Wurde es Sonntag, so zog er stets ein frisch gebleichtes Hemd an; dann dachte er seiner sauberen Hausfrau: „Line — Line Basch!" sprach er und nickte mit seinem grauen Kopfe. „Du siehst es doch!" und während er sich langsam in sein Sonntagszeug kleidete, war ihm, als thäte er es noch wie einstmals unter ihren Augen.

Dann ging er in die Kirche, um von dem alten Propsten, mit dem er als Junge in Quarta auf der Schulbank gesessen hatte, Gottes Wort zu hören; nach der Kirche ging er zurück und seinem Hause vorbei über den Kirchhof nach dem Stift. Aber seine alte Schwester war stumpf geworden. „Wat schrift Fritz?" war immer ihre erste Frage, auf die er nur selten etwas zu antworten hatte; dann frug sie weiter: „Wat hett de ol Propst denn seggt?" Er berichtete ihr den Inhalt der Predigt, so weit er ihn behalten hatte; wenn er aber damit zu Ende war, dann war schon längst der Kopf der bald Neunzigjährigen auf die Brust gesunken, und ihre Seele schwebte in der Dämmerung, auf welche die Nacht folgt. Er saß noch eine Weile und sah auf die alten Schwesterhände, die ihm von seiner Kindheit an geholfen hatten; und wenn die Schlafende sich nicht mehr rührte, nickte er ihr schweigend zu und ging hinaus und langsam seinem Hause zu.

Das waren die beiden einzigen Gänge, die Daniel Basch in seinen Sonntagskleidern machte.

In seinem Garten wuchsen allmählich die Kartoffelstauden in die Höhe und bildeten bald eine gleichmäßig grüne Fläche, aus welcher nur der große Birnbaum hervorragte, der in der Mittagssonne seinen breiten Schatten um sich her warf. Um diese Zeit, aber auch spät Nachmittags, wenn schon das Abendroth am Himmel stand, sahen die Nachbarn über den Zaun ihrer Gärten den alten Meister oft auf der Bank, die auch jetzt noch um den Baum lief, sitzen, den etwas gebeugten Rücken an den Stamm gelehnt, die Hände vor sich auf die Kniee gefaltet, wie Einer, dessen Tagewerk zu Ende ist; und als im Juni sich die Stauden mit den zierlichen blauen und weißen Blüthen bedeckten, saß er wie in einem Blumenmeer. Auch war ein Plätzchen, dicht am Fuße des Baumes, nicht zum Kartoffelfeld gezogen; Fritzens Blumenbeete waren hier gewesen, und Meister Daniel hatte im letzten Frühjahr alles Unkraut ausgereutet und statt dessen rothen Gartenmohn darauf gesäet. Er wußte wohl nicht, daß das die Blume der Vergessenheit sei; sie war für ihn vielmehr das Gegentheil, denn Fritz und seine Mutter hatten sie einst so gern gehabt. Und als später die Kar= toffelstauden mit den lichtgrünen Äpfeln schon in dunklen Blättern standen, öffnete neben ihnen der Mohn seine Knos= pen und wiegte die leuchtend rothen Blumen in dem schwü= len Sommerhauch.

Der alte Mann, der auf der Bank daneben saß, schien freilich wenig zu dieser Sommerpracht zu passen: der Bart schien seit acht Tagen nicht rasirt zu sein, und die tiefliegen= den blaß=blauen Augen sahen wie über Welt und Leben hin= weg. Er hatte den Brief, den er in der Hand hielt, eben vielleicht zum zehnten Mal gelesen: er war von Fritz; Fritz war nach Californien gegangen.

Das Goldfieber war derzeit noch lange nicht vorüber; noch Manchen lockte es in die Minen und Manchen in den Tod; Manchem schlugen dort die Keime seiner Natur zu Trunksucht, Spiel und Raub, die vielleicht für immer sonst geschlafen hätten, in Wucherpflanzen auf und erstickten ihn. Freilich war Fritz nicht als abenteuernder Minirer, sondern als festgedungener Böttcher für eine dortige Exportschlach= terei mit einem Hamburger Genossen hinüber gegangen, aber das Wort „Californien" klang doch wie Gold und Aben= teuer, und es war zuerst vor seinem Ohr geklungen, da er aus jenem Briefe seines Vaters dessen drohende Verarmung herauszulesen meinte. Er hatte seine feste Arbeit; aber wenn die Gelegenheit käme, weshalb sollte er nicht auch da=

zwischen springen und seinem Vater ein sorgloses Alter mit nach Haus bringen!

Meister Daniel seufzte nicht; er ließ nur den Kopf hängen und rieb sich mit der Hand den Stoppelbart; aber er sah nicht neben sich die rothen Blumen wehen und hörte nicht den Fritsch, der über ihm aus dem Laub des Baumes sang, selbst nicht den leichten Schritt, der jetzt von dem unten vorbeiführenden Weg aus dem Gartensteig heraufkam. Erst als eine kleine Hand sich auf die seine legte, blickte er auf. „Magdalene, Kind, bist du es!" sagte er.

Sie nickte. „Ich wollte nur den Vogel gern einmal wieder hören!" Aber sie sah ihn fast erschrocken an.

„Ja, ja" — sprach er wie zu sich selber — „der Dompfaff, der ist noch da." Dann ging er mit dem Mädchen nach dem Hause zu.

* * *

Es war schon zu Ende des November. Meister Daniel saß Nachmittags in seiner Giebelstube und hatte sich ein behaglich Feuerchen im Ofen gemacht, es roch sogar nach Kaffee, der wohl darin stehen mochte; er wollte heute noch zu seinem Nachbar, dem Barbier, denn der Bart war wieder einmal gar zu lang geworden, und dann ins Stift zu seiner Schwester: heute sollte sie gewiß nicht schlafen, denn der erste Brief aus Californien war angekommen. „Geld verdienen ist hier keine Kunst," schrieb Fritz; „aber man muß es fest in der Hand halten, wenn es nicht wieder wie Sand durch die Finger laufen soll; zwei Jahre, dann, Vater, klopf ich an deine Thür; dann arbeiten wir wieder zusammen!"

Der Dompfaff hüpfte fröhlich in seinem Bauer; ein glücklich Lächeln ging über des Alten Angesicht, und er wollte sich eben seinen Kaffee aus dem Ofen holen, da hörte er es draußen die Treppe heraufhüpfen, ein spitzer Finger pochte an die Kammerthür, und als sie sich öffnete, erschien

Mamsell Riekchen Therebinte auf der Schwelle. „O, Mam=
sellchen!" rief der Alte.

Und Riekchen machte einen Knix; sie hatte ihren Schild=
pattkamm von der Gräfin eingesteckt und Filethandschuhe
angezogen. „Ich kann wohl gratuliren?" sagte sie.

„Wozu?" frug der Alte hinterhaltig, „Sie meinen wohl,
es riecht hier nach Geburtstag?"

„O, Herr Basch! Ich denk, zwei einsame Hauskame=
raden sollten Freud und Leid zusammen theilen, und heute
Vormittag — ja, ja, ich habe den Briefboten attrapirt —
ist doch wohl Freude bei Ihnen eingekehrt; da möcht ich
mir nun meinen Antheil ausbitten!"

Er drohte ihr mit dem Finger: „Weibsen! Weibsen!"
sagte er schelmisch. „Aber, im Vertrauen, Mamsellchen, ich
hab's gar gern, wenn ihr Frauenzimmerchen ein bischen
neugierig seid!" Er seufzte, doch er lächelte auch dabei:
„Mein selig Linchen war es auch!" flüsterte er ihr ins Ohr.

Und während Riekchen sich verschämt mit ihrem Händ=
chen über die bedeutende Stirn strich, lief Meister Daniel
zu einem Wandschränkchen und holte Tassen und Theelöffel;
dann nahm er den heißen Kaffee aus dem Ofen und schenkte
seiner Hausgenossin ein: „Und hier ist Zucker!" sagte er;
„bedienen Sie sich, Mamsellchen. Ja, ja, Sie haben Recht,
heut ist ein Freudentag; ich habe Nachricht von meinem
Fritz!" Und ohne seinen Kaffee zu berühren, nahm er den
offenen Brief vom Tisch — — aber er mußte lachen, er
hatte vergessen, seine Brille aufzusetzen. Aber nun that er
es und begann den Brief zu lesen, während Mamsell There=
bintchen mit zierlichem Finger ihre Tasse vom Munde wie=
der auf die Unterschale setzte.

Als er aber an die Stelle kam, wo Fritz für seine Heim=
kehr noch nur eine zweijährige Frist setzte, da schien plötzlich
auf dem Antlitz der mit gefalteten Händen Horchenden die
Theilnahme zu erlöschen.

Sie räusperte sich ein wenig, und Meister Daniel sah sie an: "Ist Ihnen nicht wohl, Mamsellchen?" frug er heiter; "Ihre Äuglein sehen auf einmal so betrübsam!"

Und Mamsell Rieckchen sah ihn fast bittend an: "Ach, lieber Meister," flüsterte sie, "dann werd ich wohl mein Stübchen und Ihr Haus verlassen müssen!" und sie seufzte, daß es ganz still in der Kammer wurde.

Meister Daniel war schier bestürzt, so hatte er den Fall noch gar nicht angesehen; aber er faßte sich, da war ja noch die kleine Schlafkammer des Gesellen; er nahm ihre Hand: "Nein, nein, liebes Mamsellchen, Fritz wird Sie nicht verdrängen; er ist ein bescheidener Junge, seiner lieben Mutter guter Sohn! Sie sollen auch Ihre Freude an ihm haben; dann wird es wieder laut und lustig hier im Hause, und im Garten wachsen Erbsen und Bohnen und Blumen; auch türkischen Weizen zieht er — ganz wie es früher war zu seiner Mutter Zeit!"

Da lächelte das Mamsellchen wieder, und sie tranken ihren Kaffee und lasen den Brief zu Ende; und als das alte Dämchen sich empfahl, erbat sie sich und erhielt noch die Erlaubniß, im nächsten Frühjahr zwei Suppenkräuterbeete zu gemeinschaftlichem Gebrauche in dem Garten anzulegen.

Der Meister Daniel aber ging schrägüber zum Barbier, dann glattrasirt ins Stift zu seiner alten Schwester, und Salome blieb, während er ihr den Brief vorlas und noch lange nachher, ganz wach und munter; sie saß in ihrem Lehnstuhl und er dicht an ihrer Seite, und die Hände der alten Geschwister ruhten in stummer Freude in einander; nur mitunter sagte sie: "De Jung! De Jung! He kann wat, un dat in Amerika!"

Als Daniel am Abend heimkam, faßte er den Entschluß, dem Dompfaffen das Stück noch weiter vorzupfeifen. Was sollte Fritz sich wundern, wenn er nach zwei Jahren ihn so singen hörte!

Das war ein Freudentag in Meister Daniels Leben; aber er wiederholte sich nicht; der Winter kam, aber kein Brief von Fritz, und je weiter es in die Zeit hineinging, desto schwächer wurde der Schimmer jener Freudenflamme, und desto dunkler wurde es um den einsamen alten Meister.

* * *

Als nach ein paar Jahren die Crocus im Schloßgarten blühten, trat ein einfacher Leichenzug aus dem Thore des St. Jürgenstiftes: ein Kränzchen von Primeln und Immergrün lag auf dem Sarge, ein alter Mann ging zunächst hinter demselben; er ging etwas stumpelig, und auf seinem Antlitz mit den schloweißen Augenbrauen zuckte eine unruhige Trauer. Es war wohl nicht um die Todte, die er auf ihrem letzten Weg begleitete, denn sie hatte in mählich verdämmerndem Bewußtsein das äußerste Lebensziel erreicht; aber der alte Mann hatte jenseit des Meeres einen Sohn, sein einzig Kind, und er wußte seit lange nichts von ihm; die Todte aber war die Letzte gewesen, die aus ihren Träumen noch nach ihm gefragt hatte.

Der alte Mann war Daniel Basch, der seine Schwester Salome begrub; den kleinen Kranz hatte seine Miethherin, das gute Riekchen, gebunden. „Das ist unser Altjungfernrecht," hatte sie gesagt; „ohne Kranz nicht zu Tanz!"

Der Zug ging Schritt für Schritt die Straße hinab nach dem zweiten Kirchhof am Nordwestende der Stadt, wo Daniels Familiengrabstätte lag. Als er dort an die offene Grube trat, sah er in derselben die Seitenbretter eines morschen Sarges aus der Erde ragen; seine Hand zuckte, als ob er etwas fassen müsse; er kannte den Sarg, es war ihm fast als wie ein schreckliches Wiederfinden. Dann wurde der frische Sarg hinabgelassen, und die hinabgeschaufelte Erde dröhnte auf dem Deckel; Daniel nickte noch einmal in die

Grube, und während der alte Propst das „Vaterunser" sprach, murmelte er leis für sich: „Dein Wille geschehe im Himmel und auf Erden!"

Erst als er wie betäubt nach Hause ging, ergriff ihn ein jäher Schmerz um seine alte Schwester, daß er nur mit Gewalt einen Thränenausbruch zurückdrängte; er war nun ganz verlassen.

Als er in seinem Hause nach der Giebelkammer hinaufstieg, stand er mitten auf der Treppe still: er hörte den Vogel in der Kammer pfeifen. Das hatte er freilich schon tausendmal gehört; aber heute kam es so frisch, ganz wie ein Frühlingsruf aus der kleinen Brust herauf; Meister Daniel erklomm die letzten Stufen und brummte zur Begleitung die Worte der Melodie. Aber was war denn das? Der Meister hatte, an dem Erfolg verzweifelnd, in den letzten Wochen seinen Unterricht ganz aufgegeben; immer hatte der Schüler nur gestümpert; und jetzt — jetzt sang er Alles: womit ihn Fritz ins Haus gebracht, was dieser ihn gelehrt und was zuletzt der Meister selbst ihm vorgepfiffen hatte. Die unerwartete Freude hatte dem Alten wohl den Kopf verwirrt, denn er wandte sich wieder, faßte mit jeder Hand eine Stange des Geländers, und sich vorbeugend, rief er laut ins Haus hinab: „Fritz! Fritz! Nu fleut he ock de tweete Reeg!"

Da öffnete sich rasch die Thür der unteren Wohnstube, und Mamsell Riekchen war auf den Flur hinausgehüpft. „Wer? Was flötet, Meister Daniel?" rief sie ängstlich.

„Der Dompfaff! Der Dompfaff!" kam es von der Treppe herunter.

„Ach, Sie und Ihr alter Dompapst!" rief Mamsell Riekchen und hüpfte in ihre Kammer zurück. „Sonderbarer Mann!" sprach sie zu sich selber und schüttelte ihre beiden dünnen Locken; „hat eben sein' Schwester begraben und schreit um seinen alten Dompapst!"

Der alte Mann dort oben hatte sich auch besonnen; der Vogel zwar hatte seine Lection gelernt, wo aber war der, den er gerufen hatte?

* * *

Um diese Zeit war es, daß der Sohn eines Keller=wirths, „der Amerikaner", wie sie ihn später nannten, als er sich nichtsnutzig in der Stadt umhertrieb, aus Californien wieder nach Haus gelangte. Er war trunkfällig und groß=mäulig und führte zur Unterstützung seiner Reden eine rasche Faust, daß die Leute es sich schon gefallen ließen, wenn er in der Fuhrmannskneipe seine Geschichtchen auftischte und seine Goldbröcklein aus der Tasche holte. Mit Grafen und Zigeunern, Türken und Heiden, so erzählte er eines Abends, auch freilich mit Fritz Basch habe er Gold gewaschen. — Aber der sei ja in San Francisco in einer Schlachterei, meinte einer der Stammgäste. — Der Amerikaner lachte: „Hat sich ausgeschlachtet! Die Bretterbuden sind verbrannt; die hounds haben die Cassen genommen."

„Hounds — was sind Hounds?"

„Hunde! Spitzbuben! Räuber sind's!" rief der Ame=rikaner. „Ihr kennt hier so was nicht! Noch ein Glas, Harke; schmeckt wohlfeil hier bei euch!"

Das junge Schenkmädchen war, die Hand auf einer Kanne, stehen geblieben: „Sagt, wenn Ihr so gut sein wollt, was treibt Fritz Basch denn itzt? Wir sind zusammen ein=gesegnet."

„Fritz Basch?" erwiderte der Goldgräber und sah sich frech am Tische um: „Calculir, der hat's wohl ausge=trieben!"

„Was sagt Ihr! Was ist's mit Fritz Basch?" rie=fen die Gäste; denn der frische Junge war in Aller Ge=dächtniß.

Der Amerikaner trank erst sein Glas bis auf die Nagel=
probe. „Ihr kennt das hier nicht," sagte er dann wieder;
„im Süden, im Oregon war's; ein neues Goldlager! Ihr
kennt das nicht: von Asien, Afrika, Europa rannten sie her=
bei; der Staub, der Morast, das Schnauben und Toben
von Mensch und Vieh; aus hundert Sprachen schrieen sie
durch einander, schlimmer als beim Thurmbau zu Babel: ein
Irländer wurde verrückt; ein Franzos wollte Alles über=
schreien, bis er am Ende nur noch pfeifen konnte; aber Gold!
Gold war für Alle! — Harke, noch ein Glas!" unterbrach
sich der Erzähler.

„Aber Fritz! Was war mit dem? War er dabei?"
riefen die Anderen.

„Dabei? — Ob er dabei war! Er grub und wusch
für Zwei! Einen Beutel voll Gold hatte er schon, den er
allzeit festgebunden in der Hosentasche trug."

„Weshalb denn ist er nicht mit hierhergekommen? Habt
ihr Streit gehabt?"

Der Amerikaner schüttelte den Kopf: „Streit? Streit
genug; aber nicht zwischen uns. In den Minen, Abends in
den Zelten, wir spielten fast die Nächte durch; habt von der
Wirthschaft wohl schon reden hören. Aber Fritz wollte nicht,
und wenn sie ihn zerren wollten, sprach er: ‚Spielt! ich
mach nicht mit; muß meinem Vater ein weich Kissen für
seinen alten Kopf mit nach Haus bringen; hab kein Gold
für eure Karten!' — Aber sie kriegten's heraus, daß er die
Taschen voll hatte; so kam's zum Streit, und in einer
Nacht — ihr kennt das nicht — da wurden die Messer
blank, und eins davon fuhr ihm zwischen den Schultern in
den Rücken."

Die blonde Dirne stieß einen Wehlaut aus. „Der arme
alte Daniel!" rief ein Anderer; „es war doch nicht zum
Tode?"

„Zum Leben auch nicht!" sagte der Amerikaner; „ich

hab ihn später nicht mehr gesehen, und wenn sein Leichnam nicht zufällig einem neuen Claim im Wege lag, so werden die Geier und die Ratten ihn schon begraben haben!"

— — Ein paar Tage später saß der Erzähler auch bei dem alten Meister Daniel auf der Bank unter Mamsell Riekchens Fenster, und bis weit hinab und hinauf in die Straße konnten die Leute, die dort gingen oder vor ihren Thüren saßen, ihn reden hören. „Na, good bye, Meister!" sagte er endlich, rückte seinen Hut und schlenderte gleichgültig, die Hände in den Hosentaschen, weiter.

Der Alte sah ihm lang mit starren Augen nach; als er sich aufrichten wollte, taumelte er auf die Bank zurück; er machte noch einmal den Versuch, und nun ging es: mit den Händen an der Wand tastete er sich durch seinen Hausflur und ebenso die Treppe hinauf; als er in die Kammer gelangt war, schloß er hinter sich die Thür. Wer auf der Gasse vorüberkam, sah die Sonne über die geschorene Linde weg ins offene Fenster scheinen und hörte den Dompfaff sein allbekanntes Lied pfeifen.

* *
*

Nach einigen Wochen aber wurde hie und da erzählt, der alte Daniel Basch sei so was wunderlich geworden; der Amerikaner habe auch ihm das Stück von seinem Sohn erzählt, da sei ihm die Trauer in den Kopf gestiegen. — Auch in meinem Hause wurde davon gesprochen; da seine Mutter bei meiner Großmutter lang in treuem Dienst gestanden war, so gehörten wir zu seiner ihm noch jetzt verbliebenen Kundschaft. Die Aufträge meiner Frau waren, nach deren Äußerung, bisher prompt und sauber ausgeführt; nur eben jetzt hatten wir lange auf ein Badewännchen für unser kränkelndes Kind gewartet. „Geh doch einmal selber bei dem Alten vor," sagte sie eines Tages zu mir; „dein Spaziergang führt dich ja oft dort vorbei!"

Als ich mich, deß gedenkend, am folgenden Nachmittage seinem Hause näherte, sah ich dort eine Leiter über der Hausthür angelehnt; den darauf Stehenden aber verbarg mir das Laub des Lindenbaums. Als ich herantrat, erkannte ich unseren alten Meister selber; er hatte in der einen Hand einen Meißel, in der anderen einen Hammer und war damit beschäftigt, den vor Jahren dem Thürstück angestrichenen Mörtel wieder loszuarbeiten, und schon sah der Schädel des Todes wieder aus dem wüsten Staub hervor.

Als der Alte auf meinen Gruß, den ich ihm hinaufrief, mich erkannte, kam er hastig von seiner Leiter herabgeklommen und führte mich durch den schmalen Hausflur in die Werkstatt. „Es ist fertig, ganz fertig, Herr Landvogt!" sagte er und sah mich aus erschreckend hohlen Augen an; „daß Ihre gute Frau mir nur nicht bös wird! Ich hatt's vergessen; rein vergessen — Die letzten Wochen!" Er griff in eine Ecke und wies mir die fertige Wanne vor. „Die letzten Wochen!" wiederholte er noch einmal leise vor sich hin.

Ich faßte seine Hand und fühlte, wie sie in der meinen bebte. „Ich weiß es, Meister," sagte ich; „sie haben großes Leid zu Euch gebracht."

Da hörte ich den Dompfaff pfeifen, den ich bis jetzt nur vom Hörensagen kannte; er hing in seinem Bauer jetzt hier in der Werkstatt innerhalb eines kleinen Oberfensters; vom Hofe nickte ein blühender Flieder zu ihm herein.

Der Vortrag des kleinen Künstlers schien mir so lieblich, ja — was indeß wohl nur die Folge meiner Stimmung war — so voll Empfindung, daß ich schweigend horchte. „Da habt Ihr einen anmuthigen Hausgenossen!" sagte ich.

Der Alte ließ den weißen Kopf sinken: „Den letzten," murmelte er; „und nur ein Vögelchen."

„Den letzten? Ich dachte, es wohne auch noch so ein altes munteres Jüngferchen bei Euch?"

Meister Daniel nickte: „Ja, ja, Herr; nur — sie hat die Anderen nicht gekannt; der" — und er schaute zärtlich zu dem Vogel auf — „ist noch von meinem Fritz!"

Ich hätte ihm zurufen mögen: „Laßt nicht den Kopf so hängen, Alter! Wer weiß, der Fritz kommt dennoch eines Tages in die Thür gesprungen, und es wird wieder jung und lustig in Eurem Hause!" Denn ich traute dem verlumpten Schwätzer nicht, der jene Kunde über das Meer gebracht hatte; aber dennoch — es sah dem Fritz zu ähnlich, und das Ende war wie ein Blatt aus einer Tagesnummer von da drüben; ich gab schweigend dem alten Mann die Hand: „Meine Frau wird die Wanne holen lassen," sagte ich; „möge Gott Euch trösten, Meister Daniel; die Welt ist ja so reich."

Als ich aber einen Blick auf den gebrochenen Mann warf, der noch immer nach dem Vogelbauer starrte, als gäbe es nun nichts Weiteres für ihn, da schämte ich mich meiner dummen Weisheit und wollte schweigend davongehen.

In der Hausthür aber hatte er mich eingeholt; er hielt die Zipfelmütze in der Hand: „Verzeiht! Verzeiht, Herr!" wiederholte er ein paar Mal mit einem unbeholfenen Diener.

Nur ein paar Häuser weit hatte ich mich entfernt, als ich schon wieder von der Leiter herab die Schläge des Hammers auf den Meißel hörte; der Alte arbeitete schon wieder seinen Tod zu Tage.

— — Sie sagten, Meister Daniel sei wunderlich geworden, und es war vielleicht auch so; freilich die wenige Arbeit, die er noch zu verrichten hatte, gerieth ihm nach wie vor; aber das Handwerk, oder was davon in früheren Jahren in seinem Kopfe hatte sitzen müssen, war ihm allmählich in die Faust hinabgestiegen, und die war noch leidlich zu gebrauchen. Im Übrigen hatte er seine alten Bücher wieder in die Schubladen gepackt: was sollte er von den Dingen der Welt noch lesen, da seine Lieben keinen Theil mehr an ihr hatten! Für ihn war jetzt ein Anderes: wenn Abends die Dämmerung sich dem Dunkel nahte, oder wenn der Mond aus seiner Himmelshöh herabschien, dann schritt Daniel aus seinem Hause die Süderstraße hinab, über den Markt und hinten durch den einsamen Schloßgang, durch die Lindenalleen und durch den Todtengang nach dem Kirchhof. Er trug keine Blumen oder Kränze dahin; aber unter der kleinen Linde, die auf Linas und Salomes Grabe wuchs, hatte er ein schmales Bänkchen zimmern lassen; dort saß er und blickte, so lange noch ein Schimmer davon sichtbar war, nach Westen auf das Meer und dachte an die Ewigkeit, welche nur allein noch vor ihm lag.

Aber auch wenn schon das Dunkel ihn rings umschlossen hatte, blieb er dort mitunter sitzen.

Da er eines Abends erst nach elf Uhr seine Hausthür aufschloß, kam ihm Mamsell Riekchen aus ihrer Stubenthür mit einem brennenden Licht entgegen; sie hatte so lang in Schillers Räubern gelesen: „Mein Gott, Herr Basch, wo kommen Sie her? Ich denk, Sie liegen über mir in Ihrem Bett; sonst hätt ich die grauliche Geschichte nicht so spät gelesen!" Plötzlich hüpfte sie auf und nahm ihm ein weißes Blättchen von einem Grabkranz aus den Haaren. „Das ist ja von dem Kirchhof!" schrie sie. „Was machen Sie auf dem Kirchhof?"

Der Alte nickte: „Ja, ja, Mamsellchen!" und ein wunderliches Glänzen brach aus seinen Augen; „mein selig Mutter war heut auch bei uns, in ihrer kalmankenen Nachtjacke; aber sie hatte Erde auf ihren weißen Haaren; nur mein Fritz — die Reise war auch wohl zu weit," setzte er leis und wie entschuldigend hinzu.

„Herr Basch," rief Mamsell Riekchen und wehte abwehrend mit ihrem Schnupftuch gegen ihn, „Sie machen

Einem bange! Kommen Sie; ich leuchte Ihnen nach Ihrer Kammer; ich koche noch schnell ein Täßchen Kamillenthee, damit Sie auf andere Gedanken kommen!" Und der Alte ließ sich hinaufleuchten und trank geduldig den Kamillenthee.

„Ihr gütigen Engel!" rief Mamsell Riekchen, da sie unten in ihrem Zimmer war, „er ist ganz wunderlich; aber bei solcher Stirn — was war da Anderes zu erwarten!"

— — Von der Zeit an hielt Mamsell Therebinte über des Meisters Hauswesen eine stille Aufsicht; „denn," sagte sie, „böse Menschen könnten ihm bei hellem Mittag das Dach vom Hause wegstehlen!" — Aber auch der Garten unterlag ihrer Sorge, und sie paßte eifrig auf, daß nicht die Nachbarskatze oder Hühner sich in den von ihr neu ange= legten Suppenkrautbecken häuslich einrichteten; besonders beunruhigte sie ein fremder Junge, den sie mehrmals durch den Garten gegen das Haus hatte heranschleichen sehen; aber sobald er sie erblickt hatte, war er eilig seitwärts durch die Nachbarsgärten davongerannt, so daß sie von seinem Kopfe nur einen fahlblonden aufgesträubten Haarpull zu Gesicht bekommen hatte. Als sie eines Nachmittags mit Magdalene vom Hause aus in den Garten ging, fuhr diese plötzlich wie erschrocken auf. „Was hast du, Lenchen?" frug Mamsell Therebinte.

„Ich? Nichts," sagte Lenchen; aber es knatterte drun= ten zwischen den Büschen, und ihre Augen sahen ängstlich nach dieser Richtung.

„War der Junge da, von dem ich dir gesagt habe?" frug Riekchen.

„Nein, ich weiß nicht."

„Hmm, hmm!" machte Mamsellchen, und damit war die Unterredung aus; aber Lenchen mußte nach Hause und schien froh, von der Alten loszukommen.

Ein paar Tage später war der Junge wieder sichtbar geworden, und diesmal hatte er Mamsell Riekchen sein volles

Antlitz zugekehrt; aber sie kannte ihn nicht: er schielte, er hatte eine kurze dicke Nase. „Pfui," sagte sie; „ein übler Knabe! Was will er? Stehlen? Aber gewiß, so sehen die Spitzbuben aus!"

Im ersten Augenblick wollte sie zum Meister in die Werkstatt; aber nein, mit dem war jetzo nicht zu reden. Sie schauderte noch ein wenig; dann ging sie in das Haus zurück, versicherte aber bei ihrem Eintritt die Hinterthür mit Haken und mit Schlüssel und setzte sich in ihrem Stübchen nachdenklich an ihren engen Strickstrumpf. So viel war gewiß, und sie nickte bestätigend mit ihrem Köpfchen, die ganze Verantwortung lag jetzt auf ihr.

*   *
*

In dem damals sehr heißen August war ein großes Fest in unserer Stadt; ich weiß nicht, war der König da oder was sonst; aber auf den Abend sollte im Rathhaussaal getanzt werden, und seit Mittag war Riekchen Therebinte bald in diesem, bald in jenem Hause, um den Honoratiorentöchtern bei ihrem Staat zu helfen. Meister Daniel hatte den Nachmittag an der Wiederherstellung eines kleinen Eimers gearbeitet; er war schon alt und auseinandergefallen, denn der Meister hatte ihn einst für seinen Fritz gemacht; nun wollte er ihn dem Lenchen schenken, wenn sie nächstens ihn besuchen würde. Ihm war warm dabei geworden, und er mußte sich auch noch fortwährend die winzigen „Gnaupen" vom Gesicht wischen, die derzeit zu wahren Plagegeistern wurden. Aber allmählich verschwanden die Thierchen; die Dämmerung kam, und ein gelber Abendschein fiel schräg von Westen her auf die weiß getünchten Wände der Werkstatt. Der Meister ließ die Arbeit aus den Händen gleiten; er saß auf der Schnitzbank und sah nach seinem Vogel, der am oberen Fenster hing und sich duknackig zu=

sammengeplustert hatte. „Papchen! Mein Papchen!" rief der Alte zärtlich; aber der Vogel rührte sich nicht: da stand er auf, rückte hastig einen Stuhl an das Fenster und stieg hinauf.

Unter der Holzdecke, in deren Nähe das Bauer hing, war eine Todesgluth. Der Alte stieß mit zitternder Hand das obere Fenster auf und hakte es fest; dann sah er wieder angstvoll auf seinen Vogel. „Nicht krank werden, Papchen!" flüsterte er ihm zu. „Fritz ist todt und Daniel ein alter Mann!" Er faßte an das Trinkglas des Vogels; es war heiß wie ein Suppentopf. Rasch trat er von dem Stuhl herunter, trabte mit dem Glase zum Brunnen auf dem Hofe und füllte es mit frischem Wasser, das er aus der tiefsten Tiefe heraufzog. Als er wieder in der Werkstatt war und das Glas vor dem Bauer in den Drahtring gehangen hatte, stand er lange mit den Händen auf dem Rücken und blickte gespannt nach seinem Vogel, der sich deutlich gegen den Abendschimmer draußen abhob. „Trink nun, Papchen, trink!" sprach er halb wie zu sich selber. „Soll nicht wieder passiren; der alte dünne Kopf! Wir müssen zusammen aushalten; so trink nun doch, mein Papchen!"

Und wirklich, der Vogel spreitete die Flügel und reckte den Kopf auf, als ob er jetzt erwache; und Daniel sah ihn zu seiner Beruhigung nach dem Glase hüpfen und in durstigen Zügen den klaren Quell hinunterschlürfen.

Die Dämmerung fiel immer stärker; der Meister band sein Schurzfell ab, zog seinen Rock an und machte sich zu seinem Abendgange nach dem Kirchhof fertig. Als er eben aus dem Hause gehen wollte, fiel ihm die Hofthür ein; er lief zurück und versicherte sie mit Schlüssel und Haken, denn er wußte, daß Mamsell Therebinte heut in der Stadt ihre Kammerjungferngeschäfte trieb; dann schloß er auch die Hausthür ab und ging durch den ungewöhnlich dunklen Abend die Straße hinunter zu seinen Todten.

Er blieb lange auf dem Kirchhof, denn er feierte heute den Geburtstag seiner Line. Wer außer ihm noch dort gewesen war, den hatte das nahende Gewitter nach Haus getrieben, das im Westen über dem Meer heraufstieg. Er saß allein in der Finsterniß auf der kleinen Bank und dachte wohl, wie er vor Jahren mit ihr, die jetzt unter ihm verweste, Hand in Hand unter dem Birnbaum in dem damals so wohl gepflegten Garten gesessen hatte. Die Donner, die schon lange gemurrt hatten, wurden lauter; mitunter hob ein jäher Blitzschein die Todtenkreuze und Urnen um ihn her auf einen Augenblick aus dem Dunkel in ein gelbblaues Licht, und ein Rauschen fuhr durch die Eschen des Kirchhofs. Als jetzt ein dröhnender Schlag vor ihm wie in den Grund hinabprasselte, erhob er sich unwillkürlich. Noch ein Weilchen stand er und neigte das Ohr nach dem Grabhügel; aber die Todten schliefen fest genug; dann trat er den langen Weg nach seinem Hause an. Als er von der Norderstraße über den Stiftskirchhof ging, zeigte ein Blitz ihm für einen Augenblick die beiden Zackengiebel und die Seitenmauer des langen Stiftsgebäudes und darin das Fenster, hinter welchem er so manches Mal bei seiner Schwester Salome gesessen hatte; es war dort Niemand mehr, der zu ihm gehörte, und er begann einen kleinen Trab zu laufen; ihn ergriff eine plötzliche Sehnsucht nach seiner öden Wohnung; auch mußte er in der Werkstatt den offenen Fensterflügel schließen, damit der schon in großen Tropfen fallende Regen nicht seitwärts in das Vogelbauer und auf seinen Dompfaff schlage.

Mamsell Riekchen lag schon hinter den geblümten Gardinen ihres Jungfernbettes, als der Meister in sein Haus trat und sie ihn eilig in die Werkstatt gehen hörte. „Den lieben Engeln Dank," sagte sie und streckte ihr Figürchen behaglich unter dem Deckbett, „daß wir den alten Mann zu Hause haben!" Denn von draußen schlug der Gewitterregen wie in Strömen gegen die Fenster. „Nun wird er gleich seine Stiegen hinaufklettern, und dann ist Ruh im Hause!"

Aber es dauerte eine Weile; dann hörte sie von der Werkstatt her ein Hantiren mit Brettern und Dauben, die dort in Menge an den Wänden standen, als ob Jemand in hastigem Suchen Alles durch einander werfe; dazwischen klatschte draußen der Regen von den Dächern und aus den Rinnen auf die Straße. Sie hatte sich in ihrem Bette auf= gerichtet und drückte ihre eingewickelten Schmachtlöckchen an die Schläfen; denn sie wollte nicht schlafen, bevor auch ihr alter Miethsherr zur Ruhe wäre. „Gott sei tausendmal Dank!" sagte sie, als sie ihn endlich aus der Werkstatt in den Flur treten hörte. — Aber, was war das? Er ging nicht nach der Treppe; die Hofthür wurde aufgeschlossen und geöffnet: er ging hinaus in all das Wetter!

Sie saß noch eine Weile; aber so gleichmäßig, so ein= lullend strömte jetzt der Regen; Mamsell Riekchen war zu= rückgesunken; ihre Athemzüge verkündeten deutlich den ge= sunden Schlaf.

— — Nur der schwindsüchtige Nachbar Schneider, dessen Schlafkammer nach dem Garten lag, hatte erst eben vor dem Zubettegehen das Licht gelöscht und wachte noch mit seiner Ehefrau; erst vor einem halben Stündchen hatte er die Nadel in das Kissen gesteckt.

„Huste doch nicht so, Jan Peters!" sagte die stämmige Ehehälfte, die neben ihm unter der Decke lag.

„Ja, ja, Trine; mit deinen Lungen würd ich's auch nicht thun. Horch nur, wie der Regen patscht!"

In diesem Augenblicke hörten Beide die Hinterthür des Böttcherhauses aufklinken und bekannte Schritte durch den Gang nach dem Garten traben. „Um Christi Barmherzig= keit!" rief das Weib; „ich glaub, der alte Basch will noch spazieren gehen!"

„Laß ihn!" sagte der Schneider und hustete wieder.

„Nein, nein! Was hat das zu bedeuten?" Und das Weib sprang mit beiden Füßen aus dem Bett und stellte sich an das Fenster, um die Finsterniß draußen mit ihren runden Augen zu durchdringen. „Ich glaub," sagte sie, „er watet drunten in seinen Kartoffeln, die auch längst im Keller sein sollten! Was will er denn in den Kartoffeln?"

Der Mann im Bett antwortete nicht; aber in demselben Augenblick drangen durch das Getose des Wetters von drunten aus dem Nachbargarten ein paar Worte zu ihnen herauf: „Papchen, gut Papchen!" hörten sie es schmeichelnd rufen; dann aber, nachdem eine Weile der stärker niederstürzende Regen jeden Laut verwischt hatte, erscholl ein Jammerruf, daß der müde Schneider aus seinen Kissen in die Höhe fuhr.

„Still!" rief das Weib und drängte ihren Kopf noch härter an die Scheiben.

„Trine!" begann der Mann wieder; „das war der alte Basch! Sollen wir ihm auch zu Hülfe kommen? Wenn ich da draußen wär, ich holte mir den Tod."

Sie antwortete lange nicht; dann nach einigem Rufen war es still geworden. „Laß ihn!" sagte sie; „die Verrückten können mehr vertragen als du; was will er mit seinem Vogel Nachts im Garten laufen?"

Damit war sie wieder unter die Decke gekrochen; vom Kirchthurm schlug es elf; und bald danach schnarchten auch die beiden Schneidersleute.

— — Aber am Tage darauf lief es durch die Nachbarschaft, dem alten Basch sei am vorigen Abend sein Vogel davongeflogen; nun sei er in dunkler Regennacht in seinen Kartoffeln umhergelaufen und habe unter jeder Staude visitirt; und ein Spaß für die ganze Stadt war es, als am Nachmittag der Bettelvogt durch die Straßen wanderte und, mit seinem Schlüssel an das große Messingbecken schlagend, ausrief, dem Böttcher Daniel Basch sei sein kunstvoller Dom-

papst fortgeflogen, und wer ihn wiederbringe, solle guter Be=
lohnung gewiß sein! — „Wahrhaftig," riefen die Nachbarn
lachend; „das hat Mamsell Therebintchen angeordnet; sie
läßt es sich ein Stückchen Silber kosten: am Ende will sie
noch den Alten heirathen!"

Und Recht hatten sie darin, daß Mamsell Riekchen den
Aufruf hatte anstellen lassen; aber der Vogel kam nicht wie=
der. „Ja, ja," vertheidigte sich der dicke Bettelvogt, als Riek=
chen bei Auszahlung seiner Gebühr ihn deshalb zur Rede
stellte; „wenn's eine Katz oder auch nur ein Karnickel ge=
wesen wär, ich wollte nichts davon sagen; aber so Vögel mit
Schwanz und Flügeln, die können eigentlich gar nicht aus=
gerufen werden." Und während Mamsell Riekchen über diese
unerwartete Antwort sich in ein verwickeltes Nachdenken ver=
lor, ging der Ausrufer behaglich hustend zur Thür hinaus.

Noch einmal kroch sie mit dem Alten in Haus und Gar=
ten umher; aber nur das leere Bauer war geblieben, das
mit seinem offenen Thürchen die ganze Werkstatt zu veröden
schien. Als Riekchen nach all dem vergeblichen Suchen den
Kräften des alten Mannes mit den Veronicatropfen ihrer
Gräfin aufhelfen wollte, schüttelte er langsam seinen weißen
Kopf: „Ich danke, gutes Mamsellchen; das ist nicht anders;
die irdischen Freuden sind vorüber. Dann sah er durch das
Fenster in den blauen Himmel, als suche er dort das Thor
zur Ewigkeit.

* *
*

Die überraschenden und schnell sich folgenden Vorgänge,
welche ich jetzt zu erzählen habe, sind es wohl eigentlich,
welche uns in der kleinen Seestadt das Gedächtniß des ein=
fachen Mannes bewahren ließen und mich veranlaßten, den
kleinen Spuren seines Lebens nachzugehen, von denen ich
einzelne hier aufzuzeichnen vermochte.

— — Es war an einem Spätnachmittage des Septem=

bers, und die Abendsonne lag herbstlich mild auf den braunen
Ziegeldächern, als ein Trupp von etwa zwanzig meist auf=
gewachsenen Jungen sich hurtig, aber in feierlicher Stille,
von unseres Meisters Hause die Straße hinaufbewegte, die
hier nach Osten zur Stadt hinausführt. Nur selten wurde
ein Wort geflüstert; in sachtem Trabe ging es vorwärts;
man hörte nichts als das Geräusch von den Stiefeln oder
Holzkloppen, die ebenmäßig über das Pflaster liefen. Hie
und da kam noch einer aus den Häusern zugelaufen und
schloß sich, eifrig aber heimlich fragend, dem Zuge an. „Wat
is da los? Wo willn jüm hen?" frug eben ein kleiner
dicker Bursche.

Und der Gefragte raunte ihm ins Ohr: „Buten na't
Brutlock! He will sick versupen!"

„Ah Snack! Versupen? Wem will sick versupen?"

Und der Andere zeigte auf den alten Meister Basch, der
in Kniehosen und Pantoffeln, mit Schurzfell und blauer
Zipfelmütze, mit fahlem Antlitz und wie leeren Augen in
ihrer Mitte trabte.

„Dammi ja!" sagte der neue Junge. „He kickt immer
liekut. Warum will he sick versupen?"

„So wes' doch still!" raunte der Andere; „wil he nich
mehr leben mag."

„Wem hätt dat geseggt?"

„He jülm."

„Dammi ja!" rief der neue Junge wieder; „wenn man
uns' beiden Swemmers mit weren!"

„De sünd all lang vörut."

Die beiden „Swemmers" waren ein paar ältere kräftige
Jungen, Hans Jochims und Harke Mommsen, die Schwimm=
künstler unter denen, die draußen bei der Schleuse badeten;
sie hatten sich von dem Zuge getrennt und waren aus Lei=
beskräften vorausgelaufen; denn sie dachten heute ihren
Ruhm noch um ein Erkleckliches zu mehren.

Der Trupp, der sich rastlos mit dem schlurrenden trappelnden Geräusche fortbewegte, war endlich vor die Stadt gekommen, wo sich statt der Häuser zur Linken der Steinwall mit den großen Weißdornbüschen hinzieht und rechts die Marschweiden nach dem Hafenstrom hinab liegen. Es ging jetzt rascher vorwärts; sie waren bald zur Stelle; Niemand von den Knaben hatte ein Wort zu dem alten Meister gesprochen, er keins zu ihnen; Niemand hat es nachher gewußt, woher es kund geworden, daß sie ihn auf seinem Todesgang begleiteten; ebenso wenig kam ihnen der Gedanke, daß sie den Verwirrten zurückhalten müßten; auch die vorausgelaufenen Schwimmer dachten nur, wie sie ihr Heldenstück vollbringen wollten. Wohl begegneten ihnen ältere Leute, die sie zu Rath und Hülfe hätten herbeirufen können; aber allen von solchen gestellten Fragen setzten sie nur ein stummes Kopfschütteln oder ein nichtachtendes unbewegliches Schweigen entgegen; sie wollten sich nicht stören lassen; die allen Menschen eingeborene Begier, das Letzte, Schauerliche einmal selbst in nächster Nähe zu erleben, trieb sie vorwärts.

Und der alte Mann schien Eile zu haben; er lief immer hurtiger, wie einst, wenn er aus der Werkstatt zu seiner Line in die Küche trabte; er wollte auch zu ihr, nicht zu ihrem Grabe; er wollte nach einer Pforte, durch die er aus der Welt hinauskonnte; zu ihr, zu Fritz, nur nicht mehr in der leeren Welt!

Der Zug wandte sich jetzt rechts nach einem breiten Damm hinauf; ein paar hundert Schritte weiter, wo am Ende desselben eine hochgelegene Landstraße vorüberführte, lag tief unten im Winkel das Brautloch, eins jener schwarzen Wasser, die nach der Sage unergründlich sind. Die Augen der Jungen wurden immer greller, je näher sie den Spiegel in der röthlichen Abendsonne blinkern sahen; und viele Finger streckten sich aus und wiesen auf zwei dort am

Abhang liegende Kleiderhäufchen. „De Swemmers! De Swemmers!" rief es aus dem Zuge. Als sie aber noch näher kamen und von dem Damme das Wasser unter ihnen mit seinen hohen Schilfrändern übersehen konnten, lag unten Alles blank und todtenstill; sie reckten und drehten die Hälse; aber von den Vorausgelaufenen war nichts zu gewahren.

Plötzlich erscholl aus dem Haufen ein durchdringender Schrei des Entsetzens; denn während die Knaben nach ihren Kameraden auf der Wasserfläche aussahen, hatte Meister Daniel einen Zulauf genommen; sie sahen etwas, das sie nicht erkennen konnten, durch die Luft in die Tiefe hinabfliegen und gleich darauf das Wasser unten in klatschenden Wellen emporschlagen.

Der Augenblick war vorüber; es wurde still; die Knaben standen zitternd auf dem hohen Ufer und begannen um Hülfe zu rufen. Aber sie war schon da, und von diesem Augenblicke an wandte sich das Schicksal Meister Daniels; es ging wieder aufwärts, denn die Jugend hatte sich seiner angenommen. Aus den beiden sich gegenüberliegenden Schilfverstecken schwammen mit kräftigem Armschlage zwei nackte muskelstarke Jünglinge hervor, und als die Gestalt des Greises wieder aus der Tiefe auftauchte, schossen sie herzu und hoben ihn mit geschicktem Schwung auf ihre Schultern. „Hurrah!" riefen die Jungen, die auf der Höhe standen, und noch einmal „Hurrah!" und immer kräftiger, je näher ihre beiden „Swemmers", zwei jungen Tritonen gleich, mit starken Schlägen den Verunglückten der heimathlichen Erde zuführten.

Daß Meister Daniel unter einem Hurrah der Knaben in die Tiefe gesprungen sei, ist eine Lüge, die schadenfrohe Menschen sich später zugerichtet haben. Die Jugend ist nur selten böse, und der alte Mann mit seinem schönen Vogel hatte den Knaben ja niemals Leid gethan. Aber ein halbes

4*

Hundert Arme waren bereit, ihn am Ufer seinen beiden Rettern abzunehmen, die jetzt stolz zu ihren Kleidern schritten; ein Paar der Knaben lief nach dem Chausseewärterhäuschen, das nahebei auf dem Damme stand, und die gutmüthige Frau, die allein daheim war, öffnete schon die Hausthür, durch die nun der ganze Trupp hineinströmte, mit dem Meister, den sie in ihrer Mitte trugen. „Er lebt noch! Er lebt aber noch!" schrieen sie der Frau entgegen, und die jugendlichen Gesichter glühten dabei von Lebens- und von Liebesfreude.

Plötzlich gewahrten sie mitten in ihrem Gedränge ein dürres Frauenfigürchen; sie hatte einen Schäferhut auf ihrem Köpfchen, zwei lange dünne Locken baumelten wie geängstete Schlangen unter ihrem Kinn zusammen. „Riekchen! Mamsell Therebintchen!" erscholl es aus dem Haufen. Und sie war es; sie war in Geschäften in der Stadt umher gewesen; sie hatte bei ihrer Heimkehr das Furchtbare erfahren; sie hatte ein großes Wäschestück in einen Papierbogen gewickelt und war fast ohne Besinnung mit diesem Bündel hinterhergelaufen, das sie jetzt auf den glücklich erreichten Tisch warf. „O all ihr lieben Engel," stieß sie hervor und sank auf einen Stuhl; „wo ist er, ihr Knaben, wo habt ihr den alten Meister Daniel Basch gelassen?"

Die Knaben aber drängten ihre Köpfe gegen sie und schrieen wieder: „Aber er lebt! Er lebt, Mamsell!"

Da schnellte Riekchen Therebinte wie eine Stahlfeder von ihrem Stuhle auf. „Er lebt?" rief sie.

„Ja, ja, er lebt! Dreht Euch nur um, so könnt Ihr's selber sehen!"

Aber Riekchen drehte sich nicht; wie in Todesangst flog sie auf ihr Bündel zu, bemächtigte sich desselben und war im Augenblick zur Thür hinaus. „Ich lauf zum Physikus! zum Physikus!" rief sie in der Eile noch zurück; dann lief sie wie ein Brunshähnchen auf dem Damme der Stadt entgegen. Die gute Frau des Wärters aber kleidete den Verunglückten sorgfältig in ihres Mannes Wäsche.

Das auffällige Gebahren des kleinen Mamsellchens hatte freilich seinen Grund: sie hatte dem Meister — so wurde anderen Tags erzählt — in ihrem Bündel sein vor vierzig Jahren angefertigtes Todtenhemd nachgetragen, das dieser ihr Tags vorher kraus und vergilbt gegeben hatte, damit sie es mit ihren Linnensachen durch die Wäsche gehen lasse. Sie hatte sich nun doch geschämt, es für den Lebenden auszupacken.

— — Als aber der Mond aufgestiegen war und von den Häusern der Stadt tiefe Schatten auf die Straße fielen, kam von draußen her ein langer Tragkorb, der in Meister Daniels Haus gebracht wurde; nur der Physikus war nebenher gegangen; Mamsell Riekchen hatte in der Straßenthür schon auf den Zug gewartet.

* *
*

Meister Daniel war in eine schwere Krankheit gefallen; tagelang schon lag er ohne Besinnung; das gute Mamsell Riekchen und die alte Arbeitsfrau saßen abwechselnd Tag und Nacht an seinem Bette. Am ersten Tage schien der Zustand des Greises fast verwirrend auf das kleine Dämchen einzuwirken: „Meister! Meister Basch! Besinnen Sie sich! Sie müssen sich besinnen!" hatte sie ihm, ängstlich hin und her hüpfend und an seinem Hemdsärmel zupfend, zugerufen, aber es hatte nichts verschlagen wollen; auch hatte dann der alte Physikus ihr strenge Ruhe auferlegt, und dem Arzte war sie stets gehorsam.

Um diese Zeit kam ich gegen Abend von einer dreitägigen Geschäftsfahrt zurück und war oben an der Süderstraße vom Wagen gestiegen, weil ich einem dort Wohnenden das Ergebniß meiner Reise mitzutheilen hatte. Als ich dann später, da schon alle Handwerker Feierabend gemacht hatten, durch die Straße in die Stadt hinabging, sah ich an der offenen Hausthür von Meister Daniels Hause den hageren Nachbar Schneider stehen, als ob er mit sonderlicher Befriedigung nach dem Inneren hineinhorche.

„Nun, Meister," sagte ich, in meinem Gange inne haltend, „giebt es in unseres armen Daniels Hause auch einmal wieder Fröhliches zu erlauschen?"

Er wandte sich zu mir und zupfte sich wie zum Gruße in seinen grauen staubigen Haaren: „Freilich, freilich, Herr Landvogt!" sagte er dann; „horchen Sie nur, wie fix das von der Hand geht. Er ist noch immer bei der Arbeit, wird bald unter den Resten aufräumen; schicken Sie nur immer neue Arbeit! Und das Geräth, alles blitzblank, alles amerikanisch! Das arbeitet wie von selber; nun gar, wenn ein solcher Bursch dahinter sitzt!"

Der Schneider hustete, wie zur Bestätigung, und zog sich sein grünes Wamms über die platte Brust. „Ein Wettersjunge war's!" stieß er hervor; „und Sie werden's sehen, Herr, ein Teufelskerl, ein Böttcher aus dem Fundament ist da herausgewachsen!"

Ich sah ihn an, ich verstand sein Gerede nicht; wohl aber hörte ich, jedoch nicht aus der Werkstatt, sondern wie hinten aus dem Hofe und nur schwach herüberhallend ein Geräusch wie von einem resolut arbeitenden Handwerker.

„Ja," sagte der Schneider; „dort in dem Ställchen hat er sich eingerichtet; der Alte sollte nicht gestört werden."

„Lieber Meister," sprach ich, „warten Sie ein Weilchen! Wer ist der Teufelskerl, der dort im Stall so amerikanisch arbeitet?"

Der Schneider riß die matten Augen auf, daß seine Brauen um einen Zoll weit in die Höhe fuhren, und betrachtete mich von Kopf zu Fuß. „Lieber Herr," sagte er nachsichtig, „ich seh's, Sie kommen von der Reise, sonst würden Sie's schon wissen: der Junge, der Fritz Basch ist vorgestern von Californien wieder eingetroffen, und ein Kerlchen, wie ein Cyklop!"

Ich sah den begeisterten Mann etwas verwundert an: „Also," sagte ich, „ist er in den Minen nicht erstochen worden?"

„Doch, doch, lieber Herr, das Messer hat er schon richtig zwischen den Schultern gehabt; aber er hatte auch noch bessere Freunde als den Hasenfuß, den Amerikaner; die schleppten ihn in ihr Zelt, da hat er lange gelegen."

„Und sein Vater, der alte Daniel," frug ich, „ist er vor Freuden nun nicht gleich gesund geworden?"

Aber der Schneider patschte mit seinen aufgehobenen Händen in die Luft und beschrieb dann mit dem Finger ein paar Nullen vor seiner Stirn: „Wirrig! Noch immer wirrig; er weiß von nichts."

„Gott besser's!" sagte ich und sprach das alte Wort wie ein Gebet; ich mochte mir nicht denken, daß der Sohn nur heimgekommen sei, um durch seine Schuld den Vater sterben zu sehen. „Gott besser's!" sagte ich noch einmal.

Der Schneider nickte: „Ja, ja; aber der Physikus meinte, wenn der liebe Gott nur ein wenig helfen wollte, so brächt er ihn wohl durch."

Das Arbeitsgeräusch vom Hofe, das unser Gespräch begleitet hatte, war plötzlich still geworden; es wurde allmählich dunkel. „Gute Nacht, Meister," sagte ich; „Gott wird ja gnädig sein."

* * *

Was der Schneider erzählt hatte, wurde bald von allen Seiten bestätigt: Fritz Basch war wirklich wieder da, von Hamburg mit einem hiesigen Fahrzeug angelangt; ein strammer Gesell, etwas größer als der Vater, mit einem braunen Bärtchen auf den trotzigen Lippen und ein Paar

Augen, als wollten sie den Vogel aus der Luft herunterholen; die Dirnen und Bursche mochten sich in Acht nehmen! Wie im Rausch war er durch Haus und Garten gelaufen und, als er Alles leer gefunden hatte, in das Haus zurück; als Mamsell Riekchen ihm hier von der Treppe aus entgegen kam, war er ihr athemlos nach der Giebelkammer hinauf gefolgt; denn was mit seinem Vater geschehen, hatte er schon auf dem Wege vom Hafen nach dem Elternhause durch einen früheren Kameraden erfahren. Stumm war er an Meister Daniels Lager hingesunken, stundenlang hatte er die ehrliche Hand in seiner gehalten, sie gestreichelt und geküßt; stundenlang hatte er auf seines Vaters Angesicht geblickt, als bettle er um auch nur einen hellen Blick; der Meister aber hatte aus seiner Nacht an ihm vorbei nach seinem todten Sohn gerufen.

Am zweiten Tage hatte der junge Mann seine Kiste ausgepackt, in der Werkstatt nachgesehen, ob an unfertiger Arbeit etwas in die Hand zu nehmen sei, und dann draußen im Stall sich seine Arbeitsstätte aufgeschlagen.

So waren ein paar Tage hingegangen; er hatte, so lang die Sonne schien, gearbeitet und Nachts an seines Vaters Bett gesessen; er stand jetzt Nachmittags, den Schlägel müßig in der Hand, zwischen seiner Arbeit in dem Stalle und blickte durch die offene Thür in den dunkelblauen Herbsthimmel; er war doch etwas müde. Plötzlich, unter dem Zwitschern der durch den Garten ziehenden Meisen, hörte er einen leichten Schritt von unten den Steig am Zaun heraufkommen. Er blieb horchend stehen; die Schritte wurden zögernder, je mehr sie sich dem Hause näherten. Er hatte schon neugierig auf den Hof hinaustreten wollen, da stand ein etwa dreizehnjähriges Mädchen mit sanften blauen Augen vor der offenen Thür; sie trug einen eckigen Gegenstand in der Hand, der mit einem blauen Seidentuch verhangen war; aber sie sah ihn schüchtern, fast erschrocken an.

„Tritt näher, little Mistress," sagte er lächelnd.

„Sind Sie Herr Fritz Basch?" frug sie leise, indem sie zögernd einen Fuß auf die Schwelle setzte.

Er nickte: „Bin's nun seit zwanzig Jahren schon gewesen!"

Sie blickte ihn wieder zweifelnd an.

„Aber wer bist denn du, little fair?" frug er wieder; „hast du mir etwas zu bestellen?"

„Kennen Sie mich nicht mehr?" sagte sie. „Ich bin des verstorbenen Collaborators Tochter."

„Magdalena! Die kleine Magdalena!"

Das Mädchen nickte: „Ja," sagte sie, „ich war recht klein damals, als die großen Jungen mich schneeballten und mich ‚Kolibri' schimpften; aber Sie kamen mir zu Hülfe, das gab den Jungen Beine."

„Ich weiß noch mehr, Lenchen," sprach er sinnend, „ich hob dich auch einmal aus einem Schneehaufen, in den sie dich geworfen hatten, daß nur kaum noch dein klein Gesicht herausguckte."

Das Mädchen senkte die Augen, aber sie nickte wieder heftig mit ihrem blonden Köpfchen.

Fritz hatte die Hände auf dem Rücken gefaltet; ein warmer Strahl aus seinen jungen braunen Augen fiel auf das Kind. Da zog sie das Seidentuch von dem Bauer, das darunter verborgen war, und ein rothbrüstiger Dompfaff flatterte darin und stieß einige seiner wilden Töne aus. „O Herr Fritz," rief das Mädchen, „seien Sie auch heute noch so gut und hören Sie mich an, denn das ist der Vogel Ihres Vaters!"

„Unser? Unser Dompfaff?" rief er, und die Augen wurden ihm feucht. „Papchen, mein Papchen, du lebst noch!" Aber plötzlich schienen andere Gedanken in ihm wach zu werden. Um diesen Vogel hatte sein Vater in den Tod ... Er biß sich auf die Lippen: „Wie kommst du zu dem Vogel?" rief er heftig.

Da fiel das furchtsame Kind vor ihm auf die Kniee: „Ich wollte ihn wiederbringen; ich dacht, das könnte den guten Meister gesund machen helfen!"

„Wiederbringen? So hast du ihn vorher genommen? Weißt du, daß mein Vater darum in den Tod hat laufen wollen?"

Sie sah ihn mit verwirrten Augen an; sie nickte erst, dann schüttelte sie heftig ihren Kopf: „Es ist erst heut herausgekommen," stammelte sie endlich; „da bat ich Großmutter, ob ich ihn hinbringen dürfe; er hat ihn auf dem Scheuerboden versteckt gehabt!"

Der Schrecken, den er über das Mädchen gebracht hatte, schien dem jungen Manne plötzlich weh zu thun; es war ein zu unschuldig Gesichtlein, das zu ihm aufschaute. „Komm!" sagte er und hob sie sanft vom Boden; „du mußt dich nicht so fürchten; ich mein es nicht so schlimm. Nun sag mir, wer hat den Vogel denn genommen? Oder hat ihn Jemand nur im Freien eingefangen?"

Sie schüttelte wieder ihr blondes Köpfchen: „Nein," sagte sie traurig, „mein Bruder Tiberius hat den Vogel vom offenen Fenster weggeholt."

„So?" sagte er; „er schielt; ich kenn ihn noch wohl."

„O thut ihm nichts, Herr Fritz!" rief sie und hob flehend ihre Hände zu ihm auf; „er hat schon seine Strafe; Großmutter hat es seinen Lehrern angezeigt! Und sagt auch nichts zu Mamsell Riekchen, sagt es keinem Menschen!"

Er stand und sah wie bewundernd auf sie nieder; aus dem noch halben Kinderangesicht hatte das Antlitz der werdenden Jungfrau ihn plötzlich angeblickt.

„Magdalena," sagte er verwirrt, „verzeih mir! Ich danke dir; ich will Alles thun, wie du es willst; der Vogel wird gewiß den alten Meister Daniel wieder gesund machen; Mamsell Riekchen hat mir gesagt, er habe dich sehr lieb; und — komm auch einmal wieder, Magdalena!"

Sie stand wie mit Purpur übergossen und sah schweigend auf den Boden. Auch er schwieg; da öffnete sie den Mund. „Wolltest du mir etwas sagen?" frug er. Aber sie schüttelte den Kopf und sagte nur: „Wenn der Meister wieder seine guten Augen aufthut, ihm dürfet Ihr es sagen!"

Dann ging sie. Als er schon unten am Wege die Gartenpforte hatte klirren hören, sah er das blauseidene Tuch auf einem Tönnchen liegen. Er nahm es und wollte ihr schon damit nachlaufen; aber er legte es wieder hin: „Nein," sagte er, und ein Lächeln flog um den jungen Mund; „sie muß es selber holen!"

Da hörte er den Vogel in seinem Bauer flattern: „Komm, Papchen!" rief er fröhlich, indem er mit dem Bauer der Hofthür zuging. „Is doch schön to Huus! Un nu versöf, ob du't noch bäter as de Doctor kannst!"

* * *

Der Vogel hing schon einen Tag lang in der Giebelstube; Riekchen hatte neugierig genug an dem jungen Mann herumgefragt, aber er hatte sie schelmisch lächelnd versichert, ein Engel habe ihn gebracht. Gepfiffen hatte er noch nicht, und Meister Daniel fiel aus einem Schlafe in den anderen.

Fritz hatte ein paar Wege in der Stadt gemacht; zuerst war er bei dem Bürgermeister Lüders gewesen, der damals als ein heftiger Selbstherrscher regierte, aber auch stets allen tüchtigen Einwohnern ein bereiter Helfer und Berather war; dann war er zum Altmeister seines Gewerkes gegangen. Als er voll Hoffnung von seinem Gange zurückkehrte, hörte er schon auf der Gasse den ungewöhnlich hellen Schlag des Dompfaffen, als sei der Vogel erst jetzt zum Bewußtsein gekommen, daß er zu Hause und bei seinen Freunden sei.

Fritz überfiel die Sorge, der starke Ton könne doch den Kranken stören, und ging eilig der Treppe zu. Mamsell Riekchen steckte den Kopf aus der Küchenthür: „Er schläft!" sagte sie leis und wies nach oben; aber Fritz nickte nur und stieg rasch hinauf, um den Vogel still zu machen.

Aber als er die Thür geöffnet hatte, sah er seinen Vater aufrecht mit aufgestützten Armen in dem Bette sitzen, als ob er eifrig lausche; ein Ausdruck von seligem Behagen lag auf seinem eingefallenen Antlitz. Der Vogel hatte sich nicht stören lassen, sein Schlag schallte laut durch die Kammer.

Fritz trat behutsam an das Fußende des Bettes; da wandte Meister Daniel seinen Kopf, und mit Schrecken sah der Sohn seine Augen starr werden, als ob die Krankheit mit noch größerer Gewalt zurückkehre. Aber die Furcht war umsonst; nur ein Augenblick, dann war's vorüber; wie zögernd trat ein Lächeln um die blassen Lippen, und die Augen des alten Mannes wurden feucht. „Fritz! Min Fritz!" kam es zitternd von seinem Munde, und er streckte die Arme gegen seinen Sohn und hielt ihn fest an seiner Brust. Und wieder schob er ihn von sich und betrachtete das männlich gewordene Antlitz des jungen Mannes und strich mit zitternder Hand über den Bart auf seiner Lippe; dann sah er wieder auf den unablässig schlagenden Dompfaff. Aber die noch schwache Kraft ermüdete; er schien auf einmal sich nicht finden zu können; sein Vogel sang, sein Sohn lag in seinen Armen: „Fritz, min Fritz," frug er leise, „wo sünd wie cegentlich?"

Da stürzten dem Sohn die lang verhaltenen Thränen: „To Huus! To Huus, Vatter! Un ick bin bi di, un uns' ol Vagel fingt dato."

„Min Fritz, min Sön, Mutter är gude Jung!" stammelte der Alte; dann sank er zurück auf seine Kissen, und sein Herrgott sandte ihm den sanften Schlummer der Genesung.

— — Am folgenden Sonntag zeigte Einer dem Anderen eine Anzeige im neuen Wochenblatt, und die Kundigen kamen überein, der Bürgermeister stecke einmal wieder dahinter; die aber lautete:

„Meinen geehrten Kunden zur höflichen Nachricht, daß unter dem Beistande meines glücklich heimgekehrten Sohnes Fritz als ausgelernten und wohlerfahrenen Böttchergesellen Bestellungen jeglicher Art wiederum prompt und sauber bei mir ausgeführt werden.
Daniel Basch, Böttchermeister."

Da kam Arbeit genug, denn die Theilnahme des ganzen kleinen Gemeinwesens hatte sich den Beiden zugewandt; auch schonte der Nachbar Schneider seinen letzten Athem nicht, um den Ruhm des jungen Böttchers zu verkünden; und bald wollte Jeder wenigstens ein Eimerchen oder doch ein Schöpffaß von der Hand des amerikanischen Sohnes haben; und da die Arbeit, nach wenig Wochen, auch unter Hülfe des genesenen Meisters, überall nach Wunsch geliefert wurde, so ging aus manchem flüchtigen Besteller ein fester Kunde hervor.

Nicht lange, so hantirte auch ein kräftiger Lehrling in der Werkstatt und griff nach fröhlich ertheilter Anweisung mit flinken Händen zu; das war Hans Jochims, der älteste der beiden „Swemmer". Am Feierabend kam auch wohl Martin, der alte Geselle, auf Besuch; der wollte auch von Fritzens Abenteuern hören; und als Neujahr vorüber und erst die letzten Schneeglöckchen abgeblüht waren, da ging Fritz mit Hans und Martin Abends in den Garten; sie gruben allmählich Alles um und um und legten Erbsen und säeten Wurzeln und Mairüben und Petersilie, und Meister Daniel stand dabei und lachte, als zuletzt auch noch der türkische Weizen an die Reihe kam. Und als nun Alles fertig und sauber war, wurden Mamsell Rickchen und der Geselle auf Sonntag zum Mittag eingeladen, und im besten Gutbier tranken sie auf reiche Ernten für die Zukunft.

*   *
*

Ich darf noch Eines nicht vergessen, was zwischen Vater und Sohn, ein paar Tage nach ihrem ersten Wiederfinden, geschah. Mamsell Therebinte — sie hat es später dem Physikus erzählt — saß strickend in der Giebelstube an dem Fenster, während Fritz an seines Vaters Bette seine californischen Erlebnisse berichtete; der Alte, mit dem es rüstig aufwärts ging, war schon kräftig genug, um sie ohne Nachtheil hören zu können; er saß aufrecht und hatte die Arme auf der Decke. Als aber der Sohn erzählte, daß er nach Heilung von jenem Messerstich, wobei sein ausgegrabenes Gold wie Teufelsspuk verschwunden sei, unweit der Mine bei einem großen Weinbauer als Böttcher einen Platz gefunden, und wie er dann hinzusetzte: „Doch das weißt du ja, mein Vater; ich hab dir derzeit ja den langen Brief geschrieben"; da hatte der Alte die Augen groß geöffnet, und dem Sohne war, als ob er ihn heftig fragend ansehe.

„Ja, Vater," sagte er rasch; „nun weiß ich's wohl, es war eine böse Dummheit; aber so wird man in der Fremde: ich meint, ich dürfe nun nicht wieder schreiben, — nur verdienen und, wenn's genug wär, dann mich selber mit nach Hause bringen. Und das ging langsam, Vater, und wurd auch nicht zu viel; aber" — und er verfiel in sein geliebtes Plattdeutsch; „is doch all juur un ehrlich verdeent Geld!"

Der Alte hatte sich gefaßt; er drückte seinem Sohn die Hand: „Du un dat Geld tosamen," sagte er, „dat is genog." Aber der Klang der Stimme war so trübe, als berge ein großer und verschwiegener Kummer sich dahinter; und ein Gedanke fuhr wie ein Todesschreck durch das Gehirn des

jungen Mannes: „Vatter," rief er; er zwang sich, daß er es
nicht laut herausschrie — „du heft de Breef nich krägen!"
Die Augen von Vater und Sohn standen eine Weile
vor einander, als wagten sie nicht sich anzublicken. Endlich
sprach der Alte langsam: „Da du mi fragst, min Sön —
ick heff din Breef nich krägen."
— „Un du hest all de Tid von mi nix hört, as wat
de Dögenix, de Amerikaner, hier in de Stadt herumlagen?"
„Nix wider; he hett mi't sülm vertellt."
Ein furchtbarer Schmerz schien den jungen Körper zu
erschüttern: „O, Vatter! O, min Vatter!" stammelte er.
Aber Meister Daniel nahm den Kopf seines Kindes zwi=
schen seine beiden zitternden Hände: „Min Fritz," sagte er
zärtlich, „ick weet ja nu, du harrst mi nich vergäten; dat
Anner — dat deit nu nich mehr weh!"
Da schlossen eine junge und eine alte Hand sich in ein=
ander, und es bedurfte keiner Worte mehr; der Kopf des
Jünglings ruhte mit geschlossenen Augen neben dem des
Alten auf dem Kissen, unachtend der kleinen Figur, die dort
am Fenster mit erregten Fingern strickte, bis endlich sein
Herz in ruhigeren Schlägen klopfte. Dann küßte er seinen
Vater und ging hinab zu seiner Arbeit

*   *

*

Nach Jahr und Tag, da ich eines Nachmittages mit
dem Physikus auf der Kegelbahn zusammentraf, kam auch
die Rede auf den guten Meister Daniel. „O, dem ist woh=
ler, als ihm je gewesen!" sagte der alte Herr und blickte
dabei behaglich seiner, wie immer geschickt geworfenen Kugel
nach. „Was die Leute wunderlich an ihm hießen, hat seine
Krankheit schier ihm weggenommen; aber, seltsamer Weise,
dann noch Eins dazu!"
„Noch Eins?" frug ich; „doch nicht zum Unheil?"

„Nein," sagte der Physikus; „ich denke, wohl zum Heile: der alte Herrgott muß ihm gut sein, denn von der Geschichte mit dem Brautloch ist ihm jede Erinnerung erloschen."

„Aber der eine von den Swemmern ist ja Lehrling in seinem Hause!"

„Nur der Sohn weiß, was er dem zu danken hat."

Ich nickte: „Möge es so bleiben!"

„Amen!" sagte der alte Medicus und griff nach seiner zweiten Kugel.

— — Noch einmal, das erste Mal nach seiner Krankheit und dann auch zum letzten Male, sah ich unseren Meister Daniel; Fritz war derzeit vor Kurzem Meister geworden. Es war im Spätsommer nach Feierabend, als ich, von dem nächsten Dorfe kommend, die Süderstraße hinabging; auf der Bank vor dem Böttcherhause saß der Alte mit seinem jetzt schneeweißen Kopfe und hielt bei der noch herrschenden Schwüle sein blaues Zipfelmützchen zwischen den gefalteten Händen auf den Knieen, neben ihm im Sommerhütchen ein hübsches blondes, noch recht junges Mädchen; ich zweifelte nicht, daß sie des Collaborators Leuchen sei. Die Beiden schienen einer munteren Erzählung zuzuhören, welche der in Schurzfell und Hemdsärmeln an dem Lindenstamme lehnende Meister Fritz ihnen vortrug; besonders die junge Blonde, nach ihrem anmuthigen Lächeln zu urtheilen, schien lauter goldene Worte zu hören. Aus den Gärten, durch die Gänge zwischen den Häusern wehten schon die Herbst-Resedadüfte.

Ich konnte nicht umhin, dem friedlichen Kleeblatte näher zu treten. Eine kleine Pause folgte meiner Begrüßung, die ich gleichfalls der hinter dem Fenster sitzenden Mamsell Therebinte hatte zukommen lassen; dann aber, da mir zwischen dem alten Meister und dem jungen Mädchen ein Platz geräumt worden, bekam auch ich noch meinen Antheil von den californischen Spitzbubengeschichten. Wir lachten Alle;

und in das freundliche alte Gesicht schauend, sprach ich: „Wahrhaftig, Meister, jetzt ist es, wie ich's mir nicht anders vorgestellt. Ihr habt jetzt Alles wieder und mehr noch, als Ihr einst gehabt habt: hier Euren Sohn, den neuen Meister, dort oben Euren Dompfaff, der freilich jetzt wohl ohne Sang und Klang sein Gnadenbrot frißt; dazu das Fräulein Therebinte, und — ich war aufgestanden und machte ein huldigendes Compliment vor Magdalena — vor Allem hier die junge Freundin — nun aber überstreichet auch den Tod auf Eurem alten Hausschild und lasset wieder eine frische rothe Rose darauf malen!"

Aber meinem heiteren Aufruf folgte eine Stille; nur der Alte, durch dessen weißes Haar der Abendhauch wehte, nickte freundlich vor sich hin: „Ein Weilchen noch Geduld!" sagte er, ohne aufzusehen; „Sie vergaßen Eine; die ist nicht wiederkommen; die wartet, bis ich zu ihr komme. — Nachher, dann mag mein Fritz die frische Rose malen lassen; die meine, lieber Herr, die ist nicht mehr von dieser Welt."

Ich sah es wohl, wie der hübsche Mädchenkopf bei diesen Worten sich erröthend senkte; auch, welch ein Blick voll heißer Lebenszuversicht aus den Augen des jungen Meisters auf sie fiel. Der Alte aber war plötzlich gleich mir aufgestanden und ging, als wolle er die Welt den Jungen überlassen, nach stummem Gruß mit zitternden Schritten in sein schon dunkelndes Haus zurück.

* *
*

Ein Jahr noch etwa hat er hiernach gelebt; am Morgen vor der Hochzeit von Fritz und Magdalena fanden sie ihn mit gefalteten Händen in seinem Bette sanft entschlafen.

— — Das ist es, was ich aus diesen engen Wänden zu erzählen hatte.

Schweigen.

Es war ein niedriges, mäßig großes Zimmer, durch viele Blattpflanzen verdüstert, beschränkt durch mancherlei altes, aber sorgsam erhaltenes Möbelwerk, dem man es ansah, daß es einst für höhere Gemächer angefertigt worden, als sie die Miethwohnung hier im dritten Stock zu bieten hatte. Auch die schon ältere Dame, welche, die Hand eines vor ihr stehenden jungen Mannes haltend, einem gleichfalls alten Herrn gegenübersaß, erschien fast zu stattlich für diese Räume.

Das zwischen den drei Personen herrschende Schweigen war einer längeren Berathung gefolgt, welche Mutter und Sohn soeben mit ihrem langjährigen Arzte gehalten hatten. Veranlassung zu dieser mochte der Sohn gewesen sein: denn obwohl von hohem, kräftigem Wuchse gleich der Mutter, zeigten die Linien des blassen Antlitzes eine der Jugend sonst nicht eigene Schärfe, und in den Augen war etwas von jenem verklärten Glanze, wie bei denen, welche körperlich und geistig zugleich gelitten haben.

„Du gehst, Rudolf?" sagte die Mutter, während der Zug eines rücksichtslosen Willens, der sonst ihren noch immer schönen Mund beherrschte, einer weichen Zärtlichkeit gewichen war.

Der Sohn neigte sich auf ihre Hand und küßte sie ehrerbietig. „Nur meine noch immer vorgeschriebene Stunde,

Mutter." Dann grüßte er freundlich nach dem alten Herrn hinüber und verließ das Zimmer.

Fast leidenschaftlich, als könne sie ihn allein nicht gehen lassen, waren die dunklen Augen der Mutter ihm gefolgt; schweigend starrte sie auf die wieder geschlossene Zimmerthür, während ihr Ohr lauschte, bis die Schritte in dem Unterhause verhallt waren.

Der alte Arzt hatte seinen Blick, in dem die Gewohnheit ruhigen Beobachtens unverkennbar war, eine Weile auf ihr ruhen lassen; jetzt ließ er ihn durch die offene Thür eines anstoßenden Zimmers über die in Öl gemalten Bildnisse einiger stern- und bandgeschmückten Herren wandern, welche dort sammt ihren geschwärzten Goldrahmen eine Unterkunft gefunden hatten. Aber ein Seufzer, der der Frauenbrust entstieg, als ob eine schwere Gedankenreihe dadurch abgeschlossen würde, wandte seinen Blick zurück. „Mein Sohn!" murmelte die Dame schmerzlich und streckte beide Arme nach der Thür, durch welche dieser fortgegangen war.

Der Arzt rückte seinen Stuhl neben ihren Sessel. „Beruhigen Sie sich, gnädige Frau," sagte er beschwichtigend, „Sie haben ihn ja wieder."

Sie blickte ihn rasch und durchdringend an: „Ist das Ihr Ernst, Doctor? — Habe ich ihn wirklich wieder? Wird sie Bestand haben, diese — Heilung?"

„Ich bin nicht Specialist, sondern nur Ihr Hausarzt," erwiderte der alte Herr; „aber nach dem Schreiben des dirigirenden Arztes — auch ist hier eine äußere Ursache unverkennbar: Ihr Rudolf hatte erst eben die Akademie verlassen; die Verantwortlichkeit des Amtes war bei seiner zarten Organisation — denn die hat er trotz seines kräftigen Baues — zu unvermittelt über ihn gekommen; ich entsinne mich ähnlicher Fälle aus meiner Praxis."

Die Frau Forstjunkerin von Schlitz — auf dieser Titelstufe hatte ihr frühverstorbener Gemahl die Dame mit ihrem einzigen Kinde zurückgelassen — blickte eine Weile vor sich hin. „Ja, ja, Doctor," sagte sie dann, und ihr Ton war nicht ohne Bitterkeit, „des Herrn Grafen Excellenz, dem mein Sohn so glücklich ist zu dienen — je mehr ihm Gold und Ehren zufließen, desto unersättlicher verlangt er auch die letzte Kraft des Menschen, und seine Forstbeamten — Wege- und Brückenbauen ist noch das Mindeste, was sie außer ihrem Fach verstehen sollen. Aber — die ähnlichen Fälle, deren Sie erwähnten, wie wurde es damit?"

„Es wurde dann nichts weiter," erwiderte der Arzt; „sie waren beide nur vorübergehend."

„Und die Verhältnisse waren ähnlich?"

„Ganz ähnlich; nur daß dort nicht ein Amt, sondern in beiden Fällen ein verwickeltes Kaufgeschäft auf junge, un= geübte Schultern fiel. Eines freilich, was ich nicht gering anschlagen möchte, ja, was wohl erst die Heilung sicher stellte, war dort anders."

„Und was war dieses Eine?" unterbrach die Dame, die ihm die Worte von den Lippen las.

„Es ist nicht eben unerreichbar," sagte der alte Herr lächelnd; „von meinen damaligen Patienten war der eine eben verheirathet, der andere heirathete gleich darauf."

„Verheirathet!" — fast wie eine Enttäuschung klang die= ser Ausruf — „Sie sagen das so leicht hin, Herr Doctor; aber ich habe bei meinem Sohn kaum jemals eine Neigung noch entdecken können; — freilich einmal in den Ferien bei ihrem Liebhabertheater — Sie entsinnen sich wohl der schlanken, schwarzäugigen Baronesse? Sie hatte ihn einmal, da er in der Probe stecken blieb, so boshaft ausgelacht!"

Der Doctor streckte abwehrend beide Hände aus: „Nein, nein, Frau Forstjunker; solche Damen, erste Liebhaberinnen auf der Bühne, Amazonen zu Pferde, die sind hier nicht verwendbar. Ein deutsches Hausfrauchen, heiter und ver= ständig; nur keine Heroine!"

Frau von Schlitz schwieg. Während der Doctor dieses Thema eingehender behandelte, stand die Gestalt eines blonden Mädchens vor ihrem inneren Auge: aus der geißblattumrankten Gartenpforte eines ländlichen Pfarrhauses war sie ihr entgegengetreten; so hoch fast wie sie selber, und doch als ob sie mit den vertrauenden Augen zu der älteren Frau emporblicke; dann wieder sah sie das Mädchen in der engen, aber sauber gehaltenen Kammer, wie sie mit ihren kleinen, festen Händen neben dem eigenen Bette ein halb gelähmtes Brüderchen in die Kissen packte und nach fröhlichem Gutenachtkuß gleich wieder helfend zu der Mutter in die Küche eilte; und wiederum — vor einen Kinderwagen hatte das schlanke Mädchen sich gespannt; der Wagen war voll besetzt, und es ging durch den tiefen Sand eines Feldweges; mitunter entfuhr ein lachendes „Oha!" den frischen Lippen, und sie mußte stille halten; die gelösten Haare aus dem gerötheten Antlitz schüttelnd, kniete sie plaudernd zu der kleinen Fahrgesellschaft nieder; aber überall mit ihr waren die schönen, gläubigen Augen und ihre reine, heitere Stimme.

Der Doctor wollte sich zum Gehen rüsten; doch die Frau vom Hause, die eben aus ihrem Sinnen aufsah, legte die Hand auf seinen Arm. „Nur noch eine Frage, lieber Freund; aber antworten Sie mit Bedacht! — Würden Sie einem so Geheilten Ihre Tochter zur Ehe geben?"

Der Doctor stutzte einen Augenblick. „Der Fall, gnädige Frau," sagte er dann, „müßte wenigstens möglich sein, um Ihnen hierauf antworten zu können; Sie wissen, daß ich keine Tochter habe."

Die Dame richtete sich mit einer entschlossenen Bewegung in ihrer ganzen Gestalt vom Sessel auf. „N'importe!" rief sie, die geballte Hand gegen die Tischplatte stemmend. „Ich habe nur den Sohn und sonst nichts auf der Welt!"

Der Arzt blickte sie fragend an, aber nur einen Augenblick; jene Worte lagen jenseit der Grenze seiner Pflichten;

er empfahl nur noch, die letzten Wochen des dem Sohn gewährten Urlaubs zu einer Herbstfrische auf dem Lande zu benutzen.

Frau von Schlitz nickte. „Ich dachte eben daran," sagte sie leichthin. Kaum aber hatte hinter dem Fortgehenden sich die Thür geschlossen, als sie schon in dem anstoßenden Zimmer an ihrem Schreibtische saß, über dem das Bildniß ihres Vaters in der rothen Kammerherrnuniform auf sie herabsah.

„Meine gute Margarethe" ... diese Worte waren mit fliegender Feder aufs Papier geworfen; denn jenes blonde Mädchen war kein bloßes Phantasiebild: es war die Tochter einer Jugendbekanntschaft, der Gattin eines Landpfarrers, in dessen Hause sie auf dem Wege nach Rudolfs amtlichem Wohnorte im Frühling eingekehrt und aufs Dringendste zu längerer Wiederholung ihres Besuches nebst ihrem Sohne eingeladen war.

Aber der rasch geschriebenen Anrede folgte zunächst nichts Weiteres; war es der Schreiberin doch, als habe plötzlich die Hand der hübschen Baroneß sich auf die ihrige gelegt. Langsam lehnte sie sich zurück; ein Strom erwünschter Bilder und Gedanken zog an ihr vorüber; gewiß, das übermüthige, nur noch kurze Zeit von einem Vormunde abhängige Kind würde gar gern ihr Freifrauenkrönchen gegen den schlichteren Namen einer Frau von Schlitz vertauschen! Rudolf und dieses Mädchen! Sie hob sich unwillkürlich von ihrem Sessel; ihr war, als würden vor einem kerzenhellen Saal die Flügelthüren aufgerissen, und sie schreite als Mutter neben dem prächtigen Paare hindurch. — Aber — der Doctor! Die stolze Frau sank düster in sich zusammen; der Doctor hatte ja nur ausgesprochen, was sie in ihren eigenen Gedanken längst auf und ab erwogen hatte. Ja, wenn das Letzte nicht gewesen wäre! Eine Angst vor der Zukunft, eine furchtbare Vorstellung überfiel sie. „Mein Sohn! Mein Kind!" Es kam wie ein lauter Aufschrei aus ihrer Brust, und als habe sie sich selbst aus einem Traum erweckt, blickte sie unsicher und mit großen Augen um sich: „Gott sei gelobt; er selber weiß es nicht, an welchem Abgrund er gestanden hat."

Bald hatte sie sich gefaßt; es **mußte** sein, es mußte gleich geschehen. Flüchtig streiften ihre Augen über das kalte Antlitz, das im Bilde auf sie herabsah; dann schrieb sie in kräftigen Zügen und mit Bedacht den Brief an die Frau Pastorin zu Ende.

* * *

Seit drei Wochen waren Mutter und Sohn nun auf dem Dorfe; ein eigenes Quartier zwar hatten sie in der Küsterwohnung gefunden, im Übrigen aber gehörten sie bei den gastfreien Pfarrersleuten fast wie zur Hausfamilie. Rudolf war sichtbar gekräftigt; seine Wangen hatten sich gebräunt, Aug und Ohr begannen wieder ein heiteres Begegnen mit Allem, was er in Haus und Feld auf seinem Wege traf. Dazu hatte nicht nur die Gegenwart der anmuthigen Pfarrerstochter, sondern fast nicht weniger das tüchtige Wesen des Pfarrers selbst geholfen, der es meisterlich verstand, was er „ein Schwachgefühl" zu nennen liebte, mit schelmischen Worten aus den geheimsten Winkeln aufzujagen. So war denn auch in den hellgetünchten Zimmern des Pfarrhauses wenig davon zurückgeblieben; nur die Frau Pastorin mochte sich wohl einmal, vielleicht zur Erholung von all der Kinder- und Küchenwirthschaft, eine sentimentale Anwandlung zu Gemüthe führen, wobei sie dann ihren Redeschmuck den zwei einzigen Opern, welche sie in ihrem Leben gesehen hatte, dem „Freischütz" und der Weigl'schen „Schweizerfamilie", zu entlehnen pflegte. Wenn aber der Pfarrer nach einer Weile ruhigen Gewährenlassens wie in gutherziger Theilnahme sich ihrer Hand bemächtigte: „Mutter, ist heut wohl Emmelinentag?" dann flog freilich ein Wölkchen leichten Mißbehagens über ihr braves Angesicht, bald aber mußte sie doch selber lachen und war wieder daheim in der Luft ihres werkthätigen Hauses.

Auch Rudolf mußte sich bald diese freundliche Über= wachung gefallen lassen. Eines Nachmittags, als eben die Septembersonne ihr letztes Abendgold über die Wände des gemeinsamen Wohnzimmers warf, hatte er das alte Clavier zurückgeklappt und ließ nun eine der schwermüthigen Not= turnoklagen des von ihm vielgeliebten und =studirten Chopin in den sinkenden Tag hinausklingen. Der Pastor, durch das meisterhafte Spiel aus seiner Studirstube hervorgelockt, hatte sich leise hinter seinen Stuhl gestellt und verharrte so in aufmerksamem Lauschen bis ans Ende; dann aber legte er schweigend die Haydn'sche G-dur-Sonate mit dem Allegretto innocente aufs Pulpet, die er schon bei seinem Eintritt in der Hand gehalten hatte. Rudolf blickte auf und um, und da er den Pastor erkannte, nickte er gehorsam, schüttelte wie zur Ermunterung noch ein paar Mal seine geschickten Hände, und bald erklangen die heiteren Fioriturn des unsterblichen Meisters und füllten das Zimmer wie mit Vogelsang und Sommerspiel der Lüfte. „Bravo, junger Freund!" rief der Pfarrer, der wie alle Anderen, die Frau Forstjunkerin nicht ausgeschlossen, mit entzücktem Angesicht gelauscht hatte; „das hat rothe Wangen; wir haben kaum gemerkt, wie Sie uns durch die Dämmerung hindurch gespielt haben! Nun aber Licht! die Schneiderstunde ist zu Ende!"

Die zehnjährige Käthe lief hinaus; Anna aber, als wollte sie sich zu ihm emporstrecken, hatte sich dicht an die Schulter des kräftigen Vaters gestellt und blickte mit auf= merkendem Lächeln zu ihm auf; es war recht sichtbar, daß die Beiden eines Blutes waren.

Ein freundlicher Verkehr, dem es bald an einer ver= schwiegenen Innigkeit nicht fehlte, hatte zwischen Rudolf und dem blonden Mädchen schon vom ersten Tage an be=

gonnen, wo noch das blasse Antlitz des Genesenden die
Schonung der Gesunden anzusprechen schien; durch die scheue
Jungfräulichkeit des Mädchens war wie aus der Knospe
etwas von jener Mütterlichkeit hervorgebrochen, in deren
Obhut auch der Mann am sichersten von Leid und Wunden
ausruht. Wenn aus der überwundenen Nacht noch ein Schat=
ten ihn bedrängen wollte, wenn vor der nächsten Zukunft
eine Scheu ihn anfiel, dann suchte er unwillkürlich ihre
Nähe, und wo er sie immer antreffen mochte, im Garten
oder in der Küche, die Welt erschien ihm heller, wenn er
auch nur das Regen ihrer fleißigen Hände sehen konnte.
Oft aber, wenn sie eben beisammen waren, hatten schon die
ahnenden Augen des Mädchens ihn gestreift, und bald mit
stillen, bald mit neckenden Worten ließ sie ihm keine Ruhe,
bis er im frischen Tageslichte vor ihr stand.

Frau von Schlitz hatte anfangs beobachtet; dann hatte
sie die jungen Leute sich selber überlassen. Gewiß, wenn
irgend eine, so war dies die Frau, wie sie der Doctor ihrem
Sohn verordnet hatte!

Übrigens war Rudolf nicht der einzige junge Mann,
welcher sich eines Verkehres mit dem Mädchen zu erfreuen
hatte: ein entfernter Vetter, ein hübscher Mann mit treu=
herzigen braunen Augen, der hier im Hause „Bernhard"
genannt wurde und sich mit Anna duzte, kam an den
Sonntagnachmittagen von seinem nicht allzu fernen Hof
herübergeritten. Die beiden jungen Männer hatten sich bald
als Schulkameraden aus den unteren Classen des Gym=
nasiums erkannt, und Rudolf fand, je kräftiger er wurde,
an Bernhards frischem Wesen immer mehr Gefallen. Desto
geringeres Glück machte dieser bei Rudolfs Mutter, die ihn
sichtlich, freilich ohne ihn dadurch zu beirren, von oben herab
behandelte; denn nur ihrem Auge war es nicht entgangen,
daß auch der junge Hofbesitzer der blonden Pfarrerstochter
eine ebenso stille als geflissentliche Verehrung widmete.

Eines Nachmittags war Bernhard zu Wagen und selb=
ander angelangt; seine Schwester Julie, die ihm den Haus=
halt führte, saß an seiner Seite. „Das freut mich!" rief
der Pastor, als er das frische Mädchen gleich darauf der
Frau von Schlitz entgegenführte; „dieses Prachtkind mußten
Sie noch kennen lernen!"

Aber die Dame blickte mit ziemlich kühlen Augen auf
das „Prachtkind", deren Antlitz nur zu sehr die Züge ihres
Bruders zeigte; und die stürmische Begrüßung der von Anna
herbeigeholten Kinder kam zur rechten Zeit.

Eine Stunde später, da sie mit der Pastorin am Fenster
saß, sah Frau von Schlitz die beiden jungen Paare, Bern=
hard mit Anna und hinter diesen Rudolf mit der braunen
Julie, auf einem Feldwege dem nahen Walde zuschreiten.
Die Pfarrfrau, die sich heute ihre Freischützphantasien gönnte,
hatte den noch einmal rückschauenden Mädchen lebhaft zu=
genickt. „Nicht wahr, Fernande," wandte sie sich jetzt an
ihre Jugendfreundin, „ich sage immer: ‚Ännchen und Agathe'.
Nun hat das Ännchen gar einen Max zur Seite, um ihm
die Grillen wegzuplaudern!"

Die Angeredete nickte nur, ohne die Augen von der
Gruppe draußen abzuwenden, welche jetzt durch eine Biegung
des Weges ihrem Blick entzogen wurde; sie wußte selbst
nicht, war es Zorn oder ein Gefühl der Demüthigung, das
sie bedrängte; aber — gewiß, die Schwester war heute nicht
ohne Absicht von dem Bruder mitgenommen worden!

— — Es kam doch anders, als ihr Scharfsinn, viel=
leicht auch, als Bernhard selber es gedacht hatte. Zum
ersten Male sah Rudolf sich in Annas Gegenwart zu einer
Anderen gezwungen, und wiederum, als ob sich das von
selbst verstehe, hatte sich zu ihr ein junger Mann gesellt,
der nicht er selber war. Schweigend folgte er dem anderen
Paare an der Seite seiner hübschen redseligen Partnerin;
seine Augen hingen an der schlanken Gestalt der Voran=

schreitenden, an der anmuthigen Biegung ihres Nackens, über dem im Herbsthauche die goldblonden Härchen wehten, während ihr Antlitz sich in freundlicher Wechselrede dem jungen Landmann zuwandte. Eine brennende Sehnsucht ergriff ihn; ja, er konnte sich nicht verhehlen, ein Groll war in ihm aufgestiegen, er wußte nicht, ob nur gegen Bernhard, oder ob auch gegen sie, die Schöne, Ungetreue, selber.

„Was denken Sie doch einmal, Herr von Schlitz?" sagte plötzlich das muntere Mädchen, das an seiner Seite schritt: „Sollte nicht auch ein Bröcklein für mich dazwischen sein?"

Er sah sie flüchtig an. „Vielleicht," erwiderte er langsam, „daß man Ihnen, Fräulein Julie, keine Brocken bieten dürfe."

Sie lachte; sie hatte es längst heraus, daß sie ihm nicht die Rechte sei, und das Gespräch wandte sich in zierlich spitzen Reden weiter, die bald lebhaft hin und wieder flogen. Als aber Anna jetzt den Kopf zurückwandte, da traf sie ein so leidenschaftlicher Blick aus Rudolfs Augen, daß ein helles Roth ihr über Stirn und Wangen schoß. Verwirrt, das Haar sich langsam von der Stirne streichend, blickte sie ihn an. „Ihnen ist doch wohl, Herr Rudolf?" frug sie stockend; die offenen Lippen schienen kaum zu wissen, was sie sprachen. Auch war die Frage, wenn nicht ohne Grund, doch jedenfalls zu früh gestellt; denn erst jetzt, wie von innerer Erschütterung, erblaßte das Gesicht des jungen Mannes.

Als aber statt seiner die muntere Freundin der Vorangehenden zurief: „Wen meinst du, Anna? Doch nicht Herrn von Schlitz? Dem ist sehr wohl; er mag nur seine Schätze nicht verschwenden!" da hatte Rudolf es gewagt, sich nur noch tiefer in die blauen Augen zu versenken. „Sehr wohl!" sagte dann auch er, die beiden Worte leis betonend; und das jungfräuliche Antlitz, das wie gebannt ihm still gehalten

Schweigen. 79

hatte, lächelte und wandte sich zurück, und Rudolf sah noch einmal die tiefe Purpurgluth es überströmen.

In träumerischer Hingebung lauschte er jetzt dem reinen Klang ihrer Stimme, wenn sie auf Bernhards Fragen über die soeben erreichte Holzung diesem jede Auskunft zu ertheilen wußte.

Freilich wurde dieser Stimmung bald ein Dämpfer aufgesetzt; denn seine Hoffnung, auf dem Rückwege nun an Annas Seite zu gehen, wurde nicht erfüllt; geflissentlich, wie ihm nicht entgehen konnte, hatte sie sich zu Bernhards Schwester gesellt; ja, die beiden Mädchen enteilten ihnen bald völlig, wie sie angaben, um den gestrengen Herren die Abendmahlzeit anzurichten.

Einsilbig folgten diese; Beide schienen ganz den eigenen Gedanken nachzuhängen; um der Mahlzeit willen hätten die Mädchen nicht zu eilen brauchen.

— — Nach dem Abendessen waren die auswärtigen Gäste fortgefahren, und auch Rudolf und seine Mutter, von Anna und dem Pfarrer vor die Hausthür geleitet, nahmen Abschied und schritten durch die kühle Herbstnacht ihrer Wohnung zu. Schon hatten sie den kleinen Vorgarten des Küsterhauses betreten, als es der Mutter einfiel, daß sie eine nothwendige Bestellung an die Frau Pastorin vergessen habe; aber vielleicht war es ja noch nicht zu spät, und Rudolf machte sich auf den Rückweg, um womöglich das Versäumte nachzuholen.

Unter den Strohdächern der Bauernhäuser, welche an der Dorfstraße lagen, war schon Alles dunkel, manche verschwanden ganz in dem Schatten ihrer alten Bäume; nichts regte sich als oben in der Höhe das stumme Blitzen des nächtlichen Septemberhimmels, und fernher, von drüben aus der Holzung, klang das Schreien eines Hirsches. So hatte Rudolf es in den Nächten nach seinem Amtsantritte in seiner einsam belegenen Försterwohnung auch gehört; nun war er lange fern gewesen; aber bald, schon in den nächsten Tagen, mußte er dahin zurück. Da es abermals vom Wald herüberscholl, schritt er rascher, als ob er dem entgehen wolle, in das Dorf hinab.

Als er den Hof des Pfarrhauses betrat, sah er, daß auch dort schon alle Fenster dunkel waren; nur Anna stand noch auf der Schwelle vor der Hausthür, auf derselben Stelle, von welcher sie vorhin den Fortgehenden nachgeblickt hatte. Er konnte sie bei dem hellen Sternenschimmer leicht erkennen; auch daß ihre Augen gesenkt waren, und daß ihr blondes Haupt sich wie zur Stütze an den Pfosten des Thürgerüstes lehnte.

Beklommen blieb er stehen, das Glück war wie ein Schrecken über ihn gekommen: nur sie und er, wie in der Einsamkeit des ersten Menschenpaares.

Doch auch als er dann tief aufathmend näher trat, blieb die Gestalt des Mädchens unbeweglich. „Fräulein Anna!" sagte er bittend und legte seine Hand auf ihre Hände, die gefaltet über ihren Schoß herabhingen.

Sie duldete es, als habe sie ihn hier erwartet, als ob sein Kommen sich von selbst verstehe; aber nur ein Zittern fühlte er durch ihre Glieder rinnen; ihre Augen, nach deren Blick er dürstete, erhob sie nicht.

„Ich bin es; Rudolf!" sagte er wieder. „Oder wollten Sie mir zürnen, Anna?"

Da hob sie das Haupt, es leise schüttelnd, von dem harten Pfosten und blickte mit unsäglichem Vertrauen zu ihm auf.

Und wie es dann geschehen, ob noch ein Laut von ihren Lippen oder nur der Nachthauch in den Gartenbäumen, nur das stumme Sternenfunkeln über ihnen seiner jungen Liebes=scheu zu Hülfe kam, das haben sie später selbst nicht scheiden können; aber der Augenblick war da, wo er das Weib und sie den Mann in ihren Armen hielt.

Und als auch der vorüber, da sprachen auch sie jenes schöne thörichte Wort, womit die Jugend den Sturz des Lebens aufzuhalten meint. „Ewig!" hauchte Eins dem Anderen zu; dann gingen sie mit glänzenden Augen auseinander, Anna zu dem verkrüppelten Bruder in die Kammer, Rudolf unter dem blitzenden Sternenhimmel in die Nacht hinaus, als wollte er empfinden, wie er mit seinem Glücke frei in alle Ferne schweifen könne.

Als er endlich in das Küsterhaus zurückgekommen war, das wie die meisten Bauernhäuser hier auch während der Nacht unverschlossen blieb, vernahm er schon beim Eintritt in die Kammer die Stimme seiner Mutter aus dem anstoßenden Zimmer: „Ich habe nicht schlafen können, Rudolf; wo bist du denn so lang gewesen?"

Und da stand die nothwendige Bestellung wieder vor ihm; er hatte ganz darum vergessen.

„Ist denn wenigstens Alles in Ordnung?" rief die Mutter wieder. „Es mußte nothwendig vor morgen früh bestellt sein."

„In Ordnung, Mutter?" und wie ein Jubel lachte es aus ihm heraus. „Ja, Mutter, schlaf nur, es ist Alles jetzt in Ordnung!"

— — Am anderen Morgen freilich, wo der Sohn mit seinem übervollen Herzen die Mutter am Frühstückstisch erwartet hatte, blieb dieser der Zusammenhang nicht mehr verborgen. Der Zweck des so entschlossen ausgeführten Besuches war somit erreicht, aber es schien fast, als habe er dadurch an seinem Werthe eingebüßt; Frau von Schlitz saß da, als ob sie einen inneren Widerstreit zu schlichten habe. „Nun, Rudolf," sagte sie endlich, da der Sohn wie bittend ihre beiden Hände faßte, „du hättest freilich andere Ansprüche machen dürfen; aber wir Frauen sind dankbarer als ihr Männer, und so wollen wir denn hoffen, das Mädchen werde sich dir um so mehr verpflichtet fühlen."

Was Rudolf außer der mütterlichen Zustimmung aus diesen Worten hörte, konnte kaum nach seinem Sinne sein; aber er war zu glücklich, um dawider jetzt zu streiten. Und so gingen sie denn, als der Vormittag weiter heraufgerückt war, mit einander nach dem Pfarrhause; der Sohn mit beklommenem Athemholen, wie wer die Pforte seines Glückes noch erst öffnen geht, Frau von Schlitz mit einem Lächeln der Befriedigung das frohe Staunen der guten Pastorsleute vorgenießend.

Auch wurde bei Annas Mutter ihre Erwartung nicht so ganz getäuscht; aber immerhin war bei dieser doch wesentlich das romantische Forsthaus aus dem Freischütz, das vor dem entzückten Mutterauge stand: konnte es denn eine schönere Agathe als ihre blonde Anna geben? — Der Pastor selbst war abwesend, er hatte auf einem der entlegensten Dörfer seines Kirchspiels eine Taufe zu vollziehen. Als er Abends, da schon die Kinder in den Betten waren, heimkam, wurde auch bei ihm die Werbung angebracht; aber Rudolfs Mutter mußte es erleben, daß auf die bescheidenen Worte ihres Sohnes nur ein ernstes Schweigen des sonst so heiteren Mannes folgte. Vielleicht mochte es sich diesem wieder vor die Seele stellen, daß dem jugendlichen Bewerber, wie er es wohl scherzend schon für sich bezeichnet hatte, von der langen Weibererziehung noch etwas zwischen seinen braunen Locken klebe; vielleicht, daß er seine „königliche Tochter", wie er sie in seinem Herzen nannte, einer sichereren Hand als dieser hätte anvertrauen mögen; am Ende mochte es gar Bernhard sein, den er dabei im Sinne hatte.

Auch Frau von Schlitz kam der Gedanke, und sie spürte schon den Antrieb, mit einigem Geräusche aufzustehen und ihrerseits die Unterhandlung kurzweg abzubrechen. Zum Glück begann der Pfarrer jetzt zu sprechen: es lag nicht in seiner Absicht, Hindernisse gegen Rudolfs Antrag aufzusuchen; er hatte sich nur sammeln müssen und that jetzt ruhig eine und die andere Frage, welche nicht wohl unbeachtet bleiben konnten. Dann wurde Anna hereingerufen, und der Vater legte sein Kind an die Brust des ihm vor wenig Wochen noch völlig fremden Mannes; Frau von Schlitz aber ging an diesem Abend mit einem Unbehagen schlafen, über dessen verschiedene Ursachen sie vor sich selber jede Rechenschaft vermied.

* *
*

Am Morgen, der dann folgte, erschien Rudolf nicht zum Frühstück; als die Mutter in seine Kammer ging, fand sie das Bett leer und augenscheinlich seit lange schon verlassen; erst nach einer weiteren Stunde trat er zu ihr in das Zimmer. Es war ihr nicht entgangen, daß seine Bewegungen hastig, daß ein unstätes Feuer in seinen Augen war; aber sie bezwang sich: „Du kommst wohl von einem weiten Spaziergange?" frug sie scheinbar ruhig.

„Ja, ja; ich bin recht weit umhergelaufen."

„Aber dir ist nicht wohl! Du hast dich überanstrengt."

„Du irrst, Mutter, ich bin kräftig, wie je zuvor."

„So sprich, was ist dir denn? Und laß mich nicht in solcher Angst!"

Rudolf war auf- und abgegangen; jetzt hielt er inne: „Mutter," sagte er düster, „ich habe gestern übereilt gehandelt."

Er wollte weiter sprechen, aber die Mutter unterbrach ihn: „Du, Rudolf, übereilt? Das war nie deine Art! Und, gestern, sagst du? Gestern?"

Er nickte schweigend; sie aber ergriff leidenschaftlich beide Hände ihres Sohnes: „Bereust du, Rudolf? Hat nur die Gegenwart des anderen Bewerbers dich so weit hingerissen? — Wer weiß, du hättest vielleicht nur ein paar Tage noch zu warten brauchen; und auch jetzt noch — —"

„Mutter!" rief er heftig, und dann: „ich weiß von keinem anderen Bewerber."

Frau von Schlitz besann sich. „Nun wohl," entgegnete sie trocken, wie durch den ungewohnten Ton gekränkt, „was willst du denn von deiner Mutter?"

„Sag mir nur Eines," begann er zögernd; „weiß man hier von meiner Krankheit, von meinem Aufenthalte in der Anstalt? Hat Anna davon gewußt?"

Frau von Schlitz athmete tief auf: „Sei ruhig, mein Sohn; auch für sie, wie für alle Welt, war es — und es war ja auch in Wirklichkeit nichts Anderes — nur eine Reise zur Erholung von schwerem Nervenübel."

Aber die Augen des Sohnes blieben düster: „Ich dachte es," sagte er; „und nun liegt es zwischen mir und meinem Glück. Gott weiß es, in ihrer Nähe war jene furchtbare Erinnerung spurlos in mir verschwunden, und erst heute Nacht, da ich vor Übermaß des Glücks nicht schlafen konnte, brach es jäh, wie ein Entsetzen, auf mich nieder. Wie soll ich jetzt noch zu ihr sprechen, und wird sie mir glauben können, daß ich nicht absichtlich sie betrogen habe?"

Die Mutter schwieg noch eine Weile, während die Augen des Sohnes angstvoll auf ihrem Antlitz ruhten. „Du hast Recht, Rudolf," begann sie dann nach rascher Überlegung; „vielleicht würde deine Braut es dir nicht glauben; oder wenn auch deine Braut, so würden später bei deiner Frau doch Zweifel kommen. Und nicht nur das: wir wissen, daß es eine Krankheit war, die, wie andere, gekommen und gegangen ist; aber Frauenliebe sieht leicht Gespenster, die das theure Haupt bedrohen; sie könnten mit euch gehen in eurer jungen Ehe."

Rudolf hatte sich plötzlich aufgerichtet, aber er war todtenblaß geworden: „Es ist noch keine Ehe," sagte er; „noch kann sie ihre Hand zurücknehmen, die sie so arglos in die meine legte!"

„Zurücknehmen, Rudolf?" Frau von Schlitz zögerte ein wenig, bevor sie fortfuhr: „Hast du nie von Frauen gehört, die nur einmal lieben können und dann nie wieder? Ich möchte glauben, deine Braut gehört zu diesen."

Die Worte klangen süß in seinen Ohren, und in seinen Augen leuchtete es wie von einem Strahl des Glückes; dann aber schüttelte er den Kopf, daß das braune Haar ihm wirr um Stirn und Augen flog: „O Mutter; aber es ist dennoch Unrecht!"

Er hatte die Worte so laut hervorgestoßen, daß sie rasch zum Fenster trat, an dem ein Gartensteig vorüberführte. „Kein Unrecht!" sagte sie, sich wieder zu ihm wendend; „das einzige Rechtthun liegt in deinem Schweigen; und überdies: was hast du zu verschweigen?"

Unentschlossen, in schwerem Sinnen stand er vor der Mutter, während ihre Augen gespannt auf seinem Antlitz ruhten. Als er noch immer schwieg, streckte sie ihm die Hand entgegen: „Ich will dich nicht drängen, Rudolf; Eines nur versprich mir: heute noch zu schweigen und — ohne Vorwissen deiner Mutter nicht daran zu rühren!"

Rudolf hatte noch nicht geantwortet, da pochte ein leichter Finger von außen an die Thür. Anna war halb verschämt hereingetreten und stutzte jetzt ein wenig, da sie so ernsthafte Gesichter vor sich sah; aber schon hatte Rudolfs Mutter das Wort an sie gerichtet: „Du suchst wohl deinen ungetreuen Bräutigam, mein liebes Kind; und Recht hast du, er hätte lieber mit dir als mit der alten Mutter plaudern sollen!"

„Verzeihen Sie, Mama," erwiderte das junge Mädchen lächelnd; „aber die Kinder lassen mir nicht Ruh, sie wollen alle ihren neuen Schwager sehen; Käthe ist mitgelaufen und lauert draußen, die anderen stehen zu Hause vor der Thür; sie bettelten so lange, bis wir ihnen allen ihre besten Kleider angezogen hatten. — Du gehst doch mit mir, Ru=

dolf?" setzte sie mit gedämpfter Stimme dann hinzu, indem sie den Kopf zu ihrem Liebsten wandte und ihn voll mit ihren lebensfrohen Augen ansah.

Die Mutter lächelte; denn wie vor einem Morgenhauche sah sie die Wolke von des Sohnes Stirn verschwinden. „Nun, Rudolf?" sagte sie und streckte jetzt noch einmal ihm die Hand entgegen.

Er hatte die leis betonte Frage wohl verstanden; aber, die Augen auf seiner jungen Braut und mit der einen Hand die ihre fassend, legte er die andere mit festem Druck in die der Mutter.

„So geht, ihr Glücklichen!" sagte diese.

Sie gingen, und Frau von Schlitz lehnte sich wie ermüdet auf ihren Stuhl zurück. „Hübsch ist sie; zum mindesten hier, so zwischen Wald und Wiesen!" Halb lächelnd hatte sie es vor sich hin gemurmelt; dann stand sie auf, um ihre Morgentoilette zu vollenden.

* *
*

Der Nachmittag des letzten Sonntags war herangekommen; auch Mutter und Sohn sollten sich am anderen Tage trennen: erstere, um sich in der Residenz in ihren niedrigen Zimmern einzuwintern, Rudolf, um nach langer Frist in sein leeres Försterhaus zurückzukehren, das er bis zum Frühjahr noch allein bewohnen sollte; am folgenden Tage hatte er dann sich bei der Excellenz zu melden, welche der Jagd wegen noch die letzten Herbstwochen auf dem Lande blieb.

Schweigend hatte er seinen Koffer gepackt, während die Mutter noch zwischen Päckchen und Schachteln umherhantirte. „Geh nur zu deiner Braut!" sagte sie zu dem ihr müßig Zuschauenden; „es sieht hier öde aus; was übrig ist, besorge ich schon allein!"

Rudolf küßte die Hand seiner Mutter und ging. Als

er die Dorfstraße eine Strecke weit hinabgeschritten war, sah er aus der Fahrpforte des Pfarrhauses einen Reiter sich entgegenkommen, der, wie es schien, bei seinem Anblick das Pferd in rascheren Gang setzte und dann im Galopp an ihm vorüberritt. „Bernhard!" rief er; aber der Reiter hatte nur mit seinem Hut gegrüßt und war jetzt schon weit von ihm entfernt. Eine Weile blickte Rudolf ihm nach: „So laß ihn reiten!" dachte er und ging langsam weiter. Als er an den Garten des Pastorats gekommen war, sah er ein helles Kleid zwischen den Bosquetpartieen schimmern, von welchen ein Steig zu einem Pförtchen nach der Dorfstraße hinausführte. Anna pflegte sonst um diese Stunde sich drin= nen mit den kleinen Geschwistern zu beschäftigen; aber als er in den Garten getreten und den Steig hinabgegangen war, kam sie bei einer Biegung desselben ihm entgegen. „Du, Rudolf!" rief sie. „Ich hatte dich nicht kommen hören."

Es war nicht der sonst so frohe Klang in ihrer Stimme; auch sah sie ihn nicht an, da sie jetzt ihre Hand wie leblos in die seine legte.

Rudolf stutzte; die halben Worte seiner Mutter standen plötzlich vor ihm. „Was ist dir, Anna?" sagte er. „War Bernhard hier? Ich sah ihn fortreiten; er muß doch eben erst gekommen sein!"

„Ja," entgegnete sie, ohne aufzublicken; „Bernhard wollte nicht bleiben."

„Aber du hast ja rothe Augen, Anna!" Und ein kaum merkliches Zittern klang aus seiner Stimme.

„Ja, Rudolf," sagte sie und sah ihm voll ins Antlitz; „Bernhard hat mit mir gesprochen."

„War das so traurig, was er mit dir zu sprechen hatte?"

Sie nickte: „Er bat — er wollte bei den Eltern um mich werben; er wußte ja noch nichts von unserer Ver= lobung."

Rudolf war blaß geworden. „Nun, Anna?" frug er stockend.

„Ja, was denn weiter, Rudolf? Das konnte ich doch nicht erlauben."

„Und darum weintest du?"

Er hatte diese Worte so laut hervorgestoßen, daß das Mädchen erschrocken um sich blickte; dann sagte sie ruhig: „Ja, darum weinte ich; begreifst du das nicht, Rudolf?"

Er sah sie mit weit offenen Augen an: „Und darum hasse ich ihn!" rief er in ausbrechender Heftigkeit; „und Jeden, der seine Hand nach deiner auszustrecken wagt!"

Nur einen Augenblick stand sie betroffen; gleich darauf hatte sie ihr Schnupftuch hervorgezogen und wischte sich recht derb damit die Augen: „Schilt mich, Rudolf," sagte sie treuherzig, und ihre ganze süße Stimme klang in diesen Worten; „aber glaub nur, ich bin das nicht gewohnt, es hat mich sonst noch Niemand haben wollen; er hätte doch auch sehen müssen, daß ich dir gehöre!"

Da riß er sie ungestüm an seine Brust: „Verzeih mir, habe Geduld! Auch ich muß erst lernen, so übermenschlich reich zu sein!"

Sie neigte nur das Haupt und ließ sich still umfangen; dann gingen sie mit einander in das Haus und waren zwischen Eltern und Geschwistern, bis auch dieser letzte Tag verging.

* * *

Während des Winters, der nun angebrochen war, wurde im Pfarrhause von unermüdlichen Händen an der Aussteuer der jungen Frau Försterin gearbeitet; die Mutter hätte gern wenigstens eins der neuen Sommerkleider mit grünem Band besetzt; aber Anna protestirte lachend und heftete das Band um ihren Sommerhut. Bisweilen kam auch der Pfarrer mit seiner Pfeife aus der Studirstube herüber, stand und nickte lächelnd seiner Anna zu, welche selbst die Schwester Käthe in deren Freistunden bei dieser heiteren Arbeit anzustellen wußte.

Weihnachten brachte den Besuch des Bräutigams und große Störung dieses fleißigen Treibens. Dann, nach der neuen Trennung, wurden den Brautleuten die Tage immer länger, zumal als noch einmal die Welt in Schnee begraben wurde und Anna von ihrer Arbeit, wie Rudolf aus dem Fenster seiner entlegenen Försterei, vergebens nach dem Briefboten aussah.

Endlich, unter den ersten Sonnenstrahlen des Aprils, der diesmal seinem Namen als „Eröffner" Ehre machte, legte der väterliche Priester die Hände des jungen Paares in einander. Auch Bernhard als ein zwar ernster, aber wohlmeinender Gast war dessen Zeuge; er hatte einer verlorenen Hoffnung wegen nicht auch die Menschen selbst verlieren wollen. Noch vor dem Abschied hatten auf seine Bitte Beide es ihm zugesagt, im Verlaufe des Sommers auf seinem, auch von ihrem neuen Wohnort nicht gar fernen Hofe einzukehren.

Dann unter dem Dache des inzwischen sauber hergerichteten Forsthauses kam der Beginn des jungen Ehelebens. Zwar hatten Beide ihre volle Arbeit: Anna zu allem Anderen mit einem aufgeschossenen Dorfkinde, das sie zum regelrechten Mägdedienst erziehen mußte, Rudolf die immer wiederkehrende Vertretung des kränkelnden Oberförsters; aber die Arbeit selbst war jetzt ein Miteinanderleben. Oft auch — denn die Kunst der Wirthschaft war ihr angeboren, so daß sie immer noch ein Maß von Zeit für ihren Liebsten übrig hatte — begleitete Anna diesen auf seinen Berufswegen durch den Wald, sei es zu den Föhren, wo an den mächtigen Stämmen jetzt die Axt erklang, oder in einen der Buchenschläge, wo die gefürchtete Nonnenraupe mit Verwüstung drohte.

Inmitten dieser herrschaftlichen Wälder, auf den alten Karten zu über vierzig Tonnen Landes angezeichnet, lag ein Bezirk, in dem die königlichsten aller Bäume stehen sollten; aber, man wußte nicht, ob aus Liebhaberei oder in Folge nachlässiger Bewirthschaftung der Vorbesitzer, seit wohl hundert Jahren hatte ihn keine Axt berührt, ja, wie es hieß, kaum eines Menschen Fuß betreten.

Der Graf freilich, in Begleitung Rudolfs und eines begeisterten Landschaftsmalers, war einmal mit Messer und Säbel eine Strecke weit in seinen „Urwald" vorgedrungen, und ein paar der wildesten Partieen, welche der Maler auf die Leinewand gebracht hatte, zierten jetzt in der Residenz sein Arbeitszimmer.

Aber auch Anna, als Rudolf ihr davon erzählte, war im Übermuth des Glückes und der Jugend ein Gelüsten nach dem Abenteuer angekommen: zwar hatte jener anfänglich neckend abgewehrt, dann aber eines Sonntagmorgens, in Freuden über sein schönes reisiges Weib, ihr selber kunstgerecht das Kleid gegürtet; und so waren sie, auch im Übrigen wohl gerüstet, zum Besuch des Urwaldes ausgezogen. Manchmal im wildesten Gestrüppe hatte sie athmend an seiner Brust geruht; aber auf seine Frage, ob es denn nun genug sei, immer lächelnd noch den Kopf geschüttelt, bis er dann aufs Neue vor und über ihr das Zweiggewirr durchbrochen und sie sich endlich zu einer Lichtung durchgekämpft hatten, wo ein bemooster Granitblock zum Ruhen einzuladen schien. Gegenüber, hinter einem schmalen Sumpfe, der vom Röhricht ganz durchwachsen war, stieg wiederum, anscheinend undurchdringlich, das Gewirr des Waldes auf.

Aber nur Rudolf hatte sich gesetzt; Anna kniete zwischen einem Flor von Maililien, welche einen Theil der Lichtung überdeckten, und pflückte eifrig einen Strauß zusammen. Als sich ihre Hand allmählich füllte, wandte sie den Kopf:

„So hilf doch, Rudolf! Ich für deine, du für meine Stube!"

Er schien es nicht zu hören: „Sieh nur," sagte er, indem er mit ausgestrecktem Finger gegenüber nach dem Dickicht zeigte; „wer sich nicht wollte finden lassen, müßte dort schwer zu suchen sein!"

Anna war aufgesprungen und sah ihn fast erschrocken an; aber schon hatte sie die Blumen fortgeworfen, und in übermüthiger Zärtlichkeit mit beiden Händen ihn umhalsend, rief sie heiter: „Versuch es nur, ich will dich dennoch finden!"

Ohne Blumen, in der Fülle ihres Glückes waren sie dann heimgegangen.

— — Bald danach war Annas Vater im Forsthause eingekehrt und mit Jubel von dem jungen Paar empfangen worden. Nur auf wenige Tage hatte sein Amt ihn freigelassen, aber er verstand es, die Stunden auszunutzen. Auch im Schlosse war man zum Abendthee gewesen; der Graf und der Pfarrer schienen sich gegenseitig zu gefallen. Während Rudolf die Frauen am Clavier um sich versammelte, standen jene im Gespräch in einer Fensternische: „Ohne Zweifel," sagte der Graf, „ich halte ihn für recht befähigt, nur etwas zaghaft noch; aber man muß der Jugend etwas zutrauen, und so hab ich's denn auch mit ihm im Sinne." Der Pastor nickte: „Excellenz wollen nachträglich die Männererziehung noch dazu thun!" — „Ich denke, wir verstehen uns, Herr Pastor!" Und sie lauschten nun auch dem meisterhaften Spiel des jungen Försters.

Am anderen Abend saß der Pastor wieder im Familienzimmer seines Pfarrhauses, und wenn die gute Frau Pastorin in seiner Erzählung auch vergebens auf den romantischen Zauber des Jägerlebens wartete, so ließ er selber sich doch behaglich von der jetzt Ältesten, seiner Käthe, den brennenden Fidibus für seine Pfeife bringen.

— — Es war im Juli an einem Sonntagnachmittage, als die jungen Eheleute in der warmen Sommerluft vor ihrem Hause saßen, wohlgeborgen unter der alten, weithin schattenden Eiche, deren Laub jetzt im sattesten Grün erglänzte. Die Kaffeestunde ging zu Ende, und Anna erhob sich und nahm das Geschirr von dem selbstgezimmerten Säulentische, um es ins Haus zurückzutragen. Nur sollte ihr das nicht ohne Hinderniß gelingen; als sie an Rudolfs Sitz vorbei wollte, umschloß er sie mit beiden Armen, und so stand sie gefangen und wagte mit ihrer zerbrechlichen Bürde sich nicht zu rühren. Lächelnd blickte sie zu ihm nieder; das Schweigen des Glückes lag auf beider Antlitz.

Über der Hausthür auf dem alten Geweih des Sechzehnenders, das sich bis in die grünen Zweige hinaufstreckte, zwitscherte eine Schwalbe und flog dann über ihren Köpfen wieder in den Sonnenschein hinaus; nur von der seitwärts am Waldesrande sich entlang ziehenden Wiese tönte nach wie vor das Summen der Millionen schwebenden Geziefers; mitunter erhob es sich wie übermüthig, als wollten sie den Menschen ihre kurze Sommerherrschaft fühlen lassen; dann sank es wieder wie zu leisem Harfenton.

Unwillkürlich hatten Beide hingehorcht. „So hör ich's gern," sagte Anna; „nur sollen sie mir nicht ins Zimmer kommen."

Rudolf bejahte nachdenklich: „Aber sie kommen ungefragt; horch nur, es klingt ganz zornig, und sie dürsten auch nach unserem Blute."

„Laß sie," versetzte heiter die junge Frau; „das Tröpfchen wollen wir ihnen gönnen."

Über Rudolfs Augen flog es wie ein Schatten, und er schloß die Arme fester um die schlanken Hüften seiner Frau. „Meinst du?" sagte er gedehnt. „Es giebt eine schwarze Fliege, diese Sommergluth brütet sie aus, und sie kommt mit all den anderen zu uns, in dein Haus, in deine Kam=

mer; unhörbar ist sie da, du fühlst es nicht, wenn schon der häßliche Rüssel sich an deine Schläfe setzt. Schon Mancher hat sie um sich gaukeln sehen und ihrer nicht geachtet, denn die Wenigsten erkennen sie; aber wenn er von einem jähen Stiche auffuhr und sich, mehr lachend noch als unwillig, ein Tröpflein Blutes von der Stirn wischte, dann war er bereits ein dem Tode verfallener Mann."

Anna hatte mit verhaltenem Athem zugehört; nun fuhr sie mit der freien Hand ihm über Stirn und Haare: „Du könntest Einem bange machen, Rudolf; aber ich will diese schwarze Fliege fortjagen, denn sie kommt aus deinem Hirn und soll mir nicht dahin zurück; ich habe nie von diesem Spuk gehört."

Er ließ sie gewähren; nur seine Augen suchten in zärt= licher Angst die ihren festzuhalten. „Aller Spuk ist selten," sagte er leise; „aber die schwarzen Fliegen sind doch wirk= lich da!"

„Nein!" rief sie, indem sie sich zu ihm neigte und, das Brett mit Kannen und Tassen emporhebend, es anmuthig fertig brachte, ihm den Mund zum Kuß zu reichen; „nein, Rudolf, nun sind sie alle fort! — Und nun laß mich!" setzte sie hinzu, da eben die Magd die neueste Zeitung auf den Tisch legte, welche, wie gewöhnlich um diese Zeit, des Oberförsters Knecht ihr ins Küchenfenster hineingereicht hatte. „Nun studir deine Zeitung und sieh zu, ob auch etwas für deine Frau darin ist!"

Er hatte sie freigelassen und sah ihr nach, da sie in das Haus ging; dann nahm er die Zeitung und begann zu lesen. Aber er las nur obenhin und ließ oft die Hand, welche das Blatt hielt, sinken; erst als er auch die letzten Spalten überflog, wurde seine Aufmerksamkeit gefesselt, jeden= falls schienen seine Augen über eine Notiz von wenig Zeilen nicht hinaus zu kommen. Es mochte nichts Heiteres sein, denn schwere Stirnfalten drückten seine Augenlider, während er noch immer darauf hinstarrte; oder hatte Frau Anna doch die schwarzen Fliegen nicht verjagen können? Plötzlich erhob er sich und legte die Zeitung auf den Tisch, indem er zugleich nach seinem Hute langte, den er über sich an einem Zweige aufgehangen hatte.

Aus dem offenen Hausflur rief die Stimme seiner Frau: „Was willst du, Rudolf? Gehst du fort?"

„Nur zum Andrees!" rief er zurück; „er soll den Köder in den Fuchseisen noch erneuern!"

„So wart doch wenigstens, bis die ärgste Gluth vorüber ist!"

Aber er winkte nur noch mit der Hand und war bald auf dem Wege, der an des Forstwärters Haus vorbei zum Walde führte, hinter dem Gebüsch verschwunden.

Was Rudolf in der Zeitung gelesen hatte, lautete wörtlich wie folgt:

„Am letzten Dienstage, so wird von glaubhafter Seite uns berichtet, saß der erst kürzlich verheirathete Hufschmied Br... zu Wallendorf nach Feierabend mit seiner Frau im Wohnzimmer. Das Gespräch zwischen den Eheleuten war eine Weile stumm gewesen, als der Mann wieder anhub: ‚Heute sind es gerade dreizehn Jahre, daß ich von einem tollen Hund gebissen wurde! Man sagte mir damals, ich solle mich nicht verheirathen; aber es hat mir bis jetzt noch nichts darum geschadet.' Die Frau, welche erst in diesem Augenblick von jenem Vorgang hörte, erschrak heftig; noch mehr aber, als sie jetzt in das plötzlich verzerrte Antlitz ihres Mannes blickte. Und kaum waren einige Minuten verflossen, als die Nachbarn auf ihr Geschrei herbeieilten und den Unglücklichen, bei dem schon alle Zeichen von Tollwuth ausgebrochen waren, an Händen und Füßen fesseln mußten."

Das war es, was Rudolf gelesen und was so ganz von ihm Besitz genommen hatte, daß es allem Übrigen sein Ohr verschloß. Und jetzt auf dem einsamen Wege kamen ihm die

Worte, die einzelnen Sätze in ihrer Reihenfolge immer wieder; er suchte Anderes zu denken: an seine Mutter, an Anna, sogar an des Herrn Grafen Excellenz; aber es half nichts, es waren immer nur die schwarzen Buchstaben in ihrem kleinen Zeitungsdruck, die unabweisbar an ihm vorüberzogen.

In der Hütte des Waldwärters traf er diesen nicht daheim; er ging wieder hinaus, ohne auch nur der anwesenden Frau den einfachen Auftrag mitzutheilen. Erst nach einer Weile bemerkte er, daß er nicht den Rückweg nach seinem Hause eingeschlagen hatte, sondern mitten im Walde auf einem Wege schritt, der zwischen hohen, finsteren Tannen ausgehauen war. Endlich begann er seiner Gedanken Herr zu werden: was wollte jene furchtbare Geschichte denn von ihm? Ihn hatte niemals, weder ein toller noch ein anderer Hund gebissen, und im Übrigen — wer konnte aller Menschen Leid mitfühlen wollen? Wog es nicht vielleicht noch schwerer als der Menschheit Sünden, die doch nur Gottes Sohn auf sich genommen hatte?

Grübelnd blieb er stehen; aber es war ja auch kein Mitleid, das er fühlte, er hatte sich ja selber nur belügen wollen! Nein, nein, kein toller Hund; aber — jenes Andere, was er nicht zu denken wagte, was er hinter sich in Nacht begraben wähnte! Wenn es wiederkäme — nach zehn, nach zwanzig Jahren? Oder — wer könnte wissen — vielleicht schon jetzt, noch eh der Herbst die Blätter von den Wäldern fegte!

Er fuhr mit beiden Händen vor sich hin, als wolle er ein Schreckbild von sich stoßen; aber er sah es doch, er hörte den Schrei seines Weibes, er sah die Nachbarn — — nein, sie hatten ja keine Nachbarn! Niemand konnte kommen! — Plötzlich, als müsse er nun selber ihr zu Hülfe eilen, wandte er sich zur Heimkehr; rasch und rascher, daß es bald einem Laufen gleich war, eilte er zurück. Aber die Gedanken liefen immer mit: jener Hufschmied, war er auch so feig gewesen? Hatte auch er von selbstsüchtiger Mutterliebe sich den Mund verschließen lassen, eh er das junge Weib in seine Kammer brachte?

Ein Donner rollte über den Wald hin und verhallte dröhnend. Die Gluth des Tages hatte sich gelöst: zu beiden Seiten rauschte es durch die Tannen, und kühlend fielen die ersten großen Tropfen auf die heiße Erde. Auch Rudolf athmete auf in dem belebenden Dufte, der sich jetzt erhob, auch ihm floß es wie erquickliche Kühle durch die Adern: was war es denn gewesen, das ihn so erschreckt hatte? Hier ging er ja gesund und kräftig wie nur jemals! Und daheim? Verlockend, wie noch nie, stand seines Weibes schlanke jugendliche Gestalt vor seinen Sinnen. Immer rascher schritt er durch den gewaltig niederrauschenden Regen, bis er das Gebell seiner beiden braunen Hunde hörte, die mit ausgelassenen Sprüngen ihm entgegentobten, und bis er endlich dann mit leuchtendem Angesicht vor seinem blonden Weibe stand.

Freilich, von Kuß und Umarmung des triefenden Geliebten wollte sie für jetzt nichts wissen; lachend, mit vorgestreckten Händen, drängte sie ihn in die Kammer: „Hier, Rudolf, ist der Schlüssel zu deinem Kleiderschrank! Wenn du hübsch trocken bist, darfst du zu mir kommen und dir deine Schelte holen!"

Und ihre Augen lachten wie die lieblichste Verheißung.

* *
*

Aber der glückliche Schluß dieses Tages hatte seinen übrigen Inhalt nicht beseitigen können. Es war in Rudolf etwas wach gerufen, das während seiner kurzen Ehezeit bisher geschlafen hatte; ein Zufall hatte die Decke jetzt gelüpft, und er sah es in der Tiefe liegen und allmählich höher steigen, bis es endlich unverrückt mit den feindlichen Augen zu ihm emporstarrte. Immer öfter zog es seinen Blick

dahin, so daß er dauernd auf nichts Anderes mehr sehen
konnte und zu Arbeiten, die er vormals bequem bewältigt
hatte, nicht selten die Nacht zu Hülfe nehmen mußte.

Eine Geschäftsreise nach der Residenz im Auftrage des
Grafen brachte Abwechselung und eine Einkehr bei der
Mutter. Sie hatte bei seinem Empfange ihn lange stumm
betrachtet und ihn dann in das zweite Zimmer geführt, das
Rudolf früher wohl scherzend ihren Ahnensaal zu nennen
pflegte. „Du siehst übel aus, mein Sohn!" war das erste
Wort, das sie ihm sagte, als sie sich gegenüber saßen.

Er suchte ihr das auszureden und wollte es auf die
Nachtfahrt schieben; aber sie unterbrach ihn: „Seit deines
Vaters Augen so früh sich geschlossen, waren die meinen
nur auf dich gerichtet; du vermagst mich nicht zu täuschen."
Und als er schwieg, ergriff sie seine beiden Hände: „Du
bist unglücklich, mein Sohn; nur deiner Mutter kannst du
das nicht verbergen!"

Er sah wie gedankenlos eine Weile zu ihr hinüber.
„Ja, Mutter," sagte er dann; „ich glaube fast, daß ich es
bin."

„Weshalb, Rudolf, weshalb bist du es?"

Auf dem Tische lag eine Zeitung; Rudolf hob sie auf,
es war dieselbe, die der Oberförster und er zusammen hielten.
„Hast du das gelesen neulich?" sagte er zögernd; „das —
mit dem Hufschmied?"

„Ja, Rudolf, ich hab es gelesen. Was soll das? Der
Unglückliche!"

„Die Unglückliche!" erwiderte er, stark das erste Wort
betonend. „Und hast du auch gelesen, nach dreizehn Jahren
ist es ausgebrochen?"

„Was soll das? Was willst du, Rudolf?" frug sie
wieder.

Er war aufgestanden. „Mutter," sagte er leise; „bin
ich nicht auch von einem solchen Hund gebissen worden?"

Und sie, die Unglückliche, ist ewig, was wir hier ewig nennen, an mir festgeschmiedet! Wir waren übel berathen, Mutter, als wir die schöne Unschuld für meinen Dienst betrogen."

Sie blickte ihn fast zornig an: „Das ist es, Rudolf? Ich verstand dich nicht."

„Ja, Mutter; was konnte es anders sein?"

Ein schmerzliches Aufleuchten ging durch die dunklen Augen der Frau, und einige Secunden lang bedeckte sie sie mit ihrer weißen Hand. „Wenn ich für dich gesündigt habe," sagte sie bitter, „so habe ich mit Recht den Dank dafür verloren; laß mich's denn auch allein verantworten!"

Er nahm ihre nur schwach widerstrebende Hand und küßte sie: „Ich bin nicht undankbar, Mutter; aber ich weiß auch, daß ich meine Schuld allein zu tragen habe."

Frau von Schlitz antwortete nicht sogleich; hinter ihrer breiten Stirn, die unter einer schwarzen Florhaube noch blasser als das Antlitz ihres Sohnes schien, hielten die Gedanken raschen Überschlag. „Besinne dich," begann sie dann anscheinend ruhig; „du hast den Brief deines derzeitigen Arztes selbst gelesen, er enthielt nichts, was zu verbergen war; von jener Seite droht deinem oder, wie ich jetzt ja sagen muß, eurem Leben nicht Gefahr. Dich drückt nur das Geheimniß, das Versprechen, das du mir gegeben hast; ich gebe es dir zurück, es war unnöthige, übertriebene Sorge, da ich es von dir verlangte."

Aber Rudolf blickte wie erstaunt auf sie herab: „Reden? Jetzt noch reden, Mutter? Und das räthst du mir? Und Anna? Anna? Dreizehn Jahre lang, und immer die armen Augen nach dem Schreckgespenst? — — Nein, nein!" rief er heftig, „jetzt muß ich mit mir selber fertig werden!"

„Und wenn du es nicht wirst, Rudolf?" Wie von Angst gepreßt wurden diese Worte ausgestoßen.

„Dann," sagte er langsam, „wird sie frei von mir; es

giebt nur einen Weg, den ich ohne sie noch gehen kann. O Mutter, hat denn mein Vater dich nicht auch geliebt?"

Sie hatte sich aufgerichtet, eine Frau von nicht mehr jugendlicher, aber noch immer ernster Schönheit: „Ja, mein Sohn," rief sie und schlang leidenschaftlich beide Arme um seinen Nacken, „wohl haben wir uns geliebt, ich und dein Vater; aber dich lieb ich mehr, als Mann und Weib sich lieben können; was kümmern mich alle anderen Menschen außer dir!"

Stumm, erschüttert hielt der Sohn die Mutter an seiner Brust; an dem Zucken ihres Leibes fühlte er, wie die starke Frau sich selbst zur Ruhe kämpfte. Aber unter den zärtlichen Worten, die sein Herz ihn sprechen ließ, verkannte er gleichwohl nicht, daß diese Leidenschaft, wo sie ihn bedroht wähne, in jedem Augenblick bereit sei, sich feindselig gegen alle Welt, ja gegen des eigenen Sohnes Weib zu kehren. Mit dem Scharfsinn seiner jugendlichen Liebe las er in der Seele der erregten Frau; und ehe Beide von einander schieden, hatte die Mutter, wenn auch widerstrebend, ihm nun ihrerseits geloben müssen, an der Vergangenheit ohne sein Zuthun nicht zu rühren.

Nur darin traf ihr Wunsch mit einem bereits von ihm gefaßten Entschluß überein: er wollte sich Beruhigung oder — wie er still bei sich hinzufügte — doch Entscheidung über seinen Zustand bei dem Arzte holen, unter dessen Fürsorge er jene Monate des vergangenen Jahres zugebracht hatte; wenn er noch einmal eine Nachtfahrt daran setzte, so war ihm, bei der unerwartet raschen Erledigung des Geschäftes, die Zeit noch zur Verfügung.

— — Und etwa zehn Stunden später saß er dem Genannten, einem kräftigen Manne in mittleren Jahren, gegenüber; die heiteren, etwas schelmischen Augen des Arztes ruhten auf dem Antlitz seines früheren Patienten, während dieser, der dem vertrauengebenden Wesen desselben seine da-

7*

malige rasche Genesung zu verdanken glaubte, ihm dies in warmen Worten aussprach.

„Aber was treiben Sie denn, Herr von Schlitz," unterbrach ihn jener, „Sie sollten wohler aussehen! Sie sind von uns als völlig — wohl verstanden, als völlig geheilt entlassen worden."

Die Frage, um deren willen Rudolf seine Reise hierher verlängert hatte, war somit schon zum größten Theil und auf das Unverfänglichste beantwortet; nun galt es nur noch seinerseits eine unverhaltene Auskunft über späteres Erlebniß; und nach kurzem Widerstreben überwand er sich: sein Geheimniß war hier keines, nun bekannte er auch seine Schuld.

Ein leichtes Stirnrunzeln überflog das Angesicht des älteren Mannes. „Nein, nein," sagte er gleich darauf, da Rudolf stockte, „sprechen Sie nur; ich klage Sie nicht an!"

Und der Jüngere fuhr fort und verschwieg ihm nichts: „Mitunter," — so schloß er seine Beichte — „aber nur in kurzen Augenblicken ist es mir, als ob der dunkle Vorhang aufweht, und dahinter, wie zu meinen Füßen, sehe ich dann das Leben gleich einer heiteren Landschaft ausgebreitet; aber ich weiß doch, daß ich nicht hinunter kann."

Wieder ruhte der sinnende Blick des Arztes auf des jungen Mannes Antlitz. „Nicht wahr," sagte er dann, „aber es ist mehr der Antheil nehmende erfahrene Mann, als der Arzt, der diese Frage an Sie thut — Sie haben eine gesunde und eine Frau von heiterem Gemüthe?"

Rudolfs Augen leuchteten, und in seinen Armen zuckte es, als müsse er sich zwingen, sie nicht nach seinem fernen Weibe auszustrecken. „Sie sollten sie nur sehen!" rief er. „Nein, nur ihre Stimme brauchten Sie zu hören!"

Der Arzt lächelte: „Dann," sagte er, „wenn dem so ist," und er betonte jedes Wort, als ob er auf schwerwiegende Gründe eine Entscheidung baue, „dann — reden Sie; und

Sie werden nicht allein in jenes heitere Land hinunter=
schreiten!"

Rudolf war fast erschrocken, als dieselbe Forderung, die
er noch kurz zuvor der Mutter gegenüber so schroff zurück=
gewiesen hatte, ihm nun auch hier entgegenkam. Aber sie
reizte ihn hier nicht zum Widerspruche; die ruhigen Worte,
in denen jetzt der theilnehmende Mann ihm zusprach, moch=
ten kaum Anderes enthalten, als was er von seiner Mutter
auch schon wiederholt gehört hatte, dennoch war ihm, als
ob seine Gedanken sich allmählich von einem Banne lösten,
der sie stets um einen Punkt getrieben hatte. Allein hatte
er seinen Weg in Nacht und Schrecken wandern wollen!
Aber — und seine Brust hob sich in einem starken Athem=
zuge — es gab ja kein „Allein" für ihn, er selber hatte
ja gesagt, sie seien an einander festgeschmiedet, er konnte nicht
in der Finsterniß und sie im Lichte gehen; er begriff nicht,
daß er das nicht längst begriffen hatte.

Entschlossen reichte er dem Arzt die Hand hinüber: „Ich
danke Ihnen," sagte er, „ich werde reden."

„Und Sie werden recht thun." — Dann schieden sie.

Heiter, voll froher Zukunftsbilder, fuhr Rudolf seiner
Heimath zu; bei hellem Mittag, in einer unablässig schwatzen=
den Reisegesellschaft, erquickte ihn ein langer Schlaf; als er
unweit seines Zieles dann erwachte, konnte er kaum erwar=
ten, vor Anna hinzutreten und Schuld und Reue vor ihr
auszuschütten; er sah schon, wie sie weinen, wie sie dann
aus ihren Thränen sich erheben und, ihm muthig zulächelnd,
ihre kleine feste Hand in die seine legen würde; ja, Anna,
die Schöne, Gute, sie hatte ja auch ein festes Herz!

Er hatte nicht bedacht, daß er während seiner Ehe zum
ersten Mal so lange fern gewesen war. Als er von der
letzten Bahnstation den Richtweg durch den Wald dahin
schritt, da klopfte sein Herz doch nur nach seinem Weibe;
und als er, auf die Wiese hinaustretend, sie dann im

Abendschatten auf der Schwelle seines Hauses stehen sah, sie selber leuchtend in Jugend und Liebe, die Arme ihm entgegenstreckend, aber doch wie festgebannt, als müsse sie hier ihr Glück empfangen, da stieg es nur wie ein Gebet aus seiner Brust, daß auch nicht eines Sandkornes Fall den Zauber dieser Stunde stören möge.

Morgen! Sie waren ja morgen auch beisammen.

* *
*

Und es wurde Morgen, und der helle Tag, der unerbittlich zu Pflicht und Arbeit fordert, schien in alle Fenster des Försterhauses. Rudolf hatte in seinem an der Rückseite belegenen Zimmer die in seiner Abwesenheit eingegangenen Geschäftssachen eingesehen und trat jetzt in die gemeinsame Wohnstube, wo Frau Anna den Morgenkaffee für ihn warm gehalten hatte. Nur ein Händedruck wurde gewechselt; dann nahm er schweigend die Tasse, welche sie ihm reichte, und Anna, die ihr Frühmahl schon beendet hatte, zog ihren Stuhl zu ihm heran und strickte weiter an einem Unterjäckchen, das noch vor der rauhen Jahreszeit zu dem gebrechlichen Brüderlein ins elterliche Pfarrhaus wandern sollte. Ihrer Augen bedurfte diese Arbeit nicht; die ruhten auf ihres Mannes Antlitz: er sah viel besser aus, als da er fortgegangen war; auf seiner Stirn und über den Augenlidern, die sich mitunter hoben und dann sinnend wieder senkten, lag etwas wie eine frohe Zuversicht; gewiß, während er so schweigend neben ihr sein Mahl verzehrte, überdachte er die gute Botschaft, die er noch am selben Vormittag dem Grafen überbringen mußte.

Aber Frau Anna irrte; das Schweigen ihres Mannes galt ihr selber: es war das Bekenntniß seiner Schuld, wofür sein Herz die Worte suchte, und was von seiner Stirn leuchtete, das war der Abglanz jener wolkenlosen Landschaft, in die er heute noch mit ihr hinabzuschreiten dachte.

Da, bevor zwischen Beiden noch ein Wort gesprochen worden, pochte es an die Stubenthür, und Rudolf fuhr aus seinem Sinnen auf. Es war nur der alte Waldwärter Andrees, der ins Zimmer trat, um über dies und jenes zu berichten; aber mit ihm war etwas Anderes unsichtbar hereingekommen, was wir Zufall zu nennen pflegen, was auf den Gassen der Wind vor unsere Füße oder durchs offene Fenster in das Innere unseres Hauses weht.

Rudolf hatte die verschiedenen kleinen Mittheilungen entgegengenommen und hie und da ein zustimmendes oder anweisendes Wort dazu gegeben. „Ist sonst noch etwas, Andrees?" frug er, als dieser mit seinem Bericht zu Ende schien.

— „Sonst nichts, Herr Förster; nur daß der Holzschläger Peters aus der Anstalt wieder da ist."

„Woher? Welcher Peters?" frug Rudolf hastig.

„Es war vor des Herrn Försters Zeit," erwiderte Andrees. „Er hatte sich eingebildet, als einziger Sohn von den Soldaten frei zu kommen und dann drunten mit des reichen Seebauern Tochter Hochzeit zu machen; als aber auf beidem eine Eule gesessen hatte, da wurde er wirrig und mußte in die Anstalt."

Anna hatte zu stricken aufgehört; einen losen Sticken an die Lippen drückend, horchte sie aufmerksam dieser Erzählung. „Der arme Mensch," sagte sie mitleidig; „ist er denn jetzt wieder ganz gesund?"

„Muß doch wohl, Frau Förstern," meinte Andrees; „sogar 'ne Frau hat er sich mitgebracht; freilich, keine reiche: es ist eine Wärterin aus der Anstalt, die sich in den jungen Kerl verliebt hatte."

Ein Ton wie ein Schreckenslaut entfuhr den Lippen der jungen Frau: „Mein Gott, welch ein Wagstück! Wenn es wiederkäme!"

„Soll wohl sein können," erwiderte Andrees; „aber das

Weibsbild hat sich dann doch selber nur betrogen; sie muß ja wissen, wen sie sich getauft hat."

Anna starrte schweigend vor sich hin, als ob ihre Phantasie die schreckensvolle Möglichkeit verfolge; sie achtete kaum darauf, als Rudolf, der während dieses Gespräches keinen Laut von sich gegeben hatte, jetzt mit abgewandtem Antlitz fast schwankend sich erhob und, das Beben seiner Stimme mühsam nur beherrschend, zu dem Waldwärter sagte: „Kommen Sie nach meinem Zimmer, Andrees; es sind noch Postsachen für Sie mitzunehmen." Als sie aber dahin gekommen waren, meinte Rudolf, es müsse bis zum Abend warten, es komme doch noch Einiges dazu.

Wer nach dem Fortgange des Waldwärters hier unbemerkt hätte hineinblicken können, der hätte den jungen Förster in der Mitte des Zimmers gleich einem düsteren Bilde stehen sehen; mit untergeschlagenen Armen, das auf die Brust gesunkene Haupt von den schweren Athemzügen kaum bewegt. Nur einzelne karge Worte: „Schweigen!" und wieder „Schweigen — um jeden Preis und bis ans Ende!" wurden dann und wann von seinen Lippen laut.

Endlich, als dann die Wanduhr über seinem Schreibtisch mit lautem Schlage aushob, fuhr durch diesen einzigen Gedanken ihm ein anderer: er schüttelte sich, und nachdem er mit schweren Schritten ein paar Mal auf- und abgegangen war, nahm er einige Papiere aus einem Schubfach; es war hohe Zeit, er mußte ja zum Grafen und den glücklichen Bericht erstatten.

— — Es ging schon gegen Mittag, als die junge Frau aus dem Küchenfenster, hinter welchem sie beschäftigt war, ihren Mann auf dem hier vorüberführenden Wege heimkehren sah und bald danach ihn auf dem Hausflur und nach seinem Zimmer gehen hörte. Unwillkürlich ruhten ihre emsigen Hände: Rudolf pflegte sonst nach solchem Gange, „zur Herzerfrischung" wie er sagte, sie für eine Weile auf=

zusuchen, sich ein paar Worte oder auch nur einen Händedruck von ihr zu holen; und jetzt kam es ihr plötzlich, daß er auch vorhin so jäh und ohne beides von ihr fortgegangen sei. Noch einige Minuten stand sie horchend, ob nicht die eben geschlossene Thür sich wieder öffnen möge; dann legte sie die Geschirre, die sie in der Hand hielt, fort und ging nach Rudolfs Zimmer.

Es schien völlig still da drinnen; als sie die Thür öffnete, fand sie ihn mit aufgestütztem Kopf an seinem Schreibtisch sitzen. Sie setzte sich an seine Seite und nahm seine Hand, die er ihr schweigend überließ; erst als sie den Druck derselben in der ihren fühlte, sprach sie leise: „Was war's denn, Rudolf? Warum gingst du mir vorüber? Brauchst du heute keine Herzerfrischung, oder mißtraust du schon meiner armen Allmacht?"

Dem Drängen dieser liebevollen Stimme widerstand er nicht; ihm war ja auch nichts Übles widerfahren; im Gegentheil, sein Bericht hatte den Grafen in die wohlwollendste Laune versetzt; er hatte von dem nothwendigen Abgange des altersschwachen Oberförsters gesprochen: schon jetzt werde Rudolf die Geschäfte und, sobald die Pensionsverhältnisse des Abgehenden geordnet wären, auch dessen höhere Stelle endgültig übernehmen müssen.

Ein Laut freudiger Überraschung entfuhr bei dieser Mittheilung dem Munde der jungen Frau. „Wie schön!" rief sie, stolz zu ihrem Mann emporblickend; „und dies Vertrauen, das du dir so bald erworben hast!"

Rudolf drückte den blonden Kopf seines Weibes gegen seine Brust, nur damit die glücklichen Augen nicht in seinem Antlitz forschten; denn — wie sollte er nun das Weitere sagen? Schon seine bisherigen Pflichten lagen seit dieser Morgenstunde wie eine Angst ihm auf dem Herzen; bei dem Vorschlage des Grafen hatte es wie ein unübersteiglicher Berg sich vor ihm aufgethürmt; und statt eines freudigen

Dankes hatte er nur zu einem Versuch bescheidenen Abwehrens sich ermannen können. Aber dieser Versuch war vergeblich gewesen; der Graf hatte nur gelächelt: „Mein junger Freund, nicht nur l'appétit vient en mangeant; es geht auch in anderen Dingen so; ich selber habe nicht gewußt, was ich zu leisten vermochte, bis ich gezwungen wurde es zu wissen." Auf seine verwirrte Erwiderung: „Excellenz ehren mich zu sehr mit einem solchen Vergleiche," war ihm dann nur geantwortet: „Nun, nun, Herr Förster, ein Jeder in seinem Kreise! Ich werde Sie denn doch vor solche Probe stellen müssen."

Während dieser Vorgang sich ihm peinlich in der Erinnerung wiederholte, hatte Anna sich aus seinen Armen losgewunden. „Du!" rief sie, „wie lange willst du mich gefangen halten!" Dann stand sie aufgerichtet vor ihm: „Aber du bist nicht froh, Rudolf; noch immer nicht! Und ich dachte schon an einen Jubelbrief nach Hause."

Eine demüthigende Scham überkam ihn, aber zugleich ein Drang, vor diesen klaren Augen zu bestehen. „Schreibe nur deinen Brief," sagte er aufstehend; „es wird zwar aller meiner Kraft bedürfen; aber — ja, Anna, Dank, daß du gekommen bist."

* * *

Kurz darauf waren aus der Oberförsterei ein großer Actenschrank und ganze Karren von Actenbündeln angelangt und in Rudolfs Zimmer untergebracht; auch eine Kammer für einen Schreibgehülfen hatte Anna einrichten müssen. Rudolf selber saß jetzt meistens in die Nacht hinein bei seiner Arbeit; selbst am Sonntage, zum Kirchgang, riß er sich erst im letzten Augenblicke los; ja, wenn Anna während des Gottesdienstes zu ihm aufblickte, glaubte sie eher arbeitende Gedanken als Andacht auf seinem Gesicht zu lesen. Im Hause über Tag sah sie ihn fast nur bei den Mahlzeiten, die er möglichst rasch beendete, und so sehr er oftmals einer Herzerfrischung zu bedürfen schien, er kam immer seltener, sie bei ihr zu suchen. So mußte sich die junge Frau denn wohl gestehen: was ihres Mannes Stirn umwölkte, war etwas Anderes, als was der wechselnde Tag zusammentreibt und wieder aus einander weht. Aber aus welchen ihr unbekannten Abgründen war das aufgestiegen? War es noch rückgebliebener Schatten jener Krankheit, die er bei dem Besuche im Elternhause kaum erst überstanden hatte, oder war dies sein eigenstes Wesen, das sich jetzt ihr offenbarte? Zwar, die Last der Arbeit dauerte fort; aber an der ausreichenden Kraft des geliebten Mannes auch nur entfernt zu zweifeln, konnte ihr nicht einfallen; that das doch auch der Graf, der scharfblickende Menschenkenner, nicht.

Sie konnte sich keine Antwort geben; Rudolf selbst aber, wenn sie offen ihn befragte, schob Alles auf die überkommene doppelte, ja dreifache Arbeit und vertröstete sie auf die Zeit, wenn erst die von dem kranken Vorgänger angehäuften Reste abgearbeitet sein würden. Ließ sie ungläubig dennoch nicht mit Bitten nach, dann sah sie Qual und Zärtlichkeit so bitterlich auf seinem Antlitz kämpfen, daß sie jäh verstummen mußte. So schwieg sie denn auch ferner und suchte nur, wo sie es immer konnte, ihm zu bringen, was er nicht mehr von ihr zu holen kam. Das Nachtarbeiten war allmählich zur Regel geworden; aber Frau Anna ließ ihn nicht allein; auch für sie gab es ja, wenn sie wollte, Arbeit genug: „Bei unseren neuen Amtsgeschäften" — so hatte sie der Mutter nach Haus geschrieben — „haben wir hier einen langen Tag; schickt mir nur alle eure Winterwolle, denn alle kleinen Beine werde ich bestricken können."

Immer mehr fühlte Rudolf sich in einem dunklen Kreis gefangen. Auf einem Reviergange ließ er sich von dem alten Andrees den als Ehemann aus der Anstalt zurück=

gekehrten jungen Holzschläger zeigen: es war ein gesund aussschauender robuster Bursche; nur in seinen Augen war noch etwas, wie ein stumpfes Überhinsehen. Rudolf beobachtete ihn lange, wie er unter den Anderen die Axt mit seinen starken Armen schwang; dann ging er fort, ohne ein Wort an ihn zu richten. Aber schon am folgenden Tage stand er, er wußte selbst nicht wie, an demselben Platze unter den Holzschlägern; der Mensch hatte eine unheimliche Anziehungskraft für ihn gewonnen.

Plötzlich wandte er sich ab; es trieb ihn mit Gewalt nach Hause, er mußte und wenn auch nur einen Blick in die klaren Augen seines Weibes thun. Aber er brauchte nicht so weit zu gehen; als er in den Fahrweg einbog, der durch den Wald führte, kam sie ihm entgegen. „Anna!" rief er und schloß sie in seine Arme.

„Ja, da bin ich, Rudolf; so auf gut Glück bin ich dir nachgelaufen." Und langsam erhob sie ihre Augen zu den seinen; es war, als ob sie recht tief in ihnen lesen wollte.

„Was hast du, Liebste?" frug er.

„Dich!" erwiderte sie zärtlich.

„Sonst nichts?"

„Doch; noch einen Einfall!" und sie nickte lächelnd zu ihm auf.

„Laß hören!" sagte er zerstreut; er war in ihren liebevollen Augen ganz verloren.

„Ja, weißt du, Rudolf — aber du darfst mich nicht so ansehen, sonst hörst du doch nicht — ich war im Schuppen, wo das Cabriolet steht; es ist ja morgen Sonntag; wollen wir nicht zu Bernhard fahren? Auf unserer Hochzeit haben wir es ihm so fest versprochen! Du mußt einmal hinaus, und auch ich möchte gern die kleine Julie wiedersehen; ich glaube," fügte sie lächelnd bei, „sie hat dich damals mir wohl nur so kaum gegönnt."

Rudolf blickte noch immer auf seine Frau, aber seine

Augen schienen ohne Sehkraft. Zu Bernhard — jetzt zu Bernhard! Warum überfiel es ihn plötzlich, als habe er kein Recht auf dieses Weib, das doch sein eigen war, deren jugendlichen Leib er jetzt, in diesem Augenblick, in seinen Armen hielt? Die Worte seiner Mutter klangen ihm wieder vor den Ohren: wenn Bernhard auch nur um eine Stunde ihm zuvorgekommen wäre!

„Rudolf, lieber Mann!" sagte Anna leise. Aber er schloß nur seine Arme fester um sie; seine Gedanken ließen ihn nicht los. Was würde werden, wenn ihn ein Unfall, wenn der Tod ihn fortnähme? — er richtete sich straff empor, als müsse er das Bild, das seine Augen sahen, überwachsen; aber es wurde nicht anders, und er sagte es sich dennoch: über seinem Grabe würde Jener um sie werben, und Anna — würde Anna widerstehen?

Eine nie empfundene Leidenschaft für sein schönes Weib ergriff ihn; es drängte ihn, sich vor sie hinzuwerfen, es ihr zu entreißen, daß seine Gedanken ein Frevel an ihrer Liebe seien, daß das niemals, nie geschehen könne. Aber es war etwas, das seinen Mund verschloß; etwas, das er verschuldet hatte, das nicht wieder gut zu machen war.

Demüthig löste er die Arme von ihrem jungen Leibe; sie aber zog sein Haupt zu sich herab und küßte ihn. „Lassen wir es!" sagte sie freundlich, „es wird noch mehr der schönen Tage geben, eh der Winter kommt."

Er ergriff eine ihrer Hände, drückte sie heftig und ließ sie wieder: „Ja, Anna; später — später einmal; ich habe morgen auch den ganzen Tag besetzt."

Sie hing sich an seinen Arm, und während sie aus dem Walde und an dessen Rand entlang nach Hause gingen, suchte sie den beklommenen Athem ihrer Brust zu meistern und über die kleinen Dinge ihres Tagewerks mit ihm zu plaudern.

* *
*

Das Jahr rückte weiter: der erste Blätterfall begann schon hie und da den Wald zu lichten; Schwärme von Vögeln, deren Stimmen man nur im Herbst zu hören pflegt, zogen hoch unter den Wolken dahin oder fielen rauschend in die Büsche und flogen weiter, wenn sie an den rothen oder schwarzen Beeren sich gesättigt hatten; auch an der Eiche, die das Dach des Försterhauses beschattete, begannen sich die Blätter bunt zu färben.

Auf dem herrschaftlichen Schlosse hatte inzwischen der Graf noch eine neue Arbeit für seinen jungen Förster aus= gesonnen: die große Wildniß sollte endlich wieder in ord= nungsmäßige Cultur genommen, ein daranstoßender Sumpf trocken gelegt und dann bepflanzt werden; oberflächliche Vermessungen, so gut es hier und bei der treibenden Eile des Grafen geschehen konnte, waren bereits vorgenommen worden; nun galt es, Karten zu entwerfen und Kosten= und wer weiß was sonst für Anschläge auszuarbeiten und in kürzester Frist dem stets ungeduldigen Gebieter vorzulegen. Aber Rudolf konnte seinen Gedanken nicht mehr wehren, immer ihren eigenen dunklen Wegen zuzustreben, und so rückte trotz seines Fleißes Alles doch nur mühsam weiter. Schon ein paar Mal war es darüber zwischen ihm und dem Grafen zur Erörterung gekommen, und in seinem Hirn be= gann ein Brüten, wie er alle dem entrinnen möge. Sein geliebtes Clavier stand trotz Annas Bitten seit Monden un= berührt; die Kunst, welche auch in ihren düstersten Ab= gründen nach dem Lichte ringt, durfte nichts von dem er= fahren, was in ihm wie unter schwerem Stein begraben lag.

— — An einem Fußsteig, welcher in der Richtung vom Schlosse her durch den Wald führte, lag oder stand viel= mehr zwischen zwei Erdaufwürfen eingeklemmt ein roher, aber mächtiger Granitblock; wie angenommen wurde, ein Grenzstein aus einem nicht allzu fernen Jahrhundert; denn nach der Seite des Steiges hin waren auf der bemoosten

Oberfläche einige von den kürzeren Runenzeilen sichtbar, welche in heutiger Sprache heißen sollten: „Bis hierher; niemals weiter."

An diesem Orte, gegen die Rückseite des Steines gelehnt, saß eines Vormittags der junge Förster. Er hatte die von Anna ihm mitgegebenen Brotschnitte aus seiner Jagdtasche genommen; aber er aß nur einen kleinen Theil davon, das Übrige brach er in kleine Brocken und streute es um sich her; die Vögel würden es schon finden.

Vor ihm breitete sich eine junge Birkenschonung aus; auf einer abgestorbenen Eiche, die ihm gegenüber hoch daraus hervorragte, saß ein alter Kolkrabe, der hüpfend und flügelspreizend an dem Halbtheil eines jungen Hasen zehrte. Ohne Antheil, wie ohne Anreiz, sah Rudolf diesem Treiben zu; der Räuber hatte nichts von ihm zu fürchten. Plötzlich wandte er den Kopf; der Laut von Stimmen, die wie im Gespräche mit einander wechselten, war an sein Ohr gedrungen; und jetzt, in der Richtung vom Schlosse her, näherten sich auch Schritte auf dem Fußsteige, welcher durch den älteren Bestand des Waldes hier vorbeiführte. Rudolf hatte bereits die Stimme des Grafen erkannt; die andere mochte dessen Schwiegervater, dem alten General, gehören, der vor einigen Tagen zum Besuch gekommen war. Er wollte aufstehen und sich unbemerkt entfernen; aber ein Wort, das er deutlich genug vernahm, bannte ihn noch an seine Stelle. „Dein junger Förster," sagte die ältere Stimme, „soll ja ein liebenswürdiger Mann sein; auch von passabler Familie, wie es heißt."

Eine Antwort des Grafen vernahm Rudolf nicht; sie mochte nur in einer bezeichnenden Geberde bestanden haben; denn nach einer Pause hörte er den Anderen wieder sagen: „Du scheinst nicht beizustimmen; nun, ich hörte auch nur so."

„O doch," kam jetzt des Grafen Stimme; „er schien sich anfangs auch gut anzulassen; aber seit ein paar Monaten

— weißt du, ich sehe jetzt, Papa: ein guter Mann, aber ein schlechter Musikant!"

Der alte Herr lachte behaglich: „Und ich dachte, daß gerade die Musik zu seinen Liebenswürdigkeiten zählte!"

„Ja, ja, das ist nun schon, Papa; er spielt Chopin und hat Jean Paul gelesen, aber das Alles hilft nur nicht."

Das Übrige ging dem Lauschenden verloren, die Herren waren eben hinter den Erdhügel getreten, in dessen Mitte sich der Stein befand. Rudolf schloß die Augen; er mußte ja gleich ein Weiteres vernehmen, sobald die Beiden auf dem Steige fortgingen; aber es blieb noch immer still, nur das Klopfen seines Herzens wurde immer lauter, fast, dachte er, könne es ihn verrathen. Dann wieder war ihm doch, als ob er sprechen höre; weshalb setzten denn die Herren ihren Weg nicht fort? Studirten sie die Runen auf dem Felsblock, oder waren sie nur in näherer Erörterung ihres Gesprächsstoffes stehen geblieben? Alle peinlichen Augen= blicke seines kurzen Amtslebens tauchten in schroffen Um= rissen vor ihm auf, und ihm war auf einmal, als höre er das Alles von der überlegenen Stimme des Grafen punkt= weise auseinandersetzen.

Er schüttelte sich, er wußte ja, daß das nur Täuschung sei. Aber jetzt kamen die Schritte wirklich auf der anderen Seite des Hügels hervor; der alte Herr schien zuletzt ge= sprochen zu haben, denn der Graf antwortete, und laut genug, daß der junge Förster jedes Wort verstehen konnte: „Sie haben Recht, Papa, aber — passons là-dessus! Der Vater hatte auch so seine Talente, konnte Clavier spielen und Walzer componiren, er war mein Schulkamerad, und Sie wissen, man sollte es nicht, aber — enfin, man trägt doch immer wieder der Vergangenheit Rechnung."

Es trat eine Stille ein, und die Schritte der Herren entfernten sich, bis sie allmählich unhörbar wurden.

Der unglückliche Lauscher nickte düster vor sich hin: „Bis

hierher, niemals weiter!" Der ihm bekannte Inhalt der Runenzeilen kam ihm immer wieder. Sollte der alte Stein auch noch den jetzt Lebenden die Grenze weisen? — Da fiel sein Auge auf die abgestorbene Eiche, wo noch immer, hüpfend und flügelspreizend, der Rabe an dem todten Hasen fraß und zupfte. Hastig, wie in gewaltsamer Befreiung, sprang er auf und griff nach seiner Büchse. Ein Druck noch, ein Knall, — „Niemals weiter!" schrie er, und der mächtige Vogel sammt seiner Beute stürzte polternd durch die dürren Äste. Dann, ohne sich nach seinem Opfer umzusehen oder seine Büchse neu zu laden, wandte er sich ab und schritt seitwärts tiefer in den Wald hinein. — —

Lange hatte Anna auf ihn warten müssen; jetzt saß er wie abwesend neben ihr am Mittagstische, der frische Knall, womit er den Raben niederschoß, war längst verhallt; nur die Reden der beiden Herren vom Schlosse waren in voller Schärfe noch vor seinen Ohren. Das junge Weib beobachtete ihn verstohlen, und ein paar Mal zuckten ihre Lippen, als ob sie reden wolle, aber sie fühlte wohl, sie durfte heute nur schweigend ihm zur Seite bleiben.

Gleich nach Mittag ließ er seinen Rappen satteln. „Willst du schon wieder fort?" rief Anna fast erschrocken und hing sich wie eine Last an seinen Arm.

Ja, er müsse fort; in der letzten Sturmesnacht, drüben bei den äußersten Parcellen, seien Windbrüche in den Eichenschlag gefallen.

„So reite morgen!" bat sie, „der Schaden wird ja darum nicht größer werden!"

„Morgen? Morgen ist wieder Anderes da."

Er blickte sie nicht an; er stand wie ein Gefesselter, der ungeduldig auf Befreiung wartet, aber sie klammerte sich nur fester an ihn. „Ich bin wohl thöricht," sagte sie, „aber mir ist so bange deinetwegen! Rudolf, lieber Mann, bleib bei mir, laß mich nur heute nicht allein!" Und da er un=

beweglich blieb, legte sie die Hand an seine Wange, daß er die Augen zu ihr wenden mußte. „Du siehst so finster aus, du hörst mich nicht!"

Wohl hörte er sie; aber was sollte ihm die schöne Lebensfülle, die aus dieser Stimme ihm entgegendrängte? Wie eine Todesangst vertrieb es ihn aus der geliebten Nähe.

Hastig bückte er sich und berührte mit seinen Lippen flüchtig ihre Wange: „Laß mich jetzt, ich komme ja zu Abend wieder!"

Er stand schon vor der Hausthür, wo die Magd das Pferd am Zügel hielt, während Anna noch seine Hand gefaßt hatte. Plötzlich riß er sich los, nickte noch einmal nach ihr zurück und ritt davon.

Aber es war bald nur noch der Rappe, welcher sich die Wege suchte; ob sie zu den Windbrüchen in den Eichen führten, was kümmerte das den Reiter! —

Von der Treppenstufe vor der Hausthür hatte Anna ihm nachgeblickt, so lange ihre Augen ihn erreichen konnten; dann griff sie über sich und legte ihre Hand um einen Ast der Eiche, welche hier ihr dichtestes Gezweige wölbte. So blieb sie stehen, die Wange gegen den eigenen schlanken Arm gepreßt, ihre Augen füllten sich mit Thränen, ein Schluchzen drängte sich herauf, das sie nun nicht zurückhielt. Was sollte sie beginnen? — Sie hatte nicht den Muth verloren, sie wußte, sie durfte ihn nicht verlieren; nur Nachts, wenn er in schwerem Schlummer stöhnte, hatte sie wohl in jähem Schreck sich über ihn geworfen; sonst, sie meinte doch, hatte sie tapfer ihre Angst hinabgeschluckt. — Was hatte es ihr geholfen?

Über ihr ging ein Lufthauch durch den Baum, und ein Regen gelber Blätter wirbelte zu Boden; da gedachte sie der Fahrt zu Bernhard, die sie Rudolf neulich vorgeschlagen hatte; die letzten schönen Tage schienen jetzt gekommen. Aber plötzlich, und sie schrak jäh in sich zusammen, kreuzte schon ein Anderes ihre grübelnden Gedanken. Sollte es Eifersucht auf Bernhard sein? — Unmöglich! — Aber dennoch; Rudolfs seltsames Gebahren war dann auf einmal zu erklären!

Noch einige Augenblicke blieb sie sinnend stehen; eine Hoffnung, ein muthiges Lächeln verklärte ihr junges Antlitz: sie meinte endlich dem unbekannten Feinde Aug in Aug zu schauen. Dazu, in nächster Zeit, erwarteten sie den Besuch von Rudolfs Mutter; war auch die Frau Forstjunker ihr selbst noch immer eine Fremde, sie liebte, sie kannte ihren Sohn seit seinem ersten Schrei: mit ihr im Bunde wollte Anna den Feind bekämpfen.

Ihre Hand ließ den Ast, den sie so lange umfaßt gehalten hatte, fahren; dann, ihr blondes Haar zurückschüttelnd, ging sie mit kräftigen Schritten in das Haus zurück. — —

Der Nachmittag verging, das Forsthaus und die alte Eiche glühten im Abendschein; dann kam die Dämmerung; dann hinter dem Walde stieg der Mond empor und warf seinen bläulichen Schimmer auf den leeren Platz am Hause; aber Rudolf war noch nicht zurück.

Wieder, wie am Vormittage, saß Anna wartend im Wohnzimmer, nur brannte jetzt die Lampe, und es war noch stiller um sie her. Mitunter sprang sie auf, und ihre Arbeit hinwerfend, trat sie ans Fenster und drückte das Ohr gegen eine der Glasscheiben, dann plötzlich lief sie vor die Hausthür; aber nur die Eulen mit ihrer Brut schrieen vom Walde herüber, auch einmal im Stalle hinten hatte der Hahn geträumt und krähte dreimal in die Nacht hinaus. Und wieder saß sie drinnen bei ihrer Arbeit, der eine Fuß nur auf der Spitze ruhend, das Haupt halb abgewandt, wie in die Ferne lauschend. Da, das war keine Täuschung, scholl es vom Weg herauf; das war der Hufschlag ihres Rappen, und näher und näher kam es. Sie war nicht aufgesprungen; langsam und wie vorsichtig, um keinen Laut von draußen zu verlieren, hatte sie sich aufgerichtet. „Rudolf!" rief sie, und endlich, im dunklen Hausflur, hielt sie ihn umfangen. „Gott Dank, daß ich dich wiederhabe!"

Als sie aber drinnen beim Lampenschein in das verstörte Antlitz ihres Mannes sah, da ging sie aus dem Zimmer, als ob sie draußen im Hause etwas Eiliges zu beschaffen habe; dann nach einer Weile kehrte sie anscheinend ruhig zurück.

Bei ihrem Eintritt kam Rudolf ihr entgegen; er wollte nach seinem Zimmer; es seien noch Sachen, die er bis morgen fertigstellen müsse.

„Aber du willst doch erst zu Abend essen?" Und sie zog ihn an den schon längst gedeckten Tisch.

Er nahm auch einige Bissen. Dann stand er auf. „Laß dich nicht stören, ich muß machen, daß ich an die Arbeit komme!"

Ein schmerzliches Zucken flog um ihren Mund; aber sie suchte ihn nicht aufzuhalten. „Um zehn Uhr komm ich zu dir!" rief sie ihm freundlich nach, als er hinausging. —

Die Arbeiten, von denen er gesprochen hatte, waren kein bloßer Vorwand, am folgenden Morgen hatte er sie dem Grafen persönlich zu. überreichen. Auch saß er in seinem Zimmer bald darauf am Schreibtisch; er sagte sich, das müsse noch beseitigt werden, und suchte gewaltsam, und bis das Hirn ihn schmerzte, seine Gedanken festzuhalten und auf einen Punkt zu drängen. Aber die Feder berührte meist nur das Papier, um das Geschriebene gleich wieder fortzustreichen; so ging es eine Weile, endlich sah er, daß er sie zerbrochen hatte. „Schlechte Musikanten!" murmelte er vor sich hin. „Der Graf hatte Recht: es geht nicht mehr, aber — weshalb denn geht es nicht?"

Da stand die rußige Gestalt des Schmiedes vor ihm; so dicht, die stierenden Augen und das verzerrte Antlitz lagen fast an dem seinen; ein leises höhnisches Gelächter fuhr ihm kitzelnd in die Ohren: „Dreizehn Jahre? — Es kann auch früher kommen!"

Deutlich hatte er das sprechen hören; er fühlte, wie sich das Haar auf seinem Haupte sträubte. Aber er hörte noch mehr: es jammerte, es wimmelte um ihn her; er war aufgesprungen und schlug mit beiden Armen um sich: „Fort!" schrie er, „fort, Gespenster!"

Aber er war doch nicht mehr allein in seinem Zimmer; die Geschöpfe seines Hirnes waren mit ihm da und wichen nicht. Mit heftigen Schritten ging er auf und ab, hastig bald links, bald rechts die Blicke werfend; der Schweiß war in großen Perlen ihm auf die Stirn getreten. Plötzlich machte er eine ausweichende Bewegung: „Der Hund!" sagte er leise. „Noch nicht! Ich warte nicht auf dich."

Da schlug es zehn von der Wanduhr, und vom anderen Ende des Hauses hörte er die Thür des Wohnzimmers gehen. Das war Anna; schon hörte er ihre Schritte auf dem Hausflur. Er blieb stehen und blickte um sich her: die Lampe brannte hell und warf ihren Schein in alle Winkel; es war Alles ganz gewöhnlich.

Als Anna dann gleich darauf ins Zimmer trat, saß er wieder an seinem Schreibtische.

„Bist du bald fertig?" frug sie, die Hand auf seine Schulter legend; „ich weiß nicht, aber die Augen sind mir heute so schwer."

Er sah nicht auf. „Ich denke; vielleicht ein halbes Stündchen noch."

Und wie in den vorigen Nächten setzte sie sich still mit ihrer Arbeit neben ihn. Aber immer langsamer regten sich die schlanken Finger, und die halbe Stunde war noch nicht verflossen, da rückte sie ihren Stuhl dicht an den seinen, und von Müdigkeit überwältigt, sank ihr Haupt auf seine Schulter.

Behutsam, damit sie sicher ruhen könne, legte er den

Arm um sie; und als die halbgeöffneten Lippen des jungen
Weibes sich bald in gleichmäßigen leisen Athemzügen ihm
entgegenhoben, da neigte er sich unwillkürlich zu ihr, um sie
zu küssen. Aber es kam nicht dazu; wie in plötzlicher Er=
starrung richtete er sich auf und griff mit der freigebliebenen
Hand nach der vorhin fortgelegten Feder. Nein, nein, das
war vorüber; die Arbeit, die da vor ihm lag, die mußte
noch zu Ende!

Er begann auch wirklich bald zu schreiben, und der fast
leere Bogen füllte sich bis auf die Hälfte; dann aber, wäh=
rend er grübelnd darauf hinstarrte, verloren sich die Buch=
staben in verworrenes Gekritzel. Allmählich jedoch schien
wieder eine bestimmte Vorstellung Platz zu greifen. Der
Umriß eines menschlichen Schädels trat deutlich genug her=
vor; aus einem Tintenklex daneben wurde eine spinnenartige
Ungestalt, die immer mehr und längere Arme nach dem
Schädel streckte; nur statt des Spinnen= war es ein Hunds=
kopf, der sich wie gierig aus dem dicken Leib hervordrängte.

Aber mit wie großer Emsigkeit auch Rudolf diese selt=
same Arbeit zu betreiben schien, sie war doch nur der Punkt,
von welchem aus seine Gedanken sich ihre finsteren Gänge
wühlten. Er hatte eben die Feder fortgeworfen, als Anna
nach einem tiefen Athemzuge die Augen aufschlug. „Du,
Rudolf?" und wie ein erstauntes Kind blickte sie um sich
her. „Aber du arbeitest nicht mehr, weshalb sind wir nicht
zu Bett gegangen?"

Seine überwachten Augen sahen sie an, als habe er
keine Antwort auf diese einfache Frage.

„Du schliefst," sagte er endlich, „ich mochte dich nicht
wecken."

Sie wollte sich aufrichten, als ihr Blick auf das Papier
fiel, worauf er eben jene symbolische Zeichnung hingeschrie=
ben hatte. „Was ist das?" rief sie. „Was hast du da
gemacht? Ein Todtenkopf!"

Seine Lippen zitterten, als ob sie mit noch ungesprochenen Worten kämpften. „Nein, nein," sagte er; „das nicht, so war es nicht gemeint."

Anna sah ihn ängstlich an: „Weshalb nimmst du deinen Arm fort, Rudolf? Du hältst mich jetzt so selten nur in deinem Arm!"

Er riß sie heftig an sich, und noch einmal sank ihr Kopf an seine Schulter; wie in Angst, als ob sie ihm entschwinden könnte, umschloß er sie mit beiden Armen. So saßen sie lange; nur die Athemzüge des Einen waren dem Anderen hörbar. „Anna!" kam es zuerst dann über seine Lippen.

„Ja, Rudolf?"

„Was meinst du, Anna" — aber es war, als würde er nur mühsam seiner Worte Herr — „ich dächte, wir könnten morgen wohl zu Bernhard fahren?"

„Zu Bernhard?" Sie hatte sich losgewunden, das Kartenhaus, das sie sich mit so viel Sorge aufgebaut hatte, drohte einzustürzen: Rudolf war nicht eifersüchtig! Oder — als ob sie Alles um sich her vergesse, stand sie vor ihm — sollte es mit dieser Reise eine Liebesprobe gelten?

Wie auf sich selber scheltend, schüttelte sie zugleich das Haupt; aber sie müßte sich umsonst, ein Anderes zu ergrübeln; der Ton seiner Stimme war nicht gewesen, als ob er sie zu einer Lustreise hätte auffordern wollen.

Und jetzt hörte sie dieselbe Stimme wieder: „Du antwortest mir nicht, Anna!"

Sie warf sich vor ihm nieder: „Rudolf, geliebter Mann! Wann und wohin du willst!" Ein leuchtender Strom brach aus den blauen Augen, und die jungen Arme streckten sich ihm entgegen.

Aber nur eine kalte Hand legte sich auf ihr Haupt, das flehend zu ihm aufsah: „So laß uns versuchen, ob wir schlafen können."

* * *

Am anderen Morgen saß Rudolf schon wieder früh am Schreibtisch, seine Feder flog, die halbfertigen Arbeiten wurden rasch vollendet, ebenso rasch mußte der Schreiber sie copiren. Inzwischen ordnete er selbst, was an Schriften und Karten sich auf Tisch und Stühlen in den letzten Tagen angehäuft hatte; oftmals warf er einen Blick auf die Wanduhr, um dann wieder in stummem düsterem Vorwärtsdrängen seine Arbeit fortzusetzen.

Als es acht geschlagen hatte, nahm er die von dem Schreiber fertiggestellten Schriften und machte sich auf den Weg zum Schlosse. Im Zimmer des Grafen, der in anderen Arbeiten saß, gab er auf die hastig hingeworfenen Fragen rasch und knappe Auskunft; es schien ihm wenig daran gelegen, ob seine Meinung Beifall finde.

Der Graf sah seinem Förster in das blasse Gesicht, und als dieser nach einem längeren geschäftlichen Gespräche fortgegangen war, blickte er noch eine Weile gegen die Thür, bevor er sich wieder zu der vorhin verlassenen Arbeit wandte. —

— — Nachdem das junge Ehepaar zeitig sein Mittagsmahl eingenommen hatte, wurde der Einspänner aus dem Schuppen gezogen und der Rappe in die Deichsel gespannt. Wohl eine Stunde lang fuhren sie am Rande der gräflichen Waldungen; wieder, wie Tags vorher, stand die goldene Septembersonne am Himmel, und der stärkende Duft des herbstlichen Blätterfalles erfüllte die Luft um sie her.

Nach einer weiteren Stunde sahen sie den Gutshof liegen; als sie in eine kurze Allee von Silberpappeln einbogen, lag am Ende derselben, durch einen sonnenhellen Raum davon getrennt, das Wohnhaus vor ihnen.

„Da ist schon Bernhard!" sagte Anna und wies auf eine kräftige Gestalt, welche neben der Hausthür stand und, die Augen mit der Hand beschattend, dem ankommenden Gefährt entgegensah.

Rudolf nickte nur, und Anna sah es nicht, daß seine Hände sich wie in verbissenem Schmerz zusammenballten; nur das Pferd, das er am Zügel hielt, empfand es und bäumte sich in seiner Deichsel.

Als der Wagen vor dem Hause anfuhr, war das verschwunden. „Da sind wir endlich!" sagte er, Bernhard die Hand entgegenstreckend.

Bernhard sah ein wenig überrascht, fast verlegen aus; aber auch das verlor sich gleich. „Seid willkommen, du und Anna!" sagte er herzlich. „Ich erkannte euch erst, als ihr hier in den Sonnenschein hinausfuhrt."

Nun kam auch Julie aus dem Hause, und die Begrüßung wurde lebhafter; und als man erst drinnen um den blinkenden Kaffeetisch der jungen Wirthin saß, gerieth auch ohne die Männer sogleich die Unterhaltung, denn das Geschwisterpaar war kürzlich in Annas Elternhause auf Besuch gewesen, und diese hatte fast noch mehr zu fragen, als jene zu berichten. Nach beendetem Kaffee drang Rudolf auf einen Spaziergang durch die Gutsflur, die zwar seiner Frau, aber ihm noch nicht bekannt sei. Anna wollte eben ihren Arm in den der Freundin legen, als sie Rudolf sagen hörte: „Du, Bernhard, nimmst dich meiner Frau wohl an; Fräulein Julie wird mit mir sich plagen müssen; übrigens" — und er wandte sich zu dieser — „ich verspreche, heute nicht zu zanken."

„Sie haben auch heute keine Ursache mehr," entgegnete Julie leise und warf, plötzlich ernst geworden, einen liebevollen Blick auf ihren Bruder.

Dem jungen Förster war weder dieser Blick, noch dessen Bedeutung entgangen; aber er nickte düster vor sich hin, als sei ihm das so recht, dann folgte er mit Bernhards Schwester den Vorausgehenden. Nachdem Haus und Garten und pflichtgemäß dann auch noch Keller und Scheune besichtigt waren, ging man ins Freie, zunächst über abgeheimste Weizenfelder, wo nur noch Scharen von Sperlingen oder mitunter ein Häuflein barfüßiger Kinder ihre Nachlese hielten. Anna mit ihrem zum Zerspringen vollen Herzen rief eins der kleinen Mädchen zu sich, und als es, nach einem ermunternden Worte Bernhards, langsam herangekommen war, zog sie ein blaues Seidentüchlein aus ihrer Tasche und band es, auf den Boden hinknieend, ihm sorgsam um sein Hälschen. Sie küßte das Kind und drückte es heftig an sich: „Behalt das von der fremden Frau!" sagte sie; „doch halt!" und sie sammelte ein Häuflein kleiner Münzen und drückte die Finger des Kinderfäustleins darum zusammen; dann, während der kleine Flachskopf ihnen stumm mit großen Augen nachsah, ging die Gesellschaft weiter.

Sie gingen wiederum gepaart wie damals auf Annas Heimathsflur, nur daß diese jetzt wiederholt den Kopf zurückwandte und erst, wenn sie einen Blick von Rudolf aufgefangen hatte, das Gespräch mit Bernhard fortsetzte, das ohnehin nicht recht in Fluß gerathen wollte. Rudolf freilich beobachtete auch heute unablässig die Vorangehenden und wog bei sich den Ton in Bernhards und in seines Weibes Stimme; aber es war kein unruhiges Verlangen, nur ein leidvolles Entsagen sah aus seinen dunklen Augen.

„Sie wollten nicht zanken, Herr von Schlitz," sagte neben ihm die Stimme seiner Partnerin; „aber Sie sind völlig stumm geworden."

Er wollte eben ein höfliches Wort erwidern, als sie aus der Enge eines mit Hagebuchenhecken eingezäunten Weges heraustraten und nun vor einer weiten Moorfläche standen, auf der hie und da eingestürzte Torfhaufen zwischen blinkenden Wassertümpeln lagen. „Das haben die Gewitterregen uns verwaschen," sagte Bernhard; „aber wir müssen umkehren, der Weg, der hier am Moor entlang führt, ist nicht für Damenschuhe eingerichtet."

Rudolf war ein paar Schritte auf dem bezeichneten

Wege fortgegangen. „Für uns Männer wird's schon taugen," sagte er, sich zu Bernhard wendend; „die Damen werden uns entschuldigen; nicht deinen Torf, aber von deinen Jagdgründen möchte ich hier herum noch etwas sehen."

„Wenn du willst," meinte Bernhard; „aber es ist nicht viel damit."

„Nun, so reden wir ein Stück mitsammen!"

Anna blickte ihn an: Was wollte Rudolf? Mit Bernhard allein sein? — Auf seinem Angesicht war nichts zu lesen; nur der beklommene Ton, den sie in seiner Stimme bemerkt zu haben glaubte, schien zu dem einfachen Inhalt seiner Worte nicht zu passen. Aber — es war ja Bernhard; was konnte zwischen ihm und Bernhard Übles denn geschehen! Wie ein Morgenschein leuchtete das Vertrauen zu ihrem Jugendfreunde auf ihrem schönen Antlitz; lächelnd nickte sie den beiden Männern nach, dann nahm sie Juliens Arm, um mit ihr den Rückweg anzutreten.

„Das ist die Rache," sagte diese scherzend; „vor einem Jahre waren wir es, die sie im Stiche ließen."

Aber Rudolf und Bernhard redeten nicht mit einander, und die Jagdgründe wurden weder besichtigt noch aufgesucht. Schon lange waren sie schweigend auf dem durch tiefe Wagenspuren zerrissenen Wege fortgegangen, Beide die Augen nach der untergehenden Sonne gerichtet, die mit ihren letzten Strahlen das braune Haidekraut vergoldete. Eine Nachtschwalbe mit ihrem lautlosen Fluge huschte vor ihnen auf und duckte sich eine Strecke weiter vor ihnen auf den Weg, bis sie wiederum auch hier vertrieben wurde. „Weshalb," begann endlich Bernhard, wie nur um überhaupt ein Wort zu sagen, „seid ihr nicht im Sommer zu uns gekommen, als die Haide blühte und das Korn geschnitten wurde? Deine Frau schrieb einmal darüber meiner Schwester; aber ihr kamt doch nicht."

Rudolf, der neben ihm ging, blieb einen Schritt zurück.

„Du weißt," sagte er, „es war von beiden Seiten etwas zu verwinden."

Der Andere zuckte, und seine Hand zitterte, mit der er sich den starken Bart zur Seite strich: „Also Anna hat es dir mitgetheilt, daß ich so beschämt vor ihr gestanden?"

„Du meinst, sie sollte ein Geheimniß mit dir theilen!"

„Nicht das, Rudolf," sagte Bernhard ruhig; „aber was nützte es dir zu wissen, daß ich so viel ärmer bin als du?"

Rudolfs letzte Worte waren jäh herausgefahren; jetzt trat er wieder an Bernhards Seite: „Du kamst zu spät," sagte er; „dasselbe hätte mir geschehen können; und — wenn es so gekommen wäre, ihr wäre dann wohl ein glücklicheres Loos gefallen."

Die lang bedachten Worte waren ausgesprochen; aber seine Stimme wankte, und seine Augen, mit denen er jetzt stehen bleibend den Anderen anstarrte, waren wie versteint.

Bernhard sah ihn fast entsetzt an: „Mensch," schrie er, „wie kannst du, der Glückliche, so etwas zu mir sprechen?"

Rudolf beantwortete diese Frage nicht. „Bernhard," sagte er leise, „du liebst sie noch; gesteh es, daß du sie noch liebst!" Ein feindseliges Feuer brannte in seinen Augen, aber er drängte es mit Gewalt zurück.

Bernhard hatte nichts davon gemerkt; er sagte düster: „Du solltest doch der Letzte sein, der daran rührte."

„Nein, nein, Bernhard, du irrst! Sieh nicht auf mein Gesicht; aber glaub es mir: es thut mir wohl, daß du sie liebst"; und er ergriff Bernhards beide Hände und drückte sie heftig; „nun weiß ich, du wirst sie nicht verlassen."

Der Andere erhob langsam das Haupt: „Was willst du, Rudolf? Weshalb bist du heute zu mir gekommen? — Gewiß, wenn Anna jemals meiner bedürfte; wenn deine Hand nicht mehr da wäre, ich würde Anna nicht verlassen, nicht — so lang ich lebe."

Rudolf hatte beide Hände vors Gesicht gedrückt. „Ich danke dir," sagte er leise; „wollen wir jetzt zurückgehen?"

Es geschah so; und die grauen Schleier der Dämmerung breiteten sich immer dichter über Moor und Feld. Rudolf hatte seinen Zweck erreicht: was er bisher nur geglaubt hatte, war ihm jetzt Gewißheit; das Übrige, er sagte es sich mit Schaudern, würde sich von selbst ergeben.

Auch Bernhard war in tiefem Sinnen neben ihm geschritten. „Aber," begann er jetzt, nachdem sie vom Moore wieder zwischen die Felder hinausgelangt waren, „wie sind wir doch in ein solches Gespräch gerathen? Du lebst und bist gesund; — weshalb sollte Anna anderer Hülfe bedürfen?"

Rudolf hatte diese Frage erwartet, ja, er hatte sich künstlich darauf vorbereitet; jetzt, da sie wirklich an ihn herantrat, machte es ihn stutzen; ein Gefühl wie bei unredlichem Beginnen überkam ihn, es war schon recht, daß die zunehmende Dunkelheit sein Angesicht verdeckte. „Ich habe dir wohl schon davon gesprochen," sagte er, „daß ich meinen Vater plötzlich durch einen frühen Tod verlor; es war ein Herzleiden; einem und dem anderen unserer Vorfahren ist es ebenso ergangen; allerlei Symptome waren vorausgegangen — ich war noch ein Kind; aber später hat meine Mutter mir es erzählt, in den letzten Monden hab ich ganz dasselbe auch bei mir bemerkt; es geht mir nach, ich könnte auch plötzlich so hinweggenommen werden."

Bernhard ergriff seine Hand, deren herzlichen Druck er nicht zu erwidern wagte: „Aber weshalb ziehst du nicht einen Arzt zu Rathe, einen Specialisten?"

„Ich that es; neulich bei Gelegenheit meiner Geschäftsreise."

„Und er hat dir keinen Trost gegeben?"

„Doch, was so die Ärzte schwatzen; aber ich weiß es besser."

Noch einmal empfand er Bernhards Händedruck, in welchem alle Versicherung eines treuen Herzens lag.

— — Ein paar Stunden später befanden die Förstersleute sich wieder auf der Rückfahrt. Anna saß an ihres Mannes Seite, das Haupt geneigt, wie in Gedanken eingesponnen: Rudolf und Bernhard — ihr war es immer wieder, als sähe sie die Beiden in der sinkenden Dämmerung an dem Moore entlang gehen; sie meinte die erregte Stimme ihres Mannes, die beschwichtigende ihres Jugendfreundes zu vernehmen; nur die Worte selbst — ja, wenn sie nur die Worte hätte hören können! Sie war ja jung, sie fürchtete sich nicht; nur wissen mußte sie, wo sie das Unheil fassen könne. Aber — auch Bernhard mußte ja von Allem wissen; hatte doch auch er, der noch am Nachmittage wie in früherer Zeit mit ihr geplaudert hatte, beim Abendessen kaum ein Wort oder doch nur wie gezwungen zum Gespräche beigetragen! Einen Augenblick war's, als ständen ihr die Gedanken still, dann aber richtete sie sich mit einem tiefen Athemzuge auf; gleich morgen — sie wußte keinen anderen Ausweg — wollte sie an Bernhard schreiben. „Wo sind wir, Rudolf?" frug sie und sah mit klaren Augen um sich.

Rudolf schrak empor, als würde er aus schwerem Traum geweckt, und wieder, wie auf dem Hinwege, fuhr das Pferd in der Deichsel auf. Ein paar Schläge mit der Peitsche, dann wies er schweigend nach den Wäldern, die sich einige Büchsenschüsse weit zu ihrer Rechten gleich einem düsteren Wall entlang zogen. Darüber stand der volle Mond, der in der weichen Herbstnacht ein fast goldenes Licht über die schlafenden Fluren ausgoß. „Wie schön!" sagte Anna. „Ist das da drüben eure Wildniß? Armer Rudolf, die wird dir wohl noch viel zu schaffen machen!"

Er hatte den Kopf zu ihr gewandt; und er sah sie an, als ob er keine Antwort darauf habe. Sie bemerkte es nicht; das Tuch um ihre Schultern war herabgeglitten, und sie mühte sich, es wieder festzustecken. Als sein Blick auf ihre unverhüllte Hand fiel, deren schöne Form das milde Nachtgestirn mit seinem Licht verklärte, zuckte es um des Mannes Lippen, und seine Augen wurden wie vor Schmerz geröthet.

Der Weg zog sich dichter an die Wälder, und bald rollte der Wagen in ihrem Schatten; das Mondlicht fiel jetzt über sie hin auf die weiter seitwärts liegenden Wiesen; eine weidende Kuh brüllte ein paar Mal von dort herüber. „Zu Hause!" sagte Anna, ihre Reisehüllen von sich streifend, „wir sind gleich zu Hause!"

Als bald darauf der Wagen anhielt, trat von der Haustreppe die Magd in augenscheinlicher Hast heran: die Frau Forstjunkerin seien Abends angekommen, aber vor einer Stunde schon zur Ruh gegangen; Frau Försterin möge sich nur ganz beruhigen, Sie hätten ihr, der Magd, den Speisekammerschlüssel ja gelassen, es habe der gnädigen Frau an nichts gefehlt.

Rudolf, der schon neben dem Wagen stand, war todtenbleich geworden; wäre der Schatten des Hauses nicht gewesen, so hätte Anna es gewahren müssen. „Jetzt schon!" kam es kaum hörbar über seine Lippen; dann hob er das junge Weib herab und sagte laut: „So muß ich morgen früh heraus!"

„Morgen, Rudolf? Aber du bist dann zeitig doch zurück?"

Er war schon in das Haus getreten, und Anna folgte mit der Magd, den Kopf jetzt voll Gedanken an die Gegenwart der Mutter, deren Beistand sie nicht mehr in Rechnung nahm.

* *
*

Es war noch dunkel, als vor Anbruch des Morgens neben dem Bette der schlummernden jungen Frau sich ein schweres überwachtes Haupt aus den Kissen hob. Bald darauf — ein dichter Nebel draußen machte die erste Dämmerung noch fast zur Nacht — trat Rudolf leisen Schrittes in sein Zimmer; tastend, mit unsicherer Hand, zündete er die auf dem Tische stehende Lampe an, bei deren Scheine jetzt sein blasses Antlitz mit den brennenden Augen aus dem Dunkel trat.

Nachdem er die Klappe des am Fenster stehenden kleinen Pultes aufgeschlossen und eine Lage Papier herausgenommen hatte, setzte er sich daneben an den Tisch und begann zu schreiben. Eine amtliche Arbeit schien es nicht zu sein, denn er hatte weder Pläne noch Rechnungen dabei zugezogen. Mitunter stützte er den Kopf, und ein tiefes Stöhnen übertönte das einförmige Geräusch der rastlos fortschreibenden Feder; dann fuhr er wohl empor und blickte hastig um sich und wandte das Ohr nach der Richtung des vorhin verlassenen Schlafgemaches; aber nichts rührte sich in dem stillen Hause: Anna mußte von der gestrigen Reise sehr ermüdet sein, sogar die Magd schien sich heute zu verschlafen; und schon begann ein graues Morgendämmern vor den unverhangenen Fenstern.

Endlich stand er auf, hob wiederum die Klappe des Pultes und legte das Geschriebene hinein. Aber es war ihm das nicht gleich gelungen, denn seine Hand zitterte jetzt so stark, daß er sie an dem eisernen Überfall des Schlosses blutig gestoßen hatte. Ein kurzes Bedenken noch; dann nahm er seine beste Kugelbüchse aus dem Gewehrschranke und lud sie sorgsam. Er hatte sie umgehangen und war schon aus der Thür getreten, als er noch einmal umkehrte. Auch die Jagdtasche nahm er noch vom Haken und hing sie behutsam über seine Schulter; vielleicht entsann er sich, daß vor dem Schlafengehen Annas Hände ihm das Frühstück für den angekündigten Morgengang bereitet und da hineingesteckt hatten. Eine Weile noch stand er, die Finger um die Lehne eines Stuhles geklammert; dann ging er.

Er ging über die Wiesen an dem Wald entlang; der Nebel stand noch dicht über den Feldern und zwischen den Bäumen; von den Zweigen fielen schwere Tropfen auf ihn herab. Als er in den durch die Holzung führenden Fahrweg eingebogen und eine Strecke darauf fortgegangen war, hörte er Schritte sich entgegenkommen, und bald auch erkannte er aus dem Nebel einen Mann, welcher, den Kopf voraus und mit den Armen mächtig um sich fechtend, eifrig vor sich hinredete, als ob er ein wichtiges Erzählen vor sich habe.

Rudolf, der einen der Holzschläger erkannt hatte, wollte rasch vorübergehen; aber der Andere hob jetzt den Kopf: „Ah so, der Herr Förster!" rief er, die Mütze herunterreißend. „Ich soll aufs Schloß zum Herrn Inspektor; ist wieder der Teufel los mit dem Klaus Peters; die Anderen kamen aber eben recht, daß wir ihn binden konnten!"

Rudolf blieb stehen und starrte den Sprecher an; Klaus Peters war der junge Arbeiter, der als Ehemann aus dem Irrenhaus zurückgekehrt war.

Der Andere aber begann jetzt wieder sein Fechten mit den Armen: „Immer um die Kathe herum, Herr Förster," rief er, „und das die Holzaxt in der Faust; und die Frau rannte vor ihm auf und schrie Zetermordio, daß wir's in unseren Betten hören konnten! Es wird nicht helfen, der Herr Graf mögen nur recht weit den Beutel aufthun, denn zum anderen Mal kommt er wohl nicht zurück, wenn sie ihn erst wieder sicher in der Anstalt haben."

Der alte Holzschläger, während er nach einem Endchen Rolltaback in seiner Tasche suchte, wartete vergebens auf eine Beifallsäußerung seines Vorgesetzten. „So, so?" sagte dieser endlich, ohne daß sich Anderes als nur die Lippen an ihm zu regen schien; „ja, da muß zeitig Rath geschafft werden."

Dann wandte er sich plötzlich und schritt auf einem

Seitenwege in den Wald hinein, wo er den Blicken des verwundert Nachschauenden bald entschwunden war.

— — Kurz ehe dies im Walde geschah, hatte im Forsthause auch die junge Frau sich aus dem Schlaf erhoben; erschrocken, daß schon der graue Tag ins Fenster sah, warf sie rasch die Kleider über; sie hatte ja noch an Bernhard schreiben wollen, ehe die Mama das Bett verließe. Als sie aber mit ihrem Schlüsselkörbchen auf den Flur hinaustrat, kam Frau von Schlitz ihr in fertigem Morgenanzug schon entgegen.

"Mama!" rief Anna überrascht; "willkommen bei uns! Aber so früh? Sie müssen schlecht geschlafen haben?" Frau von Schlitz hatte freilich schlecht geschlafen; es war nicht nur die Mißstimmung über die Abwesenheit des Ehepaares bei ihrer Ankunft; aber aus den Briefen beider hatte sie leicht herausgefunden, daß ihre Erwartungen von dieser Ehe sich keineswegs erfüllt hatten. Doch äußerte sie nichts dergleichen, sondern sagte nur: "Ich bin keine Langschläferin, mein Kind!" Aber Anna wurde fast verlegen unter dem strengen Blick, von welchem dieses Wort begleitet wurde.

"Und wo ist denn mein Sohn?" begann Frau von Schlitz wieder. "Ich suchte ihn schon vergebens in eurem Wohnzimmer."

"Ich fürchte, Mama, er wird schon seinen Reviergang angetreten haben."

"Heute? Er wußte doch von meiner Ankunft?"

"Gewiß; aber er hat wohl nicht gedacht, daß Mama so früh schon auf sein würden."

"Laß uns nach seinem Zimmer gehen, Kleine!" sagte Frau von Schlitz und schritt sogleich den dahin führenden Gang hinab. Von Anna gefolgt, öffnete sie die Thür, aber es war Niemand in dem Zimmer. "Zürnen Sie ihm nicht, Mama," bat die junge Frau; "er wird nun desto früher wieder da sein!"

Aber die Ältere, die mit raschen Blicken Alles um sich her gemustert hatte, wies mit ausgestrecktem Finger nach dem kleinen Pult am Fenster: „Dort steckt ja noch der Schlüssel= bund; das ist doch nicht die Ordnung, die ich meinen Sohn gelehrt hatte!"

Anna erschrak; das war auch jetzt nicht Rudolfs Weise. „So muß er noch nicht fort sein!" sagte sie beklommen und trat hinzu, um den Schlüssel abzuziehen. Aber als sie mit der Hand die Klappe faßte, gab diese ohne Widerstand dem Drucke nach; der Schlüssel war nicht einmal umgedreht.

In unbewußtem Antrieb hatte Anna sie jetzt völlig auf= gehoben; doch nur ein paar Secunden lang blickte sie hin= ein, dann schlug die Klappe zu, und wie ein Schrei brach der Name „Rudolf!" über ihre Lippen. Sie hatte nur die ersten Worte einer Schrift gelesen, welche obenauf im Pulte lag; jetzt hielt sie sie mit ihren beiden Händen. Sie stand hoch aufgerichtet; ihre Augen, starr wie Edelsteine, aber leuchtend, als ob sie ihren letzten Glanz versprühen sollten, flogen über die sichtbar am Morgen erst geschriebe= nen Zeilen.

Es war ein Abschiedsbrief, den Rudolf hinterlassen hatte, ein Bekenntniß, daß er wahnsinnig sei, daß er es längst ge= wesen, daß er sie betrogen habe; dann in dunklen Andeu= tungen, daß ein besseres Geschick, das er, der rettungslos Verlorene, mit seiner Leidenschaft gestört, sich noch an ihr erfüllen werde. Und dann nichts weiter; nur ein durch= strichenes Wort noch, nicht einmal der Name.

Mit steigender Unruhe hatte Frau von Schlitz dem Vor= gange zugesehen; jetzt hatten ihre Augen auch das Blatt gestreift und Rudolfs Schrift darauf erkannt. Unwillkürlich streckte sie die Hand danach: „Was schreibt er?" frug sie, und ihre Stimme war nur wie ein Flüstern. „Gieb! Ich muß es selber lesen!"

Und Anna fühlte kaum, wie ihr das Blatt entrissen

wurde. Wie ein Wetterschlag war es auf sie herabgefahren; aber auch das Dunkel war einem scharfen Licht gewichen. Mit ausgestreckten Armen lag sie auf den Knieen, ihre Lippen stammelten gebrochene Worte, aber schon war sie wieder aufgesprungen; wie ein Hellsehen war es über sie gekommen: ihm nach; sie hatte keine Zeit zum Beten!

Da, als sie fort wollte, fühlte sie ihre Füße von zitternden Armen aufgehalten; kaum erkannte sie das Antlitz, das stumm, wie einer Sterbenden, zu ihr aufsah. „Mama!" rief sie. „Sind Sie es denn, Mama?"

Nur ein Stöhnen kam aus dem zuckenden Munde, während die Arme sich noch fester um die Kniee des jungen Weibes klammerten. Anna suchte sich vergebens loszumachen; sie neigte sich zu der Liegenden, sie flehte, sie schrie es fast zuletzt: „Lassen Sie mich, Mama; ich muß zu ihm, zu Rudolf! Sie wissen's ja, der Tod ist hinter ihm!"

Die stumpfen Augen in dem so plötzlich alt gewordenen Gesicht der Mutter flammten auf: „Mein Sohn!" schrie sie und sprang empor. „Ja, ja; wir müssen zu ihm!"

„Nein, Mutter; bleiben Sie, Sie können nicht — ich muß allein!"

Aber die starke Frau hatte sich an ihren Arm gehangen: „Hab Erbarmen, nimm mich mit zu meinem Sohn! Du haßt mich, Anna, du hast ein Recht dazu; aber — nimm mich mit; du warst nicht seine Mutter!"

Rathlos blickte Anna auf die Frau, die ihrer Sinne kaum noch mächtig war: „Nein!" rief sie; „o nein, kein Haß, Mama; Sie haben ja um ihn gelitten! Aber um seinetwillen ich muß allein ..."

Sie sprach nicht mehr; die Secunde drängte, sie mußte fort, sie mußte fliegen, wenn es möglich war; und das junge Weib rang mit der Mutter, die sie nicht lassen wollte; auf beiden Seiten die Kraft und die Todesangst der Liebe.

Doch nur noch ein paar Augenblicke; dann sprang die
Stubenthür zurück, und gleich darauf wurde auch die Haus=
thür aufgerissen. Drinnen im Zimmer lag die Mutter auf
den Knieen; draußen über die Wiesen, entlang dem Waldes=
rande, lief, nein flog, wie mit dem Tode um die Wette,
das junge Weib des Försters.

* *
*

Aus einer engen Lichtung in jenem wild verwachsenen
Theil des Waldes flatterten zwei Vögel auf, schwebten eine
Weile darüber und hüpften, scheu hinabäugelnd, dann wieder
von einem Zweig zum anderen in die Tiefe, von der sie
vorhin aufgeflogen waren. Es waren ein paar Rothkehl=
chen, denen sich jetzt noch eine Meise zugesellte. Als sie
bald danach aufs Neue über den Wipfeln sichtbar wurden,
jagten sie sich schreiend durch die Zweige, denn die Meise
trug einen Brocken im Schnabel, von welchem die anderen
ihren Antheil haben wollten.

Unten in dieser Waldenge auf einem von Moos und
Flechten übersponnenen Granitblock saß ein bleicher Mann;
neben ihm lehnte eine Kugelbüchse; an seiner Brust, aus
der halb offenen Joppe, ragte ein Strauß verdorrter Mai=
lilien, den er zuvor hart an dem Steine aufgesammelt hatte.
Dem Anscheine nach mußte man ihn bei seinem Frühstück
glauben, denn er hatte seine Jagdtasche, wie zur Tafel die=
nend, auf den Schoß gelegt; eine angebrochene Schwarz=
brotschnitte hielt er in der Hand. Aber er selber hatte nichts
davon genossen; wie in Andacht, als ob er ein Heiliges be=
rühre, brach er das Brot in kleine Brocken und streute es
vor sich hin in das Kraut. Als die Vögel jetzt zu ihm
hinab= und gleich darauf wieder emporflogen, hob er den
Kopf und blickte ihnen nach; die Meise, welche diesmal

nichts erhascht hatte, saß noch drüben auf einem Buchen=
zweig und schaute mit bewegtem Köpfchen zu ihm hin; viel=
leicht erkannte sie den jungen Förster, der so oft durch ihr
Revier geschritten war.

Kein Lufthauch ging durch die fast lautlose Einsamkeit,
selbst der Vogel schien durch die düsteren Augen des Man=
nes wie auf seinen Zweig gebannt; nur von Zeit zu Zeit
löste knisternd sich ein gelbes Blatt und sank zu Boden.
Unhörbar streckte Rudolfs Hand sich nach der Kugelbüchse,
und schon wollte er sie fassen, da, ganz aus der Ferne,
kaum vernehmbar, drang ein Schall herüber. Und wieder
nach kurzer Pause kam es, und dann stärker, wie vom auf=
gestörten Morgenhauch geschwellt; die Glocke der fernen
Schloßuhr sandte ihren Ruf durch Wald und Felder. —
Auch an Rudolfs Ohr war er gedrungen; seine Hand stockte;
er zählte: sieben Uhr schon! Anna mußte jetzt seinen Ab=
schiedsbrief gelesen haben; sie wußte Alles. Und plötzlich
stand ihm Eines, nur dies Eine vor der Seele: das Schwei=
gen, das furchtbare Schweigen war ja nun zu Ende!

Er hatte sich so jäh emporgerichtet, daß ihm gegenüber
der Vogel kreischend durch die Zweige fuhr. Was gab es
nur? was hatte er hier gewollt? — Ihm war, als sei er
träumend einem Abgrund zugetaumelt.

Hoch über ihm, als hätte auch sie die Glocke wach=
gerufen, durchbrach jetzt die Sonne den grauen Dunst; sie
streute Funken auf die feuchten Wipfel und warf auch einen
Lichtstrahl in des Mannes Seele, der hier unten noch im
Schatten stand; er wußte es plötzlich, er fühlte es hell durch
alle Glieder rinnen: der Arzt hatte Recht gehabt; er war
gesund, er war es längst gewesen; es drängte ihn, sogleich
die Probe mit sich anzustellen. Und mit unerbittlicher Ge=
nauigkeit rief er sich den Bericht des Holzschlägers ins Ge=
dächtniß; er unterschlug sich nichts; er ließ den jungen Tol=
len mit der Axt sein Weib verfolgen, er zwang sich, ihr

Geschrei zu hören; aber es blieb für ihn ein fremdes, das sein eigenes Leben nicht berührte.

Sein Leben — ja, jetzt konnte er es beginnen! — Die Waldesenge um ihn wich zurück, und jene Sonnenlandschaft, unter deren Bilde ihm das ersehnte Glück so oft erschienen war, breitete sich licht und weit zu seinen Füßen; der Weg war offen, der zu ihr hinabführte!

Aber das Bild verschwand; er stand noch in demselben Waldesschatten. Nein, nein; nicht eine Krankheit, aber eine Schuld war es, die seine Kraft gelähmt und ihn vor Schatten hatte zittern lassen. Und nun — vor allen anderen Wegen mußte er den zurück, den er hierher gegangen war; ein reuiger Verbrecher mußte er auf die Schwelle seines Hauses treten! Ihn schauderte, die Füße schienen ihm im Boden festzuwurzeln.

Da kam ein Rauschen aus dem wilden Dickicht, und wie ein Leuchten flog es über seine finsteren Züge: „Anna!" schrie er; „Anna!" und streckte beide Arme in die Leere. — Wo war sie? — Sie suchte ihn! Er wußte es, daß sie ihn suchte; er sah sie vor sich in ihrer Todesangst, die schlanken Glieder, wie sie durch Zweige brachen, die blauen Augen links und rechts hin irre Strahlen werfend. „Ich komme!" rief er. „Ja, ich komme!"

Ihm war, als ob aus leerer Luft ihm Kräfte wuchsen; vor seinem Weibe wollte er in Demuth knieen und dann auf seinen Armen sie durchs Leben tragen! Nur noch die Kugel, die im Rohre steckte, diese Kugel durfte nicht mit ihm zurück! Er sah empor; ein mächtiger Falke zog über den Waldeswipfeln seine Kreise. Doch — kein Blut! Frei durch den weiten Himmel, ein Gruß ins neue Leben, sollte diese Kugel fliegen! Und sich niederbeugend, faßte er mit raschem Griff den Schaft der Büchse.

Aber ihm im Rücken, am Rand der Lichtung, war eben eine zitternde Frauengestalt erschienen. Wie ohnmächtig hatte sie dagestanden; jetzt gellte ihr Schrei ihm in den Ohren, und während junge Arme sich um ihn warfen, fuhr mit dumpfen Krach die Kugel aus dem Rohr.

Sie schien es nicht zu merken; aber sie bog sich von ihm ab, sie stemmte ihre Hände gegen seine Schultern und sah ihn mit fast wilden Augen an.

Da schrie er auf: „Du blutest! Du bist getroffen, Anna!"

Ihre Hände wehrten schwach den seinen, die an ihrem Nacken suchten: „Nein, nur die Dornen — — ich fühle nichts — — aber du!" — es war, als hätten diese Worte eine Felsenlast zurückgestoßen — „du lebst!" schrie sie; „du lebst!" scholl es noch einmal aus der ganzen Fülle ihrer Brust; dann brach sie in seinen Armen zusammen.

*   *

*

Drei Tage waren seitdem verflossen; unter dem Dach des Försterhauses lag Anna in den weißen Linnen ihres Bettes. Keine Kugel hatte sie verletzt; auch nicht die Wunden, die die Dornen ihr gerissen — der jähe Strahl des schon verloren gegebenen Glückes war es gewesen, der sie hingeworfen hatte. Und auch nicht um dies kräftige Leben selber, vielmehr nur um ein zweites, das in seinem Schoß dem Licht entgegenkeimte, hatte die Natur ihr stilles Ringen zu bestehen. Aber schon blickten die Augen der jungen Mutter froh und siegreich um sich, während sie im Grund der Seele nur ein Erinnern jenes Morgens festhielt: nur, wie die Arme ihres Mannes sie vom Boden hoben, und wie dann, schon im Erlöschen ihrer Sinne, sich ihr Haupt an seiner Brust zur Ruhe legte.

In den Nächten, die dann folgten, hatte Rudolf, in seltenem Wechsel mit der Mutter, die jetzt selbst der Ruhe be=

durfte, neben ihr gewacht und ihren Schlaf behütet. Der Tag fand ihn im Forste, an den Sümpfen; dann wieder an seinem Arbeitstische, oder Bericht erstattend und seine Pläne klar entwickelnd bei dem Grafen; noch niemals hatte er das Vollmaß seiner Kräfte so empfunden.

Jetzt kniete er in Demuth an dem Bette seines Weibes, die seine beiden Hände in den ihren hielt; er hatte lange zu ihr gesprochen, und sie hatte schweigend zugehört. Nun, als auch er schwieg, bewegte sie leis verneinend ihren Kopf: „Gesündigt? Du an mir gesündigt?" frug sie, seine letzten Worte wiederholend. Und als er sprechen wollte, entzog sie ihm die eine ihrer Hände und legte sie auf seinen Mund: „Ich weiß es besser, Rudolf: du hattest mich zu lieb, du hast mich nicht verlieren können! Nein, sage nur nichts Anderes; du hast noch immer nicht gewußt, daß du mich nicht verlieren kannst!" Und da er widersprechen wollte, richtete sie sich auf, und seinen Mund mit ihren Küssen schließend, schlang sie die Arme um seinen Hals und flüsterte wie leidenschaftliches Geheimniß ihm ins Ohr: „Ich glaube, Rudolf, aber Gott wird es verhüten, — ich könnte noch eine größere Sünde um dich thun!"

Dann, während er, berauscht und wie von Schuld befreit, dies Geständniß seines schönen Weibes noch in seiner Seele wog, hatte diese, von leichter Schwäche überkommen, sich zurückgelegt; nur ihr Antlitz wandte sich nach dem des Mannes, und eines alten Reims gedenkend und wie in seliger Stille ihre Augen in den seinen lassend, sprach sie leise und doch mit dem lichten Vollklang ihrer Stimme:

„Was Liebe nur gefehlet,
Das bleibt wohl ungezählet,
Das ist uns nicht gefehlt."

Dann wurde es stille zwischen ihnen; es bedurfte keiner Worte mehr.

— — Als Rudolf bald darauf durch Geschäfte abgerufen wurde, trat statt seiner die Mutter in das Zimmer. Die Falte, welche der Schrecken jenes Morgens ihrem Antlitz eingegraben hatte, war nicht daraus verschwunden; aber sie schien nur einen früheren Zug der Härte hier verdrängt zu haben, der selbst den Sohn ihr nie völlig hatte nahe kommen lassen. Mit aufmerksamen, ja fürsorglichen Blicken betrachtete sie die junge Frau, die in ruhigem Genügen, mit gefalteten Händen, vor sich hinsah. Die Entschlossenheit derselben, welche selbst sich gegen sie zu wenden keine Scheu getragen hatte, mochte die Achtung der rücksichtslosen Frau gewonnen, zugleich aber der Umstand, daß die Starke nun selbst hülflos ihrer Hand bedurfte, den daneben aufgestiegenen Groll versöhnt haben.

Behutsam trat sie näher: „Du lächelst, Anna," sagte sie, indem sie sich zu ihr neigte; „aber du bist sehr blaß! Rudolf ist zu lange bei dir gewesen."

„Zu lange?" wiederholte Anna; und als ob sie nur die eigenen Gedanken weiter spinne, fuhr sie fort: „Nein, nicht mehr dazu war ich ihm noch nöthig — — Sie irrten doch, Mama — er war schon ohne mich genesen! Aber jetzt — — vielleicht — jetzt bin ich doch sein Glück!" Ein Lächeln wie Sonnenwärme breitete sich auf ihrem Antlitz.

Frau von Schlitz nickte schweigend: was redete die da vor sich hin? — Ihr Sohn, ihr Kind, das sie mit ihrem Blut getränkt hatte! — Wie mit Schlangenbissen fiel ein eifersüchtiges Weh sie an: „Ich irrte, sagst du?" sprach sie strenge, während ihr eine dunkle Gluth bis in die Augen flammte; „du brauchst mich nicht zu schonen, Anna; es war nie meine Art, mich zu belügen! — Aber dafür — dafür" — — ihre zitternden Lippen rangen vergebens noch nach Worten.

Mit Angst sah Anna in das stumme Antlitz, in dem

nur noch die Augen Leben hatten. „Mama! O Mama, was ist dir?" rief sie.

Da gewann die harte Frau die Sprache wieder: „Dafür," sagte sie langsam, indem das Haupt ihr auf die Brust herabsank, „hast du mich arm gemacht."

Aber schon hatte, in plötzlichem Verständniß, die unschuldige Feindin ihre Hand ergriffen, und sich sanft darüber neigend, flüsterte sie: „Du mußt mich lieben, Mutter!"

„Muß ich?" — Ein finsterer Blick war auf die junge Frau gefallen; dann aber lag sie an der Brust der Mutter, überschüttet von durstiger, ungestümer Liebe: „Ja, ja, mein Kind; ich sehe keine andere Rettung!"

* * *

Noch hingen die letzten Blätter an den Bäumen, als die still gewordenen Räume des Hauses durch die frisch erstandene junge Frau sich wieder neu belebten: ihr leichter Schritt, ihre frohe Stimme — wenn Rudolf sie in seinem Zimmer hörte, so konnte er nicht lassen, seine Thür zu öffnen; ihm war, als ob es dann in Kopf und Kammer heller würde. In fester Pflichterfüllung gingen Mann und Weib zusammen: der Winter nahte; aber vor beider Augen lag die Sonnenlandschaft.

Eines Morgens, als nach Ende des Monats Rudolf die Löhnungslisten zur Revision erhalten hatte, sah er darin auch den Namen jenes jungen Holzschlägers, außer der Lücke von ein paar Tagen, bis ans Ende aufgeführt.

„Klaus Peters?" frug er den alten Andrees, der ihm die Papiere eben von dem Inspector überbracht hatte. „Ich dächte, der wäre wieder krank geworden?"

Der Waldwärter lachte: „Ein Schreckschuß, Herr Förster; der ist so gesund wie Sie und ich! Die Beiden waren in

Bank gerathen, er und das dumme Weib; er schlug sich grab schon in der Frühe sein bischen Winterholz, und wie sie nun in der Hitze ihm seine frühere Tollheit vorgerückt, da hat er freilich die Axt nicht fortgelegt, als er um die Kathe hinter ihr die Jagd gemacht; nun aber gehen sie schon Sonntags wieder Hand in Hand zur Kirche."

Rudolf nickte zustimmend: „Schickt mir gelegentlich das Weib, Andrees," sagte er; „ich muß doch einmal mit ihr reden!" Ihn freute dieser Ausgang um des jungen Menschen willen, weiter aber kümmerte auch dies ihn nicht.

Und gleichwohl, als Anna bald danach zu ihm hereintrat, hatte sich ein nachdenklicher Ernst auf seiner Stirn gesammelt: es lag noch Eines vor ihm.

Als sie fragend zu ihm aufblickte, zog er sie sanft zu sich heran: „Ich reite heute Nachmittag zu Bernhard," sagte er; „du weißt ja Alles, meine Anna; ich möchte warm und offen um des treuen Mannes Freundschaft werben."

* *
*

Ein stiller Winter war vergangen; nun wehten am Waldesrande schon die Primeldüfte, seit ein paar Wochen war auch der Graf schon wieder aus der Residenz zurück, um der weiteren Durchforstung seiner Wildniß beizuwohnen. An diesem Morgen aber schritt er neben seinem Schwiegervater, der Tags vorher zum Genuß der ersten Frühlingsfrische angelangt war, auf jenem Steige, dem Runenstein vorüber, in den Wald hinein; beide, wie damals im verflossenen Herbste, in angelegentlichem Zwiesprach.

„Aber, mein Lieber," sagte der alte Herr; „so ist denn der von Schlitz nun doch dein Oberförster; wenn mir recht ist, schien dir derzeit die Musik des jungen Herrn nicht völlig zu gefallen?"

„Ja, ja, derzeit," erwiderte der Jüngere; „aber es wurde anders, ich war auch selbst wohl etwas ungestüm; er kann doch mehr, als Chopin spielen; du wirst dich wundern, wie weit wir schon mit unserer Wildniß sind!"

„So!" meinte der General, und ein leises Lächeln zuckte um seinen weißen Schnurrbart; „ei der Tausend, da hat dich also dein gerühmter Scharfblick doch einmal im Stich gelassen!"

„Spotte nur, Papa; aber es dürfte dir leicht ebenso ergangen sein!"

Der Alte lachte: „Mir? Das glaub ich; aber ich bin auch nicht mein Tochtermann! Nun aber, was hat es denn gegeben?"

Der Graf blieb stehen: „Du mußt dir schon an einem ‚on dit‘ genügen lassen! Also: das Schießen zählt eben nicht zu den Künsten des Herrn Oberförsters; gleichwohl, so wird gemunkelt — es war damals, um die Zeit deiner Abreise — soll er doch sein junges Weib getroffen haben."

„Der Tausend!" sagte wieder der alte Herr. „Und dann?"

„Dann? Ja, das schlägt in dein Fach, Papa! Es giebt ja Leute, die erst tapfer werden, wenn sie Blut gesehen haben; jedenfalls — von da ab an datirt die neue Ära. Mir ist nur bange," setzte er hinzu, „der Staat wird mir den Mann nicht allzu lange lassen."

„Mein Lieber," erwiderte der General, „ich nehme allen Spott zurück und will nur hoffen, daß die junge Frau —"

„Die Frau, o die ist schöner und heiterer als je; am Ende ist auch dieser Schuß nur so ein Stück moderner Sagenbildung. Übrigens glückliche Menschen das, Papa! Erst am vergangenen Montag habe ich mit dem Schwiegervater, dem trefflichen Pastor von da drüben, ihnen den ersten Jungen aus der Taufe gehoben. Selbst mit der alten Gnädigen von Schlitz verstehen sie zu leben, was meinem

Schulgenossen, dem Walzercomponisten, nicht so ganz gelungen sein soll; aber — die beiden Jungen sind auch bessere Musikanten."

Der alte Herr nickte freundlich lächelnd mit seinem weißen Kopfe; dann gingen beide weiter.

— Niemand hatte dies Gespräch belauscht, wenn nicht doch der Buchfinke, der gleich danach über der Thür des Forsthauses in dem jungen Grün der Eiche seinen hellen Sang erhob.

Der Schimmelreiter.

Für binnenländische Leser.

Schlick, der graue Thon des Meerbodens, der bei der Ebbe blos=
gelegt wird.
Marsch, dem Meere abgewonnenes Land, dessen Boden der fest=
gewordene Schlick, der Klei, bildet.
Geest, das höhere Land im Gegensatz zur Marsch.
Haf, das Meer.
Fenne, ein durch Gräben eingehegtes Stück Marschland.
Springfluthen, die ersten nach Voll= und Neumond eintretenden
Fluthen.
Werfte, zum Schutze gegen Wassergefahr aufgeworfener Erdhügel in
der Marsch, worauf die Gebäude, auch wohl Dörfer liegen.
Hallig, kleine unbedeichte Insel.
Profil, das Bild des Deiches bei einem Quer= oder Längenschnitt.
Dossirung (oder Böschung), die Abfall=Linie des Deiches.
Interessenten, die wegen Landbesitz bei den Deichen interessirt sind.
Bestickung, Belegung und Besteckung mit Stroh bei frischen Deich=
strecken.
Vorland, der Theil des Festlandes vor den Deichen.
Koog, ein durch Eindeichung dem Meere abgewonnener Landbezirk.
Priehl, Wasserlauf in den Watten und Außendeichen.
Watten, von der Fluth bespülte Schlick= und Sandstrecken an der
Nordsee.
Demath, ein Landmaß in der Marsch.
Pesel, ein für außerordentliche Gelegenheiten bestimmtes Gemach, in
den Marschen gewöhnlich neben der Wohnstube.
Lahnungen, Zäune von Buschwerk, die zur besseren Anschlickung
vom Strande in die Watten hinausgesteckt werden.

Was ich zu berichten beabsichtige, ist mir vor reichlich einem halben Jahrhundert im Hause meiner Urgroßmutter, der alten Frau Senator Fedderſen, kund geworden, während ich, an ihrem Lehnſtuhl ſitzend, mich mit dem Leſen eines in blaue Pappe eingebundenen Zeitſchriftenheftes beſchäftigte; ich vermag mich nicht mehr zu entſinnen, ob von den „Leip=ziger" oder von „Pappes Hamburger Leſefrüchten". Noch fühl ich es gleich einem Schauer, wie dabei die linde Hand der über Achtzigjährigen mitunter liebkoſend über das Haupt=haar ihres Urenkels hinglitt. Sie ſelbſt und jene Zeit ſind längſt begraben; vergebens auch habe ich ſeitdem jenen Blättern nachgeforſcht, und ich kann daher um ſo weniger weder die Wahrheit der Thatſachen verbürgen, als, wenn Jemand ſie beſtreiten wollte, dafür aufſtehen; nur ſo viel kann ich verſichern, daß ich ſie ſeit jener Zeit, obwohl ſie durch keinen äußeren Anlaß in mir aufs Neue belebt wur=den, niemals aus dem Gedächtniß verloren habe.

* *
*

Es war im dritten Jahrzehnt unſeres Jahrhunderts, an einem Octobernachmittag — ſo begann der damalige Er=zähler —, als ich bei ſtarkem Unwetter auf einem nord=

friesischen Deich) entlang ritt. Zur Linken hatte ich jetzt schon seit über einer Stunde die öde, bereits von allem Vieh geleerte Marsch, zur Rechten, und zwar in unbehaglichster Nähe, das Wattenmeer der Nordsee; zwar sollte man vom Deiche aus auf Halligen und Inseln sehen können; aber ich sah nichts als die gelbgrauen Wellen, die unaufhörlich wie mit Wuthgebrüll an den Deich hinaufschlugen und mitunter mich und das Pferd mit schmutzigem Schaum bespritzten; dahinter wüste Dämmerung, die Himmel und Erde nicht unterscheiden ließ; denn auch der halbe Mond, der jetzt in der Höhe stand, war meist von treibendem Wolkendunkel überzogen. Es war eiskalt; meine verklommenen Hände konnten kaum den Zügel halten, und ich verdachte es nicht den Krähen und Möven, die sich fortwährend krächzend und gackernd vom Sturm ins Land hineintreiben ließen. Die Nachtdämmerung hatte begonnen, und schon konnte ich nicht mehr mit Sicherheit die Hufe meines Pferdes erkennen; keine Menschenseele war mir begegnet, ich hörte nichts als das Geschrei der Vögel, wenn sie mich oder meine treue Stute fast mit den langen Flügeln streiften, und das Toben von Wind und Wasser. Ich leugne nicht, ich wünschte mich mitunter in sicheres Quartier.

Das Wetter dauerte jetzt in den dritten Tag, und ich hatte mich schon über Gebühr von einem mir besonders lieben Verwandten auf seinem Hofe halten lassen, den er in einer der nördlicheren Harden besaß. Heute aber ging es nicht länger; ich hatte Geschäfte in der Stadt, die auch jetzt wohl noch ein paar Stunden weit nach Süden vor mir lag, und trotz aller Überredungskünste des Vetters und seiner lieben Frau, trotz der schönen selbstgezogenen Perinette- und Grand-Richard-Äpfel, die noch zu probiren waren, am Nachmittag war ich davongeritten. „Wart nur, bis du ans Meer kommst," hatte er noch aus seiner Hausthür mir nachgerufen; „du kehrst noch wieder um; dein Zimmer wird dir vorbehalten!"

Und wirklich, einen Augenblick, als eine schwarze Wolkenschicht es pechfinster um mich machte und gleichzeitig die heulenden Böen mich sammt meiner Stute vom Deich herabzudrängen suchten, fuhr es mir wohl durch den Kopf: „Sei kein Narr! Kehr um und setz dich zu deinen Freunden ins warme Nest." Dann aber fiel's mir ein, der Weg zurück war wohl noch länger als der nach meinem Reiseziel; und so trabte ich weiter, den Kragen meines Mantels um die Ohren ziehend.

Jetzt aber kam auf dem Deiche etwas gegen mich heran; ich hörte nichts; aber immer deutlicher, wenn der halbe Mond ein karges Licht herabließ, glaubte ich eine dunkle Gestalt zu erkennen, und bald, da sie näher kam, sah ich es, sie saß auf einem Pferde, einem hochbeinigen hageren Schimmel; ein dunkler Mantel flatterte um ihre Schultern, und im Vorbeifliegen sahen mich zwei brennende Augen aus einem bleichen Antlitz an.

Wer war das? Was wollte der? — Und jetzt fiel mir bei, ich hatte keinen Hufschlag, kein Keuchen des Pferdes vernommen; und Roß und Reiter waren doch hart an mir vorbeigefahren!

In Gedanken darüber ritt ich weiter, aber ich hatte nicht lange Zeit zum Denken, schon fuhr es von rückwärts wieder an mir vorbei; mir war, als streifte mich der fliegende Mantel, und die Erscheinung war, wie das erste Mal, lautlos an mir vorüber gestoben. Dann sah ich sie fern und ferner vor mir; dann war's, als säh ich plötzlich ihren Schatten an der Binnenseite des Deiches hinuntergehen.

Etwas zögernd ritt ich hinterdrein. Als ich jene Stelle erreicht hatte, sah ich hart am Deich im Kooge unten das Wasser einer großen Wehle blinken — so nennen sie dort die Brüche, welche von den Sturmfluthen in das Land gerissen werden, und die dann meist als kleine, aber tiefgründige Teiche stehen bleiben.

Das Wasser war, trotz des schützenden Deiches, auffallend unbewegt; der Reiter konnte es nicht getrübt haben; ich sah nichts weiter von ihm. Aber ein Anderes sah ich, das ich mit Freuden jetzt begrüßte: vor mir, von unten aus dem Kooge, schimmerten eine Menge zerstreuter Lichtscheine zu mir herauf; sie schienen aus jenen langgestreckten friesischen Häusern zu kommen, die vereinzelt auf mehr oder minder hohen Werften lagen; dicht vor mir aber auf halber Höhe des Binnendeiches lag ein großes Haus derselben Art; an der Südseite, rechts von der Hausthür, sah ich alle Fenster erleuchtet; dahinter gewahrte ich Menschen und glaubte trotz des Sturmes sie zu hören. Mein Pferd war schon von selbst auf den Weg am Deich hinabgeschritten, der mich vor die Thür des Hauses führte. Ich sah wohl, daß es ein Wirthshaus war; denn vor den Fenstern gewahrte ich die sogenannten „Ricks", das heißt auf zwei Ständern ruhende Balken mit großen eisernen Ringen, zum Anbinden des Viehes und der Pferde, die hier Halt machten.

Ich band das meine an einen derselben und überwies es dann dem Knechte, der mir beim Eintritt in den Flur entgegenkam. „Ist hier Versammlung?" frug ich ihn, da mir jetzt deutlich ein Geräusch von Menschenstimmen und Gläserklirren aus der Stubenthür entgegendrang.

„Is wull so wat," entgegnete der Knecht auf Plattdeutsch — und ich erfuhr nachher, daß dieses neben dem Friesischen hier schon seit über hundert Jahren im Schwange gewesen sei — „Dietgraf un Gevollmächtigten un wecke von de annern Interessenten! Dat is um't hoge Water!"

Als ich eintrat, sah ich etwa ein Dutzend Männer an einem Tische sitzen, der unter den Fenstern entlang lief; eine Punschbowle stand darauf, und ein besonders stattlicher Mann schien die Herrschaft über sie zu führen.

Ich grüßte und bat, mich zu ihnen setzen zu dürfen, was bereitwillig gestattet wurde. „Sie halten hier die Wacht!"

sagte ich, mich zu jenem Manne wendend; „es ist bös Wetter draußen; die Deiche werden ihre Noth haben!"

„Gewiß," erwiderte er; „wir, hier an der Ostseite, aber glauben jetzt außer Gefahr zu sein; nur drüben an der anderen Seite ist's nicht sicher; die Deiche sind dort meist noch mehr nach altem Muster; unser Hauptdeich ist schon im vorigen Jahrhundert umgelegt. — Uns ist vorhin da draußen kalt geworden, und Ihnen," setzte er hinzu, „wird es ebenso gegangen sein; aber wir müssen hier noch ein paar Stunden aushalten; wir haben sichere Leute draußen, die uns Bericht erstatten." Und ehe ich meine Bestellung bei dem Wirthe machen konnte, war schon ein dampfendes Glas mir hingeschoben.

Ich erfuhr bald, daß mein freundlicher Nachbar der Deichgraf sei; wir waren ins Gespräch gekommen, und ich hatte begonnen, ihm meine seltsame Begegnung auf dem Deiche zu erzählen. Er wurde aufmerksam, und ich bemerkte plötzlich, daß alles Gespräch umher verstummt war. „Der Schimmelreiter!" rief einer aus der Gesellschaft, und eine Bewegung des Erschreckens ging durch die Übrigen.

Der Deichgraf war aufgestanden. „Ihr braucht nicht zu erschrecken," sprach er über den Tisch hin; „das ist nicht blos für uns; Anno 17 hat es auch Denen drüben gegolten; mögen sie auf Alles vorgefaßt sein!"

Mich wollte nachträglich ein Grauen überlaufen: „Verzeiht!" sprach ich, „was ist das mit dem Schimmelreiter?"

Abseits hinter dem Ofen, ein wenig gebückt, saß ein kleiner hagerer Mann in einem abgeschabten schwarzen Röcklein; die eine Schulter schien ein wenig ausgewachsen. Er hatte mit keinem Worte an der Unterhaltung der Anderen theilgenommen, aber seine bei dem spärlichen grauen Haupthaar noch immer mit dunklen Wimpern besäumten Augen zeigten deutlich, daß er nicht zum Schlaf hier sitze.

Gegen diesen streckte der Deichgraf seine Hand: „Unser

Schulmeister," sagte er mit erhobener Stimme, „wird von uns hier Ihnen das am besten erzählen können; freilich nur in seiner Weise und nicht so richtig, wie zu Haus meine alte Wirthschafterin Antje Vollmers es beschaffen würde."

„Ihr scherzet, Deichgraf!" kam die etwas kränkliche Stimme des Schulmeisters hinter dem Ofen hervor, „daß Ihr mir Euern dummen Drachen wollt zur Seite stellen!"

„Ja, ja, Schulmeister!" erwiderte der Andere; „aber bei den Drachen sollen derlei Geschichten am besten in Verwahrung sein!"

„Freilich!" sagte der kleine Herr; „wir sind hierin nicht ganz derselben Meinung"; und ein überlegenes Lächeln glitt über das feine Gesicht.

„Sie sehen wohl," raunte der Deichgraf mir ins Ohr; „er ist immer noch ein wenig hochmüthig; er hat in seiner Jugend einmal Theologie studirt und ist nur einer verfehlten Brautschaft wegen hier in seiner Heimath als Schulmeister behangen geblieben."

Dieser war inzwischen aus seiner Ofenecke hervorgekommen und hatte sich neben mir an den langen Tisch gesetzt. „Erzählt, erzählt nur, Schulmeister," riefen ein paar der Jüngeren aus der Gesellschaft.

„Nun freilich," sagte der Alte, sich zu mir wendend, „will ich gern zu Willen sein; aber es ist viel Aberglaube dazwischen und eine Kunst, es ohne diesen zu erzählen."

„Ich muß Euch bitten, den nicht auszulassen," erwiderte ich; „traut mir nur zu, daß ich schon selbst die Spreu vom Weizen sondern werde!"

Der Alte sah mich mit verständnißvollem Lächeln an: „Nun also!" sagte er. „In der Mitte des vorigen Jahrhunderts, oder vielmehr, um genauer zu bestimmen, vor und nach derselben, gab es hier einen Deichgrafen, der von Deich= und Sielsachen mehr verstand, als Bauern und Hof=

besitzer sonst zu verstehen pflegen; aber es reichte doch wohl kaum, denn was die studirten Fachleute darüber niedergeschrieben, davon hatte er wenig gelesen; sein Wissen hatte er sich, wenn auch von Kindesbeinen an, nur selber ausgesonnen. Ihr hörtet wohl schon, Herr, die Friesen rechnen gut, und habet auch wohl schon über unseren Hans Mommsen von Fahretoft reden hören, der ein Bauer war und doch Boussolen und Seeuhren, Teleskopen und Orgeln machen konnte. Nun, ein Stück von solch einem Manne war auch der Vater des nachherigen Deichgrafen gewesen; freilich wohl nur ein kleines. Er hatte ein paar Fennen, wo er Raps und Bohnen baute, auch eine Kuh graste, ging unterweilen im Herbst und Frühjahr auch aufs Landmessen und saß im Winter, wenn der Nordwest von draußen kam und an seinen Läden rüttelte, zu ritzen und zu prickeln, in seiner Stube. Der Junge saß meist dabei und sah über seine Fibel oder Bibel weg dem Vater zu, wie er maß und berechnete, und grub sich mit der Hand in seinen blonden Haaren. Und eines Abends frug er den Alten, warum denn das, was er eben hingeschrieben hatte, gerade so sein müsse und nicht anders sein könne, und stellte dann eine eigene Meinung darüber auf. Aber der Vater, der darauf nicht zu antworten wußte, schüttelte den Kopf und sprach: ‚Das kann ich dir nicht sagen; genug, es ist so, und du selber irrst dich. Willst du mehr wissen, so suche morgen aus der Kiste, die auf unserem Boden steht, ein Buch; einer, der Euklid hieß, hat's geschrieben; das wird's dir sagen!'

— — „Der Junge war Tags darauf zu Boden gelaufen und hatte auch bald das Buch gefunden; denn viele Bücher gab es überhaupt nicht in dem Hause; aber der Vater lachte, als er es vor ihm auf den Tisch legte. Es war ein holländischer Euklid, und Holländisch, wenngleich es doch halb Deutsch war, verstanden alle Beide nicht. ‚Ja, ja,' sagte er, ‚das Buch ist noch von meinem Vater, der verstand es; ist denn kein deutscher da?'

„Der Junge, der von wenig Worten war, sah den Vater ruhig an und sagte nur: ‚Darf ich's behalten? Ein deutscher ist nicht da.'

„Und als der Alte nickte, wies er noch ein zweites, halbzerrissenes Büchlein vor. ‚Auch das?' frug er wieder.

„‚Nimm sie alle beide!' sagte Tede Haien; ‚sie werden dir nicht viel nützen.'

„Aber das zweite Buch war eine kleine holländische Grammatik, und da der Winter noch lange nicht vorüber war, so hatte es, als endlich die Stachelbeeren in ihrem Garten wieder blühten, dem Jungen schon so weit geholfen, daß er den Euklid, welcher damals stark im Schwange war, fast überall verstand.

„Es ist mir nicht unbekannt, Herr," unterbrach sich der Erzähler, „daß dieser Umstand auch von Hans Mommsen erzählt wird; aber vor dessen Geburt ist hier bei uns schon die Sache von Hauke Haien — so hieß der Knabe — berichtet worden. Ihr wisset auch wohl, es braucht nur einmal ein Größerer zu kommen, so wird ihm Alles aufgeladen, was in Ernst oder Schimpf seine Vorgänger einst mögen verübt haben.

„Als der Alte sah, daß der Junge weder für Kühe noch Schafe Sinn hatte, und kaum gewahrte, wenn die Bohnen blühten, was doch die Freude von jedem Marschmann ist, und weiterhin bedachte, daß die kleine Stelle wohl mit einem Bauer und einem Jungen, aber nicht mit einem Halbgelehrten und einem Knecht bestehen könne, ingleichen, daß er auch selber nicht auf einen grünen Zweig gekommen sei, so schickte er seinen großen Jungen an den Deich, wo er mit anderen Arbeitern von Ostern bis Martini Erde karren mußte. ‚Das wird ihn vom Euklid curiren,' sprach er bei sich selber.

„Und der Junge karrte; aber den Euklid hatte er all=
zeit in der Tasche, und wenn die Arbeiter ihr Frühstück
oder Vesper aßen, saß er auf seinem umgestülpten Schub=
karren mit dem Buche in der Hand. Und wenn im Herbst
die Fluthen höher stiegen und manch ein Mal die Arbeit
eingestellt werden mußte, dann ging er nicht mit den An=
deren nach Haus, sondern blieb, die Hände über die Knice
gefaltet, an der abfallenden Seeseite des Deiches sitzen und
sah stundenlang zu, wie die trüben Nordseewellen immer
höher an die Grasnarbe des Deiches hinaufschlugen; erst
wenn ihm die Füße überspült waren und der Schaum ihm
ins Gesicht spritzte, rückte er ein paar Fuß höher und blieb
dann wieder sitzen. Er hörte weder das Klatschen des
Wassers noch das Geschrei der Möven und Strandvögel,
die um oder über ihm flogen und ihn fast mit ihren Flü=
geln streiften, mit den schwarzen Augen in die seinen blitzend;
er sah auch nicht, wie vor ihm über die weite, wilde Wasser=
wüste sich die Nacht ausbreitete; was er allein hier sah,
war der brandende Saum des Wassers, der, als die Fluth
stand, mit hartem Schlage immer wieder dieselbe Stelle traf
und vor seinen Augen die Grasnarbe des steilen Deiches
auswusch.

„Nach langem Hinstarren nickte er wohl langsam mit
dem Kopfe oder zeichnete, ohne aufzusehen, mit der Hand
eine weiche Linie in die Luft, als ob er dem Deiche damit
einen sanfteren Abfall geben wollte. Wurde es so dunkel,
daß alle Erdendinge vor seinen Augen verschwanden und
nur die Fluth ihm in die Ohren donnerte, dann stand er
auf und trabte halbdurchnäßt nach Hause.

„Als er so eines Abends zu seinem Vater in die Stube
trat, der an seinen Meßgeräthen putzte, fuhr dieser auf: ‚Was
treibst du draußen? Du hättest ja versaufen können; die
Wasser beißen heute in den Deich.‘

„Hauke sah ihn trotzig an.

— ‚Hörst du mich nicht? Ich sag, du hättst versaufen können.'

‚Ja,' sagte Hauke; ‚ich bin doch nicht versoffen!'

‚Nein,' erwiderte nach einer Weile der Alte und sah ihm wie abwesend ins Gesicht, — ‚diesmal noch nicht.'

‚Aber,' sagte Hauke wieder, ‚unsere Deiche sind nichts werth!'

— ‚Was für was, Junge?'

‚Die Deiche, sag ich!'

— ‚Was sind die Deiche?'

‚Sie taugen nichts, Vater!' erwiderte Hauke.

Der Alte lachte ihm ins Gesicht. ‚Was denn, Junge? Du bist wohl das Wunderkind aus Lübeck!'

Aber der Junge ließ sich nicht irren. ‚Die Wasserseite ist zu steil,' sagte er; ‚wenn es einmal kommt, wie es mehr als einmal schon gekommen ist, so können wir hier auch hinterm Deich ersaufen!'

Der Alte holte seinen Kautaback aus der Tasche, drehte einen Schrot ab und schob ihn hinter die Zähne. ‚Und wie viel Karren hast du heut geschoben?' frug er ärgerlich; denn er sah wohl, daß auch die Deicharbeit bei dem Jungen die Denkarbeit nicht hatte vertreiben können.

‚Weiß nicht, Vater,' sagte dieser, ‚so, was die Anderen machten; vielleicht ein halbes Dutzend mehr; aber — die Deiche müssen anders werden!'

‚Nun,' meinte der Alte und stieß ein Lachen aus; ‚du kannst es ja vielleicht zum Deichgraf bringen; dann mach sie anders!'

‚Ja, Vater!' erwiderte der Junge.

Der Alte sah ihn an und schluckte ein paar Mal; dann ging er aus der Thür; er wußte nicht, was er dem Jungen antworten sollte.

*   *
*

„Auch als zu Ende Octobers die Deicharbeit vorbei war, blieb der Gang nordwärts nach dem Hof hinaus für Hauke Haien die beste Unterhaltung; den Allerheiligentag, um den herum die Äquinoctialstürme zu tosen pflegen, von dem wir sagen, daß Friesland ihn wohl beklagen mag, erwartete er wie heut die Kinder das Christfest. Stand eine Springfluth bevor, so konnte man sicher sein, er lag trotz Sturm und Wetter weit draußen am Deiche mutterseelenallein; und wenn die Möven gackerten, wenn die Wasser gegen den Deich tobten und beim Zurückrollen ganze Fetzen von der Grasdecke mit ins Meer hinabrissen, dann hätte man Haukes zorniges Lachen hören können. ‚Ihr könnt nichts Rechtes,‘ schrie er in den Lärm hinaus, ‚sowie die Menschen auch nichts können!‘ Und endlich, oft im Finstern, trabte er aus der weiten Öde den Deich entlang nach Hause, bis seine aufgeschossene Gestalt die niedrige Thür unter seines Vaters Rohrdach erreicht hatte und darunter durch in das kleine Zimmer schlüpfte.

„Manchmal hatte er eine Faust voll Kleierde mitgebracht; dann setzte er sich neben den Alten, der ihn jetzt gewähren ließ, und knetete bei dem Schein der dünnen Unschlittkerze allerlei Deichmodelle, legte sie in ein flaches Gefäß mit Wasser und suchte darin die Ausspülung der Wellen nachzumachen, oder er nahm seine Schiefertafel und zeichnete darauf das Profil der Deiche nach der Seeseite, wie es nach seiner Meinung sein mußte.

„Mit denen zu verkehren, die mit ihm auf der Schulbank gesessen hatten, fiel ihm nicht ein; auch schien es, als ob ihnen an dem Träumer nichts gelegen sei. Als es wieder Winter geworden und der Frost hereingebrochen war, wanderte er noch weiter, wohin er früher nie gekommen, auf den Deich hinaus, bis die unabsehbare eisbedeckte Fläche der Watten vor ihm lag.

„Im Februar bei dauerndem Frostwetter wurden ange=

triebene Leichen aufgefunden; draußen am offenen Haf auf den gefrorenen Watten hatten sie gelegen. Ein junges Weib, die dabei gewesen war, als man sie in das Dorf geholt hatte, stand redselig vor dem alten Haien: ‚Glaubt nicht, daß sie wie Menschen aussahen,‘ rief sie; ‚nein, wie die Seeteufel! So große Köpfe,‘ und sie hielt die ausgespreizten Hände von Weitem gegen einander, ‚gnibberschwarz und blank, wie frisch gebacken Brot! Und die Krabben hatten sie angeknabbert; und die Kinder schrieen laut, als sie sie sahen!‘

„Dem alten Haien war so was just nichts Neues: ‚Sie haben wohl seit November schon in See getrieben!‘ sagte er gleichmüthig.

„Hauke stand schweigend daneben; aber sobald er konnte, schlich er sich auf den Deich hinaus; es war nicht zu sagen, wollte er noch nach weiteren Todten suchen, oder zog ihn nur das Grauen, das noch auf den jetzt verlassenen Stellen brüten mußte. Er lief weiter und weiter, bis er einsam in der Öde stand, wo nur die Winde über den Deich wehten, wo nichts war als die klagenden Stimmen der großen Vögel, die rasch vorüberschossen; zu seiner Linken die leere weite Marsch, zur anderen Seite der unabsehbare Strand mit seiner jetzt vom Eise schimmernden Fläche der Watten; es war, als liege die ganze Welt in weißem Tod.

„Hauke blieb oben auf dem Deiche stehen, und seine scharfen Augen schweiften weit umher; aber von Todten war nichts mehr zu sehen; nur wo die unsichtbaren Wattströme sich darunter drängten, hob und senkte die Eisfläche sich in stromartigen Linien.

„Er lief nach Hause; aber an einem der nächsten Abende war er wiederum da draußen. Auf jenen Stellen war jetzt das Eis gespalten; wie Rauchwolken stieg es aus den Rissen, und über das ganze Watt spann sich ein Netz von Dampf und Nebel, das sich seltsam mit der Dämmerung des Abends

Der Schimmelreiter.

mischte. Hauke sah mit starren Augen darauf hin; denn in dem Nebel schritten dunkle Gestalten auf und ab, sie schienen ihm so groß wie Menschen. Würdevoll, aber mit seltsamen, erschreckenden Geberden; mit langen Nasen und Hälsen sah er sie fern an den rauchenden Spalten auf und ab spazieren; plötzlich begannen sie wie Narren unheimlich auf und ab zu springen, die großen über die kleinen und die kleinen gegen die großen; dann breiteten sie sich aus und verloren alle Form.

,,Was wollen die? Sind es die Geister der Ertrunkenen?' dachte Hauke. ,Hoiho!' schrie er laut in die Nacht hinaus; aber die draußen kehrten sich nicht an seinen Schrei, sondern trieben ihr wunderliches Wesen fort.

,,Da kamen ihm die furchtbaren norwegischen Seegespenster in den Sinn, von denen ein alter Capitän ihm einst erzählt hatte, die statt des Angesichts einen stumpfen Pull von Seegras auf dem Nacken tragen; aber er lief nicht fort, sondern bohrte die Hacken seiner Stiefel fest in den Klei des Deiches und sah starr dem possenhaften Unwesen zu, das in der einfallenden Dämmerung vor seinen Augen fortspielte. ,Seid ihr auch hier bei uns?' sprach er mit harter Stimme; ,ihr sollt mich nicht vertreiben!'

,,Erst als die Finsterniß Alles bedeckte, schritt er steifen, langsamen Schrittes heimwärts. Aber hinter ihm drein kam es wie Flügelrauschen und hallendes Geschrei. Er sah nicht um; aber er ging auch nicht schneller und kam erst spät nach Hause; doch niemals soll er seinem Vater oder einem Anderen davon erzählt haben. Erst viele Jahre später hat er sein blödes Mädchen, womit später der Herrgott ihn belastete, um dieselbe Tages- und Jahreszeit mit sich auf den Deich hinausgenommen, und dasselbe Wesen soll sich derzeit draußen auf den Watten gezeigt haben; aber er hat ihr gesagt, sie solle sich nicht fürchten, das seien nur die Fischreiher und die Krähen, die im Nebel so groß und fürchterlich erschienen; die holten sich die Fische aus den offenen Spalten.

„Weiß Gott, Herr!" unterbrach sich der Schulmeister; „es giebt auf Erden allerlei Dinge, die ein ehrlich Christenherz verwirren können; aber der Hauke war weder ein Narr noch ein Dummkopf."

Da ich nichts erwiderte, wollte er fortfahren; aber unter den übrigen Gästen, die bisher lautlos zugehört hatten, nur mit dichterem Tabacksqualm das niedrige Zimmer füllend, entstand eine plötzliche Bewegung; erst Einzelne, dann fast Alle wandten sich dem Fenster zu. Draußen — man sah es durch die unverhangenen Fenster — trieb der Sturm die Wolken, und Licht und Dunkel jagten durch einander; aber auch mir war es, als hätte ich den hageren Reiter auf seinem Schimmel vorbeisausen gesehen.

„Wart Er ein wenig, Schulmeister!" sagte der Deichgraf leise.

„Ihr braucht Euch nicht zu fürchten, Deichgraf!" erwiderte der kleine Erzähler, „ich habe ihn nicht geschmäht, und hab auch dessen keine Ursach"; und er sah mit seinen kleinen, klugen Augen zu ihm auf.

„Ja, ja," meinte der Andere; „laß Er sein Glas nur wieder füllen." Und nachdem das geschehen war und die Zuhörer, meist mit etwas verdutzten Gesichtern, sich wieder zu ihm gewandt hatten, fuhr er in seiner Geschichte fort:

„So für sich, und am liebsten nur mit Wind und Wasser und mit den Bildern der Einsamkeit verkehrend, wuchs Hauke zu einem langen, hageren Burschen auf. Er war schon über ein Jahr lang eingesegnet, da wurde es auf einmal anders mit ihm, und das kam von dem alten weißen Angorakater, welchen der alten Trin Jans einst ihr später verunglückter Sohn von seiner spanischen Seereise mitgebracht hatte. Trin wohnte ein gut Stück hinaus auf dem Deiche in einer kleinen Kathe, und wenn die Alte in ihrem Hause herumarbeitete, so pflegte diese Unform von einem Kater vor der Hausthür zu sitzen und in den Sommertag und nach den vorüber=

fliegenden Kiebitzen hinauszublinzeln. Ging Hauke vorbei, so mauzte der Kater ihn an, und Hauke nickte ihm zu; die Beiden wußten, was sie mit einander hatten.

„Nun aber war's einmal im Frühjahr, und Hauke lag nach seiner Gewohnheit oft draußen am Deich, schon weiter unten dem Wasser zu, zwischen Strandnelken und dem duftenden Seewermuth, und ließ sich von der schon kräftigen Sonne bescheinen. Er hatte sich Tags zuvor droben auf der Geest die Taschen voll von Kieseln gesammelt, und als in der Ebbezeit die Watten blosgelegt waren und die kleinen grauen Strandläufer schreiend darüber hinhuschten, holte er jählings einen Stein hervor und warf ihn nach den Vögeln. Er hatte das von Kindesbeinen an geübt, und meistens blieb einer auf dem Schlicke liegen; aber ebenso oft war er dort auch nicht zu holen; Hauke hatte schon daran gedacht, den Kater mitzunehmen und als apportirenden Jagdhund zu dressiren. Aber es gab auch hier und dort feste Stellen oder Sandlager; solchenfalls lief er hinaus und holte sich seine Beute selbst. Saß der Kater bei seiner Rückkehr noch vor der Hausthür, dann schrie das Thier vor nicht zu bergender Raubgier so lange, bis Hauke ihm einen der erbeuteten Vögel zuwarf.

„Als er heute, seine Jacke auf der Schulter, heimging, trug er nur einen ihm noch unbekannten, aber wie mit bunter Seide und Metall gefiederten Vogel mit nach Hause, und der Kater mauzte wie gewöhnlich, als er ihn kommen sah. Aber Hauke wollte seine Beute — es mag ein Eisvogel gewesen sein — diesmal nicht hergeben und kehrte sich nicht an die Gier des Thieres. ‚Umschicht!' rief er ihm zu, ‚heute mir, morgen dir; das hier ist kein Katerfressen!' Aber der Kater kam vorsichtigen Schrittes herangeschlichen; Hauke stand und sah ihn an, der Vogel hing an seiner Hand, und der Kater blieb mit erhobener Tatze stehen. Doch der Bursche schien seinen Katzenfreund noch nicht so ganz zu kennen; denn während er ihm seinen Rücken zugewandt hatte und eben fürbaß wollte, fühlte er mit einem Ruck die Jagdbeute sich entrissen, und zugleich schlug eine scharfe Kralle ihm ins Fleisch. Ein Grimm, wie gleichfalls eines Raubthieres, flog dem jungen Menschen ins Blut; er griff wie rasend um sich und hatte den Räuber schon am Genicke gepackt. Mit der Faust hielt er das mächtige Thier empor und würgte es, daß die Augen ihm aus den rauhen Haaren vorquollen, nicht achtend, daß die starken Hintertatzen ihm den Arm zerfleischten. „Hoiho!" schrie er und packte ihn noch fester; „wolle. sehen, wer's von uns beiden am längsten aushält!"

„Plötzlich fielen die Hinterbeine der großen Katze schlaff herunter, und Hauke ging ein paar Schritte zurück und warf sie gegen die Kathe der Alten. Da sie sich nicht rührte, wandte er sich und setzte seinen Weg nach Hause fort.

„Aber der Angorakater war das Kleinod seiner Herrin; er war ihr Geselle und das Einzige, was ihr Sohn, der Matrose, ihr nachgelassen hatte, nachdem er hier an der Küste seinen jähen Tod gefunden hatte, da er im Sturm seiner Mutter beim Porrenfangen hatte helfen wollen. Hauke mochte kaum hundert Schritte weiter gethan haben, während er mit einem Tuch das Blut aus seinen Wunden auffing, als schon von der Kathe her ihm ein Geheul und Zetern in die Ohren gellte. Da wandte er sich und sah davor das alte Weib am Boden liegen; das greise Haar flog ihr im Winde um das rothe Kopftuch: ‚Todt!' rief sie, ‚todt!' und erhob dräuend ihren mageren Arm gegen ihn: ‚Du sollst verflucht sein! Du hast ihn todtgeschlagen, du nichtsnutziger Strandläufer; du warst nicht werth, ihm seinen Schwanz zu bürsten!' Sie warf sich über das Thier und wischte zärtlich mit ihrer Schürze ihm das Blut fort, das noch aus Nase und Schnauze rann; dann hob sie aufs Neue an zu zetern.

„‚Bist du bald fertig?' rief Hauke ihr zu, ‚dann laß dir sagen: ich will dir einen Kater schaffen, der mit Maus- und Rattenblut zufrieden ist!'

„Darauf ging er, scheinbar auf nichts mehr achtend, fürbaß. Aber die todte Katze mußte ihm doch im Kopfe Wirrsal machen, denn er ging, als er zu den Häusern gekommen war, dem seines Vaters und auch den übrigen vorbei und eine weite Strecke noch nach Süden auf dem Deich der Stadt zu.

„Inmittelst wanderte auch Trin Jans auf demselben in der gleichen Richtung; sie trug in einem alten blaucarrirten Kissenüberzug eine Last in ihren Armen, die sie sorgsam, als wär's ein Kind, umklammerte; ihr greises Haar flatterte in dem leichten Frühlingswind. ‚Was schleppt Sie da, Trina?' frug ein Bauer, der ihr entgegenkam. ‚Mehr als dein Haus und Hof,' erwiderte die Alte; dann ging sie eifrig weiter. Als sie dem unten liegenden Hause des alten Haien nahe kam, ging sie den Akt, wie man bei uns die Trift- und Fußwege nennt, die schräg an der Seite des Deiches hinab- oder hinaufführen, zu den Häusern hinunter.

„Der alte Tede Haien stand eben vor der Thür und sah ins Wetter: ‚Na, Trin!' sagte er, als sie pustend vor ihm stand und ihren Krückstock in die Erde bohrte, ‚was bringt Sie Neues in Ihrem Sack?'

„‚Erst laß mich in die Stube, Tede Haien! dann soll Er's sehen!' und ihre Augen sahen ihn mit seltsamem Funkeln an.

„‚So komm Sie!' sagte der Alte. Was gingen ihn die Augen des dummen Weibes an.

„Und als Beide eingetreten waren, fuhr sie fort: ‚Bring Er den alten Tabackskasten und das Schreibzeug von dem Tisch —— Was hat Er denn immer zu schreiben? —— So; und nun wisch Er ihn sauber ab!'

„Und der Alte, der fast neugierig wurde, that Alles,

was sie sagte; dann nahm sie den blauen Überzug bei bei=
den Zipfeln und schüttete daraus den großen Katerleichnam
auf den Tisch. ‚Da hat Er ihn!‘ rief sie; ‚Sein Hauke hat
ihn todtgeschlagen.‘ Hierauf aber begann sie ein bitterliches
Weinen; sie streichelte das dicke Fell des todten Thieres,
legte ihm die Tatzen zusammen, neigte ihre lange Nase über
dessen Kopf und raunte ihm unverständliche Zärtlichkeiten in
die Ohren.

„Tede Haien sah dem zu. ‚So,‘ sagte er; ‚Hauke hat
ihn todtgeschlagen?‘ Er wußte nicht, was er mit dem heu=
lenden Weibe machen sollte.

„Die Alte nickte ihn grimmig an: ‚Ja, ja; so Gott, das
hat er gethan!‘ und sie wischte sich mit ihrer von Gicht
verkrümmten Hand das Wasser aus den Augen. ‚Mein Kind,
kein Lebigs mehr!‘ klagte sie. ‚Und Er weiß es ja auch
wohl, uns Alten, wenn's nach Allerheiligen kommt, frieren
Abends im Bett die Beine, und statt zu schlafen, hören wir
den Nordwest an unseren Fensterläden rappeln. Ich hör's
nicht gern, Tede Haien, er kommt daher, wo mein Junge
mir im Schlick versank.‘

„Tede Haien nickte, und die Alte streichelte das Fell
ihres todten Katers: ‚Der aber,‘ begann sie wieder, ‚wenn
ich Winters am Spinnrad saß, dann saß er bei mir und
spann auch und sah mich an mit seinen grünen Augen!
Und kroch ich, wenn's mir kalt wurde, in mein Bett — es
dauerte nicht lang, so sprang er zu mir und legte sich auf
meine frierenden Beine, und wir schliefen so warm mitsam=
men, als hätte ich noch meinen jungen Schatz im Bett!‘
Die Alte, als suche sie bei dieser Erinnerung nach Zustim=
mung, sah den neben ihr am Tische stehenden Alten mit
ihren funkelnden Augen an.

„Tede Haien aber sagte bedächtig: ‚Ich weiß Ihr einen
Rath, Trin Jans,‘ und er ging nach seiner Schatulle und
nahm eine Silbermünze aus der Schublade — ‚Sie sagte,

daß Hauke Ihr das Thier vom Leben gebracht hat, und ich weiß, Sie lügt nicht; aber hier ist ein Kronthaler von Christian dem Vierten; damit kauf Sie sich ein gegerbtes Lammfell für Ihre kalten Beine! Und wenn unsere Katze nächstens Junge wirft, so mag Sie sich das größte davon aussuchen; das zusammen thut wohl einen altersschwachen Angorakater! Und nun nehm Sie das Vieh und bring Sie es meinethalb an den Racker in der Stadt, und halt Sie das Maul, daß es hier auf meinem ehrlichen Tisch gelegen hat!'

„Während dieser Rede hatte das Weib schon nach dem Thaler gegriffen und ihn in einer kleinen Tasche geborgen, die sie unter ihren Röcken trug; dann stopfte sie den Kater wieder in das Bettbühr, wischte mit ihrer Schürze die Blutflecken von dem Tisch und stakte zur Thür hinaus. ‚Vergeß Er mir nur den jungen Kater nicht!' rief sie noch zurück.

— — „Eine Weile später, als der alte Haien in dem engen Stüblein auf- und abschritt, trat Hauke herein und warf seinen bunten Vogel auf den Tisch; als er aber auf der weiß gescheuerten Platte den noch kennbaren Blutfleck sah, frug er, wie beiläufig: ‚Was ist denn das?'

„Der Vater blieb stehen: ‚Das ist Blut, was du hast fließen machen!'

„Dem Jungen schoß es doch heiß ins Gesicht: ‚Ist denn Trin Jans mit ihrem Kater hier gewesen?'

„Der Alte nickte: ‚Weshalb hast du ihr den todtgeschlagen?'

„Hauke entblößte seinen blutigen Arm. ‚Deshalb,' sagte er; ‚er hatte mir den Vogel fortgerissen!'

„Der Alte sagte nichts hierauf; er begann eine Zeit lang wieder auf- und abzugehen; dann blieb er vor dem Jungen stehen und sah eine Weile wie abwesend auf ihn hin. ‚Das mit dem Kater hab ich rein gemacht,' sagte er dann; ‚aber, siehst du, Hauke, die Kathe ist hier zu klein; zwei Herren können darauf nicht sitzen — es ist nun Zeit, du mußt dir einen Dienst besorgen!'

„‚Ja, Vater,‘ entgegnete Hauke; ‚hab dergleichen auch gedacht.‘

„‚Warum?‘ frug der Alte.

— „‚Ja, man wird grimmig in sich, wenn man's nicht an einem ordentlichen Stück Arbeit auslassen kann.‘

„‚So?‘ sagte der Alte, ‚und darum hast du den Angorer todtgeschlagen? Das könnte leicht noch schlimmer werden!‘

— „‚Er mag wohl Recht haben, Vater; aber der Deich=graf hat seinen Kleinknecht fortgejagt; das könnt ich schon verrichten!‘

„Der Alte begann wieder auf= und abzugehen und spritzte dabei die schwarze Tabacksjauche von sich: ‚Der Deichgraf ist ein Dummkopf, dumm wie 'ne Saatgans! Er ist nur Deichgraf, weil sein Vater und Großvater es gewesen sind, und wegen seiner neunundzwanzig Fennen. Wenn Martini herankommt und hernach die Deich= und Sielrechnungen ab=gethan werden müssen, dann füttert er den Schulmeister mit Gansbraten und Meth und Weizenkringeln und sitzt dabei und nickt, wenn der mit seiner Feder die Zahlenreihen hin=unterläuft, und sagt: Ja, ja, Schulmeister, Gott vergönn's Ihm! Was kann Er rechnen? Wenn aber einmal der Schulmeister nicht kann oder auch nicht will, dann muß er selber dran und sitzt und schreibt und streicht wieder aus, und der große dumme Kopf wird ihm roth und heiß, und die Augen quellen wie Glaskugeln, als wollte das bischen Verstand da hinaus.‘

„Der Junge stand gerade auf vor dem Vater und wun=derte sich, was der reden könne; so hatte er's noch nicht von ihm gehört. ‚Ja, Gott tröst!‘ sagte er, ‚dumm ist er wohl; aber seine Tochter Elke, die kann rechnen!‘

„Der Alte sah ihn scharf an. ‚Ahoi, Hauke,‘ rief er; ‚was weißt du von Elke Volkerts?‘

— „Nichts, Vater; der Schulmeister hat's mir nur erzählt."

„Der Alte antwortete nicht darauf; er schob nur bedächtig seinen Tabacksknoten aus einer Backe hinter die andere. „Und du denkst,' sagte er dann, ‚du wirst dort auch mitrechnen können.'

„O ja, Vater, das möcht schon gehen,' erwiderte der Sohn, und ein ernstes Zucken lief um seinen Mund.

„Der Alte schüttelte den Kopf: ‚Nein, aber meinethalb; versuch einmal dein Glück!'

„Dank auch, Vater!" sagte Hauke und stieg zu seiner Schlafstatt auf dem Boden; hier setzte er sich auf die Bettkante und sann, weshalb ihn denn sein Vater um Elke Volkerts angerufen habe. Er kannte sie freilich, das ranke achtzehnjährige Mädchen mit dem bräunlichen schmalen Antlitz und den dunklen Brauen, die über den trotzigen Augen und der schmalen Nase in einander liefen; doch hatte er noch kaum ein Wort mit ihr gesprochen; nun, wenn er zu dem alten Tede Volkerts ging, wollte er sie doch besser darauf ansehen, was es mit dem Mädchen auf sich habe. Und gleich jetzt wollte er gehen, damit kein Anderer ihm die Stelle abjage; es war ja kaum noch Abend. Und so zog er seine Sonntagsjacke und seine besten Stiefel an und machte sich guten Muthes auf den Weg.

— „Das langgestreckte Haus des Deichgrafen war durch seine hohe Werfte, besonders durch den höchsten Baum des Dorfes, eine gewaltige Esche, schon von Weitem sichtbar; der Großvater des jetzigen, der erste Deichgraf des Geschlechtes, hatte in seiner Jugend eine solche oft der Hausthür hier gesetzt; aber die beiden ersten Anpflanzungen waren vergangen, und so hatte er an seinem Hochzeitsmorgen diesen dritten Baum gepflanzt, welcher noch jetzt mit seiner immer mächtiger werdenden Blätterkrone in dem hier unablässigen Winde wie von alten Zeiten rauschte.

„Als nach einer Weile der lang aufgeschossene Hauke die hohe Werfte hinaufstieg, welche an den Seiten mit Rüben und Kohl bepflanzt war, sah er droben die Tochter des Hauswirths neben der niedrigen Hausthür stehen. Ihr einer etwas hagerer Arm hing schlaff herab, die andere Hand schien im Rücken nach dem Eisenring zu greifen, von denen je einer zu beiden Seiten der Thür in der Mauer war, damit, wer vor das Haus ritt, sein Pferd daran befestigen könne. Die Dirne schien von dort ihre Augen über den Deich hinaus nach dem Meer zu haben, wo an dem stillen Abend die Sonne eben in das Wasser hinabsank und zugleich das bräunliche Mädchen mit ihrem letzten Schein vergoldete.

„Hauke stieg etwas langsamer an der Werfte hinan und dachte bei sich: ‚So ist sie nicht so bösig!‘ dann war er oben. ‚Guten Abend auch!‘ sagte er zu ihr tretend; ‚wonach guckst du denn mit deinen großen Augen, Jungfer Elke?‘

„‚Nach dem,‘ erwiderte sie, ‚was hier alle Abend vor sich geht, aber hier nicht alle Abend just zu sehen ist.‘ Sie ließ den Ring aus der Hand fallen, daß er klingend gegen die Mauer schlug. ‚Was willst du, Hauke Haien?‘ frug sie.

„‚Was dir hoffentlich nicht zuwider ist,‘ sagte er. ‚Dein Vater hat seinen Kleinknecht fortgejagt, da dachte ich bei euch in Dienst.‘

„Sie ließ ihre Blicke an ihm herunterlaufen: ‚Du bist noch so was schlanterig, Hauke!‘ sagte sie; ‚aber uns dienen zwei feste Augen besser als zwei feste Arme!‘ Sie sah ihn dabei fast düster an, aber Hauke hielt ihr tapfer Stand. ‚So komm,‘ fuhr sie fort; ‚der Wirth ist in der Stube, laß uns hineingehen!‘

* *

*

„Am anderen Tage trat Tede Haien mit seinem Sohne in das geräumige Zimmer des Deichgrafen; die Wände waren mit glasirten Kacheln bekleidet, auf denen hier ein

Schiff mit vollen Segeln oder ein Angler an einem Uferplatz, dort ein Rind, das kauend vor einem Bauernhause lag, den Beschauer vergnügen konnte; unterbrochen war diese dauerhafte Tapete durch ein mächtiges Wandbett mit jetzt zugeschobenen Thüren und einen Wandschrank, der durch seine beiden Glasthüren allerlei Porzellan- und Silbergeschirr erblicken ließ; neben der Thür zum anstoßenden Pesel war hinter einer Glasscheibe eine holländische Schlaguhr in die Wand gelassen.

„Der starke, etwas schlagflüssige Hauswirth saß am Ende des blankgescheuerten Tisches im Lehnstuhl auf seinem bunten Wollenpolster. Er hatte seine Hände über dem Bauch gefaltet und starrte aus seinen runden Augen befriedigt auf das Gerippe einer fetten Ente; Gabel und Messer ruhten vor ihm auf dem Teller.

„‚Guten Tag, Deichgraf!‘ sagte Haien, und der Angeredete drehte langsam Kopf und Augen zu ihm hin.

„‚Ihr seid es, Tede?‘ entgegnete er, und der Stimme war die verzehrte fette Ente anzuhören, ‚setzt Euch; es ist ein gut Stück von Euch zu mir herüber!‘

„‚Ich komme, Deichgraf,‘ sagte Tede Haien, indem er sich auf die an der Wand entlang laufende Bank dem Anderen im Winkel gegenübersetzte. ‚Ihr habt Verdruß mit Eurem Kleinknecht gehabt und seid mit meinem Jungen einig geworden, ihn an dessen Stelle zu setzen!‘

„Der Deichgraf nickte: ‚Ja, ja, Tede; aber — was meint Ihr mit Verdruß? Wir Marschleute haben, Gott tröst uns, was dagegen einzunehmen!‘ und er nahm das vor ihm liegende Messer und klopfte wie liebkosend auf das Gerippe der armen Ente. ‚Das war mein Leibvogel,‘ setzte er behaglich lachend hinzu; ‚sie fraß mir aus der Hand!‘

„‚Ich dachte,‘ sagte der alte Haien, das Letzte überhörend, ‚der Bengel hätte Euch Unheil im Stall gemacht.‘

„‚Unheil? Ja, Tede; freilich Unheil genug! Der dicke Mopsbraten hatte die Kälber nicht gehörnt; aber er lag voll getrunken auf dem Heuboden, und das Viehzeug schrie die ganze Nacht vor Durst, daß ich bis Mittag nachschlafen mußte; dabei kann die Wirthschaft nicht bestehen!'

‚Nein, Deichgraf; aber dafür ist keine Gefahr bei meinem Jungen.'

Hauke stand, die Hände in den Seitentaschen, am Thürpfosten, hatte den Kopf im Nacken und studirte an den Fensterrähmen ihm gegenüber.

Der Deichgraf hatte die Augen zu ihm gehoben und nickte hinüber: ‚Nein, nein, Tede'; und er nickte nun auch dem Alten zu; ‚Euer Hauke wird mir die Nachtruh nicht verstören; der Schulmeister hat's mir schon vordem gesagt, der sitzt lieber vor der Rechentafel als vor einem Glas mit Branntwein.'

Hauke hörte nicht auf diesen Zuspruch, denn Elke war in die Stube getreten und nahm mit ihrer leichten Hand die Reste der Speisen von dem Tisch, ihn mit ihren dunklen Augen flüchtig streifend. Da fielen seine Blicke auch auf sie. ‚Bei Gott und Jesus,' sprach er bei sich selber, ‚sie sieht auch so nicht dösig aus!'

Das Mädchen war hinausgegangen. ‚Ihr wisset, Tede,' begann der Deichgraf wieder, ‚unser Herrgott hat mir einen Sohn versagt!'

‚Ja, Deichgraf; aber laßt Euch das nicht kränken,' entgegnete der Andere, ‚denn im dritten Gliede soll der Familienverstand ja verschleißen; Euer Großvater, das wissen wir noch Alle, war Einer, der das Land geschützt hat!'

Der Deichgraf, nach einigem Besinnen, sah schier verdutzt aus: ‚Wie meint Ihr das, Tede Haien?' sagte er und setzte sich in seinem Lehnstuhl auf; ‚ich bin ja doch im dritten Gliede!'

‚Ja so! Nicht für ungut, Deichgraf; es geht nur so die Rede!' Und der hagere Tede Haien sah den alten Würdenträger mit etwas boshaften Augen an.

„Der aber sprach unbekümmert: ‚Ihr müßt Euch von alten Weibern dergleichen Thorheit nicht aufschwatzen lassen, Jede Haien; Ihr kennt nur meine Tochter nicht, die rechnet mich selber dreimal um und um! Ich wollt nur sagen, Euer Hauke wird außer im Felde auch hier in meiner Stube mit Feder oder Rechenstift so Manches profitiren können, was ihm nicht schaden wird!'

‚Ja, ja, Deichgraf, das wird er; da habt Ihr völlig Recht!' sagte der alte Haien und begann dann noch einige Vergünstigungen bei dem Miethcontract sich auszubedingen, die Abends vorher von seinem Sohne nicht bedacht waren. So sollte dieser außer seinen leinenen Hemden im Herbst auch noch acht Paar wollene Strümpfe als Zugabe seines Lohnes genießen; so wollte er selbst ihn im Frühling acht Tage bei der eigenen Arbeit haben, und was dergleichen mehr war. Aber der Deichgraf war zu Allem willig; Hauke Haien schien ihm eben der rechte Kleinknecht.

— — ‚Nun, Gott tröst dich, Junge,' sagte der Alte, da sie eben das Haus verlassen hatten, ‚wenn der dir die Welt klar machen soll!'

„Aber Hauke erwiderte ruhig: ‚Laß Er nur, Vater; es wird schon Alles werden.'

*   *

*

„Und Hauke hatte so Unrecht nicht. gehabt; die Welt, oder was ihm die Welt bedeutete, wurde ihm klarer, je länger sein Aufenthalt in diesem Hause dauerte; vielleicht um so mehr, je weniger ihm eine überlegene Einsicht zu Hülfe kam, und je mehr er auf seine eigene Kraft angewiesen war, mit der er sich von jeher beholfen hatte. Einer freilich war im Hause, für den er nicht der Rechte zu sein schien; das war der Großknecht Ole Peters, ein tüchtiger Arbeiter und ein maulfertiger Geselle. Ihm war der träge, aber dumme und stämmige Kleinknecht von vorhin besser nach seinem Sinn gewesen, dem er ruhig die Tonne Hafer auf den Rücken hatte laden und den er nach Herzenslust hatte herumstoßen können. Dem noch stilleren, aber ihn geistig überragenden Hauke vermochte er in solcher Weise nicht beizukommen; er hatte eine gar zu eigene Art, ihn anzublicken. Trotzdem verstand er es, Arbeiten für ihn auszusuchen, die seinem noch nicht gefesteten Körper hätten gefährlich werden können, und Hauke, wenn der Großknecht sagte: ‚Da hättest du den dicken Niß nur sehen sollen, dem ging es von der Hand!‘ faßte nach Kräften an und brachte es, wenn auch mit Mühsal, doch zu Ende. Ein Glück war es für ihn, daß Elke selbst oder durch ihren Vater das meistens abzustellen wußte. Man mag wohl fragen, was mitunter ganz fremde Menschen an einander bindet; vielleicht — sie waren beide geborene Rechner, und das Mädchen konnte ihren Kameraden in der groben Arbeit nicht verderben sehen.

„Der Zwiespalt zwischen Groß- und Kleinknecht wurde auch im Winter nicht besser, als nach Martini die verschiedenen Deichrechnungen zur Revision eingelaufen waren.

„Es war an einem Maiabend, aber es war Novemberwetter; von drinnen im Hause hörte man draußen hinterm Deich die Brandung donnern. ‚He, Hauke,‘ sagte der Hausherr, ‚komm herein; nun magst du weisen, ob du rechnen kannst!‘

„‚Uns' Weerth,‘ entgegnete dieser; — denn so nennen hier die Leute ihre Herrschaft — ,ich soll aber erst das Jungvieh füttern!‘

„‚Elke!‘ rief der Deichgraf; ‚wo bist du, Elke! — Geh zu Ole und sag ihm, er sollte das Jungvieh füttern; Hauke soll rechnen!‘

„Und Elke eilte in den Stall und machte dem Großknecht die Bestellung, der eben damit beschäftigt war, das über Tag gebrauchte Pferdegeschirr wieder an seinen Platz zu hängen.

„Ole Peters schlug mit einer Trense gegen den Stän=
der, neben dem er sich beschäftigte, als wolle er sie kurz
und klein haben: ‚Hol der Teufel den verfluchten Schreiber=
knecht!'

„Sie hörte die Worte noch, bevor sie die Stallthür wie=
der geschlossen hatte.

„‚Nun?' frug der Alte, als sie in die Stube trat.

„‚Ole wollte es schon besorgen,' sagte die Tochter, ein
wenig sich die Lippen beißend, und setzte sich Hauke gegen=
über auf einen grobgeschnitzten Holzstuhl, wie sie noch der=
zeit hier an Winterabenden im Hause selbst gemacht wurden.
Sie hatte aus einem Schubkasten einen weißen Strumpf
mit rothem Vogelmuster genommen, an dem sie nun weiter=
strickte; die langbeinigen Creaturen darauf mochten Reiher
oder Störche bedeuten sollen. Hauke saß ihr gegenüber in
seiner Rechnerei vertieft, der Deichgraf selbst ruhte in seinem
Lehnstuhl und blinzelte schläfrig nach Haukes Feder; auf
dem Tisch brannten, wie immer im Deichgrafenhause, zwei
Unschlittkerzen, und vor den beiden in Blei gefaßten Fenstern
waren von außen die Läden vorgeschlagen und von innen
zugeschroben; mochte der Wind nun poltern, wie er wollte.
Mitunter hob Hauke seinen Kopf von der Arbeit und blickte
einen Augenblick nach den Vogelstrümpfen oder nach dem
schmalen ruhigen Gesicht des Mädchens.

„Da that es aus dem Lehnstuhl plötzlich einen lauten
Schnarcher, und ein Blick und ein Lächeln flog zwischen
den beiden jungen Menschen hin und wieder; dann folgte
allmählich ein ruhigeres Athmen; man konnte wohl ein
wenig plaudern; Hauke wußte nur nicht, was.

„‚Als sie aber das Strickzeug in die Höhe zog und die
Vögel sich nun in ihrer ganzen Länge zeigten, flüsterte er
über den Tisch hinüber: ‚Wo hast du das gelernt, Elke?'

„‚Was gelernt?' frug das Mädchen zurück.

— „‚Das Vogelstricken?' sagte Hauke.

‚‚Das? Von Trin Jans draußen am Deich; sie kann allerlei; sie war vor Zeiten einmal bei meinem Großvater hier im Dienst.'

‚‚Da warst du aber wohl noch nicht geboren?' sagte Hauke.

‚Ich denk wohl nicht; aber sie ist noch oft ins Haus gekommen.'

‚‚Hat denn die die Vögel gern?' frug Hauke; ‚ich meint, sie hielt es nur mit Katzen!'

‚‚Elke schüttelte den Kopf: ‚Sie zieht ja Enten und verkauft sie; aber im vorigen Frühjahr, als du den Angorer todtgeschlagen hattest, sind ihr hinten im Stall die Ratten dazwischen gekommen; nun will sie sich vorn am Hause einen anderen bauen.'

‚‚So,' sagte Hauke und zog einen leisen Pfiff durch die Zähne, ‚dazu hat sie von der Geest sich Lehm und Steine hergeschleppt! Aber dann kommt sie in den Binnenweg; — hat sie denn Concession?'

‚‚Weiß ich nicht,' meinte Elke. Aber er hatte das letzte Wort so laut gesprochen, daß der Deichgraf aus seinem Schlummer auffuhr. ‚Was Concession?' frug er und sah fast wild von Einem zu der Anderen. ‚Was soll die Concession?'

‚‚Als aber Hauke ihm dann die Sache vorgetragen hatte, klopfte er ihm lachend auf die Schulter: ‚Ei was, der Binnenweg ist breit genug; Gott tröst den Deichgrafen, sollt er sich auch noch um die Entenställe kümmern!'

‚‚Hauke fiel es aufs Herz, daß er die Alte mit ihren jungen Enten den Ratten sollte preisgegeben haben, und er ließ sich mit dem Einwand abfinden. ‚Aber, uns' Weerth,' begann er wieder, ‚es thät wohl Dem und Jenem ein kleiner Zwicker gut, und wollet Ihr ihn nicht selber greifen, so zwicket den Gevollmächtigten, der auf die Deichordnung passen soll!'

"‚Wie, was sagt der Junge?' und der Deichgraf setzte sich vollends auf, und Elke ließ ihren künstlichen Strumpf sinken und wandte das Ohr hinüber.

"‚Ja, uns' Weerth,' fuhr Hauke fort, ‚Ihr habt doch schon die Frühlingsschau gehalten; aber trotzdem hat Peter Jansen auf seinem Stück das Unkraut auch noch heute nicht gebuscht; im Sommer werden die Stieglitzer da wieder lustig um die rothen Distelblumen spielen! Und dicht daneben, ich weiß nicht, wem's gehört, ist an der Außenseite eine ganze Wiege in dem Deich; bei schön Wetter liegt es immer voll von kleinen Kindern, die sich darin wälzen; aber — Gott bewahr uns vor Hochwasser!'

"Die Augen des alten Deichgrafen waren immer größer geworden.

"‚Und dann —' sagte Hauke wieder.

"‚Was dann noch, Junge?' frug der Deichgraf; ‚bist du noch nicht fertig?' und es klang, als sei der Rede seines Kleinknechts ihm schon zu viel geworden.

"‚Ja, dann, uns' Weerth,' sprach Hauke weiter; ‚Ihr kennt die dicke Vollina, die Tochter vom Gevollmächtigten Harders, die immer ihres Vaters Pferde aus der Fenne holt, — wenn sie nur eben mit ihren runden Waden auf der alten gelben Stute sitzt, hü hopp? so geht's allemal schräg an der Dossirung den Deich hinan!'

"Hauke bemerkte erst jetzt, daß Elke ihre klugen Augen auf ihn gerichtet hatte und leise ihren Kopf schüttelte.

"Er schwieg, aber ein Faustschlag, den der Alte auf den Tisch that, dröhnte ihm in die Ohren; ‚da soll das Wetter dreinschlagen!' rief er, und Hauke erschrak beinahe über die Bärenstimme, die plötzlich hier hervorbrach: ‚Zur Brüche! Notir mir das dicke Mensch zur Brüche, Hauke! Die Dirne hat mir im letzten Sommer drei junge Enten weggefangen! Ja, ja, notir mir,' wiederholte er, als Hauke zögerte; ‚ich glaub sogar, es waren vier!'

„‚Ei, Vater,' sagte Elke, ‚war's nicht die Otter, die die Enten nahm?'

„‚Eine große Otter!' rief der Alte schnaufend; ‚werd doch die dicke Vollina und eine Otter aus einander kennen! Nein, nein, vier Enten, Hauke — aber was du im Übrigen schwatzest, der Herr Oberdeichgraf und ich, nachdem wir zusammen in meinem Hause hier gefrühstückt hatten, sind im Frühjahr an deinem Unkraut und an deiner Wiege vorbeigefahren und haben's doch nicht sehen können. Ihr Beide aber,' und er nickte ein paar Mal bedeutsam gegen Hauke und seine Tochter, ‚danket Gott, daß ihr nicht Deichgraf seid! Zwei Augen hat man nur, und mit hundert soll man sehen. — — Nimm nur die Rechnungen über die Bestickungsarbeiten, Hauke, und sieh sie nach; die Kerls rechnen oft zu liederlich!'

„Dann lehnte er sich wieder in seinen Stuhl zurück, rückte den schweren Körper ein paar Mal und überließ sich bald dem sorgenlosen Schlummer.

* * *

„Dergleichen wiederholte sich an manchem Abend. Hauke hatte scharfe Augen und unterließ es nicht, wenn sie beisammensaßen, das Eine oder Andere von schädlichem Thun oder Unterlassen in Deichsachen dem Alten vor die Augen zu rücken, und da dieser sie nicht immer schließen konnte, so kam unversehens ein lebhafterer Geschäftsgang in die Verwaltung, und die, welche früher im alten Schlendrian fortgesündigt hatten und jetzt unerwartet ihre frevlen oder faulen Finger geklopft fühlten, sahen sich unwillig und verwundert um, woher die Schläge denn gekommen seien. Und Ole, der Großknecht, säumte nicht, möglichst weit die Offenbarung zu verbreiten und dadurch gegen Hauke und seinen Vater, der doch die Mitschuld tragen mußte, in diesen Kreisen einen Widerwillen zu erregen; die Anderen aber, welche nicht getroffen waren, oder denen es um die Sache selbst zu thun war, lachten und hatten ihre Freude, daß der Junge den Alten doch einmal etwas in Trab gebracht habe. ‚Schad nur,‘ sagten sie, ‚daß der Bengel nicht den gehörigen Klei unter den Füßen hat; das gäbe später sonst einmal wieder einen Deichgrafen, wie vordem sie dagewesen sind; aber die paar Demath seines Alten, die thäten's denn doch nicht!‘

„Als im nächsten Herbst der Herr Amtmann und Oberdeichgraf zur Schauung kam, sah er sich den alten Tede Volkerts von oben bis unten an, während dieser ihn zum Frühstück nöthigte. ‚Wahrhaftig, Deichgraf,‘ sagte er, ‚ich dacht's mir schon, Ihr seid in der That um ein Halbstieg Jahre jünger geworden; Ihr habt mir diesmal mit all Euern Vorschlägen warm gemacht; wenn wir mit alledem nur heute fertig werden!‘

„‚Wird schon, wird schon, gestrenger Herr Oberdeichgraf,‘ erwiderte der Alte schmunzelnd; ‚der Gansbraten da wird schon die Kräfte stärken! Ja, Gott sei Dank, ich bin noch allezeit frisch und munter!‘ Er sah sich in der Stube um, ob auch nicht etwa Hauke um die Wege sei; dann setzte er in würdevoller Ruhe noch hinzu: ‚So hoffe ich zu Gott, noch meines Amtes ein paar Jahre in Segen warten zu können.‘

„‚Und darauf, lieber Deichgraf,‘ erwiderte sein Vorgesetzter, sich erhebend, ‚wollen wir dieses Glas zusammen trinken!‘

„Elke, die das Frühstück bestellt hatte, ging eben, während die Gläser an einander klangen, mit leisem Lachen aus der Stubenthür. Dann holte sie eine Schüssel Abfall aus der Küche und ging durch den Stall, um es vor der Außenthür dem Federvieh vorzuwerfen. Im Stall stand Hauke Haien und steckte den Kühen, die man der argen

Witterung wegen schon jetzt hatte heraufnehmen müssen, mit der Furke Heu in ihre Raufen. Als er aber das Mädchen kommen sah, stieß er die Furke auf den Grund. ‚Nu, Elke!' sagte er.

„Sie blieb stehen und nickte ihm zu: ‚Ja, Hauke; aber eben hättest du drinnen sein müssen!'

„‚Meinst du? Warum denn, Elke?'

„‚Der Herr Oberdeichgraf hat den Wirth gelobt!'
— ‚‚Den Wirth? Was thut das mir?'

„‚Nein, ich mein, den Deichgrafen hat er gelobt!'

„Ein dunkles Roth flog über das Gesicht des jungen Menschen: ‚Ich weiß wohl,' sagte er, ‚wohin du damit segeln willst!'

„‚Werd nur nicht roth, Hauke; du warst es ja doch eigentlich, den der Oberdeichgraf lobte!'

„Hauke sah sie mit halbem Lächeln an. ‚Auch du doch, Elke!' sagte er.

„Aber sie schüttelte den Kopf: ‚Nein, Hauke; als ich allein der Helfer war, da wurden wir nicht gelobt. Ich kann ja auch nur rechnen; du aber siehst draußen Alles, was der Deichgraf doch wohl selber sehen sollte; du hast mich ausgestochen!'

„‚Ich hab das nicht gewollt, dich am mindesten,' sagte Hauke zaghaft, und er stieß den Kopf einer Kuh zur Seite: ‚Komm, Rothbunt, friß mir nicht die Furke auf, du sollst ja Alles haben!'

„‚Denk nur nicht, daß mir's leid thut, Hauke,' sagte nach kurzem Sinnen das Mädchen; ‚das ist ja Mannes= sache!'

„Da streckte Hauke ihr den Arm entgegen: ‚Elke, gieb mir die Hand darauf!'

„Ein tiefes Roth schoß unter die dunklen Brauen des Mädchens. ‚Warum? Ich lüg ja nicht!' rief sie.

„Hauke wollte antworten; aber sie war schon zum Stall

hinaus, und er stand mit seiner Furke in der Hand und hörte nur, wie draußen die Enten und Hühner um sie schnatterten und krähten.

* * *

„Es war im Januar von Haukes drittem Dienstjahr, als ein Winterfest gehalten werden sollte; ‚Eisboseln‘ nennen sie es hier. Ein ständiger Frost hatte beim Ruhen der Küstenwinde alle Gräben zwischen den Fennen mit einer festen ebenen Krystallfläche belegt, so daß die zerschnittenen Landstücke nun eine weite Bahn für das Werfen der kleinen mit Blei ausgegossenen Holzkugeln bildeten, womit das Ziel erreicht werden sollte. Tag aus, Tag ein wehte ein leichter Nordost; Alles war schon in Ordnung; die Geestleute in dem zu Osten über der Marsch belegenen Kirchdorf, die im vorigen Jahre gesiegt hatten, waren zum Wettkampf gefordert und hatten angenommen; von jeder Seite waren neun Werfer aufgestellt; auch der Obmann und die Kretler waren gewählt. Zu letzteren, die bei Streitfällen über einen zweifelhaften Wurf mit einander zu verhandeln hatten, wurden allezeit Leute genommen, die ihre Sache ins beste Licht zu rücken verstanden, am liebsten Burschen, die außer gesundem Menschenverstand auch noch ein lustig Mundwerk hatten. Dazu gehörte vor Allen Ole Peters, der Großknecht des Deichgrafen. ‚Werft nur wie die Teufel,‘ sagte er; ‚das Schwatzen thu ich schon umsonst!‘

„Es war gegen Abend vor dem Festtag; in der Nebenstube des Kirchspielkruges droben auf der Geest war eine Anzahl von den Werfern erschienen, um über die Aufnahme einiger zuletzt noch Angemeldeten zu beschließen. Hauke Haien war auch unter diesen; er hatte erst nicht wollen, obschon er seiner wurfgeübten Arme sich wohl bewußt war; aber er fürchtete durch Ole Peters, der einen Ehrenposten in dem Spiel bekleidete, zurückgewiesen zu werden; die Niederlage wollte er sich sparen. Aber Elke hatte ihm noch in der elften Stunde den Sinn gewandt: ‚Er wird's nicht wagen, Hauke,‘ hatte sie gesagt; ‚er ist ein Tagelöhnersohn; dein Vater hat Kuh und Pferd und ist dazu der klügste Mann im Dorf!‘

„‚Aber, wenn er's dennoch fertig bringt?‘

„Sie sah ihn halb lächelnd aus ihren dunklen Augen an. ‚Dann,‘ sagte sie, ‚soll er sich den Mund wischen, wenn er Abends mit seines Wirths Tochter zu tanzen denkt!‘ — Da hatte Hauke ihr muthig zugenickt.

„Nun standen die jungen Leute, die noch in das Spiel hineinwollten, frierend und fußtrampelnd vor dem Kirchspielskrug und sahen nach der Spitze des aus Felsblöcken gebauten Kirchthurms hinauf, neben dem das Krughaus lag. Des Pastors Tauben, die sich im Sommer auf den Feldern des Dorfes nährten, kamen eben von den Höfen und Scheuern der Bauern zurück, wo sie sich jetzt ihre Körner gesucht hatten, und verschwanden unter den Schindeln des Thurmes, hinter welchen sie ihre Nester hatten; im Westen über dem Haf stand ein glühendes Abendroth.

„‚Wird gut Wetter morgen!‘ sagte der eine der jungen Burschen und begann heftig auf und ab zu wandern; ‚aber kalt! kalt!‘ Ein zweiter, als er keine Taube mehr fliegen sah, ging in das Haus und stellte sich horchend neben die Thür der Stube, aus der jetzt ein lebhaftes Durcheinanderreden herausscholl; auch des Deichgrafen Kleinknecht war neben ihn getreten. ‚Hör, Hauke,‘ sagte er zu diesem; ‚nun schreien sie um dich!‘ und deutlich hörte man von drinnen Ole Peters' knarrende Stimme: ‚Kleinknechte und Jungens gehören nicht dazu!‘

„‚Komm,‘ flüsterte der Andere und suchte Hauke am Rockärmel an die Stubenthür zu ziehen, ‚hier kannst du lernen, wie hoch sie dich taxiren!‘

„Aber Hauke riß sich los und ging wieder vor das Haus:

‚Sie haben uns nicht ausgesperrt, damit wir's hören sollen!' rief er zurück.

„Vor dem Hause stand der Dritte der Angemeldeten. ‚Ich fürcht, mit mir hat's einen Haken,' rief er ihm entgegen; ‚ich hab kaum achtzehn Jahre; wenn sie nur den Taufschein nicht verlangen! Dich, Hauke, wird dein Großknecht schon herauskreteln!'

„‚Ja, heraus!' brummte Hauke und schleuderte mit dem Fuße einen Stein über den Weg; ‚nur nicht hinein!'

„Der Lärm in der Stube wurde stärker; dann allmählich trat eine Stille ein; die draußen hörten wieder den leisen Nordost, der sich oben an der Kirchthurmspitze brach. Der Horcher trat wieder zu ihnen. ‚Wen hatten sie da drinnen?' frug der Achtzehnjährige.

„‚Den da!' sagte Jener und wies auf Hauke; ‚Ole Peters wollte ihn zum Jungen machen; aber Alle schrieen dagegen. Und sein Vater hat Vieh und Land, sagte Jeß Hansen. Ja, Land, rief Ole Peters, das man auf dreizehn Karren wegfahren kann! — Zuletzt kam Ole Hensen: Still da! schrie er; ich will's euch lehren: sagt nur, wer ist der erste Mann im Dorf? Da schwiegen sie erst und schienen sich zu besinnen; dann sagte eine Stimme: Das ist doch wohl der Deichgraf! Und alle Anderen riefen: Nun ja, unserthalb der Deichgraf! — Und wer ist denn der Deichgraf? rief Ole Hensen wieder; aber nun bedenkt euch recht! — — Da begann Einer leis zu lachen, und dann wieder Einer, bis zuletzt nichts in der Stube war als lauter Lachen. Nun, so ruft ihn, sagte Ole Hensen; ihr wollt doch nicht den Deichgrafen von der Thür stoßen! Ich glaub, sie lachen noch; aber Ole Peters' Stimme war nicht mehr zu hören!' schloß der Bursche seinen Bericht.

„Fast in demselben Augenblicke wurde drinnen im Hause die Stubenthür aufgerissen, und: ‚Hauke! Hauke Haien!' rief es laut und fröhlich in die kalte Nacht hinaus.

„Da trabte Hauke in das Haus und hörte nicht mehr, wer denn der Deichgraf sei; was in seinem Kopfe brütete, hat indessen Niemand wohl erfahren. — — „Als er nach einer Weile sich dem Hause seiner Herrschaft nahte, sah er Elke drunten am Heck der Auffahrt stehen; das Mondlicht schimmerte über die unermeßliche weiß bereifte Weidefläche. ‚Stehst du hier, Elke?‘ frug er.

„Sie nickte nur: ‚Was ist geworden?‘ sagte sie; ‚hat er's gewagt?‘

— „Was sollt er nicht!‘

„‚Nun, und?‘

— „‚Ja, Elke; ich darf es morgen doch versuchen!‘

„‚Gute Nacht, Hauke!‘ Und sie lief flüchtig die Werfte hinan und verschwand im Hause.

„Langsam folgte er ihr.

* * *

„Auf der weiten Weidefläche, die sich zu Osten an der Landseite des Deiches entlang zog, sah man am Nachmittag darauf eine dunkle Menschenmasse bald unbeweglich stille stehen, bald, nachdem zweimal eine hölzerne Kugel aus derselben über den durch die Tagessonne jetzt von Reif befreiten Boden hingeflogen war, abwärts von den hinter ihr liegenden langen und niedrigen Häusern allmählich weiter rücken; die Parteien der Eisbosler in der Mitte, umgeben von Alt und Jung, was mit ihnen, sei es in jenen Häusern oder in denen droben auf der Geest Wohnung oder Verbleib hatte; die älteren Männer in langen Röcken, bedächtig aus kurzen Pfeifen rauchend, die Weiber in Tüchern und Jacken, auch wohl Kinder an den Händen ziehend oder auf den Armen tragend. Aus den gefrorenen Gräben, welche allmählich überschritten wurden, funkelte durch die scharfen Schilfspitzen der bleiche Schein der Nachmittagssonne; es fror mächtig, aber das Spiel ging unablässig vorwärts, und Aller Augen verfolgten immer wieder die fliegende Kugel, denn an ihr hing heute für das ganze Dorf die Ehre des Tages. Der Kretler der Parteien trug hier einen weißen, bei den Geestleuten einen schwarzen Stab mit eiserner Spitze; wo die Kugel ihren Lauf geendet hatte, wurde dieser, je nachdem, unter schweigender Anerkennung oder dem Hohngelächter der Gegenpartei in den gefrorenen Boden eingeschlagen, und wessen Kugel zuerst das Ziel erreichte, der hatte für seine Partei das Spiel gewonnen.

„Gesprochen wurde von all den Menschen wenig; nur wenn ein Capitalwurf geschah, hörte man wohl einen Ruf der jungen Männer oder Weiber; oder von den Alten einer nahm seine Pfeife aus dem Mund und klopfte damit unter ein paar guten Worten den Werfer auf die Schulter: ‚Das war ein Wurf, sagte Zacharies und warf sein Weib aus der Luke!‘ oder: ‚So warf dein Vater auch; Gott tröst ihn in der Ewigkeit!‘ oder was sie sonst für Gutes sagten.

„Bei seinem ersten Wurfe war das Glück nicht mit Hauke gewesen: als er eben den Arm hinten ausschwang, um die Kugel fortzuschleudern, war eine Wolke von der Sonne fortgezogen, die sie vorhin bedeckt hatte, und diese traf mit ihrem vollen Strahl in seine Augen; der Wurf wurde zu kurz, die Kugel fiel auf einen Graben und blieb im Bummeis stecken.

„‚Gilt nicht! Gilt nicht! Hauke, noch einmal,‘ riefen seine Partner.

„Aber der Kretler der Geestleute sprang dagegen auf: ‚Muß wohl gelten; geworfen ist geworfen!‘

„‚Ole! Ole Peters!‘ schrie die Marschjugend. ‚Wo ist Ole? Wo, zum Teufel, steckt er?‘

„Aber er war schon da: ‚Schreit nur nicht so! Soll Hauke wo geflickt werden! Ich dacht's mir schon.‘

— „‚Ei was! Hauke muß noch einmal werfen; nun zeig, daß du das Maul am rechten Fleck hast!‘

„‚Das hab ich schon!' rief Ole und trat dem Geest‑
kretler gegenüber und redete einen Haufen Gallimathias auf
einander. Aber die Spitzen und Schärfen, die sonst aus
seinen Worten blitzten, waren diesmal nicht dabei. Ihm
zur Seite stand das Mädchen mit den Räthselbrauen und
sah scharf aus zornigen Augen auf ihn hin; aber reden
durfte sie nicht, denn die Frauen hatten keine Stimme in
dem Spiel.

„‚Du leierst Unsinn,' rief der andere Kretler, ‚weil dir
der Sinn nicht dienen kann! Sonne, Mond und Sterne
sind für uns Alle gleich und allezeit am Himmel; der Wurf
war ungeschickt, und alle ungeschickten Würfe gelten!'

„So redeten sie noch eine Weile gegen einander; aber
das Ende war, daß nach Bescheid des Obmanns Hauke sei‑
nen Wurf nicht wiederholen durfte.

„‚Vorwärts!' riefen die Geestleute, und ihr Kretler zog
den schwarzen Stab aus dem Boden, und der Werfer trat
auf seinen Nummerruf dort an und schleuderte die Kugel
vorwärts. Als der Großknecht des Deichgrafen dem Wurfe
zusehen wollte, hatte er an Elke Volkerts vorbei müssen:
‚Wem zu Liebe ließest du heut deinen Verstand zu Hause?'
raunte sie ihm zu.

„Da sah er sie fast grimmig an, und aller Spaß war
aus seinem breiten Gesichte verschwunden. ‚Dir zu Lieb!'
sagte er, ‚denn du hast deinen auch vergessen!'

„‚Geh nur; ich kenne dich, Ole Peters!' erwiderte das
Mädchen, sich hoch aufrichtend; er aber kehrte den Kopf ab
und that, als habe er das nicht gehört.

„Und das Spiel und der schwarze und der weiße Stab
gingen weiter. Als Hauke wieder am Wurf war, flog seine
Kugel schon so weit, daß das Ziel, die große weiß gefaßte
Tonne, klar in Sicht kam. Er war jetzt ein fester junger
Kerl, und Mathematik und Wurfkunst hatte er täglich wäh‑
rend seiner Knabenzeit getrieben. ‚Oho, Hauke!' rief es aus

dem Haufen; ‚das war ja, als habe der Erzengel Michael
selbst geworfen!‘ Eine alte Frau mit Kuchen und Brannt=
wein drängte sich durch den Haufen zu ihm; sie schenkte
ein Glas voll und bot es ihm: ‚Komm,‘ sagte sie, ‚wir
wollen uns vertragen: das heut ist besser, als da du mir
die Katze todtschlugst!‘ Als er sie ansah, erkannte er, daß
es Trin Jans war. ‚Ich dank dir, Alte,‘ sagte er; ‚aber
ich trink das nicht.‘ Er griff in seine Tasche und drückte
ihr ein frischgeprägtes Markstück in die Hand: ‚Nimm das
und trink selber das Glas aus, Trin; so haben wir uns
vertragen!‘

„‚Hast Recht, Hauke!‘ erwiderte die Alte, indem sie sei=
ner Anweisung folgte; ‚hast Recht; das ist auch besser für
ein altes Weib wie ich!‘

„‚Wie geht's mit deinen Enten?‘ rief er ihr noch nach,
als sie sich schon mit ihrem Korbe fortmachte; aber sie schüt=
telte nur den Kopf, ohne sich umzuwenden, und patschte mit
ihren alten Händen in die Luft. ‚Nichts, nichts, Hauke; da
sind zu viele Ratten in euren Gräben; Gott tröst mich;
man muß sich anders nähren!‘ Und somit drängte sie sich
in den Menschenhaufen und bot wieder ihren Schnaps und
ihre Honigkuchen an.

„Die Sonne war endlich schon hinter den Deich hinab=
gesunken; statt ihrer glimmte ein rothvioletter Schimmer
empor; mitunter flogen schwarze Krähen vorüber und waren
auf Augenblicke wie vergoldet, es wurde Abend. Auf den
Fennen aber rückte der dunkle Menschentrupp noch immer
weiter von den schwarzen schon fern liegenden Häusern nach
der Tonne zu; ein besonders tüchtiger Wurf mußte sie jetzt
erreichen können. Die Marschleute waren an der Reihe;
Hauke sollte werfen.

„Die kreidige Tonne zeichnete sich weiß in dem breiten
Abendschatten, der jetzt von dem Deiche über die Fläche fiel.
‚Die werdet ihr uns diesmal wohl noch lassen!‘ rief einer

von den Geestleuten, denn es ging scharf her; sie waren um mindestens ein halb Stieg Fuß im Vortheil.

„Die hagere Gestalt des Genannten trat eben aus der Menge; die grauen Augen sahen aus dem langen Friesengesicht vorwärts nach der Tonne; in der herabhängenden Hand lag die Kugel.

„‚Der Vogel ist dir wohl zu groß,‘ hörte er in diesem Augenblicke Ole Peters' Knarrstimme dicht vor seinen Ohren; ‚sollen wir ihn um einen grauen Topf vertauschen?‘

„Hauke wandte sich und blickte ihn mit festen Augen an: ‚Ich werfe für die Marsch!‘ sagte er. ‚Wohin gehörst denn du?‘

„‚Ich denke, auch dahin; du wirfst doch wohl für Elke Volkerts!‘

„‚Beiseit!‘ schrie Hauke und stellte sich wieder in Positur. Aber Ole drängte mit dem Kopf noch näher auf ihn zu. Da plötzlich, bevor noch Hauke selber etwas dagegen unternehmen konnte, packte den Zudringlichen eine Hand und riß ihn rückwärts, daß der Bursche gegen seine lachenden Kameraden taumelte. Es war keine große Hand gewesen, die das gethan hatte; denn als Hauke flüchtig den Kopf wandte, sah er neben sich Elke Volkerts ihren Ärmel zurecht zupfen, und die dunklen Brauen standen ihr wie zornig in dem heißen Antlitz.

„Da flog es wie eine Stahlkraft in Haukes Arm; er neigte sich ein wenig, er wiegte die Kugel ein paar Mal in der Hand; dann holte er aus, und eine Todesstille war auf beiden Seiten; alle Augen folgten der fliegenden Kugel, man hörte ihr Sausen, wie sie die Luft durchschnitt; plötzlich, schon weit vom Wurfplatz, verdeckten sie die Flügel einer Silbermöve, die, ihren Schrei ausstoßend, vom Deich herüberkam; zugleich aber hörte man es in der Ferne an die Tonne klatschen. ‚Hurrah für Hauke!‘ riefen die Marschleute, und lärmend ging es durch die Menge: ‚Hauke! Hauke Haien hat das Spiel gewonnen!‘

„Der aber, da ihn Alle dicht umdrängten, hatte seitwärts nur nach einer Hand gegriffen; auch da sie wieder riefen: ‚Was stehst du, Hauke? Die Kugel liegt ja in der Tonne!' nickte er nur und ging nicht von der Stelle; erst als er fühlte, daß sich die kleine Hand fest an die seine schloß, sagte er: ‚Ihr mögt schon Recht haben; ich glaube auch, ich hab gewonnen!'

„Dann strömte der ganze Trupp zurück, und Elke und Hauke wurden getrennt und von der Menge auf den Weg zum Kruge fortgerissen, der an des Deichgrafen Werfte nach der Geest hinaufbog. Hier aber entschlüpften Beide dem Gedränge, und während Elke auf ihre Kammer ging, stand Hauke hinten vor der Stallthür auf der Werfte und sah, wie der dunkle Menschentrupp allmählich nach dort hinauf= wanderte, wo im Kirchspielskrug ein Raum für die Tanzen= den bereit stand. Das Dunkel breitete sich allmählich über die weite Gegend; es wurde immer stiller um ihn her, nur hinter ihm im Stalle regte sich das Vieh; oben von der Geest her glaubte er schon das Pfeifen der Clarinetten aus dem Kruge zu vernehmen. Da hörte er um die Ecke des Hauses das Rauschen eines Kleides, und kleine feste Schritte gingen den Fußsteig hinab, der durch die Fennen nach der Geest hinaufführte. Nun sah er auch im Dämmer die Ge= stalt dahinschreiten und sah, daß es Elke war; sie ging auch zum Tanze nach dem Krug. Das Blut schoß ihm in den Hals hinauf; sollte er ihr nicht nachlaufen und mit ihr gehen? Aber Hauke war kein Held den Frauen gegenüber; mit dieser Frage sich beschäftigend, blieb er stehen, bis sie im Dunkel seinem Blick entschwunden war.

„Dann, als die Gefahr, sie einzuholen, vorüber war, ging auch er denselben Weg, bis er droben den Krug bei der Kirche erreicht hatte und das Schwatzen und Schreien der vor dem Hause und auf dem Flur sich Drängenden und das Schrillen der Geigen und Clarinetten betäubend ihn umrauschte. Unbeachtet drückte er sich in den ‚Gildesaal‘; er war nicht groß und so voll, daß man kaum einen Schritt weit vor sich hinsehen konnte. Schweigend stellte er sich an den Thürpfosten und blickte in das unruhige Gewimmel; die Menschen kamen ihm wie Narren vor; er hatte auch nicht zu sorgen, daß Jemand noch an den Kampf des Nachmittages dachte und wer vor einer Stunde erst das Spiel gewonnen hatte; Jeder sah nur auf seine Dirne und drehte sich mit ihr im Kreis herum. Seine Augen suchten nur die Eine, und endlich — dort! Sie tanzte mit ihrem Vetter, dem jungen Deichgevollmächtigten; aber schon sah er sie nicht mehr, nur andere Dirnen aus Marsch und Geest, die ihn nicht kümmerten. Dann schnappten Violinen und Clarinetten plötzlich ab, und der Tanz war zu Ende; aber gleich begann auch schon ein anderer. Hauke flog es durch den Kopf, ob denn Elke ihm auch Wort halten, ob sie nicht mit Ole Peters ihm vorbeitanzen werde. Fast hätte er einen Schrei bei dem Gedanken ausgestoßen; dann — — ja, was wollte er dann? Aber sie schien bei diesem Tanze gar nicht mitzuhalten, und endlich ging auch der zu Ende und ein anderer, ein Zweitritt, der eben erst hier in die Mode gekommen war, folgte. Wie rasend setzte die Musik ein, die jungen Kerle stürzten zu den Dirnen, die Lichter an den Wänden flirrten. Hauke reckte sich fast den Hals aus, um die Tanzenden zu erkennen; und dort, im dritten Paare, das war Ole Peters; aber wer war die Tänzerin? Ein breiter Marschbursche stand vor ihr und deckte ihr Gesicht! Doch der Tanz raste weiter, und Ole mit seiner Partnerin drehte sich heraus. ‚Vollina! Vollina Harders!‘ rief Hauke fast laut und seufzte dann gleich wieder erleichtert auf. Aber wo blieb Elke? Hatte sie keinen Tänzer, oder hatte sie alle ausgeschlagen, weil sie nicht mit Ole hatte tanzen wollen? — Und die Musik setzte wieder ab, und ein neuer Tanz begann; aber wieder sah er Elke nicht! Doch dort kam

Ole, noch immer die dicke Vollina in den Armen! ‚Nun, nun,‘ sagte Hauke; ‚da wird Jeß Harders mit seinen fünf= undzwanzig Demath auch wohl bald aufs Altentheil müssen! — Aber wo ist Elke?‘

„Er verließ seinen Thürpfosten und drängte sich weiter in den Saal hinein; da stand er plötzlich vor ihr, die mit einer älteren Freundin in einer Ecke saß. ‚Hauke!‘ rief sie, mit ihrem schmalen Antlitz zu ihm aufblickend; ‚bist du hier? Ich sah dich doch nicht tanzen!‘

„‚Ich tanzte auch nicht,‘ erwiderte er.

— ‚Weshalb nicht, Hauke?‘ und sich halb erhebend, setzte sie hinzu: ‚Willst du mit mir tanzen? Ich hab es Ole Peters nicht gegönnt; der kommt nicht wieder!‘

„Aber Hauke machte keine Anstalt: ‚Ich danke, Elke,‘ sagte er; ‚ich verstehe das nicht gut genug; sie könnten über dich lachen; und dann...‘ er stockte plötzlich und sah sie nur aus seinen grauen Augen herzlich an, als ob er's ihnen überlassen müsse, das Übrige zu sagen.

„‚Was meinst du, Hauke?‘ frug sie leise.

— ‚Ich mein, Elke, es kann ja doch der Tag nicht schöner für mich ausgehen, als er's schon gethan hat.‘

„‚Ja,‘ sagte sie, ‚du hast das Spiel gewonnen.‘

„‚Elke!‘ mahnte er kaum hörbar.

„Da schlug ihr eine heiße Lohe in das Angesicht: ‚Geh!‘ sagte sie; ‚was willst du?‘ und schlug die Augen nieder.

„Als aber die Freundin jetzt von einem Burschen zum Tanze fortgezogen wurde, sagte Hauke lauter: ‚Ich dachte, Elke, ich hätt was Besseres gewonnen!‘

„Noch ein paar Augenblicke suchten ihre Augen auf dem Boden; dann hob sie sie langsam, und ein Blick, mit der stillen Kraft ihres Wesens, traf in die seinen, der ihn wie Sommerluft durchströmte. ‚Thu, wie dir ums Herz ist, Hauke!‘ sprach sie; ‚wir sollten uns wohl kennen!‘

„Elke tanzte an diesem Abend nicht mehr, und als Beide

dann nach Hause gingen, hatten sie sich Hand in Hand ge=
faßt; aus der Himmelshöhe funkelten die Sterne über der
schweigenden Marsch; ein leichter Ostwind wehte und brachte
strenge Kälte; die Beiden aber gingen, ohne viel Tücher
und Umhang, dahin, als sei es plötzlich Frühling worden.

* * *

„Hauke hatte sich auf ein Ding besonnen, dessen passende
Verwendung zwar in ungewisser Zukunft lag, mit dem er
sich aber eine stille Feier zu bereiten gedachte. Deshalb
ging er am nächsten Sonntag in die Stadt zum alten
Goldschmied Andersen und bestellte einen starken Goldring.
‚Streckt den Finger her, damit wir messen!‘ sagte der Alte
und faßte ihm nach dem Goldfinger. ‚Nun,‘ meinte er, ‚der
ist nicht gar so dick, wie sie bei euch Leuten sonst zu sein
pflegen!‘ Aber Hauke sagte: ‚Messet lieber am kleinen Fin=
ger!‘ und hielt ihm den entgegen.

„Der Goldschmied sah ihn etwas verdutzt an; aber was
kümmerten ihn die Einfälle der jungen Bauernburschen: ‚Da
werden wir schon so einen unter den Mädchenringen haben!‘
sagte er, und Hauke schoß das Blut durch beide Wangen.
Aber der kleine Goldring paßte auf seinen kleinen Finger,
und er nahm ihn hastig und bezahlte ihn mit blankem Sil=
ber; dann steckte er ihn unter lautem Herzklopfen, und als
ob er einen feierlichen Act begehe, in die Westentasche. Dort
trug er ihn seitdem an jedem Tage mit Unruhe und doch
mit Stolz, als sei die Westentasche nur dazu da, um einen
Ring darin zu tragen.

„Er trug ihn so über Jahr und Tag, ja der Ring
mußte sogar aus dieser noch in eine neue Westentasche wan=
dern; die Gelegenheit zu seiner Befreiung hatte sich noch
immer nicht ergeben wollen. Wohl war's ihm durch den
Kopf geflogen, nur geraden Wegs vor seinen Wirth hinzu=

treten; sein Vater war ja doch auch ein Eingesessener! Aber wenn er ruhiger wurde, dann wußte er wohl, der alte Deichgraf würde seinen Kleinknecht ausgelacht haben. Und so lebten er und des Deichgrafen Tochter neben einander hin; auch sie in mädchenhaftem Schweigen, und Beide doch, als ob sie allzeit Hand in Hand gingen.

„Ein Jahr nach jenem Winterfesttag hatte Ole Peters seinen Dienst gekündigt und mit Vollina Harders Hochzeit gemacht; Hauke hatte Recht gehabt: der Alte war auf Altentheil gegangen, und statt der dicken Tochter ritt nun der muntere Schwiegersohn die gelbe Stute in die Fenne und, wie es hieß, rückwärts allzeit gegen den Deich hinan. Hauke war Großknecht geworden und ein Jüngerer an seine Stelle getreten; wohl hatte der Deichgraf ihn erst nicht wollen aufrücken lassen: ‚Kleinknecht ist besser!‘ hatte er gebrummt; ‚ich brauch ihn hier bei meinen Büchern!‘ Aber Elke hatte ihm vorgehalten: ‚Dann geht auch Hauke, Vater!‘ Da war dem Alten bange geworden, und Hauke war zum Großknecht aufgerückt, hatte aber trotz dessen nach wie vor auch an der Deichgrafschaft mitgeholfen.

„Nach einem anderen Jahr aber begann er gegen Elke davon zu reden, sein Vater werde kümmerlich, und die paar Tage, die der Wirth ihn im Sommer in dessen Wirthschaft lasse, thäten's nun nicht mehr; der Alte quäle sich, er dürfe das nicht länger ansehen. — Es war ein Sommerabend; die Beiden standen im Dämmerschein unter der großen Esche vor der Hausthür. Das Mädchen sah eine Weile stumm in die Zweige des Baumes hinauf; dann entgegnete sie: ‚Ich hab's nicht sagen wollen, Hauke; ich dachte, du würdest selber wohl das Rechte treffen.‘

„‚Ich muß dann fort aus eurem Hause,‘ sagte er, ‚und kann nicht wiederkommen.‘

„Sie schwiegen eine Weile und sahen in das Abendroth, das drüben hinterm Deiche in das Meer versank. ‚Du mußt es wissen,' sagte sie; ‚ich war heut Morgen noch bei deinem Vater und fand ihn in seinem Lehnstuhl eingeschlafen; die Reißfeder in der Hand, das Reißbrett mit einer halben Zeichnung lag vor ihm auf dem Tisch; — und da er erwacht war und mühsam ein Viertelstündchen mit mir geplaudert hatte, und ich nun gehen wollte, da hielt er mich so angstvoll an der Hand zurück, als fürchte er, es sei zum letzten Mal; aber ...'

„Was aber, Elke?' frug Hauke, da sie fortzufahren zögerte.

„Ein paar Thränen rannen über die Wangen des Mädchens. ‚Ich dachte nur an meinen Vater,' sagte sie; ‚glaub mir, es wird ihm schwer ankommen, dich zu missen.' Und als ob sie zu dem Worte sich ermannen müsse, fügte sie hinzu: ‚Mir ist es oft, als ob auch er auf seine Todtenkammer rüste.'

„Hauke antwortete nicht; ihm war es plötzlich, als rühre sich der Ring in seiner Tasche; aber noch bevor er seinen Unmuth über diese unwillkürliche Lebensregung unterdrückt hatte, fuhr Elke fort: ‚Nein, zürn nicht, Hauke! Ich trau, du wirst auch so uns nicht verlassen!'

„Da ergriff er eifrig ihre Hand, und sie entzog sie ihm nicht. Noch eine Weile standen die jungen Menschen in dem sinkenden Dunkel bei einander, bis ihre Hände aus einander glitten und Jedes seine Wege ging. — Ein Windstoß fuhr empor und rauschte durch die Eschenblätter und machte die Läden klappern, die an der Vorderseite des Hauses waren; allmählich aber kam die Nacht, und Stille lag über der ungeheuren Ebene.

* *
*

„Durch Elkes Zuthun war Hauke von dem alten Deichgrafen seines Dienstes entlassen worden, obgleich er ihm rechtzeitig nicht gekündigt hatte, und zwei neue Knechte waren jetzt im Hause. — Noch ein paar Monate weiter, dann starb Tede Haien; aber bevor er starb, rief er den Sohn an seine Lagerstatt: ‚Setz dich zu mir, mein Kind,‘ sagte der Alte mit matter Stimme, ‚dicht zu mir! Du brauchst dich nicht zu fürchten; wer bei mir ist, das ist nur der dunkle Engel des Herrn, der mich zu rufen kommt.‘

„Und der erschütterte Sohn setzte sich dicht an das dunkle Wandbett: ‚Sprecht, Vater, was Ihr noch zu sagen habt!‘

„‚Ja, mein Sohn, noch etwas,‘ sagte der Alte und streckte seine Hände über das Deckbett. ‚Als du, noch ein halber Junge, zu dem Deichgrafen in Dienst gingst, da lag's in deinem Kopf, das selbst einmal zu werden. Das hatte mich angesteckt, und ich dachte auch allmählich, du seiest der rechte Mann dazu. Aber dein Erbe war für solch ein Amt zu klein — ich habe während deiner Dienstzeit knapp gelebt — ich dacht es zu vermehren.‘

„Hauke faßte heftig seines Vaters Hände, und der Alte suchte sich aufzurichten, daß er ihn sehen könne. ‚Ja, ja, mein Sohn,‘ sagte er, ‚dort in der obersten Schublade der Schatulle liegt das Document. Du weißt, die alte Antje Wohlers hat eine Fenne von fünf und einem halben Demath; aber sie konnte mit dem Miethgelde allein in ihrem krüppelhaften Alter nicht mehr durchfinden; da habe ich allzeit um Martini eine bestimmte Summe, und auch mehr, wenn ich es hatte, dem armen Mensch gegeben; und dafür hat sie die Fenne mir übertragen; es ist Alles gerichtlich fertig. — — Nun liegt auch sie am Tode: die Krankheit unserer Marschen, der Krebs, hat sie befallen; du wirst nicht mehr zu zahlen brauchen!‘

„Eine Weile schloß er die Augen; dann sagte er noch: ‚Es ist nicht viel; doch hast du mehr dann, als du bei mir gewohnt warst. Mög es dir zu deinem Erdenleben dienen!‘

„Unter den Dankesworten des Sohnes schlief der Alte

ein. Er hatte nichts mehr zu besorgen; und schon nach einigen Tagen hatte der dunkle Engel des Herrn ihm seine Augen für immer zugedrückt, und Hauke trat sein väterliches Erbe an.

— — „Am Tage nach dem Begräbniß kam Elke in dessen Haus. ‚Dank, daß du einguckst, Elke!' rief Hauke ihr als Gruß entgegen.

„Aber sie erwiderte: ‚Ich guck nicht ein; ich will bei dir ein wenig Ordnung schaffen, damit du ordentlich in deinem Hause wohnen kannst! Dein Vater hat vor seinen Zahlen und Rissen nicht viel um sich gesehen, und auch der Tod schafft Wirrsal; ich will's dir wieder ein wenig lebig machen!'

„Er sah aus seinen grauen Augen voll Vertrauen auf sie hin: ‚So schaff nur Ordnung!' sagte er; ‚ich hab's auch lieber.'

„Und dann begann sie aufzuräumen: das Reißbrett, das noch dalag, wurde abgestäubt und auf den Boden getragen, Reißfedern und Bleistift und Kreide sorgfältig in einer Schatullenschublade weggeschlossen; dann wurde die junge Dienstmagd zur Hülfe hereingerufen und mit ihr das Geräthe der ganzen Stube in eine andere und bessere Stellung gebracht, so daß es anschien, als sei dieselbe nun heller und größer geworden. Lächelnd sagte Elke: ‚Das können nur wir Frauen!' und Hauke, trotz seiner Trauer um den Vater, hatte mit glücklichen Augen zugesehen, auch wohl selber, wo es nöthig war, geholfen.

„Und als gegen die Dämmerung — es war zu Anfang des Septembers — Alles war, wie sie es für ihn wollte, faßte sie seine Hand und nickte ihm mit ihren dunklen Augen zu: ‚Nun komm und iß bei uns zu Abend; denn meinem Vater hab ich's versprechen müssen, dich mitzubringen; wenn du dann heimgehst, kannst du ruhig in dein Haus treten!'

„Als sie dann in die geräumige Wohnstube des Deichgrafen traten, wo bei verschlossenen Läden schon die beiden

Lichter auf dem Tische brannten, wollte dieser aus seinem Lehnstuhl in die Höhe, aber mit seinem schweren Körper zurücksinkend, rief er nur seinem früheren Knecht entgegen: ‚Recht, recht, Hauke, daß du deine alten Freunde aufsuchst! Komm nur näher, immer näher!' Und als Hauke an seinen Stuhl getreten war, faßte er dessen Hand mit seinen beiden runden Händen: ‚Nun, nun, mein Junge,' sagte er, ‚sei nur ruhig jetzt, denn sterben müssen wir Alle, und dein Vater war keiner von den Schlechtsten! — Aber Elke, nun sorg, daß du den Braten auf den Tisch kriegst; wir müssen uns stärken! Es giebt viel Arbeit für uns, Hauke! Die Herbstschau ist in Anmarsch; Deich= und Sielrechnungen haushoch; der neuliche Deichschaden am Westerkoog — ich weiß nicht, wo mir der Kopf steht, aber deiner, Gott Lob, ist um ein gut Stück jünger; du bist ein braver Junge, Hauke!'

„Und nach dieser langen Rede, womit der Alte sein ganzes Herz dargelegt hatte, ließ er sich in seinen Stuhl zurückfallen und blinzelte sehnsüchtig nach der Thür, durch welche Elke eben mit der Bratenschüssel hereintrat. Hauke stand lächelnd neben ihm. ‚Nun setz dich,' sagte der Deichgraf, ‚damit wir nicht unnöthig Zeit verspillen; kalt schmeckt das nicht!'

„Und Hauke setzte sich; es schien ihm Selbstverstand, die Arbeit von Elkes Vater mitzuthun. Und als die Herbstschau dann gekommen war und ein paar Monde mehr ins Jahr gingen, da hatte er freilich auch den besten Theil daran gethan."

* *
*

Der Erzähler hielt inne und blickte um sich. Ein Möwenschrei war gegen das Fenster geschlagen, und draußen vom Hausflur aus wurde ein Trampeln hörbar, als ob einer den Klei von seinen schweren Stiefeln abtrete.

Deichgraf und Gevollmächtigte wandten die Köpfe gegen die Stubenthür. „Was ist?" rief der Erstere.

Ein starker Mann, den Südwester auf dem Kopf, war eingetreten. „Herr," sagte er, „wir Beide haben es gesehen, Hans Nickels und ich: der Schimmelreiter hat sich in den Bruch gestürzt!"

„Wo saht Ihr das?" frug der Deichgraf.

— „Es ist ja nur die eine Wehle; in Jansens Fenne, wo der Hauke=Haienkoog beginnt."

„Saht Ihr's nur einmal?"

— „Nur einmal; es war auch nur wie Schatten, aber es braucht drum nicht das erste Mal gewesen zu sein."

Der Deichgraf war aufgestanden. „Sie wollen ent= schuldigen," sagte er, sich zu mir wendend, „wir müssen draußen nachsehen, wo das Unheil hin will!" Dann ging er mit dem Boten zur Thür hinaus; aber auch die übrige Gesellschaft brach auf und folgte ihm.

Ich blieb mit dem Schullehrer allein in dem großen öden Zimmer; durch die unverhangenen Fenster, welche nun nicht mehr durch die Rücken der davor sitzenden Gäste ver= deckt wurden, sah man frei hinaus, und wie der Sturm die dunklen Wolken über den Himmel jagte.

Der Alte saß noch auf seinem Platze, ein überlegenes, fast mitleidiges Lächeln auf seinen Lippen. „Es ist hier zu leer geworden," sagte er; „darf ich Sie zu mir auf mein Zimmer laden? Ich wohne hier im Hause; und glauben Sie mir, ich kenne die Wetter hier am Deich; für uns ist nichts zu fürchten."

Ich nahm das dankend an, denn auch mich wollte hier zu frösteln anfangen, und wir stiegen unter Mitnahme eines Lichtes die Stiegen zu einer Giebelstube hinauf, die zwar gleichfalls gegen Westen hinauslag, deren Fenster aber jetzt mit dunklen Wollteppichen verhangen waren. In einem Bücherregal sah ich eine kleine Bibliothek, daneben die Por= träte zweier alter Professoren; vor einem Tische stand ein großer Ohrenlehnstuhl. „Machen Sie sich's bequem!" sagte mein freundlicher Wirth und warf einige Torf in den noch glimmenden kleinen Ofen, der oben von einem Blechkessel gekrönt war. „Nur noch ein Weilchen! Er wird bald sausen; dann brau ich uns ein Gläschen Grog, das hält Sie munter!"

„Dessen bedarf es nicht," sagte ich; „ich werd nicht schläfrig, wenn ich Ihren Hauke auf seinem Lebensweg begleite!"

— „Meinen Sie?" und er nickte mit seinen klugen Augen zu mir herüber, nachdem ich behaglich in seinem Lehnstuhl untergebracht war. „Nun, wo blieben wir denn? — — Ja, ja; ich weiß schon! Also:

„Hauke hatte sein väterliches Erbe angetreten, und da die alte Antje Wohlers auch ihrem Leiden erlegen war, so hatte deren Fenne es vermehrt. Aber seit dem Tode oder, richtiger, seit den letzten Worten seines Vaters war in ihm etwas aufgewachsen, dessen Keim er schon seit seiner Knabenzeit in sich getragen hatte; er wiederholte es sich mehr als zu oft, er sei der rechte Mann, wenn's einen neuen Deichgrafen geben müsse. Das war es; sein Vater, der es verstehen mußte, der ja der klügste Mann im Dorf gewesen war, hatte ihm dieses Wort wie eine letzte Gabe seinem Erbe beigelegt; die Wohlers'sche Fenne, die er ihm auch verdankte, sollte den ersten Trittstein zu dieser Höhe bilden! Denn, freilich, auch mit dieser — ein Deichgraf mußte noch einen anderen Grundbesitz aufweisen können! — — Aber sein Vater hatte sich einsame Jahre knapp beholfen, und mit dem, was er sich entzogen hatte, war er des neuen Besitzes Herr geworden; das konnte er auch, er konnte noch mehr; denn seines Vaters Kraft war schon verbraucht gewesen, er aber konnte noch jahrelang die schwerste Arbeit thun! — — Freilich, wenn er es dadurch nach dieser Seite hin erzwang, durch die Schärfen und Spitzen, die er der Verwaltung seines alten Dienstherrn zugesetzt hatte, war ihm eben keine

Freundschaft im Dorf zuwege gebracht worden, und Ole Peters, sein alter Widersacher, hatte jüngsthin eine Erbschaft gethan und begann ein wohlhabender Mann zu werden! Eine Reihe von Gesichtern ging vor seinem inneren Blick vorüber, und sie sahen ihn alle mit bösen Augen an; da faßte ihn ein Groll gegen diese Menschen: er streckte die Arme aus, als griffe er nach ihnen, denn sie wollten ihn vom Amte drängen, zu dem von Allen nur er berufen war.

— Und die Gedanken ließen ihn nicht; sie waren immer wieder da, und so wuchsen in seinem jungen Herzen neben der Ehrenhaftigkeit und Liebe auch die Ehrsucht und der Haß. Aber diese beiden verschloß er tief in seinem Inneren; selbst Elke ahnte nichts davon.

— „Als das neue Jahr gekommen war, gab es eine Hochzeit; die Braut war eine Verwandte von den Haiens, und Hauke und Elke waren Beide dort geladene Gäste; ja, bei dem Hochzeitsessen traf es sich durch das Ausbleiben eines näheren Verwandten, daß sie ihre Plätze neben ein= ander fanden. Nur ein Lächeln, das über Beider Antlitz glitt, verrieth ihre Freude darüber. Aber Elke saß heute theilnahmlos in dem Geräusche des Plauderns und Gläser= klirrens.

„‚Fehlt dir etwas?‘ frug Hauke.

— „‚O, eigentlich nichts; es sind mir nur zu viele Menschen hier.‘

„‚Aber du siehst so traurig aus!‘

„Sie schüttelte den Kopf; dann sprachen sie wieder nicht.

„Da stieg es über ihr Schweigen wie Eifersucht in ihm auf, und heimlich unter dem überhängenden Tischtuch ergriff er ihre Hand; aber sie zuckte nicht, sie schloß sich wie ver= trauensvoll um seine. Hatte ein Gefühl der Verlassenheit sie befallen, da ihre Augen täglich auf der hinfälligen Ge= stalt des Vaters haften mußten? — Hauke dachte nicht daran, sich so zu fragen; aber ihm stand der Athem still, als er jetzt seinen Goldring aus der Tasche zog. ‚Läßt du ihn sitzen?‘ frug er zitternd, während er den Ring auf den Goldfinger der schmalen Hand schob.

„Gegenüber am Tische saß die Frau Pastorin; sie legte plötzlich ihre Gabel hin und wandte sich zu ihrem Nachbar: ‚Mein Gott, das Mädchen!‘ rief sie; ‚sie wird ja todten= blaß!‘

„Aber das Blut kehrte schon zurück in Elkes Antlitz. ‚Kannst du warten, Hauke?‘ frug sie leise.

„Der kluge Friese besann sich doch noch ein paar Augen= blicke. ‚Auf was?‘ sagte er dann.

— „‚Du weißt das wohl; ich brauch dir's nicht zu sagen.‘

„‚Du hast Recht,‘ sagte er; ‚ja, Elke, ich kann warten — wenn's nur ein menschlich Absehen hat!‘

„‚O Gott, ich fürchte, ein nahes! Sprich nicht so, Hauke; du sprichst von meines Vaters Tod!‘ Sie legte die andere Hand auf ihre Brust: ‚Bis dahin,‘ sagte sie, ‚trag ich den Goldring hier; du sollst nicht fürchten, daß du bei meiner Lebzeit ihn zurückbekommst!‘

„Da lächelten sie Beide, und ihre Hände preßten sich in einander, daß bei anderer Gelegenheit das Mädchen wohl laut aufgeschrieen hätte.

„Die Frau Pastorin hatte indessen unablässig nach Elkes Augen hingesehen, die jetzt unter dem Spitzenstrich des gold= brokatenen Käppchens wie in dunklem Feuer brannten. Bei dem zunehmenden Getöse am Tische aber hatte sie nichts verstanden; auch an ihren Nachbar wandte sie sich nicht wieder, denn keimende Ehen — und um eine solche schien es ihr sich denn doch hier zu handeln — schon um des daneben . keimenden Traupfennigs für ihren Mann, den Pastor, pflegte sie nicht zu stören.

* *
*

„Elkes Vorahnung war in Erfüllung gegangen; eines Morgens nach Ostern hatte man den Deichgrafen Tede Volkerts todt in seinem Bett gefunden; man sah's an seinem Antlitz, ein ruhiges Ende war darauf geschrieben. Er hatte auch mehrfach in den letzten Monden Lebensüberdruß geäußert; sein Leibgericht, der Ofenbraten, selbst seine Enten hatten ihm nicht mehr schmecken wollen.

„Und nun gab es eine große Leiche im Dorf. Droben auf der Geest auf dem Begräbnißplatz um die Kirche war zu Westen eine mit Schmiedegitter umhegte Grabstätte; ein breiter blauer Grabstein stand jetzt aufgehoben gegen eine Trauderesche, auf welchem das Bild des Todes mit stark gezahnten Kiefern ausgehauen war; darunter in großen Buchstaben:

<blockquote>
Dat is de Dot, de Allens fritt,
Nimmt Kunst un Wetenschop bi mit;
De kloke Mann is nu vergan,
Gott gäw em selik Uperstan.
</blockquote>

„Es war die Begräbnißstätte des früheren Deichgrafen Volkert Tedsen; nun war eine frische Grube gegraben, wo hinein dessen Sohn, der jetzt verstorbene Deichgraf Tede Volkerts, begraben werden sollte. Und schon kam unten aus der Marsch der Leichenzug heran, eine Menge Wagen aus allen Kirchspielsdörfern; auf dem vordersten stand der schwere Sarg, die beiden blanken Rappen des deichgräflichen Stalles zogen ihn schon den sandigen Anberg zur Geest hinauf; Schweife und Mähnen wehten in dem scharfen Frühjahrswind. Der Gottesacker um die Kirche war bis an die Wälle mit Menschen angefüllt; selbst auf dem gemauerten Thore huckten Buben mit kleinen Kindern in den Armen; sie wollten Alle das Begraben ansehen.

„Im Hause drunten in der Marsch hatte Elke in Pesel und Wohngelaß das Leichenmahl gerüstet; alter Wein wurde

bei den Gedecken hingestellt; an den Platz des Oberdeich=
grafen — denn auch er war heut nicht ausgeblieben —
und an den des Pastors je eine Flasche Langkork. Als
Alles besorgt war, ging sie durch den Stall vor die Hof=
thür; sie traf Niemanden auf ihrem Wege; die Knechte
waren mit zwei Gespannen in der Leichenfuhr. Hier blieb
sie stehen und sah, während ihre Trauerkleider im Frühlings=
winde flatterten, wie drüben an dem Dorfe jetzt die letzten
Wagen zur Kirche hinauffuhren. Nach einer Weile entstand
dort ein Gewühl, dem eine Todtenstille zu folgen schien.
Elke faltete die Hände; sie senkten wohl den Sarg jetzt in
die Grube: ‚Und zur Erde wieder sollst du werden!‘ Un=
willkürlich, leise, als hätte sie von dort es hören können,
sprach sie die Worte nach; dann füllten ihre Augen sich mit
Thränen, ihre über der Brust gefalteten Hände sanken in
den Schoß; ‚Vater unser, der du bist im Himmel!‘ betete
sie voll Inbrunst. Und als das Gebet des Herrn zu Ende
war, stand sie noch lange unbeweglich, sie, die jetzige Herrin
dieses großen Marschhofes; und Gedanken des Todes und
des Lebens begannen sich in ihr zu streiten.

„Ein fernes Rollen weckte sie. Als sie die Augen öff=
nete, sah sie schon wieder einen Wagen um den anderen in
rascher Fahrt von der Marsch herab und gegen ihren Hof
heran kommen. Sie richtete sich auf, blickte noch einmal
scharf hinaus und ging dann, wie sie gekommen war, durch
den Stall in die feierlich hergestellten Wohnräume zurück.
Auch hier war Niemand; nur durch die Mauer hörte sie
das Rumoren der Mägde in der Küche. Die Festtafel stand
so still und einsam; der Spiegel zwischen den Fenstern war
mit weißen Tüchern zugesteckt und ebenso die Messingknöpfe
an dem Beilegerofen; es blinkte nichts mehr in der Stube.
Elke sah die Thüren vor dem Wandbett, in dem ihr Vater
seinen letzten Schlaf gethan hatte, offen stehen und ging
hinzu und schob sie fest zusammen; wie gedankenlos las sie

den Sinnspruch, der zwischen Rosen und Nelken mit goldenen Buchstaben darauf geschrieben stand:

>Heft du bin Dagwark richtig dan,
>Da kommt be Slap von sülvst heran.

„Das war noch von dem Großvater! — Einen Blick warf sie auf den Wandschrank; er war fast leer, aber durch die Glasthüren sah sie noch den geschliffenen Pocal darin, der ihrem Vater, wie er gern erzählt hatte, einst bei einem Ringreiten in seiner Jugend als Preis zu Theil geworden war. Sie nahm ihn heraus und setzte ihn bei dem Gedeck des Oberdeichgrafen. Dann ging sie ans Fenster, denn schon hörte sie die Wagen an der Werfte heraufrollen; einer um den anderen hielt vor dem Hause, und munterer, als sie gekommen waren, sprangen jetzt die Gäste von ihren Sitzen auf den Boden. Hände reibend und plaudernd drängte sich Alles in die Stube; nicht lange, so setzte man sich an die festliche Tafel, auf der die wohlbereiteten Speisen dampften, im Pesel der Oberdeichgraf mit dem Pastor; und Lärm und lautes Schwatzen lief den Tisch entlang, als ob hier nimmer der Tod seine furchtbare Stille ausgebreitet hätte. Stumm, das Auge auf ihre Gäste, ging Elke mit den Mägden an den Tischen herum, daß an dem Leichenmahle nichts versehen werde. Auch Hauke Haien saß im Wohnzimmer neben Ole Peters und anderen kleineren Besitzern.

„Nachdem das Mahl beendet war, wurden die weißen Thonpfeifen aus der Ecke geholt und angebrannt, und Elke war wiederum geschäftig, die gefüllten Kaffeetassen den Gästen anzubieten; denn auch der wurde heute nicht gespart. Im Wohnzimmer an dem Pulte des eben Begrabenen stand der Oberdeichgraf im Gespräche mit dem Pastor und dem weißhaarigen Deichgevollmächtigten Jewe Manners. ‚Alles gut, ihr Herren,‘ sagte der Erste, ‚den alten Deichgrafen haben wir mit Ehren beigesetzt; aber woher nehmen wir den neuen? Ich denke, Manners, Ihr werdet Euch dieser Würde unterziehen müssen!"

Der alte Manners hob lächelnd das schwarze Sammetkäppchen von seinen weißen Haaren: ‚Herr Oberdeichgraf,' sagte er, ‚das Spiel würde zu kurz werden; als der verstorbene Tede Volkerts Deichgraf, da wurde ich Gevollmächtigter und bin es nun schon vierzig Jahre!'

„‚Das ist kein Mangel, Manners; so kennt Ihr die Geschäfte um so besser und werdet nicht Noth mit ihnen haben!'

„Aber der Alte schüttelte den Kopf: ‚Nein, nein, Euer Gnaden, lasset mich, wo ich bin, so laufe ich wohl noch ein paar Jahre mit!'

„Der Pastor stand ihm bei: ‚Weshalb,' sagte er, ‚nicht den ins Amt nehmen, der es thatsächlich in den letzten Jahren doch geführt hat?'

„Der Oberdeichgraf sah ihn an: ‚Ich verstehe nicht, Herr Pastor!'

„Aber der Pastor wies mit dem Finger in den Pesel, wo Hauke in langsam ernster Weise zwei älteren Leuten etwas zu erklären schien. ‚Dort steht er,' sagte er, ‚die lange Friesengestalt mit den klugen grauen Augen neben der hageren Nase und den zwei Schädelwölbungen darüber! Er war des Alten Knecht und sitzt jetzt auf seiner eigenen kleinen Stelle; er ist zwar etwas jung!'

„‚Er scheint ein Dreißiger,' sagte der Oberdeichgraf, den ihm so Vorgestellten musternd.

„‚Er ist kaum vierundzwanzig,' bemerkte der Gevollmächtigte Manners; ‚aber der Pastor hat Recht: was in den letzten Jahren Gutes für Deiche und Siele und dergleichen vom Deichgrafenamt in Vorschlag kam, das war von ihm; mit dem Alten war's doch zuletzt nichts mehr.'

„‚So, so?' machte der Oberdeichgraf; ‚und Ihr meinet, er wäre nun auch der Mann, um in das Amt seines alten Herrn einzurücken?'

„‚Der Mann wäre er schon,‘ entgegnete Jewe Manners;
‚aber ihm fehlt das, was man hier »Klei unter den Füßen«
nennt; sein Vater hatte so um fünfzehn, er mag gut zwan=
zig Demath haben; aber damit ist bis jetzt hier Niemand
Deichgraf geworden.‘

„Der Pastor that schon den Mund auf, als wolle er
etwas einwenden, da trat Elke Volkerts, die eine Weile
schon im Zimmer gewesen, plötzlich zu ihnen: ‚Wollen Euer
Gnaden mir ein Wort erlauben?‘ sprach sie zu dem Ober=
beamten; ‚es ist nur, damit aus einem Irrthum nicht ein
Unrecht werde!‘

„‚So sprecht, Jungfer Elke!‘ entgegnete dieser; ‚Weisheit
von hübschen Mädchenlippen hört sich allzeit gut!‘

— „‚Es ist nicht Weisheit, Euer Gnaden; ich will nur
die Wahrheit sagen.‘

„‚Auch die muß man ja hören können, Jungfer Elke!‘

„Das Mädchen ließ ihre dunklen Augen noch einmal zur
Seite gehen, als ob sie wegen überflüssiger Ohren sich ver=
sichern wolle: ‚Euer Gnaden,‘ begann sie dann, und ihre
Brust hob sich in stärkerer Bewegung, ‚mein Pathe, Jewe
Manners, sagte Ihnen, daß Hauke Haien nur etwa zwanzig
Demath im Besitz habe; das ist im Augenblick auch richtig,
aber sobald es sein muß, wird Hauke noch um so viel mehr
sein eigen nennen, als dieser, meines Vaters, jetzt mein Hof,
an Demathzahl beträgt; für einen Deichgrafen wird das zu=
sammen denn wohl reichen.‘

„Der alte Manners reckte den weißen Kopf gegen sie,
als müsse er erst sehen, wer denn eigentlich da rede: ‚Was
ist das?‘ sagte er; ‚Kind, was sprichst du da?‘

„‚Aber Elke zog an einem schwarzen Bändchen einen
blinkenden Goldring aus ihrem Mieder: ‚Ich bin verlobt,
Pathe Manners,‘ sagte sie; ‚hier ist der Ring, und Hauke
Haien ist mein Bräutigam.‘

— „‚Und wann — ich darf's wohl fragen, da ich dich

aus der Taufe hob, Elke Volkerts — wann ist denn das passirt?'

— ‚Das war schon vor geraumer Zeit; doch war ich mündig, Pathe Manners,' sagte sie; ‚mein Vater war schon hinfällig worden, und da ich ihn kannte, so wollt ich ihn nicht mehr damit beunruhigen; itzt, da er bei Gott ist, wird er einsehen, daß sein Kind bei diesem Manne wohl geborgen ist. Ich hätte es auch das Trauerjahr hindurch schon ausgeschwiegen; jetzt aber, um Haukes und um des Kooges willen, hab ich reden müssen.' Und zum Oberdeichgrafen gewandt, setzte sie hinzu: ‚Euer Gnaden wollen mir das verzeihen!'

„Die drei Männer sahen sich an; der Pastor lachte, der alte Gevollmächtigte ließ es bei einem ‚Hmm, hmm!' bewenden, während der Oberdeichgraf wie vor einer wichtigen Entscheidung sich die Stirn rieb. ‚Ja, liebe Jungfer,' sagte er endlich, ‚aber wie steht es denn hier im Kooge mit den ehelichen Güterrechten? Ich muß gestehen, ich bin augenblicklich nicht recht capitelfest in diesem Wirrsal!'

„‚Das brauchen Euer Gnaden auch nicht,' entgegnete des Deichgrafen Tochter, ‚ich werde vor der Hochzeit meinem Bräutigam die Güter übertragen. Ich habe auch meinen kleinen Stolz,' setzte sie lächelnd hinzu; ‚ich will den reichsten Mann im Dorfe heirathen!'

„‚Nun, Manners,' meinte der Pastor, ‚ich denke, Sie werden auch als Pathe nichts dagegen haben, wenn ich den jungen Deichgrafen mit des alten Tochter zusammengebe!'

„Der Alte schüttelte leis den Kopf: ‚Unser Herr Gott gebe seinen Segen!' sagte er andächtig.

„Der Oberdeichgraf aber reichte dem Mädchen seine Hand: ‚Wahr und weise habt Ihr gesprochen, Elke Volkerts; ich danke Euch für so kräftige Erläuterungen und hoffe auch in Zukunft, und bei freundlicheren Gelegenheiten als heute, der Gast Eures Hauses zu sein; aber — daß ein Deichgraf von solch junger Jungfer gemacht wurde, das ist das Wunderbare an der Sache!'

"‚Euer Gnaden,' erwiderte Elke und sah den gütigen Oberbeamten noch einmal mit ihren ernsten Augen an, ‚einem rechten Manne wird auch die Frau wohl helfen dürfen!' Dann ging sie in den anstoßenden Pesel und legte schweigend ihre Hand in Hauke Haiens.

* * *

"Es war um mehrere Jahre später: in dem kleinen Hause Tede Haiens wohnte jetzt ein rüstiger Arbeiter mit Frau und Kind; der junge Deichgraf Hauke Haien saß mit seinem Weibe Elke Volkerts auf deren väterlicher Hofstelle. Im Sommer rauschte die gewaltige Esche nach wie vor am Hause; aber auf der Bank, die jetzt darunter stand, sah man Abends meist nur die junge Frau, einsam mit einer häuslichen Arbeit in den Händen; noch immer fehlte ein Kind in dieser Ehe; der Mann aber hatte Anderes zu thun, als Feierabend vor der Thür zu halten, denn trotz seiner früheren Mithülfe lagen aus des Alten Amtsführung eine Menge unerledigter Dinge, an die auch er derzeit zu rühren nicht für gut gefunden hatte; jetzt aber mußte allmählich Alles aus dem Wege; er fegte mit einem scharfen Besen. Dazu kam die Bewirthschaftung der durch seinen eigenen Landbesitz vergrößerten Stelle, bei der er gleichwohl den Kleinknecht noch zu sparen suchte; so sahen sich die beiden Eheleute, außer am Sonntag, wo Kirchgang gehalten wurde, meist nur bei dem von Hauke eilig besorgten Mittagessen und beim Auf= und Niedergang des Tages; es war ein Leben fortgesetzter Arbeit, doch gleichwohl ein zufriedenes.

"Dann kam ein störendes Wort in Umlauf. — Als von den jüngeren Besitzern der Marsch= und Geestgemeinde eines Sonntags nach der Kirche ein etwas unruhiger Trupp im

Kruge droben am Trunke festgeblieben war, redeten sie beim vierten und fünften Glase zwar nicht über König und Regierung — so hoch wurde damals noch nicht gegriffen —, wohl aber über Communal= und Oberbeamte, vor Allem über Gemeindeabgaben und =Lasten, und je länger sie redeten, desto weniger fand davon Gnade vor ihren Augen, insonders nicht die neuen Deichlasten; alle Siele und Schleusen, die sonst immer gehalten hätten, seien jetzt reparaturbedürftig; am Deiche fänden sich immer neue Stellen, die Hunderte von Karren Erde nöthig hätten; der Teufel möchte die Geschichte holen!

‚‚Das kommt von eurem klugen Deichgrafen,‘ rief einer von den Geestleuten, ‚der immer grübeln geht und seine Finger dann in Alles steckt!‘

‚‚Ja, Marten,‘ sagte Ole Peters, der dem Sprecher gegenüber saß; ‚Recht hast du, er ist hinterspinnig und sucht beim Oberdeichgraf sich 'nen weißen Fuß zu machen; aber wir haben ihn nun einmal!‘

‚‚Warum habt ihr ihn euch aufhucken lassen?‘ sagte der Andere; ‚nun müßt ihr's baar bezahlen.‘

„Ole Peters lachte. ‚Ja, Marten Fedders, das ist nun so bei uns, und davon ist nichts abzukratzen: der alte wurde Deichgraf von seines Vaters, der neue von seines Weibes wegen.‘ Das Gelächter, das jetzt um den Tisch lief, zeigte, welchen Beifall das geprägte Wort gefunden hatte.

„Aber es war an öffentlicher Wirthstafel gesprochen worden, es blieb nicht da, es lief bald um im Geest= wie unten in dem Marschdorf; so kam es auch an Hauke. Und wieder ging vor seinem inneren Auge die Reihe übelwollender Gesichter vorüber, und noch höhnischer, als es gewesen war, hörte er das Gelächter an dem Wirthshaustische. ‚Hunde!‘ schrie er, und seine Augen sahen grimmig zur Seite, als wolle er sie peitschen lassen.

„Da legte Elke ihre Hand auf seinen Arm: ‚Laß sie; die wären Alle gern, was du bist!'

— ‚Das ist es eben!' entgegnete er grollend.

„‚Und,' fuhr sie fort, ‚hat denn Ole Peters sich nicht selber eingefreit?'

„‚Das hat er, Elke; aber was er mit Vollina freite, das reicht nicht zum Deichgrafen!'

— ‚Sag lieber: er reichte nicht dazu!' und Elke drehte ihren Mann, so daß er sich im Spiegel sehen mußte, denn sie standen zwischen den Fenstern in ihrem Zimmer. ‚Da steht der Deichgraf!' sagte sie; ‚nun sieh ihn an; nur wer ein Amt regieren kann, der hat es!'

„‚Du hast nicht Unrecht,' entgegnete er sinnend, ‚und doch ... Nun, Elke; ich muß zur Osterschleuse; die Thüren schließen wieder nicht!'

„Sie drückte ihm die Hand: ‚Komm, sieh mich erst einmal an! Was hast du, deine Augen sehen so ins Weite?'

„‚Nichts, Elke; du hast ja Recht.'

„Er ging; aber nicht lange war er gegangen, so war die Schleusenreparatur vergessen. Ein anderer Gedanke, den er halb nur ausgedacht und seit Jahren mit sich umhergetragen hatte, der aber vor den drängenden Amtsgeschäften ganz zurückgetreten war, bemächtigte sich seiner jetzt aufs Neue und mächtiger als je zuvor, als seien plötzlich die Flügel ihm gewachsen.

„Kaum daß er es selber wußte, befand er sich oben auf dem Hafdeich, schon eine weite Strecke südwärts nach der Stadt zu; das Dorf, das nach dieser Seite hinauslag, war ihm zur Linken längst verschwunden; noch immer schritt er weiter, seine Augen unabläßig nach der Seeseite auf das breite Vorland gerichtet; wäre Jemand neben ihm gegangen, er hätte es sehen müssen, welche eindringliche Geistesarbeit hinter diesen Augen vorging. Endlich blieb er stehen: das Vorland schwand hier zu einem schmalen Streifen an dem

Deich zusammen. ‚Es muß gehen!' sprach er bei sich selbst. ‚Sieben Jahr im Amt; sie sollen nicht mehr sagen, daß ich nur Deichgraf bin von meines Weibes wegen!'

"Noch immer stand er, und seine Blicke schweiften scharf und bedächtig nach allen Seiten über das grüne Vorland; dann ging er zurück, bis wo auch hier ein schmaler Streifen grünen Weidelandes die vor ihm liegende breite Landfläche ablöste. Hart an dem Deiche aber schoß ein starker Meeres=strom durch diese, der fast das ganze Vorland von dem Festlande trennte und zu einer Hallig machte; eine rohe Holzbrücke führte nach dort hinüber, damit man mit Vieh und Heu= oder Getreidewagen hinüber und wieder zurück gelangen könne. Jetzt war es Ebbzeit, und die goldene Septembersonne glitzerte auf dem etwa hundert Schritte brei=ten Schlickstreifen und auf dem tiefen Priehl in seiner Mitte, durch den auch jetzt das Meer noch seine Wasser trieb. ‚Das läßt sich dämmen!' sprach Hauke bei sich selber, nach=dem er diesem Spiele eine Zeit lang zugesehen; dann blickte er auf, und von dem Deiche, auf dem er stand, über den Priehl hinweg, zog er in Gedanken eine Linie längs dem Rande des abgetrennten Landes, nach Süden herum und ostwärts wiederum zurück über die dortige Fortsetzung des Priehles und an den Deich heran. Die Linie aber, welche er unsichtbar gezogen hatte, war ein neuer Deich, neu auch in der Construction seines Profiles, welches bis jetzt nur noch in seinem Kopf vorhanden war.

"‚Das gäbe einen Koog von circa tausend Demath,' sprach er lächelnd zu sich selber; ‚nicht groß just; aber ...'

"Eine andere Calculation überkam ihn: das Vorland gehörte hier der Gemeinde, ihren einzelnen Mitgliedern eine Zahl von Antheilen, je nach der Größe ihres Besitzes im Gemeindebezirk oder nach sonst zu Recht bestehender Erwer=bung; er begann zusammenzuzählen, wie viel Antheile er von seinem, wie viele er von Elkes Vater überkommen, und was an solchen er während seiner Ehe schon selbst gekauft hatte, theils in dem dunklen Gefühle eines künftigen Vortheils, theils bei Vermehrung seiner Schafzucht. Es war schon eine ansehnliche Menge; denn auch von Ole Peters hatte er dessen sämmtliche Theile angekauft, da es diesem zum Verdruß geschlagen war, als bei einer theilweisen Überströmung ihm sein bester Schafbock ertrunken war. Aber das war ein seltsamer Unfall gewesen, denn so weit Haukes Gedächtniß reichte, waren selbst bei hohen Fluthen dort nur die Ränder überströmt worden. Welch treffliches Weide- und Kornland mußte es geben und von welchem Werthe, wenn das Alles von seinem neuen Deich umgeben war! Wie ein Rausch stieg es ihm ins Gehirn; aber er preßte die Nägel in seine Handflächen und zwang seine Augen, klar und nüchtern zu sehen, was dort vor ihm lag: eine große deichlose Fläche, wer wußte es, welchen Stürmen und Fluthen schon in den nächsten Jahren preisgegeben, an deren äußerstem Rande jetzt ein Trupp von schmutzigen Schafen langsam grasend entlang wanderte; dazu für ihn ein Haufen Arbeit, Kampf und Ärger! Trotz alledem, als er vom Deich hinab und den Fußsteig über die Fennen auf seine Werfte zuging, ihm war's, als brächte er einen großen Schatz mit sich nach Hause.

„Auf dem Flur trat Elke ihm entgegen: ‚Wie war es mit der Schleuse?‘ frug sie.

„Er sah mit geheimnißvollem Lächeln auf sie nieder: ‚Wir werden bald eine andere Schleuse brauchen,‘ sagte er; ‚und Sielen und einen neuen Deich!‘

„‚Ich versteh dich nicht,‘ entgegnete Elke, während sie in das Zimmer gingen; ‚was willst du, Hauke?‘

„‚Ich will,‘ sagte er langsam und hielt dann einen Augenblick inne, ‚ich will, daß das große Vorland, das unserer Hofstatt gegenüber beginnt und dann nach Westen ausgeht, zu einem festen Kooge eingedeicht werde: die hohen

Fluthen haben fast ein Menschenalter uns in Ruh gelassen; wenn aber eine von den schlimmen wiederkommt und den Anwachs stört, so kann mit einem Mal die ganze Herrlichkeit zu Ende sein; nur der alte Schlendrian hat das bis heut so lassen können!'

„Sie sah ihn voll Erstaunen an: ‚So schiltst du dich ja selber!' sagte sie.

— ‚Das thu ich, Elke; aber es war bisher auch so viel Anderes zu beschaffen!'

‚Ja, Hauke; gewiß, du hast genug gethan!'

„Er hatte sich in den Lehnstuhl des alten Deichgrafen gesetzt, und seine Hände griffen fest um beide Lehnen.

„‚Hast du denn guten Muth dazu?' frug ihn sein Weib.

— ‚Das hab ich, Elke!' sprach er hastig.

„‚Sei nicht zu hastig, Hauke; das ist ein Werk auf Tod und Leben; und fast Alle werden dir entgegen sein, man wird dir deine Müh und Sorg nicht danken!'

„Er nickte: ‚Ich weiß!' sagte er.

„‚Und wenn es nun nicht gelänge!' rief sie wieder; ‚von Kindesbeinen an hab ich gehört, der Priehl sei nicht zu stopfen, und darum dürfe nicht daran gerührt werden.'

„‚Das war ein Vorwand für die Faulen!' sagte Hauke; ‚weshalb denn sollte man den Priehl nicht stopfen können?'

— ‚Das hört ich nicht; vielleicht, weil er gerade durchgeht; die Spülung ist zu stark.' — Eine Erinnerung überkam sie, und ein fast schelmisches Lächeln brach aus ihren ernsten Augen: ‚Als ich Kind war,' sprach sie, ‚hörte ich einmal die Knechte darüber reden; sie meinten, wenn ein Damm dort halten solle, müsse was Lebigs da hineingeworfen und mit verdämmt werden; bei einem Deichbau auf der anderen Seite, vor wohl hundert Jahren, sei ein Zigeunerkind verdämmt worden, das sie um schweres Geld der Mutter abgehandelt hätten; jetzt aber würde wohl keine ihr Kind verkaufen!'

„Hauke schüttelte den Kopf: ‚Da ist es gut, daß wir keins haben; sie würden es sonst noch schier von uns verlangen!‘

„‚Sie sollten's nicht bekommen!‘ sagte Elke und schlug wie in Angst die Arme über ihren Leib.

„Und Hauke lächelte; doch sie frug noch einmal: ‚Und die ungeheuren Kosten? Hast du das bedacht?‘

— „‚Das hab ich, Elke; was wir dort herausbringen, wird sie bei Weitem überholen, auch die Erhaltungskosten des alten Deiches gehen für ein gut Stück in dem neuen unter; wir arbeiten ja selbst und haben über achtzig Gespanne in der Gemeinde, und an jungen Fäusten ist hier auch kein Mangel. Du sollst mich wenigstens nicht umsonst zum Deichgrafen gemacht haben, Elke; ich will ihnen zeigen, daß ich einer bin!‘

„Sie hatte sich vor ihm niedergehuckt und ihn sorgvoll angeblickt; nun erhob sie sich mit einem Seufzer: ‚Ich muß weiter zu meinem Tagewerk,‘ sagte sie, und ihre Hand strich langsam über seine Wange; ‚thu du das deine, Hauke!‘

„‚Amen, Elke!‘ sprach er mit ernstem Lächeln; ‚Arbeit ist für uns Beide da!‘

— — „Und es war Arbeit genug für Beide, die schwerste Last aber fiel jetzt auf des Mannes Schulter. An Sonntagnachmittagen, oft auch nach Feierabend, saß Hauke mit einem tüchtigen Feldmesser zusammen, vertieft in Rechenaufgaben, Zeichnungen und Risse; war er allein, dann ging es ebenso und endete oft weit nach Mitternacht. Dann schlich er in die gemeinsame Schlafkammer — denn die dumpfen Wandbetten im Wohngemach wurden in Haukes Wirthschaft nicht mehr gebraucht — und sein Weib, damit er endlich nur zur Ruhe komme, lag wie schlafend mit geschlossenen Augen, obgleich sie mit klopfendem Herzen nur auf ihn gewartet hatte; dann küßte er mitunter ihre Stirn und sprach ein leises Liebeswort dabei, und legte sich selbst

zum Schlafe, der ihm oft nur beim ersten Hahnenkraht zu
Willen war. Im Wintersturm lief er auf den Deich hinaus,
mit Bleistift und Papier in der Hand, und stand und zeich=
nete und notirte, während ein Windstoß ihm die Mütze vom
Kopfe riß und das lange, fahle Haar ihm um sein heißes
Antlitz flog; bald fuhr er, solange nur das Eis ihm nicht
den Weg versperrte, mit einem Knecht zu Boot ins Watten=
meer hinaus und maß dort mit Loth und Stange die Tie=
fen der Ströme, über die er noch nicht sicher war. Elke
zitterte oft genug für ihn; aber war er wieder da, so hätte
er das nur aus ihrem festen Händedruck oder dem leuchten=
den Blitz aus ihren sonst so stillen Augen merken können.
‚Geduld, Elke,‘ sagte er, da ihm einmal war, als ob sein
Weib ihn nicht lassen könne; ‚ich muß erst selbst im Reinen
sein, bevor ich meinen Antrag stelle!‘ Da nickte sie und
ließ ihn gehen. Der Ritte in die Stadt zum Oberdeich=
grafen wurden auch nicht wenige, und allem diesen und den
Mühen in Haus= und Landwirthschaft folgten immer wieder
die Arbeiten in die Nacht hinein. Sein Verkehr mit ande=
ren Menschen außer in Arbeit und Geschäft verschwand fast
ganz; selbst der mit seinem Weibe wurde immer weniger.
‚Es sind schlimme Zeiten, und sie werden noch lange dauern,‘
sprach Elke bei sich selber und ging an ihre Arbeit.

„Endlich, Sonne und Frühlingswinde hatten schon über=
all das Eis gebrochen, war auch die letzte Vorarbeit gethan;
die Eingabe an den Oberdeichgrafen zu Befürwortung an
höherem Orte, enthaltend den Vorschlag einer Bedeichung
des erwähnten Vorlandes, zur Förderung des öffentlichen
Besten, insonders des Kooges, wie nicht weniger der Herr=
schaftlichen Casse, da höchstderselben in kurzen Jahren die
Abgaben von circa tausend Demath daraus erwachsen wür=
den, — war sauber abgeschrieben und nebst anliegenden Ris=
sen und Zeichnungen aller Localitäten, jetzt und künftig, der
Schleusen und Siele und was noch sonst dazu gehörte, in

ein festes Convolut gepackt und mit dem deichgräflichen Amtssiegel versehen worden.

„‚Da ist es, Elke,‘ sagte der junge Deichgraf, ‚nun gieb ihm deinen Segen!‘

„Elke legte ihre Hand in seine: ‚Wir wollen fest zusammenhalten,‘ sagte sie.

— ‚‚Das wollen wir.‘

*   *
*

„Dann wurde die Eingabe durch einen reitenden Boten in die Stadt gesandt.

„Sie wollen bemerken, lieber Herr," unterbrach der Schulmeister seine Erzählung, mich freundlich mit seinen feinen Augen fixirend, „daß ich das bisher Berichtete während meiner fast vierzigjährigen Wirksamkeit in diesem Kooge aus den Überlieferungen verständiger Leute oder aus Erzählungen der Enkel und Urenkel solcher zusammengefunden habe; was ich, damit Sie dieses mit dem endlichen Verlauf in Einklang zu bringen vermögen, Ihnen jetzt vorzutragen habe, das war derzeit und ist auch jetzt noch das Geschwätz des ganzen Marschdorfes, sobald nur um Allerheiligen die Spinnräder an zu schnurren fangen.

„Von der Hofstelle des Deichgrafen, etwa fünf- bis sechshundert Schritte weiter nordwärts, sah man derzeit, wenn man auf dem Deiche stand, ein paar tausend Schritt ins Wattenmeer hinaus und etwas weiter von dem gegenüberliegenden Marschufer entfernt eine kleine Hallig, die sie ‚Jeverssand‘, auch ‚Jevershallig‘ nannten. Von den derzeitigen Großvätern war sie noch zur Schafweide benutzt worden, denn Gras war damals noch darauf gewachsen; aber auch das hatte aufgehört, weil die niedrige Hallig ein paar Mal, und just im Hochsommer, unter Seewasser gekommen und der Graswuchs dadurch verkümmert und auch zur Schafweide unnutzbar geworden war. So kam es denn, daß außer von Möven und den anderen Vögeln, die am Strande fliegen, und etwa einmal von einem Fischadler, dort kein Besuch mehr stattfand; und an mondhellen Abenden sah man vom Deiche aus nur die Nebeldünste leichter oder schwerer darüber hinziehen. Ein paar weißgebleichte Knochen= gerüste ertrunkener Schafe und das Gerippe eines Pferdes, von dem freilich Niemand begriff, wie es dort hingekommen sei, wollte man, wenn der Mond von Osten auf die Hallig schien, dort auch erkennen können.

„Es war zu Ende März, als an dieser Stelle nach Feierabend der Tagelöhner aus dem Tede Haienschen Hause und Iven Johns, der Knecht des jungen Deichgrafen, neben einander standen und unbeweglich nach der im trüben Mond= duft kaum erkennbaren Hallig hinüberstarrten; etwas Auf= fälliges schien sie dort so festzuhalten. Der Tagelöhner steckte die Hände in die Tasche und schüttelte sich: ‚Komm, Iven,‘ sagte er, ‚das ist nichts Gutes; laß uns nach Haus gehen!‘

„Der Andere lachte, wenn auch ein Grauen bei ihm hindurchklang: ‚Ei was, es ist eine lebige Creatur, eine große! Wer, zum Teufel, hat sie nach dem Schlickstück hinaufgejagt! Sieh nur, nun reckt's den Hals zu uns hin= über! Nein, es senkt den Kopf; es frißt! Ich dächt, es wär dort nichts zu fressen! Was es nur sein mag?‘

„‚Was geht das uns an!‘ entgegnete der Andere. ‚Gute Nacht, Iven, wenn du nicht mit willst; ich gehe nach Haus!‘

— „‚Ja, ja; du hast ein Weib, du kommst ins warme Bett! Bei mir ist auch in meiner Kammer lauter Märzenluft!‘

„‚Gut Nacht denn!‘ rief der Tagelöhner zurück, während er auf dem Deich nach Hause trabte. Der Knecht sah sich ein paar Mal nach dem Fortlaufenden um; aber die Begier, Unheimliches zu schauen, hielt ihn noch fest. Da kam eine untersetzte, dunkle Gestalt auf dem Deich vom Dorf her gegen ihn heran; es war der Dienstjunge des Deichgrafen. ‚Was willst du, Carsten?' rief ihm der Knecht entgegen.

„‚Ich? — nichts,' sagte der Junge; ‚aber unser Wirth will dich sprechen, Iven Johns!'

„Der Knecht hatte die Augen schon wieder nach der Hallig: ‚Gleich; ich komme gleich!' sagte er.

— „‚Wonach guckst du denn so?' frug der Junge.

„Der Knecht hob den Arm und wies stumm nach der Hallig. ‚Oha!' flüsterte der Junge; ‚da geht ein Pferd — ein Schimmel — das muß der Teufel reiten — wie kommt ein Pferd nach Jevershallig?'

— „‚Weiß nicht, Carsten; wenn's nur ein richtiges Pferd ist!'

„‚Ja, ja, Iven; sieh nur, es frißt ganz wie ein Pferd! Aber wer hat's dahin gebracht; wir haben im Dorf so große Böte gar nicht! Vielleicht auch ist es nur ein Schaf; Peter Ohm sagt, im Mondschein wird aus zehn Torfringeln ein ganzes Dorf. Nein, sieh! Nun springt es — es muß doch ein Pferd sein!'

„Beide standen eine Weile schweigend, die Augen nur nach dem gerichtet, was sie drüben undeutlich vor sich gehen sahen. Der Mond stand hoch am Himmel und beschien das weite Wattenmeer, das eben in der steigenden Fluth seine Wasser über die glitzernden Schlickflächen zu spülen begann. Nur das leise Geräusch des Wassers, keine Thierstimme war in der ungeheuren Weite hier zu hören; auch in der Marsch, hinter dem Deiche, war es leer; Kühe und Rinder waren alle noch in den Ställen. Nichts regte sich; nur was sie für ein Pferd, einen Schimmel, hielten, schien dort auf Jevershallig noch beweglich. ‚Es wird heller,' unterbrach der Knecht die Stille; ‚ich sehe deutlich die weißen Schafgerippe schimmern!'

„‚Ich auch,' sagte der Junge und reckte den Hals; dann aber, als komme es ihm plötzlich, zupfte er den Knecht am

Ärmel: ‚Iven,‘ raunte er, ‚das Pferdgerippe, das sonst dabei lag, wo ist es? Ich kann's nicht sehen!‘

„‚Ich seh es auch nicht! Seltsam!‘ sagte der Knecht.

— „‚Nicht so seltsam, Iven! Mitunter, ich weiß nicht, in welchen Nächten, sollen die Knochen sich erheben und thun, als ob sie lebig wären!‘

„‚So?‘ machte der Knecht; ‚das ist ja Altweiberglaube!‘

„‚Kann sein, Iven,‘ meinte der Junge.

„‚Aber, ich mein, du sollst mich holen; komm, wir müssen nach Haus! Es bleibt hier immer doch dasselbe.‘

„Der Junge war nicht fortzubringen, bis der Knecht ihn mit Gewalt herumgedreht und auf den Weg gebracht hatte. ‚Hör, Carsten,‘ sagte dieser, als die gespensterhafte Hallig ihnen schon ein gut Stück im Rücken lag, ‚du giltst ja für einen Allerweltsbengel; ich glaub, du möchtest das am liebsten selber untersuchen!‘

„‚Ja,‘ entgegnete Carsten, nachträglich noch ein wenig schaudernd, ‚ja, das möcht ich, Iven!‘

— „‚Ist das dein Ernst? — dann,‘ sagte der Knecht, nachdem der Junge ihm nachdrücklich darauf die Hand geboten hatte, ‚lösen wir morgen Abend unser Boot; du fährst nach Jeversand; ich bleib so lange auf dem Deiche stehen.‘

„‚Ja,‘ erwiderte der Junge, ‚das geht! Ich nehme meine Peitsche mit!‘

„‚Thu das!‘

„Schweigend kamen sie an das Haus ihrer Herrschaft, zu dem sie langsam die hohe Werft hinanstiegen.

* *
*

„Um dieselbe Zeit des folgenden Abends saß der Knecht auf dem großen Steine vor der Stallthür, als der Junge mit seiner Peitsche knallend zu ihm kam. ‚Das pfeift ja wunderlich!‘ sagte Jener.

„‚Freilich, nimm dich in Acht,' entgegnete der Junge; ‚ich hab auch Nägel in die Schnur geflochten.'

„‚So komm!' sagte der Andere.

„Der Mond stand, wie gestern, am Osthimmel und schien klar aus seiner Höhe. Bald waren Beide wieder draußen auf dem Deich und sahen hinüber nach Jevershallig, die wie ein Nebelfleck im Wasser stand. ‚Da geht es wieder,' sagte der Knecht; ‚nach Mittag war ich hier, da war's nicht da; aber ich sah deutlich das weiße Pferdgerippe liegen!'

„Der Junge reckte den Hals: ‚Das ist jetzt nicht da, Iven,' flüsterte er.

„‚Nun, Carsten, wie ist's?' sagte der Knecht. ‚Juckt's dich noch, hinüberzufahren?'

„Carsten besann sich einen Augenblick; dann klatschte er mit seiner Peitsche in die Luft: ‚Mach nur das Boot los, Iven!'

„Drüben aber war es, als hebe, was dorten ging, den Hals und recke gegen das Festland hin den Kopf. Sie sahen es nicht mehr; sie gingen schon den Deich hinab und bis zur Stelle, wo das Boot gelegen war. ‚Nun, steig nur ein!' sagte der Knecht, nachdem er es losgebunden hatte. ‚Ich bleib, bis du zurück bist! Zu Osten mußt du anlegen; da hat man immer landen können!' Und der Junge nickte schweigend und fuhr mit seiner Peitsche in die Mondnacht hinaus; der Knecht wanderte unterm Deich zurück und bestieg ihn wieder an der Stelle, wo sie vorhin gestanden hatten. Bald sah er, wie drüben bei einer schroffen, dunklen Stelle, an die ein breiter Priehl hinaufführte, das Boot sich beilegte und eine untersetzte Gestalt daraus ans Land sprang. — War's nicht, als klatschte der Junge mit seiner Peitsche? Aber es konnte auch das Geräusch der steigenden Fluth sein. Mehrere hundert Schritte nordwärts sah er, was sie für einen Schimmel angesehen hatten; und jetzt! — ja, die Gestalt des Jungen kam gerade darauf zugegangen.

Nun hob es den Kopf, als ob es stutze; und der Junge — es war deutlich jetzt zu hören — klatschte mit der Peitsche. Aber — was fiel ihm ein? er kehrte um, er ging den Weg zurück, den er gekommen war. Das drüben schien unablässig fortzuweiden, kein Wiehern war von dort zu hören gewesen; wie weiße Wasserstreifen schien es mitunter über die Erscheinung hinzuziehen. Der Knecht sah wie gebannt hinüber.

„Da hörte er das Anlegen des Bootes am diesseitigen Ufer, und bald sah er aus der Dämmerung den Jungen gegen sich am Deich heraufsteigen. ‚Nun, Carsten,‘ frug er, ‚was war es?‘

„Der Junge schüttelte den Kopf. ‚Nichts war es!‘ sagte er. ‚Noch kurz vom Boot aus hatte ich es gesehen; dann aber, als ich auf der Hallig war — weiß der Henker, wo sich das Thier verkrochen hatte; der Mond schien doch hell genug; aber als ich an die Stelle kam, war nichts da als die bleichen Knochen von einem halben Dutzend Schafen, und etwas weiter lag auch das Pferdgerippe mit seinem weißen, langen Schädel und ließ den Mond in seine leeren Augenhöhlen scheinen!‘

„‚Hmm!‘ meinte der Knecht; ‚hast auch recht zugesehen?‘

„‚Ja, Iven, ich stand dabei; ein gottvergessener Kiewiet, der hinter dem Gerippe sich zur Nachtruh hingeduckt hatte, flog schreiend auf, daß ich erschrak und ein paar Mal mit der Peitsche hintennach klatschte.‘

„‚Und das war Alles?‘

„‚Ja, Iven; ich weiß nicht mehr.‘

„‚Es ist auch genug,‘ sagte der Knecht, zog den Jungen am Arm zu sich heran und wies hinüber nach der Hallig. ‚Dort, siehst du etwas, Carsten?‘

— „‚Wahrhaftig, da geht's ja wieder!‘

„‚Wieder?‘ sagte der Knecht; ‚ich hab die ganze Zeit hinübergeschaut, aber es ist gar nicht fortgewesen; du gingst ja gerade auf das Unwesen los!‘

„Der Junge starrte ihn an; ein Entsetzen lag plötzlich auf seinem sonst so kecken Angesicht, das auch dem Knechte nicht entging. ‚Komm!‘ sagte dieser, ‚wir wollen nach Haus: von hier aus geht's wie lebig, und drüben liegen nur die Knochen — das ist mehr, als du und ich begreifen können. Schweig aber still davon, man darf dergleichen nicht verreden!‘

„So wandten sie sich, und der Junge trabte neben ihm; sie sprachen nicht, und die Marsch lag in lautlosem Schweigen an ihrer Seite.

— — „Nachdem aber der Mond zurückgegangen und die Nächte dunkel geworden waren, geschah ein Anderes.

„Hauke Haien war zur Zeit des Pferdemarktes in die Stadt geritten, ohne jedoch mit diesem dort zu thun zu haben. Gleichwohl, da er gegen Abend heimkam, brachte er ein zweites Pferd mit sich nach Hause; aber es war rauhhaarig und mager, daß man jede Rippe zählen konnte, und die Augen lagen ihm matt und eingefallen in den Schädelhöhlen. Elke war vor die Hausthür getreten, um ihren Eheliebsten zu empfangen: ‚Hilf Himmel!‘ rief sie, ‚was soll uns der alte Schimmel?‘ Denn da Hauke mit ihm vor das Haus geritten kam und unter der Esche hielt, hatte sie gesehen, daß die arme Creatur auch lahme.

„Der junge Deichgraf aber sprang lachend von seinem braunen Wallach: ‚Laß nur, Elke; es kostet auch nicht viel!‘

„Die kluge Frau erwiderte: ‚Du weißt doch, das Wohlfeilste ist auch meist das Theuerste.‘

— „‚Aber nicht immer, Elke; das Thier ist höchstens vier Jahr alt; sieh es dir nur genauer an! Es ist verhungert und mißhandelt; da soll ihm unser Hafer gut thun; ich werd es selbst versorgen, damit sie mir's nicht überfüttern.

„Das Thier stand indessen mit gesenktem Kopf; die Mähnen hingen lang am Hals herunter. Frau Elke, während ihr Mann nach den Knechten rief, ging betrachtend um dasselbe herum; aber sie schüttelte den Kopf: ‚So eins ist noch nie in unserem Stall gewesen!'

„Als jetzt der Dienstjunge um die Hausecke kam, blieb er plötzlich mit erschrockenen Augen stehen. ‚Nun, Carsten,' rief der Deichgraf, ‚was fährt dir in die Knochen? Gefällt dir mein Schimmel nicht?'

„‚Ja — o ja, uns' Weerth, warum denn nicht!'

— ‚So bring die Thiere in den Stall; gieb ihnen kein Futter; ich komme gleich selber hin!'

„Der Junge faßte mit Vorsicht den Halfter des Schimmels und griff dann hastig, wie zum Schutze, nach dem Zügel des ihm ebenfalls vertrauten Wallachs. Hauke aber ging mit seinem Weibe in das Zimmer; ein Warmbier hatte sie für ihn bereit, und Brot und Butter waren auch zur Stelle.

„Er war bald gesättigt; dann stand er auf und ging mit seiner Frau im Zimmer auf und ab. ‚Laß dir erzählen, Elke,' sagte er, während der Abendschein auf den Kacheln an den Wänden spielte, ‚wie ich zu dem Thier gekommen bin: ich war wohl eine Stunde beim Oberdeichgrafen gewesen; er hatte gute Kunde für mich — es wird wohl dies und jenes anders werden als in meinen Rissen; aber die Hauptsache, mein Profil, ist acceptirt, und schon in den nächsten Tagen kann der Befehl zum neuen Deichbau da sein!'

„Elke seufzte unwillkürlich: ‚Also doch?' sagte sie sorgenvoll.

„‚Ja, Frau,' entgegnete Hauke; ‚hart wird's hergehen; aber dazu, denk ich, hat der Herrgott uns zusammengebracht! Unsere Wirthschaft ist jetzt so gut in Ordnung; ein groß Theil kannst du schon auf deine Schultern nehmen; denk nur um zehn Jahr weiter — dann stehen wir vor einem anderen Besitz.'

„Sie hatte bei seinen ersten Worten die Hand ihres Mannes versichernd in die ihrigen gepreßt; seine letzten

Worte konnten sie nicht erfreuen. ‚Für wen soll der Besitz?' sagte sie. ‚Du müßtest denn ein ander Weib nehmen; ich bring dir keine Kinder.'

„Thränen schossen ihr in die Augen; aber er zog sie fest in seine Arme: ‚Das überlassen wir dem Herrgott,' sagte er: ‚jetzt aber und auch dann noch sind wir jung genug, um uns der Früchte unserer Arbeit selbst zu freuen.'

„Sie sah ihn lange, während er sie hielt, aus ihren dunklen Augen an. ‚Verzeih, Hauke,' sprach sie; ‚ich bin mitunter ein verzagt Weib!'

„Er neigte sich zu ihrem Antlitz und küßte sie: ‚Du bist mein Weib und ich dein Mann, Elke! Und anders wird es nun nicht mehr.'

„Da legte sie die Arme fest um seinen Nacken: ‚Du hast Recht, Hauke, und was kommt, kommt für uns Beide. Dann löste sie sich erröthend von ihm. ‚Du wolltest von dem Schimmel mir erzählen,' sagte sie leise.

„‚Das wollt ich, Elke. Ich sagte dir schon, mir war Kopf und Herz voll Freude über die gute Nachricht, die der Oberdeichgraf mir gegeben hatte; so ritt ich eben wieder aus der Stadt hinaus, da, auf dem Damm, hinter dem Hafen, begegnet mir ein ruppiger Kerl; ich wußt nicht, war's ein Vagabund, ein Kesselflicker oder was denn sonst. Der Kerl zog den Schimmel am Halfter hinter sich; das Thier aber hob den Kopf und sah mich aus blöden Augen an; mir war's, als ob es mich um etwas bitten wolle; ich war ja auch in diesem Augenblicke reich genug. »He, Landsmann!« rief ich, »wo wollt Ihr mit der Kracke hin?«

„Der Kerl blieb stehen und der Schimmel auch. »Verkaufen!« sagte Jener und nickte mir listig zu.

„»Nur nicht an mich!« rief ich lustig.

„»Ich denke doch!« sagte er; »das ist ein wacker Pferd und unter hundert Thalern nicht bezahlt.«

„Ich lachte ihm ins Gesicht.

„»Nun,« sagte er, »lacht nicht so hart; Ihr sollt's mir ja nicht zahlen! Aber ich kann's nicht brauchen, bei mir verkommt's; es würde bei Euch bald ander Ansehen haben!«

„Da sprang ich von meinem Wallach und sah dem Schimmel ins Maul, und sah wohl, es war noch ein junges Thier. »Was soll's denn kosten?« rief ich, da auch das Pferd mich wiederum wie bittend ansah.

„»Herr, nehmt's für dreißig Thaler!« sagte der Kerl, »und den Halfter geb ich Euch darein!«

„Und da, Frau, hab ich dem Burschen in die dargebotene braune Hand, die fast wie eine Klaue aussah, eingeschlagen. So haben wir den Schimmel, und ich denk auch, wohlfeil genug! Wunderlich nur war es, als ich mit den Pferden wegritt, hört ich bald hinter mir ein Lachen, und als ich den Kopf wandte, sah ich den Slovaken; der stand noch sperrbeinig, die Arme auf dem Rücken, und lachte wie ein Teufel hinter mir darein.'

„‚Pfui,' rief Elke; ‚wenn der Schimmel nur nichts von seinem alten Herrn dir zubringt! Mög er dir gedeihen, Hauke!'

„‚Er selber soll es wenigstens, soweit ich's leisten kann!' Und der Deichgraf ging in den Stall, wie er vorhin dem Jungen es gesagt hatte.

— — „Aber nicht allein an jenem Abend fütterte er den Schimmel, er that es fortan immer selbst und ließ kein Auge von dem Thiere; er wollte zeigen, daß er einen Priesterhandel gemacht habe; jedenfalls sollte nichts versehen werden. — Und schon nach wenig Wochen hob sich die Haltung des Thieres; allmählich verschwanden die rauhen Haare; ein blankes, blau geapfeltes Fell kam zum Vorschein, und da er es eines Tages auf der Hofstatt umherführte, schritt es schlank auf seinen festen Beinen. Hauke dachte des abenteuerlichen Verkäufers: ‚Der Kerl war ein Narr oder ein Schuft, der es gestohlen hatte!' murmelte er bei sich selber. — Bald auch, wenn das Pferd im Stall nur seine Schritte hörte, warf es den Kopf herum und wieherte ihm entgegen; nun sah er auch, es hatte, was die Araber verlangen, ein fleischlos Angesicht; draus blitzten ein Paar feurige braune Augen. Dann führte er es aus dem Stall und legte ihm einen leichten Sattel auf; aber kaum saß er droben, so fuhr dem Thier ein Wiehern wie ein Lustschrei aus der Kehle; es flog mit ihm davon, die Werfte hinab auf den Weg und dann dem Deiche zu; doch der Reiter saß fest, und als sie oben waren, ging es ruhiger, leicht, wie tanzend, und warf den Kopf dem Meere zu. Er klopfte und streichelte ihm den blanken Hals, aber es bedurfte dieser Liebkosung schon nicht mehr; das Pferd schien völlig eins mit seinem Reiter, und nachdem er eine Strecke nordwärts den Deich hinausgeritten war, wandte er es leicht und gelangte wieder an die Hofstatt.

„Die Knechte standen unten an der Auffahrt und warteten der Rückkunft ihres Wirthes. ‚So, John,‘ rief dieser, indem er von seinem Pferde sprang, ‚nun reite du es in die Fenne zu den anderen; es trägt dich wie in einer Wiege!‘

„Der Schimmel schüttelte den Kopf und wieherte laut in die sonnige Marschlandschaft hinaus, während ihm der Knecht den Sattel abschnallte und der Junge damit zur Geschirrkammer lief; dann legte er den Kopf auf seines Herrn Schulter und duldete behaglich dessen Liebkosung. Als aber der Knecht sich jetzt auf seinen Rücken schwingen wollte, sprang er mit einem jähen Satz zur Seite und stand dann wieder unbeweglich, die schönen Augen auf seinen Herrn gerichtet. ‚Hoho, Iven,‘ rief dieser, ‚hat er dir Leids gethan?‘ und suchte seinen Knecht vom Boden aufzuhelfen.

„Der rieb sich eifrig an der Hüfte: ‚Nein, Herr, es geht noch; aber den Schimmel reit der Teufel!‘

„‚Und ich!‘ setzte Hauke lachend hinzu. ‚So bring ihn am Zügel in die Fenne!‘

„Und als der Knecht etwas beschämt gehorchte, ließ sich der Schimmel ruhig von ihm führen.

— — „Einige Abende später standen Knecht und Junge mit einander vor der Stallthür; hinterm Deiche war das Abendroth erloschen, innerhalb desselben war schon der Koog von tiefer Dämmerung überwallt; nur selten kam aus der Ferne das Gebrüll eines aufgestörten Rindes oder der Schrei einer Lerche, deren Leben unter dem Überfall eines Wiesels oder einer Wasserratte endete. Der Knecht lehnte gegen den Thürpfosten und rauchte aus einer kurzen Pfeife, deren Rauch er schon nicht mehr sehen konnte; gesprochen hatten er und der Junge noch nicht zusammen. Dem letzteren aber drückte etwas auf die Seele, er wußte nur nicht, wie er dem schweigsamen Knechte ankommen sollte. ‚Du, Iven!‘ sagte er endlich, ‚weißt du, das Pferdsgerippt auf Jeversfand!‘

„‚Was ist damit?‘ frug der Knecht.

„‚Ja, Iven, was ist damit? Es ist gar nicht mehr da; weder Tages noch bei Mondenschein; wohl zwanzigmal bin ich auf den Deich hinausgelaufen!‘

„‚Die alten Knochen sind wohl zusammengepoltert?‘ sagte Iven und rauchte ruhig weiter.

„‚Aber ich war auch bei Mondschein draußen; es geht auch drüben nichts auf Jeversfand!‘

„‚Ja,‘ sagte der Knecht, ‚sind die Knochen aus einander gefallen, so wird's wohl nicht mehr aufstehen können!‘

„‚Mach keinen Spaß, Iven! Ich weiß jetzt; ich kann dir sagen, wo es ist!‘

„‚Der Knecht drehte sich jäh zu ihm: ‚Nun, wo ist es denn?‘

„‚Wo?‘ wiederholte der Junge nachdrücklich. ‚Es steht in unserem Stall; da steht's, seit es nicht mehr auf der Hallig ist. Es ist auch nicht umsonst, daß der Wirth es allzeit selber füttert; ich weiß Bescheid, Iven!‘"

„Der Knecht paffte eine Weile heftig in die Nacht hinaus. ‚Du bist nicht klug, Carsten,‘ sagte er dann; ‚unser Schimmel? Wenn je ein Pferd ein lebigs war, so ist es der! Wie kann so ein Allerweltsjunge wie du in solch Altem=Weiberglauben sitzen!‘

— — „Aber der Junge war nicht zu bekehren: wenn der Teufel in dem Schimmel steckte, warum sollte er dann nicht lebendig sein? Im Gegentheil, um desto schlimmer! — Er fuhr jedesmal erschreckt zusammen, wenn er gegen Abend den Stall betrat, in dem auch Sommers das Thier mitunter eingestellt wurde, und es dann den feurigen Kopf so jäh nach ihm herumwarf. ‚Hol's der Teufel!‘ brummte er dann; ‚wir bleiben auch nicht lange mehr zusammen!‘

„So that er sich denn heimlich nach einem neuen Dienste um, kündigte und trat um Allerheiligen als Knecht bei Ole Peters ein. Hier fand er andächtige Zuhörer für seine Geschichte von dem Teufelspferd des Deichgrafen; die dicke Frau Vollina und deren geistesstumpfer Vater, der frühere Deichgevollmächtigte Jeß Harders, hörten in behaglichem Gruseln zu und erzählten sie später Allen, die gegen den Deichgrafen einen Groll im Herzen oder die an derart Dingen ihr Gefallen hatten.

*   *
*

„Inzwischen war schon Ende März durch die Oberdeichgrafschaft der Befehl zur neuen Eindeichung eingetroffen. Hauke berief zunächst die Deichgevollmächtigten zusammen, und im Kruge oben bei der Kirche waren eines Tages Alle erschienen und hörten zu, wie er ihnen die Hauptpunkte aus den bisher erwachsenen Schriftstücken vorlas: aus seinem Antrage, aus dem Bericht des Oberdeichgrafen, zuletzt den schließlichen Bescheid, worin vor Allem auch die Annahme des von ihm vorgeschlagenen Profiles enthalten war, und

der neue Deich nicht steil wie früher, sondern allmählich
verlaufend nach der Seeseite abfallen sollte; aber mit heite=
ren oder auch nur zufriedenen Gesichtern hörten sie nicht.

‚Ja, ja,' sagte ein alter Gevollmächtigter, ‚da haben
wir nun die Bescherung, und Proteste werden nicht helfen,
da der Oberdeichgraf unserem Deichgrafen den Daumen hält!'

‚Hast wohl Recht, Detlev Wiens,' setzte ein zweiter
hinzu; ‚die Frühlingsarbeit steht vor der Thür, und nun
soll auch ein millionenlanger Deich gemacht werden — da
muß ja Alles liegen bleiben.'

‚Das könnt ihr dies Jahr noch zu Ende bringen,'
sagte Hauke; ‚so rasch wird der Stecken nicht vom Zaun
gebrochen!'

„Das wollten Wenige zugeben. ‚Aber dein Profil!'
sprach ein Dritter, was Neues auf die Bahn bringend;
‚der Deich wird ja auch an der Außenseite nach dem Was=
ser so breit, wie Lawrenz sein Kind nicht lang war! Wo
soll das Material herkommen? Wann soll die Arbeit fer=
tig werden?'

‚Wenn nicht in diesem, so im nächsten Jahre; das wird
am meisten von uns selber abhängen!' sagte Hauke.

„Ein ärgerliches Lachen ging durch die Gesellschaft.
‚Aber wozu die unnütze Arbeit; der Deich soll ja nicht höher
werden als der alte,' rief eine neue Stimme; ‚und ich mein,
der steht schon über dreißig Jahre!'

‚Da sagt Ihr recht,' sprach Hauke, ‚vor dreißig Jahren
ist der alte Deich gebrochen; dann rückwärts vor fünfund=
dreißig, und wiederum vor fünfundvierzig Jahren; seitdem
aber, obgleich er noch immer steil und unvernünftig dasteht,
haben die höchsten Fluthen uns verschont. Der neue Deich
aber soll trotz solcher hundert und aber hundert Jahre
stehen; denn er wird nicht durchbrochen werden, weil der
milde Abfall nach der Seeseite den Wellen keinen Angriffs=
punkt entgegenstellt, und so werdet ihr für euch und eure

15*

Kinder ein sicheres Land gewinnen, und das ist es, weshalb die Herrschaft und der Oberdeichgraf mir den Daumen halten; das ist es auch, was ihr zu eurem eigenen Vortheil einsehen solltet!'

„Als die Versammelten hierauf nicht sogleich zu antworten bereit waren, erhob sich ein alter weißhaariger Mann mühsam von seinem Stuhle; es war Frau Elkes Pathe, Jewe Manners, der auf Haukes Bitten noch immer in seinem Gevollmächtigtenamt verblieben war. ‚Deichgraf Hauke Haien,‘ sprach er, ‚du machst uns viel Unruhe und Kosten, und ich wollte, du hättest damit gewartet, bis mich der Herrgott hätt zur Ruhe gehen lassen; aber — Recht hast du, das kann nur die Unvernunft bestreiten. Wir haben Gott mit jedem Tag zu danken, daß er uns trotz unserer Trägheit das kostbare Stück Vorland gegen Sturm und Wasserdrang erhalten hat; jetzt ist es wohl die elfte Stunde, in der wir selbst die Hand anlegen müssen, es auch nach all unserem Wissen und Können selber uns zu wahren und auf Gottes Langmuth weiter nicht zu trotzen. Ich, meine Freunde, bin ein Greis; ich habe Deiche bauen und brechen sehen; aber den Deich, den Hauke Haien nach ihm von Gott verliehener Einsicht projectirt und bei der Herrschaft für euch durchgesetzt hat, den wird Niemand von euch Lebenden brechen sehen; und wolltet ihr ihm selbst nicht danken, eure Enkel werden ihm den Ehrenkranz doch einstens nicht versagen können!'

„Jewe Manners setzte sich wieder; er nahm sein blaues Schnupftuch aus der Tasche und wischte sich ein paar Tropfen von der Stirn. Der Greis war noch immer als ein Mann von Tüchtigkeit und unantastbarer Rechtschaffenheit bekannt, und da die Versammlung eben nicht geneigt war, ihm zuzustimmen, so schwieg sie weiter. Aber Hauke Haien nahm das Wort; doch sahen Alle, daß er bleich geworden. ‚Ich danke Euch, Jewe Manners,‘ sprach er, ‚daß Ihr noch

hier seid und daß Ihr das Wort gesprochen habt; ihr an=
deren Herren Gevollmächtigten wollet den neuen Deichbau,
der freilich mir zur Last fällt, zum mindesten ansehen als
ein Ding, das nun nicht mehr zu ändern steht, und lasset
uns demgemäß beschließen, was nun noth ist!'

„‚Sprechet!‘ sagte einer der Gevollmächtigten. Und Hauke
breitete die Karte des neuen Deiches auf dem Tische aus:
‚Es hat vorhin Einer gefragt,‘ begann er, ‚woher die viele
Erde nehmen? — Ihr seht, soweit das Vorland in die
Watten hinausgeht, ist außerhalb der Deichlinie ein Streifen
Landes freigelassen; daher und von dem Vorlande, das nach
Nord und Süd von dem neuen Kooge an dem Deiche hin=
läuft, können wir die Erde nehmen; haben wir an den
Wasserseiten nur eine tüchtige Lage Klei, nach innen oder
in der Mitte kann auch Sand genommen werden! — Nun
aber ist zunächst ein Feldmesser zu berufen, der die Linie
des neuen Deiches auf dem Vorland absteckt! Der mir bei
Ausarbeitung des Planes behülflich gewesen, wird wohl am
besten dazu passen. Ferner werden wir zur Heranholung
des Kleis oder sonstigen Materiales die Anfertigung ein=
spänniger Sturzkarren mit Gabeldeichsel bei einigen Stell=
machern verdingen müssen; wir werden für die Durchdäm=
mung des Prichles und nach den Binnenseiten, wo wir
etwa mit Sand fürlieb nehmen müssen, ich kann jetzt nicht
sagen, wie viel hundert Fuder Stroh zur Bestickung des
Deiches gebrauchen, vielleicht mehr, als in der Marsch hier
wird entbehrlich sein! — Lasset uns denn berathen, wie zu=
nächst dies Alles zu beschaffen und einzurichten ist; auch die
neue Schleuse hier an der Westseite gegen das Wasser zu
ist später einem tüchtigen Zimmermann zur Herstellung zu
übergeben.‘

„Die Versammelten hatten sich um den Tisch gestellt,
betrachteten mit halbem Aug die Karte und begannen all=
gemach zu sprechen; doch war's, als geschähe es, damit nur

überhaupt etwas gesprochen werde. Als es sich um Zu=
ziehung des Feldmessers handelte, meinte einer der Jüngeren:
‚Ihr habt es ausgesonnen, Deichgraf; Ihr müsset selbst am
besten wissen, wer dazu taugen mag.'

„Aber Hauke entgegnete: ‚Da ihr Geschworene seid, so
müsset ihr aus eigener, nicht aus meiner Meinung sprechen,
Jakob Meyen; und wenn ihr's dann besser sagt, so werd
ich meinen Vorschlag fallen lassen!'

„‚Nun ja, es wird schon recht sein,' sagte Jakob Meyen.

„Aber einem der Älteren war es doch nicht völlig recht;
er hatte einen Brudersssohn: so einer im Feldmessen sollte
hier in der Marsch noch nicht gewesen sein, der sollte
noch über des Deichgrafen Vater, den seligen Tede Haien,
gehen!

„So wurde denn über die beiden Feldmesser verhandelt
und endlich beschlossen, ihnen gemeinschaftlich das Werk zu
übertragen. Ähnlich ging es bei den Sturzkarren, bei der
Strohlieferung und allem Anderen, und Hauke kam spät
und fast erschöpft auf seinem Wallach, den er noch derzeit
ritt, zu Hause an. Aber als er in dem alten Lehnstuhl saß,
der noch von seinem gewichtigen, aber leichter lebenden Vor=
gänger stammte, war auch sein Weib ihm schon zur Seite:
‚Du siehst so müd aus, Hauke,' sprach sie und strich mit
ihrer schmalen Hand das Haar ihm von der Stirn.

„‚Ein wenig wohl!' erwiderte er.

— „‚Und geht es denn?'

„‚Es geht schon,' sagte er mit bitterem Lächeln; ‚aber
ich selber muß die Räder schieben und froh sein, wenn sie
nicht zurückgehalten werden!'

— „‚Aber doch nicht von Allen?'

„‚Nein, Elke; dein Pathe, Jewe Manners, ist ein guter
Mann; ich wollt, er wär um dreißig Jahre jünger.'

* *
*

Der Schimmelreiter.

„Als nach einigen Wochen die Deichlinie abgesteckt und der größte Theil der Sturzkarren geliefert war, waren sämmtliche Antheilbesitzer des einzudeichenden Kooges, ingleichen die Besitzer der hinter dem alten Deich belegenen Ländereien, durch den Deichgrafen im Kirchspielkrug versammelt worden; es galt, ihnen einen Plan über die Vertheilung der Arbeit und Kosten vorzulegen und ihre etwaigen Einwendungen zu vernehmen; denn auch die Letzteren hatten, sofern der neue Deich und die neuen Siele die Unterhaltungskosten der älteren Werke verminderten, ihren Theil zu schaffen und zu tragen. Dieser Plan war für Hauke ein schwer Stück Arbeit gewesen, und wenn ihm durch Vermittelung des Oberdeichgrafen neben einem Deichboten nicht auch noch ein Deichschreiber wäre zugeordnet worden, er würde es so bald nicht fertig gebracht haben, obwohl auch jetzt wieder an jedem neuen Tage in die Nacht hinein gearbeitet war. Wenn er dann todmüde sein Lager suchte, so hatte nicht wie vordem sein Weib in nur verstelltem Schlafe seiner gewartet; auch sie hatte so vollgemessen ihre tägliche Arbeit, daß sie Nachts wie am Grunde eines tiefen Brunnens in unstörbarem Schlafe lag.

„Als Hauke jetzt seinen Plan verlesen und die Papiere, die freilich schon drei Tage hier im Kruge zur Einsicht ausgelegen hatten, wieder auf den Tisch breitete, waren zwar ernste Männer zugegen, die mit Ehrerbietung diesen gewissenhaften Fleiß betrachteten und sich nach ruhiger Überlegung den billigen Ansätzen ihres Deichgrafen unterwarfen; Andere aber, deren Antheile an dem neuen Lande von ihnen selbst oder ihren Vätern oder sonstigen Vorbesitzern waren veräußert worden, beschwerten sich, daß sie zu den Kosten des neuen Kooges hinzugezogen seien, dessen Land sie nichts mehr angehe, uneingedenk, daß durch die neuen Arbeiten auch ihre alten Ländereien nach und nach entbürdet würden; und wieder Andere, die mit Antheilen in dem neuen Koog

gesegnet waren, schrieen, man möge ihnen doch dieselben ab=
nehmen, sie sollten um ein Geringes feil sein; denn wegen
der unbilligen Leistungen, die ihnen dafür aufgebürdet wür=
den, könnten sie nicht damit bestehen. Ole Peters aber, der
mit grimmigem Gesicht am Thürpfosten lehnte, rief dazwi=
schen: ‚Besinnt euch erst und dann vertrauet unserem Deich=
grafen! der versteht zu rechnen; er hatte schon die meisten
Antheile, da wußte er auch mir die meinen abzuhandeln, und
als er sie hatte, beschloß er, diesen neuen Koog zu deichen!'

„Es war nach diesen Worten einen Augenblick todtenstill
in der Versammlung. Der Deichgraf stand an dem Tisch,
auf den er zuvor seine Papiere gebreitet hatte; er hob sei=
nen Kopf und sah nach Ole Peters hinüber: ‚Du weißt
wohl, Ole Peters,' sprach er, ‚daß du mich verleumdest; du
thust es dennoch, weil du überdies auch weißt, daß doch ein
gut Theil des Schmutzes, womit du mich bewirfst, an mir
wird hängen bleiben! Die Wahrheit ist, daß du deine An=
theile los sein wolltest, und daß ich ihrer derzeit für meine
Schafzucht bedurfte; und willst du Weiteres wissen, das
ungewaschene Wort, das dir im Krug vom Mund gefahren,
ich sei nur Deichgraf meines Weibes wegen, das hat mich
aufgerüttelt, und ich hab euch zeigen wollen, daß ich wohl
um meiner selbst willen Deichgraf sein könne; und somit,
Ole Peters, hab ich gethan, was schon der Deichgraf vor
mir hätte thun sollen. Trägst du mir aber Groll, daß der=
zeit deine Antheile die meinen geworden sind — du hörst
es ja, es sind genug, die jetzt die ihrigen um ein Billiges
feil bieten, nur weil die Arbeit ihnen jetzt zu viel ist!'

„Von einem kleinen Theil der versammelten Männer
ging ein Beifallsmurmeln aus, und der alte Jewe Manners,
der dazwischen stand, rief laut: ‚Bravo, Hauke Haien! Unser
Herrgott wird dir dein Werk gelingen lassen!'

„Aber man kam doch nicht zu Ende, obgleich Ole Peters
schwieg und die Leute erst zum Abendbrote aus einander

gingen; erst in einer zweiten Versammlung wurde Alles geordnet; aber auch nur, nachdem Hauke statt der ihm zukommenden drei Gespanne für den nächsten Monat deren vier auf sich genommen hatte.

„Endlich, als schon die Pfingstglocken durch das Land läuteten, hatte die Arbeit begonnen: unablässig fuhren die Sturzkarren von dem Vorlande an die Deichlinie, um den geholten Klei dort abzustürzen, und gleicherweise war dieselbe Anzahl schon wieder auf der Rückfahrt, um auf dem Vorland neuen aufzuladen; an der Deichlinie selber standen Männer mit Schaufeln und Spaten, um das Abgeworfene an seinen Platz zu bringen und zu ebnen; ungeheure Fuder Stroh wurden angefahren und abgeladen; nicht nur zur Bedeckung des leichteren Materials, wie Sand und lose Erde, dessen man an den Binnenseiten sich bediente, wurde das Stroh benutzt; allmählich wurden einzelne Strecken des Deiches fertig, und die Grassoden, womit man sie belegt hatte, wurden stellenweis zum Schutz gegen die nagenden Wellen mit fester Strohbestickung überzogen. Bestellte Aufseher gingen hin und her, und wenn es stürmte, standen sie mit aufgerissenen Mäulern und schrieen ihre Befehle durch Wind und Wetter; dazwischen ritt der Deichgraf auf seinem Schimmel, den er jetzt ausschließlich in Gebrauch hatte, und das Thier flog mit dem Reiter hin und wieder, wenn er rasch und trocken seine Anordnungen machte, wenn er die Arbeiter lobte oder, wie es wohl geschah, einen Faulen oder Ungeschickten ohn Erbarmen aus der Arbeit wies. ‚Das hilft nicht!‘ rief er dann; ‚um deine Faulheit darf uns nicht der Deich verderben!‘ Schon von Weitem, wenn er unten aus dem Koog heraufkam, hörten sie das Schnauben seines Rosses, und alle Hände faßten fester in die Arbeit: ‚Frisch zu! Der Schimmelreiter kommt!‘

„War es um die Frühstückszeit, wo die Arbeiter mit ihrem Morgenbrot haufenweis beisammen auf der Erde lagen, dann ritt Hauke an den verlassenen Werken entlang, und seine Augen waren scharf, wo liederliche Hände den Spaten geführt hatten. Wenn er aber zu den Leuten ritt und ihnen auseinandersetzte, wie die Arbeit müsse beschafft werden, sahen sie wohl zu ihm auf und kauten geduldig an ihrem Brote weiter; aber eine Zustimmung oder auch nur eine Äußerung hörte er nicht von ihnen. Einmal zu solcher Tageszeit, es war schon spät, da er an einer Deichstelle die Arbeit in besonderer Ordnung gefunden hatte, ritt er zu dem nächsten Haufen der Frühstückenden, sprang von seinem Schimmel und frug heiter, wer dort so sauberes Tagewerk verrichtet hätte; aber sie sahen ihn nur scheu und düster an, und nur langsam und wie widerwillig wurden ein paar Namen genannt. Der Mensch, dem er sein Pferd gegeben hatte, das ruhig wie ein Lamm stand, hielt es mit beiden Händen und blickte wie angstvoll nach den schönen Augen des Thieres, die es, wie gewöhnlich, auf seinen Herrn gerichtet hielt.

„Nun, Marten!' rief Hauke; ‚was stehst du, als ob dir der Donner in die Beine gefahren sei?'

— „Herr, Euer Pferd, es ist so ruhig, als ob es Böses vorhabe!'

„Hauke lachte und nahm das Pferd selbst am Zügel, das sogleich liebkosend den Kopf an seiner Schulter rieb. Von den Arbeitern sahen einige scheu zu Roß und Reiter hinüber, andere, als ob das Alles sie nicht kümmere, aßen schweigend ihre Frühkost, dann und wann den Möven einen Brocken hinaufwerfend, die sich den Futterplatz gemerkt hatten und mit ihren schlanken Flügeln sich fast auf ihre Köpfe senkten. Der Deichgraf blickte eine Weile wie gedankenlos auf die bettelnden Vögel und wie sie die zugeworfenen Bissen mit ihren Schnäbeln haschten; dann sprang er in den Sattel und ritt, ohne sich nach den Leuten umzusehen, davon; einige Worte, die jetzt unter ihnen laut wurden, klangen ihm fast wie Hohn. ‚Was ist das?‘ sprach er bei sich selber. ‚Hatte denn Elke Recht, daß sie Alle gegen mich sind? Auch diese Knechte und kleinen Leute, von denen Vielen durch meinen neuen Deich doch eine Wohlhabenheit ins Haus wächst?‘

„Er gab seinem Pferde die Sporen, daß es wie toll in den Koog hinabflog. Von dem unheimlichen Glanze freilich, mit dem sein früherer Dienstjunge den Schimmelreiter bekleidet hatte, wußte er selber nichts; aber die Leute hätten ihn jetzt nur sehen sollen, wie aus seinem hageren Gesicht die Augen starrten, wie sein Mantel flog und wie der Schimmel sprühte!

— — „So war der Sommer und der Herbst vergangen; noch bis gegen Ende November war gearbeitet worden; dann geboten Frost und Schnee dem Werke Halt; man war nicht fertig geworden und beschloß, den Koog offen liegen zu lassen. Acht Fuß ragte der Deich aus der Fläche hervor; nur wo westwärts gegen das Wasser hin die Schleuse gelegt werden sollte, hatte man eine Lücke gelassen; auch oben vor dem alten Deiche war der Priehl noch unberührt. So konnte die Fluth, wie in den letzten dreißig Jahren, in den Koog hineindringen, ohne dort oder an dem neuen Deiche großen Schaden anzurichten. Und so überließ man dem großen Gott das Werk der Menschenhände und stellte es in seinen Schutz, bis die Frühlingssonne die Vollendung würde möglich machen.

— — „Inzwischen hatte im Hause des Deichgrafen sich ein frohes Ereigniß vorbereitet: im neunten Ehejahre war noch ein Kind geboren worden. Es war roth und hutzelig und wog seine sieben Pfund, wie es für neugeborene Kinder sich gebührt, wenn sie, wie dies, dem weiblichen Geschlechte angehören; nur sein Geschrei war wunderlich verhohlen und hatte der Wehmutter nicht gefallen wollen. Das Schlimmste war: am dritten Tage lag Elke im hellen Kindbettfieber, redete Irrsal und kannte weder ihren Mann noch ihre alte

Helferin. Die unbändige Freude, die Hauke beim Anblick seines Kindes ergriffen hatte, war zu Trübsal geworden; der Arzt aus der Stadt war geholt, er saß am Bett und fühlte den Puls und verschrieb und sah rathlos um sich her. Hauke schüttelte den Kopf: ‚Der hilft nicht; nur Gott kann helfen!‘ Er hatte sich sein eigen Christenthum zurecht gerechnet, aber es war etwas, das sein Gebet zurückhielt. Als der alte Doctor davongefahren war, stand er am Fenster, in den winterlichen Tag hinausstarrend, und während die Kranke aus ihren Phantasien aufschrie, schränkte er die Hände zusammen; er wußte selber nicht, war es aus Andacht oder war es nur, um in der ungeheuren Angst sich selbst nicht zu verlieren.

„‚Wasser! Das Wasser!‘ wimmerte die Kranke. ‚Halt mich!‘ schrie sie; ‚halt mich, Hauke!‘ Dann sank die Stimme; es klang, als ob sie weine: ‚In See, ins Haf hinaus? O lieber Gott, ich seh ihn nimmer wieder!‘

„Da wandte er sich und schob die Wärterin von ihrem Bette; er fiel auf seine Kniee, umfaßte sein Weib und riß sie an sich: ‚Elke! Elke, so kenn mich doch, ich bin ja bei dir!‘

„Aber sie öffnete nur die fieberglühenden Augen weit und sah wie rettungslos verloren um sich.

„Er legte sie zurück auf ihre Kissen; dann krampfte er die Hände in einander: ‚Herr, mein Gott,‘ schrie er; ‚nimm sie mir nicht! Du weißt, ich kann sie nicht entbehren!‘ Dann war's, als ob er sich besinne, und leiser setzte er hinzu: ‚Ich weiß ja wohl, du kannst nicht allezeit, wie du willst, auch du nicht; du bist allweise; du mußt nach deiner Weisheit thun — o Herr, sprich nur durch einen Hauch zu mir!‘

„Es war, als ob plötzlich eine Stille eingetreten sei; er hörte nur ein leises Athmen; als er sich zum Bette kehrte, lag sein Weib in ruhigem Schlaf, nur die Wärterin sah mit entsetzten Augen auf ihn. Er hörte die Thür gehen. ‚Wer war das?‘ frug er.

„Herr, die Magd Ann Grethe ging hinaus; sie hatte den Warmkorb hereingebracht.'

— „Was sieht Sie mich denn so verfahren an, Frau Levke?'

„Ich? Ich hab mich ob Eurem Gebet erschrocken; damit betet Ihr Keinen vom Tode los!'

„Hauke sah sie mit seinen durchdringenden Augen an: ‚Besucht Sie denn auch, wie unsere Ann Grethe, die Conventikel bei dem holländischen Flickschneider Jantje?'

„Ja, Herr; wir haben Beide den lebendigen Glauben!'

„Hauke antwortete ihr nicht. Das damals stark im Schwange gehende separatistische Conventikelwesen hatte auch unter den Friesen seine Blüthen getrieben; heruntergekommene Handwerker oder wegen Trunkes abgesetzte Schulmeister spielten darin die Hauptrolle, und Dirnen, junge und alte Weiber, Faulenzer und einsame Menschen liefen eifrig in die heimlichen Versammlungen, in denen Jeder den Priester spielen konnte. Aus des Deichgrafen Hause brachten Ann Grethe und der in sie verliebte Dienstjunge ihre freien Abende dort zu. Freilich hatte Elke ihre Bedenken darüber gegen Hauke nicht zurückgehalten; aber er hatte gemeint, in Glaubenssachen solle man Keinem drein reden: das schade Niemandem, und besser dort doch als im Schnapskrug!

„So war es dabei geblieben, und so hatte er auch jetzt geschwiegen. Aber freilich über ihn schwieg man nicht; seine Gebetsworte liefen um von Haus zu Haus: er hatte Gottes Allmacht bestritten; was war ein Gott denn ohne Allmacht? Er war ein Gottesleugner; die Sache mit dem Teufelspferde mochte auch am Ende richtig sein!

„Hauke erfuhr nichts davon; er hatte in diesen Tagen nur Ohren und Augen für sein Weib, selbst das Kind war für ihn nicht mehr auf der Welt.

„Der alte Arzt kam wieder, kam jeden Tag, mitunter zweimal, blieb dann eine ganze Nacht, schrieb wieder ein

Recept, und der Knecht Iven Johns ritt damit im Flug zur Apotheke. Dann aber wurde sein Gesicht freundlicher, er nickte dem Deichgrafen vertraulich zu: ‚Es geht! Es geht! Mit Gottes Hülfe!' Und eines Tags — hatte nun seine Kunst die Krankheit besiegt, oder hatte auf Haukes Gebet der liebe Gott doch noch einen Ausweg finden können —, als der Doctor mit der Kranken allein war, sprach er zu ihr, und seine alten Augen lachten: ‚Frau, jetzt kann ich's getrost Euch sagen: heut hat der Doctor seinen Festtag; es stand schlimm um Euch, aber nun gehöret Ihr wieder zu uns, zu den Lebendigen!'

„Da brach es wie ein Strahlenmeer aus ihren dunklen Augen: ‚Hauke! Hauke, wo bist du?' rief sie, und als er auf den hellen Ruf ins Zimmer und an ihr Bett stürzte, schlug sie die Arme um seinen Nacken: ‚Hauke, mein Mann, gerettet! Ich bleibe bei dir!'

„Da zog der alte Doctor sein seiden Schnupftuch aus der Tasche, fuhr sich damit über Stirn und Wangen und ging kopfnickend aus dem Zimmer.

— — „Am dritten Abend nach diesem Tage sprach ein frommer Redner — es war ein vom Deichgrafen aus der Arbeit gejagter Pantoffelmacher — im Conventikel bei dem holländischen Schneider, da er seinen Zuhörern die Eigenschaften Gottes auseinandersetzte: ‚Wer aber Gottes Allmacht widerstreitet, wer da sagt: ich weiß, du kannst nicht, was du willst — wir kennen den Unglückseligen ja Alle; er lastet gleich einem Stein auf der Gemeinde — der ist von Gott gefallen und suchet den Feind Gottes, den Freund der Sünde, zu seinem Tröster; denn nach irgend einem Stabe muß die Hand des Menschen greifen. Ihr aber, hütet euch vor dem, der also betet; sein Gebet ist Fluch!'

— — „Auch das lief um von Haus zu Haus. Was läuft nicht um in einer kleinen Gemeinde? Und auch zu Haukes Ohren kam es. Er sprach kein Wort darüber, nicht

einmal zu seinem Weibe; nur mitunter konnte er sie heftig
umfassen und an sich ziehen: ‚Bleib mir treu, Elke! Bleib
mir treu!' — Dann sahen ihre Augen voll Staunen zu
ihm auf: ‚Dir treu? Wem sollte ich denn anders treu sein?'
— Nach einer kurzen Weile aber hatte sie sein Wort ver=
standen: ‚Ja, Hauke, wir sind uns treu; nicht nur, weil
wir uns brauchen.' Und dann ging Jedes seinen Arbeitsweg.

„Das wäre so weit gut gewesen; aber es war doch trotz
aller lebendigen Arbeit eine Einsamkeit um ihn, und in
seinem Herzen nistete sich ein Trotz und abgeschlossenes
Wesen gegen andere Menschen ein; nur gegen sein Weib
blieb er allezeit der Gleiche, und an der Wiege seines Kin=
des lag er Abends und Morgens auf den Knieen, als sei
dort die Stätte seines ewigen Heils. Gegen Gesinde und
Arbeiter aber wurde er strenger; die Ungeschickten und Fahr=
lässigen, die er früher durch ruhigen Tadel zurecht gewiesen
hatte, wurden jetzt durch hartes Anfahren aufgeschreckt, und
Elke ging mitunter leise bessern.

*   *
*

„Als der Frühling nahte, begannen wieder die Deich=
arbeiten; mit einem Kajedeich wurde zum Schutz der jetzt
aufzubauenden neuen Schleuse die Lücke in der westlichen
Deichlinie geschlossen, halbmondförmig nach innen und ebenso
nach außen; und gleich der Schleuse wuchs allmählich auch
der Hauptdeich zu seiner immer rascher herzustellenden Höhe
empor. Leichter wurde dem leitenden Deichgrafen seine Ar=
beit nicht, denn an Stelle des im Winter verstorbenen Jewe
Manners war Ole Peters als Deichgevollmächtigter einge=
treten. Hauke hatte nicht versuchen wollen, es zu hindern;
aber anstatt der ermuthigenden Worte und der dazu gehöri=
gen zuthunlichen Schläge auf seine linke Schulter, die er so
oft von dem alten Pathen seines Weibes eincassirt hatte,

kamen ihm jetzt von dem Nachfolger ein heimliches Wider=
halten und unnöthige Einwände und waren mit unnöthigen
Gründen zu bekämpfen; denn Ole gehörte zwar zu den
Wichtigen, aber in Deichsachen nicht zu den Klugen; auch
war von früher her der „Schreiberknecht" ihm immer noch
im Wege.

„Der glänzendste Himmel breitete sich wieder über Meer
und Marsch, und der Koog wurde wieder bunt von starken
Rindern, deren Gebrüll von Zeit zu Zeit die weite Stille
unterbrach; unablässig sangen in hoher Himmelsluft die Ler=
chen, aber man hörte es erst, wenn einmal auf eines Athem=
zuges Länge der Gesang verstummt war. Kein Unwetter
störte die Arbeit, und die Schleuse stand schon mit ihrem
ungestrichenen Balkengefüge, ohne daß auch nur in einer
Nacht sie eines Schutzes von dem Interimsdeich bedurft
hätte; der Herrgott schien seine Gunst dem neuen Werke
zuzuwenden. Auch Frau Elkes Augen lachten ihrem Manne
zu, wenn er auf seinem Schimmel draußen von dem Deich
nach Hause kam: ‚Bist doch ein braves Thier geworden!'
sagte sie dann und klopfte den blanken Hals des Pferdes.
Hauke aber, wenn sie das Kind am Halse hatte, sprang
herab und ließ das winzige Dinglein auf seinen Armen
tanzen; wenn dann der Schimmel seine braunen Augen auf
das Kind gerichtet hielt, dann sprach er wohl: ‚Komm her;
sollst auch die Ehre haben!' und er setzte die kleine Wienke
— denn so war sie getauft worden — auf seinen Sattel
und führte den Schimmel auf der Werft im Kreise herum.
Auch der alte Eschenbaum hatte mitunter die Ehre; er setzte
das Kind auf einen schwanken Ast und ließ es schaukeln.
Die Mutter stand mit lachenden Augen in der Hausthür;
das Kind aber lachte nicht, seine Augen, zwischen denen ein
feines Näschen stand, schauten ein wenig stumpf ins Weite,
und die kleinen Hände griffen nicht nach dem Stöckchen,
das der Vater ihr hinhielt. Hauke achtete nicht darauf, er

wußte auch nichts von so kleinen Kindern; nur Elke, wenn sie das helläugige Mädchen auf dem Arm ihrer Arbeitsfrau erblickte, die mit ihr zugleich das Wochenbett bestanden hatte, sagte mitunter schmerzlich: ‚Das Meine ist noch nicht so weit wie deines, Stina!‘ und die Frau, ihren dicken Jungen, den sie an der Hand hatte, mit derber Liebe schüttelnd, rief dann wohl: ‚Ja, Frau, die Kinder sind verschieden; der da, der stahl mir schon die Äpfel aus der Kammer, bevor er übers zweite Jahr hinaus war!‘ Und Elke strich dem dicken Buben sein Kraushaar aus den Augen und drückte dann heimlich ihr stilles Kind ans Herz.

— — „Als es in den October hineinging, stand an der Westseite die neue Schleuse schon fest in dem von beiden Seiten schließenden Hauptdeich, der bis auf die Lücken bei dem Priehle nun mit seinem sanften Profile ringsum nach den Wasserseiten abfiel und um fünfzehn Fuß die ordinäre Fluth überragte. Von seiner Nordwestecke sah man an Jevershallig vorbei ungehindert in das Wattenmeer hinaus; aber freilich auch die Winde faßten hier schärfer; die Haare flogen, und wer hier ausschauen wollte, der mußte die Mütze fest auf dem Kopf haben.

„Zu Ende November, wo Sturm und Regen eingefallen waren, blieb nur noch hart am alten Deich die Schlucht zu schließen, auf deren Grunde an der Nordseite das Meerwasser durch den Priehl in den neuen Koog hineinschoß. Zu beiden Seiten standen die Wände des Deiches; der Abgrund zwischen ihnen mußte jetzt verschwinden. Ein trocken Sommerwetter hätte die Arbeit wohl erleichtert; aber auch so mußte sie gethan werden, denn ein aufbrechender Sturm konnte das ganze Werk gefährden. Und Hauke setzte Alles daran, um jetzt den Schluß herbeizuführen. Der Regen strömte, der Wind pfiff; aber seine hagere Gestalt auf dem feurigen Schimmel tauchte bald hier, bald dort aus den schwarzen Menschenmassen empor, die oben wie unten an

der Nordseite des Deiches neben der Schlucht beschäftigt
waren. Jetzt sah man ihn unten bei den Sturzkarren, die
schon weither die Kleierde aus dem Vorlande holen mußten,
und von denen eben ein gedrängter Haufen bei dem Priehle
anlangte und seine Last dort abzuwerfen suchte. Durch das
Geklatsch des Regens und das Brausen des Windes klangen
von Zeit zu Zeit die scharfen Befehlsworte des Deichgrafen,
der heute hier allein gebieten wollte; er rief die Karren nach
den Nummern vor und wies die Drängenden zurück; ein
‚Halt!‘ scholl von seinem Munde, dann ruhte unten die
Arbeit; ‚Stroh! ein Fuder Stroh hinab!‘ rief er denen dro=
ben zu, und von einem der oben haltenden Fuder stürzte es
auf den nassen Klei hinunter. Unten sprangen Männer da=
zwischen und zerrten es aus einander und schrieen nach oben,
sie nur nicht zu begraben. Und wieder kamen neue Karren,
und Hauke war schon wieder oben und sah von seinem
Schimmel in die Schlucht hinab, und wie sie dort schau=
felten und stürzten; dann warf er seine Augen nach dem
Haf hinaus. Es wehte scharf, und er sah, wie mehr und
mehr der Wassersaum am Deich hinaufklimmte und wie die
Wellen sich noch höher hoben; er sah auch, wie die Leute
trieften und kaum athmen konnten in der schweren Arbeit
vor dem Winde, der ihnen die Luft am Munde abschnitt,
und vor dem kalten Regen, der sie überströmte. ‚Ausgehal=
ten, Leute! Ausgehalten!‘ schrie er zu ihnen hinab. ‚Nur
einen Fuß noch höher; dann ist's genug für diese Fluth!‘
Und durch alles Getöse des Wetters hörte man das Geräusch
der Arbeiter: das Klatschen der hineingestürzten Kleimassen,
das Rasseln der Karren und das Rauschen des von oben
hinabgelassenen Strohes ging unaufhaltsam vorwärts; dazwi=
schen war mitunter das Winseln eines kleinen gelben Hundes
laut geworden, der frierend und wie verloren zwischen Men=
schen und Fuhrwerken herumgestoßen wurde; plötzlich aber
scholl ein jammervoller Schrei des kleinen Thieres von unten

aus der Schlucht herauf. Hauke blickte hinab; er hatte es von oben hinunterschleudern sehen; eine jähe Zornröthe stieg ihm ins Gesicht. „Halt! Haltet ein!" schrie er zu den Karren hinunter; denn der nasse Klei wurde unaufhaltsam aufgeschüttet.

„Warum?" schrie eine rauhe Stimme von unten herauf; ‚doch um die elende Hundecreatur nicht?'

„Halt! sag ich,' schrie Hauke wieder; ‚bring mir den Hund! Bei unserem Werke soll kein Frevel sein!'

„Aber es rührte sich keine Hand; nur ein paar Spaten zähen Kleis flogen noch neben das schreiende Thier. Da gab er seinem Schimmel die Sporen, daß das Thier einen Schrei ausstieß, und stürmte den Deich hinab, und Alles wich vor ihm zurück. ‚Den Hund!' schrie er; ‚ich will den Hund!'

„Eine Hand schlug sanft auf seine Schulter, als wäre es die Hand des alten Jewe Manners; doch als er umsah, war es nur ein Freund des Alten. ‚Nehmt Euch in Acht, Deichgraf!' raunte der ihm zu. ‚Ihr habt nicht Freunde unter diesen Leuten; laßt es mit dem Hunde gehen!'

„Der Wind pfiff, der Regen klatschte; die Leute hatten die Spaten in den Grund gesteckt, einige sie fortgeworfen. Hauke neigte sich zu dem Alten: ‚Wollt Ihr meinen Schimmel halten, Harke Jens?' frug er; und als jener noch kaum den Zügel in der Hand hatte, war Hauke schon in die Kluft gesprungen und hielt das kleine winselnde Thier in seinem Arm; und fast im selben Augenblicke saß er auch wieder hoch im Sattel und sprengte auf den Deich zurück. Seine Augen flogen über die Männer, die bei den Wagen standen. ‚Wer war es?' rief er. ‚Wer hat die Creatur hinabgeworfen?'

„Einen Augenblick schwieg Alles, denn aus dem hageren Gesicht des Deichgrafen sprühte der Zorn, und sie hatten abergläubische Furcht vor ihm. Da trat von einem Fuhrwerk ein stiernackiger Kerl vor ihn hin. ‚Ich that es nicht, Deichgraf,‘ sagte er und biß von einer Rolle Kautaback ein Endchen ab, das er sich erst ruhig in den Mund schob; ‚aber der es that, hat recht gethan; soll Euer Deich sich halten, so muß was Lebiges hinein!‘

— „‚Was Lebiges? Aus welchem Katechismus hast du das gelernt?‘

„‚Aus keinem, Herr!‘ entgegnete der Kerl, und aus seiner Kehle stieß ein freches Lachen; ‚das haben unsere Großväter schon gewußt, die sich mit Euch im Christenthum wohl messen durften! Ein Kind ist besser noch; wenn das nicht da ist, thut's auch wohl ein Hund!‘

„‚Schweig du mit deinen Heidenlehren,‘ schrie ihn Hauke an, ‚es stopfte besser, wenn man dich hineinwürfe.‘

„‚Oho!‘ erscholl es; aus einem Dutzend Kehlen war der Laut gekommen, und der Deichgraf gewahrte ringsum grimmige Gesichter und geballte Fäuste; er sah wohl, daß das keine Freunde waren; der Gedanke an seinen Deich überfiel ihn wie ein Schrecken: was sollte werden, wenn jetzt Alle ihre Spaten hinwürfen? — Und als er nun den Blick nach unten richtete, sah er wieder den Freund des alten Jewe Manners; der ging dort zwischen den Arbeitern, sprach zu Dem und Jenem, lachte hier Einem zu, klopfte dort mit freundlichem Gesicht Einem auf die Schulter, und Einer nach dem Anderen faßte wieder seinen Spaten; noch einige Augenblicke, und die Arbeit war wieder in vollem Gange. — Was wollte er denn noch? Der Priehl mußte geschlossen werden, und den Hund barg er sicher genug in den Falten seines Mantels. Mit plötzlichem Entschluß wandte er seinen Schimmel gegen den nächsten Wagen: ‚Stroh an die Kante!‘ rief er herrisch, und wie mechanisch gehorchte ihm der Fuhrknecht; bald rauschte es hinab in die Tiefe, und von allen Seiten regte es sich aufs Neue und mit allen Armen.

„Eine Stunde war noch so gearbeitet; es war nach sechs Uhr, und schon brach tiefe Dämmerung herein; der Regen hatte aufgehört, da rief Hauke die Aufseher an sein Pferd: ‚Morgen früh vier Uhr,‘ sagte er, ‚ist Alles wieder auf dem Platz; der Mond wird noch am Himmel sein; da machen wir mit Gott den Schluß! Und dann noch Eines!‘ rief er, als sie gehen wollten: ‚Kennt ihr den Hund?‘ und er nahm das zitternde Thier aus seinem Mantel.

„Sie verneinten das; nur Einer sagte: ‚Der hat sich taglang schon im Dorf herumgebettelt; der gehört gar Keinem!‘

„‚Dann ist er mein!‘ entgegnete der Deichgraf. ‚Vergesset nicht: morgen früh vier Uhr!‘ und ritt davon.

„Als er heim kam, trat Ann Grethe aus der Thür; sie hatte saubere Kleidung an, und es fuhr ihm durch den Kopf, sie gehe jetzt zum Conventikelschneider: ‚Halt die Schürze auf!‘ rief er ihr zu, und da sie es unwillkürlich that, warf er das kleibeschmutzte Hündlein ihr hinein: ‚Bring ihn der kleinen Wienke; er soll ihr Spielkamerad werden! Aber wasch und wärm ihn zuvor; so thust du auch ein gottgefällig Werk, denn die Creatur ist schier verklommen.‘

„Und Ann Grethe konnte nicht lassen, ihrem Wirth Gehorsam zu leisten, und kam deshalb heute nicht in den Conventikel.

* *
*

„Und am anderen Tage wurde der letzte Spatenstich am neuen Deich gethan; der Wind hatte sich gelegt; in anmuthigem Fluge schwebten Möven und Avosetten über Land und Wasser hin und wieder; von Jevershallig tönte das tausendstimmige Geknorr der Rottgänse, die sich's noch heute an der Küste der Nordsee wohl sein ließen, und aus den weißen Morgennebeln, welche die weite Marsch bedeckten, stieg allmählich ein goldener Herbsttag und beleuchtete das neue Werk der Menschenhände.

„Nach einigen Wochen kamen mit dem Oberdeichgrafen die herrschaftlichen Commissäre zur Besichtigung desselben; ein großes Festmahl, das erste nach dem Leichenmahl des alten Tede Volkerts, wurde im deichgräflichen Hause gehalten; alle Deichgevollmächtigten und die größten Interessenten waren dazu geladen. Nach Tische wurden sämmtliche Wagen der Gäste und des Deichgrafen angespannt; Frau Elke wurde von dem Oberdeichgrafen in die Carriole gehoben, vor der der braune Wallach mit seinen Hufen stampfte; dann sprang er selber hinten nach und nahm die Zügel in die Hand; er wollte die gescheite Frau seines Deichgrafen selber fahren. So ging es munter von der Werfte und in den Weg hinaus, den Akt zum neuen Deich hinan und auf demselben um den jungen Koog herum. Es war inmittelst ein leichter Nordwestwind aufgekommen, und an der Nord- und Westseite des neuen Deiches wurde die Fluth hinaufgetrieben; aber es war unverkennbar, der sanfte Abfall bedingte einen sanfteren Anschlag; aus dem Munde der herrschaftlichen Commissäre strömte das Lob des Deichgrafen, daß die Bedenken, welche hie und da von den Gevollmächtigten dagegen langsam vorgebracht wurden, gar bald darin erstickten.

— „Auch das ging vorüber; aber noch eine Genugthuung empfing der Deichgraf eines Tages, da er in stillem, selbstbewußtem Sinnen auf dem neuen Deich entlang ritt. Es mochte ihm wohl die Frage kommen, weshalb der Koog, der ohne ihn nicht da wäre, in dem sein Schweiß und seine Nachtwachen steckten, nun schließlich nach einer der herrschaftlichen Prinzessinnen ‚der neue Carolinenkoog‘ getauft sei; aber es war doch so: auf allen dahin gehörigen Schriftstücken stand der Name, auf einigen sogar in rother Fracturschrift. Da, als er aufblickte, sah er zwei Arbeiter mit ihren Feldgeräthschaften, der eine etwa zwanzig Schritte hinter dem anderen, sich entgegenkommen: ‚So wart doch!‘ hörte

er den Nachfolgenden rufen; der Andere aber — er stand
eben an einem Akt, der in den Koog hinunterführte — rief
ihm entgegen: ‚Ein ander Mal, Jens! Es ist schon spät;
ich soll hier Klei schlagen!‘
— „‚Wo denn?‘
„‚Nun hier, im Hauke-Haien-Koog!‘
„Er rief es laut, indem er den Akt hinabtrabte, als
solle die ganze Marsch es hören, die darunter lag. Hauke
aber war es, als höre er seinen Ruhm verkünden; er hob
sich im Sattel, gab seinem Schimmel die Sporen und sah
mit festen Augen über die weite Landschaft hin, die zu
seiner Linken lag. ‚Hauke-Haien-Koog!‘ wiederholte er leis;
das klang, als könnt es alle Zeit nicht anders heißen!
Mochten sie trotzen, wie sie wollten, um seinen Namen war
doch nicht herumzukommen; der Prinzessinnen-Name —
würde er nicht bald nur noch in alten Schriften modern?
— Der Schimmel ging in stolzem Galopp; vor seinen
Ohren aber summte es: ‚Hauke-Haien-Koog! Hauke-Haien-
Koog!‘ In seinen Gedanken wuchs fast der neue Deich zu
einem achten Weltwunder; in ganz Friesland war nicht
seines Gleichen! Und er ließ den Schimmel tanzen; ihm
war, er stünde inmitten aller Friesen; er überragte sie um
Kopfeshöhe, und seine Blicke flogen scharf und mitleidig
über sie hin.

— — „Allmählich waren drei Jahre seit der Ein=
deichung hingegangen; das neue Werk hatte sich bewährt,
die Reparaturkosten waren nur gering gewesen; im Kooge
aber blühte jetzt fast überall der weiße Klee, und ging man
über die geschützten Weiden, so trug der Sommerwind Einem
ganze Wolken süßen Dufts entgegen. Da war die Zeit ge=
kommen, die bisher nur idealen Antheile in wirkliche zu
verwandeln und allen Theilnehmern ihre bestimmten Stücke
für immer eigenthümlich zuzusetzen. Hauke war nicht müßig
gewesen, vorher noch einige neue zu erwerben; Ole Peters

hatte sich verbissen zurückgehalten, ihm gehörte nichts im neuen Kooge. Ohne Verdruß und Streit hatte auch so die Theilung nicht abgehen können, aber fertig war er gleichwohl geworden; auch dieser Tag lag hinter dem Deichgrafen.

* * *

„Fortan lebte er einsam seinen Pflichten als Hofwirth wie als Deichgraf und denen, die ihm am nächsten angehörten; die alten Freunde waren nicht mehr in der Zeitlichkeit, neue zu erwerben, war er nicht geeignet. Aber unter seinem Dach war Frieden, den auch das stille Kind nicht störte; es sprach wenig, das stete Fragen, was den aufgeweckten Kindern eigen ist, kam selten und meist so, daß dem Gefragten die Antwort darauf schwer wurde; aber ihr liebes, einfältiges Gesichtlein trug fast immer den Ausdruck der Zufriedenheit. Zwei Spielkameraden hatte sie, die waren ihr genug: wenn sie über die Werfte wanderte, sprang das gerettete gelbe Hündlein stets um sie herum, und wenn der Hund sich zeigte, war auch klein Wienke nicht mehr fern. Der zweite Kamerad war eine Lachmöve, und wie der Hund ‚Perle‘, so hieß die Möve ‚Claus‘.

„Claus war durch ein greises Menschenkind auf dem Hofe installirt worden: die achtzigjährige Trin Jans hatte in ihrer Kathe auf dem Außendeich sich nicht mehr durchbringen können; da hatte Frau Elke gemeint, die verlebte Dienstmagd ihres Großvaters könnte bei ihnen noch ein paar stille Abendstunden und eine gute Sterbekammer finden, und so, halb mit Gewalt, war sie von ihr und Hauke nach dem Hofe geholt und in dem Nordwest-Stübchen der neuen Scheuer untergebracht worden, die der Deichgraf vor einigen Jahren neben dem Haupthause bei der Vergrößerung seiner Wirthschaft hatte bauen müssen. Ein paar der Mägde hatten daneben ihre Kammer erhalten und konnten der Greisin

Nachts zur Hand gehen. Rings an den Wänden hatte sie ihr altes Hausgeräth: eine Schatulle von Zuckerkistenholz, darüber zwei bunte Bilder vom verlorenen Sohn, ein längst zur Ruhe gestelltes Spinnrad und ein sehr sauberes Gardinenbett, vor dem ein ungefüger, mit dem weißen Fell des weiland Angorakaters überzogener Schemel stand. Aber auch was Lebiges hatte sie noch um sich gehabt und mit hieher gebracht: das war die Möve Claus, die sich schon jahrelang zu ihr gehalten hatte und von ihr gefüttert worden war; freilich, wenn es Winter wurde, flog sie mit den anderen Möven südwärts und kam erst wieder, wenn am Strand der Wermuth duftete.

„Die Scheuer lag etwas tiefer an der Werfte; die Alte konnte von ihrem Fenster aus nicht über den Deich auf die See hinausblicken. ‚Du hast mich hier als wie gefangen, Deichgraf!‘ murrte sie eines Tages, als Hauke zu ihr eintrat, und wies mit ihrem verkrümmten Finger nach den Fennen hinaus, die sich dort unten breiteten. ‚Wo ist denn Jeversfand? Da über den rothen oder über den schwarzen Ochsen hinaus?‘

„‚Was will Sie denn mit Jeversfand?‘ frug Hauke.

— „‚Ach was, Jeversfand!‘ brummte die Alte. ‚Aber ich will doch sehen, wo mein Jung mir derzeit ist zu Gott gegangen!‘

— „‚Wenn Sie das sehen will,‘ entgegnete Hauke, ‚so muß Sie sich oben unter den Eschenbaum setzen, da sieht Sie das ganze Haf!‘

„‚Ja,‘ sagte die Alte; ‚ja, wenn ich deine jungen Beine hätte, Deichgraf!‘

„Dergleichen blieb lange der Dank für die Hülfe, die ihr die Deichgrafsleute angedeihen ließen; dann aber wurde es auf einmal anders. Der kleine Kindskopf Wienkes guckte eines Morgens durch die halbgeöffnete Thür zu ihr herein. ‚Na,‘ rief die Alte, welche mit den Händen in ein=

ander auf ihrem Holzstuhl saß, ‚was hast du denn zu bestellen?‘

„Aber das Kind kam schweigend näher und sah sie mit ihren gleichgültigen Augen unablässig an.

‚Bist du das Deichgrafskind?‘ frug sie Trin Jans, und da das Kind wie nickend das Köpfchen senkte, fuhr sie fort: ‚So setz dich hier auf meinen Schemel! Ein Angorakater ist's gewesen — so groß! Aber dein Vater hat ihn tobtgeschlagen. Wenn er noch lebig wäre, so könntst du auf ihm reiten.‘

„Wienke richtete stumm ihre Augen auf das weiße Fell; dann kniete sie nieder und begann es mit ihren kleinen Händen zu streicheln, wie Kinder es bei einer lebenden Katze oder einem Hunde zu machen pflegen. ‚Armer Kater!‘ sagte sie dann und fuhr wieder in ihren Liebkosungen fort.

„‚So!‘ rief nach einer Weile die Alte, ‚jetzt ist es genug; und sitzen kannst du auch noch heut auf ihm; vielleicht hat dein Vater ihn auch nur um deshalb tobtgeschlagen!‘ Dann hob sie das Kind an beiden Armen in die Höhe und setzte es derb auf den Schemel nieder. Da es aber stumm und unbeweglich sitzen blieb und sie nur immer ansah, begann sie mit dem Kopfe zu schütteln: ‚Du strafst ihn, Gott der Herr! Ja, ja, du strafst ihn!‘ murmelte sie; aber ein Erbarmen mit dem Kinde schien sie doch zu überkommen; ihre knöcherne Hand strich über das dürftige Haar desselben, und aus den Augen der Kleinen kam es, als ob ihr damit wohl geschehe.

„Von nun an kam Wienke täglich zu der Alten in die Kammer; sie setzte sich bald von selbst auf den Angoraschemel, und Trin Jans gab ihr kleine Fleisch- und Brotstückchen in ihre Händchen, welche sie allezeit in Vorrath hatte, und ließ sie diese auf den Fußboden werfen; dann kam mit Gekreisch und ausgespreizten Flügeln die Möve aus irgend einem Winkel hervorgeschossen und machte sich darüber her. Erst erschrak das Kind und schrie auf vor dem großen stürmenden Vogel; bald aber war es wie ein eingelerntes Spiel, und wenn sie nur ihr Köpfchen durch den Thürspalt steckte, schoß schon der Vogel auf sie zu und setzte sich ihr auf Kopf oder Schulter, bis die Alte ihr zu Hülfe kam und die Fütterung beginnen konnte. Trin Jans, die es sonst nicht hatte leiden können, daß Einer auch nur die Hand nach ihrem ‚Claus' ausstreckte, sah jetzt geduldig zu, wie das Kind allmählich ihr den Vogel völlig abgewann. Er ließ sich willig von ihr haschen; sie trug ihn umher und wickelte ihn in ihre Schürze, und wenn dann auf der Werfte etwa das gelbe Hündlein um sie herum und eifersüchtig gegen den Vogel aufsprang, dann rief sie wohl: ‚Nicht du, nicht du, Perle!' und hob mit ihren Ärmchen die Möve so hoch, daß diese, sich selbst befreiend, schreiend über die Werfte hinflog und statt ihrer nun der Hund durch Schmeicheln und Springen den Platz auf ihren Armen zu erobern suchte.

„Fielen zufällig Haukes oder Elkes Augen auf dies wunderliche Vierblatt, das nur durch einen gleichen Mangel am selben Stengel festgehalten wurde, dann flog wohl ein zärtlicher Blick auf ihr Kind; hatten sie sich gewandt, so blieb nur noch ein Schmerz auf ihrem Antlitz, den Jedes einsam mit sich von dannen trug, denn das erlösende Wort war zwischen ihnen noch nicht gesprochen worden. Da eines Sommervormittages, als Wienke mit der Alten und den beiden Thieren auf den großen Steinen vor der Scheunthür saß, gingen ihre beiden Eltern, der Deichgraf seinen Schimmel hinter sich, die Zügel über dem Arme, hier vorüber; er wollte auf den Deich hinaus und hatte das Pferd sich selber von der Fenne heraufgeholt; sein Weib hatte auf der Werfte sich an seinen Arm gehängt. Die Sonne schien warm hernieder; es war fast schwül, und mitunter kam ein Windstoß aus Süd-Süd-Ost. Dem Kinde mochte es auf dem Platze unbehaglich werden: ‚Wienke will mit!‘ rief sie, schüttelte die Möve von ihrem Schoß und griff nach der Hand ihres Vaters.

„‚So komm!‘ sagte dieser. — „Frau Elke aber rief: ‚In dem Wind? Sie fliegt dir weg!‘

„‚Ich halt sie schon; und heut haben wir warme Luft und lustig Wasser, da kann sie's tanzen sehen.‘

„Und Elke lief ins Haus und holte noch ein Tüchlein und ein Käppchen für ihr Kind. ‚Aber es giebt ein Wetter,‘ sagte sie; ‚macht, daß ihr fortkommt, und seid bald wieder hier!‘

„Hauke lachte: ‚Das soll uns nicht zu fassen kriegen!‘ und hob das Kind zu sich auf den Sattel. Frau Elke blieb noch eine Weile auf der Werfte und sah, mit der Hand ihre Augen beschattend, die Beiden auf den Weg und nach dem Deich hinübertraben; Trin Jans saß auf dem Stein und murmelte Unverständliches mit ihren welken Lippen.

„Das Kind lag regungslos im Arm des Vaters; es war, als athme es beklommen unter dem Druck der Gewitterluft; er neigte den Kopf zu ihr: ‚Nun, Wienke?‘ frug er.

„Das Kind sah ihn eine Weile an: ‚Vater,‘ sagte es, ‚du kannst das doch! Kannst du nicht Alles?‘

„‚Was soll ich können, Wienke?‘

„Aber sie schwieg; sie schien die eigene Frage nicht verstanden zu haben.

„Es war Hochfluth; als sie auf den Deich hinaufkamen, schlug der Widerschein der Sonne von dem weiten Wasser ihr in die Augen, ein Wirbelwind trieb die Wellen strudelnd in die Höhe, und neue kamen heran und schlugen klatschend gegen den Strand; da klammerte sie ihre Händchen angstvoll um die Faust ihres Vaters, die den Zügel führte, daß der Schimmel mit einem Satz zur Seite fuhr. Die blaßblauen

Augen sahen in wirrem Schreck zu Hauke auf: ‚Das Wasser, Vater! das Wasser!‘ rief sie.

„Aber er löste sich sanft und sagte: ‚Still, Kind, du bist bei deinem Vater; das Wasser thut dir nichts!‘

„Sie strich sich das fahlblonde Haar aus der Stirn und wagte es wieder, auf die See hinauszusehen. ‚Es thut mir nichts,‘ sagte sie zitternd; ‚nein, sag, daß es uns nichts thun soll; du kannst das, und dann thut es uns auch nichts!‘

„‚Nicht ich kann das, Kind,‘ entgegnete Hauke ernst; ‚aber der Deich, auf dem wir reiten, der schützt uns, und den hat dein Vater ausgedacht und bauen lassen.‘

„Ihre Augen gingen wider ihn, als ob sie das nicht ganz verstünde; dann barg sie ihr auffallend kleines Köpfchen in dem weiten Rocke ihres Vaters.

„‚Warum versteckst du dich, Wienke?‘ raunte der ihr zu; ‚ist dir noch immer bange?‘ Und ein zitterndes Stimmchen kam aus den Falten des Rockes: ‚Wienke will lieber nicht sehen; aber du kannst doch Alles, Vater?‘

„Ein ferner Donner rollte gegen den Wind herauf. ‚Hoho!‘ rief Hauke, ‚da kommt es!‘ und wandte sein Pferd zur Rückkehr. ‚Nun wollen wir heim zur Mutter!‘

„Das Kind that einen tiefen Athemzug; aber erst, als sie die Werfte und das Haus erreicht hatten, hob es das Köpfchen von seines Vaters Brust. Als dann Frau Elke ihr im Zimmer das Tüchelchen und die Kapuze abgenommen hatte, blieb sie wie ein kleiner stummer Kegel vor der Mutter stehen. ‚Nun, Wienke,‘ sagte diese und schüttelte sie leise, ‚magst du das große Wasser leiden?‘

„Aber das Kind riß die Augen auf: ‚Es spricht,‘ sagte sie; ‚Wienke ist bange!‘

— „‚Es spricht nicht; es rauscht und toset nur!‘

„Das Kind sah ins Weite: ‚Hat es Beine?‘ frug es wieder; ‚kann es über den Deich kommen?‘

— „Nein, Wienke; dafür paßt dein Vater auf, er ist der Deichgraf.'

„Ja,' sagte das Kind und klatschte mit blödem Lächeln in seine Händchen; ‚Vater kann Alles — Alles!' Dann plötzlich, sich von der Mutter abwendend, rief sie: ‚Laß Wienke zu Trin Jans, die hat rothe Äpfel!'

„Und Elke öffnete die Thür und ließ das Kind hinaus. Als sie dieselbe wieder geschlossen hatte, schlug sie mit einem Ausdruck des tiefsten Grams die Augen zu ihrem Manne auf, aus denen ihm sonst nur Trost und Muth zu Hülfe gekommen war.

„Er reichte ihr die Hand und drückte sie, als ob es zwischen ihnen keines weiteren Wortes bedürfe; sie aber sagte leis: ‚Nein, Hauke, laß mich sprechen: das Kind, das ich nach Jahren dir geboren habe, es wird für immer ein Kind bleiben. O lieber Gott! es ist schwachsinnig; ich muß es einmal vor dir sagen.'

„‚Ich wußte es längst,' sagte Hauke und hielt die Hand seines Weibes fest, die sie ihm entziehen wollte.

„‚So sind wir denn doch allein geblieben,' sprach sie wieder.

„Aber Hauke schüttelte den Kopf: ‚Ich hab sie lieb, und sie schlägt ihre Ärmchen um mich und drückt sich fest an meine Brust; um alle Schätze wollt ich das nicht missen!'

„Die Frau sah finster vor sich hin: ‚Aber warum?' sprach sie; ‚was hab ich arme Mutter denn verschuldet?'

— „‚Ja, Elke, das hab ich freilich auch gefragt, den, der allein es wissen kann; aber du weißt ja auch, der Allmächtige giebt den Menschen keine Antwort — vielleicht, weil wir sie nicht begreifen würden.'

„Er hatte auch die andere Hand seines Weibes gefaßt und zog sie sanft zu sich heran: ‚Laß dich nicht irren, dein Kind, wie du es thust, zu lieben; sei sicher, das versteht es!'

„Da warf sich Elke an ihres Mannes Brust und weinte

sich satt und war mit ihrem Leid nicht mehr allein. Dann plötzlich lächelte sie ihn an; nach einem heftigen Händedruck lief sie hinaus und holte sich ihr Kind aus der Kammer der alten Trin Jans, und nahm es auf ihren Schoß und hätschelte und küßte es, bis es stammelnd sagte: ‚Mutter, meine liebe Mutter!'

* * *

„So lebten die Menschen auf dem Deichgrafshofe still beisammen; wäre das Kind nicht dagewesen, es hätte viel gefehlt.

„Allmählich verfloß der Sommer; die Zugvögel waren durchgezogen, die Luft wurde leer vom Gesang der Lerchen; nur vor den Scheunen, wo sie beim Dreschen Körner pickten, hörte man hie und da einige kreischend davonfliegen; schon war Alles hart gefroren. In der Küche des Haupthauses saß eines Nachmittags die alte Trin Jans auf der Holzstufe einer Treppe, die neben dem Feuerherd nach dem Boden lief. Es war in den letzten Wochen, als sei sie aufgelebt; sie kam jetzt gern einmal in die Küche und sah Frau Elke hier hantiren; es war keine Rede mehr davon, daß ihre Beine sie nicht hätten dahin tragen können, seit eines Tages klein Wienke sie an der Schürze hier heraufgezogen hatte. Jetzt kniete das Kind an ihrer Seite und sah mit seinen stillen Augen in die Flammen, die aus dem Herdloch aufflackerten; ihr eines Händchen klammerte sich an den Ärmel der Alten, das andere lag in ihrem eigenen fahlblonden Haar. Trin Jans erzählte: ‚Du weißt,' sagte sie, ‚ich stand in Dienst bei deinem Urgroßvater, als Hausmagd, und dann mußt ich die Schweine füttern; der war klüger als sie Alle — da war es, es ist grausam lange her, aber eines Abends, der Mond schien, da ließen sie die Haffschleuse schließen, und sie konnte nicht wieder zurück in See. O, wie sie schrie und mit ihren Fischhänden sich in ihre harten struppigen Haare griff! Ja, Kind, ich sah es und hörte sie selber schreien! Die Gräben zwischen den Fennen waren alle voll Wasser, und der Mond schien darauf, daß sie wie Silber glänzten, und sie schwamm aus einem Graben in den anderen und hob die Arme und schlug, was ihre Hände waren, an einander, daß man es weither klatschen hörte, als wenn sie beten wollte; aber, Kind, beten können diese Creaturen nicht. Ich saß vor der Hausthür auf ein paar Balken, die zum Bauen angefahren waren, und sah weithin über die Fennen; und das Wasserweib schwamm noch immer in den Gräben, und wenn sie die Arme aufhob, so glitzerten auch die wie Silber und Demanten. Zuletzt sah ich sie nicht mehr, und die Wildgänse und Möven, die ich all die Zeit nicht gehört hatte, zogen wieder mit Pfeifen und Schnattern durch die Luft.'

„Die Alte schwieg; das Kind hatte ein Wort sich aufgefangen: ‚Konnte nicht beten?' frug sie. ‚Was sagst du? Wer war es?'

„‚Kind,' sagte die Alte; ‚die Wasserfrau war es; das sind Undinger, die nicht selig werden können.'

„‚Nicht selig!' wiederholte das Kind, und ein tiefer Seufzer, als habe sie das verstanden, hob die kleine Brust.

— „‚Trin Jans!' kam eine tiefe Stimme von der Küchenthür, und die Alte zuckte leicht zusammen. Es war der Deichgraf Hauke Haien, der dort am Ständer lehnte: ‚Was redet Sie dem Kinde vor? Hab ich Ihr nicht geboten, Ihre Mären für sich zu behalten oder sie den Gäns' und Hühnern zu erzählen?'

„Die Alte sah ihn mit einem bösen Blick an und schob die Kleine von sich fort: ‚Das sind keine Mären,' murmelte sie in sich hinein, ‚das hat mein Großohm mir erzählt.'

— „‚Ihr Großohm, Trin? Sie wollte es ja eben selbst erlebt haben.'

„‚Das ist egal,' sagte die Alte; ‚aber Ihr glaubt nicht,

Haufe Haien; Ihr wollt wohl meinen Großohm noch zum Lügner machen!' Dann rückte sie näher an den Herd und streckte die Hände über die Flammen des Feuerlochs.

„Der Deichgraf warf einen Blick gegen das Fenster: draußen dämmerte es noch kaum. ‚Komm, Wienke!' sagte er und zog sein schwachsinniges Kind zu sich heran; ‚komm mit mir, ich will dir draußen vom Deich aus etwas zeigen! Nur müssen wir zu Fuß gehen; der Schimmel ist beim Schmied.' Dann ging er mit ihr in die Stube, und Elke band dem Kinde dicke wollene Tücher um Hals und Schultern; und bald danach ging der Vater mit ihr auf dem alten Deiche nach Nordwest hinauf, Jeversfand vorbei, bis wo die Watten breit, fast unübersehbar wurden.

„Bald hatte er sie getragen, bald ging sie an seiner Hand; die Dämmerung wuchs allmählich; in der Ferne verschwand Alles in Dunst und Duft. Aber dort, wohin noch das Auge reichte, hatten die unsichtbar schwellenden Wattströme das Eis zerrissen, und, wie Hauke Haien es in seiner Jugend einst gesehen hatte, aus den Spalten stiegen wie damals die rauchenden Nebel, und daran entlang waren wiederum die unheimlichen närrischen Gestalten und hüpften gegen einander und dienerten und dehnten sich plötzlich schreckhaft in die Breite.

„Das Kind klammerte sich angstvoll an seinen Vater und deckte dessen Hand über sein Gesichtlein: ‚Die Seeteufel!' raunte es zitternd zwischen seine Finger; ‚die Seeteufel!'

„Er schüttelte den Kopf: ‚Nein, Wienke, weder Wasserweiber noch Seeteufel; so etwas giebt es nicht; wer hat dir davon gesagt?'

„Sie sah mit stumpfem Blicke zu ihm herauf; aber sie antwortete nicht. Er strich ihr zärtlich über die Wangen: ‚Sieh nur wieder hin!' sagte er, ‚das sind nur arme hungrige Vögel! ‚Sieh nur, wie jetzt der große seine Flügel breitet; die holen sich die Fische, die in die rauchenden Spalten kommen.‘

„‚Fische,‘ wiederholte Wienke.

„‚Ja, Kind, das Alles ist lebig, so wie wir; es giebt nichts Anderes; aber der liebe Gott ist überall!‘

„Klein Wienke hatte ihre Augen fest auf den Boden gerichtet und hielt den Athem an; es war, als sähe sie erschrocken in einen Abgrund. Es war vielleicht nur so; der Vater blickte lange auf sie hin, er bückte sich und sah in ihr Gesichtlein; aber keine Regung der verschlossenen Seele wurde darin kund. Er hob sie auf den Arm und steckte ihre verklommenen Händchen in einen seiner dicken Wollhandschuhe: ‚So, mein Wienke‘ — und das Kind vernahm wohl nicht den Ton von heftiger Innigkeit in seinen Worten — ‚so, wärm dich bei mir! Du bist doch unser Kind, unser einziges. Du hast uns lieb …!‘ Die Stimme brach dem Manne; aber die Kleine drückte zärtlich ihr Köpfchen in seinen rauhen Bart.

„So gingen sie friedlich heimwärts.

* * *

„Nach Neujahr war wieder einmal die Sorge in das Haus getreten; ein Marschfieber hatte den Deichgrafen ergriffen; auch mit ihm ging es nah am Rand der Grube her, und als er unter Frau Elkes Pfleg und Sorge wieder erstanden war, schien er kaum derselbe Mann. Die Mattigkeit des Körpers lag auch auf seinem Geiste, und Elke sah mit Besorgniß, wie er allzeit leicht zufrieden war. Dennoch, gegen Ende des März, drängte es ihn, seinen Schimmel zu besteigen und zum ersten Male wieder auf seinem Deich entlang zu reiten; es war an einem Nachmittage, und die Sonne, die zuvor geschienen hatte, lag längst schon wieder hinter trübem Duft.

„Im Winter hatte es ein paar Mal Hochwasser gegeben; aber es war nicht von Belang gewesen; nur drüben am anderen Ufer war auf einer Hallig eine Herde Schafe ertrunken und ein Stück vom Vorland abgerissen worden; hier an dieser Seite und am neuen Kooge war ein nennenswerther Schaden nicht geschehen. Aber in der letzten Nacht hatte ein stärkerer Sturm getobt; jetzt mußte der Deichgraf selbst hinaus und Alles mit eigenem Aug besichtigen. Schon war er unten von der Südostecke aus auf dem neuen Deich herumgeritten, und es war Alles wohl erhalten; als er aber an die Nordostecke gekommen war, dort wo der neue Deich auf den alten stößt, war zwar der erstere unversehrt, aber wo früher der Priehl den alten erreicht hatte und an ihm entlang geflossen war, sah er in großer Breite die Grasnarbe zerstört und fortgerissen und in dem Körper des Deiches eine von der Fluth gewühlte Höhlung, durch welche überdies ein Gewirr von Mäusegängen bloßgelegt war. Hauke stieg vom Pferde und besichtigte den Schaden in der Nähe: das Mäuseunheil schien unverkennbar noch unsichtbar weiter fortzulaufen.

„Er erschrak heftig; gegen alles dieses hätte schon beim Bau des neuen Deiches Obacht genommen werden müssen; da es damals übersehen worden, so mußte es jetzt geschehen! — Das Vieh war noch nicht auf den Fennen, das Gras war ungewohnt zurückgeblieben; wohin er blickte, es sah ihn leer und öde an. Er bestieg wieder sein Pferd und ritt am Ufer hin und her: es war Ebbe, und er gewahrte wohl, wie der Strom von außen her sich wieder ein neues Bett im Schlick gewühlt hatte und jetzt von Nordwesten auf den alten Deich gestoßen war; der neue aber, soweit es ihn traf, hatte mit seinem sanfteren Profile dem Anprall widerstehen können.

„Ein Haufen neuer Plag und Arbeit erhob sich vor der Seele des Deichgrafen; nicht nur der alte Deich mußte hier verstärkt, auch dessen Profil dem des neuen angenähert werden; vor Allem aber mußte der als gefährlich wieder aufgetretene Priehl durch neu zu legende Dämme oder Lah= nungen abgeleitet werden. Noch einmal ritt er auf dem neuen Deich bis an die äußerste Nordwestecke, dann wieder rückwärts, die Augen unablässig auf das neu gewühlte Bett des Priehles heftend, der ihm zur Seite sich deutlich genug in dem bloßgelegten Schlickgrund abzeichnete. Der Schim= mel drängte vorwärts und schnob und schlug mit den Vor= derhufen; aber der Reiter drückte ihn zurück, er wollte lang= sam reiten, er wollte auch die innere Unruhe bändigen, die immer wilder in ihm aufgohr.

„Wenn eine Sturmfluth wiederkäme — eine, wie 1655 dagewesen, wo Gut und Menschen ungezählt verschlungen wurden — wenn sie wiederkäme, wie sie schon mehrmals einst gekommen war! — Ein heißer Schauer überrieselte den Reiter — der alte Deich, er würde den Stoß nicht aus= halten, der gegen ihn heraufschösse! Was dann, was sollte dann geschehen? — Nur Eines, ein einzig Mittel würde es geben, um vielleicht den alten Koog und Gut und Leben darin zu retten. Hauke fühlte sein Herz still stehen, sein sonst so fester Kopf schwindelte; er sprach es nicht aus, aber in ihm sprach es stark genug: Dein Koog, der Hauke=Haien= Koog müßte preisgegeben und der neue Deich durchstochen werden!

„Schon sah er im Geist die stürzende Hochfluth herein= brechen und Gras und Klee mit ihrem salzen schäumenden Gischt bedecken. Ein Sporenstich fuhr in die Weichen des Schimmels, und einen Schrei ausstoßend, flog er auf dem Deich entlang und dann den Akt hinab, der deichgräflichen Werfte zu.

„Den Kopf voll von innerem Schreckniß und ungeord= neten Plänen kam er nach Hause. Er warf sich in seinen Lehnstuhl, und als Elke mit der Tochter in das Zimmer trat, stand er wieder auf und hob das Kind zu sich empor und küßte es; dann jagte er das gelbe Hündlein mit ein paar leichten Schlägen von sich. ‚Ich muß noch einmal droben nach dem Krug!' sagte er und nahm seine Mütze vom Thürhaken, wohin er sie eben erst gehängt hatte.

"Seine Frau sah ihn sorgvoll an: ‚Was willst du dort? Es wird schon Abend, Hauke!'

‚Deichgeschichten!' murmelte er vor sich hin, ‚ich treffe von den Gevollmächtigten dort.'

"Sie ging ihm nach und drückte ihm die Hand, denn er war mit diesen Worten schon zur Thür hinaus. Hauke Haien, der sonst Alles bei sich selber abgeschlossen hatte, drängte es jetzt, ein Wort von Jenen zu erhalten, die er sonst kaum eines Antheils werth gehalten hatte. Im Gastzimmer traf er Ole Peters mit zweien der Gevollmächtigten und einem Koogeinwohner am Kartentisch.

‚Du kommst wohl von draußen, Deichgraf?' sagte der Erstere, nahm die halb ausgetheilten Karten auf und warf sie wieder hin.

‚Ja, Ole,' erwiderte Hauke; ‚ich war dort; es sieht übel aus.'

‚Übel? — Nun, ein paar Hundert Soden und eine Bestickung wird's wohl kosten; ich war dort auch am Nachmittag.'

‚So wohlfeil wird's nicht abgehen, Ole,' erwiderte der Deichgraf, ‚der Priehl ist wieder da, und wenn er jetzt auch nicht von Norden auf den alten Deich stößt, so thut er's doch von Nordwesten!'

‚Du hättst ihn lassen sollen, wo du ihn fandest!' sagte Ole trocken.

‚Das heißt,' entgegnete Hauke, ‚der neue Koog geht dich nichts an; und darum sollte er nicht existiren. Das ist deine eigene Schuld! Aber wenn wir Lahnungen legen müssen, um den alten Deich zu schützen, der grüne Klee hinter dem neuen bringt das übermäßig ein!'

„‚Was sagt Ihr, Deichgraf?' riefen die Gevollmächtigten; ‚Lahnungen? Wie viele denn? Ihr liebt es, Alles beim theuersten Ende anzufassen!'

„Die Karten lagen unberührt auf dem Tisch. ‚Ich will's dir sagen, Deichgraf,' sagte Ole Peters und stemmte beide Arme auf, ‚dein neuer Koog ist ein fressend Werk, was du uns gestiftet hast! Noch laborirt Alles an den schweren Kosten deiner breiten Deiche; nun frißt er uns auch den alten Deich, und wir sollen ihn verneuen! — Zum Glück ist's nicht so schlimm; er hat diesmal gehalten und wird es auch noch ferner thun! Steig nur morgen wieder auf deinen Schimmel und sieh es dir noch einmal an!'

„Hauke war aus dem Frieden seines Hauses hieher gekommen; hinter den immerhin noch gemäßigten Worten, die er eben hörte, lag — er konnte es nicht verkennen — ein zäher Widerstand; ihm war, als fehle ihm dagegen noch die alte Kraft. ‚Ich will thun, wie du es räthst, Ole,' sprach er; ‚nur fürcht ich, ich werd es finden, wie ich es heut gesehen habe.'

— „Eine unruhige Nacht folgte diesem Tage; Hauke wälzte sich schlaflos in seinen Kissen. ‚Was ist dir?' frug ihn Elke, welche die Sorge um ihren Mann wach hielt; ‚drückt dich etwas, so sprich es von dir; wir haben's ja immer so gehalten!'

„‚Es hat nichts auf sich, Elke!' erwiderte er, ‚am Deiche, an den Schleusen ist was zu repariren; du weißt, daß ich das allzeit Nachts in mir zu verarbeiten habe.' Weiter sagte er nichts; er wollte sich die Freiheit seines Handelns vorbehalten; ihm unbewußt war die klare Einsicht und der kräftige Geist seines Weibes ihm in seiner augenblicklichen Schwäche ein Hinderniß, dem er unwillkürlich auswich.

— — „Am folgenden Vormittag, als er wieder auf den Deich hinauskam, war die Welt eine andere, als wie er sie Tags zuvor gefunden hatte; zwar war wieder hohl Ebbe, aber der Tag war noch im Steigen, und eine lichte Frühlingssonne ließ ihre Strahlen fast senkrecht auf die unabsehbaren Watten fallen; die weißen Möven schwebten ruhig hin und wieder, und unsichtbar über ihnen, hoch unter dem azurblauen Himmel, sangen die Lerchen ihre ewige Melodie. Hauke, der nicht wußte, wie uns die Natur mit ihrem Reiz betrügen kann, stand auf der Nordwestecke des Deiches und suchte nach dem neuen Bett des Prichles, das ihn gestern so erschreckt hatte, aber bei dem vom Zenith herabschießenden Sonnenlichte fand er es anfänglich nicht einmal. Erst da er gegen die blendenden Strahlen seine Augen mit der Hand beschattete, konnte er es nicht verkennen; aber dennoch, die Schatten in der gestrigen Dämmerung mußten ihn getäuscht haben: es kennzeichnete sich jetzt nur schwach; die bloßgelegte Mäusewirthschaft mußte mehr als die Fluth den Schaden in dem Deich veranlaßt haben. Freilich, Wandel mußte hier geschafft werden, aber durch sorgfältiges Aufgraben und, wie Ole Peters gesagt hatte, durch frische Soden und einige Ruthen Strohbestickung war der Schaden auszuheilen.

„‚Es war so schlimm nicht,‘ sprach er erleichtert zu sich selber, ‚du bist gestern doch dein eigner Narr gewesen!‘ — Er berief die Gevollmächtigten, und die Arbeiten wurden ohne Widerspruch beschlossen, was bisher noch nie geschehen war. Der Deichgraf meinte eine stärkende Ruhe in seinem noch geschwächten Körper sich verbreiten zu fühlen, und nach einigen Wochen war Alles sauber ausgeführt.

„Das Jahr ging weiter, aber je weiter es ging und je ungestörter die neugelegten Rasen durch die Strohdecke grünten, um so unruhiger ging oder ritt Hauke an dieser Stelle vorüber, er wandte die Augen ab, er ritt hart an der Binnenseite des Deiches; ein paar Mal, wo er dort hätte vorüber müssen, ließ er sein schon gesatteltes Pferd wieder in den Stall zurückführen; dann wieder, wo er nichts dort zu thun hatte, wanderte er, um nur rasch und ungesehen von seiner Werfte fortzukommen, plötzlich und zu Fuß dahin; manchmal auch war er umgekehrt, er hatte es sich nicht zumuthen können, die unheimliche Stelle aufs Neue zu betrachten; und endlich, mit den Händen hätte er Alles wieder aufreißen mögen, denn wie ein Gewissensbiß, der außer ihm Gestalt gewonnen hatte, lag dies Stück des Deiches ihm vor Augen. Und doch, seine Hand konnte nicht mehr daran rühren; und Niemandem, selbst nicht seinem Weibe, durfte er davon reden. So war der September gekommen; Nachts hatte ein mäßiger Sturm getobt und war zuletzt nach Nordwest umgesprungen. An trübem Vormittag danach, zur Ebbezeit, ritt Hauke auf den Deich hinaus, und es durchfuhr ihn, als er seine Augen über die Watten schweifen ließ; dort, von Nordwest herauf, sah er plötzlich wieder, und schärfer und tiefer ausgewühlt, das gespenstische neue Bett des Prichles; so sehr er seine Augen anstrengte, es wollte nicht mehr weichen.

„Als er nach Haus kam, ergriff Elke seine Hand: ‚Was hast du, Hauke?' sprach sie, als sie in sein düsteres Antlitz sah; ‚es ist doch kein neues Unheil? Wir sind jetzt so glücklich; mir ist, du hast nun Frieden mit ihnen Allen!'

„Diesen Worten gegenüber vermochte er seine verworrene Furcht nicht in Worten kund zu geben.

„‚Nein, Elke,' sagte er, ‚mich feindet Niemand an; es ist nur ein verantwortlich Amt, die Gemeinde vor unseres Herrgotts Meer zu schützen.'

„Er machte sich los, um weiteren Fragen des geliebten Weibes auszuweichen. Er ging in Stall und Scheuer, als ob er Alles revidiren müsse; aber er sah nichts um sich her; er war nur beflissen, seinen Gewissensbiß zur Ruhe, ihn sich selber als eine krankhaft übertriebene Angst zur Überzeugung zu bringen.

— — „Das Jahr, von dem ich Ihnen erzähle," sagte nach einer Weile mein Gastfreund, der Schulmeister, „war das Jahr 1756, das in dieser Gegend nie vergessen wird; im Hause Hauke Haiens brachte es eine Todte. Zu Ende des Septembers war in der Kammer, welche ihr in der Scheune eingeräumt war, die fast neunzigjährige Trin Jans am Sterben. Man hatte sie nach ihrem Wunsche in den Kissen aufgerichtet, und ihre Augen gingen durch die kleinen bleigefaßten Scheiben in die Ferne; es mußte dort am Himmel eine dünnere Luftschicht über einer dichteren liegen, denn es war hohe Kimmung, und die Spiegelung hob in diesem Augenblick das Meer wie einen flimmernden Silberstreifen über den Rand des Deiches, so daß es blendend in die Kammer schimmerte; auch die Südspitze von Jeversand war sichtbar.

„Am Fußende des Bettes kauerte die kleine Wienke und hielt mit der einen Hand sich fest an der ihres Vaters, der daneben stand. In das Antlitz der Sterbenden grub eben der Tod das hippokratische Gesicht, und das Kind starrte athemlos auf die unheimliche, ihr unverständliche Verwandlung des unschönen, aber ihr vertrauten Angesichts.

„‚Was macht sie? Was ist das, Vater?‘ flüsterte sie angstvoll und grub die Fingernägel in ihres Vaters Hand.

„‚Sie stirbt!‘ sagte der Deichgraf.

„‚Stirbt!‘ wiederholte das Kind und schien in verworrenes Sinnen zu verfallen.

„Aber die Alte rührte noch einmal ihre Lippen: ‚Jins! Jins!‘ und kreischend, wie ein Nothschrei, brach es hervor, und ihre knöchernen Arme streckten sich gegen die draußen flimmernde Meeresspiegelung: ‚Hölp mi! Hölp mi! Du bist ja baven Water ... Gott gnad de Annern!‘

„Ihre Arme sanken, ein leises Krachen der Bettstatt wurde hörbar; sie hatte aufgehört zu leben.

„Das Kind that einen tiefen Seufzer und warf die blassen Augen zu ihrem Vater auf: ‚Stirbt sie noch immer?‘ frug es.

‚‚Sie hat es vollbracht!' sagte der Deichgraf und nahm das Kind auf seinen Arm: ‚Sie ist nun weit von uns, beim lieben Gott.'

‚‚Beim lieben Gott!' wiederholte das Kind und schwieg eine Weile, als müsse es den Worten nachsinnen. ‚Ist das gut, beim lieben Gott?'

‚‚Ja, das ist das Beste.' — In Haukes Innerem aber klang schwer die letzte Rede der Sterbenden. ‚Gott gnad de Annern!' sprach es leise in ihm. ‚Was wollte die alte Hexe? Sind denn die Sterbenden Propheten — —?'

— — ‚‚Bald, nachdem Trin Jans oben bei der Kirche eingegraben war, begann man immer lauter von allerlei Unheil und seltsamem Geschmeiß zu reden, das die Menschen in Nordfriesland erschreckt haben sollte: und sicher war es, am Sonntage Lätare war droben von der Thurmspitze der goldene Hahn durch einen Wirbelwind herabgeworfen worden; auch das war richtig, im Hochsommer fiel, wie ein Schnee, ein groß Geschmeiß vom Himmel, daß man die Augen davor nicht aufthun konnte und es hernach fast handhoch auf den Fennen lag, und hatte Niemand je so was gesehen. Als aber nach Ende September der Groß=knecht mit Korn und die Magd Ann Grethe mit Butter in die Stadt zu Markt gefahren waren, kletterten sie bei ihrer Rückkunft mit schreckensbleichen Gesichtern von ihrem Wagen. ‚Was ist? Was habt ihr?' riefen die anderen Dirnen, die hinausgelaufen waren, da sie den Wagen rollen hörten.

‚‚Ann Grethe in ihrem Reiseanzug trat athemlos in die geräumige Küche. ‚Nun, so erzähl doch!' riefen die Dirnen wieder, ‚wo ist das Unglück los?'

‚‚Ach, unser lieber Jesus wolle uns behüten!' rief Ann Grethe. ‚Ihr wißt, von drüben, überm Wasser, das alt Mariken vom Ziegelhof, wir stehen mit unserer Butter ja allzeit zusammen an der Apothekerecke, die hat es mir er=zählt, und Iven Johns sagte auch, »das giebt ein Unglück!«

sagte er; »ein Unglück über ganz Nordfriesland; glaub mir's, Ann Grethl! Und«' — sie dämpfte ihre Stimme — „»mit des Deichgrafs Schimmel ist's am Ende auch nicht richtig!«'

„Scht! scht!" machten die anderen Dirnen.

— „Ja, ja; was kümmert's mich! Aber drüben, an der anderen Seite, geht's noch schlimmer als bei uns! Nicht blos Fliegen und Geschmeiß, auch Blut ist wie Regen vom Himmel gefallen; und da am Sonntagmorgen danach der Pastor sein Waschbecken vorgenommen hat, sind fünf Todtenköpfe, wie Erbsen groß, darin gewesen, und Alle sind gekommen, um das zu sehen; im Monat Augusti sind grausige rothköpfige Raupenwürmer über das Land gezogen und haben Korn und Mehl und Brot, und was sie fanden, weggefressen, und hat kein Feuer sie vertilgen können!'

„Die Erzählerin verstummte plötzlich; keine der Mägde hatte bemerkt, daß die Hausfrau in die Küche getreten war. ‚Was redet ihr da?' sprach diese. ‚Laßt das den Wirth nicht hören!' Und da sie Alle jetzt erzählen wollten: ‚Es thut nicht noth; ich habe genug davon vernommen; geht an eure Arbeit, das bringt euch besseren Segen!' Dann nahm sie Ann Grethe mit sich in die Stube und hielt mit dieser Abrechnung über ihre Marktgeschäfte.

„So fand im Hause des Deichgrafen das abergläubische Geschwätz bei der Herrschaft keinen Anhalt; aber in die übrigen Häuser, und je länger die Abende wurden, um desto leichter drang es mehr und mehr hinein. Wie schwere Luft lag es auf Allen, und heimlich sagte man es sich, ein Unheil, ein schweres, würde über Nordfriesland kommen.

* *
*

„Es war vor Allerheiligen, im October. Tag über hatte es stark aus Südwest gestürmt; Abends stand ein halber Mond am Himmel, dunkelbraune Wolken jagten überhin, und Schatten und trübes Licht flogen auf der Erde durcheinander; der Sturm war im Wachsen. Im Zimmer des Deichgrafen stand noch der geleerte Abendtisch; die Knechte waren in den Stall gewiesen, um dort des Viehes zu achten; die Mägde mußten im Hause und auf den Böden nachsehen, ob Thüren und Luken wohl verschlossen seien, daß nicht der Sturm hineinfasse und Unheil anrichte. Drinnen stand Hauke neben seiner Frau am Fenster; er hatte eben sein Abendbrot hinabgeschlungen; er war draußen auf dem Deich gewesen. Zu Fuße war er hinausgetrabt, schon früh am Nachmittag; spitze Pfähle und Säcke voll Klei oder Erde hatte er hie und dort, wo der Deich eine Schwäche zu verrathen schien, zusammentragen lassen; überall hatte er Leute angestellt, um die Pfähle einzurammen und mit den Säcken vorzudämmen, sobald die Fluth den Deich zu schädigen beginne; an dem Winkel zu Nordwesten, wo der alte und der neue Deich zusammenstießen, hatte er die meisten Menschen hingestellt; nur im Nothfall durften sie von den angewiesenen Plätzen weichen. Das hatte er zurückgelassen; dann, vor kaum einer Viertelstunde, naß, zerzaust, war er in seinem Hause angekommen, und jetzt, das Ohr nach den Windböen, welche die in Blei gefaßten Scheiben rasseln machten, blickte er wie gedankenlos in die wüste Nacht hinaus; die Wanduhr hinter ihrer Glasscheibe schlug eben acht. Das Kind, das neben der Mutter stand, fuhr zusammen und barg den Kopf in deren Kleider. ‚Claus!‘ rief sie weinend; ‚wo ist mein Claus?‘

„Sie konnte wohl so fragen, denn die Möve hatte, wie schon im vorigen Jahre, so auch jetzt ihre Winterreise nicht mehr angetreten. Der Vater überhörte die Frage; die Mutter aber nahm das Kind auf ihren Arm. ‚Dein Claus ist in der Scheune,‘ sagte sie; ‚da sitzt er warm.‘

„‚Warum?‘ sagte Wienke, ‚ist das gut?‘

— „‚Ja, das ist gut.‘

„Der Hausherr stand noch am Fenster: ‚Es geht nicht länger, Elke!‘ sagte er; ‚ruf eine von den Dirnen; der Sturm drückt uns die Scheiben ein, die Luken müssen angeschroben werden!‘

„Auf das Wort der Hausfrau war die Magd hinausgelaufen; man sah vom Zimmer aus, wie ihr die Röcke flogen; aber als sie die Klammern gelöst hatte, riß ihr der Sturm den Laden aus der Hand und warf ihn gegen die Fenster, daß ein paar Scheiben zersplittert in die Stube flogen und eins der Lichter qualmend auslosch. Hauke mußte selbst hinaus, zu helfen, und nur mit Noth kamen allmählich die Luken vor die Fenster. Als sie beim Wiedereintritt in das Haus die Thür aufrissen, fuhr eine Böe hinterdrein, daß Glas und Silber im Wandschrank durch einander klirrten; oben im Hause über ihren Köpfen zitterten und krachten die Balken, als wolle der Sturm das Dach von den Mauern reißen. Aber Hauke kam nicht wieder in das Zimmer; Elke hörte, wie er durch die Tenne nach dem Stalle schritt. ‚Den Schimmel! Den Schimmel, John! Rasch!‘ So hörte sie ihn rufen; dann kam er wieder in die Stube, das Haar zerzaust, aber die grauen Augen leuchtend. ‚Der Wind ist umgesprungen!‘ rief er — ‚nach Nordwest, auf halber Springfluth! Kein Wind; — wir haben solchen Sturm noch nicht erlebt!‘

„Elke war todtenblaß geworden: ‚Und du mußt noch einmal hinaus?‘

„Er ergriff ihre beiden Hände und drückte sie wie im Krampfe in die seinen: ‚Das muß ich, Elke.‘

„Sie erhob langsam ihre dunklen Augen zu ihm, und ein paar Secunden lang sahen sie sich an; doch war's wie eine Ewigkeit. ‚Ja, Hauke,‘ sagte das Weib; ‚ich weiß es wohl, du mußt!‘

„Da trabte es draußen vor der Hausthür. Sie fiel ihm um den Hals, und einen Augenblick war's, als könne sie ihn nicht lassen; aber auch das war nur ein Augenblick. ‚Das ist unser Kampf!' sprach Hauke; ‚ihr seid hier sicher; an dies Haus ist noch keine Fluth gestiegen. Und bete zu Gott, daß er auch mit mir sei!'

"Hauke hüllte sich in seinen Mantel, und Elke nahm ein Tuch und wickelte es ihm sorgsam um den Hals; sie wollte ein Wort sprechen, aber die zitternden Lippen versagten es ihr.

"Draußen wieherte der Schimmel, daß es wie Trompetenschall in das Heulen des Sturmes hineinklang. Elke war mit ihrem Mann hinausgegangen; die alte Esche knarrte, als ob sie auseinanderstürzen solle. ‚Steigt auf, Herr!'. rief der Knecht, ‚der Schimmel ist wie toll; die Zügel könnten reißen.' Hauke schlug die Arme um sein Weib: ‚Bei Sonnenaufgang bin ich wieder da!'

"Schon war er auf sein Pferd gesprungen; das Thier stieg mit den Vorderhufen in die Höhe, dann gleich einem Streithengst, der sich in die Schlacht stürzt, jagte es mit seinem Reiter die Werfte hinunter, in Nacht und Sturmgeheul hinaus. ‚Vater, mein Vater!' schrie eine klägliche Kinderstimme hinter ihm darein; ‚mein lieber Vater!'

"Wienke war im Dunklen hinter dem Fortjagenden hergelaufen; aber schon nach hundert Schritten strauchelte sie über einen Erdhaufen und fiel zu Boden.

"Der Knecht Iven Johns brachte das weinende Kind der Mutter zurück; die lehnte am Stamme der Esche, deren Zweige über ihr die Luft peitschten, und starrte wie abwesend in die Nacht hinaus, in der ihr Mann verschwunden war; wenn das Brüllen des Sturmes und das ferne Klatschen des Meeres einen Augenblick aussetzten, fuhr sie wie in Schreck zusammen; ihr war jetzt, als suche Alles nur ihn zu verderben und werde jäh verstummen, wenn es ihn gefaßt habe. Ihre Kniee zitterten, ihre Haare hatte der Sturm gelöst und trieb damit sein Spiel. ‚Hier ist das

Kind, Frau!' schrie John ihr zu; ,haltet es fest!' und drückte die Kleine der Mutter in den Arm.

„‚Das Kind? — Ich hatte dich vergessen, Wienke!' rief sie; ‚Gott verzeih mir's.' Dann hob sie es an ihre Brust, so fest nur Liebe fassen kann, und stürzte mit ihr in die Kniee: ‚Herr Gott und du mein Jesus, laß uns nicht Wittwe und nicht Waise werden! Schütz ihn, o lieber Gott; nur du und ich, wir kennen ihn allein!' Und der Sturm setzte nicht mehr aus; es tönte und donnerte, als solle die ganze Welt in ungeheurem Hall und Schall zu Grunde gehen.

„‚Geht in das Haus, Frau!' sagte John; ‚kommt!' und er half ihnen auf und leitete die Beiden in das Haus und in die Stube.

— — „Der Deichgraf Hauke Haien jagte auf seinem Schimmel dem Deiche zu. Der schmale Weg war grundlos, denn die Tage vorher war unermeßlicher Regen gefallen; aber der nasse saugende Klei schien gleichwohl die Hufe des Thieres nicht zu halten, es war, als hätte es festen Sommerboden unter sich. Wie eine wilde Jagd trieben die Wolken am Himmel; unten lag die weite Marsch wie eine unerkennbare, von unruhigen Schatten erfüllte Wüste; von dem Wasser hinter dem Deiche, immer ungeheurer, kam ein dumpfes Tosen, als müsse es alles Andere verschlingen. ,Vorwärts, Schimmel!' rief Hauke; ,wir reiten unseren schlimmsten Ritt!'

„Da klang es wie ein Todesschrei unter den Hufen seines Rosses. Er riß den Zügel zurück; er sah sich um: ihm zur Seite dicht über dem Boden, halb fliegend, halb vom Sturme geschleudert, zog eine Schar von weißen Möven, ein höhnisches Gegacker ausstoßend; sie suchten Schutz im Lande. Eine von ihnen — der Mond schien flüchtig durch die Wolken — lag am Weg zertreten: dem Reiter war's, als flattere ein rothes Band an ihrem Halse. ‚Claus!' rief er. ‚Armer Claus!'

„War es der Vogel seines Kindes? Hatte er Roß und

Reiter erkannt und sich bei ihnen bergen wollen? — Der Reiter wußte es nicht. ‚Vorwärts!' rief er wieder, und schon hob der Schimmel zu neuem Rennen seine Hufe; da setzte der Sturm plötzlich aus, eine Todtenstille trat an seine Stelle; nur eine Secunde lang, dann kam er mit erneuter Wuth zurück; aber Menschenstimmen und verlorenes Hundegebell waren inzwischen an des Reiters Ohr geschlagen, und als er rückwärts nach seinem Dorf den Kopf wandte, erkannte er in dem Mondlicht, das hervorbrach, auf den Werften und vor den Häusern Menschen an hochbeladenen Wagen umher hantirend; er sah, wie im Fluge, noch andere Wagen eilend nach der Geest hinauffahren; Gebrüll von Rindern traf sein Ohr, die aus den warmen Ställen nach dort hinaufgetrieben wurden. ‚Gott Dank! sie sind dabei, sich und ihr Vieh zu retten!' rief es in ihm; und dann mit einem Angstschrei: ‚Mein Weib! Mein Kind! — Nein, nein; auf unsere Werfte steigt das Wasser nicht!'

„Aber nur einen Augenblick war es; nur wie eine Vision flog Alles an ihm vorbei.

„Eine furchtbare Böe kam brüllend vom Meer herüber, und ihr entgegen stürmten Roß und Reiter den schmalen Akt zum Deich hinan. Als sie oben waren, stoppte Hauke mit Gewalt sein Pferd. Aber wo war das Meer? Wo Jeversjand? Wo blieb das Ufer drüben? — — Nur Berge von Wasser sah er vor sich, die dräuend gegen den nächtlichen Himmel stiegen, die in der furchtbaren Dämmerung sich über einander zu thürmen suchten und über einander gegen das feste Land schlugen. Mit weißen Kronen kamen sie daher, heulend, als sei in ihnen der Schrei alles furchtbaren Raubgethiers der Wildniß. Der Schimmel schlug mit den Vorderhufen und schnob mit seinen Nüstern in den Lärm hinaus; den Reiter aber wollte es überfallen, als sei hier alle Menschenmacht zu Ende; als müsse jetzt die Nacht, der Tod, das Nichts hereinbrechen.

„Doch er besann sich: es war ja Sturmfluth; nur hatte er sie selbst noch nimmer so gesehen; sein Weib, sein Kind, sie saßen sicher auf der hohen Werfte, in dem festen Hause; sein Deich aber — und wie ein Stolz flog es ihm durch die Brust — der Hauke-Haien-Deich, wie ihn die Leute nannten, der mochte jetzt beweisen, wie man Deiche bauen müsse!

„Aber — was war das? — Er hielt an dem Winkel zwischen beiden Deichen; wo waren die Leute, die er hieher gestellt, die hier die Wacht zu halten hatten? — Er blickte nach Norden den alten Deich hinan; denn auch dorthin hatte er Einzelne beordert. Weder hier noch dort vermochte er einen Menschen zu erblicken; er ritt ein Stück hinaus, aber er blieb allein; nur das Wehen des Sturmes und das Brausen des Meeres bis aus unermessener Ferne schlug betäubend an sein Ohr. Er wandte das Pferd zurück: er kam wieder zu der verlassenen Ecke und ließ seine Augen längs der Linie des neuen Deiches gleiten; er erkannte deutlich: langsamer, weniger gewaltig rollten hier die Wellen heran; fast schien's, als wäre dort ein ander Wasser. ‚Der soll schon stehen!' murmelte er, und wie ein Lachen stieg es in ihm herauf.

„Aber das Lachen verging ihm, als seine Blicke weiter an der Linie seines Deichs entlang glitten: an der Nordwestecke — was war das dort? Ein dunkler Haufen wimmelte durch einander; er sah, wie es sich emsig rührte und drängte — kein Zweifel, es waren Menschen! Was wollten, was arbeiteten die jetzt an seinem Deiche? — Und schon saßen seine Sporen dem Schimmel in den Weichen, und das Thier flog mit ihm dahin; der Sturm kam von der Breitseite; mitunter drängten die Böen so gewaltig, daß sie fast vom Deiche in den neuen Koog hinabgeschleudert wären; aber Roß und Reiter wußten, wo sie ritten. Schon gewahrte Hauke, daß wohl ein paar Dutzend Menschen in eifriger Arbeit dort beisammen seien, und schon sah er deutlich, daß eine Rinne quer durch den neuen Deich gegraben war. Gewaltsam stoppte er sein Pferd: „Halt!" schrie er; „halt! Was treibt ihr hier für Teufelsunfug?"

„Sie hatten in Schreck die Spaten ruhen lassen, als sie auf einmal den Deichgraf unter sich gewahrten; seine Worte hatte der Sturm ihnen zugetragen, und er sah wohl, daß mehrere ihm zu antworten strebten; aber er gewahrte nur ihre heftigen Geberden, denn sie standen Alle ihm zur Linken, und was sie sprachen, nahm der Sturm hinweg, der hier draußen jetzt die Menschen mitunter wie im Taumel gegen einander warf, so daß sie sich dicht zusammenscharten. Hauke maß mit seinen raschen Augen die gegrabene Rinne und den Stand des Wassers, das, trotz des neuen Profiles, fast an die Höhe des Deiches hinaufklatschte und Roß und Reiter überspritzte. Nur noch zehn Minuten Arbeit — er sah es wohl — dann brach die Hochfluth durch die Rinne, und der Hauke-Haien-Koog wurde vom Meer begraben!

„Der Deichgraf winkte einem der Arbeiter an die andere Seite seines Pferdes. ‚Nun, so sprich!' schrie er, ‚was treibt ihr hier, was soll das heißen?'

„Und der Mensch schrie dagegen: ‚Wir sollen den neuen Deich durchstechen, Herr! damit der alte Deich nicht bricht!'

„‚Was sollt ihr?'

— „‚Den neuen Deich durchstechen!'

„‚Und den Koog verschütten? — Welcher Teufel hat euch das befohlen?'

„‚Nein, Herr, kein Teufel; der Gevollmächtigte Ole Peters ist hier gewesen, der hat's befohlen!'

„Der Zorn stieg dem Reiter in die Augen: ‚Kennt ihr mich?' schrie er. ‚Wo ich bin, hat Ole Peters nichts zu ordiniren! Fort mit euch! An eure Plätze, wo ich euch hingestellt!'

„Und da sie zögerten, sprengte er mit seinem Schim-

mel zwischen sie: ‚Fort, zu eurer oder des Teufels Groß=
mutter!‘

„Herr, hütet Euch!‘ rief Einer aus dem Haufen und
stieß mit seinem Spaten gegen das wie rasend sich ge=
berdende Thier; aber ein Hufschlag schleuderte ihm den
Spaten aus der Hand, ein Anderer stürzte zu Boden. Da
plötzlich erhob sich ein Schrei aus dem übrigen Haufen, ein
Schrei, wie ihn nur die Todesangst einer Menschenkehle zu
entreißen pflegt; einen Augenblick war Alles, auch der Deich=
graf und der Schimmel, wie gelähmt; nur ein Arbeiter hatte
gleich einem Wegweiser seinen Arm gestreckt; der wies nach
der Nordwestecke der beiden Deiche, dort wo der neue auf
den alten stieß. Nur das Tosen des Sturmes und das
Rauschen des Wassers war zu hören. Hauke drehte sich
im Sattel: was gab das dort? Seine Augen wurden
groß: ‚Herr Gott! Ein Bruch! Ein Bruch im alten
Deich!‘

„‚Eure Schuld, Deichgraf!‘ schrie eine Stimme aus
dem Haufen: ‚Eure Schuld! Nehmt's mit vor Gottes
Thron!‘

„Haukes zornrothes Antlitz war todtenbleich geworden;
der Mond, der es beschien, konnte es nicht bleicher machen;
seine Arme hingen schlaff, er wußte kaum, daß er den Zügel
hielt. Aber auch das war nur ein Augenblick; schon richtete
er sich auf, ein hartes Stöhnen brach aus seinem Munde;
dann wandte er stumm sein Pferd, und der Schimmel
schnob und raste ostwärts auf dem Deich mit ihm dahin.
Des Reiters Augen flogen scharf nach allen Seiten; in
seinem Kopfe wühlten die Gedanken: Was hatte er für
Schuld vor Gottes Thron zu tragen? — Der Durchstich
des neuen Deichs — vielleicht, sie hätten's fertig gebracht,
wenn er sein Halt nicht gerufen hätte; aber — es war noch
eins, und es schoß ihm heiß zu Herzen, er wußte es nur
zu gut — im vorigen Sommer, hätte damals Ole Peters'

18*

böses Maul ihn nicht zurückgehalten — da lag's! Er allein hatte die Schwäche des alten Deichs erkannt; er hätte trotz alledem das neue Werk betreiben müssen: ‚Herr Gott, ja ich bekenn es,‘ rief er plötzlich laut in den Sturm hinaus, ‚ich habe meines Amtes schlecht gewartet!‘

„Zu seiner Linken, dicht an des Pferdes Hufen, tobte das Meer; vor ihm, und jetzt in voller Finsterniß, lag der alte Koog mit seinen Werften und heimathlichen Häusern; das bleiche Himmelslicht war völlig ausgethan; nur von einer Stelle brach ein Lichtschein durch das Dunkel. Und wie ein Trost kam es an des Mannes Herz; es mußte von seinem Haus herüber scheinen, es war ihm wie ein Gruß von Weib und Kind. Gottlob, die saßen sicher auf der hohen Werfte! Die Anderen, gewiß, sie waren schon im Geestdorf droben; von dorther schimmerte so viel Lichtschein, wie er niemals noch gesehen hatte; ja selbst hoch oben aus der Luft, es mochte wohl vom Kirchthurm sein, brach solcher in die Nacht hinaus. ‚Sie werden Alle fort sein, Alle!‘ sprach Hauke bei sich selber; ‚freilich auf mancher Werfte wird ein Haus in Trümmern liegen, schlechte Jahre werden für die überschwemmten Fennen kommen, Siele und Schleusen zu repariren sein! Wir müssen's tragen, und ich will helfen, auch denen, die mir Leids gethan; nur, Herr, mein Gott, sei gnädig mit uns Menschen!‘

„Da warf er seine Augen seitwärts nach dem neuen Koog; um ihn schäumte das Meer; aber in ihm lag es wie nächtlicher Friede. Ein unwillkürliches Jauchzen brach aus des Reiters Brust: ‚Der Hauke-Haien-Deich, er soll schon halten; er wird es noch nach hundert Jahren thun!‘

„Ein donnerartiges Rauschen zu seinen Füßen weckte ihn aus diesen Träumen; der Schimmel wollte nicht mehr vorwärts. Was war das? — Das Pferd sprang zurück, und er fühlte es, ein Deichstück stürzte vor ihm in die Tiefe. Er riß die Augen auf und schüttelte alles Sinnen von sich:

er hielt am alten Deich, der Schimmel hatte mit den Vorderhufen schon darauf gestanden. Unwillkürlich riß er das Pferd zurück; da flog der letzte Wolkenmantel von dem Mond, und das milde Gestirn beleuchtete den Graus, der schäumend, zischend vor ihm in die Tiefe stürzte, in den alten Koog hinab.

„Wie sinnlos starrte Hauke darauf hin; eine Sündfluth war's, um Thier und Menschen zu verschlingen. Da blinkte wieder ihm der Lichtschein in die Augen; es war derselbe, den er vorhin gewahrt hatte; noch immer brannte der auf seiner Werfte; und als er jetzt ermuthigt in den Koog hinabsah, gewahrte er wohl, daß hinter dem sinnverwirrenden Strudel, der tosend vor ihm hinabstürzte, nur noch eine Breite von etwa hundert Schritten überfluthet war; dahinter konnte er deutlich den Weg erkennen, der vom Koog heraufführte. Er sah noch mehr: ein Wagen, nein, eine zweiräderige Carriole kam wie toll gegen den Deich herangefahren; ein Weib, ja auch ein Kind saßen darin. Und jetzt — war das nicht das kreischende Gebell eines kleinen Hundes, das im Sturm vorüberflog? Allmächtiger Gott! Sein Weib, sein Kind waren es; schon kamen sie dicht heran, und die schäumende Wassermasse drängte auf sie zu. Ein Schrei, ein Verzweiflungsschrei brach aus der Brust des Reiters: ‚Elke!' schrie er; ‚Elke! Zurück! Zurück!'

„Aber Sturm und Meer waren nicht barmherzig, ihr Toben zerwehte seine Worte; nur seinen Mantel hatte der Sturm erfaßt, es hätte ihn bald vom Pferd herabgerissen; und das Fuhrwerk flog ohne Aufenthalt der stürzenden Fluth entgegen. Da sah er, daß das Weib wie gegen ihn hinauf die Arme streckte: Hatte sie ihn erkannt? Hatte die Sehnsucht, die Todesangst um ihn sie aus dem sicheren Haus getrieben? Und jetzt — rief sie ein letztes Wort ihm zu? — Die Fragen fuhren durch sein Hirn; sie blieben ohne Antwort: von ihr zu ihm, von ihm zu ihr waren die Worte all verloren; nur ein Brausen wie vom Weltenuntergang füllte ihre Ohren und ließ keinen anderen Laut hinein.

„Mein Kind! O Elke, o getreue Elke!" schrie Hauke in den Sturm hinaus. Da sank aufs Neue ein großes Stück des Deiches vor ihm in die Tiefe, und donnernd stürzte das Meer sich hinterdrein; noch einmal sah er drunten den Kopf des Pferdes, die Räder des Gefährtes aus dem wüsten Gräuel emportauchen und dann quirlend darin untergehen. Die starren Augen des Reiters, der so einsam auf dem Deiche hielt, sahen weiter nichts. ‚Das Ende!' sprach er leise vor sich hin; dann ritt er an den Abgrund, wo unter ihm die Wasser, unheimlich rauschend, sein Heimathsdorf zu überfluthen begannen; noch immer sah er das Licht von seinem Hause schimmern; es war ihm wie entseelt. Er richtete sich hoch auf und stieß dem Schimmel die Sporen in die Weichen; das Thier bäumte sich, es hätte sich fast überschlagen; aber die Kraft des Mannes drückte es herunter. ‚Vorwärts!' rief er noch einmal, wie er es so oft zum festen Ritt gerufen hatte: ‚Herr Gott, nimm mich; verschon die Anderen!'

„Noch ein Sporenstich; ein Schrei des Schimmels, der Sturm und Wellenbrausen überschrie; dann unten aus dem hinabstürzenden Strom ein dumpfer Schall, ein kurzer Kampf.

„Der Mond sah leuchtend aus der Höhe; aber unten auf dem Deiche war kein Leben mehr, als nur die wilden Wasser, die bald den alten Koog fast völlig überfluthet hatten. Noch immer aber ragte die Werfte von Hauke Haiens Hofstatt aus dem Schwall hervor, noch schimmerte von dort der Lichtschein, und von der Geest her, wo die Häuser allmählich dunkel wurden, warf noch die einsame Leuchte aus dem Kirchthurm ihre zitternden Lichtfunken über die schäumenden Wellen."

* *
*

Der Erzähler schwieg; ich griff nach dem gefüllten Glase, das seit lange vor mir stand; aber ich führte es nicht zum Munde; meine Hand blieb auf dem Tische ruhen.

„Das ist die Geschichte von Hauke Haien," begann mein Wirth noch einmal, „wie ich sie nach bestem Wissen nur berichten konnte. Freilich die Wirthschafterin unseres Deichgrafen würde sie Ihnen anders erzählt haben; denn auch das weiß man zu berichten: jenes weiße Pferdgerippe ist nach der Fluth wiederum, wie vormals, im Mondschein auf Jevershallig zu sehen gewesen; das ganze Dorf will es gesehen haben. — So viel ist sicher: Hauke Haien mit Weib und Kind ging unter in dieser Fluth; nicht einmal ihre Grabstätte hab ich droben auf dem Kirchhof finden können; die todten Körper werden von dem abströmenden Wasser durch den Bruch ins Meer hinausgetrieben und auf dessen Grunde allmählich in ihre Urbestandtheile aufgelöst sein — so haben sie Ruhe vor den Menschen gehabt. Aber der Hauke-Haien-Deich steht noch jetzt nach hundert Jahren, und wenn Sie morgen nach der Stadt reiten und die halbe Stunde Umweg nicht scheuen wollen, so werden Sie ihn unter den Hufen Ihres Pferdes haben.

„Der Dank, den einstmals Jewe Manners bei den Enkeln seinem Erbauer versprochen hatte, ist, wie Sie gesehen haben, ausgeblieben; denn so ist es, Herr: dem Sokrates gaben sie ein Gift zu trinken, und unseren Herrn Christus schlugen sie an das Kreuz! Das geht in den letzten Zeiten nicht mehr so leicht; aber — einen Gewaltsmenschen oder einen bösen sternackigen Pfaffen zum Heiligen oder einen tüchtigen Kerl, nur weil er uns um Kopfeslänge überwachsen war, zum Spuk und Nachtgespenst zu machen — das geht noch alle Tage."

Als das ernsthafte Männlein das gesagt hatte, stand es auf und horchte nach draußen. „Es ist dort etwas anders worden," sagte er und zog die Wolldecke vom Fenster; es war heller Mondschein. „Seht nur," fuhr er fort, „dort kommen die Bevollmächtigten zurück; aber sie zerstreuen sich, sie gehen nach Hause; — drüben am anderen Ufer muß ein Bruch geschehen sein; das Wasser ist gefallen."

Ich blickte neben ihm hinaus; die Fenster hier oben lagen über dem Rand des Deiches; es war, wie er gesagt hatte. Ich nahm mein Glas und trank den Rest: „Haben Sie Dank für diesen Abend!" sagte ich; „ich denk, wir können ruhig schlafen!"

„Das können wir," entgegnete der kleine Herr; „ich wünsche von Herzen eine wohlschlafende Nacht!"

— — Beim Hinabgehen traf ich unten auf dem Flur den Deichgrafen; er wollte noch eine Karte, die er in der Schenkstube gelassen hatte, mit nach Hause nehmen. „Alles vorüber!" sagte er. „Aber unser Schulmeister hat Ihnen wohl schön was weisgemacht; er gehört zu den Aufklärern!"

— „Er scheint ein verständiger Mann!"

„Ja, ja, gewiß; aber Sie können Ihren eigenen Augen doch nicht mißtrauen; und drüben an der anderen Seite, ich sagte es ja voraus, ist der Deich gebrochen!"

Ich zuckte die Achseln: „Das muß beschlafen werden! Gute Nacht, Herr Deichgraf!"

Er lachte: „Gute Nacht!"

— — Am anderen Morgen, beim goldensten Sonnenlichte, das über einer weiten Verwüstung aufgegangen war, ritt ich über den Hauke=Haien=Deich zur Stadt hinunter.

Die Söhne des Senators.

Der nun längst vergessene alte Senator Christian Albrecht Jovers, dessen Sarg bei Beginn dieser einfachen Geschichte schon vor mehreren Jahren die stille Gesellschaft der Familiengruft vermehrt hatte, war einer der letzten größeren Kaufherren unserer Küstenstadt gewesen. Außer seiner Wittwe, der von Klein und Groß geliebten Frau Senatorn, hatte er zwei Söhne hinterlassen, von denen er den ältesten, gleichen Namens mit ihm, kurz vor seinem Tode als Compagnon der Firma aufgenommen hatte, während für den um ein Jahr jüngeren Herrn Friedrich Jovers am selben Orte ein durch den Tod des Inhabers frei gewordenes Weingeschäft erworben war.

Dem alten, nun in Gott ruhenden Herrn war derzeit der Ruf gefolgt, daß er in seinem Hause, selbst gegen seine im vorgeschrittenen Mannesalter stehenden Söhne, die Familiengewalt mit Strenge, ja oft mit Heftigkeit geübt habe; nicht minder aber, daß er ein Mann gewesen sei, stets eingedenk der Würde seiner Stellung und des wohlerworbenen Ansehens seiner Voreltern, mit einem offenen Herzen für seine Vaterstadt und alle reputirlichen Leute in derselben, mochten sie in den großen Giebelhäusern am Markte oder in den Kathen an den Stadtenden wohnen. Beim Jahreswechsel mußte ohnfehlbar der Buchhalter und Cassirer Friedebohm einen gewichtigen Haufen dänischer und holländischer Ducaten in einzelne Päckchen siegeln, sei es zu Ehrengeschenken für die Prediger, für Kirchen- und Schulbediente oder für am Orte wohnende frühere Dienstboten als einen Beitrag zu den Kosten der verflossenen Feiertage; ebenso sicher aber war auch dann schon vor Einbruch der schlimmsten Wintersnoth ein auf dem naheliegenden Marschhofe des Senators fett gegrafter Mastochse für die Armen ausgeschlachtet und vertheilt worden. So stand denn nicht zu verwundern, daß die Mitbürger des alten Herrn, wenn sie ihm bei seinen seltenen Gängen durch die Stadt begegneten, stets mit einer Art sorglicher Feierlichkeit ihren Dreispitz von der Perrücke hoben, auch wohl erwartungsvoll hinblickten, ob bei dem Gegengruße ein Lächeln um den streng geschlossenen Mund sich zeige.

Das Haus der Familie lag inmitten der Stadt in einer nach dem Hafen hinabgehenden Straße. Es hatte einen weiten, hohen Flur mit breiter Treppe in das Oberhaus, zur Linken neben der mächtigen Hausthür das Wohnzimmer, in dem langgestreckten Hinterhause die beiden Schreibstuben für die Kaufmannsgesellen und den Principal; darüber, im oberen Stockwerk, lag der nur bei feierlichen Anlässen gebrauchte große Festsaal. Auch was derzeit sonst an Raum und Gelaß für eine angesehene Familie nöthig war, befand sich in und bei dem Hause; nur Eines fehlte: es hatte keinen Garten, sondern nur einen mäßig großen Steinhof, auf welchen oben die drei Fenster des Saales, unten die der Schreibstuben hinaussahen. Der karge Ausblick aus diesem Hofe ging über eine niedrige Grenzmauer auf einen Theil des hier nicht breiteren Nachbarhofes; der Nachbar selber aber war Herr Friedrich Jovers, und über die niedrige Mauer pflegten die beiden Brüder sich den Morgengruß zu bieten.

Gleichwohl fehlte es der Familie nicht an einem stattlichen Lust- und Nutzgarten, nur lag er einige Straßen weit vom Hause; doch immerhin so, daß er, wie man hier sich ausdrückt, „hintenum" zu erreichen war. Und für den vielbeschäftigten alten Kaufherrn mag es wohl gar eine Erquickung gewesen sein, wenn er spät Nachmittags am Westrande der Stadt entlang wandelte, bisweilen anhaltend, um auf die grüne Marschweide hinabzuschauen, oder, wenn bei feuchter Witterung der Meeresspiegel wie emporgehoben sichtbar wurde, darüber hinaus nach den Masten eines seiner auf der Rhede ankernden Schiffe. Er zögerte dann wohl noch ein Weilchen, bevor er sich wieder in die Stadt zurückwandte; denn freilich galt es, von hier aus nun noch etwa zwanzig Schritte in eine breite Nebengasse hineinzubiegen, wo die niedrigen, aber sauber gehaltenen Häuser von Arbeitern und kleinen Handwerkern der hereinströmenden Seeluft wie dem lieben Sonnenlichte freien Eingang ließen. Hier wurde die nördliche Häuserreihe von einem grünen Weißdornzaune und dieser wiederum durch eine breite Stacketpforte unterbrochen. Mit dem schweren Schlüssel, den er aus der Tasche zog, schloß der alte Herr die Pforte auf, und bald konnte man ihn auf dem geradlinigen, mit weißen Muscheln ausgestampften Steige in den Garten hineinschreiten sehen, je nach der Jahreszeit den weißen Kopf seitwärts zu einer frisch erschlossenen Provinzrose hinabbeugend oder das Obst an den jungen, in den Rabatten neu gepflanzten Bäumen prüfend.

Der zwischen Buxeinfassung hinlaufende breite Steig führte nach etwa hundert Schritten zu einem im Zopfstil erbauten Pavillon; und es war für die angrenzende Gasse allemal ein Fest, wenn an Sonntagnachmittagen die Familie sich hier zum Kaffee versammelt hatte und dann beide Flügelthüren weit geöffnet waren. Der alte Andreas, welcher dicht am Garten wohnte, hatte an solchen Tagen schon in der Morgenfrühe oder vorher, am Sonnabend, alle Nebensteige geharkt und Blumen und Gesträuche sauber aufgebunden. Weiber mit ihrem Nachwuchs auf den Armen, halb-

gewachsene Jungen und Mädchen drängten sich um die
Pforte, um durch deren Stäbe einen Blick in die patrici=
schen Sommerfreuden zu erhaschen, mochten sie nun das
blinkende Service des Kaffeetisches bewundern oder schärfer
Blickende die nicht übel gemalte tanzende Flora an der
Rückwand des Pavillons gewahren und nun lebhaft dafür
eintreten, daß diese fliegende Dame das Bild der guten
Frau Senatorn in ihren jungen Tagen vorstelle. Die ganze
Freude der Jugend aber war ein grüner Papagei aus Cuba,
der bei solchen Anlässen als vieljähriger Haus= und Fest=
genosse vor den Thüren des Pavillons seinen Platz zu fin=
den pflegte. Auf seiner Stange sitzend, pfiff er bald ein
heimathliches Negerliedchen, bald, wenn von der Pforte her
zu viele Finger und blanke Augen auf ihn zielten, schrie er
flügelschlagend ein fast verständliches Wort zu der Gassen=
brut hinüber. Dann frugen die Jungen unter einander:
„Wat seggt he? Wat seggt de Papagoy?" Und immer
war Einer dazwischen, welcher Antwort geben konnte. „Wat
he seggt? — ‚Komm röwer!' seggt he!" — Dann lachten
die Jungen und stießen sich mit den Ellenbogen, und wenn
Stachelbeeren an den Büschen oder Eierpflaumen an den
Bäumen hingen, so hatten sie zum Herüberkommen gewiß
nicht übel Lust. Aber das war schwerlich die Meinung des
alten Papageien; denn wenn Herr Christian Albrecht, sein
besonderer Gönner, mit einem Stückchen Zucker an die
Stange trat, so schrie er ebenfalls: „Komm röwer!" Er
hatte dasselbe schon geschrieen, als ein alter Capitän ihres
Vaters den Knaben Friedrich und Christian Albrecht den
fremden Vogel zum Geschenke brachte; und als auch sie ihn
damals frugen: „Wat seggt de Papagoy?" da hatte der
alte Mann nur lachend erwidert: „Ja, ja, se hebbt upt
Schipp em allerlei dumm Tüges lehrt!" Der Himmel
mochte wissen, was der Vogel mit seinem plattdeutschen
Zuruf sagen wollte!

Mitunter ging auch wohl die kleine, freundliche Frau Senatorn mit ihrer Kaffeetasse in der Hand den Steig hinab, um die Enkelinnen des alten Andreas mit einer Frucht oder einem Sonntagsschilling zu erfreuen; dann putzten die Weiber ihren Säuglingen rasch die Näschen, die Jungen aber blieben grinsend stehen: sie wußten zu genau, daß die gute Dame es mit der Verwandtschaft zum Andreas nicht allzu peinlich nahm. Ebenso geschah es mit Herrn Christian Albrecht, denn er glich seiner Mutter an froher Leichtlebigkeit; er kannte die Buben all bei Namen und erzählte ihnen von dem Papageien die wunderbarsten und ergötzlichsten Geschichten. Anders, wenn der alte Kaufherr mit seiner holländischen Kalkpfeife auf den Steig hinaustrat; dann zogen sich alle ausgestreckten Finger zwischen den Stäben der Pforte zurück, und Alt und Jung schaute in ehrerbietigem Schweigen auf ihn hin; war es aber Herr Friedrich Jovers, der den Steig herab kam, so waren plötzlich mit dem Rufe: „De junge Herr!" alle Jungen zu beiden Seiten der Pforte hinter dem hohen Zaun verschwunden, denn der unbequeme Verkehr mit Kindern lag nicht in seiner Art; wohl aber hatte er einmal einen der größeren Jungen derb geschüttelt, als dieser eben von der Gasse aus mit seinem Flitzbogen auf einen im Garten singenden Hänfling schießen wollte.

— — Diese Familienfeste waren nun vorüber. — Der nördliche, hinter dem Pavillon liegende Theil des Gartens grenzte an den schon außerhalb der Stadt liegenden Kirchhof, und hier, in der von seinem Vater erbauten Familiengruft, ruhte der alte Kaufherr und Senator von seiner langen Lebensarbeit; mit dem Liede „O du schönes Weltgebäude"-hatten die Gelehrten- und die Bürgerschule ihn zu Grabe gesungen, denen beiden, oft im Kampfe mit seinem Schwager, dem regierenden Bürgermeister, er zeitlebens ein starker Schutz und Halt gewesen war. Hier ruhte seit Kurzem auch die freundliche Frau Senatorn, nachdem noch kurz zuvor Herr Christian Albrecht eine ihr gleich geartete, rosige Schwiegertochter in das alte Haus geführt hatte. „Du brauchst mich nun nicht weiter," hatte sie lächelnd zu dem trostbedürftigen Sohne gesagt; „in der da hast du mich ja wieder, und noch jung und hübsch dazu!" Und dann hatte auch sie die Augen geschlossen, und viele Augen hatten um sie geweint, und ihr sie verehrender Freund, der alte Cantor van Essen, hatte bei ihrem Begräbniß mit einer eigens dazu componirten Trauermusike aufgewartet.

Der Kirchhof war durch einen niedrigen Zaun von dem Garten getrennt, und Herr Christian Albrecht hatte sonst, ohne viele Gedanken, darüber weg auf den unweit belegenen Überbau der Gruft geblickt; seitdem aber sein Vater darunter ruhte, war ihm unwillkürlich der Wunsch gekommen, daß eine hohe Planke oder Mauer hier die Aussicht schließen möchte. Nicht, daß er die Grabstätte seines Vaters scheute; nur vom Garten aus wollte er sie nicht vor Augen haben: wenn ihn sein Herz dahin trieb, so wollte er auf dem Umwege der Gassen und auf dem allgemeinen Todtengang dahin gelangen. Er hatte diese Gedanken wohl auch gegen seinen Bruder ausgesprochen; er hatte sie dann über sein junges Eheglück vergessen; als aber jetzt auch der Leichnam der ihm herzverwandten Mutter unter jenen schweren Steinen lag, waren sie aufs Neue hervorgetreten.

Allein zunächst galt es, sich mit dem Bruder über den elterlichen Nachlaß zu vereinigen; es war ja noch unbestimmt, in wessen Hand der Garten kommen würde.

* *
*

An einem Sonntagvormittage im November gingen die beiden Brüder, Herr Christian Albrecht und Herr Friedrich Jovers, in dem großen, ungeheizten Festsaale des Familien=

hauses schweigend auf und ab. Die Morgensonne, welche noch vor Kurzem durch die kleinen Scheiben der drei hohen Fenster hineingeschienen hatte, war schon fortgegangen, die großen Spiegel an den Zwischenwänden standen fast düster zwischen den grauseidenen Vorhängen. Fast behutsam traten die Männer auf, als wollten sie in dem weiten Gemache den Widerhall nicht wecken; endlich blieben sie vor einer zierlichen Schatulle mit Spiegelaufsatz stehen, dessen reich= vergoldete Bekrönung aus einer von Amoretten gehaltenen Rosenguirlande bestand. „Hm," sagte Christian Albrecht, „Mama selig, als sie in ihren letzten Jahren einmal ihren Muff hier aus der Schublade nahm, da nickte sie dem einen Spiegel zu; ‚du Schelm,‘ sagte sie, ‚wo hast du das schmucke Antlitz hingethan, das du mir sonst so eifrig vorgehalten hast! Nun guck einmal, Christian Albrecht, was itzo da herausschaut!‘ Die alte, heitere Frau, dann gab sie mir die Hand und lachte herzlich."

Die beiden Brüder blickten auf das stumme Glas: kein junges Antlitz blickte mehr heraus; auch nicht das liebe alte, das sie besser noch als jenes kannten. Schweigend gingen sie weiter; sie legten fast wie mit Ehrfurcht ihre Hand bald auf das eine, bald auf das andere der umherstehenden Ge= räthe, als wäre es noch in ihrer Knabenzeit, wo ihnen der Eintritt hier nur bei Familienfesten und zur Weihnachtszeit vergönnt gewesen war. Wie damals war unter der schweren Stuckrosette der Gipsdecke das stille Blitzen der großen Krystallkrone; wie damals hingen über dem Canapee, den Fenstern gegenüber, die lebensgroßen Brustbilder der Eltern in ihrem Brautstaate, daneben in höherem Alter die der Großeltern, deren altmodische Gestalten ihnen in der Däm= merung ihrer frühesten Jugendzeit entschwanden.

„Christian Albrecht," sagte der Jüngere, und der vom Vater ererbte strenge Zug um den Mund verschwand ein wenig; „hier darf nichts gerückt werden."

„Ich meine auch nicht, Friedrich."

„Es verbleibt dir sonach mit dem Hause."

„Und der Papagei? Den haben wir vergessen."

„Ich denke, der gehört auch mit zum Hause."

Christian Albrecht nickte. „Und du nimmst dagegen das beste Tafelsilber und das Sevresporzellan, das hier neben in der Geschirrkammer steht!"

Friedrich nickte; eine Pause entstand.

„So wären wir denn mit unserer Theilung fertig!" sagte Christian Albrecht wieder.

Friedrich antwortete nicht; er stand vor den Familienbildern, als ob er eingehend sie betrachten müsse; sein Kopf drückte sich immer weiter in den Nacken, bis der schwarzseidene Haarbeutel im rechten Winkel von dem chokoladenfarbenen Rocke abstand. „Es ist nur noch der Garten," sagte er endlich, als ob er etwas ganz Beiläufiges erwähne.

Aber in des Bruders sonst so ruhigem Antlitz zuckte es, wie wenn ein lang Gefürchtetes plötzlich ausgesprochen wäre.

„Den Garten könntest du mir lassen," sagte er beklommen; „die Auslösungssumme magst du selbst bestimmen!"

„Meinst du, Christian Albrecht?"

„Ich meine es, Friedrich. Du sagst es selbst, du seiest ein geborener Hagestolz; — aber ich und meine Christine, unsere Ehe wird gesegnet sein! Hier haben wir nur den engen Steinhof; bedenk es, Bruder, wo sollen wir mit den lieben Geschöpfen hin? Und dann — du selber! Im Pavillon, an den Sonntagnachmittagen! Du wirst doch lieber deine junge Schwägerin als deine bärbeißige Wittwe Antje Möllern unserer Mutter Kaffeetisch verwalten sehen!"

„Deinen Kindern," erwiderte der Andere, ohne umzublicken, „wird mein Garten nicht verschlossen sein."

„Das weiß ich, lieber Friedrich; aber Kinderhände in meines ordnungliebenden Herrn Bruders Ranunkel- und Levkojenbeeten!"

Friedrich antwortete hierauf nicht. „Es ist ein Codicill zu unseres Vaters Testament gewesen," sagte er, als spräche er es zu den Bildern oder zu der Wand ihm gegenüber, „danach sollte mir der Garten werden; die Auslösungssumme ist mir nicht bekannt geworden, die magst du bestimmen oder sonst bestimmen lassen."

Der Ältere nahm fast gewaltsam seines Bruders Hand. „Du weißt es von unserer seligen Mutter, daß unser Vater, da sie das Schriftstück einmal in die Hand bekam, ausdrücklich ihr geheißen hat: ‚Zerreiße es; die Brüder sollen sich darum vertragen.'"

„Es ist aber nicht zerrissen worden."

„Das weiß ich wohl; es trat im selben Augenblick ein Fremder in das Zimmer, und derohalben unterblieb es damals; aber später, am Tage nach selig Vaters Begräbniß, hat unsere Mutter den Willen des Verstorbenen ausgeführt."

„Das war ein volles Jahr nachher."

„Friedrich, Friedrich!" rief der Ältere. „Willst du verklagen, was unsere Mutter that!"

„Das nicht, Christian Albrecht, aber Mama selig versirte in einem Irrthum; sie war nicht mehr befugt, das Schriftstück zu zerreißen."

Auf dem Antlitz des älteren Bruders stand es für einen Augenblick wie eine rathlose Frage; dann begann er in dem weiten Saale auf- und abzuwandern, bis er mit ausgestreckten Armen in der Mitte stehen blieb. „Gut," sagte er, „du wünschest den Garten, wir Beide wünschen ihn! Aber dabei soll unseres Vaters Wort in Ehren bleiben; theilen wir, wenn du es willst, daß Jeder seine Hälfte habe!"

„Und Jeder ein verhunztes Stück bekäme!"

„Nun- denn, so losen wir! Laß uns hinunter gehen, Christine kann die Lose machen!"

Herr Friedrich hatte sich umgewandt; sein dem Bruder zugekehrtes Antlitz war bis über die dichten Augenbrauen hinauf geröthet. „Was mein Recht ist," sagte er heftig, „das setze ich nicht aufs Los."

In diesem Augenblicke klang das Negerlied des Papageien aus dem Unterhaus herauf; ein alter Diener hatte die Thür des Saales geöffnet: „Madame läßt bitten; es ist angerichtet."

„Gleich! Sogleich!" rief Christian Albrecht. „Wir werden gleich hinunterkommen!"

Der Diener verschwand; aber die Herren kamen nicht.

Nach einer Viertelstunde trat unten aus dem Wohnzimmer eine jugendliche Frau mit leichtgepudertem Köpfchen auf den Flur hinaus; behende erstieg sie die breite Treppe bis zur Hälfte und rief dann nach dem Saal hinauf: „Seid ihr denn noch nicht fertig? Friedrich! Christian Albrecht! Soll denn die Suppe noch zum dritten Mal zu Feuer?"

Es erfolgte keine Antwort; aber nach einer Weile, während der Stöckelschuh der hübschen Frau ein paar Mal ungeduldig auf der Stufe aufgeklappert hatte, wurde oben die Saalthür aufgestoßen, und Friedrich kam allein die Treppe herab.

Die junge Frau Senatorin — denn ihr Eheliebster war kürzlich seinem Vater in dieser Würde nachgefolgt — sah ihn ganz erschrocken an. „Friedrich!" rief sie, „wie siehst du aus? Und wo bleibt Christian Albrecht?"

Aber der Schwager stürmte ohne Antwort an ihr vorüber. „Wünsche wohl zu speisen!" murmelte er und stand gleich darauf schon unten an der Hausthür, die Klinke in der Hand.

Sie lief ihm nach. „Friedrich! Friedrich, was fällt dir ein? Dein Leibgericht, perdrix aux truffes!"

Aber er war schon auf der Gasse, und durch das Flurfenster sah sie ihn seinem Hause zueilen. „Nun sieh mir Einer diesen Querkopf an!" Und sie schüttelte ihr Köpfchen und stieg nachdenklich die Treppe wieder hinauf. Als sie die Thür des Saales öffnete, sah sie den jungen Herrn

Senator, die Hände in den Rockschößen, vom anderen Ende des Gemaches herschreiten, so ernsthaft vor sich auf die Dielen schauend, als wolle er die Nägelköpfe zählen.

„Christian! Christian Albrecht!" rief sie, als er vor ihr stand.

Als er den Klang ihrer Stimme hörte und, den Kopf erhebend, ihr in die kinderblauen Augen sah, gewannen seine Züge die gewohnte Heiterkeit zurück. „Gehen wir zu Tisch, Madame!" sagte er lächelnd. „Bruder Friedrich muß nun heute mit der Frau Wittwe Antje Möllern speisen; das ist gerechte Strafe! Morgen wird er schon wieder kommen; aber ich habe denn doch auch meinen Kopf, und — unseres Vaters Wort muß gelten!"

Damit bot er seiner erstaunten Frau den Arm und führte sie die Treppe hinab und zu Tische.

*   *
*

Das Wiederkommen hatte indessen gute Weile; vierzehn Tage waren verflossen, und Herr Friedrich hatte seinen Fuß noch nicht wieder über die Schwelle des Familienhauses gesetzt. Gleich am ersten Morgen nach jenem verfehlten Mittage war Christian Albrecht wiederholt auf seinen Steinhof hinausgegangen, um wie sonst über die niedrige Grenzmauer seinem Bruder den Morgengruß zu bieten; aber von Herrn Friedrich war nichts zu sehen gewesen; ja, eines Morgens hatte Herr Christian Albrecht ganz deutlich den Schritt des Bruders aus der in einem Winkel verborgenen Hofthür kommen hören; als ihn aber im selben Augenblicke ob einer in der Alteration zu scharf genommenen Prise ein lautes Niesen anfiel, hörte er gleich darauf die Schritte wieder umkehren und die ihm unsichtbare Hofthür zuschlagen.

Herr Christian Albrecht wurde ganz still in sich bei dieser Lage der Dinge; nur mit halbem Ohre lauschte er, wenn, um ihn aufzumuntern, die hübsche Frau Senatorin sich in der Dämmerstunde ans Clavier setzte und ihm die allerneuesten Lieder: „Beschattet von der Pappelweide" und „Blühe, liebes Veilchen", eines nach dem andern mit ihrer hellen Stimme vorsang.

Er hatte gegen sie nach der ersten Mittheilung „der kleinen Differenze" kein Wort über den Bruder mehr geäußert; endlich aber, eines Morgens, da die Eheleute beim Kaffee auf dem Canapee beisammen saßen, legte die Frau Senatorin sanft ihre kleine Hand auf die des Mannes. „Siehst du nun," sagte sie leise, „er kommt nicht wieder; ich hab es gleich gesagt."

„Hm, ja, Christinchen; ich glaub es selber fast."

„Nein, nein, Christian Albrecht; es ist ganz gewiß, er kommt nicht wieder; er kann nicht wieder kommen, denn er ist ein Trotzkopf!"

Christian Albrecht lächelte; aber zugleich stützte er den Kopf in seine Hand. „Ja freilich, das ist er; das war er schon als kleiner Knabe; ich und das Kindermädchen tanzten dann um ihn herum und sangen: ‚Der Bock, der Bock! O Jemine, der Bock!' bis er zuletzt einen Kegel oder ein Stück von seinem Bauholz aufgriff und damit nach unseren Köpfen warf; am liebsten warf er noch mit seinem Bauholz! Aber Christinchen — wenn's Herz nur gut ist!"

„Nicht wahr?" rief die hübsche Frau und sah ihrem Mann mit lebhafter Zärtlichkeit ins Antlitz, „ein gutes Herz hat unser Friedrich, und deshalb — ich meine, du könntest zu ihm gehen; du bist kein Trotzkopf, Christian Albrecht, du hast es leichter in der Welt!"

Der Senator streichelte sanft die gerötheten Wangen seiner Eheliebsten. „Was ich für eine kluge Frau bekommen habe!" sagte er neckend.

„Ei was, Christian Albrecht, sag lieber, daß du zu deinem armen Bruder gehen willst!"

„Arm, Christinchen? — Eine sonderbare Armuth, wenn Einer alles Recht für sich allein verlangt! Aber du sollst schon deinen Willen haben; heut Abend oder schon heute Nachmittag . . ."

„Warum nicht schon heut Vormittag?"

„Nun, wenn du willst, auch heute Vormittag!"

„Und du bist versöhnlich, du giebst nach?"

„Das heißt, ich gebe ihm den Garten?"

Sie nickte: „Wenn es sein muß! Doch lieber, als daß ihr im Zorne aus einander geht!"

„Und, Christinchen, unsere Kinder? Sollen sie mit den Hühnern hier auf dem engen Steinhof laufen?"

„Ach, Christian Albrecht!" und sie fiel ihm um den Hals und sagte leise: „Wir sind so glücklich, Christian Albrecht!"

* *
*

Während bald darauf der junge Kaufherr über den Flur nach seinen Geschäftsräumen im Hinterhause schritt, hatte im Wohnzimmer seine Frau sich an das Fenster gesetzt; an einem möglichst kleinen Häubchen strickend, schaute sie über die Straße nach dem gegenüberliegenden Nachbarhause, mehr nur, wie es schien, um bei dem inneren Gedankentausche doch irgendwohin die Augen zu richten. Jetzt aber sah sie Frau Antje Möllern in Futterhemd und Schürze über die Straße schreiten und mit der Frau Nachbarn Zipsen, die soeben auch aus ihrem Hause trat, sich auf eine der steinernen Beischlagsbänke setzen. Frau Antje Möllern war die Erzählende, wobei sie sehr vergnügt und triumphirend aussah und mehrmals mit einer schwerfälligen Bewegung ihres dicken Kopfes nach dem elterlichen Hause ihres Herrn hinüberwinkte. Frau Nachbarn Zipsen schlug zuerst ihre Hände, wie vor Staunen, klatschend in einander; dann aber nickte sie wiederholt und lebhaft; auch ihr schienen die Dinge, um die es sich handelte, ausnehmend zu gefallen; und bald, während das eifrigste Wechselgespräch im Gange war, zuckten und deuteten die Köpfe und Hände der beiden Weiber in keineswegs respectvoller Geberde nach dem altehrwürdigen Kaufmannshaus hinüber.

Die junge Frau am Fenster wurde denn doch aufmerksam: die da drüben waren nicht eben ihre Freunde; der Einen — das wußte sie — war es zugetragen worden, daß sie Herrn Friedrich Jovers abgerathen hatte, ihre mauldreiste Personnage in sein Haus zu nehmen; der Anderen hatte sie einmal ihre große Tortenpfanne nicht leihen können, weil sie eben beim Kupferschmied zum Löthen war.

Unwillkürlich hatte sie die Arbeit sinken lassen: was mochten die Weiber zu verhandeln haben?

Aber die Unterhaltung drüben wurde unterbrochen. Von der Hafenstraße herauf kam der kleine bewegliche Advocat, Herr Siebert Sönksen, den sie den „Goldenen" nannten, weil er bei feierlichen Gelegenheiten es niemals unter einer goldbrocatenen Weste that, deren unmäßig lange Schöße fast seinen ganzen Leib bedeckten. Eilig schritt er auf die Beiden zu, richtete, wie es schien, eine Frage an Frau Antje Möllern und schritt, nachdem diese mit einem Kopfnicken beantwortet worden, lebhaft, wie er herangetreten war, quer über die Gasse nach Herrn Friedrichs Hause zu.

„Hm," kam es aus dem Munde der jungen Frau, „der Goldene? Gehört der auch dazu? Was will denn der bei unserem Bruder Friedrich?"

Die hervorragenden Eigenschaften des Herrn Siebert Sönksen waren bekannt genug: er jagte wie ein Trüffelhund nach verborgen liegenden Processen und galt für einen spitzfindigen Gesellen und höchst beschwerlichen Gegenpart auch in den einfachsten Rechtsstreitigkeiten. Im Übrigen wußte er, je nach welcher Seite hin sein Vortheil lag, ebensowohl einen sauberen Vergleich zu Stande zu bringen, als

einen chicanösen Proceß durch alle Instanzen hindurchzu=
ziehen.

Die Frau Senatorin war aufgestanden; sie mußte doch
zu ihrem Christian Albrecht, um seine Meinung über diese
Dinge einzuholen! Allein, da trat die Köchin in das Zim=
mer, ein altes Inventarienstück aus dem schwiegerelterlichen
Nachlaß, eine halbe Respectsperson, die nicht so abzuweisen
war. Die junge Frau mußte ihr Haushaltungsbuch aus
der Schatulle nehmen; sie mußte notiren und rechnen, um
dann die näheren Positionen der heutigen Küchencampagne
mit der kundigen Alten festzustellen.

* * *

Hinten in der vorderen Schreibstube saßen indessen der
alte Friedebohm und ein jüngerer Kaufmannsgeselle sich an
dem schweren Doppelpulte gegenüber. Es gab viel zu thun
heute, denn die Brigg „Elsabea Fortuna", welche der selige
Herr nach seiner alten Ehefrau getauft hatte, lag zum
Löschen fertig draußen auf der Rhede. „Musche Peters,"
sagte der Buchhalter zu seinem Gegenüber, „wir müssen noch
einen Lichter haben; ist Er bei Captän Rickersen gewesen?"

Aber bevor der junge Mensch zur Antwort kam, wurde
an die Thür geklopft, und ehe noch ein „Herein" erfolgen
konnte, stand schon der goldene Advocat am Pulte und legte
seine Hand vertraulich auf den Arm des alten Mannes.
„Der Herr Principal in seinem Cabinette, lieber Friede=
bohm?" Er frug das so zärtlich, daß der Alte ihn höchst
erstaunt ansah, denn dieser Mann war nicht der betraute
Sachwalter ihres Hauses. Deshalb gedachte er eben von
seinem Bock herabzurutschen, um ihn selber bei dem Herrn
Senator anzumelden; aber Herr Siebert Sönksen war schon
nach flüchtigem Anpochen in das Privatcabinett des Prin=
cipals hineingeschlüpft.

„Ei, ei ja doch!" murmelte der Alte. „Die Klatsch=
mäuler werden doch nicht Recht behalten?" Er kniff die
Lippen zusammen und schaute eine Weile durch das Fenster
auf den Steinhof, wo ihm die niedrige Mauer jetzt auch
eine innere Scheidung der beiden verwandten Häuser zu be=
deuten schien.

Drinnen im Cabinette war nach ein paar Hin= und
Widerreden der Herr Senator wirklich von seinem Bock
herabgekommen. „Herr!" rief er und stieß seine Feder auf
das Pult, daß sie bis zur Fahne aufriß, „verklagen, sagt
Ihr? Meines Vaters Sohn will mich verklagen? Herr
Siebert Sönksen, Sie sollten nicht solche Scherze machen!"

Der Goldene zog ein Papier aus seiner Tasche. „Mein
werther Herr Senator, es wird ja nicht sogleich ad pro-
cessum ordinarium geschritten."

„Auch nicht, da Herr Siebert Sönksen dem Gegenpart
bedienet ist?"

Der Goldene lächelte und legte das Schriftstück, welches
er in der Hand hielt, vor Herrn Christian Albrecht auf das
Pult. „Laut dieser Vollmacht," sagte er vertraulich, „bin
ich so gut zum Abschluß von Vergleichen wie zur Anstellung
der Klage legitimirt!"

„Und wegen des Vergleiches sind Sie zu mir gekom=
men?" frug der Kaufherr nicht ohne ziemliche Verwunde=
rung; denn er wußte nicht, daß Herr Siebert Sönksen schon
längst darauf speculirt hatte, statt seines alten und, wie er
sagte, „fürtrefflichen, aber abgängigen" Collegen der Anwalt
dieses angesehenen Hauses zu werden.

Der Advocat hatte mit einem höflichen Kopfnicken die
an ihn gerichtete Frage beantwortet.

„Herr Siebert Sönksen," sagte der Senator, und er
sprach diese Worte in großer innerlicher Erregung, „so kom=
men Sie also im Auftrage, im ausdrücklichen Auftrage mei=
nes Bruders?"

Herr Siebert stutzte einen Augenblick. „In Vollmacht, mein werther Herr Senator; wie Sie zu bemerken beliebten, laut richtig subscribirter Vollmacht! Es ist für den erwünschten Frieden unterweilen tauglich, wenn eine unbetheiligte sachkundige Person ..."

Herr Christian Albrecht unterbrach ihn: „Also," sagte er aufathmend, „mein Bruder weiß nichts von Ihrem werthen Besuche? Ich danke Ihnen, Herr Sönksen; das freut mich recht von Herzen!"

Der Goldene schaute etwas verblüfft in das geröthete Antlitz des stattlichen Kaufherrn. „Aber mein werthester Herr Rathsverwandter!"

„Nein, nein, Herr Siebert Sönksen, führen Sie meinethalben so viele Processe, als Sie fertig bringen können; aber wo zwei Brüder in der Güte mit einander handeln wollen, da gehöret weder der Beichtvater noch der Advocat dazwischen."

„Aber, ich dächte doch —"

„Sie denken sonder Zweifel anders, Herr Siebert Sönksen," sagte der Senator mit einer unwillkürlichen Verbeugung. „Kann ich Ihnen sonstwie meine Dienste offeriren?"

„Allersubmisseste Danksagung! Nun, schönsten guten Morgen, mein werther Herr Senator!"

Gleich darauf schritt der Goldene mit einem eiligen „Serviteur, Musche Friedebohm" durch die vordere Schreibstube und hielt erst an, als er draußen auf den Treppenstufen vor der Hausthür stand. Seinen Rohrstock unter den Arm nehmend, zog er die Horndose aus der Westentasche und nahm bedächtig eine Prise. „Eigene Käuze das, die Söhne des alten Herrn Senators Christian Albrecht Jovers!" murmelte er und tauchte zum zweiten Male seine spitzen Finger in die volle Dose. „Nun, nehmen wir fürerst mit dem Proceß fürlieb!"

— — Bald nach dem Goldenen war auch der junge

Kaufherr an dem ihm kopfschüttelnd nachschauenden Musche Friedebohm vorbeigeeilt, um gleich darauf in die Wohnstube zu treten, wo seine Eheliebste auf dem Canapee an ihrem Kinderhäubchen strickte. Aber er sprach nicht zu ihr; er hatte wieder beide Hände in den Rockschößen und lief im Zimmer auf und ab, bis die Frau Senatorin aufstand und so glücklich war, ihn zu erhaschen.

„Weshalb rennst du so, Christian Albrecht?" sagte die junge Frau und stellte sich tapfer vor ihm hin.

„Nun, Christine, wer da nicht rennen sollte!"

„Nein, nein, Christian Albrecht, du bleibst mir stehen!" und sie legte beide Arme um seinen Hals. „So," sagte sie; „nun sieh mich an und sprich!"

Aber Herr Christian Albrecht that auch nicht einen Blick in ihre hübschen Augen. „Christine," sagte er und sah dabei schier über sie hinweg, „ich kann nicht zu Bruder Friedrich gehen."

Sie ließ ihn ganz erschrocken los. „Aber du hast es mir versprochen!"

„Aber ich kann nicht!"

„Du kannst nicht? Weshalb kannst du nicht?"

„Christinchen," sagte er und faßte seine Frau an beiden Händen, „ich kann nicht, weil er wieder in seine Kinder=streiche verfallen ist; er hat mir ein Stück Bauholz nach dem Kopf geworfen."

„Was soll das heißen, Christian Albrecht?"

„Das soll heißen, daß mein Bruder Friedrich den goldenen Advocaten zum Processe gegen mich bevollmächtigt hat. Es ist justement als wie in seinen Kinderjahren; er hat den Bock, und zwar im allerhöchsten Grade! Und so mag's denn auch von meinetwegen jetzt ein Tänzchen geben!"

Die junge Frau suchte wieder zu begütigen, allein Herr Christian Albrecht war unerbittlich. „Nein, nein, Christinchen; er muß diesmal fühlen, wie der Bock ihn selber stößt, so wird er sich ein ander Mal in Acht zu nehmen wissen. Wir sollen, so Gott will, noch lange mit unserem Bruder Friedrich leben; bedenk einmal, was sollte daraus werden, wenn wir allzeit laufen müßten, um seinen stößigen Bock ihm anzubinden!"

Und dabei hatte es sein Bewenden. Zwar will man wissen, daß die junge Frau noch einmal hinter ihres Mannes Rücken in des Schwagers Haus geschlüpft sei, um mit den eigenen kleinen Händen den Knoten zu entwirren; aber Frau Antje Möllern hatte sie mit frecher Stirne fortgelogen, indem sie fälschlich angab, Herr Friedrich Jovers sei soeben in dringenden Geschäften zum Herrn Siebert Sönksen fortgegangen. Und die Augen der alten Personnage sollen dabei so von Bosheit voll geleuchtet haben, daß die junge Frau zu einem zweiten Versuche keinen Muth hatte gewinnen können.

* * *

Ein neues Jahr hatte begonnen, und der Proceß zwischen den beiden Brüdern war in vollem Gange. Der Herr Vetter Kirchenpropst und der Onkel Bürgermeister hatten sich vergebens als Vermittler zum gütlichen Austrag angeboten; vergebens hatte der letztere gegen den jungen Senator hervorgehoben, daß „kraft seines tragenden Amtes, abseiten des Ansehens der Familie", die Augen der ganzen Stadt auf ihn gerichtet seien; denn darin schienen die Streitenden stillschweigend einverstanden, daß das Wort der Güte nur fern von fremder Einmischung von dem Einen zu dem Andern gehen könne. Aber freilich, dazu gab Keiner von ihnen die Gelegenheit; der nothwendige geschäftliche Verkehr wurde schriftlich fortgesetzt, und eine Menge Zettel: „Der Herr Bruder wolle gelieben" oder „Dem Herrn Bruder zur gefälligen Unterweisung" gingen hin und wieder.

Die kleine Seestadt in allen ihren Kreisen hatte sich

müde an diesem unerhörten Fall gesprochen, und das Gespräch, wenn irgendwie der Stoff zu Anderem ausging, wurde noch immer mit Begierde wieder aufgegriffen. Vollständig munter aber, trotz der Winterkälte, erhielt es sich drüben auf der Beischlagsbank der Frau Nachbarn Jipsen; diese und Frau Antje Möllern winkten jetzt nicht nur mit ihren Köpfen, sondern mit beiden Armen und dem ganzen Leibe nach dem Senatorshause hinüber. Aber in dem letzteren war freilich mittlerweile auch noch ein ganz Besonderes passirt: ein Sohn war dort geboren worden, und Herr Friedrich Jovers hatte ja für solchen Fall Gevatter stehen sollen!

— — Die junge Frau Senatorn lief indessen schon wieder flink von der Wiege ihres Kindes treppunter nach der Küche und noch flinker von der Küche treppauf nach ihrer Wiege, als eines Morgens Herr Christian Albrecht, nachdem er erst soeben vom gemeinschaftlichen Kaffeetische in sein Comptor gegangen war, wieder zu ihr in das Wohnzimmer trat. „Christine," sagte er zu seiner immerhin noch etwas bläßlichen Eheliebsten, „bist du heute schon draußen auf unserem Steinhofe gewesen? — — Nicht? — Nun, so alterire dich nur nicht, wenn du dahin kommst!"

„Um Gotteswillen, es hat doch kein Unglück gegeben?" rief die junge Frau.

„Nein, nein, Christine."

„Aber ein Malheur doch, Christian Albrecht; du bist ja selber alterirt!"

Ein Lächeln flog über sein freilich ungewöhnlich ernstes Gesicht. „Ich denke nicht, Christine; aber komm nur mit und siehe selber!"

Er faßte ihre Hand und führte sie über den Hausflur in die große Schreibstube. Der jüngere Comptorist war nicht zugegen; der alte Friedebohm stand neben seinem Schreibbocke am Fenster und nahm eine Prise nach der andern.

Auch Frau Christine sah jetzt in den Hof hinaus, fuhr aber gleich darauf mit der Hand über ihre Augen, als gält es, dort ein Spinnweb fortzuwischen. „Um Gotteswillen, was ist das, Friedebohm? Was machen die Leute da auf Bruder Friedrichs Hof? Die Mauer ist ja auf einmal fast um zwei Fuß höher!"

„Frau Principalin," sagte der Alte, „das sind Meister Hausens Leute; sehen Sie, dort kommt schon Einer mit der Kelle!"

„Aber was soll denn das bedeuten?"

„Nun" — und Monsieur Friedebohm nahm wieder eine Prise — „Herr Friedrich läßt wohl ein paar Schuhe höher mauern."

„Aber, Christian Albrecht," und Frau Christine wandte sich lebhaft zu ihrem Mann, der schweigend hinter ihr gestanden hatte, „geschieht denn das mit deinem Willen?"

Herr Christian Albrecht schüttelte den Kopf.

„Aber die Grenzmauer, sie gehört doch uns gleichwohl; wie kann sich Friedrich so etwas unterstehen!"

„Mein Schatz, die Mauer steht auf Friedrichs Grund und Boden."

Die Augen der kleinen Frau funkelten.

„O, das ist schlecht von ihm, das hätte ich ihm nicht zugetraut; er hat ein hartes Herz!"

„Da irrst du doch gewaltig, Christinchen," erwiderte Herr Christian Albrecht; „das ist's ja gerade, daß er noch immer sein altes weiches Herz hat; er schämt sich nur, und deshalb läßt er diese große steinerne Gardine zwischen sich und seinem Bruder aufziehen."

Die junge Frau blickte mit unverhohlener Bewunderung auf ihren Mann. „Aber," sagte sie fast schüchtern und legte ihre Hand in seine; „wie wird er sich erst schämen, wenn er den Proceß gewinnen sollte!"

„Dann," erwiderte der Senator, „dann kommt mein

Bruder zu mir, denn dann ist der böse Bock gezähmt. Hab ich nicht Recht, Papa Friedebohm?" setzte er in munterem Ton hinzu.

„Ei ja, Gott lenkt die Herzen," erwiderte der alte Mann, indem er seine Dose in die Tasche steckte und dafür die Feder wieder in die Hand nahm; „aber beim wohlseligen Herrn Senator ist uns solcher Umstand im Geschäft nicht vorgekommen."

* * *

Zwei Tage darauf hatte die Mauer schon eine beträchtliche Höhe erreicht, und noch immer wurde daran gearbeitet. Aus der Schreibstube hinten war dergleichen nie gesehen worden, und der junge Kaufmannsgeselle konnte es nicht lassen, je um eine kleine Weile mit offenem Munde nach den Arbeitern hinzustarren. „Musche Peters," sagte der alte Friedebohm, „wolle Er lieber in Seine Bilancerechnung schauen! Es will sich für Ihn nicht schicken, daß Er über das neue Werk da draußen sich irgendwelche überflüssige Gedanken mache!" Und der junge Mensch wurde über und über roth und tauchte hastig seine Feder in das Tintenfaß.

Aber auch Monsieur Friedebohm selber konnte sich nicht enthalten, unterweilen über seine Arbeit wegzuschauen; die beiden Gesellen da draußen, insonders der Alte mit dem respectwidrigen langen Barte, wurden ihm mit jeder Stunde mehr zuwider. „Der struppige Assyrer!" brummte er vor sich hin, „mag wohl am Thurm zu Babel schon getagwerkt haben; wird aber diesmal auch nicht in den Himmel bauen!"

Als gleich darauf Herr Christian Albrecht aus seinem Cabinett hereintrat, sah er seinen Buchhalter sich mit dem Schneiden einer Feder mühen, die er immer näher an die

Nase rückte. „Will's nicht mit den alten Augen, Papa Friedebohm?" sagte er freundlich.

Aber Monsieur Friedebohm zuckte bedeutsam mit der einen Schulter nach der Mauer draußen. „Herr Christian Albrecht, wir haben schon immer das Licht nicht justement mit Scheffeln hier gehabt."

Der Senator warf einen Blick nach dem hohen Werke, an welchem die beiden Gesellen unter lustigem Singen noch immer weiter arbeiteten. „Ja, ja, Friedebohm," rief er heftig, „du hast Recht! Alle Tausend, das geht denn doch übers —"

„Übers Bohnenlied" wollte er sagen, wo schon derzeit gar nichts darüber ging; aber er schwieg plötzlich, da er auf den jungen Musche Peters sah, der wieder mit offenem Munb an seinem Pulte saß, und ging, nachdem er eine geschäftliche Anordnung ertheilt hatte, in sein Cabinett zurück.

— — Nach ein paar Stunden steckte Frau Christine ihr hübsches Köpfchen durch die Thür. „Darf man eintreten?" frug sie.

„Komm nur!" erwiderte Herr Christian Albrecht von seinem Schreibstuhl aus. „Was hast du auf dem Herzen?"

„O," und sie stand schon mitten in dem Stübchen und ließ ihre Blicke an der geschwärzten Decke wandern, — „ich wollte nur; — — — aber, Christian Albrecht, hier herrscht ja ägyptische Finsterniß! Die schönen Spinngewebe, die unsere Wiebke immer sitzen läßt, die können deine Spinnen nun ruhig weiter weben! Und weißt du, das naseweise Ding — aber ich habe ihr auch einen tüchtigen Wischer gegeben — sie hat eben die Mauer mit ihrem Eulbesenstil gemessen; genau elf Fuß nach meiner Elle, sagt sie! Aber sieh nur, Christian Albrecht, nun wird's denn auch nicht höher; sie legen schon die runden Steine oben auf."

Herr Christian Albrecht saß noch immer auf seinem hohen Schreibstuhl, die Feder in der Hand. „Weißt du, Christine," sagte er, indem er ernsthaft vor sich hinsah, „der Bock meines Herrn Bruders wird mir doch zu mächtig; es thut jetzt noth, und ich habe mich auf einen guten Gegenstoß besonnen." Und als sie ihn unterbrechen wollte: „Nein, red mir nicht dazwischen, Frau; ich will auch einmal meinen Willen haben."

Sie faßte ihn leise an dem Aufschlag seines Rockes und zog ihn sanft von seinem Thron herab und dicht zu sich heran. „O weh," sagte sie und sah ihm ernsthaft in die Augen, „da habe ich am Ende einen Mann geheirathet, den ich erst heute kennen lerne! Gesteh mir's, Christian Albrecht, du hast doch nicht auch etwa so einen —"

„Zum Kuckuk," rief Herr Christian Albrecht lachend, „im hintersten Stallwinkel wird auch wohl bei mir so einer angebunden stehen; und der soll jetzt heraus ans Tageslicht, troß aller klugen Frauenzimmer und meiner allerklügsten noch dazu!"

„So, Christian Albrecht? Und in welcher Art" — sie zögerte ein wenig — „soll denn der deine seinen Gegenstoß vollführen?"

„Setz dich, Christine," sagte der Senator, indem er die anmuthige Frau auf seinen Schreibthron hob, „und reden wir deutsch mitsammen! In jener Sache da draußen auf dem Hof will ich mein Recht und keinen Tittel davon aufgeben! Aber dazu bedarf es keines Processirens, denn es steht klar und bündig in den alten Kaufcontracten."

„Und weiter, Christian Albrecht?"

„Und weiter, Christine, hat zwar der Besitzer von Friedrichs Hause die Mauer zwischen beiden Häusern aufzuführen und zu unterhalten; aber der des unserigen hat den Halbschied der Kosten dazu beizutragen."

„Wirklich? Auf Höhe von elf Fuß?"

„Ei was, und wenn's die Mauer von Jericho wäre! Das ist meine Sache; wenn ich ihm zahlen will, er muß schon still halten und Quittanz dafür ertheilen!"

„Und du willst wirklich die Halbscheid der Kosten, so das blanke baare Geld dafür dem Bruder Friedrich in sein Haus schicken?"

„Das will ich, Christine; ganz gewiß, das will ich."

Sie sah ihn eine Weile ganz nachdenklich an.

„So, also auf die Art, Christian Albrecht!" sagte sie langsam.

Aber bevor sie ihre Gedanken über diesen kritischen Fall zu ordnen vermochte, kam Botschaft aus der Küche: die Kochfrau war eben angelangt, und der Bratenwender sollte aufgestellt werden, denn auf morgen gab es ein großes Fest im Hause. Frau Christine gedachte plötzlich wieder der Veranlassung, um derenwillen sie das Allerheiligste ihres Mannes aufgesucht hatte; sie ließ sich ihr blaues Haushaltungsbeutelchen bis zum Rande füllen und verließ das Stübchen, den Kopf voll junger Wirthschaftssorgen.

* *
*

In dem Hause nebenan sollte heute Herr Friedrich Jovers mit seiner ehrsamen Haushälterin selbander speisen, denn sein junger Lübecker Küfer war auswärts in Geschäften. Zuvor aber trat er nach seiner Gewohnheit vor die Hausthür und schaute von dem obersten Treppensteine ein paar Augenblicke in das Wetter und rechts die Straße hinab nach dem dort unten sichtbaren Theile des Hafens.

Als er dann wieder ins Haus und gleich darauf in das Wohnzimmer getreten war, stand die Matrone schon mit vorgesteckter Serviette in der kalmankenen Sonntagscontusche hinter ihrem Stuhle.

„Ist Hochzeit in der Stadt, Frau Möllern?" frug er.

„Die Schiffe flaggen ja!"

Er setzte sich, und die Alte setzte sich ihm gegenüber; die Frage mochte er wohl schon vergessen haben, denn Herr

Friedrich Jovers pflegte seit geraumer Zeit auf dergleichen keine Antwort zu erwarten.

Aber Frau Antj. Möllern, welche auf gewisse Dinge ihren Herrn nicht anzusprechen wagte, ließ sich die Gelegenheit nicht entschlüpfen. „Hochzeit?" wiederholte sie scharf, und ein gewisses Zucken um ihre derben Lippen zeigte, daß eine verhaltene Entrüstung zum Ausbruch drängte. „Nein, es ist keine Hochzeit, es ist nur eine Kindtaufe!"

„Eine Kindtaufe, und die Schiffe flaggen?" sagte Herr Jovers gleichgültig. „Ich wüßte doch nicht, daß bei den Honoratioren —"

Aber Frau Möllern vermochte nicht, ihn ausreden zu lassen. „O, Herr Jovers, freilich ist es bei den Honoratioren, bei den allererſten Honoratioren; aber eine Schande ist es, eine offenbare Schande, sag ich!"

Herr Jovers wurde doch aufmerksam. „Was will Sie damit sagen?" frug er kurz.

„Damit, Herr Jovers, will ich sagen, daß Ihr einziger Bruder, der Herr Senator Christian Albrecht Jovers, heute sein erstes Söhnchen taufen läßt; und Sie fragen noch, warum die Schiffe flaggen?"

Herr Friedrich sagte nichts; aber Frau Antje Möllern entging es nicht, wie ihm die Hand zitterte, während er schweigend den Rest seiner Suppe hinunterlöffelte.

Die grimmigen Augen der Alten begannen plötzlich einen wehleidigen Ausdruck anzunehmen. „Herr Jovers," begann sie seufzend, „Ihr Herr Großvater selig und meines Vaters Onkel, was waren das für gute Freunde! Sie wissen das ja auch, Herr Jovers!"

„Zum mindesten," sagte Herr Jovers, „hat Sie mir das oft genug erzählt."

„Nun, Herr Jovers, selig Senatorn wußte das ja auch!"

„Ja, ja, Möllern, und auch der alte Friedebohm! Denn in den Büchern meines Großvaters läuft bis zu seinem seligen

Ende eine jährliche Ausgabepost: Zehn Pfund Taback und ein Gewandstück für den armen Krischan Möller."

Frau Antje schluckte etwas; dann aber, nachdem sie den mittlerweile erschienenen Braten vorgelegt hatte, nahm sie doch den Faden wieder auf. "Ja, Herr Jovers, sie waren Schulkameraden, und das vergaßen sie sich nicht! Für alle Mittwoch war Herr Christian Möller zu dem Herrn Senator Christian Jovers auf den Kaffee eingeladen; im Sommer tranken sie denselben in dem schönen Gartenpavillon, den Ihr Herr Großvater damalen erst gebaut hatte. Nicht wahr, Herr Jovers, man hätte sie wohl sehen mögen, die alten Herren, wie sie in liebevoller Unterhaltung mit ihren holländischen Pfeifen vor den offenen Gartenthüren saßen! — Wenn sie es damalen hätten voraussehen können," fuhr Frau Antje fort, vor ihrem noch immer unberührten Braten sitzend, "daß der nunmehrige Herr Senator Jovers oder, sagen wir's nur gerad heraus, die nunmehrige Frau Senatorn einen solchen Proceß um diesen schönen Lustgarten anheben würde, was würden die beiden braven Freunde dazu wohl gesagt haben?"

"Weiß nicht, Möllern," sagte Herr Friedrich, der bisher in halber Zerstreuung dagesessen hatte; "vielleicht wäre es meinem Großvater zum Verdruß geschlagen, und er hätte den laufenden Posten von zehn Pfund Taback und einem Gewandstück ein für alle Mal gestrichen!"

Die Matrone nagte sich ein paar Mal auf die Lippe; dann sprach sie mit andächtigem Aufblick: "Wie wohl hat unser Herrgott es gemacht, daß diese lieben Männer itzt in ihrem Grabe ruhen!"

"Sehr wohl," sagte Herr Friedrich, indem er vom Tische aufstand; "und da lasse Sie die beiden alten Leute nur und sorge Sie für Ihre Leibesnahrung, damit Sie nicht vor der Zeit bei Ihres Vaters Onkel zu ruhen komme! Zunächst aber hole Sie mir den Überrock von draußen aus dem Schrank!"

Als das geschehen war, ging Herr Friedrich aus dem Hause, ohne zu sagen, wohin, und wann er wiederkommen werde; Frau Antje aber legte zuvörderst die Serviette zusammen, welche der sonst so accurate Herr als wie ein Wischtuch auf dem Tische hatte liegen lassen, und machte sich dann voll stillen Ingrimms über ihren Braten her.

— Am selbigen Abend, da es vom Kirchthurme acht geschlagen hatte, stand Herr Friedrich Jovers auf seinem Steinhofe mit dem Rücken an der Mauer eines Hintergebäudes und blickte unverwandt nach den hell erleuchteten Saalfenstern seines Elternhauses, deren unterste Scheiben die neue Mauer noch so eben überragten.

Ganz heimlich, vor Allem als dürfe Frau Antje Möllern nichts davon gewahren, war er nach seiner Rückkehr hier hinausgeschlichen. Weshalb, wußte er wohl selber kaum; denn mit jedem Gläserklingen, das zu ihm herüberscholl, mit jeder neuen Gesundheit, deren Worte er deutlich zu verstehen glaubte, drückte er die Zähne fester auf einander. Gleichwohl stand er wie gebannt an seinem Platze, sah in das Blitzen der brennenden Krystallkrone und horchte, wenn nichts Anderes laut wurde, auf den Schrei des alten Papageien, der, wie er wohl wußte, bei der Festtafel heute nicht fehlen durfte.

Da erschien an einem der Fenster, gerade an dem, welches seinen Schein auf Herrn Friedrichs Standplatz warf, eine zierliche Frauengestalt. Er konnte das Antlitz nicht erkennen; aber er sah es deutlich, daß der Kopf des Frauenzimmers, wie um ungehinderter hinauszuschauen, sich mit der Stirn an eine Scheibe drückte. Doch auch das schien ihr noch nicht zu genügen; ein Arm streckte sich empor, wie um die obere Haspe zu erreichen, und jetzt, während im Saale neues Gläserklingen sich erhob und der Papagei dazwischen schrie, wurde leise der Fensterflügel aufgestoßen.

Herr Friedrich erkannte seine Schwägerin. Sie lehnte

Die Söhne des Senators.

sich hinaus, sie legte die Hand an ihren Mund, als ob sie zu ihm hinüberrufen wolle; und jetzt hörte er es deutlich, wenn es auch nur wie geflüstert klang: es war sein Name, den sie gerufen hatte. Und da er wie ein steinern Bild an seiner Mauer blieb, kam es noch einmal zu ihm herüber, und dann, als wolle sie ihm winken, erhob sie langsam ihre Hand und deutete dann wieder nach dem hellen Festsaal. — Was hatte sie vor? Wollte sie ihn noch jetzt zur Taufe laden? Er wußte, sie konnte solche Einfälle haben; er wußte auch, wenn er jetzt ihr folgte, er würde seinem Bruder den besten Theil des Festes bringen; aber — der Garten! Nach ein paar fürsorglichen Andeutungen des Herrn Siebert Sönksen stand in allernächster Zeit eine abfällige Sentenz bei dem Magistrate hier in Aussicht! — Nein, nein, die zweite Instanz mußte beschritten, der Proceß mußte dort gewonnen werden; waren doch auch die weitschichtigen Recesse des Goldenen von vornherein auf diese höhere Weisheit nur berechnet gewesen!

Herr Friedrich Jovers wollte sein Recht. Frau Christine hatte es selbst gesagt, er konnte nicht anders, er war ein Trotzkopf; er rührte sich nicht, der Bock hielt ihn mit beiden Hörnern gegen die Mauer gepreßt.

Freilich wußte er es nicht, daß Christian Albrecht ihn im Gevatterstande vertreten und seinen Erstgeborenen getrost auf seines Bruders und des Urgroßvaters Namen hatte taufen lassen. Da drüben aber wurde das Fenster zögernd wieder zugeschlossen.

* *
* *

Wenige Tage später stand der vierschrötige Maurermeister Heinrich Hansen, wohlrasirt, seinen Dreispitz in der Hand, im Cabinette des Senators Christian Albrecht Jovers.

„Also," frug dieser, „zweihundertundvierzig Reichsthaler

war die Verdingsumme für das Werk da draußen, und Er hat den Betrag bereits empfangen?"

Meister Hansen bejahte das.

„Weiß Er denn wohl," sagte der Senator wieder, „daß mein Bruder Ihm da um die Hälfte zu viel gegeben hat?"

Der alte Handwerksmann wollte aufbrausen; das griff an seine Zunft= und Bürgerehre. „Laß Er nur, Meister," sagte Herr Christian Albrecht und legte beschwichtigend die Hand auf den Arm des neben ihm Stehenden, „Seine Arbeit ist auch diesmal rechtschaffen; aber Er weiß doch, was ein Hauscontract bedeutet?" Und damit schob er ihm das vergilbte Schriftstück zu, welches aufgeschlagen auf dem Pulte lag.

Der Meister zog seine Messingbrille hervor und studirte lange und bedächtig unter Beistand seines Zeigefingers den ihm bezeichneten Paragraphen; endlich klappte er die Brille zusammen und steckte sie wieder in das Futteral.

„Nun?" frug Herr Christian Albrecht.

Der Meister antwortete nicht; er fuhr mit seinen Fingern in die Westentasche und suchte nach einem Endchen Kau= taback, womit er in schwierigen Umständen seinen Verstand zu ermuntern pflegte.

„Nicht wahr, Meister," sagte der Senator wieder, „da steht es klar und deutlich?"

Der Meister kam nun doch zu Worte. „Mag sein, Herr," erwiderte er stockend, „aber es ist mir denn doch Alles voll und richtig ausbezahlt!"

Der Senator ließ sich das nicht anfechten. „Freilich, Meister; aber die eine Hälfte war ja nicht Herr Friedrich Jovers, sondern ich Ihm schuldig! Das macht auf den Punkt einhundertundzwanzig Reichsthaler. Hier sind sie, wohlgezählt in Kron= und Marktstücken; und nun gehe Er zu Herrn Friedrich Jovers und zahle Er ihm zurück, was Er von ihm zuviel empfangen hat!"

Meister Hansen zögerte noch; in seinem Kopfe mochte die Vorstellung von einem etwas curiosen Umwege auftauchen, aber bevor er mit seinen schwer beweglichen Gedanken darüber ins Reine kam, war schon das Geld in seiner Tasche und er selbst zur Thür hinaus.

Herr Christian Albrecht rieb sich vergnügt die Hände. „Was wird Bruder Friedrich dazu sagen? Still halten muß er schon; hier steht's!" Und er tupfte mit den Fingern dreimal zuversichtlich auf den alten Hauscontract.

Da wurde an die Thür gepocht. Der Schreiber seines Sachwalters überbrachte ihm einen Brief.

Als der Überbringer sich entfernt und Herr Christian Albrecht den Brief gelesen hatte, war der eben noch so vergnügliche Ausdruck seines Angesichts mit einem Mal wie fortgeblasen. „Musche Peters," sagte er kleinlaut, indem er die Thür zur großen Schreibstube öffnete, „bitte Er doch die Frau Senatorin, auf ein paar Augenblicke bei mir vorzusprechen!"

Die Frau Senatorin ließ nicht auf sich warten. „Da hast du mich, Christian Albrecht!" rief sie fröhlich; „aber" — — und sie schaute ihm ganz nahe in die Augen, „fehlt dir etwas? Es ist doch kein Unglück geschehen?"

„Freilich ist ein Unglück geschehen; da — lies nur diesen Brief!"

Ihre Augen flogen über das Papier. „Aber, Christian Albrecht, du hast ja den Proceß gewonnen!"

„Freilich, Christinchen, hab ich ihn gewonnen."

„Und das nennst du ein Unglück? Da hast du ja Alles nun in deiner Hand!"

„H a t t e ich in meiner Hand, mußt du sagen! Fünf Minuten vor Empfang dieses Schreibens habe ich durch Meister Hansen die Hälfte der unseligen Mauergelder an Bruder Friedrich abgesandt."

Frau Christine schlug die Hände in einander. „Das

wird eine schöne Geschichte werden! — du!?" — und sie drohte ihm mit dem Finger — „ich hatte es dir vorhergesagt!"

*   *   *

Und es wurde eine schöne Geschichte; denn zu derselben Zeit stand im Nachbarhause der Meister Hansen vor dem Herrn Friedrich Jovers.

Bei seinem Eintritt in den Hausflur war der goldene Advocat gegen ihn angeprallt und dann wie im blinden Geschäftseifer an ihm vorbeigeschossen. Im Zimmer selbst saß der Hausherr mit einem Schriftstück in der herabhängenden Hand, das mit vielen Schnörkeln begann und mit dem großen Magistratssiegel endete. Er schien über den zuvor gelesenen Inhalt nachzusinnen und nicht gehört zu haben, was ihm der Meister eben vorgetragen hatte; als dieser aber aus seiner Hand ein paar schwere Geldrollen auf den Tisch fallen ließ, richtete er sich plötzlich auf. „Geld? Was soll das?" rief er. „Was sagt Er, Meister Hansen?"

Der Meister trug noch einmal seine Sache vor, und jetzt hatte Herr Friedrich zugehört und recht verstanden.

„So?" sagte er anscheinend ruhig, indem er sich von seinem Sitz erhob; aber sein Antlitz röthete sich bis unter das dunkle Stirnhaar. „Also dazu hat Er sich gebrauchen lassen?" — Dann ergriff er plötzlich die beiden Geldrollen und machte eine Armbewegung, die den stämmigen Meister fast zur Gegenwehr veranlaßt hätte.

Aber Herr Friedrich besann sich wieder. „Setz Er sich!" sagte er kurz; dann ging er rasch zur Stubenthür und über den Hausflur nach dem Hof hinaus.

Der junge Küfer, der vor der offenen Kellerthür des Lagerraums beschäftigt war, sah mit Verwunderung den Herrn Principal bald mit vorgestrecktem Kopfe auf dem

Die Söhne des Senators.

Klinkersteige des Hofes dröhnend hin und wieder schreiten, bald wieder ein Weilchen stille stehen und mit halbscheuen Blicken an der hohen Scheidemauer hinaufschauen. Das mochte eine Viertelstunde so gedauert haben; endlich, wie in raschem Entschluß, ging Herr Friedrich in das Haus zurück. Als er ins Zimmer trat, fand er den Handwerksmann auf demselben Stuhle, wo er ihn gelassen hatte.

„Meister," sagte er, aber es war, als werde bei den wenigen Worten ihm der Athem kurz, „hat Er Leute in Bereitschaft? So etwa fünf oder sechs, und noch heute oder doch morgen schon?"

Der Meister war aufgestanden und besann sich. „Nun, Herr Jovers, es ginge wohl! Mit der Stadtwaage sind wir jetzt so weit; ein Stücker fünfe könnten schon gemißt werden."

„Gut denn, Meister" — und Herr Friedrich ergriff noch einmal, und nicht minder heftig als vorhin, die beiden auf dem Tische liegenden Geldrollen — „so baue Er mir die Mauer auf meinem Hofe noch um so viel höher, als dieses Silber dazu reichen will!"

Der Handwerksmann schien kaum zu merken, daß während dieser Worte die Rollen schon in seinen Händen lagen.

„Hat Er mich nicht verstanden?" fuhr Herr Friedrich fort, da der Andere keine Antwort gab.

„Freilich, Herr; das ist wohl zu verstehen; aber" — und der Meister schien ein paar Augenblicke nachzurechnen — „das gäbe ja noch an die sechs bis sieben Fuß!"

„Meinetwegen," sagte Herr Friedrich finster, „nur sorge Er dafür, daß es um keinen Schilling niedriger und auch um keinen höher werde, als wozu Er da das Geld in Händen hat!"

„Hm," machte der alte Mann und sah den jüngeren mit einem Blicke an, als ob ihm plötzlich ein Verständniß komme, „wenn Sie es denn so wollen, Herr Jovers; es ist Ihre Sache."

Herr Jovers wandte sich ab. „So wären wir fertig mit einander!" sagte er hastig. „Fanget nur gleich morgen an damit ich der Unruhe in Bälde wieder ledig werde!"

Als Meister Hansen dann hinausgegangen war, warf er sich auf einen Stuhl am Fenster und starrte auf die leere Straße. Er schien keine Gedanken zu haben; vielleicht auch wollte er keine haben.

* * *

Und schon am anderen Tage, während der Herr Onkel Bürgermeister und der Herr Vetter Kirchenpropst noch einmal ihr vergebliches Versöhnungswerk betrieben, wurde zwischen den Höfen der beiden Brüder rüstig fortgemauert, und der struppige Assyrer sang dabei alle Lieder, die er aus seinen Kreuz- und Querzügen aus der Fremde heimgebracht hatte. Im Hause des Senators wurden die Schreibstuben mit jeder neuen Steinlage immer mehr verdunkelt, und der alte Friedebohm ertappte sich zu seinem Schrecken mehr als einmal, wie er müßig vor dem Fenster stand und, eine vergessene Prise zwischen den Fingern, diesem, wie er es bei sich selber nannte, babylonischen Beginnen zusah. Auf der anderen Seite ging Herr Friedrich Jovers, wenn er auf dem Wege zu seinen Geschäftsräumen den Hof betreten mußte, hastig und ohne jemals aufzublicken daran vorüber. Dann, nach Verlauf einiger Tage, hörte das Mauern und das Singen auf; die Handwerker waren fort, das neue Werk war fertig.

Statt dessen vernahm Herr Friedrich am nächsten Vormittage ein Geräusch, das ihm wie mit einem Schlage die seltensten, aber höchsten Freuden seiner Knabenjahre vor die Seele führte; er hatte eben die Hofthür geöffnet und seinem draußen beschäftigten Ausläufer etwas zugerufen, als er horchend stehen blieb. Er wußte es genau; er sah es vor sich, wie jetzt drüben auf dem Hofe des Elternhauses die großen Reisemäntel ausgeklopft wurden; ja, er sah sich selbst als Knaben in seinen Sonntagskleidern an seiner Mutter Hand daneben stehen und hörte den frohen Ton ihrer Stimme, womit sie bei solchem Anlaß einstmals ihrer Kinder Herz erfreute.

Er erschrak fast, als der Gerufene ihm jetzt entgegentrat, und ihm entfiel unwillkürlich die Frage, was denn für eine Reise drüben wohl im Werke sei. Aber bevor der Mann den Mund aufzuthun vermochte, kam bereits die Antwort aus der naheliegenden Küche: Frau Antje Möllern hatte selbstverständlich schon lange die genauesten Nachrichten; ein Glück, daß sie es endlich nun erzählen konnte! Die junge Frau Senatorn wollte mit ihrem Erbprinzen auf Besuch zu ihren Eltern, obschon das liebe Kind mit jedem Tag ins Zahnen fallen könne und Pancratius und Servatius noch nicht einmal vorüber seien; und der gute Herr Senator müsse auch mit auf die Reise, denn was kümmere das die Frau Senatorn, daß eine große Ladung Ostseeroggen erst eben auf der Rhede angekommen sei! „Herr Jovers!" schloß Frau Antje ihre Rede, als der Arbeitsmann sich entfernt hatte, und wies mit dem Daumen nach dem Hofe zu, „glauben Sie es oder glauben Sie es nicht — die hat's nicht ausgehalten, daß sie uns von drüben nun nicht mehr in unsere Töpfe gucken kann!"

Ein fast grimmiges Zucken fuhr um Herrn Friedrichs Lippen; dann aber sah er die alte Dame nur eine Weile mit etwas starren Augen an. „Also das ist Ihre Meinung, Möllersch?" sagte er trocken, und als sie hierauf betheuernd mit ihrem dicken Kopf genickt hatte, setzte er hinzu: „So wolle Sie die Güte haben, dergleichen Meinung künftig bei sich selber zu behalten!"

Als er das gesprochen hatte, ging er fort, und Frau

Antje blieb, die Hände über ihrem starken Busen gefaltet, noch eine ganze Weile stehen, die Augen unbeweglich nach der Richtung, in der ihr Herr verschwunden war. Dann plötzlich trabte sie an den verlassenen Herd zurück und rührte unter heftigen Selbstgesprächen in dem über dem Dreifuß stehenden Topfe, daß die kochende Brühe zu allen Seiten in die lodernden Flammen spritzte.

* *
*

Es war unverkennbar, daß die Mauer draußen, obgleich sie keineswegs behagliche Gefühle in ihm erweckte, nach ihrer abermaligen Vollendung eine geheimnißvolle Anziehungskraft auf Herrn Friedrich Jovers übte. Freilich hatte er noch immer vermieden, an dem neuen Werk emporzusehen; jetzt aber, nachdem der Abend herangekommen war, ließ es ihm auch hierzu keine Ruhe mehr. Er hatte sich vorgespiegelt, sein junger Küfer, der zur gewohnten Stunde aus dem Geschäft gegangen war, könne das Auffüllen der neuen Fässer unterlassen haben, welche in dem Keller hinter dem Hofe lagen; allein er hatte schon darum vergessen, als er kaum den Hof betreten hatte.

Oben an dem dunkeln Frühlingshimmel schwamm die schmale Sichel des Mondes und warf ihr bläuliches Licht auf den oberen Rand der Scheidemauer und das Dach des elterlichen Hauses. Herr Friedrich stand jetzt an derselben Stelle, von wo aus er an jenem Abend ein stummer Zeuge der Familienfeierlichkeit gewesen war; er stand dort ebenso stumm und unbeweglich, aber auf seinem Antlitz lag jetzt ein unverkennbarer Ausdruck der Bestürzung. So sehr er seine Augen anstrengte, es wurde nicht anders: hinter dem neuen Maueraufsatz waren die Fenster des alten Familiensaales bis zum letzten Rand verschwunden.

Es war schon spät am Abend; nichts regte sich, weder

hüben noch drüben; nur das Klirren eines Fensterflügels,
der im Hauptbau auf der anderen Seite offen stehen mochte,
wurde dann und wann im Aufwehen der Nachtluft hörbar.
Herr Friedrich wollte eben in sein Haus zurückkehren, da
tönte von drüben plötzlich die Stimme des alten Cuba=
Papageien: „Komm röwer!" und nach einer Weile noch
einmal: „Komm röwer!" Wie ein eindringlicher Ruf, fast
schneidend, klang es durch die Stille der Nacht; dann nach
kurzer Pause folgte ein gellendes Gelächter. Herr Friedrich
kannte es sehr wohl; der verwöhnte Vogel pflegte es aus=
zustoßen, wenn ihm die Nachahmung der eingelernten Worte
besonders wohl gelungen war. Aber was sonst als der un=
behülfliche Laut eines abgerichteten Thieres gleichgültig an
seinem Ohr vorbeigegangen war, das traf den einsamen Mann
jetzt wie der neckende Hohn eines schadenfrohen Dämons.

„Komm röwer!" seine Lippen sprachen unwillkürlich diese
Worte nach; über seine selbstgebaute Mauer konnte er nicht
hinüberkommen.

Noch lange stand er, das Hirn voll grübelnder Gedan=
ken, ohne daß etwas Anderes als das gewöhnliche Geräusch
der Nacht zu seinem Ohr gedrungen wäre; fast sehnte er
sich, noch einmal den Schrei des Vogels zu vernehmen; als
aber Alles still blieb, ging er ins Haus und legte sich zum
Schlafen nieder.

Allein er hörte eine Stunde nach der anderen schlagen,
und da er endlich schlief, war es nur eine halbe Ruhe. Ihm
war, als sei er auf dem Wege zum Garten; aus der Pforte
kamen seine Eltern ihm entgegen, von denen er gemeint hatte,
daß sie beide schon im Grabe lägen; als er auf sie zuging,
sah er, daß ihre Augen fest geschlossen waren; er wollte sie
eben bitten, ihn doch anzusehen, da war die hohe Mauer
vor ihm aufgestiegen, und dahinter scholl das Gelächter des
alten Cubavogels, das wie in einem Echo an hundert
Mauern hin und wieder sprang.

— — Das Geräusch eines dicht unter seinen Fenstern vorüberrollenden Wagens weckte ihn. Es war schon Morgenfrühe; die dicke goldene Taschenuhr, welche er von seinem Nachttisch langte, zeigte auf reichlich fünf Uhr. Rasch war er aus dem Bette, zog das Vorhängsel von einem Guckfenster in der vorspringenden Seitenwand zurück und sah auf die Straße hinab. Von Osten her lagen die Häuserschatten noch auf den feuchten Steinen und bis hoch an den gegenüber stehenden Gebäuden hinauf; vor der Treppe des brüderlichen Hauses hielt ein bespannter Reisewagen: Koffer wurden durch den alten Diener hintenauf geladen und Kisten und Schachteln unter den Wagenstühlen festgebunden. Bald darauf sah er seinen Bruder und Frau Christine in Reiserock und Mantel aus dem Hause treten; dann folgte eine gleichfalls reisefertige Magd mit einem anscheinend nur aus Tüchern bestehenden Bündelchen, an welchem die junge Frau Senatorn noch viel zu zupfen und zu stecken hatte und worin Herr Friedrich nicht ohne Grund seinen ihm noch unbekannten jungen Neffen vermuthete.

Endlich war Alles auf dem Wagen. Herr Friedebohm, von der obersten Treppenstufe, schien eiligst noch mit Kopf und Händen die Versicherung getreuen Einhütens zu ertheilen; dann klatschte der Kutscher, und bald war die Straße leer, und Herr Friedrich hörte nur noch das schwache Rollen des Wagens droben in der Stadt, wo es zum Osterthore hinausführte.

Aber auch ihn selbst duldete es nun nicht länger im Hause; rasch war er angekleidet und ging in den frischen Morgen hinaus. Er war hinten um die Stadt herumgegangen, an der stillen Gasse vorüber, in welcher die Pforte zu dem Familiengarten sich befand; jetzt schritt er langsam, seinen Rohrstock unter dem Arme, drüben auf dem breiten Gange des Kirchhofes und schaute über den alten Hagedornzaun nach dem seit einem halben Jahre von ihm gemiedenen Familiengrundstücke hinüber. Bäume und Sträucher standen schon in lichtem Grün, und dort von den jungen Apfelbäumen, die sein Vater, der alte Herr Senator, noch gepflanzt hatte, lachten ihn die ersten rothen Blüthensträuße an. Bald auch gewahrte er mit Verwunderung, daß der Garten, wie in jedem Frühjahr, in ordnungsmäßigen Stand gesetzt war, und — täuschte ihn denn sein Ohr? — er hörte ein Geräusch, als ob geharkt und darauf Beete mit dem Spaten angeklopft würden; aber der Pavillon und das hohe Gebüsch zu dessen Seiten verwehrten ihm die Aussicht.

Er blieb stehen und lauschte, während das Geräusch des Arbeitens sich ebenmäßig fortsetzte. Da wallte es in ihm auf; wer konnte sich unterstehen, den in Streit befangenen Garten anzufassen?

"Heda!" rief er. "Was wird da getrieben?"

Das Arbeiten hörte auf, und nach einigen Augenblicken trat der alte Andreas mit einem Spaten auf der Schulter hinter dem Pavillon hervor.

"Er, Andreas?" herrschte ihn Herr Friedrich an. "Was hat Er hier zu schaffen? Hat Ihn mein Bruder etwa hier zur Arbeit herbeordert?"

Der Alte schob seine Pudelmütze von einem Ohr zum anderen. Die Frage mochte ihm unerwartet kommen; hatte er doch noch von dem seligen Herrn her einen Schlüssel zu der Gartenpforte und seit über einem Vierteljahrhundert einzig nach dem Kalender, den er in seinem Kopfe trug, die Beete umgegraben, Erbsen und Bohnen nach seiner eigenen Wissen= schaft gelegt und Bäume und Gesträuche angebunden und beschnitten. "Herbeordert?" sagte er endlich. "Nein, Herr; so herbeordert hat mich Niemand; aber wenn's nicht Alles in die Wildniß gehen sollte, so war es just die höchste Zeit."

"Was kümmert Ihn das," rief Herr Friedrich, "ob es hier verwildert?"

Der Alte hatte seinen Spaten in die Erde gestoßen.

„Was mich das kümmert?" wiederholte er und sah völlig verdutzt zu dem Sohne seines alten Herrn hinüber.

„Freilich Ihn!" fuhr dieser fort; „denn wer wohl, meint Er, daß Ihm Seine Arbeit hier bezahlen werde?"

„Nun, Herr; es wird schon Alles angeschrieben."

„So schreib Er's gleich nur in den Schornstein," rief Herr Friedrich, „und verthu Er seine Zeit nicht, die Er besser brauchen kann!"

Andreas wischte mit der Hand den Schweiß von seiner Stirne. „Wenn das Ihr Ernst ist, Herr Jovers," sagte er, „so kann ich freilich nur nach Feierabend hier noch arbeiten; das aber" — und er erhob den Spaten und zeigte damit nach dem Kirchhofe hinüber — „thu ich meiner alten Herrschaft da zu Liebe."

Herr Friedrich sagte nichts; Andreas aber ging mit seinem Spaten fort, und bald wurde wieder das einförmige Geräusch des Grabens in der Morgenstille hörbar.

Der Andere stand noch eine Weile an derselben Stelle, als müsse er die Spatenstiche zählen, die er drüben den alten Arbeiter machen hörte; dann wandte er sich plötzlich und ging weiter in den Kirchhof hinein, bis zu dem Grabe seiner Eltern. Hier saß er lange auf den Steinen, welche die Familiengruft bedeckten, und blickte auf den grünen Koog hinunter und darüber hinaus auf den silbernen Strich des Meeres, wo in der Ferne die Masten des guten, ihm so wohlbekannten Schiffes „Elsabea Fortuna" sichtbar wurden.

Als es in der Stadt vom Thurme sieben schlug, stand er wieder an dem alten Gartenzaune. Der vorübergehende Todtengräber, dessen Gruß er nicht zu bemerken schien, gewahrte mit Verwunderung, wie Herr Friedrich Jovers mit seinem Stocke recht unbarmherzig gegen einzelne der alten Büsche stieß, während doch, wie von einem frohen Entschluß, ein stilles Lächeln auf seinem Antlitz lag.

Plötzlich aber richtete Herr Friedrich sich auf und schritt

aus dem Kirchhofe in die Stadt hinein; er schritt nicht seiner Wohnung zu, sondern die lange Osterstraße hinauf, wo das Haus des Meisters Hinrich Hansen lag.

* * *

Und acht Tage später, an einem sonnigen Spätnachmittage, hielt der Chaisewagen des Senators wieder vor dessen Hausthür; die Reisenden sammt Kind und Kindsmagd waren heimgekehrt. Als der schlafende Erbe glücklich vom Wagen und oben in der Kinderstube untergebracht war, lief die junge Frau, wie zu neuer freudiger Besitznahme, durch alle Räume ihres Hauses, und als sie hier überall gewesen war und, dank der alten schwiegerelterlichen Köchin, Alles in musterhafter Ordnung vorgefunden hatte, schritt sie langsam den Gang hinab, der an der Küche vorbei zur Hofthür führte. Ihr Gesicht war plötzlich ernst geworden, und es dauerte eine Weile, bevor sie die Klinke aufdrückte und hinaustrat.

Allein so zögernd sie hinausgegangen war, so rasch kam sie jetzt zurück; sie flog fast an der Küche vorüber nach dem Hausflur; ihre Augen strahlten: „Christian, Christian Albrecht!" rief sie. „Wo steckst du? Komm doch, komm geschwinde!"

Da trat er schon mit heiterem Antlitz aus der Schreibstube auf sie zu.

„Komm!" rief sie nochmals und ergriff ihn bei der Hand. „Ein Wunder, Christian Albrecht, ein wirkliches Wunder! Wie aus dem Döntje von dem Fischer un sine Fru! Ein schwarzer jütscher Topf, ein Haus, ein Palast; immer höher und höher, und dann eines angenehmen Morgens — ‚Mantje, Mantje Timpe Te!‘ — da sitzen sie wieder in ihrem schwarzen Pott!" Und sie sah mit glückseligen Augen zu ihrem Mann empor.

Auch aus seinen guten Augen leuchtete ein Strahl des

Glückes. „Ich habe es schon gesehen," sagte er; „aber es ist kein Wunder, es ist viel besser als ein Wunder."

Und als sie dann Arm in Arm auf den Hof hinaustraten, der wieder hell und frei wie früher vor ihnen lag, da sahen sie die hohe Mauer bis auf ihr altes Maß hinabgeschwunden, und hinter der niedrigen Grenzscheide stand Herr Friedrich Jovers und streckte schweigend dem Bruder seine Hand entgegen.

„Friedrich!"

„Christian Albrecht!"

Die Hände lagen in einander; aber jetzt erhob Herr Friedrich den Kopf, als ob er nach den Fenstern des elterlichen Hauses hinüberlausche.

„Worauf hörst du, Bruder?" frug ihn der Senator.

Einen Augenblick noch blieb der Andere in seiner horchenden Stellung, dann ging ein Lächeln über sein ernstes Gesicht. „Ich meinte, Bruder, daß unser alter Papagei mich riefe, aber er hat es neulich Abends schon gethan."

Und als er das gesagt hatte, legte er die eine Hand auf den oberen Rand der Mauer, und mit einem Satze schwang er sich hinüber.

„Mein Gott, Friedrich," rief Frau Christine, indem sie einen raschen Schritt zurücktrat, „ich habe dich noch niemals springen sehen!" Und dabei standen ihre Augen voll von Thränen.

Er faßte seine Schwägerin an beiden Händen. „Christine," sagte er, „dieser Sprung war nur ein Symbolum; ich werde künftig wieder hübsch auf ebener Erde bleiben."

Der Senator blickte heiter in den nun wieder frei gewordenen Luftraum. „Lieber Bruder," begann er mit bedächtigem Lächeln, „die ganze Mauer war ja eigentlich nur ein Symbolum, außer daß sie denn doch leibhaftig dagestanden, und währenddem der alte Friedebohm sich seine Federn nicht mehr schneiden konnte —"

Herr Friedrich unterbrach ihn: „Wenn's gefällig wäre, so nehmet noch einmal eure eben abgelegten Hüte und begleitet mich auf einer kurzen Promenade!"

„Was du willst, Friedrich!" rief Frau Christine. „Alles, was du willst!" Und da Herr Christian Albrecht gleichfalls einverstanden war, so gingen sie mit einander durch das elterliche Haus, und Herr Friedrich führte sie den bekannten Weg hinten um die Stadt, an der grünen Marsch entlang und wieder in die Stadt hinein.

Sie hatten längst bemerkt, daß er sie zu dem in Streit befangenen Garten führe; aber sie fragten nicht, sie gingen schweigend und in freudiger Erwartung neben dem Bruder her.

Am Eingange empfing sie der alte Andreas, die Steigharke in der Hand, ein schelmisches Schmunzeln im Gesicht. Alles zeigte sich in schönster Ordnung; an den jungen Apfelbäumen waren alle Blüthensträuße aufgebrochen.

Herr Friedrich beschleunigte seine Schritte, während er den Muschelsteig zum Pavillon hinauf, dann aber an demselben vorbei und nach der Kirchhofseite zuschritt. Als sie hier aus dem Gebüsch hinaustraten, stieß Frau Christine einen leichten Schrei aus, wie er sich in freudiger Überraschung so anmuthig von dem Frauenherzen löst; denn an der Stelle des krüppelhaften Zaunes, welcher sonst die Scheide gegen den Kirchhof hin bezeichnet hatte, erhob sich vor ihnen eine stattliche Mauer, wie Herr Christian Albrecht sie sich immer hier gewünscht hatte. „Nun gewißlich," rief die hübsche Frau, „da steht es vor uns, auch die Liebe kann —"

Aber Herr Friedrich nahm ihr das Wort vom Munde. „Die Frau Schwester meinen," sagte er höflich, „Meister Hansens Leute können, wenn auch keine Berge, so doch eine Mauer recht gescheit versetzen; mich selber anbelangend, so habe ich hierbei auf des Herrn Bruders gütigen Consens gerechnet. Und, Christian Albrecht," fuhr er in herzlichem Tone fort, indem er sich zu seinem Bruder wandte, "hiemit, so du gleichen Sinnes bist, ist unser Proceß am Ende; du hast das Urtheil unseres Magistrates für dich; meinen Einspruch habe ich zurückgezogen. Thue du nun ein Übriges und bestimme als der Älteste, wie es mit dem Garten soll verhalten werden! Wie du die Theilung vornimmst, ich bin es jedenfalls zufrieden."

Herr Christian Albrecht hatte dieser Rede zugehört wie Einer, welcher zugleich einem eigenen Gedanken nachgeht. "Ist das dein Ernst, Friedrich?" sagte er, seinem Bruder voll ins Antlitz sehend; "dein wohlbedachter Ernst?"

"Mein voller, wohlbedachter Ernst," erwiderte Herr Friedrich ohne Zögern.

"Nun denn," rief Christian Albrecht freudig, "so theilen wir gar nicht, Bruder Friedrich! ,Jovers Garten' hat es hier von Großvaters Zeiten her geheißen, so darf es jetzt nicht Christian Albrechts oder Friedrichs Garten heißen!"

Einen Augenblick lang zogen Herrn Friedrichs dunkle Brauen sich zusammen, als ob er über einen Gewaltstreich seines Bruders zürnen müsse; dann aber wurde es plötzlich hell auf seinem Antlitz, wie Christian Albrecht in so raschem Wechsel es nur bei ihrem Vater einst gesehen hatte. Lebhaft ergriff er seines Bruders Hand: "Topp, Christian Albrecht! Aber wie war's nur möglich, daß dies damals Keinem von uns Beiden eingefallen ist?"

Herr Christian Albrecht lächelte. "Ich glaube, Friedrich, wir haben damals Beide etwas laut geredet; da konnten wir die eigene Herzensmeinung nicht vernehmen."

Frau Christine, die in stiller Freude dem Gespräch der Brüder zugehört hatte, hob jetzt ihre Uhr empor, die sie, noch von der Reise her, an einem schweren Gürtelhaken bei sich führte. "Vesperzeit, wenn's beliebet!" rief sie. "Und, Friedrich, du speisest doch heut Abend bei uns? Die alte

Margreth wird schon löblich vorgesehen haben! Freilich — deine perdrix aux truffes, die hast du ein für alle Mal verlaufen."

* * *

Es war zu Ende Juli. Frau Antje Möllern saß bei Frau Nachbarn Zipsen auf der Beischlagsbank und erzählte dieser noch einmal, wie schon mehrere Mal zuvor, daß es nun nichts nütze, da drüben noch länger hauszuhalten; denn die da — und sie nickte nicht eben sanft nach dem alten Kaufherrnhaus hinüber — haben nun auch Herrn Friedrich Jovers ganz in ihren Schlingen; sie, Antje Möllern, habe dies dem Letzteren auch rund heraus gesagt und dann zugleich auf Michael gekündigt; und Frau Nachbarn Zipsen erwiderte darauf, heute gleichfalls nicht zum ersten Mal, daß sie das Alles längst vorausgesehen habe.

Unten im Rathsweinkeller saß an diesem warmen Nachmittage der goldene Advocat und demonstrirte dem Herrn Stadtsecretär, der aus den oberen Rathhausräumen zu einem kühlen Trunk herabgestiegen war, wie er die scharfsinnigen Deductionen seiner Klage- und Replikrecesse, welche — ganz sub rosa — denn doch über den Horizont des ehrenwerthen Magistrats hinausgingen, nun leider ganz umsonst geschrieben habe; und der stets höfliche Herr Stadtsecretär tupfte dem Goldenen recht freundlich auf die Schulter und sagte lächelnd: „Umsonst, Herr Siebert Sönksen? Doch wohl nicht ganz umsonst! Da müßten wir die Herren Jovers sonst nicht kennen!" — Und der Goldene lächelte gleichfalls und griff behaglich nach seinem Spitzglas Rothen.

Draußen in den Gärten aber war es in der Stachelbeerenzeit, und in „Jovers Garten" war heute überdies ein großer Familienkaffee. Der Herr Onkel Bürgermeister und der Herr Vetter Kirchenpropst mit ihren Frauen waren da, und der alte Friedebohm und der alte Andreas waren da,

Jeder an dem Platze, der ihnen zukam, und der alte Papagei saß auf seiner hohen Stange vor dem Pavillon, und auch Musche Peters in seinem neuesten Anzug mit einer kleinen Zopfperrücke fehlte nicht. Selbst den kleinen Erbprinzen hätte man in seinem Kinderwagen an einem stillen Schattenplätzchen finden können, freilich bis jetzt nur schlummernd unter der Hut der treuen Kindermagd. Im Inneren des Pavillons aber vor den weit geöffneten Flügelthüren waltete Frau Christine des blinkenden Kaffeetisches, während drunten vor der Stacketpforte sich zusammendrängte, was die kleine Gasse an neugierigen Weibern und lustiger Jugend aufzubieten hatte. Die Weiber erzählten sich von der guten seligen Frau Senatorn und nickten dabei nach der inneren Wand des Pavillons hinüber, wo die unermüdliche Dame Flora nach wie vor mit ihrer Rosenguirlande tanzte; die Buben dagegen, die sich allmählich den ersten Platz vor der Pforte erobert hatten, wiesen mit ausgestreckten Armen nach den großen rothen Stachelbeeren, die auf den Rabatten in schwerer Fülle an den Büschen hingen. Mitunter hörte man sie den Namen des jungen Herrn Senators nennen; sie schienen auf ihn zu warten, dessen milde Hand ja auch nach dem Hintritt der guten alten Frau Senatorn noch vorhanden war. „Da kommt he! Kick mal, da kommt he!" riefen ein paar von ihnen, deren gierige Augen eben einen Schimmer seines pfirsichfarbenen Rockes erspäht hatten; aber sie wurden plötzlich stille, als sie ihn an der Seite des gefürchteten Herrn Friedrich Jovers aus einem belaubten Seitengange treten sahen.

Die beiden Brüder gingen schweigend neben einander; aber auf ihrem Antlitz lag noch der friedliche Ausdruck des traulichen Gespräches, welches sie vorhin die einsameren Seitengänge hatte aufsuchen lassen. Auch jetzt noch wandten sie sich nicht wieder zur Gesellschaft, sondern schritten in stummem Einverständniß den breiten Muschelsteig hinab.

Ihnen im Rücken hatte inzwischen Musche Peters sich der Papageienstange genähert und suchte in Ermangelung gleichberechtigter Unterhaltung mit dem gefiederten Gaste in bescheidenem Flüstertone anzuknüpfen; sogar ein Stückchen Zucker wagte er dem Papchen hinzuhalten. Aber der grüne Unhold schien für diese Aufmerksamkeiten keinen Sinn zu haben; statt nach dem Zucker hackte er nach Musche Peters' Finger und schrie dann gellend, als wolle er's nun ein für alle Mal gesagt haben: „Komm röwer!"

Als der Schrei des Vogels das Ohr der beiden Brüder erreichte, flog über Herrn Friedrichs Angesicht ein Schatten, wie aus jener Nacht, von der er seinen Bruder heut zum ersten Mal gesprochen hatte. Der Senator aber faßte seine Hand und sagte leise: „Mein Friedrich, das hat jetzt keine Bedeutung mehr; du bist nun ein für alle Mal herüber."

Als Herr Friedrich hierauf den Kopf erhob, um seinen Bruder anzublicken, blieben seine Augen auf dem Bubenhaufen vor der Pforte haften, und die finstere Miene wurde von einem fast schelmischen Lächeln fortgedrängt. „Keine Bedeutung mehr?" sagte er, die Worte des Bruders wiederholend. „Meinst du, ich verstünde ganz allein die Papageiensprache?" und ohne eine Antwort abzuwarten, rief er mit lauter, kräftiger Stimme: „Holla, Jungens, wat seggt de Papagoy?"

Da kam zuerst eine noch etwas zaghafte Stimme, dann aber eine nach der anderen, und immer lauter und lauter: „‚Komm röwer! Komm röwer!' seggt de Papagoy."

Und lustig winkend erhob Herr Friedrich den Arm: „Nun denn, alle Mann hoch: ‚Komm röwer!'" und eben so lustig wies seine Hand nach den brechend voll beladenen Stachelbeerbüschen.

Zuerst sahen die Jungen nur einander an und flüsterten angelegentlich mitsammen; sie konnten sich's nicht denken, daß der böse Herr Friedrich Jovers mit einem Male so erstaunlich gut geworden sei. Als aber jetzt die beiden Herren Jovers in ein unverkennbar herzliches Lachen ausbrachen, da war kein Halten mehr, einer wollte noch eher als der andere, und bald sprang und fiel und purzelte der ganze Schwarm über die Pforte in den Garten hinab, und unter jeder Stachelbeerstaude saß mit lachendem Angesicht ein unermüdlich schmausender Junge.

„Christian Albrecht," sagte Herr Friedrich, den Arm um seines Bruders Schulter legend, „wenn erst deine Jungen hier so in den Büschen liegen!"

Da erscholl hinter ihnen vom oberen Theil des Gartensteiges ein helles fröhliches „Bravissimo!", und als sie sich hierauf umwandten, da stand in der offenen Thür des Pavillons inmitten aller Gäste die junge anmuthige Frau Senatorin; mit emporgehobenen Armen hielt sie den Brüdern ihr eben erwachtes Kind entgegen, das mit großen Augen in die bunte Welt hinaussah.

Theodor Storm's
Sämmtliche Werke.

Theodor Storm's Sämmtliche Werke.

Neue Ausgabe
in acht Bänden.

Braunschweig.
Verlag von George Westermann.
1898.

Theodor Storm's Wohnhaus in Hademarschen
von 1880 bis zum Tode, 4. Juli 1888.

Theodor Storm's Sämmtliche Werke.

Band 8.

Braunschweig, George Westermann.

Inhalt
des achten Bandes.

Im Nachbarhause links (1875) 1
John Riew' (1884/85) 39
Ein Bekenntniß (1887) 105
Meine Erinnerungen an Eduard Mörike (1876) 167

Gedichte.
Erstes Buch.

Oktoberlied 191
Abseits 192
Weihnachtslied 193
Sommermittag 193
Die Stadt 194
Meeresstrand 194
Im Walde 195
Elisabeth, ... 196
Lied des Harfenmädchens 196
Die Nachtigall 197
Im Vollston 197
Regine 198
Ein grünes Blatt 199
Weiße Rosen 199
Lose 200
Noch einmal 201
Die Stunde schlug 201
Abends 202
Wohl fühl ich, wie das Leben rinnt 202

Inhalt.

Hyazinthen	203
Du willst es nicht in Worten sagen	204
Dämmerstunde	204
Frauenhand	205
Die Zeit ist hin	205
Wohl rief ich sanft dich an mein Herz	205
Du schläfst	206
Geschwisterblut	207
Mondlicht	209
Lucie (1852)	210
Einer Todten (1847)	211
Eine Fremde	212
Lehrsatz	212
Die Kleine	213
O süßes Nichtsthun	213
Wer je gelebt in Liebesarmen	214
Nun sei mir heimlich zart und lieb	214
Schließe mir die Augen beide	214
Kritik	215
Morgens	215
Zur Nacht	216
Die Kinder	216
Im Herbste	217
Gode Nacht	218
O bleibe treu den Todten	218
In böser Stunde	219
Und war es auch ein großer Schmerz	220
Zwischenreich	220
Vom Staatskalender	221
Gesegnete Mahlzeit	222
Von Katzen	222
Engel-Ehe	224
Stoßseufzer	225
In der Frühe	225
Aus der Marsch	225
Am Actentisch	226
Sturmnacht	226
Waldweg	227
Eine Frühlingsnacht	229
Der Zweifel	230
Februar	230

März	230
April	230
Mai	231
Juli	231
August	231
Im Garten	232
Komm, laß uns spielen	232
Herbst	232
Hinter den Tannen	233
Vor Tag	234
Zur Taufe	235
Morgane	235
Ostern (1848)	237
Nach Reisegesprächen	238
Im Herbste 1850	238
Gräber an der Küste	240
Ein Epilog	241
1. Januar 1851	242
Im Zeichen des Todes	242
Weihnachtsabend	244
Abschied	245
Für meine Söhne	247
Crucifixus	247
Auf dem Segeberg (1852)	248
Trost	249
Gedenkst du noch?	249
Du warst es doch	250
Am Geburtstage	250
Schlaflos	251
Garten-Spuk	251
Immensee (1856)	254
„Ein grünes Blatt"	255
Nothgedrungener Prolog	255
Knecht Ruprecht	257
Einer Braut am Polterabend	258
Blumen	258
Mein jüngstes Kind	259
Ein Ständchen	259
Das Edelfräulein seufzt	259
Ein Sterbender (1863)	259
Der Lump	262

Inhalt.

Sprüche 263
Gräber in Schleswig 263
Es giebt eine Sorte (1864) 265
Der Beamte 265
Wir können auch die Trompete blasen (1864) . . . 266
Beginn des Endes 266
Tiefe Schatten 267
Waisenkind 269
Verirrt 270
Spruch des Alters 270
Frauen-Ritornelle 271
Begrabe nur dein Liebstes 271
Verloren 272
Es ist ein Flüstern 272
An Kl. Groth 273
Über die Haide 273
Lyrische Form 274
Geh nicht hinein 274
An Agnes Preller 275

Märchen.

Märchen 276
In Bulemanns Haus (1862) 276
Tannkönig 278
Schneewittchen 280

Zweites Buch.
Ältere Gedichte.

Die Herrgottskinder 289
Käuzlein 290
Das Mädchen mit den hellen Augen 290
An die Freunde 291
Myrthen 292
Nelken 292
Damendienst 293
Ständchen 293
Zur silbernen Hochzeit 294
Bettlerliebe 296
Vierzeilen 297
Das Harfenmädchen 297
Weihnachtsabend 298

Junge Liebe	300
Dämmerstunde	301
Frage	301
Rechenstunde	301
Letzte Einkehr	302
Abschied	303
Mit einer Handlaterne	303

Die neuen Fiedel-Lieder.

Die neuen Fiedel-Lieder	305

Nachlese.

Cornus Suecica	314
Constanze	314
In schwerer Krankheit	315
Im Volkston	315
Ein Leichenstein	316
Es kommt das Leid	316
Zu Mutters Geburtstag	316
Inschrift	316
Widmungen	317
Was Liebe nur gefehlet	317
Der Weg wie weit	317

Nachdruck ist untersagt. — Alle Rechte vorbehalten.

Druck von George Westermann in Braunschweig.

Im Nachbarhause links.

„Wenn du es hören willst," sagte mein Freund und streifte mit dem kleinen Finger die Asche von seiner Cigarre. „Aber die Heldin meiner Geschichte ist nicht gar zu anziehend; auch ist es eigentlich keine Geschichte, sondern nur etwa der Schluß einer solchen."

„Danke es," versetzte ich, „unserer heurigen Novellistik, daß mir das Letzte jedenfalls besonders angenehm erscheint."

„So? — Nun also!

„Es sind jetzt dreißig Jahre, daß ich als Stadtsecretär in diese treffliche See- und Handelsstadt kam, in welcher die Groß- und Urgroßväter meiner Mutter einst als einflußreiche Handelsherren gelebt hatten. Das derzeit von mir gemiethete Wohnhaus stand zwischen zwei sehr ungleichen Nachbarn: an der Südseite ein sauber gehaltenes Haus voll lustiger Kinderstimmen, mit hellpolirten Scheiben und blühenden Blumen dahinter; nach Norden ein hohes düsteres Gebäude; zwar auch mit großen Fenstern, aber die Scheiben derselben waren klein, zum Theil erblindet und nichts dahinter sichtbar, als hie und da ein graues Spinngewebe. Der einstige Ölanstrich an der Mauer und der mächtigen Hausthür war gänzlich abgeblättert, die Klinke und der Messingklopfer mit dem Löwenkopf von Grünspan überzogen. Das Haus stand am hellen Tage und mitten in der belebten Straße wie in Todesschweigen; nur Nachts, sagten die Leute, wenn es anderswo still geworden, dann werde es drinnen unruhig.

„Wie ich von meinem Steinhofe aus übersehen konnte, erstreckte sich dasselbe noch mit einem langen Flügel nach hinten zu. Auch hier war in dem oberen Stockwerke, das ich der hohen Zwischenmauer wegen allein gewahren konnte, eine stattliche Fensterreihe, vermuthlich einem einstigen Festsaal angehörig; ja, als einmal die Sonne auf die trüben Scheiben fiel, ließen sich deutlich die schweren Falten seidener Vorhänge dahinter erkennen.

„Nur eine einzige Menschenseele — so sagte man mir —, die uralte Wittwe des längst verstorbenen Kaufherrn Sievert Jansen, hause in diesen weitläuftigen Räumen; wenigstens glaube man, daß sie noch darin lebendig sei; gesehen wollte sie Keiner von denen haben, welche ich zu befragen Gelegenheit hatte. Aber ich möchte nur aufpassen, ob nicht früh Morgens, bevor die anderen Häuser aufgeschlossen würden, eine alte Brotfrau dort an die Hausthür komme. Dann werde diese, nachdem die Frau ein Dutzend Mal mit dem Löwenklopfer aufgeschlagen, eine Spalte weit geöffnet, und eine dürre Hand lange daraus hervor und nehme sich ein paar trockene Semmeln aus dem Korbe.

„Ich habe diese Beobachtungen nicht angestellt. Doch ging bald darauf bei einer amtlichen Durchsicht der Depositen ein von meiner unsichtbaren Nachbarin bei dem Stadtgerichte niedergelegtes wohlversiegeltes Testament durch meine Hände. Sie lebte also und hatte ohne Zweifel auch noch ihre Beziehungen in das Leben; nur im Munde des Volkes war sie fast zur Sage geworden.

„Als ich und meine Frau, der hier noch bestehenden guten Sitte folgend, der Kaufmannsfamilie in dem freundlichen Hause rechts unseren Nachbarbesuch abstatteten, wurden wir von den heiteren Leuten fast ausgelacht, daß wir es wagen wollten, auch zur Linken an die Nachbarsthür zu klopfen.

„‚Sie kommen nicht hinein!‘ sagte der Hausherr; ‚ich glaube, es ist seit Jahren Niemand hineingekommen, denn, Gott weiß, wie sie es macht, aber die alte Dame wirthschaftet ganz allein. Wenn es Ihnen aber auch gelänge, den Eingang zu erzwingen, so würden Sie mit Ihrer Aufmerksamkeit nur den Verdacht erwecken, Sie hätten es auf die nachbarliche Erbschaft abgesehen.‘

„‚Aber ihr Testament,‘ bemerkte ich, ‚liegt ja seit Jahren schon im Stadtgerichte; und überdies — wie mir erzählt wurde — ein Viertel an die Stadt, drei Viertel an eine milde Stiftung; das lautet doch nicht eben menschenfeindlich.‘

„Mein Nachbar nickte. ‚Freilich! Aber zum Ersten war sie durch das Testament ihres Seligen gezwungen; das Andere — eine schöne Stiftung, dieses Land- und Seespital!‘

„Ich fragte näher nach.

„‚Sie werden,‘ fuhr der Nachbar fort, ‚es bei der Kürze Ihres hiesigen Aufenthalts noch kaum gesehen haben: es ist eine reich dotirte Versorgungsanstalt für ausgebrauchte Seeleute und Soldaten, das heißt für die unterste Classe derselben. Die Stiftung rührt von einem reichen kinderlosen Geschwisterpaare her, einem alten Major und einer Seecapitänswittwe. Unter den Linden vor dem schönen Hause, draußen auf einem Hügel vor dem Norderthore, das sie in den letzten Jahren gemeinschaftlich bewohnten, sieht man jetzt reihenweis die alten Burschen mit ihren blaurothen Nasen vor der Thür sitzen; die einen in alten rothen oder blauen Soldatenröcken, die anderen in schlotterigen Seemannsjacken, alle aber mit einem Pfeifenstummel im Munde und einem Schrotdöschen in der Westentasche. Bleibt man ein Weilchen auf dem Wege stehen, so sieht man sicher bald den Einen, bald den Anderen ein grünes oder blaues Fläschchen

aus der Seitentasche holen und mit wahrhaft weltverachten=
dem Behagen an die Lippen setzen. Die Fläschchen, über
deren Inhalt kein gerechter Zweifel sein kann, nennen sie ihre
»Flötenvögel«; und für diese Vögel, welche — getreu dem
Willen der Stifter — nur zu oft gefüllt werden, sind jene
drei Viertel des ungeheuren Vermögens bestimmt worden.'

„‚Und welches Interesse,‘ fragte ich, ‚kann die Testatrix
an diesen alten Branntweinsnasen haben?‘

„‚Interesse? — Ich denke, keins; als daß das Geld
aus einem Rumpelkasten in den anderen kommt.‘

„‚Hmm! Die Alte muß doch eine merkwürdige Frau
sein; ich denke, wir versuchen dennoch unsere Visite!‘

„Man wünschte uns lachend Glück auf den Weg.

„Aber wir kamen nicht hinein. Zwar öffnete sich die
Hausthür; aber nur eine Hand breit, so stieß sie auf eine
von innen vorgelegte Kette. Ich schlug den Messingklopfer
an und hörte, wie es drinnen wiederhallte und in der Tiefe
wie in leeren Räumen sich zu verlieren schien; dann aber
folgte eine Todtenstille. Als ich noch einmal hämmern
wollte, zupfte meine Frau mich am Ärmel: ‚Du, die Leute
lachen uns aus!‘ Und wirklich, die Vorübergehenden schie=
nen uns mit einer gewissen Schadenfreude zu betrachten.

„So ließen wir es denn an unserer guten Absicht genug
sein und kehrten in unser eigenes Heim zurück.

* *
*

„Gleichwohl sollte sich bald darauf eine gewisse Bezie=
hung zwischen mir und der Nachbarin links ergeben.

„Es war im Nachsommer, als ich und meine Frau in
den Garten gingen, um uns das Vergnügen einer kleinen
Obsternte zu verschaffen. Der Augustapfelbaum, an den ich
schon vorher eine Leiter hatte ansetzen lassen, befand sich
dicht an der hohen Mauer, welche unseren Garten von dem

des Jansenschen Hauses trennte. Meine Frau stand mit einem Korbe in der Hand und blickte behaglich in das Gezweige über ihr, wo die rothen Äpfel aus den Blättern lugten; ich selbst begann eben die Leiter hinaufzusteigen, als ich von der anderen Seite einen scharfen Steinwurf gegen die Mauer hörte und gleich darauf unser dreifarbiger Kater mit einem Angstsatz von drüben zu uns herabsprang.

„Neugierig über dieses Lebenszeichen aus dem Nachbargarten, von wo man sonst nur bei bewegter Luft die Blätter rauschen hörte, lief ich rasch die Leiter hinauf, bis ich hoch genug war, um in denselben hinabzusehen.

— „Mir ist niemals so ellenlanges Unkraut vorgekommen! Von Blumen oder Gemüsebeeten, überhaupt von irgend einer Gartenanlage, war dort keine Spur zu sehen; Alles schien sich selbst gesäet zu haben; hoher Gartenmohn und in Saat geschossene Möhren wucherten durch einander; in geilster Üppigkeit sproßte überall der Hundsschierling mit seinem dunklen Kraute. Aus diesem Wirrsal aber erhoben sich einzelne schwer mit Früchten beladene Obstbäume, und unter einem derselben stand eine fast winzige zusammengekrümmte Frauengestalt. Ihr schwarzes verschossenes Kleid war von einem Stoffe, den man damals Bombassin nannte; auf dem Kopfe trug sie einen italienischen Strohhut mit einer weißen Straußenfeder. Sie stand knietief in dem hohen Unkraut, und jetzt tauchte sie gänzlich in dasselbe unter, kam aber gleich darauf mit einem langen Obstpflücker wieder daraus zum Vorschein, den sie vermuthlich bei dem Angriff auf meinen armen Kater von sich geworfen hatte. — Obgleich sie das Ding nur mühsam zu regieren schien, stocherte sie doch emsig damit zwischen den Zweigen umher und brachte auch rasch genug eine Birne nach der anderen herunter, die sie dann scheinbar in das Unkraut, in Wirklichkeit aber wohl in ein darin verborgenes Gefäß mit einer gewissen feierlichen Sorgfalt niederlegte.

„Ich beobachtete das Alles mit großer Aufmerksamkeit und fühlte erst jetzt, daß meine Frau in ihrer weiblichen Ungeduld mich in höchst gefährlicher Weise von der Leiter zu schütteln suchte; aber ich blieb standhaft und umklammerte schweigend einen derben Ast, denn in demselben Augenblicke war der Alten drüben eine Birne aus ihrem Obstpflücker gefallen, und als sie sich wandte, um sie aufzuheben, war sie mich gewahr geworden. Sie war sichtlich erschrocken und blieb ganz unbeweglich stehen; aus dem verfallenen Antlitz einer Greisin starrten unter dem großen Strohhute mich ein Paar schwarze Augen so grellen Blickes an, daß ich fast gezwungen war, eine unverkennbar scharfe Musterung über mich ergehen zu lassen. Aber auch ich betrachtete mir indessen das Gesicht der alten Dame, das zu beiden Seiten der ziemlich fein geformten Nase mit einigen Rollen falscher Locken eingerahmt war, wie sie vordem auch wohl von jüngeren Frauen getragen wurden. Als ich dann fast verlegen meinen Hut vom Kopfe zog, erwiderte sie dies Compliment durch einen feierlichen Knix im strengsten Stile, wobei sie ihren Obstbrecher wie eine Partisane in der Hand hielt.

„Aber meine Frau begann wieder zu schütteln, und nun stieg ich als guter Ehemann zur Erde nieder.

„Natürlich hatte ich Rechenschaft zu geben. ‚Wo sind die Äpfel, Mann?‘

— „‚Wo sie immer waren, droben im Baume.‘

„‚Aber, was hast du denn getrieben?‘

— „‚Ich habe der Madame Sievert Jansen unsere Nachbarvisite abgestattet.‘ Und nun erzählte ich.

— — „Am anderen Morgen in der Frühe brachte eine alte Frau, voraussetzlich die bewußte Brotfrau, uns einen Korb voll Birnen und eine Empfehlung von Madame Jansen: der Herr Stadtsecretär möge doch einmal ihre Moule-Bouches probiren; sie hätten immer für besonders schön gegolten.

„Wir waren sehr erstaunt; aber die Birnen waren köstlich, und ich konnte es nicht unterlassen, meinem Nachbar zur Rechten diese kleinen Vorfälle mitzutheilen, als wir uns bald danach vor unseren Häusern begegneten.

„‚Das bedeutet den Tod der Alten,‘ sagte er, ‚oder aber‘ — und er betrachtete mich fast bedenklich von oben bis unten — ‚Sie müssen einen ganz besonderen Zauber an sich haben!‘

„‚Der, leider, von jüngeren Augen bisher noch nicht entdeckt wurde,‘ erwiderte ich.

„Und wir schüttelten uns lachend die Hände.

* *
*

„Im Garten fiel schon das Laub von den Bäumen, und noch immer hatte ich einen Besuch nicht ausgeführt, den ich mir eigentlich als den allerersten vorgenommen hatte.

„Er galt freilich nur einer Erinnerung.

„Aus dem Flur meines elterlichen Hauses führten ein paar Stufen zu einem nach dem Garten liegenden Zimmer, dessen Fenster ich mir noch heute nicht ohne Sonnenschein und blühende Topfgewächse zu denken vermag. Der Pfleger derselben war ein schöner milder Greis, der Vater meiner Mutter, welcher hier nach einem einst bewegten Leben die stillen Tage seines Alters auslebte. Wie oft habe ich als Knabe neben seinem Lehnstuhl gesessen, wie oft ihn gebeten, mir aus seinem Leben in fernen Ländern zu erzählen! Aber es dauerte immer nicht lange, so waren wir in seiner Vaterstadt, auf den Spielplätzen seiner Jugend. Das urgroßelterliche Haus mit allen Treppen und Winkeln kannte ich bald so genau, daß ich eines Tages die sämmtlichen drei Stockwerke ohne alle Nachhülfe zu Papier gebracht hatte. Da leuchteten die Augen des alten Herrn. ‚Wenn du einmal dahin gelangen solltest,‘ sagte er und legte die Hand auf meinen Kopf, ‚geh nicht daran vorüber!‘

„Plötzlich war er aufgestanden und hatte die Klappe seines an Erinnerungsschätzen reichen Mahagonischrankes aufgeschlossen. ‚Sieh dir doch die einmal an!‘ Mit diesen Worten legte er ein Miniaturbild in silberner Fassung vor mir hin. ‚Das war mein Spielkamerad, sie wohnte Haus an Haus mit uns. Auf ihrer Außendiele hing ein Ungeheuer, ein ausgestopfter Hai; da sah man gleich, daß ihr Vater Capitän auf dem großen Ocean war.‘

„Ich hatte nichts geantwortet, aber meine Knabenaugen glühten; es war ein Mädchenkopf von bestrickendem Liebreiz.

„‚Gefällt sie dir?‘ fragte der Großvater. ‚Aber hier ist sie als Braut gemalt; in deinen Jahren hättest du den kleinen wilden Schwarzkopf sehen sollen!‘

„Und nun erzählte er mir von diesem hübschen Spielgesellen. — Allerlei Zeitvertreib, Schmuck und farbige Gewänder hatte der selten daheim weilende Vater dem einzigen Töchterlein von seinen Reisen mitgebracht; von ausländischen goldenen Münzen und Schaustücken hatte sie eine ganze Sparbüchse voll gehabt. In ihrem Garten war ein seltsames Lusthäuschen gewesen, das der Vater einmal aus den Trümmern eines früheren Schiffes hatte bauen lassen. ‚Dort,‘ sagte der Großvater, ‚auf den Treppenstufen saßen wir oft zusammen, und ich durfte dann mit ihr den goldenen Schatz besehen, den sie aus der Blechbüchse in ihren Schoß geschüttet hatte.‘

„Er ging, während er so erzählte, langsam auf und ab; an seinem Lächeln konnte ich sehen, wie eine Erinnerung nach der anderen in ihm aufstieg. ‚Min swartes Mäusje!‘ sagte er. ‚Ja, so pflegte der alte Seebär das verzogene Kind zu nennen; aber wenn sie so im goldgestickten griechischen Jäckchen, mit allerlei Federschmuck ausstaffirt, in ihrem Gärtchen umherstolzirte, dann hätte man sie wohl noch mehr einem bunten fremdländischen Vogel vergleichen mögen. O, und auch fliegen konnte sie! Über der Thür des Lusthauses war die frühere Gallion des Schiffes ange= bracht, eine schöne hölzerne Fortuna, die mit vorgestrecktem Leibe aus dem Frontespice hervorragte. Dort oben auf deren Rücken war der Lieblingsplatz des Kindes; dort lag sie stundenlang, ein buntes chinesisches Schirmchen über sich, oder im Sonnenschein mit ihren goldenen Münzen Fangball spielend.'

„Noch vielerlei erzählte mir der Großvater, aber nur jenes eine Mal; auch das verführerische Bildchen zeigte er mir niemals wieder. Obgleich meine Augen oft begehrlich an dem Schranke hingen, so wagte ich doch nicht, ihn darum anzugehen; denn als er es mir damals endlich wieder aus der Hand genommen hatte, war der alte Herr so seltsam feierlich gewesen und hatte es in so viele Seidenpapierchen eingewickelt, daß das Ganze einer symbolischen Beisetzung nicht ungleich war.

— — „Wie es nun geschieht, seit Monden war ich jetzt hier in der Geburtsstadt meines Großvaters, und doch, erst heute ging ich zu diesem Besuche der Vergangenheit in den schon winterlichen Tag hinaus.

„Absichtlich hatte ich jede Erkundigung unterlassen; wenn auch der Name der Straße mir nicht mehr erinnerlich war, ich hoffte mich schon allein zurecht zu finden. So hatte ich schon verschiedene Stadttheile kreuz und quer durchwandert, als mir plötzlich durch eine offene Hausthür die schwebende Ungestalt eines Haies in die Augen fiel. — Ich stutzte; — aber weshalb sollte denn der ausgestopfte Hai nicht noch am Leben sein? Das Haus sah völlig danach aus, als sei es mit allen seinen Raritäten von einem Besitzer auf den anderen fortgeerbt. Und richtig! als ich in die Höhe blickte, da drehte sich auch ein Schiffchen auf der Wetterstange des Daches! Das war das Haus des schönen Nachbarkindes; das urgroßelterliche mußte nun dicht daneben sein! Aber — es war überhaupt kein Haus mehr da; nur ein leerer

Platz mit Mauerresten und gähnenden Kellerhöhlen; auch frisch behauene Granitblöcke zum Fundament eines Neubaues lagen rings umher.

„Ich sah es wohl, ich war zu spät gekommen. Sinnend schritt ich über die wüste Stätte, die einst für Menschen meines Blutes eine kleine Welt getragen hatte. Ich ging in den dahinter liegenden Steinhof und blickte in den Brunnen, mit dessen Eimer der Großvater einmal, wie er mir erzählt hatte, in die Tiefe hinabgeschnurrt war; dann trat ich auf einen Haufen Steine, von wo aus ich über eine Grenzplanke in den Nachbargarten sehen konnte. Und dort — kaum wollte ich meinen Augen trauen — stand, unverkennbar, noch das seltsame Lusthäuschen, und auch die hölzerne Fortuna streckte sich noch gar stattlich in die Luft; ja die Wangen waren noch ganz ziegelroth, und lichtblaue Perlenschnüre zogen sich durch die gelben Haare; sie war augenscheinlich erst neulich wieder aufgemuntert.

„Wie lebendig trat mir jetzt Alles vor die Seele! Jener Epheu, der die Mauer des Gartenhäuschens überzog, war schon damals dort gewesen; an seinen Trieben war der kleine wilde Schwarzkopf auf- und abgeklettert; drüben von dem Rücken der Fortuna herab war ihr neckendes Stimmlein erschollen, wenn der gutmüthige Nachbarsjunge unten im Gebüsche des Gartens nach ihr gesucht hatte. Ich mußte plötzlich eines Wortes gedenken, das der Großvater, so vor sich hin redend und wie mit einem Seufzer über Unwiederbringliches, seiner damaligen Erzählung beigefügt hatte. ‚Sie war eigentlich schon damals eine kleine Unbarmherzige,‘ hatte er gesagt; ‚das eine Füßchen mit dem rothen Saffianschühchen baumelte ganz lustig in der Luft; aber ich stand unten und mußte ihr die goldenen Stücke wieder zuwerfen, wenn sie bei ihrem Spiel zur Erde fielen, und oft sehr lange betteln, bis das Vögelchen zu mir herunterkam.‘

— „Schon damals unbarmherzig? — Es war mir

Im Nachbarhause links. 13

niemals eingefallen, den Großvater zu fragen, inwiefern
oder gegen wen sie es späterhin gewesen, oder wie über=
haupt das Leben seiner schönen Spielgenossin denn verlaufen
sei. — Freilich hätte auch wohl der Knabe keine Antwort
darauf erhalten, denn als nach seinem Tode das kleine Bild
noch einmal durch meine Hand ging, vertraute mein Vater
mir, daß dieses schöne Mädchen nicht nur die Jugendge=
spielin, sondern ganz ernstlich die Jugendliebe des alten
Herrn gewesen sei. Zuletzt, als junger Kaufmann, sei er in
Antwerpen mit ihr zusammengetroffen, habe aber bald darauf
— wie es geheißen, durch ein Zerwürfniß mit ihr getrie=
ben — einen Platz in einem überseeischen Handlungshause
angenommen, von wo er erst in reiferen Mannesjahren zu=
rückgekehrt sei. — Weiteres wußte auch er nicht zu berich=
ten; nur daß die gute Großmutter, die er dann geheirathet
habe, mitunter wirklich eifersüchtig auf das kleine Bild ge=
wesen sei.

— — „Voll Gedanken über das schöne schwarzköpfige
Mädchen war ich zu Hause angelangt; immer sah ich sie
vor mir, bald auf dem Rücken der Fortuna mit den gol=
denen Münzen spielend, bald in ihrer üppigen Mädchen=
schönheit, wie jenes Bild sie mir gezeigt hatte, mit dem
übermüthigen Füßchen den armen Großvater in die Welt
hinausstoßend.

„‚Seltsam,‘ sagte ich zu meiner Frau, ‚woran ich als
Knabe nie gedacht, — jetzt brenne ich vor Begierde, noch
einmal den Vorhang aufzuheben, hinter dem sich jenes nun
wohl längst verrauschte Leben birgt.‘

„‚Vielleicht,‘ erwiderte sie, ‚wenn du die Ureinwohner
dieser Stadt zu Protokoll vernimmst!‘

„‚Zum Beispiel, unsere Nachbarin links!‘ sagte ich
lächelnd.

„‚Warum denn nicht? Sie wird ja doch einmal deine
Visite par distance erwidern.‘

„Wir sprachen nicht weiter von der Sache; aber im Stillen dachte ich selber auch: ‚Warum denn nicht?‘

*   *   *

„Es war Winter geworden. Ein klingender Frost war eingefallen, der eisige Nordost blies durch alle Ritzen. Ich schüttelte eben eine Ladung Steinkohlen in meinen Ofen und verhandelte dabei mit meiner Frau, ob wir nicht aus schierer Barmherzigkeit unsere Hühner schlachten sollten, denen wir keinen warmen Stall zu bieten hatten; da — es war noch früh am Morgen — trat fast ohne Anklopfen mein jetzt verstorbener Freund, der Bürgermeister, in das Zimmer. Auf meine Frage, was ihn schon jetzt aus Schlafrock und Pantoffeln herausgebracht habe, erklärte er, meine Nachbarin, die alte Madame Jansen, sei soeben besinnungslos und fast verklommen auf ihrer Bodentreppe gefunden worden. ‚Der alte Geizdrache,‘ setzte er hinzu, ‚heizt nur mit dem Fallholz aus dem Apfelgarten; es ist kein warmer Fleck in dem ganzen Rumpelkasten; und Nachts, wenn ehrliche Leute in ihren Betten liegen, kriecht sie vom Boden bis zum Keller, um ihre Schätze zu beängeln, die sie überall hinter Kisten und Kasten weg gestaucht hat.‘

„‚So sagt man,‘ ließ ich einfließen.

— „‚Freilich, und so wird's auch sein! Wie ein todter Alraun huckte sie in dem dunklen Treppenwinkel, ein ausgebranntes Diebslaternchen noch in der erstarrten Hand. Das Schlimmste bei der Geschichte ist, sie hat das Leben wieder bekommen; aber nach Angabe des Polizeimeisters, der — glaub ich — ein Verwandter von ihr ist, soll der Verstand zum Teufel sein; sonderbar genug, daß der die alte Hexe nicht auf einmal ganz geholt hat!‘

„‚Nun aber, Verehrtester,‘ sagte ich, als der Bürgermeister inne hielt, ‚was können wir Beide bei der Sache machen?‘

,‚Wir? — Hmm, sie könnte in diesem Zustande Unheil anrichten; es wird schon der Stadt wegen unsere Pflicht erheischen, ihr causa cognita einen Curator zu bestellen.'

— „Sie meinen des Vermächtnisses wegen? Aber ich dächte, das beruhe auf einer Disposition des seligen Herrn Sievert Jansen!"

,‚Da liegt es gerade; die Sache ist nicht völlig außer Frage.'

„So mußte ich denn in den sauren Apfel beißen und versprach, die alte Dame noch heute zu besuchen.

„Indem der Bürgermeister sich entfernte, fragte ich noch: ‚Was war denn der Selige für ein Mann?'

„‚Hmm! Ich denke, ein Lebemann!' erwiderte er. ‚Es ist einst flott hergegangen dort; man sagt, das Ehepaar habe sich einander nichts vorzuwerfen gehabt. Ich war damals ein Junge; aber sie sah noch nicht so übel aus, als der Alte in die Grube fuhr, und es gab noch manches Gläserklingen mit jungen vornehmen Herren in dem großen Saale des Hinterflügels; aber endlich — das Lustfeuerwerk ist verpufft, der schmucke Leib verdorrt; statt der Gläser läßt sie jetzt ihre Gold= und Silberstücke klingen.'

— — „Bald darauf trat ich ohne Hinderniß in das Haus und in das Zimmer der Kranken, zu welchem letzteren eine von der Stadt bestellte Wärterin mir die Thür geöffnet hatte.

„Es war ein seltsamer Anblick. Auf den Stühlen, von deren Polstern die Fetzen herabhingen, lagen auf den einen verschlissene Kleider und Hüte, auf den anderen standen Töpfe und Pfannen mit kärglichen Speiseresten; an der schweren Stuckdecke und an den gardinenlosen Fenstern hing es voll von Spinngeweben. Eine seltsam todte Luft hielt mich einen Augenblick zurück, so daß ich mich nur langsam dem großen an der einen Wand stehenden Himmelbette näherte.

„Als die Wärterin die bestäubten Vorhänge zurückzog, hörte ich ein Klirren wie von einem schweren Schlüsselbunde, das, wie ich nun sah, von einer kleinen dürren Hand umklammert war, und eine winzige, in einen alten Soldatenmantel eingeknöpfte Gestalt suchte sich aus den Kissen aufzurichten. Das kleine runzelige Gesicht meiner Nachbarin starrte mich aus seinen grellen Augen an. ‚Jag die Hexe fort!‘ schrie sie und schlug mit den Schlüsseln gegen die Vorhänge, daß die Wärterin erschreckt zurücksprang; dann, sich zu mir wendend, setzte sie in hohem Ton hinzu: ‚Sie wollten sich nach meinem Befinden erkundigen, Herr Nachbar; ich danke für Ihre Aufmerksamkeit, aber — man hat mir eine Person hier aufgedrängt; es scheint, als wolle man mich überwachen!‘

„‚Aber Sie hatten einen Unfall; Sie bedürfen ihrer!‘ sagte ich.

„‚Ich bedarf keiner bestellten Wärterin; ich kenne diese Person nicht!‘ erwiderte sie scharf. ‚Allerdings, heute Nacht — man hat mich berauben wollen; es tappte auf dem Hausboden, vermummte Gestalten stiegen zu den Dachluken herein; es klingelte im ganzen Hause —‘

„‚Klingelte?‘ unterbrach ich sie und mag dabei wohl etwas verwundert ausgesehen haben; ‚das pflegen doch die Räuber nicht zu thun.‘

„‚Ich sage, es klingelte!‘ wiederholte sie mit Nachdruck. ‚Mein Herr Neffe, der Chef der hiesigen Polizei — ich pflege ihn nur das Schaf der Polizei zu nennen — ist zu dumm, um die Spitzbuben einzufangen! Er war höchstpersönlich hier und suchte mir einzureden, daß ich das Alles nur geträumt hätte. — Geträumte Spitzbuben!‘ — Ein unaussprechlich höhnisches Kichern brach aus dem zahnlosen Munde. — ‚Er möchte wohl, daß auch mein Testament nur so geträumt wäre!‘

„Der Polizeimeister hatte ein kinderreiches Haus und

eine nicht zu große Einnahme. Ich dachte deshalb ein gutes Wort für die Blutsverwandtschaft einzulegen und fragte wider besseres Wissen: ‚Ihr Herr Neffe befindet sich also nicht unter Ihren Testamentserben?'

„Die Alte fuhr mit dem Arm über die Bettdecke und öffnete und schloß die Hand, als ob sie Fliegen fange. ‚Unter meinen Erben? — — Nein, mein Lieber; mein Erbe ist der, den ich zu bestimmen beliebe; — und ich habe ihn bestimmt!'

„Sie begann nun mit sichtlicher Genugthuung mir den Inhalt des Testamentes auseinanderzusetzen, wie er mir im Wesentlichen schon bekannt war.

„‚Aber jene Stiftung,' sagte ich, ‚soll ja an sich sehr reich dotirt sein!'

„‚So, meinen Sie?' erwiderte die Alte. ‚Aber es ist nun einmal meine Freude! Die alten Taugenichtse sollen was Besseres in ihre Fläschchen haben; bis jetzt wird es wohl nur Kartoffelfusel gewesen sein. Nach meinem Abscheiden sollen sie Jamaika-Rum trinken, der dreimal die Linie passirt ist.'

„‚Und die vielen hübschen Kinder Ihres Verwandten?'

„‚Ja, ja!' sagte sie grimmig. ‚Das vermehrt sich und will dann aus anderer Leute Beutel leben! Ich, mein Herr Stadtsecretär,' — sie schnarrte das Wort mit einer besonderen Schärfe heraus — ‚ich habe keine Kinder.'

„Noch einmal strengte ich meine Wohlredenheit an: sie möge wenigstens ein Codicill machen, um für die Aussteuer der armen Mädchen ein paar Tausend Thaler auszusetzen.

„Aber da kam ich übel an.

„‚Tausend Thaler!' Sie schrie es fast, und der greise Kopf zitterte auf und ab. ‚Keinen Schilling sollen sie haben; keinen Schilling!'

„Sie legte sich erschöpft zurück, und ich betrachtete mit Grauen dies zerbrechliche Wesen, dessen Glieder nur noch in den Zuckungen des Hasses zu leben schienen. ‚Keinen Schilling!‘ wiederholte sie noch einmal.

„Der kleine runde Polizeimeister war ein Mann, der als armer Familienvater stark aufs Carrieremachen aus war, der aber sonst ganz hübsch im großen Haufen mitging. ‚Was haben Sie gegen Ihren Herrn Neffen?‘ fragte ich. ‚Hat er Sie irgendwie beleidigt?‘

„‚Mich? — Nein, mein Lieber,‘ erwiderte sie. ‚Im Gegentheil; er machte mir sogleich die feierliche Visite, als er nur eben seine segensreiche Wirksamkeit in dieser Stadt begonnen hatte; natürlich‘ — sie schien mit Behagen auf diesem Worte zu verweilen — ‚natürlich, um zu erbschleichen; aber das thut ja nichts zur Sache! O, ein ganz charmanter Mann! Ich hatte vorher nicht das Vergnügen, ihn zu kennen; aber das ging so glatt: »Liebe Tante« hinten und »Liebe Tante« vorn.‘ Sie streckte einen Arm unter der Decke hervor und ließ die Hand wie eine Puppe gegen sich auf und ab knixen.

„‚Ich habe ihn aber nicht eingeladen,‘ fuhr sie fort; ‚ich mache kein Haus mehr, es ist zu unbequem in meinem hohen Alter.‘

„Es mochte ihren argwöhnischen Augen nicht entgangen sein, daß bei dieser Äußerung meine Blicke unwillkürlich die traurige Wüstenei des Zimmers überflogen hatten.

„‚Sie wundern sich wohl,‘ sagte sie, ‚wie es hier unten bei mir aussieht! Aber oben in der Bel-Etage habe ich meine Prunkgemächer! Einst, mein Herr Stadtsecretär, waren sie oft genug geöffnet! Carossen mit Rappen und Isabellen hielten vor meiner Thür, und Grafen und Generalconsuln fremder Staaten haben an meiner Tafel gesessen!‘

„Dann sprang sie wieder auf jenen Antrittsbesuch ihres Neffen über. ‚Er hatte mir auch sein ältestes Mädchen hergebracht — eine Dame, sag ich Ihnen, o, eine ganze Dame! Das müssen reiche Leute sein, der Herr Neffe und seine Demoiselle Töchter; ein Kleid mit echten Spitzen, eine römische Camee zur Vorstecknadel! Aber sagen that sie just nicht viel; sie war auch wohl nur da, damit ich in das schmucke Lärvchen mich verliebe! — Ich!' — sie lachte voll Verachtung —,ich brauchte einst nicht aus der Thür zu gehen, um ganz was Anderes zu erblicken! Aber das Mündchen wurde so süß, so unschuldsvoll; — es that Einem leid, zu denken, daß dadurch auch die liebe Leibesnothdurft, gebratene Hühnchen und Krammetsvögelchen, hineinspazieren mußten. Nicht wahr, Herr Stadtsecretarius, ein schönes Weib ist doch auch nur ein schönes Raubthier?'

„Sie nickte vor sich hin, als gedächte sie mit Befriedigung einer Zeit, wo auch sie selber Beides dies gewesen sei. Plötzlich aber den Kopf zu mir wendend, mit einem Aufblitzen der Augen, als käme es aus dem Abgrund, worin ihre Jugend begraben lag, sagte sie mit einem zitternden Pathos: ‚Sehen Sie mich an; ich bin einst sehr schön gewesen!'

„Ich erschrak fast, als ich die kleine dürre Gestalt wie durch einen Ruck sich kerzengerade in den Kissen aufrichten sah; aber schon waren die großen Augen wieder grell und kalt.

„‚Nicht wahr, Sie sehen das nicht mehr? denn ich bin alt, und' — sie sprach das fast nur flüsternd —,der Tod ist hinter mir her; des Nachts, immer nur des Nachts! Ich muß dann wandern; es ist nur gut, daß mein Haus so groß ist.'

„‚Sie leiden an Schlaflosigkeit,' sagte ich, ‚es ist das Leiden vieler alten Leute!'

„Sie schüttelte den Kopf. ‚Nein, nein, mein Lieber; ich halte mich gewaltsam wach; merken Sie wohl — gewaltsam! Ich fürchte den Hans Klapperbein auch nur im Schlaf; er hat schon Manchen so erwürgt, aber — ich bin nicht so dumm, er soll mich noch so bald nicht kriegen! Die Herren von der Stadt hätten freilich nichts dagegen; —

aber sie sollen sich in Acht nehmen! Am liebsten, glaub ich, möchten sie mich gar noch unmündig machen.'

„Auf einmal schien ihr etwas aufzudämmern. ‚Sie sind auch bei der Stadt angestellt, mein Lieber?' sagte sie und sah mich mit einem unbeschreiblich lauernden Blicke an.

„‚Sie wissen das,' antwortete ich; ‚Sie haben mich ja mehrfach mit meinem Amtstitel angeredet.'

„‚Ja, allerdings!' Ihr Blick hatte mich noch immer festgehalten. ‚Hat man Sie,' fragte sie vorsichtig, ‚vielleicht mit einem Aufträge zu mir geschickt?'

„Ich stutzte einen Augenblick, dann aber beschloß ich, ihr die ganze Wahrheit zu sagen. ‚Man hatte freilich ge= fürchtet,' sagte ich, ‚daß Ihre Altersschwäche die Einleitung einer Curatel erforderlich machen würde.'

„Sie wurde sehr aufgeregt. ‚Schwach!' schrie sie, und es war eine dünne gläserne Stimme, die mir in die Seele schnitt. — ‚Nein, nicht schwach; reich bin ich — reich! Und plün= dern will man mich! Aber ich werde mein Haus vermauern lassen, und sollte ich darin verhungern!' Sie griff in die Vorhänge und suchte die Füße aus dem Bett zu strecken; sie wollte heraus, sie wollte zeigen, daß sie kräftig und gesund sei.

„Die Wärterin kam herbei, ich redete ihr zu, aber wir suchten vergebens sie zu beruhigen. Dabei hatte ich meinen Stuhl verlassen, auf dem ich bisher mit dem Rücken gegen die Fenster gesessen hatte, und stand jetzt so, daß mein Ge= sicht in der vollen Tagesbeleuchtung der Alten gegenüber war. Plötzlich wurde sie still, sie schien sogar meinen Wor= ten zuzuhören. Ich konnte ihr jetzt sagen, daß nach meiner Ansicht zu einer Curatel bei ihr keine Veranlassung sei, daß aber das unnütze Aufspeichern ihrer großen Zinsenernten den Verdacht einer Unfähigkeit zur eigenen Vermögensver= waltung erregen könne, und schlug ihr endlich vor, einem Manne, dem sie vertraue, dieselbe zu übertragen.

„Schon während des Sprechens hatte ich gefühlt, daß

ihre Augen fest auf mein Gesicht gerichtet waren, fast wie bei unserer ersten Begegnung in den beiderseitigen Gärten. ‚Vertrauen! Ja, vertrauen!' stieß sie ein paar Mal hervor; dabei wand sie die Hände um einander, als wenn sie einen inneren Kampf zu überstehen habe. Plötzlich griff die eine Hand nach meiner und hielt sie fest. ‚Sie!' sagte sie hastig. ‚Ja, wenn Sie es wollten!'

"‚Ich, Madame Jansen! Sie kennen mich ja nicht!'

"Wieder sah sie mir musternd in die Augen.

"‚Nein,' sagte sie dann; ‚Sie sind ein junger Mann; aber ich weiß es, Sie werden ein armes altes Weib nicht hintergehen.'

"Ob das der Zauber war, den mein heiterer Nachbar bei mir voraussetzte! Aber ich gab meine Einwilligung und machte nur zur Bedingung, daß die Überlieferung unter Zuziehung eines Notars geschehen solle; Tag und Stunde möge sie mir selbst bestimmen.

"Noch immer hielt sie meine Hand, und als ich jetzt gehen wollte, schien sie sie nur zögernd loszulassen.

"Beim Abschiede fragte ich sie, ob ich ihr einen Arzt besorgen dürfe, damit sie rascher wieder zu Kräften komme.

"Sie blickte mich an, als suche sie in meinen Augen die Bestätigung einer Theilnahme, die sie in dem Ton meiner Worte gefühlt haben mochte; dann aber streckte sie mir lachend ihre linke Hand entgegen, in der, wie ich jetzt sah, zwei Finger steif geschlossen lagen. ‚Ein Meisterstück unseres berühmten Dr. Nicolovius!' sagte sie in ihrer alten bitteren Weise. ‚Hat er denn noch nicht, wie seine Collegen, die Quacksalber, einen trompetenden Hanswurst vor seiner Bude stehen? — — Nein, nein, mein Lieber, keinen Arzt! Ich selber kenne meine Natur am besten.'

"So war meine Aufgabe für heute denn beendet.

*   *

*

"Wenigstens das räthselhafte Klingeln schien nicht nur geträumt zu sein. Eine große Schleiereule hatte sich — mit einigem Rechtsgrund, wie mir schien — auf den einsamen Böden einquartirt und mochte bei einer vergeblichen Mausjagd die Klingeldrähte gestreift haben, die durch das ganze Haus und auch dort hinaufliefen. Die alte Dame selbst war schon am zweiten Tage wieder aufgestanden, ja sie hatte sich sogar mit Hülfe der Wärterin aus der Stange ihres Obstpflückers und einem Tonnenbande einen Ketscher angefertigt und solcherweise den keine Miethe zahlenden Vogel wie einen Nachtschmetterling ebenso eifrig als vergeblich über alle Böden hin verfolgt.

"Ich erfuhr dies Alles, als ich eines Vormittags zu dem verabredeten Geschäfte mit einem befreundeten Notar wieder in das Haus trat. Wir wurden in den dritten Stock hinaufgeführt; hier öffnete die Wärterin eine Thür, an der von einer eisernen Krampe ein schweres Vorlegeschloß herabhing.

"Es war eine mäßig große düstere Kammer; in deren Mitte stand die alte Madame Jansen vor einem Tische und sortirte emsig allerlei Päckchen, wie sich nachher ergab, mit den verschiedensten Werthpapieren; rings herum an den Wänden, so daß nur wenig Platz neben dem Tische blieb, standen eine Menge straff gefüllter Geldbeutel, von denen die meisten aus den Resten alter, sogar seidener Frauenkleider angefertigt schienen.

"So gesprächig die Alte bei meinem ersten Besuche gewesen war, so wortkarg war sie heute; mit zitternden Händen setzte sie einen Beutel nach dem anderen vor uns hin, mit stummen, fast schmerzlichen Blicken verfolgte sie das Zählen des Geldes, das Versiegeln der Beutel, das Numeriren der Etiquetten. — Obwohl die einzelnen Münzsorten sorgsam von einander gesondert waren, so dauerte die Aufnahme der Werthpapiere und des Baarbestandes doch bis in den Abend hinein; zuletzt arbeiteten wir bei dem Lichte einer Talgkerze, die in einem dreiarmigen Silberleuchter brannte.

"Endlich wurde der letzte Beutel ausgeschüttet. Er enthielt jene schon derzeit seltenen Vierschillingstücke mit dem Perrückenkopfe Christians des Vierten, welche in dem Rufe eines besonders feinen Silbergehaltes standen. Als auch der beseitigt war, fragte ich, ob das nun Alles, ob nichts mehr zurück sei.

"Die Alte blickte unruhig zu mir auf. ‚Ist das nicht genug, mein Lieber?'

— ‚Ich meinte nur, weil sich gar keine Goldmünzen unter dem Baarbestande finden.'

‚Gold? — In Gold bezahlen mich die Leute nicht.'

— "Somit wurde das Protokoll abgeschlossen, und nachdem die Alte in zwar unsicherer, aber immer noch zierlicher Schrift ihr ‚Botilla Jansen' darunter gesetzt hatte, war das Geschäft beendet; die Werthpapiere wurden in eine Kiste gelegt, deren Schlüssel ich an mich nahm; diese selbst und die Baarbestände sollten am anderen Tage in mein Haus geschafft werden.

"Als ich mit dem Notar auf die Straße hinausgetreten war, bemerkte ich, daß mir ein silberner Bleistifthalter fehle, den ich bei dem Notiren der Geldsummen benutzt hatte. Ich kehrte sofort um und lief rasch die Treppen wieder hinauf; aber ich prallte fast zurück, als ich nach flüchtigem Anklopfen die Thür der Kammer öffnete. Im Schein der Unschlittkerze sah ich die Alte noch immer an dem Tische stehen; ihre eine Hand hielt einen leeren Beutel von rothem Seidendamast, die andere wühlte in einem Haufen Gold, der vor ihr aufgeschüttet lag.

"Sie stieß einen Schreckensruf aus, als sie mich erblickte, und streckte beide Hände über den funkelnden Haufen; gleich darauf aber erhob sie sie bittend gegen mich und rief: ‚O, lassen Sie mir das! Es ist meine einzige Freude; ich habe ja sonst gar keine Freuden mehr!' Eine scharfe zitternde Stimme war es und doch der Ton eines Kinderflehens, was aus der alten Brust hervorbrach.

„Dann griff sie nach meiner Hand, riß mich an die Thür und zeigte in das dunkle gähnende Treppenhaus hinab. ‚Es ist Alles leer!' sagte sie; ‚Alles! Oder glauben Sie, mein Lieber, daß die Tochter aus Elysium hier diese Stufen noch hinaufmarschirt? — Nur das Gold — nehmen Sie mir es nicht — ich bin sonst ganz allein in all den langen Nächten!'

„Ich beruhigte sie. Ich hatte kein Recht zu nehmen, was sie mir nicht gab; und übrigens — das Spielwerk war zwar kostbar, aber weshalb sollte die reiche Frau es sich denn nicht erlauben! — Rasch nur noch meinen Bleistift, und dann fort aus dieser erdrückenden Umgebung, in die ich den ganzen Tag hineingebannt gewesen war.

„Als ich im Vorbeigehen einen Blick auf die blinkenden Goldhaufen warf, bemerkte ich, daß auch Schaustücke und fremde, namentlich mexikanische und portugiesische Goldmünzen darunter waren. Das erinnerte mich an die Spielgesellin meines Großvaters: der reizende Mädchenkopf, der schon mein Knabenherz erglühen machte, tauchte plötzlich mit all dem erlösenden Zauber der Schönheit vor mir auf, und einen Augenblick dachte ich daran, jetzt meine Erkundigungen nach ihr anzustellen; aber die arme Greisin mir gegenüber befand sich in so fieberhafter Aufregung, daß ich nicht dazu gelangen konnte. Ich verschob es auf gelegenere Zeit und eilte, daß ich in die frische Winternacht hinauskam.

*   *
*

„Es war inzwischen Frühling geworden; die Buchenwälder um die schönen Ufer unserer Meeresbucht lagen im lichtesten Maiengrün. Zwischen uns und der Familie des

Polizeimeisters hatten sich gewisse Beziehungen ergeben; besonders hatte sich dessen älteste Tochter meiner Frau in jugendlicher Freundschaft angeschlossen. Das frische Mädchen mit den weitblickenden Augen gefiel uns Beiden wohl; mir niemals besser als an einem Sonntagmorgen, da wir mit einer größeren Gesellschaft auf einem Dampfschiffe über die blaue Föhrde hinfuhren.

„An der Schanzkleidung standen junge Damen mit eben so jungen Officieren in einer jener wohlgecirkelten Unterhaltungen, die meistens harmlos genug, mitunter aber auch um desto übler sind, je mehr die jungen Köpfe nur die gedankenlosen Träger der Armseligkeiten zu sein pflegen, die darin zu Tage kommen. Der Gegenstand mußte diesmal sehr anregend sein; die Gesichter der hübschen Frauenzimmer strahlten vor Entzücken.

„Unsere junge Freundin — sie trug den etwas ungewöhnlichen Namen ‚Mechtild‘ — war nicht darunter; sie stand unweit davon, die Hände auf dem Rücken, an dem Schiffsmast und wiegte wie im Vollbehagen ihrer Jugendkraft den schlanken Oberkörper auf und ab, wie die Wellen das Schiff, von welchem sie getragen wurde. Die Stattlichkeit dieser Mädchengestalt war mir noch niemals so in die Augen gefallen wie hier unter dem blauen Frühlingshimmel, wo der Seewind ihr in Haar und Kleidern wühlte und ihre blauen Augen in die Ferne nach den waldbekränzten Ufern schweiften.

„Drüben unter der jungen Gruppe war das Gespräch indessen lauter geworden: eine Majorstochter erzählte eben, Mama wolle noch eine große Tanzgesellschaft geben; einige Kaufmannstöchter würden dann natürlich auch mit eingeladen, aber das mache ja gar nichts! — O nein, das mache ja nichts, so in größerem Cirkel! Die jungen Damen hatten alle nichts dagegen. — Die jungen Herren vom Degen und ein junger auf Besuch anwesender Gesandtschaftsattaché meinten auch, das gehe ja ganz vortrefflich! So zum Tan=

zen, und — was freilich nicht gesagt wurde — zum Heirathen, wenn sie reich seien; warum denn nicht!

„Mechtild hatte den Kopf gewandt und schien aufmerksam zu lauschen. Ein überlegenes Lächeln spielte mehr und mehr um ihren schönen, aber keineswegs kleinen Mund; und jetzt mit allem Übermuth der Jugend brach es hervor. Es war ein köstlicher Brustton dieses Lachen; die jungen Damen drüben verstummten plötzlich wie erschrocken.

„Dann rief eine zu ihr hinüber: ‚Was hast du, Mechtild? Warum lachst du so?‘

— ‚Ich freu mich über euch!‘

‚Über uns? Weshalb, was hast du wieder?‘

— ‚Daß ihr so allerliebste Wachspuppen seid!‘

‚Was soll denn das nun wieder heißen?‘

— ‚O, ich meine nur! Und das so hier, unter des lieben Gottes offenem Angesicht.‘

‚Ach was! Komm her und sei nicht immer so apart!‘

„Aber sie kam doch nicht; ein wilder Schwan mit blendend weißen Schwingen flog, rasch unser Fahrzeug überholend, in der hohen Luft dahin; dem folgten ihre Augen. — Ich betrachtete sie: sie sah gar nicht aus wie die Tochter eines carrieremachenden Vaters; ja, ich schämte mich aufrichtig, mich so kleinlich um eine Aussteuer für sie mit dem alten Alraun umhergezankt zu haben.

„Dennoch reizte es mich; ich trat zu ihr und fragte: ‚Mechtild, möchten Sie wohl eine Erbschaft machen?‘

„Sie sah mich groß an. ‚Eine Erbschaft? Ach, das möcht ich wohl!‘ Sie sagte das fast traurig, als ob eine Hoffnung daran hinge.

„Die Stadt, von der wir uns mehr und mehr entfernten, war in der klaren Luft noch deutlich sichtbar. ‚Sehen Sie zwischen den kleineren Häusern das hohe graue Gebäude?‘ fragte ich. ‚Dort lebt eine alte Frau; die weiß, auch heute, nichts von Licht und Sonnenschein!‘

„‚Ja, ich sehe das Haus; wer wohnt darin?'
„‚Eine Tante von Ihnen oder Ihrem Vater.'
„‚O die! — das ist nicht meine Tante; meine Groß= mutter war nur Geschwisterkind mit ihr; wir sind auch ein= mal dort gewesen.' Sie schüttelte sich ein wenig. ‚Nein, die möcht ich nicht beerben.'
„‚Aber sonst?' sagte ich und sah ihr forschend in die Augen.
„‚Sonst? Ach ja!' und die helle Lohe schlug dem schö= nen Mädchen ins Gesicht, daß ihre Augen dunkel wurden.
„‚Vertrauen wir den reinen Sternen, Mechtild!' sagte ich und drückte ihr die Hand. Ich hatte wohl gehört, daß sie einem jungen Officier ihre Neigung geschenkt habe, daß aber die Armuth Beider einer näheren Verbindung im Wege stehe; jetzt wußte ich es denn.

* *
*

„‚Mamas' große Tanzgesellschaft hatte richtig stattge= funden und unter Anderem die praktische Folge gehabt, daß einer der Officiere, der sogenannte ‚blaue Graf', — ich weiß nicht, ob so genannt wegen seines besonders blauen Blutes oder weshalb sonst — sich kurz danach mit einer der zu dieser Festlichkeit befohlenen reichen Kaufmannstöchter verlobt hatte. Die ganze Stadt, namentlich die junge Damenwelt, besprach den Fall auf das Gewissenhafteste.
„Aber die Folgen von ‚Mamas Tanzgesellschaft' sollten sich noch weiter fortsetzen. Eines Morgens kam die bewußte Brotfrau, vermuthlich die Hauptvermittlerin zwischen meiner verehrlichen Mandantin und der Außenwelt und brachte mir eine Empfehlung von der Madame Jansen, ich möchte doch nicht unterlassen, noch heute bei ihr vorzusprechen.
„Kurz danach trat ich in das bewußte Zimmer; das Haus hatte ich offen gefunden, obgleich die Wärterin schon

seit lange von ihr entlassen war. Ich traf meine alte Freundin unruhig mit einem Krückstock auf und ab wandernd, trotz des heißen Junitages in ihren grauen Soldatenmantel eingeknöpft; dabei hatte sie eine schwarze Tüllhaube auf dem Kopfe, worin eine dunkelrothe Rose nickte; die falschen Locken waren auch schon vorgebunden.

‚‚Ich habe Wichtiges mit Ihnen zu besprechen,‘ hub sie in ihrer feierlichen Weise an. ‚Man hat mir gesagt, daß eine reiche Kaufherrntochter dieser Stadt einen Grafen heirathen wird. — Ich sehe nicht ein, warum meine Erbin nicht auch eine Grafenkrone tragen sollte?‘

‚‚Aber ich dachte,‘ wagte ich zu bemerken, ‚die Spitalleute vor dem Norderthore — —‘

‚‚Mein Herr Stadtsecretär,‘ fiel sie mir ins Wort, ‚wenn Sie gleich mein Mandatar sind, — ich habe volle Gewalt, mein Testament zu ändern.‘

‚‚Ich bestätigte das nach Kräften. Die kleine Greisin schien in großer Aufregung; sie mußte oftmals innehalten beim Sprechen. ‚Es soll hier ja noch so ein hungriger Graf herumlaufen,‘ begann sie wieder; ‚dem könnte auch geholfen werden! Meine Nichte — —‘

‚‚Sie meinen die älteste Tochter des Polizeimeisters!‘

‚‚Freilich, die Tochter des Chefdirectors der hiesigen Polizei. Sie ist eine ganz andere Schönheit als die semmelblonde Grafenbraut von heute; sie erinnerte mich bei dem kurzen Besuche, wo ich das Vergnügen hatte, sie zu sehen, sogar an meine eigene Jugend; die junge Dame scheint eine vorzügliche Bildung genossen zu haben; — ich werde ihr ein fürstliches Vermögen hinterlassen.‘

‚‚Ich war sehr erstaunt; aber ich hielt mich vorsichtig zurück und beschloß, der Kugel ihren Lauf zu lassen; die Mechtild sollte schon still halten, wenn ihr die Hunderttausende in den Schoß fielen, und der Graf — diese Luftspiegelung würde wohl von selbst verschwinden.

„Während solcher Gedanken ersuchte mich die Alte, auf morgen alles Nöthige zur Errichtung eines neuen Testamentes vorzubereiten. ‚Denn es hat Eile,' setzte sie hinzu. ‚Meine Nichte könnte bei ihrer Schönheit sonst gar leicht eine Verbindung unter ihrem jetzigen Stande eingehen. — Schon in nächster Woche werde ich meine Prunkgemächer öffnen: ich werde den Herrn Grafen einladen und ihm meine Erbin vorstellen; mein Neffe, der Herr Chefdirector, wird es übernehmen, die Honneurs zu machen! — — Aber jetzt, mein Lieber, begleiten Sie mich nach oben; wir wollen doch ein wenig revidiren!'

„Bei diesen Worten hatte sie das große Schlüsselbund unter dem Kopfkissen ihres Bettes hervorgeholt; dann steckte sie ohne Weiteres ihre kleine Knochenhand unter meinen Arm, und so krochen wir mit einander die breiten Treppen zu dem oberen Stockwerk hinauf.

„Es war ein großer nach hinten zu belegener Saal, den wir jetzt betraten, nachdem der Schlüssel sich kreischend und nur mit meiner Hülfe im Schloß herumgedreht hatte; die Wände mit einer verblichenen gelben Tapete bekleidet, in deren Muster sich cannelirte Säulen zu der mit Rosen verzierten Stuckdecke hinaufstreckten; die Möbeln alle in den graden Linien der Napoleonszeit, in den Aufsätzen der Spiegel jene Glasmalereien mit auffahrenden Auroras oder einem speerwerfenden Achilleus. Auf den Fensterbänken lagerte dicker Staub und eine Schar von todten Nachtschmetterlingen.

„Die Alte erhob ihren Stock und zeigte nach den beiden Kronleuchtern von geschliffenem Glase und nach den Fenstern auf die verschossenen Seidengardinen, die vor Zeiten gewiß im leuchtendsten Roth geprangt hatten; dann ließ sie meinen Arm los und begab sich an eine Untersuchung der mit Schutzdecken versehenen Stuhlpolster.

„Mich hatte indeß ein anderer Gegenstand gefesselt. An

der Wand den Fenstern gegenüber hingen, je über einem Sopha, zwei lebensgroße gut gemalte Brustbilder. Das eine zeigte einen schon älteren, etwas corpulenten Mann mit fleischigen Wangen und kleinen genußsüchtigen Augen. Das andere war das Bild eines bacchantisch schönen Weibes; eine weiße Tunica umschloß die volle Brust, durch das dunkle kurz verschnittene Haar, von dem nur eine Locke sich über der weißen Stirn kräuselte, zog sich ein kirschrothes Band mit leichter Schleife an der einen Seite; darunter blitzten ein Paar Augen von unersättlicher Lebenslust.

„Fast wie ein Schrecken hatte es mich befallen, als ich dieses Bild erblickte, denn ich kannte es seit lange ganz genau. Es konnte kein Zweifel sein, dies war das Original jenes kleinen Porträts aus der Stube meines Großvaters; es war Zug für Zug dasselbe, nur mit allen Vorzügen eines lebensgroßen und in unmittelbarer Gegenwart gemalten Bildes. Ein bestrickender Sinnenzauber ging von dem jugendlichen Antlitz aus, das hier in wahrhaft funkelnder Schönheit auf mich herabsah. Tausend Gedanken kreuzten sich in meinem Hirn, ich hatte fast vergessen, wo ich mich befand.

„Da rührte der Krückstock der Alten an meinen Arm; sie mußte leise herangeschlichen sein und stand jetzt schmunzelnd neben mir. ‚Es soll den höchsten Grad der Ähnlichkeit besessen haben,‘ sagte sie pathetisch, mit ihrer Krücke nach dem schönen Weiberkopfe deutend, ‚nur wurde derzeit die Meinung ausgesprochen, daß die Frische meiner Farben und der Glanz meiner Augen doch nicht ganz erreicht seien.‘

„‚Es ist Ihr Porträt?‘ fragte ich.

— „‚Wessen sollte es denn sonst sein? — Der berühmte Hamburger Gröger hat mich derzeit als Braut gemalt; mein Gemahl zahlte ihm später sechshundert Ducaten für die beiden Bilder.‘

„Es war freilich eine müßige Frage, die ich gethan hatte,

aber ich war im Innersten verwirrt; seltsame Gedanken umschwirrten mich: als hätte ich möglicherweise nicht ich selber, als hätte ich der Enkel jener schönen Bacchantin sein können. Die Welt der Erscheinungen fing mir an zu schwanken; die Alte an meiner Seite flößte mir fast Grauen ein.

„Aber ich wollte noch größere Gewißheit haben. ‚Waren Sie je in Antwerpen?‘ fragte ich.

— ‚‚In Antwerpen!‘ — Sie schien das Unvermittelte meiner Frage nicht zu fühlen; die alten Augen wurden noch greller als zuvor; mit beiden Händen auf der Krücke und vor Erregung mit dem Kopfe zitternd, stand sie vor mir. ‚Ob ich in Antwerpen gewesen bin? — — In der höchsten Blüthe meiner Schönheit! — Mein Vater führte eins der größten Kauffahrteischiffe dieser Handelsstadt; er nahm mich mit dahin, sechs Wochen lang verweilten wir dort im Hafen. Ob ich in Antwerpen gewesen bin!‘

„Die Alte begann an ihrem Stabe in dem öden Saale auf und ab zu wandern, immer eifriger dabei erzählend: ‚Es war derzeit ein außerordentliches Leben dort; eine russische Flotille lag auf der Rhede, die Officiere gaben Bälle auf den breiten Orlogschiffen; und gar bald hatten sie denn auch entdeckt, daß am Bord meines Vaters sich eine Schönheit ersten Ranges befinde, wie sie dieselbe unter den niederländischen Juffruwen auch mit der schärfsten Brille nicht hätten entdecken können. Bald war ich zu allen Bällen eingeladen — ich war die Königin des Festes!‘

„Sie stieß heftig mit ihrem Stock auf den Fußboden, daß die Glasbehänge der Kronleuchter an einander klirrten. ‚In einem mit farbigen Wimpeln und Bändern geschmückten Boote wurde ich von meines Vaters Schiff geholt! Unter den russischen Officieren war ein griechischer Prinz; Constantin Paläologus hieß er, der letzte Sprosse der alten byzantinischen Kaiserfamilie; — er ließ es sich nicht nehmen, mich selbst auf seinen Armen von Bord zu heben und

mich sanft auf den seidenen Polstersitz des Bootes nieder=
zulassen. Nur in französischer Sprache konnten wir uns
unterhalten: »Rose du Nord!« sagte er, indem er schmach=
tend zu mir aufblickte, und breitete mit eigenen Händen einen
kostbaren Teppich unter meine Füße. — O mein Herr
Stadtsecretär!' — sie schnarrte das Wort noch schärfer her=
aus als sonst — ‚wie damals das Meer und meine schwar=
zen Augen glänzten! Sie lagen Alle zu meinen Füßen; Alle!
Der Prinz, die Officiere, die Söhne der großen deutschen
Handelshäuser, welche damals auf den Comptoren dort ihre
Ausbildung erhielten, und von denen die vornehmsten auch
zu diesen Bällen eingeladen wurden. — — Ich habe sie
Alle fortgestoßen, Alle! — Und das freut mich noch!'

„Sie focht mit dem Stocke durch die Luft, daß der Sol=
datenmantel von ihrer Schulter glitt und sie nun in ihrer
ganzen dürren Winzigkeit vor mir stand. In dem langen
Spiegel drüben, wie in der Ferne, sah ich noch einmal eine
solche Gestalt und mich an ihrer Seite stehen; noch einen
zweiten Saal mit dem verblichenen Säulenmuster, den steifen
Sophas und mit den großen Glaskronen, deren Krystall=
behänge vergebens unter dem Staube zu glitzern suchten,
womit still, aber emsig die Zeit sie überzogen hatte. Mir
war, als befinde ich mich in einer gespenstischen Welt, deren
Wirklichkeit seit lange schon versunken sei.

„Als ich den Mantel aufgehoben und ihn der Alten
wieder unter dem Kinn zugeknöpft hatte, sah sie mich lange
schweigend an. Die runzeligen Wangen waren geröthet,
aber dennoch sah sie erschreckend verfallen aus; und jetzt
sagte sie mit einer so milden Stimme, daß ich sie dieser
Menschenmumie nicht zugetraut hätte: ‚Wissen Sie, mein
Lieber, warum ich Ihnen mein Vertrauen schenkte? Gleich,
da ich Sie sah — Ihnen allein von allen Menschen? — —
Sie haben eine Ähnlichkeit,' fuhr sie fort, als sie keine
Antwort von mir erhielt, ‚eine Ähnlichkeit! — — Unter

den jungen deutschen Kaufleuten war Einer; ich kannte ihn seit lange! — Junger Mann, haben Sie es schon erlebt, daß ein Menschenkind mit sehenden Augen sein bestes Glück mit Füßen von sich stieß? — War er nicht schön? — Ja, er war schön wie ein Johannes! — War er nicht reich? — Freilich, der da hatte mehr!' und sie wies mit dem Stabe auf das Seitenstück ihres Jugendbildes.

„‚Es ist das Bild Ihres seligen Mannes?' fragte ich dazwischen.

„‚Selig?' — Sie lachte grimmig in sich hinein; dann fuhr sie in ihrem Frage= und Antwortespiele fort: ‚Und war er nicht auch gut?' Sie lachte wieder. ‚Ja, ja, er war auch gut; aber da lag es! Ich glaube, ich konnte es nicht leiden, daß er gar so gut war! — — Und er hat mich geliebt, der arme Narr; ich weiß, er ließ sich heimlich eine Copie von meinem Bilde machen und ging dann in die weite Welt. — — Vorbei, längst vorbei!' murmelte sie leise in sich hinein und begann wieder auf und ab zu wandern.

„Plötzlich blieb sie stehen. ‚Wenn ich wüßte, ob er noch am Leben sei oder seine Kinder oder seine Enkel!' Sie ließ den Krückstock fallen und faltete wie betend ihre Hände; ich sah, wie die ganze Gestalt der kleinen Greisin bebte.

„Ein namenloses Mitleid befiel mich, und schon öffnete ich die Lippen, um ihr zuzurufen: ich bringe dir den Gruß deiner Jugendliebe, ich bin seines Blutes, du sollst nicht ster= ben in der Verlassenheit des Hasses!

„Da setzte sie hinzu: ‚Wenn ich es wüßte, ich würde auch das schöne Lärvchen laufen lassen! Sie, keine Ande= ren sollten meine Erben sein!'

„Das verschloß mir den Mund.

„Sie nannte mir den Familiennamen meines Großvaters. — „‚Ich habe ihn nie gehört,' sagte ich.

„Die Greisin seufzte. Sie sah sich noch einmal in dem Saale um. ‚Es ist Alles vorzüglich wohlerhalten!' sprach sie dann wieder in ihrer alten hochtrabenden Weise; ‚machen wir das Testament in Ordnung! — Aber, mein Lieber, keine fremden Leute mir ins Haus! Der Mann der alten Brotfrau und ihr Enkelsohn können Zeugen sein; die sind dumm genug dazu!'

„Sie nahm den Krückstock, den ich ihr aufgehoben hatte, und hing sich wieder an meinen Arm; aber sie umklammerte mich jetzt, als fürchte sie zu fallen, und da ich zu ihr hinabblickte, starrte eine wahre Todtenmaske mir entgegen: die einstmals schöne Nase stand scharf und hippokratisch zwischen den großen grellen Augen.

„Ich erschrak und suchte sie nochmals zu bewegen, sich einem Arzte anzuvertrauen: aber sie schüttelte nur den Kopf, obgleich ihre Kinnbacken wie im Fieber an einander schlugen. ‚Die Ähnlichkeit!' hörte ich sie nochmals vor sich hin murmeln; ‚o, die Ähnlichkeit!'

„Sie war so schwach, daß ich sie die Treppe fast hinuntertragen mußte; dennoch, als wir unten angelangt waren, schleppte sie sich an die Hausthür, und ich hörte, wie sie hinter mir die Kette einhakte.

— — „Beim Austritt aus dem Hause sah ich unsere junge Freundin Mechtild die Straße herabkommen. Schon verspürte ich eine Neigung, ihr womöglich zu entweichen — denn ich schämte mich etwas meines Jesuitismus zu ihren Gunsten —, als ich in ihrer heiteren Weise von ihr angerufen wurde.

„‚Nun, Herr Stadtsecretär? Sie kommen aus dem Hause meiner Tante?'

„‚Freilich,' erwiderte ich, ‚die, wie Sie sagen, nicht Ihre Tante ist.'

— „‚Was hatten Sie dort zu thun? Am Ende sind Sie es, der mir die große Erbschaft wegfischt!'

„‚Gewiß! Warten Sie nur noch ein paar Tage, da werden sich große Dinge offenbaren.'

— ‚Und Sie glauben wohl, ich werde Ihnen jetzt eine Scene weiblicher Neugierde zum Besten geben! Sie irren sich, Herr Stadtsecretär! Aber' — und sie zeigte mit ihrem Sonnenschirm nach dem finsteren Hause — ‚wenn Sie dort Gewalt haben, reißen Sie doch einmal alle Fenster auf. Die arme alte Frau — das wird ihr wohlthun, wenn diese Frühlingsluft das Haus durchweht!'

„Sie nickte mir zu und ging die Straße hinab.

„Ich sah ihr lange nach und dachte: ‚Komm du nur selbst hinein! Dir wird auf die Länge auch jenes arme alte Herz nicht widerstehen; du selber bist der rechte Frühlingsschein!'

* * *

„‚Das Testament! Die Alte sagte, es habe Eile!' Mit diesem Gedanken war ich am anderen Morgen schon früh an meinem Schreibtisch, um einen möglichst vollständigen Entwurf desselben auszuarbeiten.

„Während ich damit beschäftigt war, brachte meine Frau mir den Kaffee, den ich mir heute nicht Zeit ließ im Familienzimmer einzunehmen.

„‚Du,' sagte sie, ‚es soll die Nacht wieder recht unruhig gewesen sein im Hause links.'

„‚Schön!' erwiderte ich. ‚Nächstens soll es darin auch bei Tage unruhig werden!'

— „‚Nein, ohne Scherz! Die Mägde — ihre Kammer liegt ja nach jener Seite hin — sie haben es klirren hören, als wenn ein schwerer Geldsack auf den Boden fiele.'

„‚Thorheit!' sagte ich und schrieb, ohne aufzusehen, weiter; ‚die Alte hat gar keinen Geldsack mehr im Hause, nur einen Haufen goldener Spielmarken.'

„Da klopfte es.

„Auf mein ‚Herein' reckte sich ein alter Weiberkopf ins Zimmer. ‚Keine Menschenmöglichkeit, bei der Madame Jan=

sen reinzukommen!' sagte die Brotfrau, die jetzt völlig zu uns eintrat. ‚Schon Glock sechsen hab ich mit dem Klopfer aufgeschlagen, daß die Nachbarsleute vor die Thür kamen; es muß absolut was passirt sein, Herr Stadtsecretär!'

„Das machte mich doch von meinem Tische aufspringen, denn das Klopfen hatte ich freilich auch gehört.

„Als wir auf die Straße kamen, war schon ein benachbarter Schlosser mit seinem Werkzeug angelangt. Ich hieß ihn die Hausthür öffnen und, als das geschehen war, die innen vorgelegte Kette durchfeilen. Dann traten wir in das untere Zimmer.

„Es sah noch wüster als gewöhnlich aus. Schränke und Commoden waren von den Wänden abgerückt, das Bettzeug bis auf die unterste Strohmatratze ausgepackt; sogar der große Spiegel, wie beim Auslüpfen verschoben, hing fast quer vor den beiden Fenstern; es mußte hier allerdings recht unruhig zugegangen sein.

„Aber noch mehr des nächtlichen Spukes bestätigte sich: der Fußboden war mit blanken Speciesthalern wie besät; in der Mitte desselben lag der alte Soldatenmantel; ein offener, aber noch halbgefüllter Geldsack ragte daraus hervor, augenscheinlich das Füllhorn, dem diese blinkenden Schätze entrollt waren.

„Eine Weile standen wir, ohne eine Hand zu rühren; dann bückte sich der Schlosser und hob den Mantel auf. Ein kleiner zusammengekrümmter Leichnam lag darunter, die Leiche meiner Nachbarin Madame Sievert Jansen. — Das schöne übermüthige Kind, das einst das Knabenherz des Großvaters mit so unvergänglicher Leidenschaft erfüllt hatte, das lebensprühende Frauenbild, dessen Scheingestalt noch jetzt von der Wand des öden Saales herabblickte — was hier zu meinen Füßen lag, es war der Rest davon.

* *
*

„Was soll ich weiter erzählen! Eine förmliche Haus=
suchung, die nach dem Begräbniß der alten Dame abgehal=
ten wurde, ergab, daß überall, im Keller wie auf den Böden,
hinter Dachsparren und Panelen, noch mancher Jahrgang
ihrer Zinsenernten versteckt lag; nur der rothseidene Beutel
mit den fremden Goldmünzen ist niemals aufgefunden worden.

„Das neue Testament war nicht zu Stande gekommen;
und so ist das bedeutende, wenn auch nicht fürstliche Ver=
mögen, wie vorher bestimmt war, mit drei Vierteln an das
Land= und Seespital gefallen. — Ob die blaunasigen alten
Burschen jetzt alten Jamaika=Rum in ihren Flötenvögeln
haben, bin ich nicht in die Lage gekommen, zu untersuchen;
nur weiß ich, daß sie jetzt in doppelten Reihen auf den
Bänken sitzen und ihren Vogel nach wie vor recht fleißig
aus der Tasche holen.

„Und Mechtild? — Sie hat dennoch ihren Lieutenant
geehelicht, der jetzt sogar ein Oberstlieutenant ist. Da sie
bald nach ihrer Verheirathung unsere Stadt verließ, so ver=
mag ich Näheres über sie nicht zu berichten; hoffen wir
indeß, daß sie auch in ihrem späteren Alter ein wenig höher
geblieben ist als das um sie herum. Mitunter ist ja doch
dergleichen vorgekommen.

„In dem alten Hause spukt es selbstverständlich, zumal
wenn sich die Todesnacht der armen Greisin jährt; dann
hört man sie auf Trepp und Gängen stöhnen, als jammere
sie über die vergrabenen Schätze ihrer Jugend.

„Und daß es noch dergleichen in der Welt giebt" — so
schloß mein Freund seine Erzählung, indem er sich statt der
längst in Rauch aufgegangenen eine neue Cigarre anzündete
— „das und den Dampf einer guten Importirten, Beides
finde ich unter Umständen außerordentlich tröstlich."

John Riew'.

Mein Haus steht auf dem Lande, in einer holzreichen Gegend zwischen einem Kirchdorf und einem kleinen, in breiten Kastanienalleen fast vergrabenen Orte, welcher allmählich um einen Gutshof aufgewachsen ist, von beiden kaum zehn Minuten fern. Fast täglich mache ich nach rechts oder links meinen Spaziergang, und im Frühling und Sommer ergötzt mich dann das Leben, das hier aus den Bauerngehöften, im Orte aus den kleinen Häusern der dort wohnenden Handwerker oder Handelsleute auf den Weg oder in die Vorgärten hinaus bringt; die Kinder des Gutsortes und ich, wir grüßen uns allzeit ganz vertraulich; um Weihnachten aber beehren sie mich von beiden Seiten, sei es als „ruge Klas" oder als „Kasper und Melcher aus dem Morgenland", und sind freundschaftlicher Behandlung sicher.

Deshalb plagte mich ein Haus am Ende des Gutsortes. Ich selber hatte es theilweis bauen sehen, und als ich einmal einige Monate fortgewesen war, stand es bei meiner Heimkehr fertig da; aber so oft ich später daran vorbei ging, es wollte mir nicht vertraut werden, denn in diesem Hause war kein Leben: niemals sah ich einen Menschen dort hinein- oder herausgehen, niemals regte sich etwas hinter den blanken Fenstern, die je zwei zu den Seiten des vertieften Säuleneinganges aus den rothen schwarzgefugten Mauern

auf einen mit dunklen Coniferen vollgepflanzten Vorgarten hinausgingen. Den Einblick wehrten ungewöhnlich hohe Vorsätze von schwarzblauem Drahtgewebe; dahinter sah man schattenartig und regungslos nur die weißen Gardinen herab=
hängen. Alles war sauber und wie unberührt, aber zwi=
schen den gelben Klinkern, von denen ein breiter Fries um das Haus lag, und zwischen den drei Granitstufen der Haus=
treppe trieben die grünen Grasspitzen hervor. Und dennoch sollte das Haus bewohnt sein: ein Auswärtiger — so hörte ich — habe das früher dort gestandene geräumige, aber verfallene Gebäude in Erbgang oder sonstwie erworben und statt dessen durch einen fremden Maurermeister den jetzigen Bau dorthin setzen lassen; ja, nicht er allein, es sollte außer=
dem von einer ältlichen kränkelnden Frau und von einem gar argen zwölfjährigen Buben bewohnt sein; wie aber das Verhältniß der drei Personen zu einander war, darüber wußten die von mir Befragten nicht Bescheid zu geben: die Bewohner schienen nur mit einander zu verkehren.

Von dem Jungen freilich ging bald allerlei Gerede: er sollte aus der Volksschule wegen dort unzähmbaren Wesens fortgewiesen sein und seit einiger Zeit die vornehme Instituts=
schule besuchen, wo die Knaben Französisch und Englisch, sogar Latein und Griechisch lernen konnten; auch hier war er schon ein paar Mal eingesperrt gewesen; dennoch sollte der alte Riewe — diesen bei uns nicht ungewöhnlichen Namen trug der Hausherr — ihn zu seinem Erben ein=
gesetzt haben. Bändigen sollte auch er ihn nicht können; ja, man erzählte, als nach einer neuen Schulstrafe der alte Herr mit liebreicher Ermahnung auf den Knaben eingedrun=
gen sei, habe dieser plötzlich eine freche Geberde nach ihm hingemacht und, aus der Thür rennend, auf Plattdeutsch noch zurückgeschrieen: „Din Geld krieg ick doch, ohl Riew'!"

Ich frug wohl diesen und jenen, woher denn der Mann gekommen sei; die Einen meinten: aus Lübeck, die Anderen:

aus Flensburg oder Hamburg; auch wohl, was er denn sonst getrieben haben möge, und diese machten ihn zu einem Makler, die Anderen zu einem früheren Schiffscapitän. Ich hätte mich bei der Gutsobrigkeit erkundigen können, aber, obgleich die Dinge mich sonderbar interessirten, welche Veranlassung hätte ich zu solch officieller Erkundigung gehabt?

Der hohe, seitwärts von dem Hause fortlaufende und mit einem dichten Dornenzaun besetzte Erdwall begrenzte nach der Straße hin den durch alte Obstbäume verdüsterten Garten, welcher sich nach einer Waldwiese abwärts senkte. Im Sommer freilich war Alles durch den Zaun verdeckt; aber jetzt war es Herbst, die Drosseln fielen in die rothen Beeren, und eine Fülle bunten Laubes war von den Alleebäumen schon auf den Weg gefallen. Als ich eines Spätnachmittags jetzt dort vorüber ging, gewahrte ich eine entblätterte Stelle in dem Zaun und blieb stehen, um einen Blick in das sonst unsichtbare Gartengrundstück hinein zu werfen. Ich hatte mich auf den Fußspitzen erhoben, aber ich erschrak fast: ein blasses und — so erschien es mir — wunderbar schönes Knabenantlitz mit dunkelgelocktem Haupthaar stand dicht vor dem meinen und sah von der anderen Seite mir starr und schweigend entgegen; ich gewahrte noch, daß die großen, gleichfalls dunklen Augen voll von Thränen standen; dann war es verschwunden, und ich hörte langsame Schritte in den Garten hinab.

War das der arge Bube, von dem die Leute redeten? Nachdenklich setzte ich meine Abendwanderung fort, denn das Gesicht, welches ich eben sah, einmal mußte ich es schon gesehen haben, vor fünfzehn oder zwanzig Jahren — aber das ging ja nicht, der Knabe mochte jetzt kaum zwölf zählen.

Noch am Abend dieses Tages hörten wir, in dem neuen rothen Hause liege die alte Haushälterin im Sterben; aber das Haus selbst war am Nachmittage, als ich dort vorbeigegangen, in seiner gewohnten wunderlichen Einsamkeit dagestanden, die Gardinen hatten, wie immer, unbewegt hinter den blauen Vorsätzen gehangen, keinen Laut hatte ich vernommen, selbst der schöne wilde Knabe hinter dem Gartenzaune war mir nur wie ein Gespenst erschienen; auch das Sterben wurde hier ganz still besorgt.

Als ich am anderen Tage mit meiner Frau vorüber ging, sagte ich: „Im neuen Hause hier soll eine zum Sterben liegen; zu leben scheint man nicht darin."

„Dann wird sie schon gestorben sein," erwiderte sie, indem sie durch die Zaunlücke in den Garten wies; „sieh nur, dort unter dem großen Apfelbaum stehen zwei Frauen und reden mit einander; das ist mir hier noch nimmer vorgekommen."

Wir sahen sonst nichts weiter, aber meine Frau hatte recht geschlossen: noch am selben Abend lief es durch das Dorf, die Haushälterin, wie die alte Frau im rothen Haus benannt wurde, habe seit jenem Vormittag ihr Tagewerk auf immer eingestellt. Einige Tage später wurde ein Sarg auf der Landstraße an meinem Hause vorbeigetragen, hinter welchem nur ein weißhaariger Mann mit einem Knaben ging; aber der Zug war, als ich vor die Thür kam, schon zu weit entfernt, das Antlitz der Beiden konnte ich nicht mehr sehen. Mein Nachbar, der zu mir trat, sagte: „Der arme Bursche sah aus wie der Tod selber; es war seine Großmutter, die sie nun bei der Kirche da begraben; seine Mutter soll er nie gekannt haben."

„Der arme Junge!" dachte auch ich; „was wird aus ihm, wird der Alte sich allein nun mit ihm abgeben?"

Als ich mit Frau und Kindern am Nachmittagsthee saß, bei dem goldenen Herbstsonnenschein noch einmal im Freien auf der Terrasse, brach aus dem Armenhausgarten, welcher derzeit mit dem unseren zusammenstieß, ein lautes Schreien und Toben, unterbrochen durch die scharfredende Stimme

des Armenvaters, zu uns herüber, so daß das Gespräch
aufhörte und Alles dorthin horchte. Die schreiende Stimme
kam offenbar von einem Knaben.

„Ich fürchte," sagte lächelnd unser Nachbar, der neben
uns saß, „er wird nicht mit ihm fertig!"

„Mit wem?" frug ich. „Wer ist denn das?"

„Nun, das wissen Sie nicht? Der Junge von dem
Riew'; er ist gleich vom Kirchhof in das Armenhaus ge=
bracht. Er mag sich das wohl nicht gedacht haben; mit
dem Erben ist es auch wohl eitel Wind!"

„Unglaublich! Empörend!" rief meine Frau, während
drüben das Geschrei noch immer fortging.

Der Nachbar zuckte die Achseln. „Ja, du lieber Him=
mel, der Bengel ist ein Ausbund von den schlimmsten; erst
gestern haben sie ihn wieder aus der Institutsschule fort=
gewiesen; was soll der Alte mit ihm aufstellen? Er hat
die Frau nun auch nicht mehr zur Hülfe."

Aber die Frauen an unserem Tische schüttelten gleich=
wohl die Köpfe.

Ob dann der Armenvater endlich das aufgeregte Kind
beruhigt hatte, oder ob die Scene nach einem anderen Theil
des Hauses verlegt war, kann ich nicht sagen; aber der Lärm
hörte auf, und wir sprachen weiter nicht davon.

— — Einige Tage später, da ich von dem Jungen
nichts mehr gemerkt hatte, frug ich über unseren Zaun den
Armenvater, der einige Weiber bei der Arbeit in seinem
Garten überwachte: „Nun, wie geht es mit Ihrem neuen
Alumnen?"

„Wen meinen Sie?" frug der Mann zurück und sah
mich wie unwissend an.

„Wen sollte ich meinen? Natürlich den Riew'schen Jun=
gen; ich weiß nicht seinen Namen."

„O, der! Der sitzt schon längst wieder im warmen
Nest; der beerbt den Alten noch bei lebendigem Leibe. Ich

hätte ihn nur behalten sollen!" fügte er mit einer ent=
sprechenden Handbewegung hinzu.

Ich dachte an das zarte Gesicht des Knaben und sprach
zu mir selber: „Es ist doch besser so."

* *

*

Es war schon in den letzten Tagen des October, als ich
eines Nachmittags wieder an dem Rieweschen Garten ent=
lang ging, wo der Zaun jetzt freie Durchsicht ließ; auch
war dort heute wirklich was zu sehen, denn oben im Geäste
eines großen Birnbaums hing der hübsche Knabe und langte
mit ausgestrecktem Leibe nach ein paar goldgelben Birnen,
die noch an einem fast blätterlosen Zweige hingen. Unter
ihm am Stamm sah ich einen untersetzten Mann, der mir
seinen breiten Rücken zuwandte; nur seinen weißen, seitwärts
abstehenden Backenbart konnte ich außerdem gewahren. „Zum
Teufel, Rick, so komm herunter!" rief er; „das ist kein
Mastkorb, worin du arbeitest!"

„Wart nur, Ohm!" erwiderte der Knabe; „ich krieg sie
gleich, die allerletzten sollen doch nicht sitzen bleiben!" und
er reckte sich stöhnend noch ein Stückchen weiter.

„By Jove! Du brichst dir um zwei Birnen noch das
Genick!" Und der Alte griff in die Tasche und schien ihm
eine kleine Münze hinzuhalten. „Komm herunter und kauf
dir welche! Der Schuster hat dieselben."

Der Junge aber hörte nicht danach; er suchte droben
den Zweig, woran die Birnen saßen, zu sich heranzubiegen.
Ich stand in plötzlichem Besinnen; auch die alte Stimme
war mir bekannt. Eine untersetzte grauhaarige Gestalt aus
meinen Hamburger Schülerjahren tauchte vor mir auf, da=
neben ein Kinder=, ein Mädchenangesicht. „Wenn er es
wäre!" dachte ich bei mir selber; „und Riewe heißt er, viel=
leicht John Riew'!"

Da hörte ich einen Krach, und als ich aufblickte, sah ich es vor mir durch die Luft zur Erde fahren; ein gebrochener Ast baumelte oben von dem Baum herab; es war kein Zweifel, der Junge war herabgestürzt. „Man hat noch den Tod von dir!" schrie der Alte. „Sind denn die Planken heil geblieben?" Und gleichzeitig hatte er sich gebückt und wollte dem Jungen auf die Beine helfen.

Der aber war schon aufgesprungen. „Thut nichts!" sagte er, sich zuckend seine Hüfte reibend. „Unkraut vergeht nicht, Ohm!"

Der Alte brummte etwas, das ich nicht mehr verstand, denn ich fürchtete, auf meinem Platz entdeckt zu werden, und hatte deshalb meine Wanderung fortgesetzt. Aber sein Gesicht war mir zugewandt gewesen, und ich wußte nun, es war mein alter Capitän John Riew', der sich dies Haus gebaut hatte. Noch jetzt blühten ihm seine guten rothen Wangen, nur Bart und Haare waren weiß geworden; denn wohl achtzehn Jahre mochten verflossen sein, seitdem wir uns zuletzt gesehen hatten. Damals aber — es war zur Zeit meiner Selectanerschaft auf dem Johanneum zu Hamburg — hatten wir fast täglich uns gesehen; denn dort, unweit des nun verschwundenen Kaiserhofes, an dessen reich ornamentirter Fassade mein Schulweg mich vorüber führte, wohnten wir beide als einzige Miether in einem zweistöckigen Häuschen, das zwischen himmelhohen Speichern aus alter Zeit zurückgeblieben war. Unsere Wirthin war eine Schifferwittwe, deren trunkfälliger Mann im Rausch durch einen Unfall sein Leben verloren und seiner Frau wohl kaum Anderes als den kleinen Fachbau hinterlassen hatte, in welchem ich eine Stube unten neben der Hausthür inne hatte. John Riewe, damals schon ein ergrauter Mann, bewohnte oben die einzige Etage; und so eines Sommerabends, auf der Bank vor der Hausthür, hatten wir Bekanntschaft gemacht. Er war lange als Capitän zur See gefahren; nach

Rio, Hongkong, auch weniger fern nach Lissabon und London; kurz, er hatte mehr gesehen als wir studirten Leute und wußte davon zu erzählen. Endlich war er seemüde und dann hier Makler geworden. „Es ist commoder," sagte er, „den Sturm vom Bette aus zu hören."

Unsere Wirthin war eine einfältige Person: er mußte ihr in Allem Rath ertheilen, ja es war, als habe sie Alles auf ihn abgeladen; ich weiß nicht, weshalb er sich so von ihr plagen ließ. Das Beste an der Frau war jedenfalls ihre zwölfjährige Tochter Anna; braun, feingliedrig, mit dunklem Haar und, o, mit welchen Augen! Es war etwas Begehrliches in dem Mädchen; aber Alles, was sie that, und mochte sie in einen Apfel beißen, geschah mit einer Art von froher Anmuth. Wie jetzt mit dem Jungen, so hatte der Capitän es damals mit dem Mädchen: er wußte selbst nicht, was er dem verzogenen Ding zu Willen thun sollte; er kaufte ihr seidene Schürzen und rothe Tüchelchen, mit denen sie dann auch sogleich erschien; er stopfte ihr Marzipan und gebrannte Mandeln in die Taschen, und wenn sie vergnügt zu schmausen anfing, dann lachte er über sein ganzes gutes Angesicht. „Nicht wahr, schlecken und dich putzen," sagte er und schüttelte das hübsche Ding an beiden Schultern, „das möchtest du wohl dein Leben lang; aber wart nur, Rackerchen, es wird noch anders kommen!" Und sie sah mit lachenden Augen zu ihm auf und nickte nur, denn sie hatte ihr Mäulchen noch voll von seinem Futter. „Naschkatze du!" rief dann der Capitän und schaute, die Hände in den Taschen, ihr voll Vergnügen zu.

Auch ins Theater, als einmal ein Zauberstück gegeben wurde, hatte er sie mitgenommen. Dort aber hatte sie nur auf die silbernen Sternen- und Meernixenkleider gesehen, wenn auch sonst die glänzendsten Helden über die Bühne schritten; sie hatte nur davon geredet und ihn immerfort gezupft und angestoßen und zuletzt gesagt, wenn sie groß wäre, wolle sie auch Komödiantin werden und solche Kleider tragen. John Riew' war in Todesangst gerathen: „Daß du dich nicht unterstehst!" hatte er so laut gerufen, daß das ganze Parterre die Köpfe nach ihm umgewandt; „weißt du wohl, wenn sie todt sind, die kommen Alle in die Hölle!" Seitdem hatte er sie nicht mehr in die Komödie gebracht.

Auf sein Zimmer aber kam das Kind mehrmals am Tage; denn die Mutter hatte es so eingerichtet, daß sie selber mich, ihre Tochter aber, wenigstens außerhalb der Schulzeit, den Capitän bediente. Es ist mir wohl später eingefallen, daß dies, bei aller Ehrenhaftigkeit des Mannes, auch kein Zeugniß für die Verständigkeit der Frau gewesen sei; denn die Herzensgüte unseres Capitäns war doch mitunter derart, daß sie mehr zu einem handfesten Schiffsjungen, so zwischen See und Sturm, als zu einem zierlichen halbgewachsenen Mädchen passen mochte.

Als wir eines kalten Octoberabends wieder einmal plaudernd auf der Straßenbank saßen, fuhr der Nordwest uns endlich so eisig in den Nacken, daß er mich einlud, mit ihm in seine Cabine hinaufzusteigen, wo wir behaglicher unser Gespinnst abwickeln könnten. Ich hatte nichts dagegen und saß dort kaum in einem guten Polsterstuhl, den er mir hingeschoben hatte, als ich ihn auch schon, die Hand am Schlüssel, vor einem Wandschränkchen stehen sah. „Nun, Nachbar," rief er, „wir müssen, deucht mir, ein Quantum heizen! Rum oder Cognak? Für Prima=Qualität wird garantirt."

Von den Schätzen dieses Schrankes hatte ich schon gehört: „Das wird Ihnen überlassen, Capitän!" rief ich.

„Also Rum!" erwiderte er. Dann schloß er auf, und nachdem er an der Klingelschnur gerissen hatte, stellte er eine Flasche und zwei tüchtige Glashumpen auf ein daneben stehendes Tischchen.

Nach einer Weile flog ein leichter Schritt die Treppe

herauf, und Anna trat mit einem Kesselchen voll heißen Wassers in die Stube; sie nickte uns vertraulich zu, entzündete dann die auf dem Tisch stehende Spirituslampe und setzte den Kessel darüber.

„Nachbar," flüsterte der Capitän, „was sagt Ihr zu meinem kleinen Maat?"

Der kleine Maat aber stand, die Hände in den Schoß gefaltet, und neigte das dunkle Köpfchen nach dem Kessel. Als er zu sausen anhub, wandte sie sich und wollte gehen.

„Oho!" rief der Capitän, „du meinst wohl, wir sollen uns unser Glas heut selber machen!"

Sie blieb stehen, schüttelte den Kopf und wurde purpurroth. Dann aber ging sie lautlos nach dem Schrank, hob ihre schmächtige Gestalt auf den Zehen und holte vom obersten Bord eine Schale mit Zucker herab.

„So recht, Anna!" rief der Capitän. „Nun zeige, was du von mir gelernt hast!"

Und das feine Ding nickte wieder ein paar Mal, nur so in den Schrank hinein, aber doch, als sollt es heißen: „Ohne Sorge; soll schon werden!" Dann begann sie die drei Elemente sorgsam zu mischen, schaute auch einmal durch das Glas, indem sie es mit dem etwas hageren Ärmchen gegen die jetzt über unserem Tische brennende Ampel hielt, und goß noch ein paar Feuertropfen in dasselbe, ohne aber vorher weder mit noch ohne Löffelchen daraus gekostet zu haben.

„Wenn's gefällig ist!" sagte sie dann, indem sie uns die Gläser auf einem Tablettchen darbot.

Ich nahm das meine, und schon an dem Dufte merkte ich, es war ein steifes Seemannsglas. Der Capitän aber, als sie zu ihm trat, legte beide Arme vor sich auf den Tisch. „Nun?" sagte er und sah lachend unsere kleine Schenkin an; „ich muß wohl heut um Alles betteln gehen!"

Sie stand einen Augenblick wie verlegen.

„Oder scheust du dich vor unserem jungen Herrn?" fügte der Capitän hinzu.

Da hob sie das Glas an ihre Lippen. „Wohl bekomm's!" sagte sie leise; dann trank sie, und es schien mir, daß sie mit Behagen trinke.

„Halt, halt, Jüngferlein!" rief der Alte lachend; „ei, seht doch, schickt sich das für ein so zartes Manntje?" Aber schon hatte sie das Glas vor ihn auf den Tisch gesetzt, und wir hörten, wie sie draußen wiederum die Treppe hinunterflog.

„Eine Wetterhexe!" sagte der Capitän; „wenn die ein Junge wäre, mit dem ginge ich noch einmal auf die alten Planken!"

Ich aber weiß noch sehr wohl, wie ich ihn um sein Glas beneidete, an dem der süße Mädchenmund geruht hatte.

— — Wie eine Bilderreihe zog das Alles jetzt an mir vorüber; plötzlich aber stolperte ich, mein Stock flog mir aus der Hand und ich sammelte mich geduldig vom Erdboden auf; denn ich war mitten im Walde, der mir soeben seine dicken Buchenwurzeln vor die Füße gestreckt hatte. Langsam kehrte ich um und ging nach Hause, doch die Gedanken wollten mich nicht lassen. Das anmuthige Kind, von dem ich später nie wieder etwas gehört hatte, sie mochte jetzt etwa dreißig Jahre zählen — was war aus ihr geworden?

*   *
*

Es ließ mir doch keine Ruhe: wie kam der Capitän hierher? Was war das mit dem Jungen?

Tags darauf ließ ich den Abend herankommen; es mochte schon neun Uhr sein, als ich vor dem rothen Hause stand. Alles war dunkel, aber eben vorher hatte ich von der Hinterseite aus einen Lichtschein auf den kahlen Gartenbüschen wahrgenommen. Ich drückte die Hausthür auf, an der keine

Glocke läutete, und stand in einem dunklen Flur, in den jedoch, scheinbar durch das Schlüsselloch der Thür einer Hinterstube, ein schmaler Lichtstreifen hineindrang. Es rührte sich aber nichts im Hause, und ich tastete weiter, bis ich mit den Händen an die Thür stieß.

„Herein! Wer ist da?" rief es drinnen, als ich eben eintrat.

Der Capitän saß neben einer Lampe an dem Sophatische und las in einer großen Zeitung, die ich später als den „Hamburger Correspondenten" erkannte — außer ihm war nur der schöne Knabe in dem Zimmer; er stand mit einem brennenden Lichte vor dem Spiegel und schnitt Gesichter, die er einigen Fratzen im Kladderadatsch nachzumachen schien; wenigstens lag auf dem Spiegeltischchen ein Exemplar davon.

„Guten Abend, Capitän!" sagte ich kräftig; „da Sie nicht zu mir gekommen sind, so haben Sie wohl nichts dagegen, daß ich Ihnen meinen Antrittsbesuch mache?"

Er war aufgestanden, während der Junge seine Unterhaltung mit unbekümmerter Geschäftigkeit fortsetzte, und ich konnte den Alten im Schein der Lampe ungestört betrachten. An Haar und Bart sah man freilich, es war Winter geworden; aber seine Wangen blühten noch immer, und die guten Augen darüber sahen mich wie einstens hell und freundlich an. Ich wollte reden; aber er legte seine Hand schwer auf meine Schulter. „Halt! — Halt!" sagte er. „Ich werfe Anker! Hamburg — beim Kaiserhof — das Häuschen — meine Cabine! Alle Millionen Windrosen, Herr Nachbar, und Sie wohnen hier?"

„Ja, ja, Capitän; und Sie wohnen hier?"

„Ei, freilich," rief er lachend, „und so wohnen wir alle Beide hier! Rick!" und er wandte sich zu dem Knaben, „zünde die Spritflamme an und nimm eine Flasche aus dem Schränkchen! — Junge, hörst du denn nicht!"

„Ja, Ohm, ich höre ja schon!" rief der Knabe, setzte den Leuchter auf das Spiegeltischchen, daß das Licht aus der Röhre sprang, und vollbrachte dann das aufgetragene Geschäft. Meine Augen folgten ihm, und mit Verwunderung sah ich hier im neuen Hause ein gleiches Schränkchen wie in der Hamburger Baracke.

Der Capitän hatte indessen mein Gesicht gemustert, als wolle er die Züge des einstigen Gymnasiasten herausstudiren. „Sie also sind der Doctor, der sich das große Haus dort auf der Höhe gebaut hat?"

„Ja freilich, Capitän; und was für Abenteuerlichkeiten habe ich nicht hinter Ihrem stillen Neubau wittern müssen, aber freilich ..." meine Augen fielen auf den Knaben, und ich schwieg.

Er hatte eben den kochenden Kessel nebst Flasche, Gläsern, und was sonst nöthig war, vor uns hingestellt. „Dank, mein Junge," sagte der Alte. „Aber nun geh mit deinem Licht in deine Koje; es ist Kinderbettzeit."

Aber der Junge fiel ihm um den Hals und flüsterte ihm eifrig bittend in das Ohr.

„Nein, nein, Rick, heute nicht," sagte der Alte; „der Herr kommt schon mal wieder, und früher als die Hühner auf die Wiemen müssen."

„Doch! doch!" rief der Knabe. „Ohm! Alter John, nur eine Viertelstunde!" Und er würgte ihn fast mit seinen Armen.

Da riß der Alte ihn heftig von sich und hielt ihn, nach des Knaben Gesicht zu urtheilen, nicht eben sanft an beiden Handgelenken vor sich. „Calculire," sagte er im ruhigen Commandoton, „du gehst jetzt augenblicklich in deine Koje!" Dann ließ er ihn los, und der Knabe nahm, ohne ein Wort zu sagen oder uns nur anzusehen, sein Licht und ging zur Thür hinaus; ich hörte, wie er eine Treppe nach dem Oberhaus hinaufstieg.

John Riew' zog jetzt die Gläser an sich und begann den heißen Trank für uns zu mischen; als er aber die Flasche aufgezogen hatte, spürte ich an dem Duft, daß es Madeira oder Xeres sei, welchen er hineingoß. „Ei was, Capitän," sagte ich; „Sie trinken ja wie ich! Hat der Jamaika Sie jetzt verlassen?"

„Ich trinke ihn nicht mehr," erwiderte er ernst; „doch wenn's Ihnen lieber, es wird noch eine alte Flasche da sein."

„Ich danke, es ist mir so eben recht. Aber Sie? Vertragen Sie ihn nicht mehr? Sie sehen doch aus, als hätten Sie zeitlebens zusammenhalten müssen!"

„Es wäre auch sonst wohl so gewesen; aber — seit der Junge da geboren, haben wir uns geschieden. Doch — Sie schwiegen vorhin; jetzt ist frei Wasser; wonach wollten Sie denn fragen?"

„Nun, Capitän, zunächst freilich nach dem Jungen! Waren Sie inzwischen verheirathet? Sind Sie Wittwer? Ist der Junge Ihr eigen, oder wo haben Sie ihn aufgelesen? Und wie kommen Sie dazu, sich hier auf dem völlig trockenen Lande anzubauen?"

„Holla!" rief er dazwischen, „nun ist's genug für einmal! Aber Sie erlebten mit mir den Anfang, so mögen Sie auch das Ende wissen!"

„Wenn ein Mensch zu viel Tugenden hat" — so begann er sein Gespinnst, indem er mir eins der dampfenden Gläser zuschob — „dann ist der Teufel allemal dahinter."

Ich mochte wohl gelacht haben. „Nein, Nachbar," fuhr er fort, „das ist die simple Wahrheit; es ist gegen die Natur des unvollkommenen Menschen, den unser Herrgott nun einmal so geschaffen hat; denn irgendwo in unserem Blute sitzt es doch, und je dicker er mit Tugenden zugedeckt wird, desto eifriger bemüht er sich, die Hörner in die Höh zu kriegen. Ich hatte so einen Freund, Nick Geyers hieß der Junge, und wir fuhren auf einem Schiff; glaubt nicht,

daß er ein Duckmäuser war, nein, im Gegentheil ein wilder
Kerl, aber dabei ein wahres Nest von Tugenden: seine halbe
Heuer, so lange sie noch lebte, schickte er an seine Mutter,
und saß und schrieb an sie, während wir an den festen Wall
gingen und unseren Thalern Flügel machten. Hatte ein
armer Teufel Unheil angerichtet, Rick wollte an Allem
schuld sein; aber man glaubte ihm zuletzt nicht mehr,
denn er verstand fast ohne Wind zu segeln, unser groß=
mäuliger Capitän ging selbst bei ihm zu Rathhaus; und
dabei war er ein halb Dutzend Jahre kürzer auf der Welt
als ich. Vor den Weibern, wenn er einmal mit uns ande=
ren an Land war, konnte er sich kaum bergen; in Hongkong,
da ist eine Gasse — freilich ehrbare Leute sollten dort nicht
hin kommen — Ihr hättet nur sehen sollen, als wir einmal
mit ihm hindurch gingen, wie das niedliche schlitzäugige Ge=
sindel um ihn herum war! Rick Geyers aber sah mit sei=
nen großen braunen Augen über sie weg, und wenn sie zu
dicht an ihn herantänzelten und ihre Locktöne machten, dann
räumte er sie schweigend wie eine Schar von Ungeziefer mit
den Armen von sich. Die Dirnchen — denn sie sind zart
und gelenkig — schlenkerten ihre feinen Händchen gegen ihn
und flogen mit Angstgekreisch an ihre Hausthüren, wo sie
ihm wieder mit den Fingern winkten; uns Andere plagte,
by Jove, die Eifersucht. Rick aber ging stumm und zornig
neben uns: ‚Ein ander Mal, wenn ich bitten darf, gehen
wir nicht durch die Menagerie hier!‘ sagte er, als wir hin=
durch waren.

„Und so dauerte es denn nicht lange, und er war Ca=
pitän, als ich noch das Rad am Steuer drehen mußte.
Aber Freunde blieben wir auf Noth und Tod, und der
Wind wechselte nicht allzu oft, da hatte ich auch mein
Schiff; aber trafen wir uns am Wall, so waren wir gleich
beisammen.

„Nun fand sich derzeit in Hamburg bei einer vornehmen

alten Senatorstochter eine Art Mamsell, so gegen die Dreißig schon: Riekchen hieß sie und war ehrlich und zuverlässig, allzeit wie mit eben geplätteten Kleidern angezogen und, ganz egal, mit einer gelbblonden langen Locke hinter jedem Ohr. Sie konnte kochen und braten, sagte nie ein Wort entgegen und hatte niemals eine Meinung; die alte Dame behauptete, es gäbe auf der Welt keinen Mann für diese Perle, und wirklich, es begehrte sie auch keiner.

„Und das war das Schicksal, für Rick Geyers mein ich; denn in dieses Unmuster von Tugend mußte der unselige Junge sich vergaffen, und noch mehr, er wollte sie heirathen und kaufte sich sogleich zum Schauplatz seines Eheglückes die Baracke, wo wir Beide, Herr Nachbar, später einst gewohnt haben. Nun, Sie haben ja das Riekchen selbst noch gekannt. — Ich packte den Rick eines Tages unter den Arm, ging mit ihm durch die Stadt und dann nach dem Stintfang hinauf, wo unten im Hafen seine stolze Brigg lag und die roth und weißen Wimpel im leichten Morgenwinde wehten. ‚Rick! Rick!‘ sagte ich, ‚besinne dich doch! Du bist verblendet, bete vierundzwanzig Vaterunser, und es wird vorübergehen! Was willst du das einfältige Tugendmensch heirathen? du hast ja selbst die volle Ladung davon; unter so viel Tugend geht dein Schiff zu Grunde! Kann's nicht anders sein, so nimm dir eine schmucke wilde Katz, an der du deine Plage und doch auch dein Vergnügen hast! Was meinst du, Rick?‘

„Aber er lüpfte nur den Hut, daß die Luft durch seine braunen Locken ging, und sah mich lachend aus seinen hellen Augen an. ‚Dank für deine Weisheit, John,‘ sagte er; ‚aber was Einer muß, das kann nur Einer wissen.‘

„Da sah ich wohl, daß er weitab von aller Vernunft sei, und so hat er die Perle Riekchen zu seinem Unheil dann geheirathet. Aber ich sage Ihnen, Nachbar, auch derzeit, da sie jünger war — zehn Jahre auf einer Robinson-Insel!"

und der Capitän spreizte abwehrend seine Hände vor sich. „Doch," rief er dann wieder, „das Getränk nicht zu vergessen! God bless you, Sir!"

— — Schon einige Mal hatte ich ein Rühren an der Thürklinke vernommen; jetzt, während wir mit den Gläsern anklirrten und tranken, sah ich, daß die Thür, der ich zugewandt saß, um einen schmalen Spalt geöffnet wurde.

„Capitän," sagte ich, „es ist Jemand vor der Stube." Er wandte sich: „Das ist Rick!" sagte er. „Junge, warum schläfst du nicht?"

Aber die Thür öffnete sich weiter. „So komm herein," rief er, „wenn du was auf dem Herzen hast!"

„Ich kann nicht," kam es von der Thür; und ich gewahrte jetzt freilich, daß der arme Schelm barfuß und im blanken Hemde draußen stand.

Da stieß der Alte einen Seufzer aus, erhob sich und schritt nach der Thür: „Nun, Rick, was willst du denn?"

„Ohm," sagte der Knabe leise und vor Kälte zitternd, doch so, daß ich's verstehen konnte, „ich hab dir ja noch gar nicht gute Nacht gesagt!"

„Und deshalb konntest du nicht schlafen?"

Ich glaubte nur zu sehen, wie Rick stillschweigend mit dem Kopfe schüttelte. Und der Alte gab ihm einen herzhaften Schmatz: „Gute Nacht, mein Kind! Aber nun schlaf und bitt vorher unseren Herrgott, daß er dein weiches Herz allzeit bei deinem harten Kopfe lasse!"

Da hörte ich, wie der Knabe behend die Treppen hinauflief; der Alte aber setzte sich langsam wieder an seinen Platz. Wir saßen eine Weile schweigend. „So ist er immer," sagte er dann; „der Grund ist gut; ich dacht schon, daß er kommen würde."

„Und doch," erwiderte ich — ich konnte es nicht zurückhalten — „haben Sie ihn neulich recht hart behandelt, Capitän!"

Er blickte mich an: „Sie meinen das mit dem Armen=
hause! Ja, ja, es mag auch so aussehen; aber er mußt
einmal erfahren, wohin er ohne mich gerathen würde." Er
trank einen Schluck und starrte vor sich hin. „Doch," hub
er wieder an, „ich wollte Ihnen von meinem alten Rick
erzählen; der Junge ist ja noch gar nicht auf der Welt."
Da fiel's mir bei, ich frug: „Ist er der Sohn von Ihrem
Freunde? Ich mein, es war doch nur das Mädchen da?"

„Geduld, Nachbar," sagte der Capitän und legte seine
Hand auf meinen Arm; „der Junge wird, leider, auch ge=
boren werden; Ihr sollt Alles noch erfahren! Also — wie
in den ersten Ehejahren von Rick Geyers der Seegang ge=
wesen ist, das weiß ich nicht, denn ich war überall, nur
nicht in Hamburg. Dann aber, in einem Junimonat, kam
ich wieder heim und hörte, auch Rick sei dort, er habe Ha=
varie gehabt; sein Schiff liege auf der Werfte, er selber
warte in seinem Hause die Zeit ab. Wer war fröhlicher
als ich! Ich konnt es nicht erwarten, bis ich bei ihm war.
Als ich die Thür seiner Baracke aufstieß, by Jove, da stan=
den die beiden Tugendmenschen schon auf dem Flur; aber
freilich, allzu lustig sahen sie nicht aus. Einen Augenblick
noch, dann fiel Rick mir um den Hals: ‚Hurrah for John!'
rief er; ‚gieb ihm die Hand, Rickchen!' und mit einem wun=
derlichen Blick auf seine Frau: ‚Aber, nicht wahr, verteufelt
elend sieht der Capitän doch aus?'

„Ich glaubte, er sei toll geworden, denn ich platzte der=
zeit vor Gesundheit.

„‚Meinst du, Rick?' sagte die Frau und nickte mir halb=
traurig zu; ‚ja, so rothe Backen sind auch oft nicht von den
besten.'

„‚So? — Meinst du?' rief Rick ingrimmig. ‚Ich meine
das nicht. Sieht er nicht aus wie ein Berserker?'

„Die Frau gab mir die Hand: ‚Freuen wir uns,' sagte
sie, ‚daß Sie so gesund wieder aus Land gekommen sind!'

„Ich dankte ihr; Rick aber warf seine kurze Pfeife, die er in der Hand hielt, gegen die Wand, daß der Porzellan=kopf in hundert Stücken über die Fliesen flog, und ich hörte, wie er mit den Zähnen knirschte.

‚O Rick!‘ rief die Frau; ‚der schöne Pfeifenkopf; das hättest du nicht thun sollen!‘

‚Endlich! Danke, Rieckchen!‘ sagte er, und ich sah, wie er ihr voll Hohn die Hand preßte; ‚aber freilich, Scherben müssen erst gemacht werden!‘

„Dann gingen wir in die Wohnstube, während das Weib, als wäre nichts geschehen, die Porzellanbrocken auf dem Flur zusammensuchte.

‚Nimm dich in Acht, Rick,‘ sagte ich, ‚daß dein Teufel nicht die Hörner hoch kriegt!‘

„Aber er stieß ein Lachen aus, so fröhlich, als hätt ich ihn nur mit dem Kinder=Bußemann erschrecken wollen. ‚Komm,‘ sagte er und zog mich in die Schlafstube nebenan, ‚du weißt noch nicht, daß ich einen Engel in der Wirth=schaft habe!‘

„Wir waren an sein Ehebett getreten, von dem er jetzt das schwere Deckbett zurückschlug. ‚Nun, John Riewe?‘ rief er triumphirend.

„Und freilich, da lag — ich dacht im selben Augenblick: ein Engel, aber es war doch nur ein schönes Kind, im tie=fen Schlaf; ein Mädchen von kaum zwei Jahren wohl. Die eine Wange hatte es gegen sein Fäustlein gedrückt, über das die braunen Haare fielen; es war fast nackt, denn das Hemdlein hatte sich über die Brust hinaufgeschoben, und es glühte gleich einem Christkind wie von innerem Rosenlichte.

‚Nun, John?‘ sagte Rick wieder, ‚du schweigst? Ja, Alter, dem müssen alle Teufel weichen!‘

„Und mit demselben schlug das Kind seine dunklen Augen auf, und die Ärmchen nach dem Vater streckend, rief es: ‚Papa, mein Papa!‘

„Da riß Rick es ungestüm aus den Kissen und preßte das schöne Ding an sein Herz und küßte es vielmal und flüsterte ihm heimliche Worte in sein Ohr, so leise, daß ich nichts davon verstand. Ich sah es wohl, sein Herz war voll, und was er seinem Weib nicht geben konnte, das verschwendete er an das unvernünftige kleine Wesen.

„Und doch, Nachbar, in späteren Jahren, und auch jetzt noch kommt es mir oftmals, es habe derzeit das Kind ihn dennoch wohl verstanden und sei nichts davon verloren gegangen.

— — „Am anderen Tage kam ich nach dem Abendbrote zu ihm. Er saß am Stubenfenster mit untergeschlagenen Armen und schaute auf die enge stille Gasse; das Riekchen hatte ich bei meinem Eintritt in der Küche rumoren hören.

„‚Nun, Rick,‘ rief ich, ‚was fängst du für Mäuse?‘

„‚Ich fange gar nichts, John,‘ sagte er.

„‚Warum hast du denn deinen Engel nicht bei dir?‘

„‚Das ist's, John; der schläft allezeit von jetzt bis übers Morgenroth; aber für mich ist's noch nicht Schlafenszeit.‘

„‚So gehen wir ein Stück am Hafen!‘ sagte ich. ‚Du bist noch nicht auf meinem Schiff gewesen.‘

„Er schien eine solche Aufforderung nur erwartet zu haben, denn er sprang sogleich auf und riß seinen Hut vom Thürhaken.

„‚Gehst du aus, Rick?‘ frug die Stimme seiner Frau, als wir durch den Flur gingen, und ihr geduldiges Haupt erschien aus der Küchenthür.

„‚Ja, Riekchen; ich nehme den Schlüssel mit; wirst du müde, so schließe mit dem anderen zu!‘

„Sie nickte: ‚Gute Nacht, Rick! Gute Nacht, Capitän Riewe!‘

„Wir gingen noch auf mein Schiff; aber es fing bald an zu dämmern, und so wanderten wir nach St. Pauli und gingen nach dem Trichter, wo wir bald zwei steife Gläser vor uns dampfen ließen. Wir sprachen erst von alten Zeiten; dann aber erzählte Rick von seinem Kinde, nur von seinem Kinde: er lachte selber wie ein Kind, es war wie eine lachende Freude, wenn er nur ihren Namen nannte; ich brauche Ihnen wohl nicht zu sagen, daß sie Anna hieß.

„Als die Gläser leer waren, wollte ich aufstehen; aber er hielt mich zurück und zog seine Uhr. ‚Noch nicht, John!‘ sagte er; ‚es ist erst zehn: sie schläft noch nicht.‘

„Ich verstand ihn wohl; und so tranken wir noch weiter, und es war nach elf, als wir davongingen.

„Noch an ein paar anderen Abenden saßen wir dort, aber jedesmal ein Viertelstündchen länger; und auf meine zwei Gläser trank Rick allemal drei; ich sah so viel, er war schon satt von seinem Tugendmuster und schätzte sie am höchsten, wenn sie schlief.

„‚Rick,‘ sagte ich, ‚nimm dich in Acht, das dritte Glas, das ist des Teufels!‘ Aber er lachte: ‚Es ist nur ein Zeitvertreib, John; um ein paar Wochen ist mein Schiff wieder flott, und dann giebt's wieder Arbeit und guten Schlaf!‘

„Am Tage darauf war meine Zeit in Hamburg abgelaufen; wir schüttelten uns die Hände, das Rickchen nickte sanft, und auch die kleine Anna gab mir ihr Patschchen und sagte kläglich: ‚De, Ohm Jiew!‘ Dann begleitete Rick mich auf mein Schiff.

*   *
*

„Noch einmal nach ein paar Jahren — es war in der Capstadt — habe ich Rick Geyers wiedergesehen; aber er war es nicht mehr selber, es war nur noch ein Trunkenbold, der unter seinem Namen umging. Ich dachte damals, das sei mein größtes Leid, das ich erlitten, und vielleicht auch ist es jetzt noch so; nur daß über einen Mann uns das Erbarmen nicht so bitter faßt ... aber ich will der Reihe nach erzählen.

„Als ich an der Bai nach meinem Schiff hinuntertrabte, denn in der Nacht noch sollte ich die Anker lichten, sah ich einen Mann vor mir am Wasser stehen, der mich trübselig aus seinem gedunsenen Gesichte zu betrachten schien. Ich stutzte: ‚Rick,‘ rief ich, ‚du bist es, Rick! Was fehlt dir? Bist du krank? Du siehst sehr übel aus!‘

„Doch er schüttelte den Kopf und sagte schwerfällig: ‚Mir fehlt nichts, John. Bleibst du noch lange hier?‘

„‚Nein, Rick; nur bis heut Nacht, und ich muß noch wieder nach dem Gouvernementshaus. Aber sag mir schnell: wie geht es bei dir zu Hause, deiner Frau, deinem kleinen Engel? Kommst du bald wieder zu ihnen?‘

„‚Ganz wohl, Alles wohl!‘ Weiter antwortete er nicht; aber er seufzte tief, als ob er sie verloren hätte.

„‚Du fährst noch immer die Fortuna?‘ frug ich wieder.

„‚Ja, John, ich fahre sie noch; wir sind erst gestern angekommen.‘

„‚So lebe wohl, Rick! Ich habe leider keine Stunde mehr für dich; lebe wohl!‘

„Ich ging, ganz vernichtet durch dies Wiedersehen. ‚Er schämte sich,‘ sprach ich zu mir selber; ‚Rick Geyers, der beste aller Jungen, ist verloren.‘

„Da fühlte ich mich plötzlich zurückgehalten: er war mir nachgelaufen; er lag in meinen Armen: ‚John, John, mein Freund! Noch einen Augenblick, wir sehen uns zum letzten Mal!‘

„Und als er mich in seiner alten Liebe ansah, da waren seine Augen wieder jung und schön. ‚Das nicht, das wolle Gott nicht, Rick!‘ rief ich; ‚aber auf ein baldig Wiedersehen in der Heimath, in deinem Hause und bei deiner kleinen Anna!‘

„Er wiegte langsam seinen Kopf: ‚Leb wohl, John Riew‘,‘ sagte er, und leise, als ob auch hier es Niemand hören dürfte, setzte er hinzu: ‚Und wenn du einmal heim= kommst, dann frage nicht mehr nach Rick Geyers!‘

„Er riß sich los und war mir bald in einer Menschenmenge, die von der Stadt herkam, verschwunden. Das weiß ich noch, die heitere Sonne, die vom Himmel strahlte, hat mir damals weh gethan.

— — „Nach ein paar Jahren — es war in Rio, und ich fuhr derzeit für eine Lübecker Firma das Schiff ‚Die alte Hansa‘ — nahm ich einen deutschen Matrosen in Heuer, der Krankheits halber dort zurückgeblieben war. ‚Wo stammst du her?‘ frug ich.

„‚Mein Vater,‘ erwiderte er, ‚wohnt am Johannisbollwerk!‘

„‚In Hamburg?‘

„‚Ja, Capitän.‘

„‚So kennst du auch wohl Capitän Rick Geyers?‘

„‚Ja, Herr; ich bin ein Jahr als Leichtmatrose mit ihm gefahren; aber — —‘

„‚Was aber!‘

„‚Er ist kein Capitän mehr!‘

„‚Hat er sich zur Ruh gesetzt? Er ist noch jung!‘

„Der Bursche schüttelte den Kopf: ‚Es ging nicht mehr!‘ Und er warf den Kopf zurück und machte mit der Hand die Bewegung, als ob er ein Glas an den Mund setze. ‚Er fährt jetzt mit dem Blankeneser Postewer.‘

„Ich nahm den jungen Menschen auf mein Schiff, aber ich hatte genug vom Fragen.

— — „Ein paar Jahre später kam ich denn doch wieder nach Hamburg; ich hatte Überdruß am Seefahren, und mein Kopf war leidlich grau geworden. Ich ging nach Ricks Hause; aber Rick lag draußen auf dem Petri-Kirchhof: er war eines Nachts über eine in Reparatur begriffene Flethbrücke gegangen und durch eine Öffnung in das Wasser und in den Tod gestürzt. Ich denke wohl, er war mit einem schweren Kopf gegangen, der ihn hinabgerissen hatte; aber — Allen Gerechtigkeit! — seine Frau hat nie davon geredet; nur die Nachbarn und der alte Doctor Snittger haben es später mir bestätigt.

"Ich war inzwischen Makler geworden und miethete, nachdem ich mit meinem alten Herrn zu Lübeck ins Reine gekommen war, die kleine Oberetage; schön war sie nicht, aber sie genügte, und Nick Geyers' Weib und Kind kam es zu Gute. Ein halb Jahr darauf fand sich auch noch ein Schüler des Johanneums für die untere Stube rechts, und das waren Sie, Herr Nachbar; ich denke, wir haben uns, bis Sie zur Universität gingen, leidlich genug in dem engen Haus vertragen!

"Sie wissen, die Anna war damals schon ein gestrecktes Mädchen, nach dem wohl ein so junger Gesell, wie Sie es damals waren, sich einmal umschauen mochte!"

Der Capitän sah mich schelmisch an, und es mag wohl nicht gefehlt haben, daß ich roth geworden bin.

"Du lieber Gott!" fuhr er dann fort, "wir wollen nicht darüber scherzen; aber ich darf wohl sagen, daß das Kind die Liebe zu seinem Vater auf dessen alten Freund übertragen hatte, und mir war oft, als sähe sie mich mit seinen jungen Augen an, wenn er — wie oftmals! — mich herzhaft auf die Schulter schlug und dann rief: ,Ja, John, du bist's, auf den man sich verlassen kann!'"

Der Capitän seufzte und schlug sich gegen die Stirn: "Das aber war zu viel gesprochen," sagte er, "denn Dummheit ist auch eine arge Sünde! Ich plagte mich viel mit dem lustigen Mädchen; Sie haben es ja selbst gesehen, der Unband war mir lieb als wie mein eigen Blut, und wenn nach etwas ihr Gelüsten stand, Ohm Riew' mußte allzeit Rath wissen. Das alte Rickchen hatte seine unschuldige Freude daran, und das Kind übernahm bald fast meine ganze Bedienung; Ihnen, Nachbar, blieb nur das alte Weib: ich habe manches Mal darüber lachen müssen; aber der Kaffee von der Anna hätte Ihnen doch noch besser geschmeckt!"

Der Alte schwieg plötzlich und horchte nach oben hinauf. „Ja, der Junge schläft," sagte er; dann trank er den kleinen Rest aus seinem Glase und machte sich daran, ein neues für sich zu mischen, denn der kleine Kessel sauste immerfort. Mir war, als ob ihm das Erzählen plötzlich widerstehe, oder als ob er sich besinnen müsse, wie er fortzufahren habe.

Aber er saß schon wieder auf seinem Platz, und ohne das dampfende Glas zu berühren, hub er aufs Neue an: „Es sieht Manches aus wie ein Kinderspaß; aber auch der Strauß hat erst in einem Ei gelegen! Sie wissen, Nachbar, es war meine alte Seemannsart, zwischen Nachmittag und Abend ein gutes Glas zu trinken, und was den Rum anlangt, so hatte ich allzeit was Echtes in meinem Schränkchen. Ich hatte die Anna gelehrt, nach meinem Maße mir das Glas zu mischen; aber wenn sie den Rum in das heiße Glas goß und nun der Dampf ihr in das feine Näschen stieg, dann begann sie ein Gehüstel, bog den Kopf zurück und machte allerlei Gesichter des Abscheues gegen mich.

„Ich lachte darüber und sagte: ‚Probir es nur!' oder: ‚Es wird dir doch noch schmecken!'

„Aber eines wie das andere Mal erwiderte sie: ‚Ich habe es schon geschmeckt, Ohm; es ist abscheulich!' und schob mit ausgestrecktem Arm das Glas mir zu.

„Es wurde allmählich eine stehende Neckerei zwischen der Jungen und dem Alten. ‚Du sollst doch noch probiren!' rief ich endlich; ‚ist das ein Koch, der nicht probiren kann?'

„‚Ich bin kein Koch!' sagte sie schnippisch.

„‚So bist du doch mein Mundschenk!'

„‚Ich thu's aber doch nicht!' rief sie und flog mir aus der Stube und die Treppe hinab.

„Ich alter Thor, ich muß jetzt denken, daß ihre Natur uns habe warnen wollen; aber ich ging wie mit verbundenen Augen.

„Nun war's an meinem Geburtstage, und ich hatte, mir

selber zur Festfreude, dem Kinde ein Dutzend Schnupftücher von einer Extra=Qualität geschenkt, da ich ihre Lust an feinem Linnenzeuge kannte. Und wirklich, sie leuchtete vor Freude, als sie zur Mutter lief und ihr die schöne Waare zeigte; und über ein Kleines saß sie auch schon am Fenster, um ihr kunstvolles Monogramm hineinzusticken. ‚Mein Ohm!‘ rief sie mir zu; ‚ich thu dir Alles zu Gefallen!‘

„‚Das ist schon mein Gefallen,‘ sagte ich, ‚daß du dich freust.‘

„‚Nein, noch was Anderes, Ohm!‘ Sie sah mich geheim= nißvoll mit ihren dunklen Augen an und stickte weiter an ihren Monogrammen.

„Abends brachte sie mir, wie gewöhnlich, das Kesselchen mit heißem Wasser auf mein Zimmer; sie nickte mir zu, und als es kochte, begann sie mir mein Glas zu mischen. Sie that das wie in Freude zitternd und doch so feierlich, als solle sie ein Opfer bringen. Dann hielt sie das dampfende Glas hoch vor ihrem Angesicht: ‚Ohm,‘ sagte sie, indem sie auf mich zutrat, ‚mein Ohm, mögst du noch vielmal diesen Tag erleben!‘ Der herzlichste Strahl, den meine arme Seele je getrunken, flog aus ihren Kinderaugen in die meinen. Dann setzte sie das Glas an ihren Mund und that einen starken Zug daraus.

„Aber es war zu viel gewesen, was sie sich zugemuthet hatte: wie im Krampf spieen die jungen Lippen den scharfen Trank hinaus, und das Glas fiel aus ihrer Hand zu Boden, daß der Inhalt und die Scherben umherflogen; dann stürzte sie in den Alkoven, an meinen Waschtisch; ich hörte, wie sie Wasser in ein Glas goß, ein= und zweimal, und wie sie gurgelte und sprudelte, als gelte es, einen Gifttrank wegzu= spülen.

„Ich ging ihr nach; da fiel sie mir um den Hals: ‚Ohm, mein süßer Ohm ... ich konnte nicht dafür ... ver= zeih mir, sei nicht bös!‘

„Das Kind war außer sich; dennoch wollte sie mir ein neues Glas bereiten, aber ich litt es nicht, ich nahm sie auf meinen Schoß: ‚Sei ruhig, Anna; du weißt es ja, wir Beide können einander gar nicht böse sein!'

„Da preßte sie meinen Hals mit ihren Armen, als ob sie mich ersticken wollte: ‚Du bist gut, mein Ohm; ich weiß es, du bist gut!' und dann weinte sie sich noch ein braves Stückchen.

„Aber auch das, Nachbar, öffnete mir nicht meinen vernagelten Verstandskasten. Am anderen Abend kam sie wieder mit ihrem Kesselchen. ‚Zünd nur die Lampe an,' sagte ich; ‚hernach mach ich mir's schon selber.'

„Ich wollt, Sie hätten ihr bittend Angesicht gesehen. ‚Laß mich, Ohm!' sagte sie. ‚Ich weiß, ich kann es heute.'

„Ich wollte es dennoch wehren, aber jetzt stampfte sie mit ihrem Füßchen: ‚Ich muß aber, Ohm; das ärgert mich, das von gestern!'

„So litt ich's denn, und als sie ihr: „Zur Gesundheit!' sprach und dann ein Schlückchen aus dem Glase trank, hielt sie den Athem und Mund und Augen gewaltsam offen; aber, ich sah es wohl, ein paar Thränen sprangen doch heraus. Bald danach sind Sie ins Haus gezogen, und — Sie haben es ja selbst gesehen, wie zierlich sie uns zu credenzen wußte. Gott verzeihe mir! Das Kind steuerte Backbord, aber ich hätte Steuerbord halten sollen.

— — „Im Winter, nachdem Sie fort waren, suchte mein Lübecker Rheder mich wiederum zu ködern; der schlaue Alte hatte es heraus, daß ich zu früh mich landfest gemacht hatte; er meinte, ich könnte wohl noch ein paar Jahre wieder laden und löschen. Von dem dazwischen sprach er nicht; aber er bot mir ein neugebautes Vollschiff und einen Part darin. Mir gefiel das schon; aber was sollte dann aus Riekchen Geyers und meiner Anna werden? Denn auch

Ihr Quartier im Unterhause stand unvermiethet. Da, als ich eines Tages in der Januarsonne mit Anna über den Gänsemarkt promenirte, blieb sie vor einem Weißwaarengeschäft stehen und betrachtete begierig die Sauberkeiten, die hier alle in dem Ladenfenster ausgelegt waren. Ich wollte ungeduldig werden; aber sie hatte trotzdem immer ihren Finger noch nach etwas Neuem. Auf einmal kam mir die Erleuchtung: ‚Komm,‘ sagte ich, ‚was meinst du, wenn ihr selber solchen Laden hättet?‘

„Sie wurde schier dunkelroth vor Freude; aber gleich darauf sagte sie traurig, ihr dunkles Köpfchen schüttelnd: ‚Das ist ja nicht möglich, Ohm!‘

„‚Nicht möglich, Anna? Aber was meinst du, wenn dein Ohm es dennoch möglich macht! Komm nur, wir wollen gleich zu Hause, und Mutter soll ihren Segen geben!‘

„By Jove, ich hatte Noth, daß sie mir nicht vor allen Leuten um den Hals fiel.

„Und so kam es denn in Ordnung. Freilich, mein Maklerverdienst ging so circa wohl darauf; aber wen hatte ich denn sonst, für den ich sorgen konnte! Die Stube rechts, wo Sie Ihre Lateiner studirt hatten, wurde zum Laden umgewandelt; die Einkäufe waren schon gemacht, Näherinnen außer dem Hause wurden in Arbeit genommen und eine Glocke über der Hausthür angebracht; Anna selbst war das behendeste Ladenjüngferchen und saß fleißig mit der Nadel in der Hand. Wie ich nach ein paar Jahren aus einem Briefe der Mutter sah, gewann sie später noch besseren Verdienst, indem sie in fremde Häuser schneidern ging; damals aber warteten wir noch auf Käufer, und sie kamen auch: erst die Nachbarn und die Apothekertöchter, mit denen Anna damals wohl zusammen lief, dann auch von den Gästen aus dem Kaiserhofe. Ich hörte mit Behagen unsere Glocke läuten, wenn ich oben auf meinem Zimmer saß.

„Und endlich eines Abends nahm ich muthig einen gro=

ßen Briefbogen und schrieb darauf an meinen alten Herrn Richardi in Lübeck, daß ich sein neues Schiff, ‚Die alte Liebe‘, führen würde.

* * *

„‚Die alte Liebe‘ war so gut wie ihr Name; und wir hatten Glück, mein alter Herr und ich! Fünf Jahre lang bin ich gefahren, wie noch nie zuvor — aber wir haben noch andere Abende, davon zu reden — nur bei der letzten Fahrt, in den englischen Nebeln, zwischen Plymouth und Southampton, da hätten wir bald, trotz Nebelhorn und Schüssen, das Schiff und auch uns selbst verloren. Das machte mich kopfscheu; mir schien's nun endlich doch genug vom Wasser und besser, das bischen Lebensrest im Trocke= nen zu verzehren. Doch mein Herr Richardi in Lübeck war nicht solcher Meinung, und da er mich halten wollte, so wußte ich wohl, weshalb er mit unserer Abrechnung immer noch nicht fertig wurde. ‚Herr,‘ sagte ich endlich, ‚ich besuche meinen alten Ohm in Holstein; indeß wird hier wohl Alles klar?‘

„Er brummte etwas, und ich fuhr am anderen Tag hierher. Es war aber ein rechtes Doppelwrack, was ich hier fand: den geizigen Greis und sein großes verfallenes Bauernhaus, worin einst eine weitläufige Wirthschaft war betrieben worden. Zwei Stuben mit vollen Schränken und hohen Wandbetten standen bestaubt und unberührt; der Eigenthümer und eine verrunzelte zahnlose Magd hausten jetzt allein in einer Kammer. Freilich, auf dem Boden jung= ten die Marder in den Ecken und schleppten des Nachts ihre Beute heim und sprangen durch die Löcher des alten Strohdachs auf die Bretter, daß in der Stube unten nicht zu schlafen war. In einer Nacht, wir waren gegen August, kam unerwartet ein Sturm auf; das ganze Dach schüttelte sich, und ich hörte, wie ein Fach Mauerwerk herauspolterte;

da sprang ich auf und ging die Nacht spazieren. ‚Ohm,‘ sagte ich am anderen Morgen, ‚mein Schiff war doch noch sicherer als Euer Haus; Ihr müßt bauen, sonst begräbt's Euch noch!‘

„Aber er lachte, indem er sich sein schlotteriges Wamms über seinen hageren Leib zuknöpfte. ‚Das verstehst du nicht, John; die alten Häuser sind zäh. Du kannst es flicken lassen, wenn sie mich hingetragen haben.‘

„Ich hielt's nicht länger aus: mich überkam ein plötzliches Verlangen nach unserer kleinen Anna, und ich schrieb an Riekchen Geyers, daß ich kommen würde.

„Am zweiten Tage danach fuhr ich mit dem Wochenwagen ab. Als mein Ohm mit seiner Magd, die ich mit einem unmäßigen Trinkgeld erfreut hatte, mich hinaus begleitete, gab er mir die Hand: ‚Aber John!‘ sagte er, ‚das in dem Canal, das will mir nicht gefallen; bleib schmuck im Lande nun! Wenn du versöffest, ich müßt mein Testament ummachen lassen; das sind theure Sachen!‘

„Damit fuhr ich ab. Als ich vors Millernthor in Hamburg kam, ging just der Tag zu Ende; ich konnt's nicht lassen, stieg ab und spazierte nach dem Stintfang hinauf; da sah ich am Hafen längs den ganzen Mastenwald im braunen Abendroth. Langsam ging ich dort hinunter, und da überfiel's mich: ‚Haus oder Schiff? Land oder See?‘ Ich schlenderte am Bollwerk entlang, den Kopf voll melancholischer Gedanken, da kam der Sohn unseres Nachbarn, des Apothekers, mir entgegen; er war in Californien gewesen, kam aber jetzt von Hause und wollte nun wieder in die Minen. Die beiden Schwestern hatten den wilden Jungen weich gemacht, ich glaube, am liebsten wär er mit mir umgekehrt; zuletzt aber häkelte er zwei Klümpchen Goldes los, die er als Berlocks an der Kette hängen hatte. ‚Good bye!‘ sagte er, ‚bringt's den Dirnen; wenn ich wiederkäme, sollt's ein Pfund sein!‘ Und damit drehte er ab und ging davon.

„Ich steckte die Berlocks in die Tasche und wanderte jetzt rascher in die Stadt hinein. Als ich Ricks Häuschen erreicht hatte, brannte im Flur schon eine Lampe. Ein dunkelköpfiges Mädchen flog aus dem Laden, nicht groß, aber schlank; ein zierliches Stutznäschen und über der Stirn, nicht was die Frauenzimmer Simpelfransen nennen, nur so die feinen Stirnlocken, die mit dem Kamm nicht mehr zu bändigen waren; und vor der Brust hing ihr ein sauber Spitzentuch.

„Ich zog sehr höflich meinen Hut und wußte nicht, war das feine Ding sie oder war's nur eine fremde Jungfer? Freilich, so auf Siebzehn schien auch die zu stimmen, die mich da mit ihren großen braunen Augen ansah; aber ich war doch nicht auf Nummer Sicher und sagte lieber vorsichtig: ‚Guten Abend; wär Frau Geyers wohl zu sprechen?' — ‚Guten Abend,' sagte sie — und mir war's, als ob sie innerlich lache — ‚treten Sie nur näher!' — Aber ich kehrte mich zu ihr: ‚Um Verzeihung, liebes Kind,' sagte ich, ‚wie heißen Sie denn?' Sie neigte den Kopf, daß ich vom Gesicht nur noch die Stirnlöckchen sehen konnte, und sagte: ‚An=na!'

„Sie sagte das so eindringlich, so very engaging; es sang ordentlich was in den beiden Silben, und wieder auch, als wär ein Mädchenlachen noch dahinter.

„Dann aber, als Frau Riekchen jetzt aus der Stube trat, da lachte sie wirklich und warf den Kopf empor: ‚Mutter,' rief sie jubelnd, ‚da ist Onkel Riew', und er kennt mich nicht mehr!' Und sie flog mir an den Hals, die junge Katze! In mir aber rief es: ‚Land, Land! Nicht nochmals auf die Planken!'"

*   *
*

„Ich wohnte schon wieder oben in meinem alten Quartier und hatte aus Lübeck und vom Schiff schon meine Sachen um mich. Es war fast wie früher, nur daß, weil die Frauen Anderes zu thun hatten, eine kleine Magd mich jetzt bediente, und ich Abends meist mein Glas im Kaiserhofe trank. Da fielen die goldenen Berlocks mir eines Vormittags in die Hand, die ich noch immer abzuliefern hatte, und ich machte mich sogleich jetzt auf den Weg.

„Als ich eintrat, fand ich im Zimmer nur die beiden Mädchen, die vor einem Tische emsig an großen bunten Lappen nähten; da ich aber mein Gewerbe anbrachte und die Goldklümpchen in ihre Hände legte, by Jove, da ging das Gejammer los: ‚Ach, der Herzensbruder, o mein Peter, Peter!'

„Wisset, Herr Doctor, ich kann die Frauenzimmerthränen nicht leiden, denn sie machen mich boshaft, was ich von Natur nicht bin; aber so wie eine wilde Gans aus der Thür rennen, das war doch auch nicht schicklich; ich blieb also vor der Hand noch sitzen. Da öffnete sich die Thür, und eine alte Näherin trat herein, die mir von früher wohl bekannt war. Sie hatte wieder solchen Lappen in der Hand wie die hier drinnen, es mußte also mit einander wohl ein Kleid ausmachen; auch paßten sie es zusammen und strichen es sich an Hals und Schultern. Als die Alte fortgegangen war, dachte ich für die Anna ein Wort einzulegen und sagte: ‚Ist das Ihre Näherin? — Die könnten Sie ein Pfundsmaß hübscher haben! Ich meinte, daß die Anna Geyers bei Ihnen nähte?'

„‚Ja,' sagte die Älteste und wischte sich den Thränenrest von ihren Backen, ‚die ist freilich hübscher.'

— „‚Steht Ihnen das Mädchen denn nicht an?'

„‚O — wir haben sie ja schon gehabt.'

— „‚Und Sie wollen sie nicht wieder haben? Das thut mir leid, sie ist so halbwege ja mein Ziehkind.'

„‚Ja; aber ...' Sie bückte sich über ihre Näherei und kam nicht an Bord mit ihrem Satze.

— „‚Schießen Sie los, Mamsellchen!' sagte ich. „‚Hel=

les Feuer ist das beste. Die Anna soll doch ihre Arbeit gut verstehen; hat sie gestohlen, oder wo steckt denn sonst der Fehler?'

„‚Nun, Herr Riew',' sagte die Jüngere und luvte mich mit ihren kleinen unverschämten Augen an; ‚gestohlen nun wohl nicht; es ist nur Eins!'

„Die Ältere winkte ihr zu und schüttelte den Kopf, aber das schwarze Ding ließ sich nicht übersegeln: ‚Ich will es Ihnen sagen, Herr Riew', sie hat für uns zu vornehme Bekanntschaften; wir sind ehrliche Bürgermädchen, mit Grafen und Posamentiergesellen haben wir nicht gern zu thun, auch nicht mal durch die dritte Hand! Und das noch nicht allein!'

„‚Liebes Mamsellchen,' sagte ich, da sie innehielt, ‚sparen Sie die Worte nicht; ich bin bereit zu hören.'

„Hierauf, während die Ältere sittsam auf ihre Arbeit sah, rückte das beredte Mädchen sich einen Schemel unter die Füße und setzte sich ordentlich in Positur. ‚Es war im vorigen Herbste, Capitän Riew',' sagte sie, ‚und die Centralhalle war eben eröffnet; man konnte in Familie an kleinen Tischen sitzen, seinen Thee oder eine Tasse Chokolade trinken und dabei eine Komödie, oder was es sonst denn gab, mit ansehen, und die Kosten waren auch nicht schlimm. Alle gingen hin, und groß wurde davon gesprochen. Wir, Herr Riew', gehören nicht zu denen, die nach allem Neuen laufen; aber die Gummi-Elasticum-Kerle, als die angekündigt wurden, die mußten wir doch sehen! Wir beide gingen also eines Abends in die Centralhalle, unsere Mutter war natürlich bei uns; der alten Dame schwindelte der Kopf, und sie hätte bald ihren Zufall bekommen, als wir in den ungeheuren Saal traten; doch es gab sich zum Glück, als wir erst an einem Tischchen unseren Thee tranken und dann der Vorhang aufging. Die Elasticum-Kerle waren freilich besser auf dem Zettel als auf der Bühne; aber als der eine sich rückwärts um den Tisch wickelte und der andere als Schlange über ihn wegkroch, ihre Fratzen sahen sich doch lustig an. — Da, als wir im besten Lachen waren, entstand an einem Tische, ein Stückchen von uns, ein Rumoren, daß wir unwillkürlich unsere Augen dahin wenden mußten. Zwei Frauenzimmer hatten dort schon länger mit dem Rücken gegen uns gesessen; nun langten noch zwei leiblich junge Herren an; der eine sah wirklich vornehm aus, aber wer weiß das! Das Gesicht war ziemlich vercommerschirt, und die vielen Haare, die nicht mehr da waren, hatten wohl auch umsonst sich nicht empfohlen. Das gab ein Reden und Complimentiren, ein Schurren mit den Stühlen; dann rief der Kleinere von den Beiden nach dem Kellner. Ein blasser Schlingschlang mit weißer Binde drängte sich an den Tisch: Befehlen? — Ja, was? — Und der Kellner zählte her, was er zu bieten hatte. — Dazwischen rief der Cavalier: Genug, Kellner! Zum Vorschmack vier Gläschen schwedischen Punsch! — Kennen Sie es, Capitän? Es soll furchtbar stark sein!'

„Ich nickte.

„‚Nun, die Gläser kamen, und die Herren hatten's immer nur mit dem einen Frauenzimmer, als wenn die Gummi-Elastiker sie gar nichts angingen, und sie gingen auch mich bald nichts mehr an, denn ich sah immer nur nach diesen vier Menschen. Da stößt meine Mutter mich in die Seite: Du, sagt sie, kennst du das Frauenzimmer in der Lila-Haube? Und da ich nein sage —: Frau Geyers, flüstert sie mir zu, und als die Andere just den Kopf wendet: Herr Jesus! ruf ich, und da ist auch die Anna!

„‚In diesem Augenblick stand der vornehmere der Herren auf. Ihr Glas ist leer, Fräulein, sagt er zu der Anna; aber, indem er sich wendet: Freund Jack, das war wohl eigentlich kein Getränk für Damen!

„‚Der Andere lachte: Nur ein gustus, Edmund!

„‚Verzeihen Sie, meine Damen! begann der Vornehmere wieder; und: Kellner! Kellner! rief er so laut, daß sie von allen Tischen ihn zornig ansahen und zu brummen anfingen; denn auf der Bühne ging jetzt ein Lustspiel vor sich. Aber er kehrte sich nicht daran, und als der Schlingschlang wieder vor ihm stand mit seinem athemlosen: Herrschaften befehlen?, rief er: Champagner! Zwei Flaschen auf Eis!

„‚Nun, Capitän, das kann ich Sie versichern, Anna hat nicht am wenigsten davon getrunken! Ihr schmuckes Lärvchen brannte ordentlich, und daß sie mit der linken Hand sich auf den Tisch stützte, wenn sie sich erhob und mit den Herren anstieß, das war auch nicht von ungefähr! Hätte die Mutter nicht mit ziemlich trockenem Munde dabei gesessen, sie wäre nach dem Schauspiel wohl, Gott weiß, wohin gekommen; denn der am vornehmsten aussah, der schien viel Gutes nicht mit ihr im Sinn zu haben!‘

„Als das lustige Mädchen mit ihrem Gespinnst zu Ende war, sagte ich nichts, denn mir war nicht eben wohl ums Herz, Nachbar; ich hörte nur, daß jetzt die ältere Schwester der jüngeren beistimmte: ‚Wir reden natürlich nicht davon,‘ sagte sie, ‚aber ins Haus nehmen, das geht doch nicht!‘

„Und die Jüngere warf den Kopf zurück: ‚Ich danke — wenn der Herr Graf sie Abends vor unserer Hausthür erwartete — da könnte am Ende ich noch in den Geruch einer Gräfin kommen!‘

„‚Sie haben völlig Recht, Mamsell Nettchen, und das wäre wenig passend,‘ sagte ich und empfahl mich höflichst.

— — „Daß ich beim Nachhausekommen mir unsere alte Tugendhafte auf mein Zimmer bat, und was der Inhalt unseres Gespräches gewesen, brauche ich Ihnen wohl nicht zu erzählen; aber so viel sah ich, die Apothekermädchen hatten jedenfalls nur mäßig übertrieben: die Herren aus der Centralhalle aber waren freilich Biedermänner, der eine ein Graf, der andere ein Baron.

„‚Riekchen, geht in Euch!' rief ich, ‚besinnt Euch! Biedermänner, und Grafen und Barone, und mit Euch in der Centralhalle?'

„‚Das war zu viel. ‚Ohm Riew',' sagte sie, ‚unsere Anna ist ein Kind; — ich aber bin mein langes Leben hindurch eine ehrenwerthe Frau gewesen! Wir werden sie nicht verunehrt haben!'

„Du lieber Gott! sie wußte nicht einmal, weshalb Rick Geyers in sein frühes Grab getaumelt war.

* * *

„Nicht lange darauf kam ich eines Abends spät nach Hause; da die Straßenthür noch offen stand, so trat ich, ohne daß es schellte, in den Flur. Es war schon dunkel hier, nur durch das Guckfenster in der Ladenthür fiel ein Schein heraus. Ich stand einen Augenblick, denn ich hörte, wie drinnen eine Herrenstimme sprach, und allerhand, was ich erst nicht reimen konnte.

„‚Verzeihung, Madame,' sagte der Jemand, ‚die Toilette ist keineswegs kostbar, nur ein weißes weiches Gewand und weiter nichts! Es darf sich keine vor der anderen auszeichnen; die Blumen wird die Gesellschaft den Damen liefern; und ich würde hier' — er sprach das wie mit einer zärtlichen Verbeugung — ‚um die Erlaubniß bitten, dem Fräulein blaßrothe Rosen anbieten zu dürfen!'

„Es entstand eine Pause; dann schien unsere tugendhafte Mutter eine leise Bedenklichkeit zu äußern, die ich nicht verstehen konnte. Aber der Unbekannte sprach sogleich: ‚Pardon, madame; das ist es ja; nicht Rang und Stand, denen Unsereiner gern einmal entflieht, soll hier den Ausschlag geben, sondern Schönheit und gute Sitten; doch da dieselben selten bei einander sind, so wird der Cirkel nur ein kleiner sein, ein Dutzend Paare etwa. Sie wissen, in den richtig construirten Familien ist stets die Mutter die Schöpferin der Tugend ihrer Kinder; und nicht jede Tochter, Madame, ist so glücklich wie die Ihre!'

‚Damned scoundrel!' brummte ich bei mir selber, denn mir war, als sähe ich durch die Thür ihn jetzt sein nichtsnutziges Compliment gegen unsere Alte machen. Und wer war denn der Monsieur? — Am Ende der Versucher in eigener Person; nur in Monaco beim Pharao und beim Roulette, unter dem vornehmen nichtsnutzigen Volk war mir solche Menschenstimme vorgekommen.

„Unwillkürlich trat ich dem Guckfenster näher, denn ich hörte schon die Alte sagen: ‚O, Herr Baron, wenn doch Alle Ihresgleichen solche Grundsätze hätten!'

„Aber der Versucher war schon wieder da: ‚Ich bitte, Madame, beurtheilen Sie uns nicht voreilig! Der Präsident unserer Gesellschaft ist von einer Strenge, daß man sich ihm gegenüber um sich selber, ja fast um unsere Damen bangen dürfte; aber — enfin, er wurde gewählt und zwar mit allen Stimmen!'

„Ein Ruf des Erstaunens entfuhr unserem alten Tugendmöbel, als ich eben in das Fenster sah. Ein großer eleganter Herr saß beinbaumelnd vorne auf dem Ladentisch; wahrhaftig, Herr Nachbar, ich weiß noch heute, daß das Bein in perlgrauen Hosen steckte! Im Übrigen Alles, wie man's nur verlangen konnte: dünnes, aber modisch frisirtes schwarzes Haar, ein kleiner Schnurrbart in einem glattrasirten Angesicht; die eine Hand, in hellem knappem Handschuh, lag mit dem Augenglas auf seinem Knie. Er sah nicht übel aus, bei Leibe nicht! Aber um Mund und Augen zuckte etwas — ich kannte es wohl, Herr Nachbar — es macht die Weiber fürchten und fängt sie endlich doch, wie arme Vögelchen! Man soll nur wissen, daß nichts als böse Lust dahinter steckt.

„Die Alte stand mit übergeschlagenen Händen vor ihm

und sah in dummer Anbetung zu ihm auf. Für mich, das muß ich sagen, hatte der Geselle eine verflucht confiscirte Physiognomie! Er hatte stets nur zu der Mutter geredet; aber Anna, die dort im Winkel stand, sah mit brennenden Augen auf ihn hin. War das am Ende ihre vornehme Bekanntschaft, von der jene Mädchen gesprochen hatten?

„Ich ging zurück an die Hausthür und stieß sie zu, daß die Glocke läutete; dann trat ich in den Laden. Mein Erscheinen mochte den drinnen eben kein groß Plaisir machen: Anna kam aus ihrer Ecke und ging daran, einige Bänder und Spitzen vom Tische in einen Pappkasten zu räumen; der fremde Musjö hob sein Glas an die Augen und sah auf mich herab, als ob ich unter seinem Blick verschwinden müßte.

„Aber ich verschwand nicht, sondern setzte mich auf einen Stuhl neben der Thür und sagte: ‚Schön warm hier drinnen; guten Abend, meine Herrschaften!‘

„Das alte Weib drehte sich hin und her: ‚Unser Onkel Riewe, Herr Baron!‘ sagte sie. ‚Er wohnt bei uns im Hause.‘

„‚So?‘ erwiderte er gleichgültig und streckte das Kinn vor, und ich hörte ordentlich, wie das kleine Wort zu Boden fiel: ‚Sehr angenehm!‘

„‚Lüg du und der Teufel!‘ dachte ich; aber ich nickte ihm zu und sagte höflich: ‚Dito, mein Herr; gleichfalls!‘

„Und damit war unsere Unterhaltung zu Ende. Und da ich nun meinen Hut auf meinen Stock hing und diesen neben mir an die Wand stellte, so mochte er zu der Meinung kommen, ich sei so leicht nicht zu verjagen; wenigstens glitt er bald vom Ladentisch herunter. ‚Madame!‘ sagte er, und mit einem langen Blick auf die Anna: ‚Mein Fräulein! Sie gestatten mir wohl, zu gelegenerer Zeit wieder vorzusprechen!‘ Dann, ohne mich auch nur anzusehen, war er bei mir vorbei und zur Thür hinaus, und die Alte mit:

‚Sehr angenehm!' und ‚Allzeit willkommen, Herr Baron!' hinter ihm her. Anna hatte nur eine stumme Verbeugung gemacht, aber es war gut, daß ihre Augen fest saßen in ihrem heißen Angesicht.

„Als die Alte wieder eintrat, waren wir drei denn nun allein beisammen. ‚Hm,' sagte ich endlich, da die anderen Beiden schwiegen, ‚ein feiner Maat, der euch da beehrt hat!'

„Die Alte nickte: ‚Ein sittsamer, edler junger Herr! Aber ich glaube, Onkel John, Ihr habt ihn fortgetrieben!'

„‚Was hab ich, Niekchen?' rief ich; denn so sanft sie das auch vorbrachte, solch eine Anklage hatte ich noch nie von ihr gehört. ‚Ich habe ja in aller Ehrbarkeit auf diesem Stuhl gesessen!'

„‚Ja, Riew', das haben Sie wohl; aber — Sie saßen so, als wollten Sie den Herrn Baron zur Thür hinaus haben!'

„‚Und das wollt ich auch, Niekchen!' rief ich, ‚und er ist denn auch gegangen; und wisset Ihr, weshalb? — Weil er ein schlecht Gewissen hatte! Weil er keinen Mann gebrauchen konnte beim Auswerfen seiner Angel, womit nur junge Dirnen und alte dumme Weiber zu ködern waren! Und wenn Ihr noch etwas Mutterwitz im Kopfe habt, so beißt Ihr nicht daran!'

„Die Alte stieß einen sanften Klageton aus und ging händeringend auf und ab, ich aber war zornig geworden, Nachbar, und wollte es nicht noch mehr werden; deshalb nahm ich Hut und Stock und stieg hinauf nach meiner eigenen Wirthschaft.

*   *
*

„Am anderen Morgen mußte ich nach Lübeck, um endlich mit meinem alten Rheder rein zu werden. Er ließ, als ich ankam, nicht ab, ich mußte bei ihm Quartier nehmen, in seinem großen Hause in der Wahmstraße, wo die braun getäfelten Zimmer danach aussahen, als seien Marx Meyer und Herr Jürgen Wullenweber dort noch aus- und eingegangen; der lange Hausflur stieg in das erste Stockwerk hinauf, und oben lief eine Galerie herum, auf welche viele Thüren, auch die von meinem Schlafcabinett, hinausgingen. Das Alles hatte ein gar stattlich Ansehen.

„Der alte Herr selber war etwas gebrechlich schon, ein wenig steif im Rücken und die Finger vom vielen Schreiben krumm; aber er saß noch immer an seinem Pult, denn er war der Letzte, er hatte keinen Sohn. Wir Beide waren aber noch allzeit mit einander fertig geworden; nur etwas langsam ging es, und Gebuld mußte man haben. So zog es sich denn auch jetzt wieder von einem Tag zum anderen. Die Sache war aber eigentlich, ihm fehlte immer noch der Capitän für ‚Die alte Liebe‘; er dachte wohl, hätte er mich im Hause, so wär ich noch zu halten.

„Als ich eines Morgens aus meiner Kammer getreten war und über die Galerie in den steinernen Flur hinabsah, schritt er dort eben aus einer der hinteren Stuben hervor, in seinem grauen Röckchen, das spärliche Haar zu einem dünnen Pull emporgekämmt. ‚Nun, Cap'tän Riew',‘ rief er hinaufblickend, ‚hat die letzte Nacht Euch besseren Rath gebracht?‘

„‚Nein, Herr; es muß bleiben, wie es ist,‘ rief ich hinab.

„‚Ich glaube, Riew', Ihr wollt ein Weib nehmen!‘ sagte er lachend.

„‚Auch das nicht; ich habe Familiensorgen ohne das.‘

„Da drohte der alte Kaufherr mir schelmisch mit dem Finger: ‚Ja, ja, ihr alten Capitäne! Ihr habt Familiensorgen in aller Welt, an jedem Ankerplatz, John Riewe! Seid Ihr denn auch von denen? Das wußte ich noch nicht!‘

„‚Daß ich selbst nicht wüßte, Herr,‘ sagte ich; ‚aber es ist ein Freundeserbe, und das hat auch sein Freud und Leid.‘

‚So, so! Verzeihet! Aber kommt nun herunter, daß der Kaffee uns nicht kalt werde.'

„So gingen wir denn zum Kaffee, und der alte Mann frug mich zum Schluß noch wacker aus und klopfte mir ein paar Mal nickend auf die Schulter: ‚Kann ich helfen?'

‚Dank, Herr; das mach ich schon allein.'

„Am Abend — es war an einem Freitag — waren wir beide mit einander klipp und klar, und am anderen Morgen befand ich mich wieder auf dem Weg nach Hamburg. Damals gab's aber weder Chaussee noch Bahnzug; unser Wochenwagen, in dem wir wie die Heringe zwischen Ballen und Kisten verpackt waren, rumpelte auf dem verruchten Knüppeldamm, daß wir mitten auf dem Weg noch beide Stengen brachen; und so war's schon gegen zehn Uhr Abends, da wir endlich in Hamburg einfuhren. Hundsmüde stieg ich sogleich die Treppe nach meinem Quartier hinauf, und im Augenblick kam auch das alte Riekchen hintennach. ‚Nun, seid Ihr es?' frug ich.

„‚Ja, Onkel John; Ihr seid wohl müde? Soll ich Euch was zu essen machen, oder eine heiße Tasse Thee, oder ein Glas Grog? Das nehmt Ihr heut wohl lieber?'

„‚Nein, nein, Alte; geht nur und grüßt die Anna, wenn sie noch die Augen auf hat! Ich muß schlafen.'

„Die Alte murmelte etwas und ging; ich kroch in meinem Alkoven unter die Decke, hörte noch, wie es von Michaelis elf schlug und wie der Wind aufkam und zwischen die losen Dachpfannen fuhr, dann hörte ich nichts mehr. Wie lange ich geschlafen, weiß ich nicht, aber es mußte mitten in der Nacht sein — mir träumte, ich fahre auf einem kleinen Schmack durch die norwegischen Schären, und ein Windstoß schlägt das Fahrzeug gegen einen Felsblock — wie von einem Ruck fahr ich in die Höhe, und auf einmal fühl ich, ich liege in meinem Bett und will mich eben behaglich wieder in mein Deckbett wickeln, da ruckt unten vor der Hausthür ein Wagen auf dem Steinpflaster, ein Kutscher klatscht mit der Peitsche und stößt einen Fluch über seine unruhigen Pferde aus; eine Art Getümmel ist dabei, als würde einer vom Wagen herabgehoben.

„Da fiel's mir plötzlich ein: ‚Warum, als du heimkamst, war die Anna denn nicht da? Und die Alte, sie war um dich herum, als wollte sie das Mädchen dich vergessen machen; am Ende ist heut der Musterball!'

„Ich war aus dem Bett gesprungen und lief ans Fenster. Aber die Unruhe hatte sich schon ins Haus verloren, und ich sah nur noch, wie ein großer Herr im Mantel in den Wagen sprang.

„‚Vorwärts, Kutscher!' rief er, und mit Gepolter rasselte das Gefährt davon.

„Mit selbigem kam es auch schon die Treppe zu mir herauf, daß ich mir kaum die Nothdurft über den Leib ziehen konnte, und wieder stand die Alte, aber mit einem wahren Jammergesichte, vor mir.

„‚Nun, Niekchen,' rief ich, ‚was ist denn das für eine Komödie?'

„‚Ach, Onkel John, scheltet nur nicht! Der Herr Baron hat sie selber vom Ball zurückgebracht; aber sie ist krank geworden beim Tanzen, ohnmächtig, ganz ohne Besinnung; ach, Onkel John, schier wie eine Leiche sieht sie aus! Die alte feine Frau, die mitkam, ist noch unten, aber sie weiß ja hier doch nicht Bescheid.'

„‚Da soll ich wohl den Doctor holen?' frug ich.

„‚Ach, wenn Ihr wolltet, Onkel John?'

„‚Hol der Teufel Eure Bälle und Barone!' rief ich; ‚aber geht nur hinunter zu dem armen Kind!' — Ich hatte mich schon völlig angekleidet, nahm meinen Hut und lief hinaus.

„Bald war ich auch am Doctorhause und klingelte den alten Doctor Snittger aus den Federn, der nur eine Straße

von uns wohnte und mir vor Jahren einmal das Marsch=
fieber vertrieben hatte.

„Er war sogleich auch diesmal bei der Hand und fertig.
‚Sorget Euch nicht, Capitän,‘ sagte er, als wir mit einander
die Gasse wieder hinaufgingen; ‚ja, wenn's ein Mann wäre!
Aber bei den jungen Frauenzimmern, da ist's meist er=
schreckender als schrecklich!'

„Als wir ins Haus getreten waren, ging der Doctor
unten zu den Frauen, ich in mein eigen Zimmer und wan=
derte, Gott weiß wie lange, auf und ab. Da endlich hör
ich unten wieder die Stubenthür knarren und das Riekchen
auf dem Hausflur mit dem Doctor klöhnen. Als ich die
Treppe hinabstieg, ruft er mir noch zu: ‚Alles in Ordnung,
Capitän; wir können schlafen gehen!' und somit ist er zur
Hausthür hinaus und das Riekchen zur Stubenthür hinein
und Alles still und dunkel.

„Also ich auch wieder hinauf in meine Cabine und
schlafe bis in den Tag hinein. Da vernehm ich auf einmal
aus meinem Alkoven, daß drinnen im Zimmer mein Kaffee=
geschirr auf den Tisch gesetzt wird, und noch halb im Schlaf
rief ich: ‚Bist du es, Anna?'

„Ich fuhr ordentlich zusammen, als es von drinnen
antwortete: ‚Ja, Ohm.' Aber es war, by Jove, ihre
Stimme.

„‚Komm doch, mein Kind!‘ rief ich wieder, ‚und sag mir
guten Morgen!'

„Und als sie nun kam und die Alkoventhüren zurück=
schlug, die ich wegen des Straßenlärmes meist geschlossen
hatte — Herr, wie war ich erschrocken, da der Morgen=
schein auf das junge Gesicht fiel! — Zerstört, ja ganz zer=
stört schien es mir; ich suchte darin nach etwas, und ich
wußte nicht wonach; die rothen vollen Lippen schienen wie
zum Spott daraus hervor.

„‚Guten Morgen, Ohm!' sagte sie kaum hörbar; aber

ihre Hände zitterten, womit sie mir die volle Tasse reichte, daß ein Theil mir auf das Deckbett floß.

„Kind! Anna!" sagte ich und faßte ihre Hand; ‚wo bist du gewesen? Du hast ja arge Havarie erlitten!'

„Sie antwortete nicht; sie zitterte nur noch stärker, und als ich in ihre sonst so fröhlichen Augen sehen wollte, schlug sie sie nieder oder wandte sie zur Seite.

„‚Anna! Anna!' sagte ich, ‚du gehst mir nimmer wieder auf diese Bälle!'

„Da mußte ich nach der Tasse greifen, denn sie wollte die Hände über ihren Kopf erheben. ‚Nein, Ohm!' schrie sie, ‚nie — nie wieder!' Ihre schlanke Gestalt wollte sich aufrichten; aber sie sank wie ohnmächtig an meinem Bett zusammen.

„Ich hatte meine Hand auf ihren Kopf gelegt. ‚So ist es recht, mein Kind,' sagte ich; ‚nun gräme dich nur nicht; ich gehe mit dir, wohin du willst! Und wenn's erst Sommer ist, dann reisen wir zu meinem alten Ohm, der auf dem Lande wohnt! Da sind große stille Stuben und draußen Wald und grüne Wiesen!' By Jove! Ich hatte die Marder ganz vergessen!

„Sie hatte meine Hände an ihre Stirn gepreßt und nickte ein paar Mal leise, ohne aufzusehen; dann aber richtete sie sich empor. ‚Laß mich nun, mein Ohm,' sprach sie freundlich, ‚ich muß nach unten.'

„Sie ging, und ich blieb, ohne meinen Kaffee anzurühren, noch lang auf meinem Bette; ich wußte in der Sache mich nicht zurecht zu finden.

*　*

*

„Einige Zeit verging; das Aussehen des Mädchens wurde freilich besser, aber innerlich war das Kind verwandelt. Wenn sie sonst um Mittag so fröhlich unten an der Treppe rief: ‚Ohm! Ohm John! Servirt!' — Du lieber Gott, wie träg und öde klang das jetzt! Mir war auch, als ob ihr Angesicht allmählich sich verändere: sie hatte sonst noch immer wie ein Kinderspiel um Mund und Wangen; das war wie weggeblasen.

„Es ging mir arg im Kopf herum; von dem Herrn Baron war nicht der Zipfel seines Rockes mehr zu sehen, und als ich zu dem alten Riekchen davon sprach, erhielt ich zur Antwort, der Herr Baron habe auf seine Güter in Mecklenburg müssen und komme erst im Sommer wieder; das Mädchen aber, das daneben stand, wurde bei dieser Rede wie mit Blut übergossen und ging rasch zur Thür hinaus.

„‚Ei,' dacht ich, ‚liegt da der Has im Pfeffer? Sind die Gedanken unseres Kindes noch immer bei dem confis= cirten Kerl?' Und es fraß ordentlich in mir.

— — „Wieder waren ein paar Monate vergangen, als ich an einem Spätnachmittage im März, da schon das Dunkel in die Häuser kroch, von einem Geschäftsgange zu= rückkam. Als ich am Laden vorüber wollte, sah ich durch das Guckfenster, daß dort die Lampe noch nicht brannte; aber, da ich still stand, hörte ich drinnen Jemand weinen. ‚Mußt einmal revidiren!' sagte ich zu mir und ging hinein. Da fand ich die Anna in einer Ecke auf dem Ladentritt, mit beiden Händen vor den Augen. ‚Bist du es, Anna?' frug ich). ‚Wo ist deine Mutter?'

„‚Ausgegangen,' erwiderte sie leise.

„‚Aber du mußt ja die Lampe anzünden!'

„Sie stand langsam auf, und als die Lampe brannte, sah ich dicke Thränen über ihre Wangen rinnen.

„‚Bist du krank, Anna? Oder fehlt es dir sonst?' frug ich, während sie sich abwandte und die Fenstervorhänge herabließ.

„Sie schüttelte nur den Kopf.

„‚Aber was ist denn? Warum weinst du?'
„‚Ich weiß nicht, Ohm; es kommt nur manchmal so.'
„Da ergriff ich sie bei beiden Händen: ‚Du sollst mir Stand halten, Kind! Nicht wahr, du härmst dich nach deinem Tänzer, nach dem Baron, der jetzt auf seinen Gütern ist?'
„‚Nein, nein, Ohm!' rief sie heftig.
„‚Nun, was ist's denn? Kannst du's deinem alten Ohm nicht sagen? Wir wollen sehen, daß wir Hülfe schaffen!'
„Aber ich sah nur, daß ihr die Thränen reichlicher aus den Augen rannen: ‚Ich kann nicht!' Und sie stammelte das nur so. ‚O lieber Gott! die Angst! die Angst!' schrie sie dann wieder.
„‚Aber so sag dir's doch vom Herzen! Kind, wirf den Ballast über Bord! Oder, wenn nicht mir, so sag es deiner Mutter!'
„Sie starrte mit ihren schmucken Augen vor sich hin, als ob sie in ein schwarzes Wasser sähe, und sagte rauh: ‚Nein, nicht der, nicht meiner Mutter.'
„‚Versündige dich nicht,' sprach ich; ‚du hast ja nur uns beide auf der Welt!'
„Da warf sie sich auf die Kniee und schrie: ‚Mein Vater, o mein guter Vater! Ich will zu dir!'
„Und ich kniete neben ihr und wußte mir nicht zu helfen; denn, Nachbar, die Frauenzimmer haben nicht den Verstand, daß man ihnen damit beikommen könnte. Zum Glück klingelte jetzt die Hausthür, und ihre Mutter mit einem Korb voll Brot und Kohl und Rüben trat herein; und so ließ ich die Beiden und ging nach dem römischen Kaiserhof und dort unten in das Gastzimmer. Aber mein Glas schmeckte mir nicht, denn immer sah ich das arme Kindergesicht in seiner Angst und Noth.
— — „Sie hatte sich denn endlich doch der Mutter kund gethan, aber, Herr Nachbar, helfen konnten wir nicht;

nur, wir wußten es denn nun — ein vaterlos Kind sollte geboren werden, von ihr, die ja fast selber noch ein Kind war.

„Herr du meines Lebens! Wie wurde die alte Tugendcreatur lebendig! Wie hat sie geschrieen! Den Mund hab ich ihr verhalten müssen, daß nur die ganze Gasse nicht zusammenlief: sie wollte den Baron verklagen, von seinem Gelde wollte sie nichts; aber heirathen sollte er ihre Tochter, noch Frau Baronin sollte sie werden! Ja, das sollte sie!

„‚Ja,‘ sagte ich, ‚Baronin! Aber wenn's nun ein Posamentiergeselle oder ein Balbirer gewesen ist!‘

„Da schrie sie noch schlimmer. Und freilich, später erfuhren wir wohl: es war richtig so ein feiner Maat, ein Wasserschößling aus großer Familie gewesen, von denen, die von Schulden leben und deren Geschäft ist, anderer Leute Kinder zu verderben. Der Herrgott weiß, wo er geblieben ist; von seinen Gütern ist er nicht zurückgekommen.

„Die Anna aber wurde immer stiller. Wenn die Mutter da war, besorgte diese den Laden, und sie saß im Hinterstübchen und nähte sich die Augen roth; war die Mutter aus dem Hause, so bediente das arme Kind die Käufer demüthig und wie eine Sünderin, sprach nur, was nöthig war, und ihre jungen Augen, die sonst so lustig in die Welt sahen, waren fast allezeit zu Boden geschlagen.

„Nur, wenn jezuweilen Abends die Mutter auswärts war, kam sie die Treppe zu mir heraufgeschlichen. Dann pochte sie leise an die Thür: ‚Darf ich ein wenig bei dir sitzen, Ohm? Es ist so einsam unten.‘

„Und ich rückte ihr einen Stuhl zum Tisch; ich selber las die Zeitung oder schrieb, wenn so was vorlag. Gesprochen aber wurde nicht viel; von dem, der ihre Jugend gebrochen hatte, hat sie nie ein Wort geredet; dagegen waren ihre Gedanken oft bei einem Todten. So sagte sie einmal und hielt ihre Nadel müßig in der Hand: ‚Ohm, ich war doch schon sechs Jahre, als mein Vater starb; aber wenn ich an ihn denken will, ich kann mir sein Gesicht nicht mehr vorstellen — das ist doch wohl keine Sünde.'

„‚Nein, Kind,‘ erwiderte ich, ‚warum sollte das eine Sünde sein?‘

„‚Ja, er hat mich doch so lieb gehabt; das fühl ich wohl noch immer, aber sein Gesicht, das kann ich nicht mehr sehen!‘

„Es that mir weh, Nachbar, als das arme Kind so sprach, ich weiß nicht mehr, weshalb; ihr Vater konnte auch sein schmuckes Gesicht nicht mehr gehabt haben, als er verunglückte. Da fiel mir ein, ich bewahrte ja noch ein paar Briefschaften von ihm aus seiner besten Zeit, aus Rio einen, den anderen aus Hongkong, die waren so hell und jung geschrieben, als stünde er im Maiensonnenschein am Steuerrad und der Südwind wehte durch seine dunklen Locken. Die holte ich aus meiner Schatulle und legte sie vor ihr hin: ‚Da, Anna, hast du deinen Vater; es war, by Jove, derzeit ein herrlicher Junge!‘

„Ein heißes Roth flog über das blasse Gesicht, und ihre Augen strahlten für einen Augenblick. ‚Darf ich sie lesen?‘ rief sie, und da ich nickte: ‚Darf ich sie auch mit mir nach unten nehmen?‘

„‚Gern,‘ sagte ich, ‚wenn du sie hier nicht lesen willst.‘

„Sie schüttelte den Kopf und sah mich mit ihren düsteren Augen bittend an; das hätte einen Stein erbarmen können. ‚So geh!‘ sagte ich.

„Da nahm sie die Briefe, raffte ihr Nähzeug zusammen, und ich hörte, wie sie draußen die Treppe hinabflog. Ich hörte die Stubenthür im Unterhause öffnen und schließen; sie war wohl dort nicht mehr allein nun, denn die Todten — wer kann's wissen, wenn eine Kinderstimme so ins Grab hinunterschreit.

— — „Es gingen wohl acht Tage hin, daß sie nicht

zu mir kam; dann pochte eines Abends wieder ihre kleine Hand an meine Stubenthür: ‚Darf ich hineinkommen, Ohm?‘

„‚Gewiß, mein Kind.‘

„Dann schritt sie leise herein. ‚Da sind die Briefe wieder,‘ sagte sie beklommen; ‚ich danke dir tausendmal.‘

„‚Willst du sie nicht behalten?‘ frug ich.

„‚Darf ich?‘ rief sie und bückte sich über mich und küßte mich und drückte krampfhaft meine Hände.

„‚Gewiß, mein liebes Kind; aber setz dich nun und bleib ein wenig!‘

„‚Ja, Ohm; ich will nur meine Arbeit holen!‘ Und dann ging sie mit den Briefen aus der Thür; aber bald war sie zurück und setzte sich mit ihrer Näherei an meine Seite; du lieber Gott, ich sah wohl, daß es kleine Kinderjäckchen waren. Wir sprachen erst nicht; ich sah auf ihr liebes vergrämtes Angesicht, und sie saß wie grübelnd, aber ihre fleißigen Finger rührten sich dabei, als gehörten sie nicht zu ihr.

„‚Ohm,‘ sagte sie endlich und athmete stark dazwischen, ‚hat mein Vater einen gewaltsamen Tod gehabt?‘

„‚Ja, Kind; er ist ertrunken, hier in Hamburg, in einem von den Flethen; weißt du das denn nicht?‘

„Sie schüttelte den Kopf: ‚Nicht recht; Mutter spricht ja nicht davon. Ohm, sag mir: that er das mit Willen?‘

„‚Mit Willen, Anna? Was redst du denn! Er kam spät Nachts nach Hause; an der Brücke, wo er vorüber mußte, ward gebaut, und mit den Laternen war es noch nicht wie heutzutage; da ist er fehlgetreten und verunglückt.‘

„Sie schwieg, aber ich sah, wie ihre Brust sich vor innerer Aufregung hob und wie sie heftiger ihre Nadel führte. ‚Ohm,‘ hub sie wieder an und ließ nun ihre Hände ruhen, ‚hat mein Vater auch von dem Schrecklichen getrunken, was du immer Abends trinkst und — wo ich auch davon getrunken habe?‘

„Ich erschrak, aber ich antwortete scheinbar ruhig: ‚Das ist nicht schrecklich, Anna; das hat ja der Herrgott uns Seeleuten so recht zum Labsal gegeben! Hast du danach bei mir was Schreckliches gesehen?'

„‚Bei dir nicht, Ohm' — und sie sah mich mit ganz großen Augen an; ‚aber Alle dürfen das nicht trinken: es bringt uns um den Verstand; die Bösen haben dann Gewalt über uns.'

„‚Ja, Anna,' sagte ich, ‚das hat der Herrgott in der Welt so eingerichtet; wohl thut's mit Maßen und weh im Übermaß; mein alter Hochbootsmann hatte sich in starkem Kaffee den Säuferwahnsinn auf den Hals getrunken: ‚Capitän,' sagte er, als er den Athem wieder oben hatte; ‚ich bin der nüchternste Mensch; von Eurem gebrannten Zeuge habe ich fast nimmer noch ein Glas getrunken, aber Kaffee, das ist ja ein Getränk für Kinder!' — Und ich erzählte weiter und sprach wie ein Prediger, aber nur aus Angst und um der Anna ihre bösen Fragen aus dem Kopf zu schaffen. Da läutete zum Glück die Hausthürglocke und sie mußte in den Laden.

„Als sie wiederkam, war davon nicht mehr die Rede, und so hatte ich ihr heilig Vaterbild nicht zu beschmutzen brauchen.

* *
*

„Und endlich kam die Nacht, in der das Kind geboren wurde; ein Knabe, derselbe, der jetzt oben hier im Hause schläft. Es ist die einzige Geburt gewesen, der ich in meinem Leben so nahe beigewohnt, aber Freude war nicht dabei. Anna freilich war gesund geblieben; nur nähren konnte sie ihr Kind nicht selber. Wenn man es ihr aufs Deckbett brachte, sah sie es jammervoll aus ihren dunklen Augen an; aber sie gab es kopfschüttelnd wieder fort, und ich sah nicht, daß sie es küßte oder nur sich zärtlich zu ihm niederbeugte. Sie lag in dem Wohnstübchen, und ihre Mutter ging seufzend aus und ein und mühte sich, das arme Kind aus einer Flasche trinken zu lehren; des Nachts nahm sie die Wiege mit in ihre Schlafkammer, welche, Sie wissen es ja, hinter dem Stübchen lag und durch eine Thür damit verbunden war.

„Es mag am siebenten oder achten Tag gewesen sein, daß ich wieder Abends mein Glas in der Gaststube des Kaiserhofes trank. Sie wissen, die Gelehrten müssen ja allezeit was Neues aushecken, und damals hatten sie es mit der Vererbung vor — es war just ein solcher Artikel, den ich an diesem Abend im Correspondenten las, und ich muß sagen, obschon es mir Phantastereien schienen, ich vertiefte mich immer mehr darin, konnte nicht davon los. ‚Dummes Zeug!‘ rief ich endlich laut, als es mir doch gar zu bunt wurde.

„‚Mein Gott, capitano,‘ hörte ich eine Stimme mir gegenüber; ‚Sie lesen ja heute über alle Maßen; was haben Sie denn da?‘

„Als ich aufblickte, saß der alte Doctor Snittger vor mir und nickte mir lachend zu.

„‚Ja freilich, Doctor,‘ sagte ich, ‚verrücktes Zeug, was der Correspondent uns heute auftischt!‘

„‚Hab's noch nicht gelesen,‘ sagte der Alte; ‚sind zu viel Lungenfieber in der Stadt jetzt.‘

„‚Auch vererbte?‘ frug ich.

„‚Wie meinen Sie?‘

„‚Lesen Sie es selbst,‘ sagte ich und reichte ihm das Blatt, ‚hier steht's: Alles ist vererblich jetzt, Gesundheit und Krankheit, Tugend und Laster; und wenn Einer der Sohn eines alten Diebes ist und stiehlt nun selber, so soll er dafür nur halb so lange ins Loch als andere ehrliche Spitzbuben, die es aber nicht von Vaters wegen sind!‘

„‚Ja so,‘ sagte der alte Herr, nachdem er einen Blick in

die Zeitung geworfen hatte; ‚es sollte wohl so sein, aber so ist es bis jetzt noch nicht.'

„Ich sah ihn an: ‚Ist das Ihr Ernst, Herr Doctor?'

„‚Ei freilich, Capitän; den mitschuldigen Vorfahren müßte gerechter Weise doch wenigstens ein Theil der Schuld zugerechnet werden, wenn auch die Strafe an ihnen nicht mehr vollziehbar oder schon vollzogen ist. Wissen Sie nicht, daß selten ein Trinker entsteht, ohne daß die Väter auch dazu gehörten? Diese Neigung ist vor Allem erblich.'

„Ich wollte reden, aber er fuhr fort: ‚Ja, ja, ich weiß wohl, die Erziehung der Jugend, wenn sie mit ausdauernder Sorgfalt die Reizung dieses entsetzlichen Keimes zu verhindern weiß, kann bei dem Einzelnen das Unheil vielleicht niederhalten; aber darin wird nur zu arg gesündigt. Die hübsche Anna in Ihrem Hause, das arme Mädchen, das jetzt mit einem Kinde liegt, sie hatte ja wohl nicht den Fehler ihres unglücklichen Vaters, wie das bei Frauen denn auch seltener ist; aber doch — was meinen Sie, das ihr fehlte vor nun dreiviertel Jahr, in jener Nacht, da Sie mich aus dem besten Schlaf aufklopften? — Ich will es Ihnen sagen, Capitän — das schöne Mädchen war in jener Nacht sinnlos betrunken! — Wer weiß, ob nicht ihr Unglück …'

„Aber ich hörte schon nicht mehr, was der Doctor sprach, denn in mir redete es mit hundert Stimmen durch einander; aber eine darunter war die stärkste: ‚Deine Schuld, deine Schuld!' rief sie stets dazwischen. Und das war Rick Geyers' Stimme, die ich gleich erkannte; und bald sah ich ihn vor mir in seiner schönen Jugendflottheit, die Bänder an seinem blanken Hute flatterten im Winde; bald aber mit dem gedunsenen Gesicht und den schweren Augen, die mich zornig ansahen. Dann wieder sah ich die Anna, das zehnjährige begehrliche Ding, wie sie voll Abscheu den heißen Trunk von sich sprudelte, zu dem ich so unbesonnen sie genöthigt hatte; dann wieder, wie sie später mein halbes Glas mir vor der Nase wegschluckte. ‚Deine Schuld! beine Schuld!' schrie die eine Stimme wieder. Ich sprang von meinem Stuhle auf: ‚Ja, ja!' rief ich; ‚aber ich will …' Ich besann mich; ich hatte das fast laut geschrieen. Zum Glück war eben jetzt nur der verständige Doctor allein mit mir im Saale; seine Hand lag auf meinem Arm: ‚Was wollen Sie, Capitän?' frug er ruhig.

„Ich setzte mich wieder. ‚Helfen will ich,' sagte ich, ‚soweit eines ehrlichen Menschen Kraft nur reichen kann!'

„‚Das thun Sie! Ich habe ja den Vater auch gekannt — daß nur nicht zwei solcher Menschenkinder hier zu Grunde gehen! Und wenn Sie meiner dazu bedürfen, wir sind ja Nachbarn!'

„Ich drückte ihm kräftig seine gute Hand: ‚Good bye, Doctor; ich werd es nicht vergessen.' Dann stand ich auf und ging. Den Kopf voll guter Werke trabte ich über die Straße; ich begann in Gedanken schon an meinem Testament zu arbeiten.

„Als ich zu Anna in die Stube trat, lag sie mit weit gestreckten Armen und sah starr auf die in einander geschlungenen Hände und das leise Bewegen ihrer Finger, als sei der Lebensknoten dort zu lösen; wie es Menschen machen, die ihren Curs nicht mehr zu steuern wissen. Ich setzte mich zu ihr auf die Bettkante. ‚Anna,' sagte ich, ‚du siehst so traurig aus; was machst du denn da?'

„Sie blickte langsam zu mir auf: ‚Jetzt?' frug sie, und als ich nickte: ‚Jetzt denke ich nur.'

„‚Woran denn denkst du?'

„‚An meinen Vater, Ohm.'

„‚Nicht an dein Kind?'

„‚Mein Vater — das ist sanfter. — Ohm, bitte,' sagte sie dann, löste die Hände aus einander und wies nach der Schatulle am Fenster, in deren Klappe ein Schlüssel steckte; ‚ich habe ja noch die Briefe, ich darf sie auch wohl noch behalten; die oberste Schublade! Wenn du so gut sein willst, so gieb sie mir!'

„Ich reichte ihr die Briefe, und sie packte sie unter ihr Kissen und legte sich dann zur Seite und mit der Wange darauf. ‚Ohm,‘ sagte sie, ‚wie kommt das, ich sehe jetzt wieder ganz deutlich sein Gesicht. — Vielleicht — er war so gut, er hat wohl Mitleid …‘ Sie warf sich unruhig im Bett empor: ‚Ach, Ohm, ich darf nicht denken, nicht eine Spanne weit! Aber heute Nacht, da hört ich seine Stimme, so sanft, als wollte sie mich an sich ziehen; du kannst dir das nicht denken! Nur als ich zu ihm wollte, war er fort, und es rauschte über mir, als wenn ich in ein Meer versänke. Und dann hörte ich das Kind weinen, und meine Mutter fing an zu singen.‘

„‚Das waren deine Träume, Anna,‘ sagte ich.

„‚Ja, vielleicht, Ohm; aber‘ — und sie sprach das fast unhörbar — ‚ich wär so gern bei meinem Vater!‘

„‚Denk lieber an dein Kind!‘ sagte ich, ‚und laß Rick Geyers schlafen.‘

„Sie starrte mich geheimnißvoll an: ‚Das Kind, das ist eine Sünde,‘ sagte sie, ‚und darum ist mir auch die Brust für ihn vertrocknet.‘

„‚Ei, dummes Zeug! Sieh ihn nur muthig an. Der Junge ist wie jeder andere unseres Herrgotts Kind! Laß ihn erst ein paar Jahre älter werden; ich will dir helfen, Anna, wir wollen was Tüchtiges aus ihm machen, einen flotten Steuermann, einen Capitän! Und wenn er dann mit seinem Vollschiff von der ersten großen Reise heimkommt: wir beide stehen am Hafen — er schwenkt den Hut — die Ankerkette rasselt — hurrah für Capitän … ja, Kind, wie sollen wir ihn denn taufen? Ich denke doch wohl: Rick? Was meinst du zu Rick Geyers?‘

„Ein Seufzer unterbrach mich: ‚Ja, Ohm, und seine Mutter steht dann da und ist ein altes Mädchen!‘

„‚Deine Schuld! deine Schuld!' schrie es wieder in mir, so laut und schaurig wie aus einem Nebelhorn; man hört's und weiß in der grauen Finsterniß nicht, woher es kommt. Da fuhr's in meiner Noth mir durch den Kopf, ich sagte: ‚Anna, ich weiß, ich bin nichts als dein alter Ohm, schon über sechzig, und morgen mach ich mein Testament; was ich habe — es ist ein anständig Bürgertheil — kommt dir und deinem Jungen zu; und willst du die paar Jahre noch meine Frau heißen — denn es bleibt trotzdem beim Alten, Anna — aber ein altes Mädchen brauchst du nicht zu werden!'

„Ich weiß nicht, Nachbar, es war vielleicht was ungeschlacht; ich wußte mir nur anders nicht zu helfen; es ist ja nun auch einerlei.

„Aber Anna hatte sich strack emporgerichtet. ‚Nein!' schrie sie, ‚nein, das will ich nicht! Du bist so ehrenhaft und brav! Ach, Ohm,' — und ich sah, wie sie in sich zusammenschauderte — ‚du weißt es doch — die Schande ist so ansteckend!' Sie hatte krampfhaft meine Hand ergriffen und geküßt.

„‚Anna,' sagte ich, ‚ich kann dich hiezu nicht drängen, aber Schande ist nur unter den Menschen und verweht in einem guten Leben. Denk an dein Kind und daß ich nichts für mich will!'

— „‚Nein, Ohm, nie — nie!' Ihre Augen bewegten sich zitternd, sie hatte die Arme ausgestreckt und rang die schmalen Hände um einander. ‚Aber — das Andere, was du sagtest,' begann sie schüchtern wieder, ‚mein Kind, es wird zu leiden haben um seiner Mutter willen. Hilf ihm, Ohm! Kannst du es wirklich mir versprechen, mein Kind niemals, auch bei deinem Tode, nicht zu vergessen?' Die großen Augen waren angstvoll auf mich gerichtet.

„Da legte ich meine Hand auf ihr armes junges Haupt: ‚Niemals, Anna,' sagte ich, ‚sonst vergesse mich unser Herrgott in der letzten Stunde! Schon morgen soll dein Sohn mein Erbe sein.'

„Wie mit einem Seufzer der Erlösung sank sie zurück in ihre Kissen: ‚Ich danke dir, mein geliebter Ohm! Und nun geh! Nun möcht ich schlafen!'

„Ich stand noch eine kurze Weile und blickte auf ihr jetzt so blasses Angesicht, in welchem die Augen schon geschlossen waren. ‚Gute Nacht, liebe Anna!' sagte ich und küßte ihr die Stirn.

„Sie schlug noch einmal ihre Augen zu mir auf und bewegte leis das Haupt; dann ging ich.

„Als ich auf den Hausflur trat, geleitete die Mutter eben einen späten Käufer an die Thür. ‚Gute Nacht, Frau Geyers!' sagte ich und stieg nach meiner Stube.

„Ich hörte die Hausthür schließen, dann noch von nah und fern die Glocken aller Thürme durch einander schlagen; innen und außen wurde es allmählich ruhig, und ich schlief; wie lange, weiß ich nicht. Aber mich weckte etwas; ich mußte erst völlig wach werden, bevor ich's fassen konnte; der erste Dämmerschein fiel eben in die Stube. Endlich glaubte ich es zu wissen: die Kette vor unserer Hausthür mußte herabgeglitten sein; aber wie? — Sie wurde jeden Abend über eine hohe Klammer aufgehalt. Ich lag noch und grübelte darüber, sogar an Diebstahl und Einbruch streiften die Gedanken; da drang noch ein zweites Geräusch vom Flur herauf: es klirrte, aber es war ein leiser Klang dabei, als käme er von einer Glocke.

„Rasch war ich aus dem Bett gestiegen und kleidete mich völlig an; dann nahm ich meinen Revolver aus der Schatulle und stieg leise in den Flur hinab. Es war nichts zu sehen, nichts rührte sich, aber als ich an die Hausthür ging, fand ich sie unverschlossen; bei dem Oberlichte, das darüber war, sah ich die Glocke mit einem Tuch bedeckt, und an der einen Seite hing die Kette los herunter.

„Noch immer war Todtenstille; auch das Kind schien zu schlafen. Ich faßte die Ladenthür: sie war verschlossen; aber als ich mich dann wandte — die Thür der Wohnstube war nur angelehnt, und ich öffnete sie noch etwas weiter, so daß ich Annas Lager übersehen konnte. Die Nachtlampe knisterte nur noch, aber es drang schon Morgenhelle herein; das Bett war leer, die Decke hing halb herausgerissen über die Kante; aus der Kammer nebenan hörte ich das Rickchen schnarchen.

„Und im selben Augenblick, Herr Nachbar, wußte ich Alles, Alles! Wie ein Krach war es durch meine alten Knochen hingefahren; barhäuptig, wie ich war, den Revolver in der Hand, lief ich aus dem Hause, aus einer Straße in die andere; mir war, als ob ich fortgetrieben würde, und endlich, da lag die Brücke und das Fleth vor mir, wo einst mein armer Rick sein bischen Leben eingebüßt hatte.

„Das trübe Wasser zog langsam nach Osten unter der Brücke durch, und der erste Dunst des Morgenroths schillerte wie Blut darauf; die Rückseiten der hohen Speicher standen rechts und links in halbem Schatten; es war ein eiskalter Frühmorgen; nur ein paar Brotträger sah ich an mir vorbeipassiren.

„Aber dort auf der Brücke stand schon eine Vierländerin, ein blutjunges Ding; sie hatte bei einem ihrer ersten Gänge in die Stadt wohl nichts versäumen wollen. Ich ging näher, ohne daß sie mich bemerkte; denn sie streckte ihr Köpfchen mit dem runden Strohhut weit über das Geländer und sah nur immer in das Wasser; am Arm hing ihr ein Korb, wie ihn solche Mädchen tragen, der von Maililien ganz gefüllt war. ‚Was macht das Kind?‘ frug ich mich eben; da langte sie zurück in ihren Korb und warf einen der Sträuße in das Wasser. Betroffen war ich stehen geblieben. ‚Hier ist es!‘ sprach etwas in mir; und ich sah noch, wie die kleine Hand ein zweites und ein drittes Mal in den Korb faßte, und jedesmal fiel eine Hand voll Frühlingsblumen in die Tiefe. Ich fuhr mir durch das Haar und steckte den Revolver, den ich gedankenlos noch in der Hand trug, in die Tasche; als ich dann aber zu ihr trat, da sah ich, daß zu den Blumen auch dicke Thränen aus den Kinderaugen fielen. ‚Erschrick nicht!‘ sagte ich; ‚aber wem streust du da denn Blumen?‘

„Als sie mich so plötzlich sah, hub sie dennoch laut zu schreien an: ‚Hülfe! Hülfe! O, die schöne blasse Frau; sie nickkoppte mir noch so traurig zu!‘

„‚Was sagst du?‘ rief ich, ‚sprich, Kind! Liegt sie da unten?‘

„Das Mädchen nickte heftig, und die Thränen stürzten ihr reichlicher aus den Augen.

„Ich lugte von der Brücke nach Osten aus, wohin das Wasser zog. Da, am Backbord eines Ewers, der hinter einem Speicher lag, sah ich etwas schimmern; der erste Morgenstrahl hob es eben aus dem Dunkel, aber das Meiste war unter dem Wasser.“

Der Capitän hielt inne und trank den Rest aus seinem Glase, indem er meine Hand faßte. „Wir wollen es kurz machen, Nachbar,“ sagte er; „sie war es; ihr Nachtkleid hatte sich dort verfangen und den Körper aufgehalten, damit er bald zur Ruhe komme. Es waren jetzt auch Leute herzugelaufen; wir haben sie in ein Haus getragen, einen Doctor geholt und alle Versuche angestellt, aber die junge Seele war zum armen Rick gegangen, und ich will hoffen, daß ihnen Beiden Gott verziehen hat.“

Er schwieg eine Weile; dann begann er wieder: „Als ich über die Brücke zurückging, stand die Kleine noch immer dort; nur daß sie aus ihrem runden Gesichtlein jetzt nach der Seite auf das Fleth sah, wo wir vorhin unser liebes Kind herausgehoben hatten, wo aber jetzt nur noch der träge Zug des Wassers floß. Sie ließ sich ruhig bei der

Hand fassen, als ich ihr sagte: ‚Komm mit mir; ich will dir alle deine Blumen abkaufen, die sollen mit der todten Frau in ihren Sarg!'

„So gingen wir, und als wir in unser Haus kamen, wo Alles noch zu schlafen schien, nahm ich sie mit in meine Stube und gab ihr zu essen und zu trinken; eine Rauch= wurst und ein Stückchen Brot waren noch im Schrank und auch ein Schlückchen süßen Weines, denn mir war, ich müsse zuerst das verklommene Kind erquicken. Dann stieg ich hinab und ging in die Wohnstube, wo Alles noch lag, wie ich es vorher verlassen hatte; aber durch die offene Kam= merthür sah ich das Riekchen jetzt in ihrem Bette sitzen, aufrecht und geschäftig: sie wickelte das Kind und sang dazu ihr ‚Eia Popeia'.

„‚Das ist recht, Frau Geyers,' sagte ich; ‚aber Ihr könnt jetzt alle Eure Tugend brauchen!'

„Sie fuhr ein wenig zusammen, denn sie hatte meinen Eintritt nicht bemerkt. ‚Ja, Ohm Riew',' sagte sie, ‚wenn wir unsere Sündenschuld abziehen, so müssen wir mit dem Rest schon fertig werden.' Und das Weib, by Jove, Herr Nachbar, sah mich an wie ein Engel der Geduld; und mit der Trauer in meinem Herzen, die ich noch auf sie abladen sollte, ich hätt ihr Alles abbitten mögen, was ich sonst über sie geredet und gelacht hatte.

„Als ich meine Todesbotschaft ihr verkündete, legte sie das Kind mit zitternden Händen in die Wiege, die vor ihrem Bette stand. ‚Gott steh mir armem schwachem Menschen bei!' Das war Alles, was sie sagte; und als sie Anstalt machte, aus dem Bett aufzustehen, ließ ich sie allein und ging auf mein Zimmer, wo ich die Vierländerin schier vergessen hatte.

„Da stand sie mit ihrem leeren Korbe und ihrem Rund= hut mitten auf der Diele; die Maililien aber hatte sie alle in meine große Waschschale geordnet und auf den Tisch ge= stellt. ‚Bist du schon fertig?' frug ich.

„‚Ja, Herr; und ich dank auch.'

„Und als ich ihr zwei Thaler auf die Hand legte, lachte das ganze runde Gesichtlein.

„‚Wie heißt du?' frug ich noch, denn mir war, als dürfte ich das Kind nicht lassen, als trüge sie das letzte Lebewohl von Anna mit sich fort.

„‚Trienke!' sagte sie fröhlich.

„‚Und wo hast du denn deinen Stand?'

„‚Am Jungfernstieg, Neuen Walls Ecke.'

„Und damit nickte sie und ging; aus dem Fenster sah ich noch, wie muthig sie in das Leben hinauslief.

„Ich habe später noch manchen Strauß von ihr gekauft, und Trienke suchte immer das Schönste für mich aus, rothe Nelken und Rosen, da es Sommer wurde, im Herbste weiße und violette Astern; sie wußte wohl, für welches Grab ich mir die Blumen kaufte.

— — „Schon am anderen Tage aber lag unsere schöne Anna weiß und kalt in ihrem Sarge, da, wo sie gestern noch im warmen Bett geschlafen hatte, und um sie war alle Sorge aus. Die Mutter hatte das feuchte und ver= wirrte Haarwerk ihr getrocknet, und die langen dunklen Flechten lagen auf den feinen Linnen, worein wir sie gehüllt hatten; schon, als sie noch Kind war, konnte die Wäsche ihr immer nicht fein und sauber genug sein; das Beste aus dem Laden hatten wir ihr gegeben. So lag sie denn noch ein= mal in full dress, Maiglöckchen um ihr schönes stilles An= gesicht und in ihren blassen Händen. In der Nacht habe ich die Wache bei ihr gehalten; ich hatte ihre Hand gefaßt, bis mir die Todeskälte in den Arm hinaufstieg, aber sie drückte meine Hand nicht mehr; die geschlossenen Augen, auf die ich lange Stunden sah, sie hatten sich rasch am Leben satt getrunken."

Der Capitän schwieg, langte nach seinem halbvollen Glase und trank es in einem Zuge aus. „Es ist kalt ge=

worden, Nachbar," sagte er, „und meine Geschichte ist aus. Wir wollen noch eins brauen und von anderen Dingen reden!"

„Aber Ihr wolltet mir noch sagen —"

„Was denn? — Nun ja, seit jener Nacht trinke ich mein Glas nur noch, wie wir es heute Abend thun; und — ja, mein alter Ohm, zu dem ich damals mit der Anna wollte, der starb, ich war sein Erbe, und da die Anna nicht mehr zu haben war, so zog ich, nachdem wir die Hamburger Baracke verkauft hatten, mit ihrem Jungen und der Alten hier hinaus, baute aber für das alte Haus, das nicht mehr stehen konnte, erst ein neues. Die Großmutter, Sie wissen es, die haben wir neulich hier zur Ruh gebracht; was aber aus dem jungen Rick Geyers noch werden soll — —"

„Nun, Capitän, das berathen wir noch mitsammen! Euer Testament ist hoffentlich in Ordnung?"

„Mit allen Klammern der Gesetze."

Ich nickte. „Aber es ist spät; wir wollen heute nicht mehr trinken! Gute Nacht, Capitän; das müßte doch mit allen Teufeln zugehen, wenn zwei Kerle wie wir nicht einen solchen Bengel nach unserem Compaß steuern könnten!"

Ein dankbarer Händedruck des Alten, dann war ich auf dem Heimweg.

* * *

Seit dem hier Erzählten sind fast zehn Jahre vergangen, und es ist wieder einmal Herbst; aber erst im Anfang des September, und die Laubhölzer lassen nur noch hier und da ein gelbes Blatt zur Erde fallen.

Mein alter Capitän Riewe ist noch ein munterer Greis, noch jetzt ein musterhafter Gärtner: in seinem Obstviertel stehen fast lauter junge Bäume; manches Pfropfreis haben wir getauscht und mancher trefflichen, fast vergessenen Art aus alten Gärten in den unseren zu neuem Glanz verhol=

fen. Périnette und Grand Richard, Beurre blanc und Winterbergamotte stehen in unseren Gärten jetzt, und schon seit Jahren, mit Frucht beladen; aber bei dem Alten glänzen Stamm und Zweige wie die Rinde einer Silberweide, bei ihm muß Alles sauber sein wie auf einem Schiffsdeck.

Er lebt allein mit einer freundlichen und verständigen Haushälterin; aber an Sommernachmittagen, zumal des Sonntags, kommt er gern zur Kaffeestunde auf unsere Terrasse, und es stört ihn auch nicht, wenn der Südost dort einmal durch seine weißen Haare fährt. „Ich danke, Madame, den haben wir einstmals anders kennen lernen," sagt er mit seiner gütigen Höflichkeit, wenn meine Frau eine Besorgniß um ihn kundgiebt. — Nach dem Kaffee spazieren wir in unserem Garten und besehen die Fruchtbäume oder reden über unsere Nelken und Levkojen; denn darin sucht der Eine dem Anderen es zuvorzuthun, und die Sache ist nicht ohne Eifersucht.

Wenn die Dämmerung anbricht, begleite ich ihn nach Hause, und dann reden wir von Rick — nur von Rick, denn von diesem ist das Herz ihm doch am vollsten; aber es ist auch eine Freude, über Rick zu sprechen.

Abends ist der Capitän zu Hause und allein, außer wenn ich einmal ein Stündchen bei ihm sitze, wo mir mein Glas Madeira-Grog niemals entgeht. Sonst liest er dann seine Zeitung, den Hamburger Correspondenten; am aufmerksamsten und mit seinem Herzen die Schiffsnachrichten, denn er segelt mit jedem Schiffe, und auf einem von den allen fährt sein Rick.

Wir hatten Glück mit dem Jungen damals, der Alte und ich: der tüchtige Sohn unseres Küsters hatte eben sein Examen auf dem Seminar bestanden, da fingen wir ihn ein, und für zwei Jahre wurde er der Lehrer Ricks. Es traf sich, daß bei Beiden die angeborene Befähigung, man könnte sagen, eine wissenschaftliche Leidenschaft für die Mathematik

vorhanden war. Das verband die beiderseits noch so jugend=
lichen Herzen, und auch in Anderem mochte nun der lern=
fähige Schüler nicht zurückstehen. In freien Stunden streif=
ten sie botanisirend durch Wald und Feld oder übten an
den Stangen und Turnricken, die der Capitän hinter seinem
Hause aufschlagen ließ, die Gewandtheit ihrer Glieder. So
wurden sie auch Freunde, und wenn jetzt Rick nach Hause
kommt, der in unserem Dorfe angestellte junge Lehrer Fritz
Ohe ist seine erste Frage.

Zwei Jahre war er noch auswärts auf einer Schule
gewesen, dann ließ der Alte ihn confirmiren und brachte ihn
nach Hamburg auf ein gutes Schiff. Vor zehn Monaten
wurde er Steuermann auf der „Alten Liebe", die noch immer
für die Lübecker Firma in See geht. Freilich, der alte Rheder
meines Freundes ist nicht mehr; ein junger Vetter desselben
ist jetzt Herr des Geschäftes und des alten Hauses.

Nur Eines habe ich noch zu sagen: Eben, vor einer
Stunde nur, öffnete sich meine Stubenthür, und unser
Freund, der Capitän John Riew', trat zitternd und bleich
zu mir herein; er legte seinen Hut auf einen Stuhl und
wischte sich den Schweiß aus seinen weißen Haaren.

„Was ist, Capitän?" rief ich erschrocken. „Ihr seht ja
ganz verteufelt aus!"

Aber er ergriff meine beiden Hände und schüttelte den
Kopf: „Vor Freude, Nachbar, nur vor Freude! God bless
you, Sir! Der Junge ist Capitän!"

„Alle Wetter!" rief ich, „das geht ja wie der Wind!"

„Ja, ja; hier steht's!" und er riß ein Telegramm aus
der Tasche und hielt es mir triumphirend vor die Augen.
„Sein Vorgänger starb drüben in Rio Janeiro am gelben
Fieber, und nun ist er's und soll's auch bleiben — Capitän
der ‚Alten Liebe'! By Jove! Der junge Lübecker weiß sich
seine Leute auszusuchen! — Aber — warum ich komme,
Nachbar! — Sie fahren doch mit mir übermorgen?"

„Wohin? Doch nicht nach Rio, Capitän?"

„Nein, nein!" sagte der Alte lächelnd, „nur nach Hamburg; denn da ankert dort im Hafen die ‚Alte Liebe' unter dem Capitän Rick Geyers! — O Anna, mein liebes Kind, du hast das nicht erleben wollen!"

Er wischte sich die Augen mit seinem großen blauen Schnupftuch. „Aber heute Abend, Nachbar," setzte er, sich ermuthigend, hinzu, „trinken wir beide in meiner Koje ein Steifes mit einander und — God dam! — von meinem alten Jamaika!"

„Topp," rief ich, „Capitän, ich trinke und ich fahre mit Ihnen. Hurrah für unseren Jungen!"

— — Er ging; und ich habe nichts Weiteres zu erzählen: es ist jetzt Alles gut, denn wir haben die Hoffnung, freilich auch nur diese, wenn wir des alten Ricks gedenken und die Knabenstreiche des jungen nicht auf Abschlag nehmen; aber die Hoffnung ist die Helferin zum Leben und meist das Beste, was es mit sich führt.

Ein Bekenntniß.

Es war zu Ende des Juni 1856, als ich eine alte Verwandte zu ihrem gewöhnlichen Sommeraufenthalt in der Brunnenstadt Reichenhall begleitet hatte, diesem zwischen Felsen eingekeilten Brutnest, von dem man sich nur wundern muß, daß die Ortsleute nicht die Brunnengäste allein dort wohnen lassen. Trotzdem — wir waren gegen Mittag angekommen — als ich nach beendigter Hoteltafel erfuhr, daß meine gute Tante sich zunächst einem Mittagsschläfchen und danach dem Auspacken ihrer hohen Koffer und der Einrichtung in dem neuen Quartiere widmen wollte, trieb mich die Langeweile ins Freie, wenn auch der Sonnenschein wie Gluth herabfiel. Ich nahm den einfachsten Weg und ging auf der den Ort durchschneidenden Chaussee einige Tausend Schritte durch den Paß Lueg, der hier nach Tirol hineinführt. Aber der Tag wie der Ort waren heute zu heiß, zwischen den engen Felswänden waren selbst die Schatten unerträglich; ich kehrte wieder um und ging den Weg zurück. Am Ausgange des Passes durchschnitt ein strudelnder Wasserstrom den Weg; auf der Brücke, die darüber war, stand ich lange und blickte wie zur Kühlung in die unter mir sich vorüberwälzenden Wasser. Dann entschloß ich mich und ging wieder in den unerbittlichen Sonnenschein hinaus; der weiße Staub der Chaussee schimmerte und blendete, daß mir die Augen schmerzten. Als ich wieder im Orte war, bemerkte ich mir zur Rechten eine halb offene Gitterthür in einer breiten Laubwand, dahinter einen weiten, mit vielen Bänken und Gartenstühlen besetzten Platz. „Ist das ein öffentlicher Garten?" frug ich einen mir entgegenschlendernden Burschen.

„Der Curgarten," war die Antwort.

Ich trat hinein und blickte um mich her: es schien jetzt nicht Besuchszeit hier zu sein, nur einige Kindermägde mit ihren kleinen Scharen saßen drüben im vollen Sonnenschein; was sie mit den Kindern sprachen oder sich gegenseitig zuriefen, tönte hell über den weiten Platz. Da es aber ein gut Stück über Mittag war, so hatte derselbe auch bereits seine Schattenseite, und dort weiter hinauf unter einem der umgebenden Bäume saß auch schon einer der Brunnengäste, Grau in Grau gekleidet, mit einem breitrandigen Hut von derselben Farbe. Er hatte die Hände auf seinen Stock gestemmt und blickte unbeweglich in die weiße Luft, die über den Akazien an der gegenüberstehenden Seite flimmerte, als ob kein Leben in ihm wäre.

Ich hatte mich, ein paar Bänke vor ihm, unter eine breitblätterige Platane gesetzt und unwillkürlich eine Weile zu ihm hinübergesehen. Plötzlich durchfuhr es mich, und meine Augen wurden groß: die stattliche Gestalt meines liebsten Universitätsfreundes, von dem ich über ein Jahrzehnt nichts gesehen und gehört hatte, war auf einmal vor mir aufgestanden. „Franz! Franz Jebe!" rief ich unwillkürlich. Er schien es nicht gehört zu haben; es war wohl auch eine Thorheit von mir gewesen: der da drüben war wohl fast ein Fünfziger, ich und mein Freund aber waren immerhin noch in den letzten Dreißigern, an denen noch ein Glanz der Jugend schimmert.

Wir waren Landsleute, aber wir hatten uns erst als Studenten kennen gelernt. Er war einer von den Wenigen, die schon auf der Universität von den Gleichstrebenden als eine Autorität genommen werden, was bei ihm, besonders hinsichtlich der inneren Medicin, auch von den meisten Professoren bis zu gewissem Grade anerkannt wurde. Im letzten Jahre war er noch Assistenzarzt auf einer Klinik für Frauenkrankheiten, wo es ihm einmal gelang, eine schon aufgegebene Operation glücklich zu vollenden. Was mich mit ihm verbunden hatte, war zum Theil ein von Wenigen bemerkter phantastischer Zug in ihm, dem in mir etwas Ähnliches entgegenkam; die Arbeiten von Perty und Daumer über die dunklen Regionen des Seelenlebens ließ er, wenn auch unter manchem Vorbehalte, nicht verspotten. Nähere Freunde besaß er, außer etwa mir, fast keine. Die Meisten, welche seiner Facultät angehörten, schien es zu drücken, daß er so schnell und ruhig mit seinem Urtheil fertig war, während sie noch an den ersten Schlußfolgerungen klaubten. Einen einfachen Menschen, in dem aber ein tüchtiger Mediciner steckte, frug ich eines Tages: „Was hast du gegen Franz Jebe, daß du ihm immer aus dem Wege gehst? Ich meine, daß er dich besonders respectirt."

— Er schüttelte den Kopf.

„Du wenigstens," fuhr ich fort, „brauchst dich doch durch seine Tüchtigkeit nicht zurückschrecken zu lassen!"

„Meinst du?" erwiderte er; „das ist ein eigen Ding einem Gleichalterigen gegenüber; aber das ist es doch eben nicht bei mir."

— „Nun, und was sonst noch?"

„Er ist hochmüthig!" versetzte er; „das sind keine Leute für mich. Noch gestern in der Klinik, es war ein eigenthümlicher Fall von Diphtherie an einem Kinde, das die Mutter uns gebracht hatte. Ich hatte untersucht, und da Jebe dabei gestanden und zugesehen hatte, theilte ich ihm einfach, aber eingehend meine Ansicht mit. Meinst du aber, daß er mich dann auch der seinigen würdigte? Mit einem herablassenden Lächeln sahen mich seine scharfen Augen an; der Zug um seinen schönen Mund wollte mir nicht gefallen."

So stand er zu den Meisten seiner Facultät; mit mir war es ein Anderes: der Mediciner und der Jurist hatten keine Veranlassung, sich an einander zu messen, und so hatte ich denn bald herausgefunden, daß hinter jener Schwäche ein warmes und wahrhaftiges Herz geborgen sei.

Der graue unbewegliche Mann dort, es konnte kaum Franz Jebe sein; aber was war es denn, daß meine Augen sich immer wieder unwillkürlich zu ihm wandten. Es hielt mich nicht länger, ich sprang auf und schritt langsam ihm entgegen; so mußte er doch mich erkennen, der ich über die gewöhnlichen Veränderungen während reichlich eines Jahrzehntes eben nichts erlitten hatte.

Als ich zwischen ihn und das Stück Himmel trat, in das er wie ins Nichts hineinstarrte, wandte er, wie erschreckt, seine Augen auf mich, und ich fühlte, daß er mich erkenne; dann aber berührte er schweigend, wie zum Gruße gegen einen Unbekannten, den Rand seines Hutes und ließ plötzlich mit einer eigenthümlichen Bewegung den Kopf herabsinken, die mir mit einem Mal jeden Zweifel nahm. Wie oft hatte ich dies an meinem Freunde wahrgenommen, wenn wir unter Anderen waren und ein Gespräch sich aufgethan hatte, von dem er nichts mehr hören wollte.

Ich trat auf ihn zu und legte die Hand auf seine Schulter: „Franz!" rief ich; „du bist es doch; ich lasse mich nicht so leicht vertreiben!"

Langsam erhob er sein mageres Gesicht, und wieder sah er mich an, aber ohne Hast; und bald fühlte ich die Innigkeit, mit der seine Augen an den meinen hingen. „Du hast Recht, Hans," sagte er mit einer mir fast fremden Stimme und griff nach meiner Hand; „ich weiß es wohl noch, wir hielten damals ein Stück auf einander."

„Ich denke, Franz, es ist wohl noch heute so!"

Er nickte und zog mich neben sich auf die Bank. „Du hattest mich überrascht, Hans; ich pflege hier allzeit allein zu sein; weiter war es nichts. Aber sprich, wie kommst du hierher, so weit von unserer Heimath, der du als echter Sohn eines alten städtischen Geschlechts so unerbittlich anhingst; bist du nicht mehr dort?"

„Doch — ich habe nur eine alte Tante hergebracht, die ebenso unerbittlich dem hiesigen Brunnen zugethan ist; das sind Herzensgeheimnisse. Aber du, Franz, du hast verspielt, wie man bei uns zu Haus sagt, seit wir uns nicht gesehen haben. Bist du krank und suchst du Heilung in diesem Höllenkessel?"

„Nun, nun," entgegnete er; „es ist nicht alle Tage so! Ich bin nur hier, um allein zu sein, was zu Haus nicht möglich ist; und ob ich krank bin, das, mein Freund, ist so kurz nicht zu beantworten."

„So laß es lang sein; wir haben uns ja fast fünfzehn Jahre nicht sprechen hören!"

„Ich fürchte, Hans," erwiderte er, mich mit halbem Lächeln ansehend, „ich stehe wieder unter dem Bann deiner Liebenswürdigkeit; ich fühle auch: dir kann ich's sagen, ja, ich muß es, was kein Mensch von mir weder je erfahren hat, noch wird. Gehen wir nach meiner Wohnung; in meinem stillen Zimmer wird uns Niemand stören, die grauen Schatten der Erinnerung können ungehindert um uns sein."

Er blickte mich mit ernsten, trüben Augen an: „Nur einem nächsten Freunde kann ich es erzählen; denn Freude ist nicht dabei, ich kann nur eine Last auf deine Schultern legen."

„So gehen wir," sagte ich; „ich bin derselbe, den du seit lange kennst."

Er stand mit einer elastischen Bewegung von seinem Sitze auf, und ich sah mit Freuden, die Gestalt zum mindesten war noch fast dieselbe wie in unserer Jugend. Was mich vor Allem bei ihm erschreckt hatte, verschwand freilich nicht, und während wir schweigend durch die Gassen schritten, grübelte ich vergebens, was seiner einst so metallreichen Stimme einen Laut beigemischt haben könne, der mich immer wieder an den traurigen Ton einer zersprungenen Glocke erinnerte.

Ich sollte es bald erfahren, denn schon waren wir in eins der ältesten Stadthäuser getreten, das mir Franz als sein zeitweiliges Heim bezeichnete. Sein Zimmer lag zu ebener Erde hinter einem kleinen Corridor; als wir eintraten, blendete mich fast die Dämmerung, die hier herrschte: ein paar Fenster mit kleinen Scheiben gingen auf einen scheinbar außer Gebrauch gestellten Hof, von dem die Seitengebäude jeden Sonnenstrahl abzuhalten schienen; altes Gerümpel, Zuber und Bretter und was noch sonst lagen umher und schienen trotz der draußen kochenden Sonnenhitze feucht zu sein von dem fortdauernden Mangel des Lichtes. In der einen Ecke stand ein alter dürftig belaubter Holunderbusch, auf einem seiner Zweige saß, in sich zusammengekrochen, eine Dohle und beschäftigte sich damit, die Augen bald zu schließen, bald wieder aufzumachen. Ich machte meinen Freund darauf aufmerksam.

„Störe sie nicht," sagte er; „sie ist satt und will nun schlafen." Dann that er einen Schritt zur Thür, als wolle er den daneben hängenden Klingelzug ergreifen. „Du willst doch etwas trinken?" frug er.

Ich schüttelte den Kopf. „Wenn du dessen nicht bedarfst?"

„Ich nicht," erwiderte er hastig und warf sich auf das harte Sopha; „und nun setze dich, Hans!"

Ich drückte mich neben ihm in die andere Ecke, aber er begann noch nicht. „Ich weiß nicht recht," sagte er, sich mit der Hand über die Stirn fahrend, „wo ich mein schweres Bekenntniß ansetzen soll, nicht recht, wie früh das Leid begonnen hat."

— „Bist du so zweifelhaft geworden, Franz?"

„Darüber, mein Freund," entgegnete er, „magst du später urtheilen; aber da du Alles wissen sollst, so muß ich weit zurück, bis in meine letzte Primanerzeit.

„Du bist als Student einmal mehrere Tage mit mir in meinem elterlichen Hause gewesen; der Örtlichkeiten hinter dem mächtigen alten Wohngebäude wirst du dich wohl noch kaum entsinnen. Wenn man aus der Hausthür trat, lag rechts zunächst ein hoher Flügel des Hauses, dann Stallräume und ein Aufgang zum Heu- und Kornboden; zur Linken zog sich der höher belegene, mit niedriger Mauer und darauf befindlichem Stackete eingefriedigte Garten entlang; hohe Obstbäume reckten ihre Zweige über den darunter liegenden Steinhof, so daß ich mir als Knabe, wie oft, Morgens die vom Wind herabgeschüttelten und auf den Steinen geplatzten Gravensteiner sammelte.

„Verzeih mir, Hans, ich vergesse mich; aber es ist mein Vaterhaus, und ein Brand hat später das Meiste davon zerstört, damals aber stand Alles, als sei es immer dort gewesen und müsse immerfort so bleiben. Was zwischen dem Garten und den Baulichkeiten zur Rechten die beiden Seiten des Hofes schloß, war neben dem ersteren der Eingang zu einer unendlichen Rummelei von seit Jahrzehnten veröbeten Fabrikgebäuden mit finsteren Kellern, Kammern voll Spinngeweben mit kleinen Scheiben in den klappernden Fenstern und unzähligen sich übersteigenden Böden, über welche wir einmal, mit Gartenstöcken bewaffnet, den Fabrikkobold verfolgten, der uns, wie starr behauptet wurde, mit seiner Zipfelmütze aus einer Dachöffnung angegrinst hatte. Dann folgte das geräumige Waschhaus, durch das man in einen gleichfalls großen abgelegenen Hühnerhof gelangte, der von der Hinterseite der stillen Fabrikgebäude und einiger Nachbarspeicher rings umschlossen war, übrigens außer dem gewöhnlichen Federvieh von mir mit Meerschweinen und Kaninchen, gezähmten Möven und Brunshühnern, auch wohl mit gefangenen Ratten und Feldmäusen und anderem unheimlichen Geziefer bevölkert zu werden pflegte; nach der Schulzeit war das meine liebste Gesellschaft.

„Damit sind die Räume meiner Knabenfreude zu Ende; nur noch der letzte in der Ecke gegen die Heubodentreppe ist zu erwähnen. Wenn man eintrat, war zunächst eine Kammer für Pferdegeschirr und dergleichen, nebst anderen kleinen Gelassen; dann aber rechts hinter einer leeren Thüröffnung befand sich ein Raum zur Bergung des Torfes von ungewöhnlicher Höhe und Flächengröße. Selbst bei Tage herrschte hier meist tiefe Dämmerung, denn nicht allein, daß alle Wände von Torfstaub geschwärzt waren, es war auch nur eine einzige Fensteröffnung hier, aber in solcher Höhe, daß ich darunter mehrere alte Kisten auf einander gepackt hatte, um dadurch in den darunter liegenden Hühnerhof hinabblicken zu können. Und das geschah nicht selten; nicht nur wenn am Tage Hühner und Kaninchen krächzend und schnuppernd gegen einander flogen, sondern auch gegen Abend, wenn der Hof leer und schon Alles an seinem Nachtort war, wenn nur die Fledermäuse über den Hof flogen und ich meine Mäuse in ihren Kästen an der Mauer knuspern hörte. Manch halbes Stündchen, und auch wohl länger, bin ich so dort gestanden, bis die Nacht herabfiel und mir Beine machte, daß ich in das helle Haus zurückkam.

„Von jener Fensterhöhle aus — denn ein Fenster war nicht mehr darin — habe ich ein Gesicht gehabt, das, wie ich mir noch heute nicht verreden kann, mein ganzes späteres Leben bestimmt hat; nur ein Nachtgesicht, das mir mit geschlossenen Augen offenbar ward, denn mein Leib lag in meiner Kammer oben im Wohnhause und von Schlaf bezwungen. Aber gleichviel; ich sah, ich erlebte es.

„Mir ist noch wohl erinnerlich, es hatte damals ein Scharlach in der Stadt gewüthet und viele Kinder, besonders männlichen Geschlechts, wurden hingerafft, uns Primaner aber hatte es nicht berührt. Gleichwohl mochte meine Phantasie unbewußt davon ergriffen sein; aber die Seuche war schon im Erlöschen."

Der Erzähler sah ein paar Augenblicke vor sich hin.

„Es war in einer Octobernacht," begann er dann wieder; „ich hatte mich lange schlaflos in meinem Bett umhergeworfen, denn vor meinem Fenster, das nach dem Garten hinausging, schüttelte der Sturm die schon halb entlaubten Baumkronen, fuhr dann davon, weiter und weiter, daß es todtenstill ward, bis er nach kurzer Weile, wer weiß woher, zurückkam und sich tosender als vorher auf die Bäume und gegen die feste Mauer des Hauses warf. Endlich wurde es schwächer; ich hörte schon nichts mehr, ich stand unten in jenem Torfraum auf den auf einander gepackten Kisten und schaute durch die schwarze Fensterhöhle in den einsamen Hühnerhof hinab. Es war erste kalte Morgenfrühe, wo noch kein Leben sich regt; auch in den Lüften war es still, und der Hof schien gänzlich öde; ein letztes Dämmern lag noch in den Ecken. Ich weiß nicht, wie es kam, aber plötzlich, mir gegenüber in der Mitte des Hofes, sah ich etwas: in einem Dunste, der aus dem Boden aufzuziehen schien — mir war, ich hätte es einmal an einem schwülen Mitsommerabend auf dem Kirchhof über dem Hügel eines Frischbegrabenen so gesehen — darin stand eine Gruppe von Knaben, einer an dem anderen; ihre Arme hingen herab, ihre welken Köpfe lagen schief auf ihrer Schulter, von den Augen sah ich nichts. Aber meine Blicke hafteten nicht auf ihnen; in ihrer Mitte, sie ein wenig überragend, stand die Gestalt eines etwa dreizehnjährigen Mädchens; ein schlichtes aschfarbenes Gewand zog sich bis an ihren Hals hinauf, wo es mit einer Schnur zusammengezogen war. Schön war sie eben nicht; ein etwas fahlblondes Haar lag ein wenig wirr auf ihrem kleinen Kopfe, aber aus den feinen

durchsichtigen Zügen ihres Antlitzes blickten ein Paar licht=
graue Augen unter dunklen Wimpern in die meinen, un=
abläſſig ſehnſüchtig, als ſolle ich ſie nie vergeſſen; und mit
unſäglichem Erbarmen blickten ſie mich an: eine verzehrende
Wonne überkam mich, ich hätte unter dieſen Augen ſterben
mögen. ‚Wer biſt du? Was willſt du, Holdſeligſte, die ich
jemals erblickte?‘ Aber nur in meinem Inneren ſprach es
ſo; die Worte blieben Gedanken; ich fürchtete den Blick
des geheimnißvollen Kindes zu verlieren; ich konnte auch
vielleicht nicht ſprechen.

„Da war mir, als würde ihr Antlitz undeutlicher; nur
aus ihren Augen drang es ſtärker und, mir ſchien es, ängſt=
licher zu mir, aber ſchon verblaßte Alles. Da raffte ich mich
zuſammen und rief, als ob das Leben mir entriſſen würde:
‚Bleib, o bleib! Sag, wer biſt du! O, ſag es, ſag es!‘

„Ich wartete eine Weile; dann war's, als käme ein
Hauch aus den verſchwindenden Nebeln zu mir zurück, und
nun war Alles ſtill und leer, nur einen wirren Laut noch
hörte ich; wie mir bald klar wurde, hatte ich ihn ſelber ausge=
ſtoßen; dann erwachte ich. Ein Morgenſchimmer ſpielte ſchon
an den Wänden, aber kein Baumrauſchen kam zu mir her=
ein; der Sturm hatte ſich gelegt. Ich ſchloß die Augen und
wühlte mich in mein Kiſſen, ich wollte das Weſen, das ſich
mir offenbart hatte, das mich mit einer angſtvollen Sehn=
ſucht füllte, hinter den geſchloſſenen Lidern noch behalten.

„Als ich um ſieben Uhr zum Thee herabkam, ſtrich
meine Mutter mit ihrer Hand über meine Stirn: ‚Du haſt
nicht gut geſchlafen; der Sturm hat dich wohl auch geſtört,
mein armer Junge!‘ ſagte ſie. Ich ließ mir ihre Zärtlich=
keit gefallen, ſuchte ihr möglichſt herzlich zuzunicken und
eilte dann in die Claſſe.

„Mein Kopf mag noch halb im Taumel geweſen ſein;
als ich den Abſatz der Treppe, die nach unſerer Prima
hinaufführte, erreicht hatte, blieb ich unwillkürlich ſtehen und

griff nach dem hinauflaufenden Geländer, als ob ich eines Halts bedürfe: die Augen des Nachtkindes hatten mich wieder angesehen; mir war, als ob das Geheimniß des Weibes sich mir plötzlich offenbaren wolle. Von unten hörte ich Schritte heraufkommen, ich wußte auch, daß das der Rector sei; ich fühlte, wie er seine strengen Augen auf mich wandte, und hörte gleich darauf, wie droben die Classenthür aufgemacht und wieder zugedrückt wurde. Endlich ließ meine Hand das Geländer fahren, und ich ging in die Schulstube und setzte mich still an meinen Platz. Einige fragende Blicke des Rectors streiften mich; ich aber bemühte mich ernstlich, mich aus der Welt des Traumes in die poetische der sophokleischen Antigone zu versetzen.

„Aber die Grübelei, die schwärmerische Versenkung begleiteten mich auch ferner; es war mir — vergiß mein Jünglingsalter nicht — unmöglich, jenes Nachtgesicht nur für ein Erzeugniß des eigenen Inneren anzusehen. Aber wer war denn jenes geheimnißvolle jungfräuliche Kind? Schon bei der Erinnerung an sie fühlte ich einen süßen Schauder durch alle meine Nerven rieseln. War sie ein Genius des Todes, der mich im Traume zuvor noch einmal mitleidig angeschaut hatte? Ich versenkte mich immer tiefer, ich stellte mir lebhaft vor, daß ich in meinem letzten Augenblick sie wiedersehen, daß ich vielleicht mit jenen todten Knaben sie begleiten könnte. Aber waren diese nicht nur eine Beigabe, die meine eigene Phantasie ihr gegeben hatte, ein Rest des Eindrucks, den das Knabensterben in unserer Stadt mir hinterlassen hatte?

— — „So sah es damals in mir aus — du könntest wohl lachen, aber thu es nicht, Hans! — So viel übrigens ist mir später klar geworden: ein Glück, daß es damals noch keine Maturitätsexamina auf unserer Schule gab; ich wäre derzeit schwerlich durchgekommen."

Schon mehrmals, während Franz erzählte, hatte ich es

vom Hofe her an die Scheiben pochen hören; jetzt geschah es wieder in verstärktem Maße. Ich wandte mich und sah nun, daß die Dohle mit ihrem starken Schnabel dies Geräusch hervorbrachte.

Mein Freund war aufgestanden. „Ja, Klaas," rief er, „das hilft nun nicht!" und zu mir sich wendend, setzte er hinzu: „Die arme Creatur ist eifersüchtig; sie hat in den vier Wochen, die ich hier nun zugebracht habe, mich mit Niemandem als mit ihr selber reden hören — und die Unvernünftigen haben feinere Ohren als wir Menschen!"

Ich sah ihn an: solche Intimität zu Thieren hatte ich nie bei ihm vermuthet; er mußte sehr vereinsamt sein. Ich schwieg indeß, und Franz nahm aus einem Kästchen, das auf einem Eckschrank stand, eine Hand voll Futter und warf es, nachdem er den freien Fensterflügel geöffnet hatte, auf den Hof hinaus. Fast gleichzeitig war auch das Krähenthier von den Scheiben fortgeflattert und machte sich, ein paar häßliche Laute ausstoßend, über die Futterstücke her. Franz sah wie abwesend dem ein Weilchen zu; dann setzte er sich langsam wieder zu mir in das Sopha und rieb sich mit der flachen Hand die Stirn.

„Ja, Hans," begann er dann aufs Neue, „es war damals so ganz anders; wir müssen manches Jahr zurück. — Ich bekam trotz alledem ein braves Abgangszeugniß; der gute Rector, dessen Gunst ich einige Jahre schon besaß, hatte mir die Zerstreutheit der letzten Monde nicht angerechnet; nur einmal hatte er gesagt: ‚Lieber Jebe, vergessen Sie nicht, Sie sind zur Zeit noch immer hier in unserer Prima; es thut nicht gut, wenn die Gedanken den gegenwärtigen Pflichten zu sehr vorauseilen!' Er glaubte, die bevorstehende Universitätsfreude habe mir den Kopf befangen.

„Dann kam sie wirklich, die Hochschule mit dem flotten Corpsleben und den vielen Professoren, mit all den neuen Eindrücken, die ich oft widerwillig genug empfing, und als so manches Unliebsame abgeschüttelt war, im dritten und den folgenden Semestern mein Studium, das ich freilich ernsthaft genug betrieb. Unter diesem neuen Leben verschwand so Vieles, dem ich ewige Dauer zugetraut hatte; nur eines nicht: der Eindruck jener kindlichen Luftgestalt, die ich nur im Traum gesehen hatte, lag unverrückbar im Grunde meiner Seele; keine der halb= oder vollgewachsenen Schönen, die meinen Mitstudenten das Hirn verwirrten, konnte ihn erschüttern. Freilich, tief lag es, und Niemand, ich selber wußte oft nicht darum; auch als du dann zu mir tratst und wir vertraut wurden, wie es mir mit Keinem noch geschehen war, ja selbst, wenn wir in jene geheimnißvolle Region des Seelenlebens uns einmal verloren — mein eigen Nachtgesicht barg ich nur um so fester, wie im Innersten meines Lebens, gleich einem heiligen Keim, den ich vor aller Störung meiner Zukunft zu bewahren hatte.

— — „Du weißt, Hans, daß ich nach beendigten Studien mich als Arzt, speciell für Frauenkrankheiten, in der Stadt niederließ, die noch gegenwärtig mein Wohnort ist. Ich war dabei nicht zaghaft, ich war mir bewußt, das Meinige gelernt zu haben; ich vertraute mir, ich war von vornherein zuversichtlich. Auf der Universität hatte mir das bei Vielen den Ruf des Hochmuths eingetragen; jetzt erwarb ich dadurch den eines tüchtigen Arztes, der am Krankenbett nicht erst zu suchen und bei seiner Heimkehr erst in seinen Compendien nachzulesen brauche. Was, recht besehen, ein Frevel in mir war, das brachte mich hier zu Ehren: an Leichnamen hatte ich den inneren Menschen kennen gelernt, so daß mir Alles klar vor Augen lag, und wie mit solchen rechnete ich mit den Lebendigen; was war da Großes zu bedenken!

„Bald mußte ich mir die schwarze Doctorkutsche, bald genug einen Assistenzarzt zulegen; ich wurde der erste Arzt der Stadt und bin es vielleicht auch jetzt noch.

„Unter solchen Umständen konnte von einer Theilnahme an geselligem Verkehr nicht viel die Rede sein; nur das Haus eines früheren Patienten, eines Rechtsanwaltes — Wilm Lenthe heißt er —, der um einige Jahre älter sein mochte als ich, machte davon eine Ausnahme. Ich pflegte ein paar Mal in der Woche meine Abende dort zu verleben und währenddeß meine Praxis, außer in besonderen Fällen, meinem Assistenten zu übertragen. Wenn der gleichfalls Vielbeschäftigte Abends um acht Uhr in das einfache, aber behagliche Wohnzimmer trat, hatte seine liebenswürdige Frau, die zu hören und zu reden verstand, den Thee schon für uns bereit, und wir beide von der Tagesarbeit Ermüdeten drückten uns schweigend jeder in eine Sophaecke, bis die Belebung durch den chinesischen Trank unsere Nerven und unser Gespräch lebendig machte. Es war mir erquicklich, wie einst, Hans, wenn ich auf der Treppe zu meiner Studentenkneipe spät Abends deinen Tritt vernahm und dann schleunigst meine Arbeit bei Seite packte. Wie damals unsere Zwei=, so wurde auch hier die Dreizahl fast nie durch einen neuen Gast gestört.

„Da eines Herbstabends, wie ich auf ein lebhaftes ‚Herein' die Thür des Wohnzimmers öffnete, drang eine ungewohnte Helligkeit mir entgegen; ich sah, daß eine größere Lampe auf dem Tische brannte und daß außer dem Ehepaar eine mir unbekannte junge Dame in aschfarbenem Linnenkleid zugegen war, welche bei meinem Eintritt die Theeschenke zu versehen schien. Die Hausfrau kam mir entgegen: ‚Da ist er, der Erwartete!' rief sie, und die junge Dame an der Hand herbeiziehend, fügte sie hinzu: ‚Unsere Freundin Else Füßli; wie Sie dem Namen anhören, eine Schweizerin, und was Sie interessiren wird, aus der Familie, der auch Heinrich Füßli angehörte, dem zuerst die Darstellung des Unheimlichen in der deutschen Kunst gelang; Sie sehen, ich habe genau behalten, was Sie und mein Wilm mir neulich aus einander setzten, da wir jenen Füßlischen Nachtmar, der dort in der Ecke hängt, vor uns auf den Theetisch genommen hatten.'

„‚Er war mein Großoheim,‘ sagte das Mädchen bescheiden.

„‚Und nun kommen Sie zum Thee!‘ fuhr meine ältere Freundin fort. ‚Sie brauchen nicht vorgestellt zu werden, denn Elsi wußte, daß wir unseren Freund, den Doctor Jebe, erwarteten.‘

„Dieser Redestrom, wohl eine Freude über den anmuthigen Besuch, kam mir zu Statten, denn ein geheimnißvoller Schrecken, zugleich die Empfindung eines schicksalschweren Augenblickes und eines betäubenden Glückes hatten mich getroffen; es war wie damals auf der Treppe unserer alten Gelehrtenschule: Alles um mich her war vergessen, aber vor mir im hellen Lampenlichte sah ich die Augen und das blasse Antlitz meines Nachtgesichtes.

„Jetzt war mir Zeit geworden, mich zusammenzuraffen; ich vermochte ein paar Worte zu der Fremden zu sprechen, dann gab ich meinem Freunde die Hand und setzte mich auf den gewohnten Platz. Die Schweizerin saß mir gegenüber, ein wenig zurück und etwas in dem Schatten unserer Hausfrau; ein zärtliches Licht fiel aus ihren Augen, wenn sie, was oft geschah, dieselben zu ihr kehrte. Mich streiften diese lichtgrauen Sterne nur ein paar Mal und wandten sich dann scheu zur Seite, aber mir war, als ob sie heimlich prüfend auf mich sahen. Ich erfuhr im Gespräche, daß Fräulein Else eine Waise, daß ihr Vater ein Mann gewesen sei, der nach den Sonderkriegen auf eidgenössischer Seite sich hervorgethan habe; auch wo sie selber mit unseren Wirthen sich kennen und lieb haben gelernt hatte. Ich hörte das Alles, aber es ging an mir vorüber; ich sah an diesem Abend das Mädchen doch nur im Scheine des Wunders — mir war, als habe ein Dämon, der meinige, sie, wer weiß woher, hier in das Haus meiner Freunde gebracht.

„Ich habe dir," unterbrach sich Franz, „von meinem jugendlichen Traumgesicht, das sich vielleicht nur aus dem Eindruck des damaligen großen Sterbens und einer kaum geahnten Sehnsucht nach dem Weibe erzeugt hatte, nur gesprochen, um dich es mitfühlen zu lassen, wie tief der Anblick der Fremden mich erregen, wie eigen und innig eine Ehe mit ihr sich gestalten mußte; denn wenn es für unser Leben etwas Ewiges geben soll, so sind es die Erschütterungen, die wir in der Jugend empfangen haben. Sonst freilich war es eben nichts Außerordentliches, daß ich einmal einem Weibe begegnete, welches mich so lebhaft an meine Traumgestalt erinnerte, daß ich im ersten Augenblick und noch in manchen späteren Beide nicht von einander zu trennen vermochte. Jedenfalls, auf mich hatte dieses erste Sehen einem elektrischen Schlage gleich gewirkt; und," fügte er leiser hinzu, „was wissen wir denn auch von diesen Dingen!

„Ich will dich mit unserer Liebesgeschichte nicht aufhalten, Hans; du wirst es auch schon empfunden haben, es kam so und mußte so kommen, daß Else oder Elsi, wie sie genannt wurde, und ich uns nach wenigen Monaten verlobten und etwas später zur Freude unserer trefflichen Freunde unsere stille Hochzeit in ihrem Hause feierten."

Der Erzähler schwieg eine Weile; auf seinem Antlitz war ein Lächeln, als blicke er in eine selige Vergangenheit. „Ich hatte nun mein Nachtgespenst geheirathet," begann er wieder, fast wie traumredend; „es war ein Glück! — o, ein Glück! — — Ich hatte einst den Fouqué'schen Ritter Huldbrand beneidet, wie er mit einer Undine seine Brautnacht feiert; ich hatte nicht gedacht, daß dergleichen unter Menschen möglich sei.

„Lache mich nur aus, Hans! Was soll ich dir sagen? Mein Glück ging über jeden Traum hinaus. — Es war so manches Eigene, Fremdartige an ihr, das mich im ersten Augenblick verwirrte und mich zugleich entzückte; ich hatte ja auch nichts Anderes erwartet.

„In unserem Garten — ich hatte längst mein eigenes Haus — waren weite Gänge zwischen schon hochgewachsenen Tannen und anderem Gesträuch; dazwischen Rasenplätze mit Einschnitten, in denen, je zu ihrer Zeit, die Frühlingsblumen und im Hochsommer Rosen und Levkojen blühten und den Garten mit Duft erfüllten. Hier pflegte ich nach Rückkehr von meinen Berufsgängen sie oftmals aufzusuchen, und so geschah es auch an einem schönen Vormittage gegen Ende des April, des ersten Frühlingsmonats, den wir mit einander lebten. Ich fand sie, da sie eben, langsam schreitend, einen der längsten Tannengänge hinaufkam; aber da wir uns Aug in Auge trafen, sah ich, daß sie mir entgegenfliegen wolle.

„‚Halt, Elsi!‘ rief ich und erhob abwehrend meine Hand; ‚geh langsam, ein Schmetterling, ein Pfauenauge, sitzt in deinem Haar; du trägst den ersten Frühlingsboten!‘

„‚Ja,‘ sagte sie, ‚die kommen gern; aber sie sind so furchtsam nicht.‘ Sie mäßigte gleichwohl ihren Schritt und kam mir langsam entgegen, indeß der Papillon auf ihrem blonden Scheitel behaglich seine schönen Flügel hob und senkte. Und jetzt erst sah ich: auch unsere junge schneeweiße Katze, die sie eines Abends im Schnupftuch von Frau Käthe heimgebracht hatte, war in ihrem Gefolge; zierlich eins ums andere die Pfötchen hebend, ging sie dicht hinter ihrer Herrin, das Köpfchen aufreckend und bei jedem Schritte ihr auf die kurze Schleppe ihres Kleides tretend. Ein Märchenbild; das Seltsame war nur, daß es in einer Reihe von Tagen sich ganz in derselben Weise wiederholte.

„‚Was machst du für Faxen, Elsi!‘ rief ich endlich lachend; ‚bist du eine Undine, eine Elbe, eine Fee? Was bist du eigentlich?‘

„‚Und das weißt du noch nicht?‘ frug sie, und der Strahl der grauen Augen zitterte in den meinen.

„Ich schüttelte den Kopf: ‚Du bist so unergründlich!‘

„Da flog sie in meine Arme: ‚Dein bin ich; nichts als dein! Weißt du es nun?'

„Ich hielt sie fest: ‚Ich weiß es,' sagte ich.

„Aber der Schmetterling aus ihren Haaren war davongegaukelt; nur die Katze, das Thier der Freia, der Göttin des häuslichen Glückes, blieb in unserer Nähe.

— — „Es war nicht lange nachher, als wir Beide eines Abends im Gartensaal unserer Freunde am Theetische saßen. Frau Käthe hatte gleich bei unserem Eintritt einen mütterlichen Blick auf mich geworfen und mir einen besonders bequemen Lehnstuhl angewiesen, was ich dankend annahm, da ich mich heute mehr als sonst ermüdet fühlte. Wir plauderten, aber meine Worte fielen etwas sparsamer als gewöhnlich. ‚Du hast wohl einen strammen Tag gehabt!' sagte Freund Lenthe; aber bevor ich antworten konnte, war meine Frau bei mir und legte beide Arme um meinen Nacken: ‚Franz, dir fehlt etwas!' rief sie, und ihre Stimme klang, als ob sie zürne, daß mir, der nur ihr gehörte, von Anderen ein Leides angethan sein könne.

„Ich strich sanft über ihren Scheitel: ‚Geh an deinen Platz, Elsi! Mir fehlt nichts; Niemand hat mich gekränkt!' Ich drückte ihr heimlich die Hand; da ging sie schweigend wieder zu ihrem Stuhl, aber mit rückgewandtem Haupte, und ihre erschreckten Augen hingen an den meinen.

„‚Sieh mich nicht so sorgvoll an!' sagte ich; ‚was mich heute mehr als billig erregt hat, ist nur ein Fall aus meiner Praxis: unsere alte Grünzeughöferin, Mutter Hinze, die ihr Alle kennt, ich möchte sagen, sie leidet mehr, als ein Mensch ertragen kann; ich war zuletzt noch eine volle Stunde bei ihr, und — ein Arzt ist am Ende doch auch nur ein Mensch!'

„‚O,' rief Elsi und hielt sich, wie zum Schutze, ihre beiden kleinen Hände vor den Mund, ‚ich könnte nicht, ich würd vor Mitleid sterben!'

‚‚Sie sollen auch nicht, liebe Frau!' sagte Lenthe lächelnd; ‚Sie sind kein Arzt; bei denen und den Advocaten pflegt die uns gleich überfallende Denkarbeit das Mitleid zu verzehren.'

‚‚Ja, Lenthe,' entgegnete ich, ‚aber auch das hat seine Grenzen; und übrigens ist es bei uns Ärzten auch noch ein Anderes als nur das Mitleid; wie oft flog es mir beim Anblick solcher Leiden durch den Kopf: Das ist menschlich, binnen heut und Kurzem kannst auch du so daliegen; es ist nur ein Spiegel, in dem du dich selber siehst! Aber das war es diesmal nicht!'

„Lenthe sah mich fragend an.

‚‚Glaub mir,' sagte ich, ‚ich sah nichts als die vergebens mit ihren Schmerzen ringende Alte, die mit ausgespreizten Händen in die Luft stieß und, als wolle sie sich Hülfe rufen, die Kiefer auf einander schlug, aber nichts hervorbrachte als so grauenhafte Laute, daß ich bis jetzt sie im Umkreis des Lebendigen nicht für möglich gehalten hätte.'

„Als Lenthe mich um Näheres befragte, hatte ich mich ganz ihm zugewandt und theilte ihm noch Mehreres über diesen mich wissenschaftlich und menschlich beschäftigenden Fall mit. Da kam Frau Käthes Stimme wie vorsichtig zu mir herüber: ‚Doctor,' sprach sie, ‚Ihre Frau!'

„Als ich aufblickte, sah ich Elsi bleich und mit geschlosse= nen Augen in den Armen ihrer Freundin. Ich ging zu ihnen, und da es nur eine leichte Ohnmacht war, so wurde sie bald beseitigt. Da sie sich wiedergefunden hatte, brachte sie hastig ihre Lippen an mein Ohr: ‚Verzeih mir, Franz!' flüsterte sie, ‚ich kämpfte, ich konnte nicht dagegen!' Ihre Augen be= gleiteten mich schmerzlich, als ich nach einer beschwichtigenden Liebkosung auf meinen Platz ging.

„Aber die Behaglichkeit des Abends war gestört und wollte sich nicht wieder herstellen. Als wir früh nach Hause gingen, klammerte sich Elsi an meinen Arm und athmete stark, als ob sie in dem Halbdunkel der Gassen mir etwas

bekennen oder anvertrauen wolle und doch nicht dazu kom=
men könne.

„Ich wollte ihr zu Hülfe kommen, ich sagte: ‚Was fiel
dir ein, Elsi, daß du nach deiner Ohnmacht mich um Ver=
zeihung batest? Das hätte meine Bitte an dich sein sollen,
da ich diese Schrecknisse in Frauengegenwart vorbrachte.'

„Aber sie schüttelte den Kopf und lehnte sich nur fester
an mich: ‚Nein, Franz, sprich nicht so; ich fühle eine Schuld;
nicht weil es so ist, denn dafür kann ich nicht; nein, weil ich
dir's nicht sagte, bevor ich des berühmten Arztes Frau wurde.
Ich habe manchmal heimlich gezittert, daß es sich dir ver=
rathen möchte, und du mußt es ja doch wissen. O Franz,
ich bin ein feiges Geschöpf, aber mein Leib hat nie von
Schmerz gelitten, so daß ich, wenn Andere klagten, mir oft
als eine fast Begnadete erschienen bin; dafür aber bin ich
mit einer Todesangst vor aller Körperqual behaftet. Als
eine jüngere Schwester von mir geimpft werden sollte und
ich den Arzt die Lanzette hervorholen sah, bin ich fortge=
laufen und habe mich in einem Hinterhöfchen so tief zwischen
alte Fässer versteckt, daß man erst spät am Abend mich dort
auffand und halb todt vor Angst hervorzog. Als du von
unserer unglücklichen Alten sprachst, da war es plötzlich nicht
mehr sie, ich war es selbst, in der die schaudervollen Schmer=
zen wühlten; o!' und sie stand still und stöhnte, als ob
das Gefühl ihr wiederkomme, ‚sollte in Wirklichkeit mir das
bevorstehen,' rief sie, mich zum Fortgehen treibend, ‚ich weiß,
ich glaube es bestimmt zu wissen, die Angst würde mich
tödten, bevor die Qualen ihre Klammern in meinen armen
Körper setzten!'

„‚Möge das nie geschehen!' sagte ich und schlug den
Arm um ihre Hüfte. ‚Aber was schiltst du deine Feigheit!
Die übermäßige Tapferkeit der Frauen war niemals meine
Leidenschaft.'

„Sie antwortete nicht darauf, als hätt ich nur um ihret=

willen so gesprochen; sie sagte nur: ‚Nun weißt du es, Franz; liebst du mich noch?'

„‚Nur um so mehr, Elsi, da ich dich auch hier zu schützen habe.'

„Dann hatten wir unser Haus erreicht.

— — „Als ich am anderen Mittag in die Eßstube trat, kam mir Elsi ein wenig erregt, aber mit auffallend heiterem Angesicht entgegen.

„‚Nun,' rief ich, ‚was hast du? Ist ein Glück in unser Haus gefallen?'

„‚Ich habe nichts,' sagte sie, ‚oder — ich will nicht lügen — du darfst es noch nicht wissen!'

„Ich hob drohend den Finger: ‚Weißt du schon nicht mehr, wie dich Geheimnisse drücken?'

„‚Nein, Franz, so ist es nicht; um ein paar Tage sollst du Alles wissen! Vielleicht auch bin ich nur so froh, weil du gestern meine Schuld so liebreich von mir nahmst.'

„‚Und statt des großen hast du nun glücklich ein kleines Geheimniß dir gewonnen; o, ihr Weiber!'

„Sie faßte mich um den Hals: ‚Laß mich's behalten; nur die paar Tage noch!'

„‚Nun,' sagte ich lachend, ‚du wirst schon wissen, wie weit meine Langmuth reicht!'

„Da nickte sie mir zu: ‚Gewiß; ich will auch gnädig sein!'

— — „Ein paar Tage waren hingegangen, und diese erregte Heiterkeit hatte mich jedesmal empfangen; ich glaubte nun bald dort zu sein, wo das Siegel mir gebrochen werden sollte. Da ich aber eines Mittags ins Haus trat, fand ich Elsi weder im Wohn- noch im Eßzimmer, auch draußen nicht. Auf meine Frage an die Hausmagd wurde mir berichtet: ‚Frau Doctor sind unwohl und haben sich ins Bett gelegt; Frau Rechtsanwalt leisten ihr Gesellschaft.'

„Ich lief schnell die Treppen hinauf nach unserem Schlaf=

zimmer und saß beim Eintritt schon Frau Käthe an Elses Bette sitzen. ‚Ja, Doctor,' rief sie mir entgegen, ‚da liegt unser junger Übermuth! Ich denk, Ihr Anblick wird sie wohl am schnellsten heilen.'

„‚Den Übermuth,' sagte ich, ‚müssen Sie zuerst an meinem zaghaften Weibe entdeckt haben!'

„‚Das wäre möglich, Doctor; aber haben Sie Lateiner nicht ein Sprichwort, daß die Natur selbst mit der Furke nicht herauszutreiben sei?'

„‚Nun, und?'

„‚Und? — Ja, wart nur, Elsi,' unterbrach sie sich und ergriff deren beide Hände, die sie vom Bett aus mir entgegenstrecken wollte, ‚ich will es schon erzählen: Sie müssen nämlich wissen, Doctor, dies junge zarte Geschöpf ist seit jenem Ohnmachtsabend in unserem Hause an jedem Vormittage und — nicht wahr, Elsi? — hinter dem Rücken ihres ärztlichen Ehemannes bei jener schrecklichen Patientin, der alten Hinz, gewesen, um sie zu trösten, zu erquicken — vor Allem aber, um diesem Ehemann zu Liebe eine Radicalcur gegen die Weichheit ihrer eigenen Seele zu vollbringen; da hat nun aber die arme Alte heute ihren Anfall bekommen und diese Cur damit ihr vorschnelles Ende gefunden. Sehen Sie nun selber, wie Sie mit ein wenig Kunst und Liebe den Schaden heilen, den die Rache der Natur unserem Kinde zugefügt hat.'

„Ich hatte mich indessen auf den Rand des Bettes gesetzt; ich sah, daß Else stark geweint hatte, und ihr Puls schlug wie im Fieber. Sie legte ihre heiße Stirn auf meine Hände: ‚Es ist so, Franz, wie Käthe es dir gesagt hat, und das ist die traurige Lösung meines Geheimnisses; ich wollt dir eine Freud machen, und es ist nun Trübsal.'

„Ich suchte sie zu beruhigen, da sie wieder in Thränen ausbrechen wollte. ‚Du bist in die Gefahr hineingegangen,' sagte ich, ‚und das war Tapferkeit genug; was du mehr wolltest, lag außer deiner Kraft. Daß du es mir zu Liebe gewollt hast, dafür lieb ich dich um so mehr, aber versuchen wollen wir es nicht wieder. Bleib nur heute ruhig, so kannst du morgen schon das lateinische Sprichwort von der Furke lernen!'

„Und Elsi lächelte mich dankbar an.

— — „Den lateinischen Vers, ich meine: des Horaz, lernte sie wirklich am anderen Tage schon, während wir Beide mit einander im Garten auf und ab wandelten; sie lernte ihn sogar auswendig.

„‚Naturam expellas furca, tamen usque recurret. Siehst du,' sagte sie, ‚nun kann ich's auch!'

„Nach diesem Scherze gab ich ihr Ersatz für die verlorene Liebesmühe; statt der endlich verstorbenen Mutter Hinze wies ich ihr eine Anzahl ungefährlicherer und doch gleich hülfsbedürftiger Kranken zu, an denen sie nun ihr Erbarmen übte. Und es ward ihr bald zu Stolz und Freude. ‚Aber Elsi,' rief ich eines Tages, da die Suppe eher auf den Tisch als sie ins Haus kam, ‚du läßt ja heut lange warten!'

„‚Ja, Franz,' und es klang wie eine amtliche Wichtig=keit aus ihren Worten; ‚ich habe auch drei kranken Kindern vorgelesen: Fanferliesschen Schönesüßchen, von den Bremer Stadtmusikanten und dann das wirklich wahre Märchen von Jorinde und Joringel!'

„‚Das ist ein Anderes,' sagte ich; ‚dann laß uns zu Tische gehen!' und ich nahm den lieben Arm in den meinen.

„Nicht verschweigen will ich, daß Elsis neue Liebesmühen meinem Heilverfahren oft nicht unwesentlich zu Hülfe kamen.

* *
*

„So waren drei Jahre etwa uns vergangen; schnell, wie das Glück es an sich hat. Immer wieder tauchte von Zeit zu Zeit von dem nur ihr so Eigenen auf, aber es war stets anmuthig, und wenn ich eben aus der nüchternen Welt zurückkam, so war mir oft, als stamme es aus anderen Existenzen.

„So, als ich sie an einem sonnigen Octobermorgen zwischen unseren Tannen wandeln fand, wo sie, wie in ihr Werk versunken, die Fäden der über den Weg hängenden Herbstgespinnste auf ein zusammengelegtes Rosakärtchen wickelte und mir dabei, nicht einmal ihre Augen hebend, entgegenrief: ‚O bitte, Franz, geh doch den anderen Weg!' oder wenn sie mich bat, einer ungeheuren Kröte, die in unserem Garten ihre Höhle hatte, doch kein Leids geschehen zu lassen, denn wer wisse, was hinter jenen goldenen Augen stecke! Und einmal — ich hatte noch nie mit meiner Frau getanzt; ein Arzt wird Manchem abgewandt, auch wenn er es früher leidenschaftlich betrieben hat; einmal aber kam ein großer öffentlicher Ball, bei dem, wie ich meinte, auch wir Beide nicht fehlen durften. Die Damen der ganzen Stadt waren in Aufregung; in welche Thür mein ärztlicher Schritt mich führen mochte, überall sah ich Wolken weißer oder lichtfarbiger Stoffe auf den Tischen, und oftmals störte ich die heiligsten Toilettengespräche. — Nur in meinem Hause war nichts dergleichen; nicht einmal ein Wort darüber hörte ich. ‚Nun, Elsi,' frug ich endlich, ‚willst du nicht auch beginnen?'

„‚Ich? O, ich werde leicht fertig!'

— „‚Und brauchst du kein Geld dazu? Ich hab gesehen, daß unsere anderen Damen es nicht sparen!'

„‚Wenn du mir geben willst: ich brauch nicht viel!'

„Ich hatte vier doppelte Friedrichsdors vor ihr auf den Tisch gelegt, aber sie strich lächelnd drei davon in ihre Hand und gab sie mir zurück; dann nahm sie den letzten: ‚Der reicht,' sagte sie; ‚laß mich nur machen!'

„Am Ballabend bat sie mich): ‚Franzele, du kleidest dich unten in deinem Zimmer an?'

„‚Willst du uns scheiden, Elsi?'

„‚Nur für ein Stündchen!'

— — „Und es war noch nicht verflossen, da pochte ihr Finger schon an meine Thür. ‚Herein, holde Elfe!' rief ich, und da stand sie vor mir mit all ihren Toilettenkünsten; ich hatte nicht gedacht, daß sie so einfach waren. Ein möglichst schlichtes Kleid, lichtgrau, von einem weichen durchsichtigen Stoffe, ging bis zum Hals hinauf; als einziger Schmuck umgab ihn eine Schnur von echten Perlen, das einzige Angedenken von ihrer längst verstorbenen Mutter; über den Hüften umschloß ein silbern-brokatener Gürtel die schlanke Gestalt. Das war Alles — wenn du den blonden Knoten ihres seidenen Haares nicht rechnen willst, der das schöngeformte Haupt fast in den Nacken zog. Ich betrachtete sie lange, während ihre Augen zärtlich fragend nach den meinen suchten.

„‚Ja, Elsi,' rief ich, und ich konnte es nicht lassen, sie stürmisch in meine Arme zu schließen, ‚du bist schön, zu schön fast für ein Menschenkind! Aber — ist das ein Ballanzug?'

„‚Ich weiß nicht,' sagte sie lächelnd; ‚ich hab mich nun so angezogen, und da du sagst, daß es schön ist ...'

„‚Laß doch,' rief ich, ‚mir ist es recht; aber was werden die Damen sagen?'

„In diesem Augenblick hörte ich den Wagen vorfahren, und wir rollten nach dem Saal der Harmonie.

— — „Es war eine der dem Arzte gewöhnlichen Mißschickungen, daß, noch bevor wir eingetreten waren, ein Bote mich im Vorsaal ereilte, welcher mich dringend zu einem meiner alten Patienten berief, der von einem Schlaganfall betroffen sei. Ich führte meine Frau sogleich in den Tanzsaal, zu unserer Frau Käthe, die ihr schon bei unserem Eintritt zugewinkt hatte; sie ließ einen hellen Blick über Elsis Gestalt schweifen: ‚Du bist apart,' flüsterte sie, ‚aber entzückend!' dann gab sie ihr Raum neben sich und machte sie mit ihrer einen Nachbarin bekannt, die meine Frau noch nicht gesehen hatte. Aber ich mußte fort; noch sah ich, wie die Weiber ihre Augen auf sie wandten, wie aus einem Haufen der Tänzer mit einer Kopfwendung oder leisen Fingerzeig auf sie gedeutet wurde und, da plötzlich die Tanzmusik einsetzte, mehrere derselben auf meine schöne Elbin zusteuerten; dann, nach einem hastigen Händedruck von ihr, ging ich in die kalte Nacht hinaus.

— „Als ich spät, ich hörte hinter den Gassen schon die Hähne krähen, in den Tanzsaal zurückkehrte, flog Elsi mir entgegen: ‚Wo stand der Tod?‘ frug sie ernst, ‚zu Häupten oder am Fußende?‘

„‚Nach dem Märchen,‘ erwiderte ich, ‚stand er zu Häupten; der alte Herr ist diesmal noch vor ihm bewahrt. Aber du hast ja gar keine heißen Wangen, Elsi; hast du nicht viel getanzt?‘

„‚Gar nicht!‘ sagte sie.

„‚Was sagst du? — Und weshalb denn nicht?‘

„‚Ich mochte doch nicht tanzen, indeß du mit dem Tode verkehrtest! Auch,‘ und sie hob sich zu meinem Ohr, während wir in der Tanzpause im Saale auf und ab gingen, und flüsterte: ‚weißt du, Franz, ich tanz nicht gern; wohl einmal so mit einer jungen Sechzehnjährigen, nicht mit Männern; sie tanzen so schwer, das macht mich krank!‘

„Da fiel die Musik ein, und der Saal ward plötzlich wieder lebendig. ‚Komm, Franz!‘ rief sie, ‚nun laß uns tanzen; es ist der letzte auf der Karte, da können die Anderen mich nicht mehr plagen!‘

„‚Aber du magst ja nicht mit Männern tanzen!‘

— „‚O, wie du reden kannst! Ich bin ja dein!‘

„‚Und was sollen deine Abgewiesenen sagen?‘

— „‚Ich weiß nicht. Wir wollen tanzen!‘

„Und wir tanzten mit einander; nur dies eine Mal in unserem Leben. Du weißt, Hans, ich war einst ein leidenschaftlicher Tänzer, und ich meine, auch kein ungeschickter; aber jetzt war mir, als würden meine Füße beflügelt, als ströme eine Kraft, die Kunst des Tanzes, von meinem Weibe auf mich über, und dennoch — mitunter befiel mich Furcht, als könne ich sie nicht halten, als müsse sie mir in Luft zergehen.

‚‚O, das war schön!‘ hauchte Elsi; ‚wie liebe ich dich, Franz!‘

„Ich ließ das Alles wie einen stillen Zauber über mich ergehen, denn — und das gehört wohl noch zu dem Bilde dieser Frau — der Haushalt ging deß ungeachtet unter ihren Händen wie von selber; ja, ich habe nie gemerkt, daß überhaupt gehaushaltet wurde; es war, als ob die todten Dinge ihr gegenüber Sprache erhielten, als ob sie ihr zuriefen: ‚Hier in der Ecke steckt noch ein Häufchen Staub, hier ist ein Fleck, stell hier die Köchin, hier die Stubenmagd!‘ Es war wie im Märchen, wo es dem Kinde beim Gange durch den Zaubergarten aus den Apfelbäumen zuruft: ‚Pflück mich, ich bin reif!‘ — ‚Nein, ich noch reifer!‘ — Von der Wirthschaftsunruhe, an der so viele Ehen kranken, habe ich niemals was erfahren. Doch — ich habe weiter zu berichten, denn die Zeit des Glückes war nur kurz.

— — „Es war an einem Maiabend unseres vierten Ehejahres, als ich von einer ermüdenden Praxis nach Haus zurückkehrte. Da es still und mild war, ging ich zunächst in den Garten, wo ich bei solchem Wetter und um diese Zeit meine Frau zu finden pflegte; ich ging die Steige durch die Tannen, zuletzt noch unten nach dem Rasen, der, wie wir schon im Herbst bemerkt hatten, ganz mit Veilchen durchsetzt war; aber die bescheidenen Blumen, die um Mittag den Platz mit Duft erfüllt hatten, waren in der herabsinkenden Abenddämmerung kaum noch sichtbar. Es war hier Alles leer; auch Else war nirgend zu sehen, und so wandte ich mich und ging wieder dem Hause zu. Als ich nach den beiden Fenstern unseres Wohnzimmers hinaufblickte, die hier hinaus im oberen Stocke lagen, sah ich, daß sie ganz von dunklem Abendroth wie überströmt waren; aber auch dort schien es einsam. Niemand schaute hinter ihnen zu mir hinab.

„Unwillkürlich nahm ich meinen Weg dahin, nicht ah= nend, welch ein befremdender Anblick mich erwartete. Als ich eintrat, sah ich Else mitten im Zimmer stehen, aber sie schien mich nicht bemerkt zu haben; und jetzt gewahrte ich es, sie stand ohne Regung, wie ein Bild, die linke Hand herabhängend, die rechte, wie beklommen, gegen die Brust gedrückt. Gleich einer Verklärung lag der rothe Abendschein, der durch die Scheiben brach, auf den herabfließenden Fal= ten ihres lichtgrauen Gewandes, auf dem feinen Profil ihres Angesichts, das sich klar von dem dunklen Hintergrund des Zimmers abhob.

„Eine Weile konnte ich sie so betrachten, ohne daß mir die leiseste Bewegung ihres Körpers kund geworden wäre. ‚Elsi!‘ rief ich leise.

„‚Ja?‘ erwiderte sie wie traumredend; ‚ich komme!‘ Wie ein Erwachen schien es plötzlich ihre schlanken Glieder zu durchrinnen; sie rieb mit ihren weißen Händen bedächtig sich die Augen. ‚Ach du, Franz!‘ rief sie und lag im Augen= blick in meinen Armen.

„‚Was war das, Elsi?‘ frug ich.

— „‚Ich weiß nicht. Was war es doch? — Ich meinte, ich sei bei dir, und ich war es nicht; und da rieffst du mich. — Aber du kommst aus deiner Praxis, du mußt jetzt ruhen!‘

„Sie hatte mich zu einem Lehnsessel gezogen, und als ich mich hineingesetzt hatte, kniete sie vor mir nieder und streckte die Arme mir entgegen. Ich war ermüdet, aber nicht so sehr, um nicht noch mit Entzücken auf den schöngeform= ten Kopf meines Weibes zu blicken; ich hatte ihre Hände in die meinen genommen, und so saßen wir, ohne zu spre=

chen; nur ihre lichtgrauen Augen sahen unabläſſig und immer forſchender in die meinen. Es war ſeltſam, daß es mir — ich kann's nicht anders ausdrücken — unheimlich unter dieſem Blicke wurde; zugleich aber kam jener ſüße Schauder über mich, der mir damals von meinem Nacht=geſicht geblieben war.

„‚Elſi,‘ ſagte ich endlich, ‚was ſiehſt du ſo mich an?‘

„Ich ſah, wie ſie zuſammenzuckte. ‚Soll ich das nicht?‘ frug ſie dann leiſe.

„‚Deine Augen ſind ſo geſpenſtiſch, Elſi!‘

„Sie ſah mich dringender an: ‚Du!‘ ſagte ſie heimlich und verſtummte.

— „‚Was denn, geliebte Frau?‘

„‚Du, Franz; wir müſſen uns früher ſchon geſehen haben!‘

„Der Athem ſtand mir ſtill, aber ich ſagte nur: ‚Wir ſehen uns jetzt ſchon in das vierte Jahr; von früher weiß ich nichts.‘

„Sie ſchüttelte ihren blonden Kopf: ‚Ich mein es ernſt=haft; du ſollſt keinen Scherz daraus machen! Nein, weit, viel weiter zurück — aber ich kann mich nicht entſinnen; es war vielleicht im Traum nur; ich muß noch ein halbes Kind geweſen ſein.‘

„Es durchlief mich, ich bebte vor dem, was weiter kom=men könne; aber ich faßte mich, und indem ich ſie ſanft zu mir hinaufzog, ſagte ich: ‚Das iſt ſo zwiſchen Liebesleuten; mir iſt es auch wohl ſo geweſen, als hätten unſere Seelen ſich geſucht, bevor noch unſere Leiber ſich gefunden hatten; das iſt ein alter Glaube, Elſi.‘

„Sie antwortete nicht, aber ſie ſtrickte ihre Arme feſter um meinen Hals und drückte ihre Wange an die meine; ihre Augen ſuchte ich vergebens noch zu ſehen, denn der Dämmerungsſchein war erloſchen, und durch das Fenſter fun=kelte von fern der Abendſtern. ‚Franz!‘ hauchte ſie endlich.

— „Ja, Elsi?‘

„Halte mich fest, Franz! Noch fester! O, mir ist, als könnte man mich von dir reißen!‘

„Ich preßte sie heftig an mich, aber sie erhob schmerzlich lächelnd ihr Antlitz: ‚Es hilft dir nicht, Franz; wir müssen doch wieder von einander!‘

— — „Als ich später in meinem Zimmer mit mir allein war, überkam mich ein Schrecken über diesen halbvisionären Zustand; mit halben Gedanken ging ich auf und ab; bald griff ich, als sollte mir daraus eine Offenbarung werden, nach diesem oder jenem medicinischen Buche, das unter den anderen auf dem Regal stand, und setzte es, meist ohne es nur aufgeschlagen zu haben, wieder an seinen Platz; ich fühlte mich plötzlich unsicher gleich einem Neuling. Da flog's mir durch den Kopf: wir hatten noch immer kein Kind; eine Fehlgeburt war am Ende des ersten Ehejahres gewesen und nicht ohne nachbleibende Schwächen überwunden worden — wenn es das, wenn es das erste Zeichen eines neuen Lebens wäre! Der Keim eines solchen wirkt ja oft wunderbar genug in der jungen Mutter. Ich hatte bisher die Kinder nicht vermißt; aber ich war mir wohl bewußt gewesen, daß ich dereinst nach den Nichtgeborenen so sehnsüchtig wie vergebens die Arme ausstrecken würde.

„Und so beruhigte ich mich; ich beobachtete dann, ich frug mein Weib; aber sie selber wußte von nichts; ich glaube, sie hatte mich kaum verstanden. Und bald sah auch ich, daß diese Hoffnung eine eitle gewesen sei; außer einem leichteren Ermüden und einer vermehrten Zärtlichkeit zu ihrem Manne bemerkte ich nichts Auffallendes an ihr.

„Da eines Tages kamen Schmerzen; nur leichte, vor denen sie selber nicht erschrak, aber der Ort, wo sie hervortraten, wollte mir nicht gefallen. Sie hatte sich ins Bett gelegt, aber sie konnte am folgenden Tage wieder aufstehen.

‚Es war nichts, Franz,' sagte sie; ‚nur ein Anflug, und dann war's wohl meine Hasenangst vor Schmerzen!'

„Sie sagte das wohl und war wieder heiter und geschäftig; aber ein paar Wochen später, da ich Vormittags in meinem Zimmer bei der Impfliste saß, trat sie zu mir herein, blaß und mit verzagten Augen: ‚Ich muß doch wieder in meine Kissen,' sagte sie, ‚mir ist, als wenn mich Unheil treffen sollte.'

„Ich brachte sie nach unserem Schlafzimmer; ich suchte den Grund der sich bald, wenn auch gelinde, einstellenden Schmerzen, aber es wollte mir nicht gleich gelingen. Sie athmete tief auf: ‚Es wird schon besser!' flüsterte sie, und nach einiger Zeit: ‚Geh nur hinunter an deine Arbeit; es ist vorbei, du kannst mich ruhig liegen lassen!'

„Und so trieb sie mich fort, aber ich war unfähig, selbst zu der geringfügigen Arbeit, die vor mir lag; eine Furcht vor einem Schreckniß, das sich mir vor Augen stellte, hatte mich ergriffen; ich wanderte rastlos auf und ab. Da wurde an meine Thür gepocht, und ich rief laut „Herein!', aber es war nur der Postbote, der Briefe und neue Bücher brachte, auch medicinische Zeitschriften, die von mir gehalten wurden, waren darunter. Ich warf die letzteren unangesehen in die große Schublade meines Schreibtisches, wohin sie sonst erst gelangten, nachdem ich das Wesentliche mir herausgelesen hatte.

„Es trieb mich wieder hinauf zu meiner Frau. ‚Sind die Schmerzen wieder da, Elsi?' frug ich, denn an den Kissen sah ich, daß sie unruhig gelegen hatte.

„‚Ein wenig,' sagte sie; ‚aber ich fürchte mich noch nicht!'

„Doch mir konnte diese Antwort nicht genügen, und wieder glitt die tastende Hand, nicht des Gatten, sondern des Arztes, über den schönen jugendlichen Körper. Plötzlich — es war das erste Mal in meinem Berufe — begann meine Hand zu zittern, und Elsis große erschrockene Augen blitzten in die meinen: ‚Carcinoma!' sprach es in mir; es durchfuhr mich; wie kam das Entsetzliche zu meinem noch so jungen Weibe? Das Leiden galt derzeit in der Wissenschaft für absolut unheilbar; nach leis heranschleichenden, alles Menschliche überbietenden Qualen war stets der Tod das Ende. Ich kannte diese Krankheit sehr genau, und mit Schaudern gedachte ich des letzten grauenhaften Stadiums derselben.

„Ich zog die Hand zurück; ich küßte mein armes Weib; dann suchte ich über Gleichgültiges mit ihr zu reden, aber sie lehnte schweigend den Ellenbogen auf den Rand des Bettes, den blassen Kopf in ihre Hand legend, und blickte durch das Zimmer wie ins Leere: ‚Ich kann's nur noch so schnell nicht fassen,' sagte sie, und die Worte kamen ihr fast tonlos von den Lippen; ‚so lang ich von mir weiß, habe ich gelebt und immer nur gelebt — nur vielleicht im Schlaf nicht — — doch ja, auch im Schlaf. — Du weißt es wohl, Franz, du weißt ja so viel: sag mir, wie ist denn der Tod?' Sie hatte die Augen zu mir erhoben und sah mich unruhig fragend an.

„‚Möge er uns noch lange fern bleiben!' entgegnete ich, aber mir war die Kehle wie zugeschnürt.

„‚Du antwortest mir nicht, Franz!' sprach sie wieder.

— „‚Warum soll ich dir darauf antworten? Was soll der Tod zwischen uns?'

„Sie blickte mich durchdringend an, als wollte sie das Innerste meiner Seele lesen: ‚Der will mich!' sagte sie; ‚und bekenn es nur, auch du glaubst, daß ich sterben werde. Ich hab es deinen Augen angesehen!'

„Ein Stöhnen wollte sich mir entringen, und in mir sprach es: Sterben? Nur sterben? O, armes Weib, du ahnst nicht, was es dir kosten wird! Laut aber sprach ich: ‚Du bist krank, Elsi, und wir müssen um deine Gesundheit kämpfen!'

„Sie wurde todtenblaß: ‚Sag nur »um dein Leben«, Franz!'
„‚Das kannst du in meinen Augen nicht gelesen haben.' — Ich wußte wohl, daß ich sie täuschte; vielleicht hat sie's gefühlt. Sie sprach nicht mehr; sie ergriff meine Hand und ließ sich in die Kissen sinken.
— — „Meine äußersten Befürchtungen erfüllten sich; die Schmerzen traten stärker auf, und ich sah mein Weib in Todesqual sich winden, als sie noch nicht die Hälfte ihrer Höhe erreicht hatten.
„Fürchte nicht, Hans," unterbrach sich mein Freund, „daß ich Schritt für Schritt mit dir an diesem Leiden entlang gehen werde; ich will dich auch mit ärztlicher Weisheit nicht quälen: es war eine jener Abdominalkrankheiten, die so viele Frauen, wenn auch meist erst in späterem Alter, hinraffen, und bald war der Gipfelpunkt erreicht, wo auch die kühnste Hoffnung sinken mußte.
„Wie mit versteinertem Hirn saß ich eines Nachts an ihrem Bett — die Nächte bin ich allzeit allein bei ihr gewesen — ein furchtbarer Schauer war eben wieder einmal vorüber, und wie eine welke Blume lag sie mir im Arm, an meiner Brust, blutlos, ohne alle Schwere des Lebens. Ich wußte, das Beste, was bevorstehen konnte, war ein möglichst balder Tod; ich frug mich: Wie ist es möglich, daß sie noch immer lebt? Wie ein Irrsinn flog es mich an: Ist etwas in ihr, das sie nicht sterben läßt? Aber in mir, und fast höhnisch, sprach es: Du Thor, sie wird schon sterben können! Ein entsetzliches Selbstgespräch, Hans; denn ich liebte sie ja so grenzenlos, so wahnsinnig, daß ich auch jetzt, trotz meines vielgerühmten Scharfsinns, nicht lassen konnte, sie immer wieder über das Menschliche hinauszuheben. Nein, nein, es geht zum Ende! sprach ich zu mir selbst; ich lebte in mir durch, was kommen mußte — zuletzt blieb nur die Todtenstille und ein großes ödes Haus.

„Da hörte ich meinen Namen rufen; ich schrak zusammen, und doch, es war nur ihre Stimme; eine kurze Ruhe, eine Erholung war ihr vergönnt gewesen, und es war nun, als ob ihre Augen sich mühten, liebevoll zu mir aufzublicken. ‚Franz,‘ sagte sie — aber ihre Worte kamen in abgerissenen Sätzen, auch ihre liebe Stimme hätte ich an fremdem Orte nicht erkannt — ‚Franz,‘ wiederholte sie, ‚scheint denn der Mond da draußen?‘

„‚Ja, Elsi, sieh nur, durch das Südostfenster fällt es auch hier hinein!‘ Ich hob sie ein wenig an mir empor: ‚Siehst du es nun?‘

— ‚Ich sehe; o, wie schön!‘

„Ich hielt sie noch an mir, es war nicht unbequem für sie. ‚Franz,‘ begann sie wieder, ‚ich dachte nicht, dich wiederzusehen; als die Schmerzen von mir sanken, aber meine Augen noch geschlossen waren, fühlte ich es vor meinem Munde wehen; ich weiß, das war meine Seele, die den Leib verlassen wollte, aber mein Odem, der erwacht war, zog sie wieder zurück — o Franz, hab Erbarmen, ich kann das Furchtbare nicht noch einmal ertragen‘ — ich sah es, wie ein Schauder durch ihren Körper lief — ‚und du weißt es,‘ sprach sie wieder, und es klang hart, ‚ich muß doch sterben! Erlöse mich! Du mußt es, Franz! Wenn es wiederkommt, dann ... Du darfst mich nicht tausend Tode sterben lassen!‘ Ihre Hände hatten sich erhoben und streichelten meine Wangen wie die eines flehenden Kindes.

„‚Elsi!‘ schrie ich; ‚deine Worte rasen! Was dir so weh macht, das ist nicht der Tod, das ist das Leben!‘

„‚Das Leben, Franz? Es war so süß mit dir! Jetzt aber — —‘

„Ich wiegte langsam meinen Kopf; ich bat: ‚Sprich nicht mehr so, geliebte Elsi!‘

„Aber sie warf sich herum und rang ihre mageren

Händchen: ‚Er will nicht!‘ schrie sie; ‚er will nicht! O Gott, so sei du mir endlich gnädig!‘

„Schon sah ich sie aufs Neue den unsichtbaren Folterern verfallen, da fühlte ich, daß sie meinen Kopf zu sich herabzuziehen suchte, und als ich mich zu ihr beugte, sah ich in ihr altes geliebtes Antlitz. ‚Du,‘ sagte sie, und es war noch einmal der liebe Ton aus vergangenen Tagen, ‚glaubst du, daß die Todten von den Lebenden getrennt sind? O nein, das ist nicht. So lange du mich liebst, kann ich nicht von dir; du weißt, ich kann's ja gar nicht; nicht wahr, du weißt es? Ich bleibe bei dir, du hast mich noch, und wenn deine leiblichen Augen mich auch nicht sehen, was thut's, du trägst mein Bild ja in dir; du brauchst dich nicht zu fürchten! Küß mich, küß mich jetzt noch einmal, mein geliebter Mann; noch einmal deinen Mund auf meinen! — — So, nun nicht mehr! Nun, wenn es da ist, thu, warum ich dich gebeten habe! In dem kleinen Fache deines Schrankes — du hast ja Zaubertränke, daß der Leib ohne Zucken einschläft!‘

„So ging es fort; lange, bestrickend, verwirrend. O Hans, ich kann dir all die Worte nicht wiederholen; sie enthielten alle nur eine Bitte: die um den Tod von ihres Mannes Hand, der leider ein Arzt war."

Ich hatte in namenloser Spannung zugehört. „Und du, Franz?" rief ich.

„Ich, mein Freund?" entgegnete Franz. „Ich vermochte ihr nicht zu antworten; es war auch kaum, als ob sie das erwarte; ich umschloß sie nur immer fester mit meinen Armen; wenn ich es heut bedenke, mir ist, ich hätte sie erdrücken müssen. Aber ihre Worte kamen allmählich immer langsamer, und ich fühlte es plötzlich, ich hielt nur noch eine Schlafende in meinen Armen. Ich legte sie aufs Bett, und endlich schien der Morgen durch die Fenster; und als, noch in der Frühdämmerung, die Wärterin eintrat, ließ ich sie am

Bette niedersitzen und ging, wie schon in mancher Frühe, in mein Zimmer hinab, wohin die Magd mein einsames Frühstück gestellt hatte."

— — Franz hatte sich zurückgelehnt, als sei ein Augenblick der Ruhe eingetreten; ich athmete tief auf; ein „Gott sei gedankt!" entfuhr mir.

Franz sah mich finster an. „Spar das fürerst!" sagte er hart. „Ich bin noch nicht zu Ende.

„Mein Weib hatte Recht: in meinem Schranke war ein dreimal verschlossenes Fach; dreimal, denn der Hauch des Todes war darin geborgen. Ohne eine Absicht, nur als müsse es so sein, öffnete ich die Schlösser und nahm nach langer Musterung von den kleinen sorgfältig verschlossenen Krystallfläschchen, welche darin neben einander standen, das kleinste an mich; ebenso lange hielt ich es gegen den Tag und betrachtete, ich kann nicht sagen, ob gedankenvoll oder gedankenlos, die wenigen wasserklaren Tropfen, welche kaum darin zu erkennen waren; ein Nichts, ein furchtbares Nichts. Dann steckte ich es zu mir; ich dachte mir noch kaum etwas dabei. Aber — — laß mich nichts von diesem Tage sagen! Was ich nie gekannt hatte, ich fühlte mein Herz unruhig werden, es schlug mir bis in den Hals hinauf; immer wieder fuhr meine Hand von außen an die Tasche, worin das Fläschchen steckte, als wolle sie sich versichern, ob es noch vorhanden sei; dann wieder, so winzig es war, kam mir die Empfindung, als sei es mir unbequem, als ob es mich drücke, und ich steckte es in die andere Tasche — o Hans, ich glaube heut, es war mein bös Gewissen, das mich drückte; aber daran dachte ich damals nicht. Ich hatte persönlich jeder Praxis für die nächste Zeit entsagt und Alles meinem Assistenten aufgeladen, der, so gut es gehen wollte, damit fertig wurde. Daher frug Niemand nach mir; ich hatte nach außen hin nichts zu thun. Aber was ich an Anderen sonst getadelt, ja gehaßt hatte, heute kam es über mich selbst:

ohne eigenen Willen und ohne das Maß der Einsicht der Zukunft anzulegen, ließ ich mich den Dingen, die da kommen würden, entgegentreiben; mit Gewalt nur unterdrückte ich meine kaum zu dämpfende Erkenntniß. Du glaubst mir, daß ich dabei keine Ruhe fand; bald war ich im Garten, bald am Bette meiner Frau, dann wieder unten in meinem Zimmer. Endlich — endlich neigte sich der lange Tag, die Schatten fielen.

„Ich ging in unser Schlafgemach, wo Elsi noch ihr Lager hatte und es auch behielt; die Wärterin stand an ihrem Bette und ordnete ihr blondes Haar, das bei der Unruhe der Kranken sich verwirrt hatte; aber bei meinem Eintritt warf Elsi ihr Haupt herum und wandte ihr schönes Leidensantlitz zu mir. ‚Es ist gut, Frau Jans! Lassen Sie nur!' sagte sie hastig, und dann zu mir: ‚Bleib bei mir, Franz! Du — aber ganz allein!' und sah mich mit ihren wie in schmerzlichem Abschied glänzenden Augen an.

„Die Wartefrau hatte ein krankes Kind zu Haus; ich sandte sie fort bis auf die gewohnte Morgenstunde. — Als wir allein waren, setzte ich mich, wie ich pflegte, auf den Rand des Bettes und nahm ihr Haupt an meine Brust. Sie drückte sich sanft an mich heran: ‚O Franz, wie ist es gut, bei dir zu sein!' Wir sprachen nicht; es war noch eine lange, glückliche Stunde; auch mein Herz begann wieder ruhig zu schlagen.

„Da schrie sie plötzlich auf: wie von Dämonen, die aber kein sterblich Auge sah, fühlte sie ihren Leib in meinen Armen geschüttelt; mir war's, als wollten sie die Seele heraus haben und als könnten sie es nicht. ‚Franz, o Franz!' Das war noch ein letztes Wort; dann versagte ihr die Stimme, selbst der erlösende Schrei zerbrach vor den zusammengebissenen Zähnen. Da warf sie mit Gewalt ihr Haupt empor — ich habe nirgend sonst, nie ein so von Qual verzerrtes Menschenantlitz gesehen; nur aus den Augen, und flüchtig wie ein schießender Stern, traf jetzt ein Blick noch in die meinen — ein Blick zum Rande voll von Verzweiflung und heißer verlangender Bitte. Sie mühte sich, ein Wort zu sagen; sie konnte es nicht, und die Anfälle kamen immer wieder. Ich war wie niedergeworfen von all den holden Geistern des Lebens: Liebe, Mitleid und Erbarmen waren dem Hülflosen zu furchtbaren Dämonen geworden; mir war, ich sei ein Nichts und nur bestimmt, das Elend anzuschauen; da — fühlte ich plötzlich, daß ich das Fläschchen in meiner linken Hand hatte. Es durchfuhr mich; ich hatte mein Weib noch immer in den Armen. Dann kam ein Augenblick ..."

Der Erzähler stockte. „Franz," schrie ich, „Franz, du hast dein Weib getödtet!"

Er hob die Hand: „Still!" sagte er; „ich will das Wort nicht scheuen: ich habe sie getödtet. Aber damals erschreckte es mich nicht; ging doch das Leid zu Ende! Ich fühlte, wie das junge Haupt an meine Brust herabsank, wie die Schmerzen sanken; noch einmal wandte sich ihr Antlitz, und — es mag ja Täuschung gewesen sein, mir aber war es, als säh ich in das Antlitz meines Nachtgesichts, wie es einstmals verschwindend von mir Abschied nahm; jenes und meines Weibes Züge waren mir in diesem Augenblicke eins.

„Die Zeit meiner Jugend überkam mich; das Abendroth brach durch die Scheiben und überfluthete sanft die Sterbende und Alles um sie her. Und nun jenes hörbare Athmen, das ich bei Anderen nur zu oft gehört hatte; ich neigte mein Ohr an ihre Lippen, es war keine Täuschung, und noch in meiner letzten Stunde werd ich es hören: ‚Dank, Franz!' — dann streckten diese jungen Glieder sich zum letzten Mal."

Franz schwieg; er hatte schon vorher seinen Sophaplatz verlassen und sich einen Stuhl mir gegenüber hergeschoben. Ich hörte, wie in einem Bann befangen; aber ich unterbrach ihn nicht mehr, ich wartete geduldig.

„Wie lange ich so gesessen," begann er nach einer Weile
wieder, „die Todte in meinen Armen, weiß ich nicht; nur
Eines entsinne ich mich: es mag noch vor dem Dunkelwerden
gewesen sein, da war mir, als höre ich aus dem anstoßen=
den Wohnzimmer leise Schritte über den Teppich gegen un=
sere Thür kommen; als sie sich ohne Anpochen öffnete, sieht
unserer Freundin, Frau Käthes, theilnehmendes Antlitz in
das Zimmer; sie pflegte jeden Nachmittag der Kranken
Trost und Erquickung zu bringen. Aber diesmal kam sie
nicht; ich sah plötzlich, daß die Thür wieder geschlossen
war, und hörte ein herzbrechendes Schluchzen durch das
Wohnzimmer sich entfernen. Die Gruppe, welche der Leben=
dige und die Todte mit einander machten, hatte ihr die
Vernichtung meines Hauses kund gethan.

„Ich saß noch lange ohne Regung; dann aber, als ich
fühlte, daß es dunkel um mich her war und nur der Mond=
streifen, welcher noch gestern Elsis lebendiges Herz erfreut
hatte, wieder durch das Südostfenster hereinfiel, ließ ich den
Leichnam aus meinen Armen auf das Bett sinken und ver=
ließ das Zimmer, das ich hinter mir verschloß. Mir ist
noch genau erinnerlich, daß ich das Gefühl hatte, als ob
ich auf Stelzen gehe, als seien meine Glieder nicht die mei=
nen. So befand ich mich nach kurzer Zeit im Garten; mir
war, als müßte sie dort sein, da sie nicht mehr im Hause
war. Ich ging zwischen den Rasen, zwischen den Tannen;
bald im Schatten, bald fiel das Mondlicht auf die Steige;
mitunter fuhr ein Nachtwind auf und führte eine Schar
von fallenden Blättern durch die Luft; weiße Scheine lagen
hier und da auf Bänken oder Büschen; aber von ihr war
keine Spur, eine todtenstille Einsamkeit war auch hier um
mich herum. Mich schauerte, als ich laut und dann noch
einmal ihren Namen rief. Ich wollte, ich mußte noch eine
Lebensäußerung von ihr haben; für das, was ich ihr ge=
than hatte, waren auch ihre letzten Worte mir nicht genug.

Ich stand und hielt den Athem an, um auch den kleinsten Laut nicht zu verlieren, aber nichts kam zurück, nichts, was ich mit den Sinnen fassen konnte: was ich besessen hatte — das hatte ich gehabt, das war im sicheren Lande der Vergangenheit; das Sausen in den Tannen, der dumpfe Rabenschrei, der aus der Luft herabscholl, gehörten nicht dazu. Da — ich entsinne mich dessen noch deutlich — fühlte ich etwas um meine Füße streichen, sich leise an mich drängen. Als ich hinabblickte, sah ich, daß es die arme weiße Katze war; sie ringelte den Schwanz und mauzte kläglich zu mir herauf. ‚Suchst du sie auch?‘ sagte ich. Dann hob ich das Thier auf meinen Arm und ging mit ihm dem Hause zu.

„Die Nacht saß ich bei ihr, die ich getödtet hatte; keine Lampe brannte, es war ganz finster in dem Zimmer; in meiner Hand hielt ich eine andere; sie war schon kalt, sie wurde immer kälter, ich konnte es nicht ändern, und als es Morgen wurde, fühlte ich es bis ins Herz hinein. Da kam mir der Gedanke, ob denn der Tod nicht ansteckend sei; aber es war nicht, es war überhaupt auch sonst nichts, gar nichts; nur ihr geliebtes Haupt lag still und friedlich auf dem Kissen.“

* * *

Mein Freund war aufgestanden und sah wie abwesend aus dem Fenster in den traurigen Hof hinaus, nicht achtend, daß die Dohle wieder mit ihren schwarzen Flügeln gegen die Scheiben schlug. Aber ihr Krächzen nach neuem Futter war diesmal umsonst; ihr Herr setzte sich mir wieder gegenüber und sah mich lange an, als ob er mich bemitleide.

„Armer Hans,“ begann er dann aufs Neue, „mein Bericht ist auch jetzt noch nicht am Ende, denn ich selbst bin noch immer übrig, und im Herbste jährt es sich zum dritten Male, seit das geschah, was ich dir erzählt habe.

— — „Elsi war begraben; die Kirchhofserde bedeckte den furchtbaren Proceß, den die Natur einmal an Allem übt, das sie einst selbst hervorgebracht hatte. Wie mir zu Muthe war? — Von Laien war mir oft gesagt, daß sie einen starken Seelenschmerz an einer bestimmten Stelle ihres Körpers nachempfänden, und es ist ein Korn Wahrheit in diesen Worten; bei mir aber war es nur ein dumpfer Schreck, der sich eingenistet hatte, wo Andere den Schmerz um ihre Todten zu empfinden meinten — und, wenn du willst, so ist das noch heut mein körperliches Leiden. Ich sagte mir wohl, es sei jetzt Zeit, meine Praxis wieder aufzunehmen, die sonst mir selber vorbehaltenen Kranken wieder zu besuchen, zumal ich sah, daß mein junger Gehülfe es nur auf Kosten seiner Gesundheit fertig brachte. Aber eine panische Furcht ergriff mich, wenn mir der Gedanke kam; ich scheute mich vor den Menschen, ich vermied sie und lebte wie ein Ein=siedler eine Woche nach der anderen, nur in meinem Haus und Garten; in letzterem selbst dann noch, als der Winter ihn mit Reif und Schnee beladen hatte. Und Niemand störte mich in dieser Vereinsamung; mein junger Mann that schweigend seine Pflicht, weit mehr als dies; meine alten Patienten mochten Mitleid mit mir haben und auch wohl denken, der Doctor stehe doch unsichtbar hinter seinem As=sistenten; einzelnen der jungen Frauen oder Mädchen mochte auch vielleicht der hübsche Junge zusagen, wenigstens holte er sich gleich darauf aus diesen Kreisen eine Braut. Da aber mußte es geschehen, daß eine arge Seuche auf die Stadt und zumal auf unsere Jugend fiel; ein altes Übel, das aber nach manchen Jahren jetzt wieder auftauchte. Bei Beginn desselben war es, daß eines Morgens der Finger meines jungen Hausgenossen bescheiden an die Thür meines Zimmers pochte.

„‚Ich möchte nicht stören, Herr Doctor,‘ sagte er bei seinem Eintritt; ‚aber Sie werden es auch selbst wünschen, daß wir in der Behandlung dieser unerwarteten Krankheit übereinstimmen.'

„Ich sah ihn überrascht an; ich wußte nichts von einer neuen Krankheit.

„‚Verzeihen Sie,‘ sagte der junge Mann verlegen, indem er den nach allerlei mitspielenden Nerven construirten Namen nannte, ‚mir ist sie bisher in praxi noch unbekannt geblieben; sie ist plötzlich hier erschienen, und es sind schon Todesfälle nach kürzestem Verlaufe vorgekommen.‘

„Ich wußte zwar von dieser Krankheit, aber auch mir war sie weder auf Universitäten noch später vorgekommen; sie war heillos in der Schnelligkeit, womit sie ihre Opfer packte. Ich raffte mich zusammen, wir verhandelten, wir lasen, zumal auch in den älteren Praktikern, die aus ihrer Zeit das Übel durch Erfahrung kannten und deren feine Beobachtung bei geringen Hülfsmitteln mir immer Achtung eingeflößt hatte. So kamen wir zu bestimmten Schlüssen und zur Feststellung eines einzuschlagenden Verfahrens. Als er sich entfernen wollte, sah ich ihm zum ersten Male voll ins Antlitz. ‚Aber was ist Ihnen?‘ frug ich; ‚sind Sie krank?‘

„Er schüttelte den Kopf: ‚Das ist nur von der Nachtunruhe in den letzten Tagen.‘

„Ich streckte ihm erschrocken meine Hand entgegen: ‚So verzeihen Sie mir, daß ich über die Todte den Lebenden vergessen habe.‘

„Aber ihm sprangen die Thränen aus den Augen: ‚Verzeihen?‘ stammelte er; ‚ich selber kann Ihre Todte nicht vergessen, wie sollten Sie es können!‘

„Der brave Junge! Elsi war immer wie eine Schwester gegen ihn gewesen; und — wenn er meine Praxis erbte, ich hätte nicht viel dagegen! — Nein,“ fügte er hinzu und streckte abwehrend seine Hand nach mir, „unterbrich mich nicht! Ich kann jetzt nicht davon reden. — —

„Als mein Assistent sich entfernt hatte, fühlte ich eine
Unruhe in mir, die mich dies und jenes anzufassen trieb;
so kam ich auch über die Schublade, in der meine medicini=
schen Zeitschriften lagen. Es war ein ganzer Haufen, und
ich begann die einzelnen Hefte nach ihrer Ordnung zusam=
menzusuchen; vielleicht dachte ich gar daran, sie zum Binden
fortzuschicken; zugleich blätterte ich und las die Überschriften
und den Beginn von einzelnen Artikeln. Da fielen meine
Augen auf eine Mittheilung, die mit dem Namen einer
unserer bedeutendsten Autoritäten als Verfasser bezeichnet
war, eines Mannes, der sich nur selten gedruckt vernehmen
ließ. Ich warf mich mit dem Heft aufs Sopha und begann
zu lesen und las immer weiter, bis meine Hände flogen
und ein Todesschreck mich einem Beilfall gleich getroffen
hatte. Der Verfasser schrieb über die Abdominalkrankheiten
der Frauen, und bald las ich auf diesen Blättern die Krank=
heit meines Weibes, Schritt für Schritt, bis zu dem Gipfel,
wo ich den zitternden Lebensfaden selbst durchschnitten hatte.
Dann kam ein Satz, und wie mit glühenden Lettern hat er
sich mir eingebrannt: ‚Man hat bisher' — so las ich zwei=
und dreimal wieder — ‚dies Leiden für absolut tödlich ge=
halten; ich aber bin im Stande, in Nachstehendem ein Ver=
fahren mitzutheilen, wodurch es mir möglich wurde, von
fünf Frauen drei dem Leben und ihrer Familie wiederzu=
geben.'

„Das Übrige las ich nicht; meine Augen flogen nur
darüber hin. Es war auch so genug: der Verfasser jenes
Satzes war mein akademischer Lehrer gewesen, zu dem ich
damals, und auch jetzt noch, ein fast abergläubisches Ver=
trauen hatte.

„Ich blätterte bis zu dem Umschlage des Heftes zurück
und las noch einmal den Monatsnamen, der darauf gedruckt
stand; es war unzweifelhaft dasselbe, welches ich vierzehn
Tage vor Elsis Tod dem Postboten abgenommen und dann

ahnungslos in die Schublade geworfen hatte. — Lange lag ich, ohne die auf mich eindringenden Gedanken fassen zu können. Er hat es gesagt! — das ging zuerst in meinem Kopf herum; er ist kein Schwindler, auch kein Renommist. — — ‚Mörder!' sprach ich zu mir selbst, ‚o allweiser Mörder!'

„Wo ich an dem Rest des Tages mich befand, wie er zu Ende ging, ich kann es dir nicht sagen. Es war am Ende eine alltägliche Geschichte, man konnte sie alle Monat und noch öfter in den Zeitungen lesen: ein Mann hatte Weib und Kinder, ein Weib hatte ihre Kinder umgebracht; verzweifelnde Liebe hatte ihre wie meine Hand geführt. Aber ich hatte in meinem Hochmuth diese Väter und Müt=ter bisher verachtet, ja gehaßt, denn das Leben, dem gegen= über sie verzagten, mußte trotz alledem bestanden werden; sie waren feige gewesen, und ich gönnte ihnen Beil und Block, dem sie verfallen waren; ich selbst, ich hatte nur nachgedrückt auf die Sense des Todes, die ich mit der Hand zu fühlen glaubte, damit sie auf einmal tödte, nicht nur in grausamem Spiel zuvor erbarmungslos verwunde. Jetzt aber zeigte mir ein alter Lehrer, daß sie noch gar nicht vorhanden war und daß nur meine eigene gottverlassene Hand mein Weib getödtet hatte. — Glaub aber nicht, es sei mir in den Sinn gekommen, mich den Gerichten zu über= geben und nach dem Strafrecht mein Verbrechen abzubüßen; nein, Hans, ich bin ein zu guter Protestant, ich weiß zu wohl, weder Richter noch Priester können mich erlösen; mein war die That, und ich allein habe die Verantwortlichkeit dafür; soll eine Sühne sein, so muß ich sie selber finden. Überdies — bei dem furchtbaren Ernst, in dem ich lebte, erschien's mir wie ein Possenspiel, wenn ich mich auf dem Schaffot dachte.

— — „Zum Unglück, oder soll ich sagen zum Glück, trat an jenem Abend auch noch Freund Leuthe zu mir ins

Zimmer, den ich seit dem Begräbniß nicht gesehen hatte. ,Was treibst du?' rief er mir zu; ,ich mußte doch endlich einmal nachsehen!'

„Ich reichte ihm die Hand, aber als er in mein Gesicht sah, mochte er freilich wohl erschrecken. ,Du siehst übel aus,' sagte er ernst, ,als ob du dein Leben ganz der Todten hingegeben hättest. Das ist Frevel, Franz! Die Stadt draußen ist in Noth und Schrecken um ihre Söhne und Töchter, und du, der sonst der Helfer war, sperrst dich ab in deinem Hause und läßt von deinem eigenen Gram dich fressen!'

„So fuhr er eine Weile fort; aber seine Reden gingen über mich weg; was er sprach, klang mir wie Unsinn, ,Blech', wie wir zu sagen pflegten. Freilich, wer immer zu mir hätte reden mögen — es wär wohl ebenso gewesen, denn ich hatte das Verhältniß zu den Menschen verloren; mein Innerstes war eine Welt für sich. — Als ich endlich sagte, daß ich mit meinem Assistenten am Nachmittage eine Conferenz gehalten, daß wir in dieser über die Behandlung der neuen Krankheit uns vereinbart hätten, wurde er ganz beruhigt. ,Und nun komm mit zu uns,' sagte er, indem er seine Uhr zog, ,zu meiner Frau und zu unserer Theestunde; da wirst du morgen frischer in die Praxis gehen!'

„Mit seinen herzlichen Worten überwand er allmählich meinen Widerstand; ich folgte ihm mechanisch, als wir aber in das Haus traten, durchschütterte mich der Klang der Thürglocke, ich hätte fast gesagt, als läute das Armensünderglöcklein über mir; es war zum ersten Male, daß ich seit Elsis Sterben ihren Klang vernahm.

„Wir gingen in die helle warme Stube, und ich hörte deutlich die Theemaschine sausen. ,Gottlob, daß wir Sie endlich wiederhaben!' sagte Frau Käthe, herzlich mir entgegenkommend, und drückte meine Hand.

„Ich nickte: ,Ja, liebe Freundin, wir drei sind wiederum zusammen.'

„‚O nein,' erwiderte die gute Frau, ‚so dürfen Sie nicht sprechen — die diese Zahl so lieblich einst durch sich vermehrte, sie ist noch mitten unter uns; sie war keine, die so leicht verschwindet.'

„Ich setzte mich stumm auf meinen alten Sophaplatz, aber es war jetzt trübe auch im Haus der Freunde: die Worte, die sie über Elsi sprachen, auch die tiefempfundensten, und gerade die am meisten, sie quälten mich; ich kam mir herzlos und undankbar vor, aber ich konnte nichts darauf erwidern.

*   *

*

„Am anderen Tage war ich zum ersten Male wieder in der Praxis und cassirte die entsetzlichen Beileidsreden meiner Patienten ein, von denen einige mich dazu mißtrauisch von der Seite ansahen, ob ich denn noch ihnen würde helfen können. Der neuen Krankheit traten wir mit Glück gegenüber; wenigstens so unerwartet schnell, wie sie gekommen, so rasch war die Epidemie nach einiger Zeit verschwunden.

— — „Ich sagte dir schon, wenn wieder der Herbst kommt, sind es drei Jahre seit Elsis Tod. Ich habe aus diesem Zeitraum nur noch Eines mitzutheilen; das Übrige ging so hin, ich that, was ich mußte oder auch nicht lassen konnte, aber ohne Antheil oder wissenschaftlichen Eifer. Mein Ruf als Arzt, wie ich mit Erstaunen wahrnahm, war noch im Steigen.

„Also vernimm noch dieses Eine; dann werden wir da sein, wo wir uns heut befinden."

„Sprich nur!" sagte ich, „ich kann jetzt Alles hören."

„Nein, Hans," erwiderte er, „es ist doch anders, als du denkst! — — Es mag vor reichlich einem Vierteljahr gewesen sein, als ich zu einer mir nur dem Namen nach bekannten Frau Etatsräthin Roden gerufen wurde; die Magd, die das bestellte, hatte hinzugefügt, gebeten werde, daß ich selber komme.

„Da ich annahm, daß der Fall von einiger Bedeutung sei, ging ich kurz danach in das Haus, welches die verwittwete Dame allein mit einer Tochter bewohnte. Ein junges Mädchen von etwa achtzehn Jahren kam mir bei meinem Eintritt entgegen; frisch, aufrecht, ein Bild der Gesundheit. ‚Fräulein Roden?‘ frug ich aufs Gerathewohl, und sie nickte: ‚Hilda Roden!‘ fügte sie hinzu.

„Dann stellte ich mich als Doctor Jebe vor.

„‚O, wie gut von Ihnen,‘ rief sie, ‚daß Sie selber kommen!‘

„‚Glaubten Sie das nicht?‘

„‚Ich wußte nicht, wie Sie es damit halten,‘ sprach sie, ‚aber nun freue ich mich; wir Frauen dürfen nicht zu viel verlangen!‘

— „‚Sind Sie so überaus bescheiden?‘ frug ich und blickte das hübsche Mädchen mit etwas festeren Augen an.

„Ein leichtes Roth überzog secundenlang ihr Antlitz; sie schloß ihre weißen Zähne auf einander und schüttelte so lebhaft den Kopf, daß der dunkle Zopf, der ihr im Nacken hing, zu beiden Seiten flog; und dabei zuckte aus den braunen Augen, die je zur Seite des feinen Stumpfnäschens saßen, ein fast übermüthiges Leuchten. Doch war das nur für einen Augenblick. ‚O nein,‘ sagte sie plötzlich ernst; ‚ich wünschte nur so lebhaft, daß Sie selber kämen, und zitterte doch, Sie würden es nicht thun, denn meine Mutter, ich fürchte, sie ist recht krank, und sie mußte doch den besten Arzt haben!‘

„‚Vertrauen Sie diesem Arzte nicht zu sehr!‘ erwiderte ich.

„‚O doch!‘ Und damit war sie fort; aber nach kurzer Weile, während ich, in meine Theilnahmlosigkeit zurückgefallen, das Muster der Tapete studirt hatte, sah schon ihr junges Antlitz wieder durch die geöffnete Thür des anliegenden Zimmers. ‚Meine Mutter läßt bitten!' sprach sie.

„Dann stand ich am Krankenbett. ‚Mein gutes Kind,' sagte die noch fast jugendliche Dame, die den Kopf aus ihren Kissen hob, ‚hat Sie selber herbemüht; doch hoffe ich, Sie werden das Übel kleiner finden als die Sorge meiner Tochter.'

„Ich begann dann mein Examen, beschäftigte mich näher mit der Kranken und fand am Ende, daß ich dasselbe Leiden wie bei Elsi vor mir hatte. Und gerade hier sollte ich es selber sein! — Eine Finsterniß schien über mich zu fallen, und wirre Gedanken, wie ich mich losmachen und ferner dennoch meinen Assistenten schicken könne, kreuzten durch meinen Kopf; als ich dann aber in die erschreckten Augen der Tochter sah, die unbemerkt mir näher getreten war, wurde plötzlich Alles anders: ich allein, sagte ich mir, sei der Arzt für diesen Fall, und mein Gehirn war nach langer Zeit zum ersten Male im selben Augenblicke schon beschäftigt, sich die Art der verzweifelten Cur zurecht zu legen. Ob die Hülflosigkeit der Kindesliebe oder ob Anmuth und Jugend diese Sinnesänderung bewirkten, ich weiß es nicht.

„Als ich mit dem jungen Mädchen wieder in das Wohnzimmer getreten war, sah ich ihre Erregung an dem Zittern ihrer Lippen. ‚Darf ich Sie fragen,' sagte sie stammelnd — ‚Ihre Augen wurden vorhin mit einem Male so finster — steht es so schlimm mit meiner Mutter?'

„Ich besann mich einen Augenblick: ‚Es ist eben eine ernste Krankheit,' entgegnete ich; ‚aber was Sie in meinem Antlitz etwa gelesen haben, war nur ein Widerschein aus der eigenen Vergangenheit.'

„Sie schien verwirrt zu werden: ‚Verzeihen Sie mir,' sagte sie, und ein flüchtiger Blick ihrer Augen traf in die meinen, ‚daß ich aufs Neue daran gerührt habe; man denkt bei dem Arzt nur zu selten daran, daß er auch selber leiden könne.'

„Mir war, als flösse aus diesen einfachen Worten ein Strom von Mitleid zu mir herüber, so warm war ihre Stimme.

„Ich ging unter dem Versprechen, mich am anderen Vormittag zeitig wieder einzustellen; halb in erneutem Weh, doch auch, als hauche mir ein milder West ins Antlitz. Nicht ohne Scheu holte ich, zu Hause angekommen, das erwähnte Heft aus meiner Schublade und studirte den Artikel meines einstigen Lehrers. Das von dem Verfasser angewandte Verfahren bestand in einer Operation, die im Falle des Gelingens — das war einleuchtend — eine vollständige Heilung, aber widrigenfalls und, wie ich fürchtete, ebenso oft einen schnellen Tod würde bringen können; denn freilich, das erkrankte Organ mußte mit dem Messer völlig entfernt werden. Doch wie es immer sein mochte, ich durfte nicht zurückstehen! Der Tod — ich konnte nicht zweifeln — war ohne diese furchtbare Cur auch hier gewiß; auf der anderen Seite aber stand das Leben, und nur eine gütige Absicht der Natur wurde vernichtet, auf die es hier schon nicht mehr ankam. Das noch kräftige Alter meiner Patientin und ihre sonst günstige Organisation ermuthigten mich noch mehr. Ich war entschlossen, gleich am anderen Vormittage der Kranken diesen schweren und mir noch zweifelhaften Schritt zur Rettung vorzuschlagen.

„Doch bevor ich dazu kam, am Morgen in der ersten Frühe schon, wurde ich zu der Etatsräthin gerufen. Ich fand die Tochter allein bei ihr: blaß, aber hoch aufgerichtet hielt sie die Mutter in ihren Armen; so hatte Elsi dereinst an meiner Brust gelegen. ‚Der Anfall ist vorüber,‘ sagte das Mädchen, indem sie die Kranke sanft auf ihre Kissen legte, um mir den Platz am Bette zu überlassen.

„Sie hatte Recht, und die Schmerzen mußten stark gewesen sein. ‚Aber wo ist Ihre Wärterin?‘ frug ich.

„Ein Zucken flog um den Mund des Mädchens: ‚Ich

denk, sie hat im ersten Schreck die Flucht ergriffen,' sagte
sie; ‚sie wollte, ich weiß nicht was, aus ihrer Wohnung
holen, aber sie wird nicht wiederkommen.'

— ‚‚Und da sind Sie allein geblieben?'

‚‚Ich blieb allein bei meiner Mutter; ich werde es auch
späterhin schon können!'

„Aber die Kranke hob sich auf in ihrem Bette: ‚Hör,
Hilda,' sagte sie mit schwerer Stimme, ‚ich will, wenn ich
gesund werde — und Gott und unser Doctor werden dazu
helfen —, nicht gleich ein krankes Kind zu pflegen haben;
helfen Sie mir, Herr Doctor, ich kenne den Eigensinn der
Liebe in diesem jungen Kopfe.'

„Ich beruhigte die Frau und versprach, dieser Liebe zum
Trotz eine festere Wärterin zu besorgen, aber nur mit Mühe
wurde der Opfermuth der Tochter besiegt. Ich verließ die
Kranke für jetzt, mit dem Versprechen, am Nachmittage wie=
der nachzusehen, und war mit der Tochter dann allein im
Wohnzimmer. ‚Fräulein Hilda,' sagte ich, ‚ich weiß jetzt,
Sie sind stark; ich kann es Ihnen schon jetzt sagen, mit
Ihrer Mutter werde ich heute Nachmittag reden, wenn sie
von ihrer schlimmen Nacht sich etwas erholt hat —'

„Sie unterbrach mich und sah mich mit ihren großen
Augen fast zornig an. ‚Was ist?' rief sie, ‚um Gottes
willen, was haben Sie vor?'

‚‚Sie müssen ruhig sein, Sie müssen mir helfen, Fräu=
lein Hilda,' sagte ich; ‚so schwer es sein mag, ich weiß, Sie
können es.' Und dann eröffnete ich ihr, welches Leid,
welche Gefahr, doch auch welche Hoffnung für ihre Mutter
da sei.

„Sie stand athemlos, mit zitternden Lippen, vor mir.
Als ich ausgesprochen hatte, stürzte ein Strom von Thränen
aus ihren Augen. ‚Muß es denn sein?' frug sie noch.

‚‚Es muß,' erwiderte ich.

„Dann fühlte ich einen kräftigen Druck ihrer Hand in

der meinen. ‚Ich vertraue Ihnen,' sagte das Mädchen; ‚Sie sind so gut; ich will auch nicht wieder weinen — ach, hilf uns, lieber Gott!'

„‚Ja, Hilda,' erwiderte ich, ‚möge er uns helfen; aber wir selber stehen doch in erster Reihe.'

„Sie ließ ihre Augen auf mir ruhen: ‚Kommen Sie nur heut Nachmittag,' sagte sie, ‚ich werde, was ich kann, für meine Mutter thun.'

— — „Als ich dann wiederkehrte, fand ich die neue Wärterin schon dort; Hilda saß am Bette ihrer Mutter; sie schienen bei meinem Eintritt von ernster und inniger Unterhaltung abzubrechen. Meine Kranke war sichtlich von einer neuen Erregung ergriffen, aber sie reichte mir ihre heiße Hand, und ich fühlte einen leisen Druck und sah ein schmerzliches Lächeln um ihren noch immer schönen Mund.

„‚Ich bin durch Hilda schon von Allem unterrichtet,' sagte sie, ‚und bereit, mich dem, was Sie für nöthig achten, zu unterwerfen. Wenn hier der Tod ist und dort das Leben sein kann, so muß ich für mein Kind das Leben suchen, so schwer es zu erreichen sein mag.'

„Die Tochter hatte ihren Arm um die Mutter geschlungen und drückte ihr braunes Köpfchen, wie um es zu verbergen, gegen deren Nacken; nur ich mochte es gesehen haben, daß ein paar große Thränen ihr wie widerwillig aus den Augen sprangen.

„Aber ich mußte ihr dankbar sein, sie hatte mir die schwere Eröffnung abgenommen, und meine Kranke hatte ich gefaßt gefunden. Ich will es kurz machen, Hans — die furchtbare Operation ging einige Tage später nach sorgfältigster Vorbereitung, unter Zuziehung meines Assistenten und eines besonders geschickten jüngeren Arztes aus einer Nachbarstadt, nach den Gesetzen unserer Wissenschaft vorüber. Hilda — das hatte ich ausbedungen — durfte nicht zugegen sein; aber in Allem, was sie außerdem zu leisten hatte, war sie, wenn auch todtenblaß, das feste zuverlässige Mädchen, worauf ich gerechnet hatte.

„Und so blieb es; unter ihrer zugleich liebevollen und strengen Pflege ging die Heilung wider mein Erwarten und — trotz des furchtbaren Vergleiches — ich kann dennoch sagen: zu meiner Freude, rasch von Statten, so daß mir bald die Aussicht auf Genesung sicher wurde und, bei dem rechtzeitigen Eingreifen, auch die Furcht vor einem Rückfall immer mehr zurücktrat. Von der Wärterin erfuhr ich freilich, daß Fräulein Hilda zwar noch ihre Schlafkammer oben im Hause habe, aber gegen die Nacht, wenn das Befinden der Mutter ihr das geringste Bedenken errege, von dem Stuhl an deren Bett nicht fortzubringen sei: die unruhigen Augen nach der Kranken, verbringe sie dort die Nacht in halbem Schlummer, und erst bei Anbruch des Morgens schleiche sie fröstelnd für ein Stündchen nach der eigenen Kammer.

„Ich sah wohl, daß das Mädchen bleicher wurde, je mehr die Mutter sich erholte; und so eines Tages, als sie mich wieder aus dem Krankenzimmer geleitet hatte, faßte ich ihre Hand, und während ihre schönen verwachten Augen zu mir aufsahen, sprach ich und war selbst nicht ohne tiefere Bewegung: ‚Von heut an, Fräulein Hilda, sollen Sie ruhig in Ihrem Bette schlafen; ich stehe Ihnen dafür, Ihre Mutter ist gerettet.'

„Wie durch ein Wunder erhellte sich bei diesen Worten ihr junges Antlitz; in Wahrheit, sie war plötzlich wunderschön geworden. ‚Gerettet?' frug sie noch halb im Zagen; ‚o Gott, gerettet!' — Dann noch ein paar tiefe Athemzüge, und ein entzückendes Lachen, als ob's die Brust nicht bergen könne, brach aus ihren Lippen. ‚Gerettet!' wiederholte sie noch einmal. ‚O Doctor, mir ist, als trüg ich plötzlich einen Rosenkranz! Aber Sie' — und ihre Augen sahen mich wie heftig flehend an — ‚gleich einer Trauerkunde haben Sie die Himmelsbotschaft mir verkündet! Und Sie haben mir das Leben — o, verstehen Sie es doch! das Leben meiner Mutter haben Sie gerettet!'

„Ich glaube fast, sie wollte mir zu Füßen sinken, aber ich faßte ihre Hand: ‚Lassen Sie das, Hilda!' sagte ich; ‚es hat wohl Jeder sein eigenes Geschick, und was an Freude einmal hinzukommt, nimmt dessen Farbe an!'

„‚Ja, ja, ich weiß,' erwiderte sie, plötzlich still werdend, ‚Sie haben Ihre Frau so sehr geliebt und haben sie verloren!'

„‚Es war die Krankheit Ihrer Mutter,' fügte ich hinzu; ‚ich vermochte sie nicht zu retten' — — nur zu tödten! hätte ich fast hinzugesetzt, denn mich überkam ein fast unabweisbarer Drang, diesem jungen Wesen meine Seele preiszugeben, ihr Alles, was mich zu Boden drückte, bloszulegen, so wie ich es heute vor dir gethan habe. — Aber ich bezwang mich; sie hätte darunter zusammenbrechen müssen.

„Die Augen voll Thränen, mir beide Hände hingegeben, stand sie vor mir. ‚Es thut mir so leid, daß Sie nicht froh sein können,' stammelte sie endlich.

„Ich schüttelte den Kopf: ‚Ich danke Ihnen, Hilda!' sagte ich; dann ging ich fort. Ich habe sie seitdem nicht wiedergesehen.

— — „Am Abend saß ich bei den Freunden Lenthes, und, wie so oft, wandte sich das Gespräch darauf, wie meinem unverhehlbar trüben Zustand wieder aufzuhelfen sei. ‚Täusche dich nicht, Franz,' sagte der Freund, ‚als ob die Begier nach Leben in dir erloschen wäre; du mußt trotz alledem wieder heirathen und dein Haus aufs Neue bauen!'

„‚Ich bin zu alt geworden, Wilm,' erwiderte ich abwehrend.

— „‚Ei was! Du hast nur deine Jugend mit Kirchhofsrasen zugedeckt; wenn du ein Weib hast, tragt ihr sie mit einander wieder ab!'

„‚Am Ende,' sagte ich wie scherzend, ‚habt ihr meine

Künftige schon hinter einem Vorhang? Wer sollte mich denn heirathen?'

„Frau Käthe sah mich halb schelmisch, halb zaghaft an. ‚Hilda Roden?‘ frug sie leise. ‚Oder hab ich fehl gerathen?‘

„Es durchfuhr mich doch. ‚Was wissen Sie von Hilda Roden?‘ rief ich.

„‚O,‘ erwiderte sie schon muthiger, ‚ich weiß von ihr; Sie würden keinen Korb bekommen, und sie ist gut, die Hilda!‘

„Und Lenthe nickte dazu: ‚Überhör nicht, was die weise Frau dir räth!‘ sagte er lächelnd.

„Ich aber dachte: Jetzt wird es Zeit zu gehen! — Laut sagte ich: ‚Ich überhör es nicht und will thun, was danach geschehen muß. Jetzt aber — reden wir von anderen Dingen!‘

*   *

*

„Bereits am anderen Tage sandte ich meinen Assistenten zur Etatsräthin, bei der übrigens ein täglicher Besuch schon kaum mehr nöthig war. Die junge hübsche Dame, meinte bei seiner Rückkunft der junge Mann, habe bei seinem Eintritt ihn so erschrocken angesehen, daß er schier darüber außer Fassung gekommen wäre. Ich will dir nicht verhehlen, Hans, daß bei diesen Worten sich mein Herz zusammenzog. Gleichwohl, nach drei weiteren Tagen, nachdem ich mein Haus bestellt hatte, nahm ich Abschied von den Freunden, die, da ich mit einer Hochzeit nichts zu thun haben wollte, auch mit dieser Badereise zufrieden waren, auf die sie, Gott weiß, welche Hoffnung setzten. — Und so, mein alter, mein ältester Freund,“ schloß er, mir seine Hand hinüberreichend, „sitze ich denn hier bei dir wie einst vor manchen Jahren; es ist mir wie ein Ring, der sich geschlossen hat.“

Er hatte eine Weile geschwiegen; den Kopf geneigt, daß meine Augen auf sein ergrauendes Haar sahen, so saß er vor mir; dann begann er noch einmal, ohne aufzublicken: „Daß ich meiner Elsi den Tod gegeben, während ich nach dieser neuen Vorschrift vielleicht ihr Leben hätte erhalten können, das liegt nicht mehr auf mir; es ist ein Schwereres, an dem ich trage — so mühselig, daß ich, wäre es möglich, an den Rand der Erde laufen würde, um es in den leeren Himmelsraum hinabzuwerfen. Laß es dir sagen, Hans, es giebt etwas, von dem nur wenige Ärzte wissen; auch ich wußte nicht davon, obgleich ihr mich zum Arzt geboren glaubtet, bis ich daran zum Verbrecher wurde."

Er athmete tief auf. „Das ist die Heiligkeit des Lebens," sprach er. „Das Leben ist die Flamme, die über Allem leuchtet, in der die Welt ersteht und untergeht; nach dem Mysterium soll kein Mensch, kein Mann der Wissenschaft seine Hand ausstrecken, wenn er's nur thut im Dienst des Todes, denn sie wird ruchlos gleich der des Mörders!"

Ich ergriff seine Hand: „Schmähe dich nicht selber, Franz! Du hast auch so genug zu tragen!"

„Du hast Recht," sagte er aufstehend; „es taugt auch nicht, davon zu reden; nur die eine Frage ist zurück: Was nun?" Er war aufgestanden und ging im Zimmer hin und wieder.

„Die Lenthes," sagte ich, „haben dir ein derbes Mittel angerathen!"

„Für einen Unschuldigen," erwiderte er, „vielleicht nicht unrecht; und doch" — er war stehen geblieben — „pfui, pfui! Dies edle Geschöpf zum Mittel einer Heilung zu erniedrigen, es würde nur ein neues Verbrechen sein!"

Ich blickte aus dem Banne dieser furchtbaren Erzählung in dem Zimmer umher; von dem engen Hofe fiel schon die Dämmerung herein, es regnete draußen. „Laß uns ein Weiteres auf morgen sparen," sagte ich; „das Ungeheure, das ich gehört habe, verwirrt mich noch; ich komme morgen schon in der Frühe zu dir!"

Er nickte und reichte mir die Hand. „Thu das, Hans, und schlafe gesund, wenn dein treues Herz dich schlafen läßt!"

— — Ich ging und fand im Hotel meine alte Verwandte ungeduldig meiner harrend. „Wo bleibst du, Hans? Ich sitze hier schon stundenlang, die Hände im Schoß, und der Thee ist längst bitter!"

Meine Entschuldigung, daß ich einen alten Freund, mit hartem Schicksal beladen, wiedergefunden, wollte kaum verschlagen; ob aber der Thee bitter war, habe ich damals nicht geschmeckt.

* * *

Nach einer freilich meist schlaflosen und in vergeblichem Sinnen verbrachten Nacht machte ich mich — es war doch schon gegen sieben Uhr geworden — zu meinem Freunde auf den Weg. Als ich in das Haus trat, sah ich, daß dessen Zimmerthür weit offen stand, und eine alte Magd schien drinnen aufzuräumen, als ob dort kein Bewohner mehr vorhanden sei; selbst die Fenster nach dem Hofe waren aufgesperrt.

„Ist denn der Herr Doctor schon ausgegangen?" frug ich näher tretend.

Aber das Frauenzimmer schlug mit gespreizter Hand einen Halbkreis durch die Luft: „Fortgefahren ist er, schon um vier Uhr; er kommt nit wieder!"

In meiner Bestürzung sah ich, wie einen Anhalt suchend, durch das Fenster auf den Hof und gewahrte dort die Dohle noch wie gestern auf dem Holunderbusche hucken. Die Magd hatte sich auf ihren Scheuerbesen gestemmt und schaute gleichfalls dahin. „Ja," sagte sie, „den ruppigen Vogel, den hat der Herr Doctor meiner Herrschaft hier gelassen!"

„Hatte die denn das Thier so gern?"

Die Alte schneuzte die Nase in ihren Schürzenzipfel; dann schüttelte sie grinsend ihren Kopf: „Aber eine Hand voll Gulden hat er drauf gegeben, der Herr Doctor, und gesagt, das sei das Kostgeld."

In diesem Augenblick gewahrte ich einen Brief mit meiner Adresse auf einem Tische liegen; es war die mir noch wohlbekannte Handschrift meines Freundes. Ich nahm ihn und sagte: „Der Brief ist an mich!"

Das Weib sah mich an: „Ja, wer sind's denn eigentlich?"

Ich nannte meinen Namen und fügte hinzu: „Habt Ihr mich nicht gesehen? Ich war doch gestern den ganzen Nachmittag bei dem Herrn Doctor!"

„Ach ja, da wird's scho richtig sein; wissen's, ich hätt nachher doch den Brief Ihnen sollen bringen."

So ging ich denn mit klopfenden Pulsen, aber wie mit einem gewonnenen Schatze in mein Hotelzimmer und las, was, wie ich jetzt glaube, Franz mir schon gestern hätte sagen können.

„Lebe wohl, mein Freund" — so schrieb er, und es dauerte eine Weile, bevor ich weiterlesen konnte — „wir werden uns nicht wiedersehen. Daß du zur rechten Zeit mich fandest, daß ich zu dir das Ungeheure von der Seele sprechen konnte, hat meinen Geist befreit; ich bin jetzt fest entschlossen: ich gehe fort, weit fort, für immer, nach Orten, wo mehr die Unwissenheit als Krankheit und Seuche den Tod der Menschen herbeiführt. Dort will ich in Demuth mit meiner Wissenschaft dem Leben dienen; ob mir dann selber Heilung oder nur der letzte Herzschlag bevorsteht, will ich dort erwarten. — Noch einmal lebe wohl, geliebter Freund!"

* *
*

Seitdem, fast dreißig Jahre lang, hörte ich nichts mehr von Franz Jebe; nur durch Lenthes, mit denen ich später in nähere Verbindung trat, daß sein Assistent wirklich das

Erbe seiner Praxis angetreten habe, wozu Franz ihm aus der Ferne noch behülflich gewesen sei. Dann, im Herbste 1884, gelangte ein Schreiben aus Ostafrika an mich, dessen Adresse von einer mir fremden Hand war. Als ich es geöffnet hatte, fielen zwei Briefe heraus, der eine, leicht erkennbar, von der Hand meines längst verschollenen Freundes, der andere von der Feder, welche die Adresse an mich geschrieben hatte. Ich las diesen letzteren zuerst; er war nach der Unterschrift von einem Missionar:

„Gruß in Christo Jesu zuvor! In der Nacht vom 16. Mai d. J. ist hier der stets hülfreiche und, obwohl er den rechten Weg des Heils verschmähte, dennoch von der Liebe Gottes erfüllte Dr. med. Herr Franz Jebe unter meinen Gebeten zum wahren Gott-Schauen entschlafen; in Folge einer schweren Seuche, von der er zwar nicht befallen worden, deren treue Bekämpfung aber den ohnehin schon schwachen Rest seiner dem Dienste der Menschenliebe gewidmeten Kräfte aufgerieben hat.

Diese Nachricht an Sie, werther Herr, und die Übersendung seiner Abschiedsworte habe ich ihm in seiner letzten Stunde zugesichert.

Möge der große Gott mit unserem Todten und auch mit Ihnen sein!"

Dann nahm ich den Brief meines Freundes:

„Noch einmal, Hans," so schrieb er, „greife ich nach deiner Hand und hoffe, du wirst die meine fassen können; nur ein Wort noch, damit du von mir wissest und meiner in Frieden gedenken mögest!

Ich habe ehrlich ausgehalten; mitunter nicht ohne Ungeduld, so daß mir die Gedanken kamen: Was bist du doch der Narr? Der Weg hinaus ist ja so leicht! — Aber ich hatte damals noch die Kraft, mich abzuwenden, daß ich an mir selber nicht zum Frevler würde. Jetzt endlich geht die Zeit der furchtbaren Einsamkeit, in der ich hier die zweite Hälfte meines Lebens hingebracht habe, ihrem Ende zu. Die Kräfte sinken rasch; ich wundere mich, daß ich noch lebe, zugleich aber sehe ich vor mir das Thor zur Freiheit von anderer, ich weiß nicht, von welcher Hand geöffnet — — o, meine Elsi! möchte es die deine sein!

Lebe wohl, Hans, mein Freund; ich fühl's, das Sterben kommt!"

— — So war sein Leiden denn zu Ende. — Ob eine solche Buße nöthig, ob es die rechte war, darüber mag ein Jeder nach seinem Inneren urtheilen; daß mein Freund ein ernster und ein rechter Mann gewesen ist, daran wird Niemand zweifeln.

Meine Erinnerungen an Eduard Mörike.

Auf der alten Gelehrtenschule meiner Vaterstadt wußten wir wenig von deutscher Poesie, außer etwa den Brocken, welche uns durch die Hildburghausensche „Miniaturbibliothek der deutschen Classiker" zugeführt wurden, deren Dichter aber fast sämmtlich der Zopf= und Puderzeit angehörten. Zwar lasen wir auch unseren Schiller, dessen Dramen in der Stille eines Heubodens oder Dachwinkels von mir verschlungen wurden, und selbst ein altes Exemplar von Goethes Gedich= ten cursirte einmal unter uns; daß es aber lebende deutsche Dichter gebe, und gar solche, welche noch ganz anders auf mich wirken würden als selbst Bürger und Hölty, davon hatte mein siebzehnjähriges Primanerherz keine Ahnung.

Erst auf dem Lübecker Gymnasium, das ich vor dem Abgang zur Universität noch eine Zeit lang besuchte, las ich Goethes Faust und Heines Buch der Lieder, und mir war dabei, als seien durch diese beiden Zauberbücher doch erst die Pforten der deutschen Dichtung vor mir aufge= sprungen. Von den neueren schwäbischen Dichtern kam nur Uhland in meine Hände; aber trotz der schönen frühlings= klaren Lyrik blieb dessen dichterische Persönlichkeit mir fer= ner, vielleicht weil in der Sammlung der Gedichte die Balladenpoesie einen so breiten Raum einnimmt, die man damals ganz in den Vordergrund geschoben hatte, zu der, mit wenigen Ausnahmen, ich aber niemals ein Verhältniß finden konnte. Die Gedichte Eduard Mörikes, des letzten Lyrikers von zugleich ursprünglicher und durchstehender Bedeutung, der während meines Lebens in die deutsche Literatur eingetreten ist, lernte ich erst mehrere Jahre nach ihrem ersten Erscheinen (1838) während meiner letzten Studentenzeit in Kiel kennen. Wir waren dort derzeit eine kleine übermüthige und zersetzungslustige Schar beisammen, die geneigt war, möglichst wenig gelten zu lassen; aber vor diesem Buche machten wir unwillkürlich Halt. Da war Tiefe und Grazie, deutsche Innigkeit verschmolzen oft mit antiker Plastik, der rhythmisch bewegte Zug des Liedes und doch ein klar umrissenes Bild darin; die idyllischen, vom anmuthigsten Humor getragenen Stücke der Sammlung von farbigster Gegenständlichkeit und doch vom Erdboden losgelöst und in die reine Luft der Poesie hinaufgehoben. „Mich kann nichts so gefangen nehmen als solche Ergüsse, die uns jählings umwogen und aus jedem Fleck der Erde eine Insel machen, von der man ungern wieder scheidet," schreibt kurz vor dem Erscheinen der Gedichte Mörikes vertrautester Jugendfreund Ludwig Bauer in seinen unten zu erwähnenden Briefen; und wir waren in ähnlicher Weise von diesen Dichtungen getroffen. In dem später (Kiel, 1843) von uns herausgegebenen jugendlichen „Liederbuche dreier Freunde" findet sich aus jener Zeit unter der Überschrift „Eduard Mörike" ein Sonett von Th. Mommsen:

> Vorüber fluthen stolz des Elbstroms Wellen,
> Die Schiffe tragend mit dem goldnen Horte —
> Der Reichthum wohnt hier wohl am weiten Porte,
> Allein der Friede weilet bei den Quellen.
>
> So will der Strom der Dichtung auch sich schwellen
> Und weiter strebt er von der stillen Pforte,
> Wo Blumen wuchsen am verborgnen Orte
> Und wo am Waldsaum gaukelten Libellen.

Ach! Wir sind oft anmuthig, oft erhaben,
Allein Gervinus stellt uns zu der Prose,
Und Recht behält er, sind wir erst begraben.

Da fand ich in dem eignen Bett von Moose
Erblühend im geheimsten Thal von Schwaben
Des reichen Liedersommers letzte Rose.

Man sah durch diese Gedichte wie durch Zaubergläser in das Leben des Dichters selbst hinein, das zwar auf einen kleinen Erdenfleck beschränkt, aber dafür mit diesem auch desto inniger vertraut und überdies mit einem phantastischen Märchenduft umgeben war, der bei aller anmuthigen Fremdheit dennoch dem Boden der Heimath zu entsteigen schien, und aus dem die bald zarten, bald grotesken Gestalten,

— — — Die sel'gen Feen,
Die im Sternensaal
Beim Sphärenklang und fleißig mit Gesang
Die goldnen Spindeln hin und wieder drehn,

wie der gespenstische Feuerreiter mit seiner rothen Mütze bis zur sinnlichen Deutlichkeit hervortreten. Diese Poesie erregte, wie von E. Kuh in seinem schönen „Gedenkblatt" treffend bemerkt ist, ganz von selber den Wunsch, die besonnten Rebhügel, die heimlichen Waldplätze oder stillen Dorfseiten aufzusuchen, denen sie entstammt ist; noch lieber, in des Dichters Pfarrgarten einzutreten und bei ihm selber anzusprechen. Aber freilich dazu fehlte mir derzeit auch das bescheidenste Legitimationspapier.

Nach den Gedichten lasen wir auch die Novelle „Maler Nolten", und trotz der mystischen Zwiespältigkeit der Dichtung und des Mangels befriedigender Lösung der darin angeregten Conflicte, welches Beides auch einem jugendlichen Leser nicht leicht entgehen kann, waren wir doch darüber einig, daß der Dichter, wie sein Freund Bauer gleich nach dem Erscheinen des Buches schreibt, „seinen Nolten aus dem dämmernden Brunnenstübchen hervorgeholt habe, wo Kunst und Natur als nachbarliche Quellen rauschen"; ja, daß in einzelnen Particeen vielleicht das Höchste geleistet sei, was überall der Kunst erreichbar ist. Noch entsinne ich mich, wie ich eines Tages beim Eintritt in mein Zimmer einen unserer Genossen, einen eifrigen Juristen, mit feuchten Augen vor meinem Clavier auf einem Stuhle hängend fand; in der einen Hand hatte er das Heft der von Mörike selbst geschätzten Compositionen von Hetsch, welche damals dem Buche beigegeben waren, mit der anderen suchte er unter Heraufbeschwörung seiner vergessenen Notenkenntniß auf den Tasten sich Agnesens Lied zusammen:

> Rosenzeit, wie schnell vorbei
> Bist du doch gegangen!

Leider verfiel ich, da ich nach abgelegtem Staatsexamen in meiner Vaterstadt seßhaft geworden war, in den seltsamen Irrthum, meine Begeisterung auch bei allen anderen Menschen vorauszusetzen, derart, daß ich den „Nolten" der Lesegesellschaft unserer „Harmonie" höchst dringend anempfahl. Das Buch wurde auch angeschafft; aber — ich konnte mich bald kaum noch irgendwo sehen lassen, ohne ein mitleidiges Kopfschütteln der rüstigen Geschäftsleute dafür einzucassiren. Ich hatte mich von vornherein um allen Credit gebracht. — Setzte es doch sogar einen Schriftsteller, wie A. v. Sternberg, mit dem ich in den fünfziger Jahren zusammentraf, in Erstaunen, daß ich Mörike überhaupt eine Bedeutung einräumen wollte. Er hatte zur Zeit, da dieser an seinem Nolten arbeitete, ihn persönlich kennen gelernt, wußte von ihm aber nur mit herablassendem Lächeln zu erzählen, wie Mörike ihn eines Tages gefragt habe, ob er wohl auch eine Gräfin könne Staub wischen lassen, worauf er ihn dann beschieden, ja wenn es grad nicht nöthig sei, da könne auch wohl einmal eine Gräfin zum Staubtuch greifen. — Die Stelle findet sich übrigens Bd. I, S. 225 im Nolten und wird von Vischer in seinen „Kritischen Gängen" gegen einen Recensenten vertheidigt, da der Vorgang als ein ungewöhnlicher psychologisch motivirt sei.

Und hier stehen wir vor der Frage: Woher kommt es, daß Mörike selbst in Betreff der Gedichte noch heute ein so kleines Publicum hat? — Der gänzliche Mangel der flüssigen Phrase und jener aus der Alltäglichkeit der Anschauungen hervorgehenden bequemen Verständlichkeit schließt allerdings bei unserem Dichter den größten Theil der Jugend, insbesondere der jugendlichen Frauenwelt, von vornherein aus, abgesehen davon, daß die Stoffe vielfach jenseits des gewöhnlichen Gesichtskreises dieses Alters und Geschlechtes liegen. Aber auch reifere Frauen oder Männer, denen man sonst wohl etwas zumuthen kann, wissen oft sich nicht hineinzufinden.

Ich möchte Nachstehendes hervorheben. Einmal hat das Phantastische, das bei Mörike überall hindurch spielt, gegenwärtig überhaupt wenige Liebhaber; hier aber hat es noch dazu in mehreren Gedichten — so in der, allerdings köstlichen, 16 Seiten einnehmenden Erzählung vom „sicheren Mann" — eine mythische Welt zur Voraussetzung, die nur dem Dichter selbst und seinem engeren Kreise bekannt war. Als Tübinger Studenten auf einsamen Spaziergängen oder in einem fremden Gartenhause auf dem Osterberge, wo sie sich heimlicher und nächtlicher Weise einnisteten, erschufen Mörike und Bauer diese Welt, die irgendwo im stillen Ocean liegende Insel Orplid mit der Hauptstadt gleichen Namens und ihrer Schutzgöttin Weyla, deren auf und über der Erde spielende Geschichte bis ins Einzelne von ihnen ausgebaut wurde. Bauer schrieb später auf Grund dieser Empfindungen seine Dramen „Der heimliche Maluff" und „Orplids letzte Tage"; Mörike die in den Nolten aufgenommene Scene „Der letzte König von Orplid". Die in letzterer enthaltenen und dieser Mythenwelt entsprungenen kleineren Gedichte: „Gesang Weylas", „Gesang zu Zweien in der Nacht", „Elfenlied", „Die Geister am Mummelsee", sind dann auch, und freilich mit vollem Rechte, in die Sammlung der Gedichte übergegangen, aber sie beruhen sämmtlich auf unbekannten oder ungewohnten Voraussetzungen. Weniger noch als mit diesen und dem „sicheren Mann" werden manche Leser mit dem gleichfalls dem Nolten entnommenen Cyklus „Peregrina" anzustellen wissen; die reizende Gestalt des Wundermädchens ist wie ein Irrlicht, von dem wir nicht wissen, ob wir es wirklich sehen oder ob es nur ein Bild der eigenen Phantasie vor unseren Augen spielt.

Es kommt noch ein Anderes hinzu. Insbesondere die Idyllen, die einen großen und köstlichen Theil der Sammlung ausmachen, haben in ihrer Vortragsweise, in Ausdruck und Redewendung etwas, das der antiken Dichtung abgelauscht und das, so fein und anmuthig es sich der heimischen Weise einfügt, denen, die keine classische Schulbildung hinter sich haben, nicht sofort geläufig sein mag. Wie es bei der Persönlichkeit dieses Dichters nicht anders sein konnte, die Welt seiner Studien verschmilzt sich mit seiner eigenen; der Verfasser schnupft zwar nicht, aber unleugbar ist es, daß er Lateinisch und vortrefflich Griechisch kann; und das von ihm verspottete „Schulschmäcklein" kommt hie und da, wenn auch in stets graziöser oder bewußt humoristischer Weise, in seinen eigenen Gedichten zur Erscheinung.

Das Alles sollte freilich die ernsteren Leser nicht veranlassen, das unvergleichliche Buch nach dem ersten Einblick ungelesen zur Seite zu legen; gleichwohl vermag ich nach eigener Erfahrung, trotz meiner vielfachen Bemühungen dafür, eine Vergrößerung der Mörike=Gemeinde nicht zu verzeichnen. Scheint doch auch, nach dem eingeklebten Titelblatt, die letzte, sechste Auflage der Gedichte nur eine maskirte fünfte zu sein.

Nachdem von Mörike bereits 1846 die „Idylle vom Bodensee" und 1848 die zweite Auflage der „Gedichte" erschienen war, ließ auch ich ein wenig bemerktes Buch „Sommergeschichten und Lieder" in die Welt gehen, worin eine Auswahl meiner Gedichte und meine ersten Prosadichtungen zusammengestellt waren. Mit diesem in der Hand wagte ich es, bei Mörike, wenigstens aus der Ferne, anzuklopfen; im November 1850 schickte ich es ihm und schrieb ihm dabei von seinen norddeutschen Freunden und meiner dauernden Liebe zu seiner Dichtung, den Ausspruch eines heiteren Genossen nicht verschweigend:

Die echten Lieder halten aus in Sommern und in Wintern;
Sie haben aber Kopf und Fuß, dazu auch einen H—.

Es vergingen ein paar Jahre, ohne daß ich über die Aufnahme meiner Sendung etwas erfahren hätte. — Dann im Mai 1853 erhielt ich aus Stuttgart das eben erschienene „Hutzelmännlein", das die Perle der von dem Dichter erfundenen Sage von der schönen Lau enthält, zugleich mit dem herzlichsten Schreiben, das mir diesen Frühlingstag zu einem der schönsten meines Lebens machte. Was mir später von Österreich aus entgegengekommen ist, schrieb mir schon derzeit Mörike: „Höchst angenehm frappirt hat mich die Ähnlichkeit Ihres Nordens mit unserer süddeutschen Gefühls- und Anschauungsweise"; und näher dann auf den Inhalt meines Büchleins eingehend: „Ihre Neigung zum Stillleben thut gegenüber dem verwürzten Wesen der Modeliteratur außerordentlich wohl. Der alte Gartensaal, der Marthe Stube und so fort sind mir wie altvertraute Orte, nach denen man sich manche Stunde sehnen kann." — — — „Das (Gedicht) von den Katzen wußte ich bald auswendig und habe Manchen schon damit ergötzt. Von wem ist das?

frug ich unlängst einen Freund. Nu, sagte er lächelnd, als wenn es sich von selbst verstünde — von dir! Die Zuversichtlichkeit des schmeichelhaften Urtheils hat mich natürlich nicht wenig gaudirt." — Mörike wird sich bei dieser freundlichen Äußerung freilich wohl bewußt gewesen sein, daß dies Gedicht, wenn es auch nicht von ihm herrührt, schwerlich so entstanden sein würde, wenn der Verfasser nicht fleißig bei ihm in die Schule gegangen wäre. Schließlich wünschte er eine Andeutung meiner äußerlichen Existenz; das Eine wolle mich zum Arzt, das Andere zum Prediger machen.

Ich ließ mich selbstverständlich nicht vergebens bitten.

Später, in den Jahren, die ich während der Dänenherrschaft in dem großen Militärcasino Potsdam verlebte, sandte ich ihm das aus unserem Berliner Kreise hervorgegangene belletristische Jahrbuch „Argo". Ich sammelte damals für ein Album zum Geburtstage meiner Frau Erinnerungsblätter aus der Heimath und handschriftliche Gedichte von mir bekannten Verfassern. Kugler hatte mir sein „An der Saale hellem Strande" schreiben müssen; von Eichendorff, mit dem ich in des Letzteren gastfreiem Hause — „am ewigen Herd" — im Freundes- und Frauenkranze einen heiteren Tag verlebt hatte, erhielt ich das: „Möcht wissen, was sie schlagen, so tief in der Nacht"; nun bat ich auch Mörike um sein „Früh, wann die Hähne krähn".

Und rechtzeitig im April 1854 langte zur Antwort eine reiche Sendung bei mir an; dem ausführlichen Briefe war außer dem gewünschten Autograph und einem desgleichen von Kerner mit dem charakteristischen Datum „Weinsberg im unglücklichen April 1854" — er hatte damals eben sein „Rickele" verloren — eine werthvolle Gabe beigeschlossen: „Ludwig Bauers Schriften, nach seinem Tode in einer Auswahl herausgegeben von seinen Freunden." Das Buch ist ohne Angabe eines Verlegers 1847 zu Stuttgart erschienen.

Mörikes Frau, Gretchen, geb. v. Speth, auf welche, wie der Dichter mir verrathen und ich wohl weiter ausplaudern darf, sich die in seiner Sammlung befindlichen Gedichte „Ach, muß der Gram", „O Vogel, es ist aus mit dir", „An Elise", „Wehet, wehet, liebe Morgenwinde" beziehen, hatte es mit einer Widmung an die „Freunde in Schleswig" begleitet. Er selbst schrieb dazu: „Sie werden den herrlichen Menschen bald darin erkennen. Was die vorangedruckten Briefe betrifft (an deren Auswahl ich natürlich einen Antheil habe) — wenn Sie im Stande wären, Alles gehörig abzurechnen, was jugendliche Freundschaft nach der ihr eigenen Übertreibung Gutes an ihrem Gegenstande findet, so könnte es mir schon lieb sein, daß Ihnen ein Stück Leben von mir und meinem Kreis damit vorgelegt wird."

Und in der That sind diese Briefe Allen zu empfehlen, denen daran liegt, den Jugendspuren unseres Dichters nachzugehen. Man sieht die beiden Freunde in die Sommernacht hinausschwärmen und sich auf einsamen Berghöhen und Waldplätzen zu künftigen Werken begeistern; von Mörike erfahren wir, daß er (1824) ein Trauerspiel vollendet, aber dann verbrannt habe, weil es nicht die ganze Höhe seiner Idee erreichte. Überall aber zeigt sich die beiden Freunden gemeinsame Neigung zum Phantastischen und Geheimnißvollen; noch als Pfarrer zu Ernsbach macht Bauer den Vorschlag, sich für Tag und Nächte in dem verödeten Schloß zu Ingelfingen einzuquartieren, „in einem Zimmer, wo, wenn man allein ist, man sich zu Tode bängeln kann." Es ist, als ob die jungen Dichter aus der Einsamkeit in der Natur, aus der Stille der Nacht die Offenbarung der Poesie erwarteten; und die „Felsenglocke Orplids, von welcher nur die Gazellen geweckt werden, seitdem die Gassen der heiligen Stadt verödet sind", klingt überall hindurch. Hie und da in diesen Briefen wird uns, als läsen wir ein Gedicht von Mörike selbst.

Zwischen den Blättern dieses so willkommenen Buches fand sich überdies die Nummer einer württembergischen Kirchenzeitung mit dem ersten Abdruck des trefflichen „Thurmhahns", worüber Mörike mittheilte, daß er als Pfarrer zu Cleversulzbach aus Anlaß einer Kirchenreparatur solch ein altes Inventarienstück zu sich genommen habe, während das Ganze unter Sehnsucht nach dem ländlich pfarrlichen Leben entstanden sei.

Auch die Silhouetten des Dichters, seiner Frau und seiner Schwester Clara, der beständigen Genossin seines Lebens, waren beigefügt.

In seiner liebenswürdigen und bescheidenen Weise gab Mörike dem jüngeren Freunde über die Entstehung einzelner seiner größeren Dichtungen Auskunft; in Betreff seines „Nolten" schrieb er: „Verschiedene Partieen im ersten Theil desselben sind mir selbst widerwärtig und fordern eine Umarbeitung. Was denken Sie deshalb für den Fall einer zweiten Auflage? Ich möchte Sie nicht gern zum zweiten Mal als Corrector unzufrieden machen."

* * *

Im August 1855 wurde mir die Freude, mit meinen Eltern eine Reise in den deutschen Süden zu machen. Das Endziel war Heidelberg, wo mein Vater einst als Student der Rechte zu des alten Thibaut Füßen gesessen hatte, auch mit ihm befreundeten Söhnen eines Hainbundgenossen mitunter von dem alten Johann Heinrich Voß in dem Rebgange seines Gartens war empfangen worden. Ich aber dachte noch ein paar Meilen weiter zu einem lebenden Dichter, nach Stuttgart, wo Mörike derzeit mit seiner jungen Frau und seiner Schwester sein bewegliches Wanderzelt aufgeschlagen hatte. Während nun mein Vater, nur von seinem spanischen Rohre begleitet, in Heidelberg die Stätten seiner Jugend aufsuchte, setzte ich mich auf die Eisenbahn und fuhr nach Stuttgart.

Mörike war nicht im Wartesaal, wie er mir geschrieben hatte. Meine Ankunft war mit einer Literaturstunde zusammengefallen, die er derzeit als Professor am Catharineum zu geben hatte. Als die Menge sich verlaufen hatte, blieb ich mit einem schwarzen Herrn auf dem Perron zurück, der nach dem mir bekannten lithographirten Bilde von Weiß jedenfalls nicht Mörike sein konnte, der aber bald auf mich suchend Umherblickenden zutrat und mir ein mit Bleistift geschriebenes Billet überreichte. „Salve Theodore!" schrieb Mörike, „Negotio publico distentus amicum, ut meo loco te excipiat, mitto carissimum."

Dieser Freund war Wilhelm Hartlaub, dem die erste Auflage der Gedichte gewidmet ist und der jetzt von seiner Dorfpfarre bei dem Dichter auf Besuch war. „Sie kommen zur glücklichen Stunde," sagte dieser, als wir durch die Straßen schritten; „der Eduard hat gerade etwas fertig, was von überwältigender Schönheit ist." — Die Dichtung, welche er meinte, war die Novelle „Mozart auf der Reise nach Prag".

In der einfach aber nett eingerichteten Wohnung, freilich mehrere Treppen hoch, wurde ich von Frau und Schwester empfangen. Mörike selbst war noch nicht da; aber während ich mich an einem Glase jungen Weins, noch aus dem Garten zu Mergentheim, nach der heißen Fahrt erquickte, trat auch er herein. Er war damals erst 51 Jahre alt; in seinen Zügen aber war etwas Erschlafftes, um nicht zu sagen Verfallenes, das bei seinem lichtblonden Haar nur um so mehr hervortrat; zugleich ein fast kindlich zarter Ausdruck, als sei das Innerste dieses Mannes von dem Treiben der Welt noch unberührt geblieben.

Er faßte mich an beiden Händen und betrachtete mich mit großer Herzlichkeit. „Gelt, Alte!" sagte er dann zu seiner Frau, "so habe wir ihn uns ungefähr vorgestellt. Als ich eben da heraufgegangen bin, da hab ich mir die Stufe angesehen und gedacht, ob wohl der Storm da herüber gestiegen ist?"

Bei den Gesprächen, in die wir bald vertieft waren, offenbarte sich überall der ihm innwohnende Drang, sich Alles, auch das Abstracteste, gegenständlich auszuprägen; die Monaden des Leibnitz erschienen ihm wie Froschlaich; von den kleinen Naturbildern des ihm befreundeten Dichters Karl Mayer sagte er: "Er kann nichts passiren lassen, ohne es auf diese Art gespießt zu haben." — Über dem Sopha zwischen den Lichtbildern von mir und meiner Frau, die wir als Erwiderung der Silhouetten gesandt hatten, hing eine in Öl gemalte Mondscheinlandschaft; Mörike meinte, es stecke ein Gedicht darin. "Eine Nachtuhr!" sagte er und zeigte auf einen Felsblock im Vordergrunde des Bildes, über den, vom Mond beleuchtet, ein rieselndes Wasser tropfenweise herabfiel. Aber so viel ich weiß, ist dies schon keimende Gedicht nicht zur Entfaltung gediehen. Wir kamen auf Heine zu sprechen. "Er ist ein Dichter ganz und gar," sagte Mörike; "aber nit eine Viertelstund könnt ich mit ihm leben wegen der Lüge seines ganzen Wesens." Dagegen fühlte er sich zu Geibel und Heyse, dessen eben erschienene "L'Arrabbiata" er "eine ganz einzige Perle" nannte, hingezogen und wünschte sich nur Jugend und Gesundheit, um ihnen recht feurig entgegenkommen zu können; auch von unserer persönlichen Begegnung wünschte er, daß sie in eine frühere Zeit seines Lebens gefallen sei.

Von mir, der ich damals erst im Beginn meiner Prosadichtung stand, hatte Mörike kurz zuvor die kleine Idylle "Im Sonnenschein" zugesandt erhalten. "Als ich das gelesen," sagte er, "da habe ich gleich gesehen, das ist so mit einem feinen Pinsel ausgeführt; das mußt du Satz für Satz lesen. — Wisse Sie was!" fuhr er dann fort; "drei Stellen daraus möchte ich auf Porzellan gemalt haben." — Er hatte eben nicht Unrecht mit dieser freundlichen Kritik. Dann aber meinte er wieder: „Sie habe das an sich, so leise zu überraschen: ‚Es war eine andere Zeit!'"

Ich hatte ihm erzählt, daß mein Vater, ein Müllersohn vom Dorfe, von seiner Jugend her eine Liebhaberei für Vögel habe und noch jetzt mit Behagen dem Treiben der Stare um die ausgehängten Brutkästen zuschaue. Als wir später bei der Besichtigung der Wohnräume in das Zimmer kamen, wo sein erst einige Monate altes Töchterlein in einer Wiege schlief, sagte er mir, daß er diese Liebhaberei meines Vaters theile, und zeigte auf zwei Rothkehlchen, die im Bauer vor dem Fenster standen. „Richtige Gold= und Sil=berjäde ziehe sie heraus; sie singe so leise, sie wollen das Kind nit wecke."

In meiner Heimath, wo das Plattdeutsche der Volks=sprache sich schärfer von der Schriftsprache scheidet, ist man nicht gewöhnt, einen derartigen Anflug von Dialekt in der Unterhaltung zu hören; auch Mörikes Gedichte, hatte ich sie nun laut oder leise gelesen, waren mir stets nur in mei=ner eigenen Sprache dagewesen. Nun hörte ich den Dichter selber in behaglichster Weise sich in der Sprache seiner schwä=bischen Heimath ergehen, insbesondere beim Mittagstische im Gespräch mit seinem Jugendfreunde Hartlaub. Als ich ihm meine Gedanken darüber kund that, legte er zutraulich die Hand auf meinen Arm und sagte lächelnd: „Wisse Sie was? Ich möcht's doch nit misse." — Noch ein Anderes hatte mich stutzen gemacht, ohne daß ich gleicherweise einen trau=lichen Bescheid darauf bekommen hätte. Es war dies das Tischgebet, das Mörike kurz vor Beginn der Mahlzeit sprach. Ich mußte schweigend darüber nachsinnen, ob das ein Rest des früheren Pfarrlebens sei oder vielleicht nur einer allgemein schwäbischen Haussitte angehöre; eine solche formulirte Kundgebung wollte mir zu dem Dichter Mörike nicht passen, wenngleich in seinen Gedichten sich nichts findet, das dem Glauben an eine persönliche, dem Herzensdrange des Menschen erreichbare Gottheit widerspräche. Die Verse aber:

... Aus Finsternissen hell in mir aufzückt ein Freudenschein:
Sollt ich mit Gott nicht können sein,
So wie ich möchte, Mein und Dein?
Was hielte mich, daß ich's nicht heute werde?
Ein süßes Schrecken geht durch mein Gebein!
Mich wundert, daß es mir ein Wunder sollte sein,
Gott selbst zu eigen haben auf der Erde!

sind erst in der Ausgabe von 1867 veröffentlicht. Als das Gespräch sich auf das poetische Schaffen überhaupt wandte, meinte Mörike, es müsse nur so viel sein, daß man eine Spur von sich zurücklasse; die Hauptsache aber sei das Leben selbst, das man darüber nicht vergessen dürfe. Er sagte dies fast so, als wolle er damit den jüngeren Genossen warnen. Und daß es nicht ein blos hingeworfenes Wort gewesen, beurkunden seine Gedichte, in denen der Inhalt eines reichen, wenn auch noch so stillen Lebens wie von selber ausgeprägt ist.

Am Nachmittag wurde mir zu Ehren auf nordische Weise der Theetisch hergerichtet; Mörike meinte, o, sie kennten das hier auch. Dann schleppte er mir selbst aus seinem Studirstübchen seinen großen Lehnstuhl herbei, und als ich mich hineingesetzt hatte, begann er seinen „Mozart" vorzulesen. Die noch jugendliche Frau des Dichters ging indessen, wie ein freundlicher Hausgeist, ab und zu; die wirthschaftliche Sorge für die Gäste hatte sie genöthigt, sich dem pantomimisch kundgegebenen Wunsche ihres Mannes, sich mit in unseren Kreis zu setzen, mit dem liebenswürdigsten Ausdruck des Bedauerns zu entziehen. — Mörike las, wie mir damals schien, vortrefflich; jeder Anflug von Dialekt war dabei verschwunden. Auch hier aber hatte ich Gelegenheit zu bemerken, welch hohe Stellung der Dichter bei seinen Jugendgenossen einnahm, und wie sie überall nur das Schönste und Beste von ihm erwarteten. Schon 1823 schreibt Bauer in den erwähnten Briefen an ihn: „Aber dies ist mir lieb, daß nur dann dein ganzes wunderbares Selbst vor mir steht, wenn sich die gemeinen Gedanken wie müde Arbeiter schlafen legen und die Wünschelruthe meines Herzens sich zitternd nach den verborgenen Urmetallen hinabsenkt. Die Poesie des Lebens hat sich mir in dir verkörpert, und Alles, was noch gut an mir ist, sehe ich als ein Geschenk von dir an"; und an einer anderen Stelle: „Du bist mir schon so heilig, wie ein Verstorbener." — Der jetzt gegenwärtige Hartlaub folgte der Vorlesung mit einer verehrenden Begeisterung, die er augenscheinlich kaum zurückzuhalten vermochte. Als eine Pause eintrat, rief er mir zu: „Aber, i bitt Sie, ist das nun zum Aushalte!" — Ich selbst freilich war von dieser Meisterdichtung, in der mir nur eine Partie, die mit den Wasserspielen, weder damals noch später hat lebendig werden wollen, nicht weniger freudig ergriffen. Daß außer einzelnen Gedichten, wie „Erinna an Sappho" oder „Besuch in der Carthause", diesem Werke kein weiteres mehr von ähnlicher Bedeutung folgen sollte, ahnten wir damals nicht.

Nach beendeter Vorlesung wandte das Gespräch sich auf den „Maler Nolten", dessen erste Auflage vergriffen war. Der Verleger beabsichtigte eine neue, aber Mörike wollte den unveränderten Abdruck nicht gestatten; er hatte schon damals eine Umarbeitung desselben begonnen, welche er trotz der ihm noch vergönnten zwei Decennien nicht vollenden sollte. Es wolle ihm nicht gelingen, bekannte er; er habe sogar das Buch schon einmal vor Ungeduld an die Wand geworfen. — Als wir Anderen ihm dann zuredeten, er möge sich doch lieber neuen Schöpfungen zuwenden, meinte er, es werde doch kein Maler, dem Gelegenheit gegeben sei, ein

Bild zu wiederholen, mit Bewußtsein dieselben Verzeichnungen wieder hineinmalen. — Und so ist er denn fortgefahren, Zeit und Kräfte an dem ihm fremd gewordenen Werke zu erschöpfen.

Durch die Erwähnung Kerners, den aufzusuchen mir leider, trotz Mörikes dringender Empfehlung, der einmal festgestellte Reiseplan verwehrte, geriethen wir in das nicht nur in Schwaben leicht aufzuritzende Reich der Geister. Mörike, der die Sache ernst nahm, behielt sich vor, mir bei besserer Gelegenheit brieflich desfallsige Mittheilungen aus seinem eigenen Leben zu machen. Aber bekanntlich war er kein zu starker Briefschreiber; erst viele Jahre nachher durch einen meiner Söhne, der ihn als Tübinger Student mehrfach in seinem derzeitigen Wohnorte Nürtingen besuchte, habe ich etwas von diesen Vorgängen erfahren, welche nach dessen Aussage Mörike ihm mit einer die Nachtruhe gefährdenden Meisterschaft erzählt hatte.

Eine Reihe derselben steht in unmittelbarer Beziehung zu Kerners seltsamem Buche „Die Seherin von Prevorst" Nachdem nämlich der Dichter nicht lange zuvor mit Mutter und Schwester von seinem Pfarrhause zu Cleversulzbach Besitz genommen, geht er eines Sommernachmittags in sein Weinbergshäuschen hinauf, um dort, wie es komme, ein bischen zu lesen oder zu schlafen. Zufällig hat er unter seinen Büchern die erwähnte „Seherin" gegriffen und liest darin — die Geschichte steht S. 274 —, was einem Pfarrer H. zu C. und dessen Nachfolger S. im Pfarrhause mit einem spukenden Amtsvorgänger Namens R—sch begegnet ist. Eben am Eindämmern, fährt es ihm durch den Kopf: „Ganz dieselben Wahrnehmungen hast du ja auch gemacht!" Die Anfangsbuchstaben des Pfarrers und seines nächsten Nachfolgers passen ebenfalls; nur der Name des Spukenden ist ihm nicht bekannt. Eiligst begiebt er sich auf sein Studirzimmer und schlägt im Kirchenregister nach; und da steht es! „Rabausch" hatte der Pfarrer geheißen, der hier vor längerer Zeit gelebt und über den noch allerlei finstere Erzählungen im Schwange gingen. — Von der Zeit an hätten er und seine Hausgenossen die Äußerungen des Geistes mit Aufmerksamkeit beobachtet.

Diese Hinneigung des Dichters zu einer von der Wirklichkeit getrennten, geheimnißvoll in sich abgeschlossenen Welt ist ein bezeichnender Zug seines Wesens, das überall dahin drängt, sich von der in fluthender Bewegung tosenden Welt des Tages zurückzuziehen.

Bei einem Abendspaziergange durch die Stadt wurde mir die Steinfigur des Hutzelmännleins gezeigt, welche oben an der Ecke eines Hauses huckte; weiterhin trat Mörike in einen Laden und kaufte mir ein paar weiße Kreidestifte, deren ich mich, wie er zu thun pflege, zum bequemen Niederschreiben poetischer Productionen auf eine Schiefertafel bedienen möchte.

Am anderen Vormittage kramte unser Gastfreund allerlei, besonders handschriftliche Raritäten aus: so, trotz seiner Abneigung gegen dessen Persönlichkeit, ein sehr durchcorrigirtes Gedicht von Heine; mehrere von Hölderlin, darunter eines aus der Zeit seines Irrsinns, aber auch ein Concept des schönen Gedichtes „An Heidelberg"; endlich kam ein Blatt mit allerhand colorirten Zeichnungen. So viel ich mich entsinne, sollte es von einem alten Zeichenlehrer aus dem vorigen Jahrhundert stammen; Mörike, der eine mir entfallene Classenbenennung für diese Art von Künstlern gebrauchte, hatte selbstverständlich den Mann nicht gekannt; aber während er auf die verschiedenen altfränkischen Dinge aufmerksam machte, mit denen der Bogen bedeckt war, begann er, leise und behaglich redend, mit dramatischer Lebendigkeit die Figur des alten Herrn in immer deutlicheren Zügen vor uns hinzustellen, so daß ich es zuletzt mit Augen vor mir sah, wie das fettige Zöpflein sich auf. dem blanken Rockauf=

schlage hin und wieder rieb. — Nach einem Gemälde von Orplid, das nach Bauers Angabe in Mörikes Besitz sein sollte, erkundigte ich mich vergebens; es schien nicht mehr vorhanden. Dagegen sah ich eine Zeichnung, welche den Dichter in seiner früheren Jugend als einen besonders schönen Knaben zeigte. Das lithographirte Bild von Weiß, so viel mir bekannt, das einzige aus den kräftigeren Mannesjahren des Dichters, schien mir nicht ganz ähnlich; auch Mörike selbst meinte das.

Gegen Mittag kamen meine Eltern, mit denen ich am Nachmittag nach Heilbronn und dann anderen Tags den Neckar hinab nach Heidelberg zurückfahren sollte. — Die nordischen Leute schienen Mörike zu gefallen; als wir mit ihm und seiner Schwester einen Spaziergang durch die Stadt und die umliegenden Anlagen machten, faßte Mörike mitten aus der Unterhaltung heraus mich unter den Arm und raunte mir zu: „Aber en passant, Sie habe recht liebe, liebe Eltern!" Und noch mehrmals kam er darauf zurück: „Ich komme noch nit aus mei Staunen und mei Freud; Sie habe wirklich prächtige Eltern!"

Noch sehe ich ihn mit meinem Vater, den alten Poeten und den alten Advocaten, in aufmerksamer Betrachtung vor der Schiller-Statue stehen; Beide die Hüte in den Nacken gerückt, der Eine mit seinem Regenschirm, der Andere mit seinem spanischen Rohr unter dem Arm. Plötzlich wendet Mörike sich zu mir und sagt mit großer Herzlichkeit: „Wisse Sie was? Ihr Herr Vater hat so was von einem alte Schweizer!" Dies Compliment, wofür er es ansehen mußte, da ihm die Schweizer nur als ideale Gestalten aus Schillers Tell bekannt waren, konnte mein Vater unmöglich annehmen. „Ach wat," rief er lachend in unserem Plattdeutsch, „ick bün man en Westermöhlner Burjung!" Möglich, daß das nun wieder Mörike nicht verstanden hat. — Auch meine Mutter zu charakterisiren schien dieser ein freundliches Bedürfniß zu empfinden; sie habe „so etwas Klares, Leuchtendes, Liebe Erweckendes", meinte er.

Aber der Tag verging. Beim Abschiede empfing ich als Gastgeschenk von Frau Gretchen aus der Garderobe des Haustöchterchens ein paar gestrickte Schühchen für meine gleichaltrige kleine Tochter, von Mörike für meine Frau eine Art schelmischen Schönheitsdiploms, ein zierlich, jedoch verkehrt auf Glanzcarton gedrucktes Gedicht, wodurch die Adressatin genöthigt wird, damit vor den Spiegel hinzutreten:

> Und was kein Schmeichler ungestraft gewagt,
> Ihr eigen Bild hat es ihr nun gesagt.

Er habe, bemerkte Mörike, das Blatt für Agnes Schebest machen lassen, pflege es aber auch wohl an andere würdige Personen zu verabreichen. — In seine Sammlung ist übrigens dies Gedicht nicht aufgenommen.*

Dann verließen wir Stuttgart, und ich habe Mörike nicht wiedergesehen; auch geschrieben hat er mir, außer einem Gruß auf seinem „Mozart", nur noch einmal, da mich ein großes Leid betroffen hatte. Grüße und kleine Sendungen sind noch einzeln hin und wieder gegangen, bis dann der Tod auch dem ein Ende machte.

---

* Es findet sich vollständig abgedruckt in „Westermanns Illustrirten Deutschen Monatsheften", Bd. XL, April 1876, S. 64. Mörike=Storm=Briefwechsel. Herausgegeben von Jakob Bächtold. Stuttgart, Göschen, 1891.

Storms Lyrik folgt hier nach der Einzelausgabe letzter Hand (1885). Nur „Die neuen Fiedel-Lieder", ursprünglich locker mit den „Zerstreuten Capiteln" (Bd. 3) verbunden, sind wegen der erzählenden Einleitung ans Ende gerückt worden. Als Storm sie vor die „Märchen" schob, wies er auf jenen ersten Druckort hin und bemerkte: „Die Anfänge dieser Lieder, wie sie in den früheren Auflagen der Gedichte gedruckt waren, entstanden während meiner Studentenzeit unter dem Einflusse Eichendorffscher Poesie. Eine äußere Veranlassung ließ mich nach fast einem Menschenalter den Ton noch einmal finden und so den vorliegenden Cyklus vollenden." — In den Gesammelten Schriften bilden die „Gedichte" den 1. Band; dazu kommen Nachschübe im 7., 11. und 17. Unser Band schließt endlich die nicht schon vom Dichter selbst jener Einzelausgabe einverleibten Stücke aus den „Schriften" an; zuletzt zwei kleine, die er in einem Geschenkexemplar nachgetragen. — Aus dem „Liederbuch dreier Freunde. Theodor Mommsen. Theodor Storm. Tycho Mommsen", Kiel 1843, hat Storm — abgesehen von den theilweise, auch in den neuen, benutzten alten Fiedel-Liedern (S. 47 ff. sieben und ein Motto) und Vierzeilen (S. 90) sowie dem Schluß der Ritornelle (S. 66) — 22 Nummern übergangen, 16 in seine Werke aufgenommen.

Gedichte.

Erstes Buch.

Oktoberlied.

Der Nebel steigt, es fällt das Laub;
Schenk ein den Wein, den holden!
Wir wollen uns den grauen Tag
Vergolden, ja vergolden!

Und geht es draußen noch so toll,
Unchristlich oder christlich,
Ist doch die Welt, die schöne Welt,
So gänzlich unverwüstlich!

Und wimmert auch einmal das Herz, —
Stoß an und laß es klingen!
Wir wissen's doch, ein rechtes Herz
Ist gar nicht umzubringen.

Der Nebel steigt, es fällt das Laub;
Schenk ein den Wein, den holden!
Wir wollen uns den grauen Tag
Vergolden, ja vergolden!

Wohl ist es Herbst; doch warte nur,
Doch warte nur ein Weilchen!
Der Frühling kommt, der Himmel lacht,
Es steht die Welt in Veilchen.

Die blauen Tage brechen an,
Und ehe sie verfließen,
Wir wollen sie, mein wackrer Freund,
Genießen, ja genießen!

Abseits.

Es ist so still; die Haide liegt
Im warmen Mittagssonnenstrahle,
Ein rosenrother Schimmer fliegt
Um ihre alten Gräbermale;
Die Kräuter blühn; der Haideduft
Steigt in die blaue Sommerluft.

Laufkäfer hasten durchs Gesträuch
In ihren goldnen Panzerröckchen,
Die Bienen hängen Zweig um Zweig
Sich an der Edelhaide Glöckchen,
Die Vögel schwirren aus dem Kraut —
Die Luft ist voller Lerchenlaut.

Ein halbverfallen niedrig Haus
Steht einsam hier, und sonnbeschienen
Der Käthner lehnt zur Thür hinaus,
Behaglich blinzelnd nach den Bienen;
Sein Junge auf dem Stein davor
Schnitzt Pfeifen sich aus Kälberrohr.

Kaum zittert durch die Mittagsruh
Ein Schlag der Dorfuhr, der entfernten;
Dem Alten fällt die Wimper zu,
Er träumt von seinen Honigernten.
— Kein Klang der aufgeregten Zeit
Drang noch in diese Einsamkeit.

Weihnachtslied.

Vom Himmel in die tiefsten Klüfte
Ein milder Stern herniederlacht;
Vom Tannenwalde steigen Düfte
Und hauchen durch die Winterlüfte,
Und kerzenhelle wird die Nacht.

Mir ist das Herz so froh erschrocken,
Das ist die liebe Weihnachtszeit!
Ich höre fernher Kirchenglocken
Mich lieblich heimathlich verlocken
In märchenstille Herrlichkeit.

Ein frommer Zauber hält mich wieder,
Anbetend, staunend muß ich stehn;
Es sinkt auf meine Augenlider
Ein goldner Kindertraum hernieder,
Ich fühl's, ein Wunder ist geschehn.

Sommermittag.

Nun ist es still um Hof und Scheuer,
Und in der Mühle ruht der Stein;
Der Birnenbaum mit blanken Blättern
Steht regungslos im Sonnenschein.

Die Bienen summen so verschlafen;
Und in der offnen Bodenluk',
Benebelt von dem Duft des Heues,
Im grauen Röcklein nickt der Puk.

Der Müller schnarcht und das Gesinde,
Und nur die Tochter wacht im Haus;
Die lachet still und zieht sich heimlich
Fürsichtig die Pantoffeln aus.

Sie geht und weckt den Müllerburschen,
Der kaum den schweren Augen traut:
„Nun küsse mich, verliebter Junge;
Doch sauber, sauber! nicht zu laut."

Die Stadt.

Am grauen Strand, am grauen Meer
Und seitab liegt die Stadt;
Der Nebel drückt die Dächer schwer,
Und durch die Stille braust das Meer
Eintönig um die Stadt.

Es rauscht kein Wald, es schlägt im Mai
Kein Vogel ohn Unterlaß;
Die Wandergans mit hartem Schrei
Nur fliegt in Herbstesnacht vorbei,
Am Strande weht das Gras.

Doch hängt mein ganzes Herz an dir,
Du graue Stadt am Meer;
Der Jugend Zauber für und für
Ruht lächelnd doch auf dir, auf dir,
Du graue Stadt am Meer.

Meeresstrand.

Ans Haff nun fliegt die Möve,
Und Dämmrung bricht herein;
Über die feuchten Watten
Spiegelt der Abendschein.

Graues Geflügel huschet
Neben dem Wasser her;
Wie Träume liegen die Inseln
Im Nebel auf dem Meer.

Ich höre des gährenden Schlammes
Geheimnißvollen Ton,
Einsames Vogelrufen —
So war es immer schon.

Noch einmal schauert leise
Und schweiget dann der Wind;
Vernehmlich werden die Stimmen,
Die über der Tiefe sind.

Im Walde.

Hier an der Bergeshalde
Verstummet ganz der Wind;
Die Zweige hängen nieder,
Darunter sitzt das Kind.

Sie sitzt in Thymiane,
Sie sitzt in lauter Duft;
Die blauen Fliegen summen
Und blitzen durch die Luft.

Es steht der Wald so schweigend,
Sie schaut so klug darein;
Um ihre braunen Locken
Hinfließt der Sonnenschein.

Der Kuckuk lacht von ferne,
Es geht mir durch den Sinn:
Sie hat die goldnen Augen
Der Waldeskönigin.

Elisabeth.

Meine Mutter hat's gewollt,
Den Andern ich nehmen sollt;
Was ich zuvor besessen,
Mein Herz sollt es vergessen;
Das hat es nicht gewollt.

Meine Mutter klag ich an,
Sie hat nicht wohlgethan;
Was sonst in Ehren stünde,
Nun ist es worden Sünde.
Was fang ich an?

Für all mein Stolz und Freud
Gewonnen hab ich Leid.
Ach, wär das nicht geschehen,
Ach, könnt ich betteln gehen
Über die braune Haid!

Lied des Harfenmädchens.

Heute, nur heute
Bin ich so schön;
Morgen, ach morgen
Muß Alles vergehn!
Nur diese Stunde
Bist du noch mein;
Sterben, ach sterben
Soll ich allein.

Die Nachtigall.

Das macht, es hat die Nachtigall
Die ganze Nacht gesungen;
Da sind von ihrem süßen Schall,
Da sind in Hall und Wiederhall
Die Rosen aufgesprungen.

Sie war doch sonst ein wildes Kind;
Nun geht sie tief in Sinnen,
Trägt in der Hand den Sommerhut
Und duldet still der Sonne Gluth,
Und weiß nicht, was beginnen.

Das macht, es hat die Nachtigall
Die ganze Nacht gesungen;
Da sind von ihrem süßen Schall,
Da sind in Hall und Wiederhall
Die Rosen aufgesprungen.

Im Volkston.

1.

Als ich dich kaum gesehn,
Mußt es mein Herz gestehn,
Ich könnt dir nimmermehr
Vorübergehn.

Fällt nun der Sternenschein
Nachts in mein Kämmerlein,
Lieg ich und schlafe nicht
Und denke dein.

Ist doch die Seele mein
So ganz geworden dein,
Zittert in deiner Hand,
Thu ihr kein Leid!

2.

Einen Brief soll ich schreiben
Meinem Schatz in der Fern;
Sie hat mich gebeten,
Sie hätt's gar zu gern.

Da lauf ich zum Krämer,
Kauf Tint und Papier
Und schneid mir ein' Feder,
Und sitz nun dahier.

Als wir noch mitsammen
Uns lustig gemacht,
Da haben wir nimmer
Ans Schreiben gedacht.

Was hilft mir nun Feder
Und Tint und Papier!
Du weißt, die Gedanken
Sind allzeit bei dir.

Regine.

Und webte auch auf jenen Matten
Noch jene Mondesmärchenpracht,
Und stünd sie noch im Waldesschatten
Inmitten jener Sommernacht;
Und fänd ich selber wie im Traume
Den Weg zurück durch Moor und Feld,
Sie schritte doch vom Waldessaume
Niemals hinunter in die Welt.

Ein grünes Blatt.

Ein Blatt aus sommerlichen Tagen,
Ich nahm es so im Wandern mit,
Auf daß es einst mir möge sagen,
Wie laut die Nachtigall geschlagen,
Wie grün der Wald, den ich durchschritt.

Weiße Rosen.

1.

Du bissest die zarten Lippen wund,
Das Blut ist danach geflossen;
Du hast es gewollt, ich weiß es wohl,
Weil einst mein Mund sie verschlossen.

Entfärben ließst du dein blondes Haar
In Sonnenbrand und Regen;
Du hast es gewollt, weil meine Hand
Liebkosend darauf gelegen.

Du stehst am Herd in Flammen und Rauch,
Daß die feinen Hände dir sprangen;
Du hast es gewollt, ich weiß es wohl,
Weil mein Auge daran gehangen.

2.

Du gehst an meiner Seite hin
Und achtest meiner nicht;
Nun schmerzt mich deine weiße Hand,
Dein süßes Angesicht.

O sprich wie sonst ein liebes Wort,
Ein einzig Wort mir zu!
Die Wunden bluten heimlich fort,
Auch du hast keine Ruh.

Der Mund, der jetzt zu meiner Qual
Sich stumm vor mir verschließt,
Ich hab ihn ja so tausendmal,
Viel tausendmal geküßt.

Was einst so überselig war,
Bricht nun das Herz entzwei;
Das Aug, das meine Seele trank,
Sieht fremd an mir vorbei.

3.

So dunkel sind die Straßen,
So herbstlich geht der Wind;
Leb wohl, meine weiße Rose,
Mein Herz, mein Weib, mein Kind!

So schweigend steht der Garten,
Ich wandre weit hinaus;
Er wird dir nicht verrathen,
Daß ich nimmer kehr nach Haus.

Der Weg ist gar so einsam,
Es reist ja Niemand mit;
Die Wolken nur am Himmel
Halten gleichen Schritt.

Ich bin so müd zum Sterben;
Drum blieb ich gern zu Haus,
Und schliefe gern das Leben
Und Lust und Leiden aus.

Lose.

Der einst er seine junge
Sonnige Liebe gebracht,
Die hat ihn gehen heißen,
Nicht weiter sein gedacht.

Drauf hat er heimgeführet
Ein Mädchen still und hold;
Die hat aus allen Menschen
Nur einzig ihn gewollt.

Und ob sein Herz in Liebe
Niemals für sie gebebt,
Sie hat um ihn gelitten
Und nur für ihn gelebt.

Noch einmal!

Noch einmal fällt in meinen Schoß
Die rothe Rose Leidenschaft;
Noch einmal hab ich schwärmerisch
In Mädchenaugen mich vergafft;
Noch einmal legt ein junges Herz
An meines seinen starken Schlag;
Noch einmal weht an meine Stirn
Ein juniheißer Sommertag.

Die Stunde schlug.

Die Stunde schlug, und deine Hand
Liegt zitternd in der meinen,
An meine Lippen streiften schon
Mit scheuem Druck die deinen.

Es zuckten aus dem vollen Kelch
Elektrisch schon die Funken;
O fasse Muth und fliehe nicht,
Bevor wir ganz getrunken!

Die Lippen, die mich so berührt,
Sind nicht mehr deine eignen;
Sie können doch, so lang du lebst,
Die meinen nicht verleugnen.

Die Lippen, die sich so berührt,
Sind rettungslos gefangen;
Spät oder früh, sie müssen doch
Sich töblich heimverlangen.

Abends.

Warum duften die Levkojen so viel schöner bei der Nacht?
Warum brennen deine Lippen so viel röther bei der Nacht?
Warum ist in meinem Herzen so die Sehnsucht auferwacht,
Diese brennend rothen Lippen dir zu küssen bei der Nacht?

Wohl fühl ich, wie das Leben rinnt.

Wohl fühl ich, wie das Leben rinnt,
Und daß ich endlich scheiden muß,
Daß endlich doch das letzte Lied
Und endlich kommt der letzte Kuß.

Noch häng ich fest an deinem Mund
In schmerzlich bangender Begier;
Du giebst der Jugend letzten Kuß,
Die letzte Rose giebst du mir.

Du schenkst aus jenem Zauberkelch
Den letzten goldnen Trunk mir ein;
Du bist aus jener Märchenwelt
Mein allerletzter Abendschein.

Am Himmel steht der letzte Stern,
O halte nicht dein Herz zurück;
Zu deinen Füßen sink ich hin,
O fühl's, du bist mein letztes Glück!

Laß einmal noch durch meine Brust
Des vollsten Lebens Schauer wehn,
Eh seufzend in die große Nacht
Auch meine Sterne untergehn.

Hyazinthen.

Fern hallt Musik; doch hier ist stille Nacht,
Mit Schlummerduft anhauchen mich die Pflanzen;
Ich habe immer, immer dein gedacht;
Ich möchte schlafen, aber du mußt tanzen.

Es hört nicht auf, es rast ohn Unterlaß;
Die Kerzen brennen und die Geigen schreien,
Es theilen und es schließen sich die Reihen,
Und Alle glühen; aber du bist blaß.

Und du mußt tanzen; fremde Arme schmiegen
Sich an dein Herz; o leide nicht Gewalt!
Ich seh dein weißes Kleid vorüberfliegen
Und deine leichte, zärtliche Gestalt. — —

Und süßer strömend quillt der Duft der Nacht
Und träumerischer aus dem Kelch der Pflanzen.
Ich habe immer, immer dein gedacht;
Ich möchte schlafen, aber du mußt tanzen.

Du willst es nicht in Worten sagen.

Du willst es nicht in Worten sagen;
Doch legst du's brennend Mund auf Mund,
Und deiner Pulse tiefes Schlagen
Thut liebliches Geheimniß kund.

Du fliehst vor mir, du scheue Taube,
Und drückst dich fest an meine Brust;
Du bist der Liebe schon zum Raube
Und bist dir kaum des Worts bewußt.

Du biegst den schlanken Leib mir ferne,
Indeß dein rother Mund mich küßt;
Behalten möchtest du dich gerne,
Da du doch ganz verloren bist.

Du fühlst, wir können nicht verzichten;
Warum zu geben scheust du noch?
Du mußt die ganze Schuld entrichten,
Du mußt, gewiß, du mußt es doch.

In Sehnen halb und halb in Bangen,
Am Ende rinnt die Schale voll;
Die holde Scham ist nur empfangen,
Daß sie in Liebe sterben soll.

Dämmerstunde.

Im Sessel du, und ich zu deinen Füßen,
Das Haupt zu dir gewendet, saßen wir;
Und sanfter fühlten wir die Stunden fließen,
Und stiller ward es zwischen mir und dir;
Bis unsre Augen in einander sanken
Und wir berauscht der Seele Athem tranken.

Frauenhand.

Ich weiß es wohl, kein klagend Wort
Wird über deine Lippen gehen;
Doch, was so sanft dein Mund verschweigt,
Muß deine blasse Hand gestehen.

Die Hand, an der mein Auge hängt,
Zeigt jenen feinen Zug der Schmerzen,
Und daß in schlummerloser Nacht
Sie lag auf einem kranken Herzen.

Die Zeit ist hin.

Die Zeit ist hin; du löst dich unbewußt
Und leise mehr und mehr von meiner Brust;
Ich suche dich mit sanftem Druck zu fassen,
Doch fühl ich wohl, ich muß dich gehen lassen.

So laß mich denn, bevor du weit von mir
Im Leben gehst, noch einmal danken dir;
Und magst du nie, was rettungslos vergangen,
In schlummerlosen Nächten heimverlangen.

Hier steh ich nun und schaue bang zurück;
Vorüber rinnt auch dieser Augenblick,
Und wie viel Stunden dir und mir gegeben,
Wir werden keine mehr zusammen leben.

Wohl rief ich sanft dich an mein Herz.

Wohl rief ich sanft dich an mein Herz,
Doch blieben meine Arme leer;
Der Stimme Zauber, der du sonst
Nie widerstandest, galt nicht mehr.

Was jetzt dein Leben füllen wird,
Wohin du gehst, wohin du irrst,
Ich weiß es nicht; ich weiß allein,
Daß du mir nie mehr lächeln wirst.

Doch kommt erst jene stille Zeit,
Wo uns das Leben läßt allein,
Dann wird, wie in der Jugend einst,
Nur meine Liebe bei dir sein.

Dann wird, was jetzt geschehen mag,
Wie Schatten dir vorübergehn,
Und nur die Zeit, die nun dahin,
Die uns gehörte, wird bestehn.

Und wenn dein letztes Kissen einst
Beglänzt ein Abendsonnenstrahl,
Es ist die Sonne jenes Tags,
Da ich dich küßte zum ersten Mal.

Du schläfst.

Du schläfst — so will ich leise flehen:
O schlafe sanft! und leise will ich gehen,
Daß dich nicht störe meiner Tritte Gang,
Daß du nicht hörest meiner Stimme Klang.

Ein Grab schon weiset manche Stelle,
Und Manches liegt in Traum und Duft;
Nun sprudle, frische Lebensquelle,
Und rausche über Grab und Kluft!

Geschwisterblut.

1.

Sie saßen sich genüber bang
Und sahen sich an in Schmerzen;
O lägen sie in tiefster Gruft,
Und lägen Herz an Herzen! —

Sie sprach: „Daß wir beisammen sind,
Mein Bruder, will nicht taugen!"
Er sah ihr in die Augen tief:
„O süße Schwesteraugen!"

Sie faßte flehend seine Hand
Und rief: „O denk der Sünde!"
Er sprach: „O süßes Schwesterblut,
Was läufst du so geschwinde!"

Er zog die schmalen Fingerlein
An seinen Mund zur Stelle;
Sie rief: „O hilf mir, Herre Christ,
Er zieht mich nach der Hölle!"

Der Bruder hielt ihr zu den Mund;
Er rief nach seinen Knappen.
Nun rüsteten sie Reisezeug,
Nun zäumten sie die Rappen.

Er sprach: „Daß ich dein Bruder sei,
Nicht länger will ich's tragen;
Nicht länger will ich drum im Grab
Vater und Mutter verklagen.

Zu lösen vermag der Papst Urban,
Er mag uns lösen und binden!
Und säß er an Sanct Peters Hand
Den Brautring muß ich finden."

Er ritt dahin; die Thräne rann
Von ihrem Angesichte;
Der Stuhl, wo er gesessen, stand
Im Abendsonnenlichte.

Sie stieg hinab durch Hof und Hall'
Zu der Capelle Stufen:
„Weh mir, ich hör im Grabe tief
Vater und Mutter rufen!"

Sie stieg hinauf ins Kämmerlein;
Das stand in Dämmernissen.
Ach, nächtens schlug die Nachtigall;
Da saß sie wach im Kissen.

Da fuhr ihr Herz dem Liebsten nach
Allüberall auf Erden;
Sie streckte weit die Arme aus:
„Unselig muß ich werden!"

2.

Schon war mit seinem Rosenkranz
Der Sommer fortgezogen;
Es hatte sich die Nachtigall
In weiter Welt verflogen.

Im Erker saß ein blasses Weib
Und schaute auf die Fliesen;
So stille war's: kein Tritt erscholl,
Kein Hornruf über die Wiesen.

Der Abendschein alleine ging
Vergoldend durch die Halle;
Da öffneten die Thore sich
Geräuschlos, ohne Schalle.

Da stand an seiner Schwelle Rand
Ein Mann in Harm gebrochen;
Der sah sie todten Auges an,
Kein Wort hat er gesprochen.

Es lag auf ihren Lidern schwer,
Sie schlug sie auf mit Mühen;
Sie sprang empor, sie schrie so laut,
Wie noch kein Herz geschrieen.

Doch als er sprach: „Es reicht kein Ring
Um Schwester= und Bruderhände!"
Um stürzte sie den Marmortisch
Und schritt an Saales Ende.

Sie warf in seine Arme sich;
Doch war sie bleich zum Sterben.
Er sprach: „So ist die Stunde da,
Daß beide wir verderben."

Die Schwester von dem Nacken sein
Löste die zarten Hände:
„Wir wollen zu Vater und Mutter gehn;
Da hat das Leid ein Ende."

Mondlicht.

Wie liegt im Mondenlichte
Begraben nun die Welt;
Wie selig ist der Friede,
Der sie umfangen hält!

Die Winde müssen schweigen,
So sanft ist dieser Schein;
Sie säuseln nur und weben
Und schlafen endlich ein.

Und was in Tagesgluthen
Zur Blüthe nicht erwacht,
Es öffnet seine Kelche
Und duftet in die Nacht.

Wie bin ich solchen Friedens
Seit lange nicht gewohnt!
Sei du in meinem Leben
Der liebevolle Mond!

Lucie.

Ich seh sie noch, ihr Büchlein in der Hand,
Nach jener Bank dort an der Gartenwand
Vom Spiel der andern Kinder sich entfernen;
Sie wußte wohl, es mühte sie das Lernen.

Nicht war sie klug, nicht schön; mir aber war
Ihr blaß Gesichtchen und ihr blondes Haar,
Mir war es lieb; aus der Erinnrung Düster
Schaut es mich an; wir waren recht Geschwister.

Ihr schmales Bettchen theilte sie mit mir,
Und nächtens Wang an Wange schliefen wir;
Das war so schön! Noch weht ein Kinderfrieden
Mich an aus jenen Zeiten, die geschieden.

Ein Ende kam; — ein Tag, sie wurde krank
Und lag im Fieber viele Wochen lang;
Ein Morgen dann, wo sanft die Winde gingen,
Da ging sie heim; es blühten die Syringen.

Die Sonne schien; ich lief ins Feld hinaus
Und weinte laut; dann kam ich still nach Haus.
Wohl zwanzig Jahr und drüber sind vergangen —
An wie viel Andrem hat mein Herz gehangen!

Was hab ich heute denn nach dir gebangt?
Bist du mir nah und hast nach mir verlangt?
Willst du, wie einst nach unsren Kinderspielen,
Mein Knabenhaupt an deinem Herzen fühlen?

Einer Todten.

1.

Du glaubtest nicht an frohe Tage mehr,
Verjährtes Leid ließ nimmer dich genesen;
Die Mutterfreude war für dich zu schwer,
Das Leben war dir gar zu hart gewesen. —

Er saß bei dir in letzter Liebespflicht;
Noch eine Nacht, noch eine war gegeben!
Auch die verrann; dann kam das Morgenlicht.
„Mein guter Mann, wie gerne wollt ich leben!"

Er hörte still die sanften Worte an,
Wie sie sein Ohr in bangen Pausen trafen:
„Sorg für das Kind — ich sterbe, süßer Mann."
Dann halbverständlich noch: „Nun will ich schlafen."

Und dann nichts mehr; — du wurdest nimmer wach,
Dein Auge brach, die Welt ward immer trüber;
Der Athem Gottes wehte durchs Gemach,
Dein Kind schrie auf, und dann warst du hinüber.

2.

Das aber kann ich nicht ertragen,
Daß so wie sonst die Sonne lacht;
Daß wie in deinen Lebenstagen
Die Uhren gehn, die Glocken schlagen,
Einförmig wechseln Tag und Nacht;

Daß, wenn des Tages Lichter schwanden,
Wie sonst der Abend uns vereint;
Und daß, wo sonst dein Stuhl gestanden,
Schon Andre ihre Plätze fanden,
Und nichts dich zu vermissen scheint;

Indessen von den Gitterstäben
Die Mondesstreifen schmal und karg
In deine Gruft hinunterweben,
Und mit gespenstig trübem Leben
Hinwandeln über deinen Sarg.

Eine Fremde.

Sie saß in unserm Mädchenkreise,
Ein Stern am Frauen=Firmament;
Sie sprach in unsres Volkes Weise,
Nur leis mit klagendem Accent.
Du hörtest niemals heimverlangen
Den stolzen Mund der schönen Frau;
Nur auf den südlich blassen Wangen
Und über der gewölbten Brau'
Lag noch Granadas Mondenschimmer,
Den sie vertauscht um unsern Strand;
Und ihre Augen dachten immer
An ihr beglänztes Heimathland.

Lehrsatz.

Die Sonne scheint; laß ab von Liebeswerben!
Denn Liebe gleicht der scheuesten der Frauen;
Ihr eigen Antlitz schämt sie sich zu schauen,
Ein Räthsel will sie bleiben, oder sterben.

Doch wenn der Abend still hernieder gleitet,
Dann naht das Reich der zärtlichen Gedanken;
Wenn Dämmrung süß verwirrend sich verbreitet
Und alle Formen in einander schwanken,
Dann irrt die Hand, dann irrt der Mund gar leicht,
Und halb gewagt, wird Alles ganz erreicht.

Die Kleine.

Und plaudernd hing sie mir am Arm;
Sie halberschlossen nur dem Leben;
Ich zwar nicht alt, doch aber dort,
Wo uns verläßt die Jugend eben.

Wir wandelten hinauf, hinab
Im dämmergrünen Gang der Linden;
Sie sah mich froh und leuchtend an,
Sie wußte nicht, es könne zünden;

Ihr ahnte keine Möglichkeit,
Kein Wort von so verwegnen Dingen,
Wodurch es selbst die tiefste Kluft
Verlockend wird zu überspringen.

O süßes Nichtsthun.

O süßes Nichtsthun, an der Liebsten Seite
Zu ruhen auf des Bergs besonnter Kuppe;
Bald abwärts zu des Städtchens Häusergruppe
Den Blick zu senden, bald in ferne Weite!
O süßes Nichtsthun, lieblich so gebannt
Zu athmen in den neubefreiten Düften;
Sich locken lassen von den Frühlingslüften,

Hinab zu ziehn in das beglänzte Land;
Rückkehren dann aus aller Wunderferne
In deiner Augen heimathliche Sterne.

Wer je gelebt in Liebesarmen.

Wer je gelebt in Liebesarmen,
Der kann im Leben nie verarmen;
Und müßt er sterben fern, allein,
Er fühlte noch die sel'ge Stunde,
Wo er gelebt an ihrem Munde,
Und noch im Tode ist sie sein.

Nun sei mir heimlich zart und lieb.

Nun sei mir heimlich zart und lieb;
Setz deinen Fuß auf meinen nun!
Mir sagt es: ich verließ die Welt,
Um ganz allein auf dir zu ruhn;

Und dir: o ließe mich die Welt,
Und könnt ich friedlich und allein,
Wie deines leichten Fußes jetzt,
So deines Lebens Träger sein!

Schließe mir die Augen beide.

Schließe mir die Augen beide
Mit den lieben Händen zu!
Geht doch Alles, was ich leide,
Unter deiner Hand zur Ruh.

Und wie leise sich der Schmerz
Well um Welle schlafen leget,
Wie der letzte Schlag sich reget,
Füllest du mein ganzes Herz.

Kritik.

Hör mir nicht auf solch Geschwätze,
Liebes Herz, daß wir Poeten
Schon genug der Liebeslieder,
Ja, zu viel gedichtet hätten.

Ach, es sind so kläglich wenig,
Denn ich zählte sie im Stillen,
Kaum genug, dein Nadelbüchlein
Schicklich damit anzufüllen.

Lieder, die von Liebe reimen,
Kommen Tag für Tage wieder;
Doch wir zwei Verliebte sprechen:
Das sind keine Liebeslieder.

Morgens.

Nun gieb ein Morgenküßchen!
Du hast genug der Ruh;
Und setz dein zierlich Füßchen
Behende in den Schuh!

Nun schüttle von der Stirne
Der Träume blasse Spur!
Das goldene Gestirne
Erleuchtet längst die Flur.

Die Rosen in deinem Garten
Sprangen im Sonnenlicht;
Sie können kaum erwarten,
Daß deine Hand sie bricht.

Zur Nacht.

Vorbei der Tag! Nun laß mich unverstellt
Genießen dieser Stunde vollen Frieden!
Nun sind wir unser; von der frechen Welt
Hat endlich uns die heilige Nacht geschieden.

Laß einmal noch, eh sich dein Auge schließt,
Der Liebe Strahl sich rückhaltlos entzünden;
Noch einmal, eh im Traum sie sich vergißt,
Mich deiner Stimme lieben Laut empfinden!

Was giebt es mehr! Der stille Knabe winkt
Zu seinem Strande lockender und lieber;
Und wie die Brust dir athmend schwellt und sinkt,
Trägt uns des Schlummers Welle sanft hinüber.

Die Kinder.

1.

Abends

Auf meinem Schoße sitzet nun
Und ruht der kleine Mann;
Mich schauen aus der Dämmerung
Die zarten Augen an.

Er spielt nicht mehr, er ist bei mir,
Will nirgend anders sein;
Die kleine Seele tritt heraus
Und will zu mir herein.

2.

Mein Hävelmann, mein Bursche klein,
Du bist des Hauses Sonnenschein,
Die Vögel singen, die Kinder lachen,
Wenn deine strahlenden Augen wachen

Im Herbste.

Es rauscht, die gelben Blätter fliegen,
Am Himmel steht ein falber Schein;
Du schauerst leis und drückst dich fester
In deines Mannes Arm hinein.

Was nun von Halm zu Halme wandelt,
Was nach den letzten Blumen greift,
Hat heimlich im Vorübergehen
Auch dein geliebtes Haupt gestreift.

Doch reißen auch die zarten Fäden,
Die warme Nacht auf Wiesen spann —
Es ist der Sommer nur, der scheidet;
Was geht denn uns der Sommer an!

Du legst die Hand an meine Stirne
Und schaust mir prüfend ins Gesicht;
Aus deinen milden Frauenaugen
Bricht gar zu melancholisch Licht.

Erlosch auch hier ein Duft, ein Schimmer,
Ein Räthsel, das dich einst bewegt,
Daß du in meine Hand gefangen
Die freie Mädchenhand gelegt?

O schaudre nicht! Ob auch unmerklich
Der schönste Sonnenschein verrann —
Es ist der Sommer nur, der scheidet;
Was geht denn uns der Sommer an!

Gode Nacht.

Öber de stillen Sträten
Geit klår de Klokkenslag;
God Nacht! Din Hart will slapen,
Und morgen is ok en Dag.

Din Kind liggt in de Weegen,
Un ik bün ok bi di;
Din Sorgen und din Leven
Is allens um un bi.

Noch eenmal lat uns spräken:
Goden Abend, gode Nacht!
De Maand schient ob de Däken,
Uns' Herrgott hölt de Wacht.

O bleibe treu den Todten.

O bleibe treu den Todten,
Die lebend du betrübt;
O bleibe treu den Todten,
Die lebend dich geliebt!

Sie starben; doch sie blieben
Auf Erden wesenlos,
Bis allen ihren Lieben
Der Tod die Augen schloß.

Indessen du dich herzlich
In Lebenslust versenkst,
Wie sehnen sie sich schmerzlich,
Daß ihrer du gedenkst!

Sie nahen dir in Liebe,
Allein du fühlst es nicht;
Sie schaun dich an so trübe,
Du aber siehst es nicht.

Die Brücke ist zerfallen;
Nun mühen sie sich bang,
Ein Liebeswort zu lallen,
Das nie hinüberdrang.

In ihrem Schattenleben
Quält Eins sie gar zu sehr:
Ihr Herz will dir vergeben,
Ihr Mund vermag's nicht mehr.

O bleibe treu den Todten,
Die lebend du betrübt;
O bleibe treu den Todten,
Die lebend dich geliebt!

In böser Stunde.

Ein schwaches Stäbchen ist die Liebe,
Das deiner Jugend Rebe trägt,
Das wachsend bald der Baum des Lebens
Mit seinen Ästen selbst zerschlägt.

Und drängtest du mit ganzer Seele
Zu allerinnigstem Verein,
Du wirst am Ende doch, am Ende
Nur auf dir selbst gelassen sein.

Und war es auch ein großer Schmerz.

Und war es auch ein großer Schmerz,
Und wär's vielleicht auch Sünde,
Wenn es noch einmal vor dir stünde,
Du thätst es noch einmal, mein Herz.

Zwischenreich.

Meine ausgelaßne Kleine,
Ach, ich kenne sie nicht mehr;
Nur mit Tanten und Pastoren
Hat das liebe Herz Verkehr.

Jene süße Himmelsdemuth,
Die der Sünder Hoffart schilt,
Hat das ganze Schelmenantlitz
Wie mit grauem Flor verhüllt.

Ja, die brennend rothen Lippen
Predigen Entsagung euch;
Diese gar zu schwarzen Augen
Schmachten nach dem Himmelreich.

Auf die Tizian'sche Venus
Ist ein Heil'genbild gemalt;
Ach, ich kenne sie nicht wieder,
Die so schön mit uns gebahlt.

Nirgends mehr für blaue Märchen
Ist ein einzig Plätzchen leer;
Nur Tractätlein und Asceten
Liegen haufenweis umher.

Wahrlich, zum Verzweifeln wär es —
Aber, Schatz, wir wissen schon,
Deinen ganzen Götzenplunder
Wirft ein einz'ger Mann vom Thron.

Vom Staatskalender.

1.

Die Tochter spricht:

„Ach, die kleine Kaufmannstochter,
Wie das Ding sich immer putzt!
Fehlt nur, daß mit Unsereinem
Sie sich noch vertraulich duzt.

Setzt sich, wo wir auch erscheinen,
Wie von selber nebenbei;
Präsidentens könnten meinen,
Daß es heiße Freundschaft sei.

Und es will sich doch nicht schicken
Daß man so mit Jeder geht,
Seit Papa im Staatskalender
In der dritten Classe steht.

Hat Mama doch auch den Diensten
Anbefohlen klar und hell,
Fräulein hießen wir jetzunder,
Fräulein, und nicht mehr Mamsell.

Ach, ein kleines Bischen adlig,
So ein Bischen — glaub, wir sind's!
Morgen in der goldnen Kutsche
Holt uns ein verwünschter Prinz!"

2.

Ein Golem.

Ihr sagt, es sei ein Kämmerer,
Ein schöner Staatskalenderer;
Doch sieht denn nicht ein Jeder,
Daß er genäht aus Leder?

Kommt nur der rechte Regentropf
Und wäscht die Nummer ihm vom Kopf,
So ruft gewiß ein Jeder:
Herr Gott, ein Kerl von Leder!

Gesegnete Mahlzeit.

Sie haben wundervoll dinirt;
Warm und behaglich rollt ihr Blut,
Voll Menschenliebe ist ihr Herz,
Sie sind der ganzen Welt so gut.

Sie schütteln zärtlich sich die Hand,
Umwandelnd den geleerten Tisch,
Und wünschen, daß gesegnet sei
Der Wein, der Braten und der Fisch.

Die Geistlichkeit, die Weltlichkeit,
Wie sie so ganz verstehen sich!
Ich glaube, Gott verzeihe mir,
Sie lieben sich herzinniglich.

Von Katzen.

Vergangnen Maitag brachte meine Katze
Zur Welt sechs allerliebste kleine Kätzchen,
Maikätzchen, alle weiß mit schwarzen Schwänzchen.

Fürwahr, es war ein zierlich Wochenbettchen!
Die Köchin aber — Köchinnen sind grausam,
Und Menschlichkeit wächst nicht in einer Küche —
Die wollte von den Sechsen fünf ertränken,
Fünf weiße, schwarzgeschwänzte Maienkätzchen
Ermorden wollte dies verruchte Weib.
Ich half ihr heim! — der Himmel segne
Mir meine Menschlichkeit! Die lieben Kätzchen,
Sie wuchsen auf und schritten binnen Kurzem
Erhobnen Schwanzes über Hof und Herd;
Ja, wie die Köchin auch ingrimmig drein sah,
Sie wuchsen auf, und Nachts vor ihrem Fenster
Probirten sie die allerliebsten Stimmchen.
Ich aber, wie ich sie so wachsen sahe,
Ich pries mich selbst und meine Menschlichkeit. —
Ein Jahr ist um, und Katzen sind die Kätzchen,
Und Maitag ist's! — Wie soll ich es beschreiben,
Das Schauspiel, das sich jetzt vor mir entfaltet!
Mein ganzes Haus, vom Keller bis zum Giebel,
Ein jeder Winkel ist ein Wochenbettchen!
Hier liegt das eine, dort das andre Kätzchen,
In Schränken, Körben, unter Tisch und Treppen,
Die Alte gar — nein, es ist unaussprechlich,
Liegt in der Köchin jungfräulichem Bette!
Und jede, jede von den sieben Katzen
Hat sieben, denkt euch! sieben junge Kätzchen,
Maikätzchen, alle weiß mit schwarzen Schwänzchen!
Die Köchin rast, ich kann der blinden Wuth
Nicht Schranken setzen dieses Frauenzimmers;
Ersäufen will sie alle neunundvierzig!
Mir selber! ach, mir läuft der Kopf davon —
O Menschlichkeit, wie soll ich dich bewahren!
Was fang ich an mit sechsundfünfzig Katzen! —

Engel-Ehe.

Wie Flederwisch und Bürste sie regiert!
Glas und Geräth, es blitzt nur Alles so
Und lacht und lebt! Nur, ach, sie selber nicht.
Ihr schmuck Gesicht, dem Manne ihrer Wahl,
Wenn ihre wirthschaftliche Bahn er kreuzt,
Gleich einer Maske hält sie's ihm entgegen;
Und fragt er gar, so wirft sie ihm das Wort
Als wie dem Hunde einen Knochen zu.
Denn er ist schuld an Allem, was sie plagt,
Am Trotz der Mägde, an den großen Wäschen,
Am Tagesmühsal und der Nächte Wachen,
Schuld an dem schmutz'gen Pudel und den Kindern. —
Und Er? — Er weiß, wenn kaum der grimme Tod
Sein unverkennbar Mal ihm aufgeprägt,
Dann wird, der doch in jedem Weibe schläft,
Der Engel auch in seinem Weib erwachen;
Ihr eigen Weh bezwingen wird sie dann,
Was aus der Jugend Süßes ihr verblieb,
Heraufbeschwören; leuchten wird es ihm
Aus ihren Augen, lind wie Sommerathem
Wird dann ihr Wort zu seinem Herzen gehn. —
Doch wähnet nicht, daß dies ihn tröste! Nein,
Den künft'gen Engel, greulich haßt er ihn;
Er magert ab, er schlottert im Gebein,
Er wird daran ersticken jedenfalls.
Doch eh ihm ganz die Kehle zugeschnürt
Muß er sein Weib in Himmelsglorie sehn;
Die Rede, die er brütend ausstudirt,
Womit vor seinem letzten Athemzug,
Jedwedes Wort ein Schwert, auf einen Schlag
Er alles Ungemach ihr hat vergelten wollen,
Er wird sie nimmer halten; Segenstammeln
Wird noch von seinen todten Lippen fliehn.
Das Alles weiß er, und es macht ihn toll;
Er geht umher und fluchet innerlich.

Ja, manches Mal im hellsten Sonnenschein
Durchfährt es ihn, als stürz er in das Grab.
Es war sein Weib, sie sprach ein sanftes Wort;
Und zitternd blickt er auf: „O, Gott sei Dank,
Noch nicht, noch nicht das Engelsangesicht!"

Stoßseufzer.

Am Weihnachtssonntag kam er zu mir,
In Jack und Schurzfell, und roch nach Bier
Und sprach zwei Stunden zu meiner Qual
Von Zinsen und von Capital;
Ein Kerl, vor dem mich Gott bewahr!
Hat keinen Festtag im ganzen Jahr.

In der Frühe.

Goldstrahlen schießen übers Dach,
Die Hähne krähn den Morgen wach;
Nun einer hier, nun einer dort,
So kräht es nun von Ort zu Ort;
Und in der Ferne stirbt der Klang —
Ich höre nichts, ich horche lang.
Ihr wackern Hähne, krähet doch!
Sie schlafen immer, immer noch.

Aus der Marsch.

Der Ochse frißt das feine Gras
Und läßt die groben Halme stehen;
Der Bauer schreitet hinterdrein
Und fängt bedächtig an zu mähen.

Und auf dem Stall zur Winterszeit,
Wie wacker steht der Ochs zu kauen!
Was er als grünes Gras verschmäht,
Das muß er nun als Heu verdauen.

Am Actentisch.

Da hab ich den ganzen Tag decretirt;
Und es hätte mich fast wie so Manchen verführt:
Ich spürte das kleine dumme Vergnügen,
Was abzumachen, was fertig zu kriegen.

Sturmnacht.

Im Hinterhaus im Fliesensaal
Über Urgroßmutters Tisch und Bänke,
Über die alten Schatullen und Schränke
Wandelt der zitternde Mondenstrahl.
Vom Wald kommt der Wind
Und fährt an die Scheiben;
Und geschwind, geschwind
Schwatzt er ein Wort,
Und dann wieder fort
Zum Wald über Föhren und Eiben.

Da wird auch das alte verzauberte Holz
Da drinnen lebendig;
Wie sonst im Walde will es stolz
Die Kronen schütteln unbändig,
Mit den Ästen greifen hinaus in die Nacht,
Mit dem Sturm sich schaukeln in brausender Jagd,
Mit den Blättern in Übermuth rauschen,
Beim Tanz im Flug
Durch Wolkenzug
Mit dem Mondlicht silberne Blicke tauschen.

Da müht sich der Lehnstuhl, die Arme zu recken,
Den Rococofuß will das Kanapee strecken,
In der Kommode die Schubfächer drängen
Und wollen die rostigen Schlösser sprengen;
Der Eichschrank unter dem kleinen Troß
Steht da, ein finsterer Koloß.
Traumhaft regt er die Klauen an,
Ihm zuckt's in der verlornen Krone;
Doch bricht er nicht den schweren Bann. —
Und draußen pfeift ihm der Wind zum Hohne
Und fährt an die Läden und rüttelt mit Macht,
Bläst durch die Ritzen, grunzt und lacht,
Schmeißt die Fledermäuse, die kleinen Gespenster,
Klitschend gegen die rasselnden Fenster.
Die glupen dumm neugierig hinein —
Da drinn steht voll der Mondenschein.

Aber droben im Haus
Im behaglichen Zimmer
Beim Sturmgebraus
Saßen und schwatzten die Alten noch immer,
Nicht hörend, wie drunten die Saalthür sprang,
Wie ein Klang war erwacht
Aus der einsamen Nacht,
Der schollernd drang
Über Trepp und Gang,
Daß dran in der Kammer die Kinder mit Schrecken
Auffuhren und schlüpften unter die Decken.

Waldweg.
Fragment.

Durch einen Nachbarsgarten ging der Weg,
Wo blaue Schlehn im tiefen Grase standen;
Dann durch die Hecke über schmalen Steg
Auf eine Wiese, die an allen Randen

Ein hoher Zaun vielfarb'gen Laubs umzog;
Buscheichen unter wilden Rosenbüschen,
Um die sich frei die Geißblattranke bog,
Brombeergewirr und Hülsendorn dazwischen;
Vorbei an Farrenkräutern wob der Eppich
Entlang des Walles seinen dunklen Teppich.
Und vorwärts schreitend störte bald mein Tritt
Die Biene auf, die um die Distel schwärmte,
Bald hörte ich, wie durch die Gräser glitt
Die Schlange, die am Sonnenstrahl sich wärmte.
Sonst war es kirchenstill in alle Weite,
Kein Vogel hörbar; nur an meiner Seite
Sprang schnaufend ab und zu des Oheims Hund;
Denn nicht allein wär ich um solche Zeit
Gegangen zum entlegnen Waldesgrund;
Mir graute vor der Mittagseinsamkeit. —
Heiß war die Luft, und alle Winde schliefen;
Und vor mir lag ein sonnig offner Raum,
Wo quer hindurch schutzlos die Steige liefen.
Wohl hatt ich's sauer und ertrug es kaum;
Doch rascher schreitend überwand ich's bald.
Dann war ein Bach, ein Wall zu überspringen;
Dann noch ein Steg, und vor mir lag der Wald,
In dem schon herbstlich roth die Blätter hingen.
Und drüber her, hoch in der blauen Luft,
Stand beutesüchtig ein gewalt'ger Weih,
Die Flügel schlagend durch den Sonnenduft;
Tief aus der Holzung scholl des Hähers Schrei.
Herbstblätterduft und Tannenharzgeruch
Quoll mir entgegen schon auf meinem Wege.
Und dort im Walle schimmerte der Bruch,
Durch den ich meinen Pfad nahm ins Gehege.
Schon streckten dort gleich Säulen der Capelle
Aus Laubgewölb die Tannenstämme sich;
Dann war's erreicht, und wie an Kirchenschwelle
Umschauerte die Schattenkühle mich.

Eine Frühlingsnacht.

Im Zimmer drinnen ist's so schwül;
Der Kranke liegt auf dem heißen Pfühl.

Im Fieber hat er die Nacht verbracht;
Sein Herz ist müde, sein Auge verwacht.

Er lauscht auf der Stunden rinnenden Sand;
Er hält die Uhr in der weißen Hand.

Er zählt die Schläge, die sie pickt,
Er forschet, wie der Weiser rückt;

Es fragt ihn, ob er noch leb vielleicht,
Wenn der Weiser die schwarze Drei erreicht.

Die Wartfrau sitzt geduldig dabei,
Harrend, bis Alles vorüber sei. —

Schon auf dem Herzen drückt ihn der Tod;
Und draußen dämmert das Morgenroth.

An die Fenster klettert der Frühlingstag,
Mädchen und Vögel werden wach.

Die Erde lacht in Liebesschein,
Pfingstglocken läuten das Brautfest ein;

Singende Bursche ziehn übers Feld
Hinein in die blühende, klingende Welt. —

Und immer stiller wird es drin;
Die Alte tritt zum Kranken hin.

Der hat die Hände gefaltet dicht;
Sie zieht ihm das Laken übers Gesicht.

Dann geht sie fort. Stumm wird's und leer;
Und drinnen wacht kein Auge mehr.

Der Zweifel.

Der Glaube ist zum Ruhen gut,
Doch bringt er nicht von der Stelle;
Der Zweifel in ehrlicher Männerfaust,
Der sprengt die Pforten der Hölle.

Februar.

Im Winde wehn die Lindenzweige,
Von rothen Knospen übersäumt;
Die Wiegen sind's, worin der Frühling
Die schlimme Winterzeit verträumt.

März.

Und aus der Erde schauet nur
Alleine noch Schneeglöckchen;
So kalt, so kalt ist noch die Flur,
Es friert im weißen Röckchen.

April.

Das ist die Drossel, die da schlägt,
Der Frühling, der mein Herz bewegt;
Ich fühle, die sich hold bezeigen,
Die Geister aus der Erde steigen.
Das Leben fließet wie ein Traum —
Mir ist wie Blume, Blatt und Baum.

Mai.

Die Kinder schreien „Vivat hoch!"
In die blaue Luft hinein;
Den Frühling setzen sie auf den Thron,
Der soll ihr König sein.

―――

Die Kinder haben die Veilchen gepflückt,
All, all, die da blühten am Mühlengraben.
Der Lenz ist da; sie wollen ihn fest
In ihren kleinen Fäusten haben.

―――

Juli.

Klingt im Wind ein Wiegenlied,
Sonne warm herniedersieht,
Seine Ähren senkt das Korn,
Rothe Beere schwillt am Dorn,
Schwer von Segen ist die Flur —
Junge Frau, was sinnst du nur?

―――

August.

Inserat.

Die verehrlichen Jungen, welche heuer
Meine Äpfel und Birnen zu stehlen gedenken,
Ersuche ich höflichst, bei diesem Vergnügen
Womöglich insoweit sich zu beschränken,
Daß sie daneben auf den Beeten
Mir die Wurzeln und Erbsen nicht zertreten.

―――

Im Garten.

Hüte, hüte den Fuß und die Hände,
Eh sie berühren das ärmste Ding!
Denn du zertrittst eine häßliche Raupe,
Und tödtest den schönsten Schmetterling.

Komm, laß uns spielen.

Wie bald des Sommers holdes Fest verging!
Rauh weht der Herbst; wird's denn auch Frühling wieder?
Da fällt ein bleicher Sonnenstrahl hernieder —
Komm, laß uns spielen, weißer Schmetterling!

Ach, keine Nelke, keine Rose mehr;
Am Himmel fährt ein kalt Gewölk daher!
Weh, wie so bald des Sommers Lust verging —
O komm! Wo bist du, weißer Schmetterling?

Herbst.

1.

Schon ins Land der Pyramiden
Flohn die Störche übers Meer;
Schwalbenflug ist längst geschieden,
Auch die Lerche singt nicht mehr.

Seufzend in geheimer Klage
Streift der Wind das letzte Grün;
Und die süßen Sommertage,
Ach, sie sind dahin, dahin!

Nebel hat den Wald verschlungen,
Der dein stillstes Glück gesehn;
Ganz in Duft und Dämmerungen
Will die schöne Welt vergehn.

Nur noch einmal bricht die Sonne
Unaufhaltsam durch den Duft,
Und ein Strahl der alten Wonne
Rieselt über Thal und Kluft.

Und es leuchten Wald und Haide,
Daß man sicher glauben mag,
Hinter allem Winterleide
Lieg ein ferner Frühlingstag

2.

Die Sense rauscht, die Ähre fällt,
Die Thiere räumen scheu das Feld,
Der Mensch begehrt die ganze Welt.

3.

Und sind die Blumen abgeblüht,
So brecht der Äpfel goldne Bälle;
Hin ist die Zeit der Schwärmerei,
So schätzt nun endlich das Reelle!

Hinter den Tannen.

Sonnenschein auf grünem Rasen,
Krokus drinnen blau und blaß;
Und zwei Mädchenhände tauchen
Blumen pflückend in das Gras.

Und ein Junge kniet daneben,
Gar ein übermüthig Blut,
Und sie schaun sich an und lachen —
O wie kenn ich sie so gut!

Hinter jenen Tannen war es,
Jene Wiese schließt es ein —
Schöne Zeit der Blumensträuße,
Stiller Sommersonnenschein!

Vor Tag.

1.

Wir harren nicht mehr ahnungsvoll
Wie sonst auf blaue Märchenwunder;
Wie sich das Buch entwickeln soll,
Wir wissen's ganz genau jetzunder.

Wir blätterten schon hin und her,
— Denn ruchlos wurden unsre Hände —
Und auf der letzten Seite sahn
Wir schon das schlimme Wörtlein Ende.

2.

Und geht es noch so rüstig
Hin über Stein und Steg,
Es ist eine Stelle im Wege,
Du kommst darüber nicht weg.

3.

Schlug erst die Stunde, wo auf Erden
Dein holdes Bildniß sich verlor,
Dann wirst du niemals wieder werden,
So wie du niemals warst zuvor.

4.

Da diese Augen nun in Staub vergehen,
So weiß ich nicht, wo wir uns wiedersehen.

Zur Taufe.

Ein Gutachten.

Bedenk es wohl, eh du sie taufst!
Bedeutsam sind die Namen;
Und fasse mir dein liebes Bild
Nun in den rechten Rahmen.
Denn ob der Nam den Menschen macht,
Ob sich der Mensch den Namen,
Das ist, weshalb mir oft, mein Freund,
Bescheidne Zweifel kamen;
Eins aber weiß ich ganz gewiß,
Bedeutsam sind die Namen!
So schickt für Mädchen Lisbeth sich,
Elisabeth für Damen;
Auch fing sich oft ein Freier schon,
Dem Fischlein gleich am Hamen,
An einem ambraduftigen,
Klanghaften Mädchennamen.

Morgane.

An regentrüben Sommertagen,
Wenn Luft und Fluth zusammenragen,
Und ohne Regung schläft die See,
Dann steht an unserm grauen Strande
Das Wunder aus dem Morgenlande,
Morgane, die berufne Fee.

Arglistig halb und halb von Sinne,
Verschmachtend nach dem Kelch der Minne,
Der stets an ihrem Mund versiegt,
Umgaukelt sie des Wandrers Pfade
Und lockt ihn an ein Scheingestade,
Das in des Todes Reichen liegt.

Von ihrem Zauberspiel geblendet,
Ruht manches Haupt in Nacht gewendet,
Begraben in der Wüste Schlucht;
Denn ihre Liebe ist Verderben,
Ihr Hauch ist Gift, ihr Kuß ist Sterben,
Die schönen Augen sind verflucht.

So steht sie jetzt im hohen Norden
An unsres Meeres dunklen Borden,
So schreibt sie fingernd in den Dunst;
Und quellend aus den luft'gen Spuren
Erstehn in dämmernden Conturen
Die Bilder ihrer argen Kunst.

Doch hebt sich nicht wie dort im Süden
Auf rosigen Karyatiden
Ein Wundermärchenschloß ins Blau;
Nur einer Hauberg graues Bildniß
Schwimmt einsam in der Nebelwildniß,
Und Keinen lockt der Hexenbau.

Bald wechselt sie die dunkle Küste
Mit Libyens sonnengelber Wüste
Und mit der Tropenwälder Duft;
Dann bläst sie lachend durch die Hände,
Dann schwankt das Haus, und Fach und Wände
Verrinnen quirlend in die Luft.

Ostern.

Es war daheim auf unsrem Meeresdeich;
Ich ließ den Blick am Horizonte gleiten,
Zu mir herüber scholl verheißungsreich
Mit vollem Klang das Osterglockenläuten.

Wie brennend Silber funkelte das Meer,
Die Inseln schwammen auf dem hohen Spiegel,
Die Möven schossen blendend hin und her,
Eintauchend in die Fluth die weißen Flügel.

Im tiefen Kooge bis zum Deichesrand
War sammetgrün die Wiese aufgegangen;
Der Frühling zog prophetisch über Land,
Die Lerchen jauchzten und die Knospen sprangen. —

Entfesselt ist die urgewalt'ge Kraft,
Die Erde quillt, die jungen Säfte tropfen,
Und Alles treibt, und Alles webt und schafft,
Des Lebens vollste Pulse hör ich klopfen.

Der Fluth entsteigt der frische Meeresduft;
Vom Himmel strömt die goldne Sonnenfülle;
Der Frühlingswind geht klingend durch die Luft
Und sprengt im Flug des Schlummers letzte Hülle.

O wehe fort, bis jede Knospe bricht,
Daß endlich uns ein ganzer Sommer werde;
Entfalte dich, du gottgebornes Licht,
Und wanke nicht, du feste Heimatherde! —

Hier stand ich oft, wenn in Novembernacht
Aufgohr das Meer zu gischtbestäubten Hügeln,
Wenn in den Lüften war der Sturm erwacht,
Die Deiche peitschend mit den Geierflügeln.

Und jauchzend ließ ich an der festen Wehr
Den Wellenschlag die grimmen Zähne reiben;
Denn machtlos, zischend schoß zurück das Meer —
Das Land ist unser, unser soll es bleiben!

Nach Reisegesprächen.

Vorwärts lieber laß uns schreiten
Durch die deutschen Nebelschichten,
Als auf alten Träumen reiten
Und auf römischen Berichten!
Denn mir ist, als säh ich endlich
Unter uns ein Bild entfalten;
Dunkel erst, doch bald verständlich
Sich erheben die Gestalten;
Hauf an Haufen im Getümmel,
Nun zerrissen, nun zusammen;
An dem grau verhangnen Himmel
Zuckt es wie von tausend Flammen.
Hört ihr, wie die Büchsen knallen?
Wuthgeschrei durchfegt die Lüfte;
Und die weißen Nebel wallen,
Und die Brüder stehn und fallen —
Hoher Tag und tiefe Grüfte!

Im Herbste 1850.

Und schauen auch von Thurm und Thore
Der Feinde Wappen jetzt herab,
Und rissen sie die Tricolore
Mit wüster Faust von Kreuz und Grab;

Und müßten wir nach diesen Tagen
Von Herd und Heimath bettelnd gehn, —
Wir wollen's nicht zu laut beklagen;
Mag, was da muß, mit uns geschehn!

Und wenn wir hülfelos verderben,
Wo Keiner unsre Schmerzen kennt,
Wir lassen unsern spätsten Erben
Ein treu besiegelt Testament;

Denn kommen wird das frische Werde,
Das auch bei uns die Nacht besiegt,
Der Tag, wo diese deutsche Erde
Im Ring des großen Reiches liegt.

Ein Wehe nur und eine Schande
Wird bleiben, wenn die Nacht verschwand:
Daß in dem eignen Heimathlande
Der Feind die Bundeshelfer fand;

Daß uns von unsern eignen Brüdern
Der bittre Stoß zum Herzen drang,
Die einst mit deutschen Wiegenliedern
Die Mutter in den Schlummer sang;

Die einst von deutscher Frauen Munde
Der Liebe holden Laut getauscht,
Die in des Vaters Sterbestunde
Mit Schmerz auf deutsches Wort gelauscht.

Nicht viele sind's und leicht zu kennen —
O, haltet ein! Ihr dürft sie nicht
In Mitleid, noch in Zorne nennen
Nicht in Geschichte, noch Gedicht.

Laßt sie, wenn frei die Herzen klopfen,
Vergessen und verschollen sein,
Und mischet nicht die Wermuthstropfen
In den bekränzten deutschen Wein!

Gräber an der Küste.

Herbst 1850.

Mit Kränzen haben wir das Grab geschmückt,
Die stille Wiege unsrer jungen Todten;
Den grünsten Epheu haben wir gepflückt,
Die spätsten Astern, die das Jahr geboten.

Hier ruhn sie waffenlos in ihrer Gruft,
Die man hinaustrug aus dem Pulverdampfe;
Vom Strand herüber weht der Meeresduft,
Die Schläfer kühlend nach dem heißen Kampfe.

Es steigt die Fluth; vom Ring des Deiches her
Im Abendschein entbrennt der Wasserspiegel;
Ihr schlafet schön! Das heimathliche Meer
Wirft seinen Glanz auf euren dunklen Hügel.

Und rissen sie die Farben auch herab,
Für die so jung ihr ginget zu den Bleichen,
O, schlafet ruhig! Denn von Grab zu Grab
Wehn um euch her der Feinde Wappenzeichen.

Nicht euch zum Ruhme sind sie aufgesteckt;
Doch künden sie, daß eure Kugeln trafen,
Daß, als ihr euch zur ew'gen Ruh gestreckt,
Den Feind ihr zwanget, neben euch zu schlafen.

Ihr aber, denen ohne Trommelschlag
Durch Feindeshand bereitet ward der Rasen,
Hört dieses Lied! und harret auf den Tag,
Daß unsre Reiter hier Reveille blasen! —

Doch sollte dieser heiße Lebensstreit
Verloren gehn wie euer Blut im Sande,
Und nur im Reiche der Vergangenheit
Der Name leben dieser schönen Lande:

In diesem Grabe, wenn das Schwert zerbricht,
Liegt deutsche Ehre fleckenlos gebettet!
Beschützen konntet ihr die Heimath nicht,
Doch habt ihr sterbend sie vor Schmach gerettet.

Nun ruht ihr, wie im Mutterschoß das Kind,
Und schlafet aus auf heimathlichem Kissen;
Wir Andern aber, die wir übrig sind,
Wo werden wir im Elend sterben müssen!

Schon hatten wir zu festlichem Empfang
Mit Kränzen in der Hand das Haus verlassen;
Wir standen harrend ganze Nächte lang,
Doch nur die Todten zogen durch die Gassen. —

So nehmet denn, ihr Schläfer dieser Gruft,
Die spätsten Blumen, die das Jahr geboten!
Schon fällt das Laub im letzten Sonnenduft —
Auch dieses Sommers Kranz gehört den Todten.

Ein Epilog.
1850.

Ich hab es mir zum Trost ersonnen
In dieser Zeit der schweren Noth,
In dieser Blüthezeit der Schufte,
In dieser Zeit von Salz und Brot:

Ich zage nicht, es muß sich wenden,
Und heiter wird die Welt erstehn,
Es kann der echte Keim des Lebens
Nicht ohne Frucht verloren gehn.

Der Klang von Frühlingsungewittern,
Von dem wir schauernd sind erwacht,
Von dem noch alle Wipfel rauschen,
Er kommt noch einmal, über Nacht!

Und durch den ganzen Himmel rollen
Wird dieser letzte Donnerschlag;
Dann wird es wirklich Frühling werden
Und hoher, heller, goldner Tag.

Heil allen Menschen, die es hören!
Und Heil dem Dichter, der dann lebt
Und aus dem offnen Schacht des Lebens
Den Edelstein der Dichtung hebt!

1. Januar 1851.*

Sie halten Siegesfest, sie ziehn die Stadt entlang;
Sie meinen, Schleswig-Holstein zu begraben.
Brich nicht, mein Herz! Noch sollst du Freude haben;
Wir haben Kinder noch, wir haben Knaben,
Und auch wir selber leben, Gott sei Dank!

Im Zeichen des Todes.

Noch war die Jugend mein, die schöne, ganze
Ein Morgen nur, ein Gestern gab es nicht;
Da sah der Tod im hellsten Sonnenglanze,
Mein Haar berührend, mir ins Angesicht.

Die Welt erlosch, der Himmel brannte trübe;
Ich sprang empor entsetzt und ungestüm.
Doch er verschwand; die Ewigkeit der Liebe
Lag vor mir noch und trennte mich von ihm.

---

* An diesem Tage wurde von den Dänen auf dem Kirchhof zu Husum ein Monument errichtet, mit der Inschrift: „Den bei der heldenmüthigen Vertheidigung von Friedrichsstadt im Herbst 1850 gefallenen dänischen Kriegern, geweiht von Husums Einwohnern." Dieser Inschrift und des Belagerungszustandes ungeachtet war nur ein einziger Husumer Bürger in dem Festzuge.

Und heute nun — im sonnigen Gemache
Zur Rechten und zur Linken schlief mein Kind;
Des zarten Athems lauschend hielt ich Wache,
Und an den Fenstern ging der Sommerwind.

Da sanken Nebelschleier dicht und dichter
Auf mich herab; kaum schienen noch hervor
Der Kinder schlummerselige Gesichter,
Und nicht mehr drang ihr Athem an mein Ohr.

Ich wollte rufen; doch die Stimme keuchte,
Bis hell die Angst aus meinem Herzen schrie.
Vergebens doch; kein Schrei der Angst erreichte,
Kein Laut der Liebe mehr erreichte sie.

In grauer Finsterniß stand ich verlassen,
Bewegungslos und schauernden Gebeins;
Ich fühlte kalt mein schlagend Herz erfassen,
Und ein entsetzlich Auge sank in meins.

Ich floh nicht mehr; ich fesselte das Grauen
Und faßte mühsam meines Auges Kraft;
Dann überkam vorahnend mich Vertrauen
Zu dem, der meine Sinne hielt in Haft.

Und als ich fest den Blick zurückgegeben,
Lag plötzlich tief zu Füßen mir die Welt;
Ich sah mich hoch und frei ob allem Leben
An deine Hand, furchtbarer Fürst, gestellt.

Den Dampf der Erde sah empor ich streben
Und ballen sich zu Mensch- und Thiergestalt;
Sah es sich schütteln, tasten, sah es leben,
Und taumeln dann und schwinden alsobald.

Im fahlen Schein im Abgrund sah ich's liegen,
Und sah sich's regen in der Städte Rauch;
Ich sah es wimmeln, hasten, sich bekriegen,
Und sah mich selbst bei den Gestalten auch.

Und niederschauend von des Todes Warte,
Kam mir der Drang, das Leben zu bestehn,
Die Lust, dem Feind, der unten meiner harrte,
Mit vollem Aug ins Angesicht zu sehn.

Und kühlen Hauches durch die Adern rinnen
Fühlt ich die Kraft, entgegen Lust und Schmerz
Vom Leben fest mich selber zu gewinnen,
Wenn Andres nicht, so doch ein ganzes Herz. —

Da fühlt ich mich im Sonnenlicht erwachen;
Es dämmerte, verschwebte und zerrann;
In meine Ohren klang der Kinder Lachen,
Und frische, blaue Augen sahn mich an.

O schöne Welt! So sei in ernstem Zeichen
Begonnen denn der neue Lebenstag;
Es wird die Stirn nicht allzusehr erbleichen,
Auf der, o Tod, dein dunkles Auge lag.

Ich fühle tief, du gönnetest nicht Allen
Dein Angesicht; sie schauen dich ja nur,
Wenn sie dir taumelnd in die Arme fallen,
Ihr Los erfüllend gleich der Creatur.

Mich aber laß unirren Augs erblicken,
Wie sie, von keiner Ahnung angeweht,
Brutalen Sinns ihr nichtig Werk beschicken,
Unkundig deiner stillen Majestät.

Weihnachtsabend.

1852.

Die fremde Stadt durchschritt ich sorgenvoll,
Der Kinder denkend, die ich ließ zu Haus.
Weihnachten war's; durch alle Gassen scholl
Der Kinderjubel und des Markts Gebraus.

Und wie der Menschenstrom mich fortgespült,
Drang mir ein heiser Stimmlein in das Ohr:
„Kauft, lieber Herr!" Ein magres Händchen hielt
Feilbietend mir ein ärmlich Spielzeug vor.

Ich schrak empor, und beim Laternenschein
Sah ich ein bleiches Kinderangesicht;
Weß Alters und Geschlechts es mochte sein,
Erkannt ich im Vorübertreiben nicht.

Nur von dem Treppenstein, darauf es saß,
Noch immer hört ich, mühsam, wie es schien:
„Kauft, lieber Herr!" den Ruf ohn Unterlaß;
Doch hat wohl Keiner ihm Gehör verliehn.

Und ich? — War's Ungeschick, war es die Scham,
Am Weg zu handeln mit dem Bettelkind?
Eh meine Hand zu meiner Börse kam,
Verscholl das Stimmlein hinter mir im Wind.

Doch als ich endlich war mit mir allein,
Erfaßte mich die Angst im Herzen so,
Als säß mein eigen Kind auf jenem Stein
Und schrie nach Brot, indessen ich entfloh.

Abschied.
1853.

Kein Wort, auch nicht das kleinste, kann ich sagen,
Wozu das Herz den vollen Schlag verwehrt;
Die Stunde drängt, gerüstet steht der Wagen,
Es ist die Fahrt der Heimath abgekehrt.

Geht immerhin — denn eure That ist euer —
Und widerruft, was einst das Herz gebot;
Und kauft, wenn dieser Preis euch nicht zu theuer,
Dafür euch in der Heimath euer Brot!

Ich aber kann des Landes nicht, des eignen,
In Schmerz verstummte Klagen mißverstehn;
Ich kann die stillen Gräber nicht verleugnen,
Wie tief sie jetzt in Unkraut auch vergehn. —

Du, deren zarte Augen mich befragen, —
Der dich mir gab, gesegnet sei der Tag!
Laß nur dein Herz an meinem Herzen schlagen
Und zage nicht! Es ist derselbe Schlag.

Es strömt die Luft — die Knaben stehn und lauschen,
Vom Strand herüber dringt ein Mövenschrei;
Das ist die Fluth! Das ist des Meeres Rauschen;
Ihr kennt es wohl; wir waren oft dabei.

Von meinem Arm in dieser letzten Stunde
Blickt einmal noch ins weite Land hinaus,
Und merkt es wohl, es steht auf diesem Grunde,
Wo wir auch weilen, unser Vaterhaus.

Wir scheiden jetzt, bis dieser Zeit Beschwerde
Ein andrer Tag, ein besserer, gesühnt;
Denn Raum ist auf der heimathlichen Erde
Für Fremde nur und was den Fremden dient.

Doch ist's das flehendste von den Gebeten,
Ich mögt dereinst, wenn mir es nicht vergönnt,
Mit festem Fuß auf diese Scholle treten,
Von der sich jetzt mein heißes Auge trennt! —

Und du, mein Kind, mein jüngstes, dessen Wiege
Auch noch auf diesem theuren Boden stand,
Hör mich! — denn alles Andere ist Lüge —
Kein Mann gedeihet ohne Vaterland!

Kannst du den Sinn, den diese Worte führen,
Mit deiner Kinderseele nicht verstehn,
So soll es wie ein Schauer dich berühren
Und wie ein Pulsschlag in dein Leben gehn!

Für meine Söhne.

Hehle nimmer mit der Wahrheit!
Bringt sie Leid, nicht bringt sie Reue;
Doch, weil Wahrheit eine Perle,
Wirf sie auch nicht vor die Säue.

Blüthe edelsten Gemüthes
Ist die Rücksicht; doch zu Zeiten
Sind erfrischend wie Gewitter
Goldne Rücksichtslosigkeiten.

Wackrer heimathlicher Grobheit
Setze deine Stirn entgegen;
Artigen Leutseligkeiten
Gehe schweigend aus den Wegen.

Wo zum Weib du nicht die Tochter
Wagen würdest zu begehren,
Halte dich zu werth, um gastlich
In dem Hause zu verkehren.

Was du immer kannst, zu werden,
Arbeit scheue nicht und Wachen;
Aber hüte deine Seele
Vor dem Carriere=Machen.

Wenn der Pöbel aller Sorte
Tanzet um die goldnen Kälber,
Halte fest: du hast vom Leben
Doch am Ende nur dich selber.

Crucifixus.

Am Kreuz hing sein gequält Gebeine,
Mit Blut besudelt und geschmäht;
Dann hat die stets jungfräulich reine
Natur das Schreckensbild verweht.

Doch die sich seine Jünger nannten,
Die formten es in Erz und Stein,
Und stellten's in des Tempels Düster
Und in die lichte Flur hinein.

So, jedem reinen Aug ein Schauder,
Ragt es herein in unsre Zeit;
Verewigend den alten Frevel,
Ein Bild der Unversöhnlichkeit.

Auf dem Segeberg.

Hier stand auch einer Frauen Wiege,
Die Wiege einer deutschen Frau;
Die schaut mich an mit Augen blau,
Und auf dem Felsen, drauf ich liege,
Schließt sie mich plötzlich an die Brust.
Da werd ich mir des Glücks bewußt;
Ich seh die Welt so unvergänglich,
Voll Schönheit mir zu Füßen ruhn;
Und alle Sorgen, die so bänglich
Mein Herz bedrängten, schweigen nun.
Musik! Musik! Die Lerchen singen,
Aus Wies' und Wäldern steigt Gesang,
Die Mücken in den Lüften schwingen
Den süßen Sommerharfenklang.
Und unten auf besonnter Flur
Seh ich des Kornes Wellen treiben,
In blauen Wölkchen drüber stäuben
Ein keusch Geheimniß der Natur. —
Da tauchen an des Berges Seite
Zwei Köpfchen auf aus dem Gestein,
Zwei Knaben steigen durchs Gekräute;
Und sie sind unser, mein und dein.
Sie jauchzen auf, die Felsen klingen;
Mein Bursche schlank, mein Bursche klein!

Schau, wie sie purzeln, wie sie springen,
Und Jeder will der Erste sein.
In Kinderlust die Wangen glühen;
Die Welt, die Welt, o wie sie lacht!
Nun hängen sie an deinen Knieen,
Nun an den meinen unbedacht;
Der Große hier, und hier der Kleine,
Sie halten mich so eng umfaßt,
Daß in den Thymian der Steine
Mich hinzieht die geliebte Last.
Die Schatten, die mein Auge trübten
Die letzten, scheucht der Kindermund
Ich seh der Heimath, der geliebten,
Zukunft in dieser Augen Grund.

Trost.

So komme, was da kommen mag!
So lang du lebest, ist es Tag.

Und geht es in die Welt hinaus,
Wo du mir bist, bin ich zu Haus.

Ich seh dein liebes Angesicht,
Ich sehe die Schatten der Zukunft nicht.

Gedenkst du noch?

1857.

Gedenkst du noch, wenn in der Frühlingsnacht
Aus unserm Kammerfenster wir hernieder
Zum Garten schauten, wo geheimnißvoll
Im Dunkel dufteten Jasmin und Flieder?
Der Sternenhimmel über uns so weit,
Und du so jung; unmerklich geht die Zeit.

Wie still die Luft! Des Regenpfeifers Schrei
Scholl klar herüber von dem Meeresstrande;
Und über unsrer Bäume Wipfel sahn
Wir schweigend in die dämmerigen Lande.
Nun wird es wieder Frühling um uns her,
Nur eine Heimath haben wir nicht mehr.

Nun horch ich oft schlaflos in tiefer Nacht,
Ob nicht der Wind zur Rückfahrt möge wehen.
Wer in der Heimath erst sein Haus gebaut,
Der sollte nicht mehr in die Fremde gehen!
Nach drüben ist sein Auge stets gewandt:
Doch Eines blieb, — wir gehen Hand in Hand.

Du warst es doch.

In buntem Zug zum Walde ging's hinaus;
Du bei den Kindern bliebst allein zu Haus.
Und draußen haben wir getanzt, gelacht,
Und kaum, so war mir, hatt ich dein gedacht. —
Nun kommt der Abend, und die Zeit beginnt,
Wo auf sich selbst die Seele sich besinnt;
Nun weiß ich auch, was mich so froh ließ sein,
Du warst es doch, und du nur ganz allein.

Am Geburtstage.

Es heißt wohl: Vierzig Jahr ein Mann!
Doch Vierzig fängt die Fünfzig an.

Es liegt die frische Morgenzeit
Im Dunkel unter mir so weit,

Daß ich erschrecke, wenn ein Strahl
In diese Tiefe fällt einmal.

Schon weht ein Lüftlein von der Gruft,
Das bringt den Herbst=Resedaduft.

───────

Schlaflos.

Aus Träumen in Ängsten bin ich erwacht;
Was singt doch die Lerche so tief in der Nacht!

Der Tag ist gegangen, der Morgen ist fern,
Aufs Kissen hernieder scheinen die Stern'.

Und immer hör ich den Lerchengesang;
O Stimme des Tages, mein Herz ist bang.

───────

Garten-Spuk.

Daheim noch war es; spät am Nachmittag,
Im Steinhof unterm Laub des Eschenbaums
Ging schon der Zank der Sperlinge zur Ruh;
Ich an der Hofthür stand und lauschte noch,
Wie Laut um Laut sich mühte und entschlief.
Der Tag war aus; schon vom Levkojenbeet
Im Garten drüben kam der Abendduft;
Die Schatten fielen; bläulich im Gebüsch
Wie Nebel schwamm es. Träumend blieb ich stehn,
Gedankenlos, und sah den Steig hinab;
Und wieder sah ich — und ich irrte nicht —
Tief unten, wo im Grund der Birnbaum steht,
Langsam ein Kind im hohen Grase gehn;
Ein Knabe schien's, im grauen Kittelchen.
Ich kannt es wohl; denn schon zum öftern Mal
Sah dort im Dämmer ich so holdes Bild;

Die Abendstille schien es herzubringen,
Doch näher tretend fand man es nicht mehr.
Nun ging es wieder, stand und ging umher,
Als freu es sich der Garteneinsamkeit. —
Ich aber, diesmal zu beschleichen es,
Ging leise durch den Hof und seitwärts dann
Im Schatten des Holunderzauns entlang,
Sorgsam die Schritte messend; einmal nur
Nach einer Erdbeerranke bückt ich mich,
Die durch den Weg hinausgelaufen war.
Schon schlüpft ich bei der Geißblattlaube durch;
Ein Schritt noch ums Gebüsch, so war ich dort,
Und mit den Händen mußt ich's greifen können.
Umsonst! — Als ich den letzten Schritt gethan,
Da war es wieder wie hinweggetäuscht.
Still stand das Gras, und durch den grünen Raum
Flog surrend nur ein Abendschmetterling;
Auch an den Linden, an den Fliederbüschen
Die ringsum standen, regte sich kein Blatt.
Nachsinnend schritt ich auf dem Rasen hin
Und suchte thöricht nach der Füßchen Spur
Und nach den Halmen, die ihr Tritt geknickt;
Dann endlich trat ich aus der Gartenthür,
Um draußen auf dem Deich den schwülen Tag
Mit einem Gang im Abendwind zu schließen.
Doch als ich schon die Pforte zugedrückt,
Den Schlüssel abzog, fiel ein Sonnenriß,
Der in der Planke war, ins Auge mir;
Und fast unachtsam lugte ich hindurch.
Dort lag der Rasen, tief im Schatten schon;
Und sieh! Da war es wieder, unweit ging's,
Grasrispen hatt es in die Hand gepflückt;
Ich sah es deutlich ... In sein blaß Gesichtchen
Fiel schlicht das Haar; die Augen sah man nicht,
Sie blickten erdwärts, gern, so schien's, betrachtend,
Was dort geschah; doch lächelte der Mund.
Und nun an einem Eichlein kniet es hin,

Das spannenhoch kaum aus dem Grase sah,
— Vom Walde hatt ich jüngst es heimgebracht —
Und legte sacht ein welkes Blatt beiseit
Und strich liebkosend mit der Hand daran.
Darauf — kaum nur vermocht ich's zu erkennen;
Denn Abend ward es, doch ich sah's genau —
Ein Käfer klomm den zarten Stamm hinauf,
Bis endlich er das höchste Blatt erreicht;
Er hatte wohl den heißen Tag verschlafen
Und rüstete sich nun zum Abendflug.
Rückwärts die Händchen in einander legend,
Behutsam sah das Kind auf ihn herab.
Schon putzte er die Fühler, spannte schon
Die Flügeldecken aus, ein Weilchen, und
Nun flog er fort. Da nickt es still ihm nach.

Ich aber dachte: „Rühre nicht daran!"
Hob leis die Stirn und ging den Weg hinab,
Den Garten lassend in so holder Hut.
Nicht merkt ich, daß einsam die Wege wurden,
Daß feucht vom Meere strich die Abendluft;
Erfüllet ganz von süßem Heimgefühl,
Ging weit ich in die Dunkelheit hinaus.

Da fiel ein Stern; und plötzlich mahnt es mich
Des Augenblicks, da ich das Haus verließ,
Die Hand entreißend einer zarteren,
Die drinn im Flur mich fest zu halten strebte;
Denn schon selbander hausete ich dort. —
Nun ging ich raschen Schritts den Weg zurück;
Und als ich spät, da schon der Wächter rief,
Heimkehrend wieder durch den Garten schritt,
Hing stumm die Finsterniß in Halm und Zweigen,
Die Kronen kaum der Bäume rauschten leis.
Vom Hause her nur, wo im Winkel dort
Der Nußbaum vor dem Kammerfenster steht,
Verstohlen durch die Zweige schien ein Licht.

Ein Weilchen noch, und sieh! ein Schatten fiel,
Ein Fenster klang, und in die Nacht hinaus
Rief eine Stimme: „Bist du's?" — „Ja, ich bin's!"

Die Zeit vergeht; längst bin ich in der Fremde,
Und Fremde hausen, wo mein Erbe steht.
Doch bin ich einmal wieder dort gewesen;
Mir nicht zur Freude und den Andern nicht.
Einmal auch in der Abenddämmerung
Gerieth ich in den alten Gartenweg.
Da stand die Planke; wie vor Jahren schon,
Hing noch der Linden schön Gezweig herab;
Von drüben kam Resedaduft geweht,
Und Dämmrungsfalter flogen durch die Luft —
Ging's noch so hold dort in der Abendstunde? —
Fest und verschlossen stand die Gartenthür;
Dahinter stumm lag die vergangne Zeit.
Ausstreckt ich meine Arme; denn mir war,
Als sei im Rasen dort mein Herz versenkt. —
Da fiel mein Aug auf jenen Sonnenriß,
Der noch, wie ehmals, ließ die Durchsicht frei.
Schon hatt ich zögernd einen Schritt gethan;
Noch einmal blicken wollt ich in den Raum,
Darin ich sonst so festen Fußes ging.
Nicht weiter kam ich. Siedend stieg mein Blut,
Mein Aug ward dunkel; Grimm und Heimweh stritten
Sich um mein Herz; und endlich, leidbezwungen,
Ging ich vorüber. Ich vermocht es nicht.

Immensee.

Aus diesen Blättern steigt der Duft des Veilchens,
Das dort zu Haus auf unsren Haiden stand,
Jahr aus und ein, von welchem Keiner wußte,
Und das ich später nirgends wiederfand.

„Ein grünes Blatt."

Verlassen trauert nun der Garten,
Der uns so oft vereinigt hat;
Da weht der Wind zu euern Füßen
Vielleicht sein letztes grünes Blatt.

Nothgedrungener Prolog
zu einer Aufführung des Peter Squentz von Gryphius.

Der Pickelhäring tritt auf.

Hier mach ich euch mein Compliment!
Der Pickelhäring bin ich genennt.
War einst bei deutscher Nation
Eine wohlansehnliche Person;
Hatt mich in Schlössern und auf Gassen
Nicht Schimpf noch Sprung verdrießen lassen,
Und mit manch ungefügem Stoß
Mein sauren Ruhm gezogen groß.
Doch, Undank ist der Welt ihr Lohn!
Seit war ich lang vergessen schon;
Verschlief nun in der Rumpelkammer
All Lebensnoth und Erdenjammer;
Da haben sie mich über Nacht
Plötzlich wieder ans Licht gebracht.
Wollen ein alt, brav Stück tragiren,
Drin meine Kunst noch thut floriren,
Ein Stück, darinnen sich von zwei
Nationen zeiget die Poesei!
Ein Engländer Shakespeare hat es ersonnen,
— Hab sonst just nichts von ihm vernommen —
Dann aber hat es Herr Gryphius,
Der gelahrte Poete und Syndicus,
In rechten Schick und Schlag gebracht,
Und den deutschen Witz hineingemacht.

Da hört ihr, wie ein ernster Mann
Auch einmal feste spaßen kann.

Doch, Lieber, sag mir, wenn's gefällt,
— Ich war so lang schon außen der Welt —
Herr Professor Gottsched ist doch nicht zugegen? —
Ich gehe demselben gern aus den Wegen;
Es ist ein gar gewaltsamer Mann
Und hat mir übel Leids gethan;
Meinen guten Vetter Hans Wursten hat er
Zu Leipzig gejaget vom Theater,
Weil er zu kräftiglich thät spaßen.
Hätte ja mit sich handeln lassen!
Wir — haben unsre Kurzweil auch;
Doch, Lieber, Alles nach Fug und Brauch!
Denn sonders vor dem Frauenzimmer
Muß man subtile reden immer;
Sie zeuchen das Sacktuch sonst vors Gesicht,
Und da schauen sie ja die Komödia nicht.
Dies aber wär Schad überaus;
Denn es ist ein ganzer Blumenstrauß!
Tulipanen und Rosmarin,
Auch Kaiserkronen sind darin;
Die Vergißmeinnichte, so es zieren,
Werden euch sanft das Herze rühren;
Mitunter ist dann auch etwan
Ein deutscher Kohl dazu gethan;
Und sollt eine Saudistel drinnen sein,
Das wollt ihr mildiglich verzeihn!

Und nun, Lieber, hab guten Muth,
Und merke, was sich zutragen thut!
Denke: Ein Maul ist kein Rachen,
Eine Kröt ist kein Drachen,
Ein Fingerlein ist kein Maß, —
Aber ein Spaß ist alleweil ein Spaß!

Gedichte.

Knecht Ruprecht.

Von drauß vom Walde komm ich her;
Ich muß euch sagen, es weihnachtet sehr!
Allüberall auf den Tannenspitzen
Sah ich goldene Lichtlein sitzen;
Und droben aus dem Himmelsthor
Sah mit großen Augen das Christkind hervor,
Und wie ich so strolcht durch den finstern Tann,
Da rief's mich mit heller Stimme an:
„Knecht Ruprecht," rief es, „alter Gesell,
Hebe die Beine und spute dich schnell!
Die Kerzen fangen zu brennen an,
Das Himmelsthor ist aufgethan,
Alt' und Junge sollen nun
Von der Jagd des Lebens einmal ruhn;
Und morgen flieg ich hinab zur Erden,
Denn es soll wieder Weihnachten werden!"
Ich sprach: „O lieber Herre Christ,
Meine Reise fast zu Ende ist;
Ich soll nur noch in diese Stadt,
Wo's eitel gute Kinder hat."
— „Hast denn das Säcklein auch bei dir?"
Ich sprach: „Das Säcklein, das ist hier:
Denn Äpfel, Nuß und Mandelkern
Fressen fromme Kinder gern."
— „Hast denn die Ruthe auch bei dir?"
Ich sprach: „Die Ruthe, die ist hier:
Doch für die Kinder nur, die schlechten,
Die trifft sie auf den Theil, den rechten."
Christkindlein sprach: „So ist es recht;
So geh mit Gott, mein treuer Knecht!"
Von drauß vom Walde komm ich her;
Ich muß euch sagen, es weihnachtet sehr!
Nun sprecht, wie ich's hierinnen find!
Sind's gute Kind, sind's böse Kind?

Einer Braut am Polterabend.

Mit einem Album und dem Brautkranz.

Ich bringe dir ein leeres weißes Buch,
Die Blätter drin noch ohne Bild und Spruch.

Sie sollen einst, wenn sie beschrieben sind,
Dir bringen ein Erinnern hold und lind;

An liebe Worte, die man zu dir sprach,
An treue Augen, die dir blickten nach. —

Drauf leg ich dir von dunklem Myrthenreis
Den grünen Kranz, der aller Kränze Preis.

Nimm ihn getrost! Denn muß ich auch gestehn,
Er wird wie alles Laub dereinst vergehn,

So weiß ich doch, wenn Tag um Tag verschwand,
Hältst du den Zweig mit Früchten in der Hand.

Blumen.

Dem Augenarzt von seinen Kranken.

Sie kommen aus dem Schoß der Nacht;
Doch wären unten sie geblieben,
Wenn nicht das Licht mit seiner Macht
Hinauf ins Leben sie getrieben.

Holdselig aus der Erde bricht's
Und blüht nun über alle Schranken;
Du bist der Freund des holden Lichts;
Laß dir des Lichtes Kinder danken!

Mein jüngstes Kind.

Ich wanderte schon lange,
Da kamest du daher;
Nun gingen wir zusammen,
Ich sah dich nie vorher.

Noch eine kurze Strecke,
— Das Herz wird mir so schwer —
Du hast noch weit zu gehen,
Ich kann nicht weiter mehr.

Ein Ständchen.

In lindem Schlaf schon lag ich hingestreckt,
Da hat mich jäh dein Geigenspiel erweckt.
Doch, wo das Menschenherz mir so begegnet,
Nacht oder Tag, die Stunde sei gesegnet!

Das Edelfräulein seufzt.

Es ist wohl wahr,
Die Menschen stammen von einem Paar!
Der doppelte Adam, so süß er wäre,
Ich halte ihn dennoch für eine Chimäre!

Ein Sterbender.

Am Fenster sitzt er, alt, gebrochnen Leibes,
Und trommelt müßig an die feuchten Scheiben;
Grau ist der Wintertag und grau sein Haar.

Mitunter auch besieht er aufmerksam
Der Adern Hüpfen auf der welken Hand.
Es geht zu Ende; rathlos irrt sein Aug
Von Tisch zu Tisch, drauf Schriftwerk aller Art,
Sein harrend, hoch und höher sich gethürmt.
Vergebens! Was er täglich sonst bezwang,
Es ward ein Berg; er kommt nicht mehr hinüber.
Und dennoch, wenn auch trübe, lächelt er
Und sucht wie sonst noch mit sich selbst zu scherzen;
Ein Actenstoß in tücht'gen Stein gehauen,
Es dünket ihn kein übel Epitaph.
Doch streng aufs Neue schließet sich sein Mund;
Er kehrt sich ab, und wieder mit den grellen
Pupillen starrt er in die öde Luft
Und trommelt weiter an die Fensterscheiben.

Da wird es plötzlich hell; ein bleicher Strahl
Der Wintersonne leuchtet ins Gemach
Und auf ein Bild genüber an der Wand.
Und aus dem Rahmen tritt ein Mädchenkopf,
Darauf wie Frühthau noch die Jugend liegt;
Aus großen hold erstaunten Augen sprüht
Verheißung aller Erdenseligkeit.
Er kennt das Wort auf diesen rothen Lippen,
Er nur allein. Erinnrung faßt ihn an;
Fata Morgana steiget auf bethörend;
Lau wird die Luft, — wie hold die Düfte wehen!
Mit Rosen ist der Garten überschüttet,
Auf allen Büschen liegt der Sonnenschein.
Die Bienen summen; und ein Mädchenlachen
Fliegt süß und silbern durch den Sommertag.
Sein Ohr ist trunken. „O nur einmal noch!"
Er lauscht umsonst, und seufzend sinkt sein Haupt.
„Du starbst. — Wo bist du? — Giebt es eine Stelle
Noch irgendwo im Weltraum, wo du bist? —
Denn daß du mein gewesen, daß das Weib
Dem Manne gab der unbekannte Gott, —

Ach dieser unergründlich süße Trunk,
Und süßer stets, je länger du ihn trinkst,
Er läßt mich zweifeln an Unsterblichkeit;
Denn alle Bitterniß und Noth des Lebens
Vergilt er tausendfach; und drüberhin
Zu hoffen, zu verlangen weiß ich nichts!"
In leere Luft ausstreckt er seine Arme:
„Hier diese Räume, wo du einst gelebt,
Erfüllt ein Schimmer deiner Schönheit noch;
Nur mir erkennbar, wenn auch meine Augen
Geschlossen sind, von Keinem dann gesehn."

Vor ihm mit dunklem Weine steht ein Glas,
Und zitternd langet seine Hand danach;
Er schlürft ihn langsam, aber auch der Wein
Erfreut nicht mehr sein Herz. Er stützt das Haupt.
„Einschlafen, fühl ich, will das Ding, die Seele,
Und näher kommt die räthselhafte Nacht!" — —
Ihm unbewußt entfliehen die Gedanken
Und jagen sich im unermeßnen Raum. —
Da steigt Gesang, als wollt's ihn aufwärts tragen;
Von drüben aus der Kirche schwillt der Chor.
Und mit dem innern Auge sieht er sie,
So Mann als Weib, am Stamm des Kreuzes liegen.
Sie blicken in die bodenlose Nacht;
Doch ihre Augen leuchten feucht verklärt,
Als sähen sie im Urquell dort des Lichts
Das Leben jung und rosig auferstehn.
„Sie träumen," spricht er — leise spricht er es —
„Und diese bunten Bilder sind ihr Glück.
Ich aber weiß es, daß die Todesangst
Sie im Gehirn der Menschen ausgebrütet."
Abwehrend streckt er seine Hände aus:
„Was ich gefehlt, des Einen bin ich frei;
Gefangen gab ich niemals die Vernunft,
Auch um die lockendste Verheißung nicht;
Was übrig ist, — ich harre in Geduld."

Mit klaren Augen schaut der Greis umher;
Und während tiefer schon die Schatten fallen,
Erhebt er sich und schleicht von Stuhl zu Stuhl,
Und setzt sich noch einmal dort an den Tisch,
Wo ihm so manche Nacht die Lampe schien.
Noch einmal schreibt er; doch die Feder sträubt sich;
Sie, die bisher dem Leben nur gedient,
Sie will nicht gehen in den Dienst des Todes;
Er aber zwingt sie, denn sein Wille soll
So weit noch reichen, als er es vermag.

Die Wanduhr mißt mit hartem Pendelschlag,
Als dränge sie, die fliehenden Secunden;
Sein Auge dunkelt; ungesehen naht,
Was ihm die Feder aus den Fingern nimmt.
Doch schreibt er mühsam noch in großen Zügen,
Und Dämmrung fällt wie Asche auf die Schrift:
„Auch bleib der Priester meinem Grabe fern;
Zwar sind es Worte, die der Wind verweht,
Doch will es sich nicht schicken, daß Protest
Gepredigt werde dem, was ich gewesen,
Indeß ich ruh im Bann des ew'gen Schweigens."

Der Lump.

Und bin ich auch ein rechter Lump,
So bin ich dessen unverlegen;
Ein frech Gemüth, ein fromm Gesicht,
Herzbruder, sind ein wahrer Segen!

Links nehm von Christi Mantel ich
Ein Zipfelchen, daß es mir diene,
Und rechts — du glaubst nicht, wie das deckt —
Rechts von des Königs Hermeline.

Sprüche.

Der Eine fragt: Was kommt danach?
Der Andre fragt nur: Ist es recht?
Und also unterscheidet sich
Der Freie von dem Knecht.

―――

Vom Unglück erst
Zieh ab die Schuld;
Was übrig ist,
Trag in Geduld!

―――

Gräber in Schleswig.

1863.

Nicht Kranz, noch Kreuz; das Unkraut wuchert tief;
Denn die der Tod bei Jdstedt einst entboten,
Hier schlafen sie, und deutsche Ehre schlief
Hier dreizehn Jahre lang bei diesen Todten.

Und dreizehn Jahre litten Jung und Alt,
Was leben blieb, des kleinen Feindes Tücken,
Und konnten nichts, als, stumm die Faust geballt,
Den Schrei des Zorns in ihrer Brust ersticken.

Die Schmach ist aus; der ehrne Würfel fällt!
Jetzt oder nie! Erfüllet sind die Zeiten,
Des Dänenkönigs Todtenglocke gellt;
Mir klinget es wie Osterglockenläuten!

Die Erde dröhnt; von Deutschland weht es her,
Mir ist, ich hör ein Lied im Winde klingen,
Es kommt heran schon wie ein brausend Meer,
Um endlich alle Schande zu verschlingen! ― ―

Thörichter Traum! — Es klingt kein deutsches Lied,
Kein Vorwärts schallt von deutschen Bataillonen;
Wohl dröhnt der Grund, wohl naht es Glied an Glied;
Doch sind's die Reiter dänischer Schwadronen.

Sie kommen nicht. Das Londoner Papier,
Es wiegt zu schwer, sie wagen's nicht zu heben.
Die Stunde drängt. So helft, ihr Todten hier!
Ich rufe euch und hoffe nichts vom Leben.

Wacht auf, ihr Reiter! Schüttelt ab den Sand,
Besteigt noch einmal die gestürzten Renner!
Blast, blast, ihr Jäger! Für das Vaterland
Noch einen Strauß! Wir brauchen Männer, Männer!

Tambour, hervor aus deinem schwarzen Schrein!
Noch einmal gilt's, das Trommelfell zu schlagen;
Soll euer Grab in deutscher Erde sein,
So müßt ihr noch ein zweites Leben wagen! —

Ich ruf umsonst! ihr ruht auf ewig aus;
Ihr wurdet eine duldsame Gemeinde.
Ich aber schrei es in die Welt hinaus:
Die deutschen Gräber sind ein Spott der Feinde.

1864.

Ein Raunen erst und dann ein Reden;
Von allen Seiten kam's herbei,
Des Volkes Mund ward laut und lauter,
Die Luft schlug Wellen von Geschrei.

Und die sich stets entgegenstemmen
Dem Geist, der größer ist als sie,
Sie waren in den Kampf gerissen,
Und wußten selber kaum noch wie.

Sie standen an den deutschen Marken
Dem Feind entgegen unverwandt,
Und waren, eh sie es bedachten,
Das Schwert in ihres Volkes Hand.

Antwort.

Nun ist geworden, was du wolltest;
Warum denn schweigest du jetzund?
— Berichten mag es die Geschichte;
Doch keines Dichters froher Mund.

Es giebt eine Sorte.

Es giebt eine Sorte im deutschen Volk,
Die wollen zum Volk nicht gehören;
Sie sind auch nur die Tropfen Gift,
Die uns im Blute gähren.

Und weil der lebenskräftige Leib
Sie auszuscheiden trachtet,
So hassen sie nach Vermögen ihn
Und hätten ihn gern verachtet.

Und was für Zeichen am Himmel stehn,
Licht oder Wetterwolke,
Sie gehen mit dem Pöbel zwar,
Doch nimmer mit dem Volke.

Der Beamte.

Er reibt sich die Hände: „Wir kriegen's jetzt!
Auch der frechste Bursche spüret
Schon bis hinab in die Fingerspitz,
Daß von oben er wird regieret.

Bei jeder Geburt ist künftig sofort
Der Antrag zu formuliren,
Daß die hohe Behörde dem lieben Kind
Gestatte zu existiren!"

Wir können auch die Trompete blasen
Und schmettern weithin durch das Land;
Doch schreiten wir lieber in Maientagen,
Wenn die Primeln blühn und die Drosseln schlagen,
Still sinnend an des Baches Rand.

Beginn des Endes.

Ein Punkt nur ist es, kaum ein Schmerz,
Nur ein Gefühl, empfunden eben;
Und dennoch spricht es stets darein,
Und dennoch stört es dich zu leben.

Wenn du es Andern klagen willst,
So kannst du's nicht in Worte fassen.
Du sagst dir selber: „Es ist nichts!"
Und dennoch will es dich nicht lassen.

So seltsam fremd wird dir die Welt,
Und leis verläßt dich alles Hoffen,
Bis du es endlich, endlich weißt,
Daß dich des Todes Pfeil getroffen.

Tiefe Schatten.

So komme, was da kommen mag.
So lang du lebest, ist es Tag;
Und geht es in die Welt hinaus,
Wo du mir bist, bin ich zu Haus.
Ich seh dein liebes Angesicht,
Ich sehe die Schatten der Zukunft nicht.

1.

In der Gruft bei den alten Särgen
Steht nun ein neuer Sarg,
Darin vor meiner Liebe
Sich das süßeste Antlitz barg.

Den schwarzen Deckel der Truhe
Verhängen die Kränze ganz;
Ein Kranz von Myrthenreisern,
Ein weißer Syringenkranz.

Was noch vor wenig Tagen
Im Wald die Sonne beschien,
Das duftet nun hier unten:
Maililien und Buchengrün.

Geschlossen sind die Steine,
Nur oben ein Gitterlein;
Es liegt die geliebte Todte
Verlassen und allein.

Vielleicht im Mondenlichte,
Wenn die Welt zur Ruhe ging,
Summt noch um die weißen Blüthen
Ein dunkler Schmetterling.

2.

Mitunter weicht von meiner Brust,
Was sie bedrückt seit deinem Sterben;
Es drängt mich, wie in Jugendlust,
Noch einmal um das Glück zu werben.

Doch frag ich dann: Was ist das Glück?
So kann ich keine Antwort geben,
Als die, daß du mir kämst zurück,
Um so wie einst mit mir zu leben.

Dann seh ich jenen Morgenschein,
Da wir dich hin zur Gruft getragen;
Und lautlos schlafen die Wünsche ein,
Und nicht mehr will ich das Glück erjagen.

3.

Gleich jenem Luftgespenst der Wüste
Gaukelt vor mir
Der Unsterblichkeitsgedanke;
Und in den bleichen Nebel der Ferne
Täuscht er dein Bild.

Markverzehrender Hauch der Sehnsucht,
Betäubende Hoffnung befällt mich;
Aber ich raffe mich auf,
Dir nach, dir nach;
Jeder Tag, jeder Schritt ist zu dir.

Doch, unerbittliches Licht bringt ein;
Und vor mir dehnt es sich,
Öde, voll Entsetzen der Einsamkeit;
Dort in der Ferne ahn ich den Abgrund
Darin das Nichts. —

Aber weiter und weiter
Schlepp ich mich fort;
Von Tag zu Tag,
Von Mond zu Mond,
Von Jahr zu Jahr;
Bis daß ich endlich,
Erschöpft an Leben und Hoffnung,

Werd hinstürzen am Weg,
Und die alte ewige Nacht
Mich begräbt barmherzig,
Sammt allen Träumen der Sehnsucht.

4.

Weil ich ein Sänger bin, so frag ich nicht,
Warum die Welt so still nun meinem Ohr;
Die eine, die geliebte Stimme fehlt,
Für die nur alles Andre war der Chor.

5.

Und am Ende der Qual alles Strebens
Ruhig erwart ich, was sie beschert,
Jene dunkelste Stunde des Lebens;
Denn die Vernichtung ist auch was werth.

6.

Der Geier Schmerz flog nun davon,
Die Stätte, wo er saß, ist leer;
Nur unten tief in meiner Brust
Regt sich noch etwas, dumpf und schwer.

Das ist die Sehnsucht, die mit Qual
Um deine holde Nähe wirbt,
Doch, eh sie noch das Herz erreicht,
Muthlos die Flügel senkt und stirbt.

Waisenkind.

Ich bin eine Rose, pflück mich geschwind!
Blos liegen die Würzlein dem Regen und Wind.

Nein, geh nur vorüber und laß du mich los!
Ich bin keine Blume, ich bin keine Ros'.

Wohl wehet mein Röcklein, wohl faßt mich der Wind;
Ich bin nur ein vater- und mutterlos Kind.

Verirrt.

Ein Vöglein singt so süße
Vor mir von Ort zu Ort;
Weh, meine wunden Füße!
Das Vöglein singt so süße,
Ich wandre immerfort.

Wo ist nun hin das Singen?
Schon sank das Abendroth;
Die Nacht hat es verstecket,
Hat Alles zugedecket —
Wem klag ich meine Noth?

Kein Sternlein blinkt im Walde,
Weiß weder Weg noch Ort;
Die Blumen an der Halde,
Die Blumen in dem Walde,
Die blühn im Dunkeln fort.

Spruch des Alters.

1.

Vergessen und vergessen werden! —
Wer lange lebt auf Erden,
Der hat wohl diese Beiden
Zu lernen und zu leiden.

2.

Dein jung Genoß in Pflichten
Nach dir den Schritt thät richten.

Da kam ein andrer junger Schritt,
Nahm deinen jung Genossen mit.

Sie wandern nach dem Glücke,
Sie schaun nicht mehr zurücke.

Frauen-Ritornelle.

Blühende Myrthe —
Ich hoffte süße Frucht von dir zu pflücken;
Die Blüthe fiel; nun seh ich, daß ich irrte.

Schnell welkende Winden —
Die Spur von meinen Kinderfüßen sucht ich
An eurem Zaun, doch konnt ich sie nicht finden.

Muskathyazinthen —
Ihr blühtet einst in Urgroßmutters Garten;
Das war ein Platz, weltfern, weit, weit dahinten.

Dunkle Cypressen —
Die Welt ist gar zu lustig;
Es wird doch Alles vergessen.

Begrabe nur dein Liebstes.

Begrabe nur dein Liebstes! Dennoch gilt's
Nun weiter leben; — und im Drang des Tages,
Dein Ich behauptend, stehst bald wieder du.
— So jüngst im Kreis der Freunde war es, wo
Hinreißend Wort zu lauter Rede schwoll;

Und nicht der Stillsten einer war ich selbst.
Der Wein schoß Perlen im krystallnen Glas,
Und in den Schläfen hämmerte das Blut; —
Da plötzlich in dem hellen Tosen hört ich
— Nicht Täuschung war's, doch wunderbar zu sagen —
Aus weiter Ferne hört ich eine Stille;
Und einer Stimme Laut, wie mühsam zu mir ringend,
Sprach todesmüd, doch süß, daß ich erbebte:
„Was lärmst du so, und weißt doch, daß ich schlafe!"

Verloren.

Was Holdes liegt mir in dem Sinn,
Das ich vor Zeit einmal besessen;
Ich weiß nicht, wo es kommen hin,
Auch, was es war, ist mir vergessen.
Vielleicht — am fernen Waldesrand,
Wo ich am lichten Junimorgen
— Die Kinder klein und klein die Sorgen —
Mit dir gesessen Hand in Hand,
Indeß vom Fels die Quelle tropfte,
Die Amsel schallend schlug im Grund,
Mein Herz in gleichen Schlägen klopfte,
Und glücklich lächelnd schwieg dein Mund;
In grünen Schatten lag der Ort —
Wenn nur der weite Raum nicht trennte,
Wenn ich nur dort hinüber könnte,
Wer weiß! — vielleicht noch fänd ich's dort.

Es ist ein Flüstern.

Es ist ein Flüstern in der Nacht,
Es hat mich ganz um den Schlaf gebracht;
Ich fühl's, es will sich was verkünden
Und kann den Weg nicht zu mir finden.

Sind's Liebesworte, vertrauet dem Wind,
Die unterwegs verwehet sind?
Oder ist's Unheil aus künftigen Tagen,
Das emsig drängt sich anzusagen?

An Kl. Groth.

Wenn't Abend ward,
Un still de Welt und still dat Hart;
Wenn möd upt Knee di liggt de Hand,
Un ut din Husklock an de Wand
Du hörst den Parpendikelslag,
De nich to Woort keem över Dag;
Wenn't Schummern in de Ecken liggt,
Un buten all de Nachtswulk flüggt;
Wenn denn noch eenmal kickt de Sünn
Mit golden Schiin to't Finster rin,
Un, ehr de Släp kümmt un de Nacht,
Noch eenmal Allens läbt un lacht, —
Dat is so wat vör't Minschenhart,
Wenn't Abend ward.

Über die Haide.

Über die Haide hallet mein Schritt;
Dumpf aus der Erde wandert es mit.

Herbst ist gekommen, Frühling ist weit —
Gab es denn einmal selige Zeit?

Brauende Nebel geisten umher;
Schwarz ist das Kraut und der Himmel so leer.

Wär ich hier nur nicht gegangen im Mai!
Leben und Liebe, — wie flog es vorbei!

Lyrische Form.

Poeta laureatus:
  Es sei die Form ein Goldgefäß,
  In das man goldnen Inhalt gießt!

Ein Anderer:
  Die Form ist nichts als der Contur,
  Der den lebend'gen Leib beschließt.

Geh nicht hinein.

Im Flügel oben hinterm Corridor,
Wo es so jählings einsam worden ist,
— Nicht in dem ersten Zimmer, wo man sonst
Ihn finden mochte, in die blasse Hand
Das junge Haupt gestützt, die Augen träumend
Entlang den Wänden streifend, wo im Laub
Von Tropenpflanzen ausgebälgt Gethier
Die Flügel spreizte und die Tatzen reckte,
Halb Wunder noch, halb Wissensräthsel ihm,
— Nicht dort; der Stuhl ist leer, die Pflanzen lassen
Verdürstend ihre schönen Blätter hängen;
Staub sinkt herab; — nein, nebenan die Thür,
In jenem hohen dämmrigen Gemach,
— Beklommne Schwüle ist drin eingeschlossen —
Dort hinterm Wandschirm auf dem Bette liegt
Etwas — geh nicht hinein! Es schaut dich fremd
Und furchtbar an. Vor wenig Stunden noch
Auf jenen Kissen lag sein blondes Haupt;
Zwar bleich von Qualen, denn des Lebens Fäden
Zerrissen jäh; doch seine Augen sprachen
Noch zärtlich, und mitunter lächelt er,
Als säh er noch in goldne Erdenferne.

Da plötzlich losch es aus; er wußt es plötzlich,
— Und ein Entsetzen schrie aus seiner Brust,
Daß rathlos Mitleid, die am Lager saßen,
In Stein verwandelte — er lag am Abgrund;
Bodenlos, ganz ohne Boden. — „Hilf!
Ach Vater, lieber Vater!" Taumelnd schlug
Er um sich mit den Armen; ziellos griffen
In leere Luft die Hände; noch ein Schrei —
Und dann verschwand er.
                    Dort, wo er gelegen,
Dort hinterm Wandschirm, stumm und einsam liegt
Jetzt etwas; — bleib, geh nicht hinein! Es schaut
Dich fremd und furchtbar an; für viele Tage
Kannst du nicht leben, wenn du es erblickt.
„Und weiter — du, der du ihn liebtest — hast
Nichts weiter du zu sagen?"
                    Weiter nichts.

An Agnes Preller.
Als ich Abends einen Rosenstrauß auf meinem Zimmer fand.

Die Tage sind gezählt, vorüber bald
Ist Alles, was das Leben einst versüßt;
Was will ich mehr, als daß vorm Schlafengehn
Die Jugend mich mit frischen Rosen grüßt!

Märchen.

Ich hab's gesehn und will's getreu berichten;
Beklagt euch nicht, wenn ich zu wenig sah!
Nur Sommernachts passiren die Geschichten;
Kaum graut die Nacht, so rückt der Morgen nah,
Kaum daß den Wald die ersten Strahlen lichten,
Entflieht mit ihrem Hof Titania;
Auf Weg und Steg spazieren die Philister,
Das wohlbekannte leidige Register.

Kein Zauber wächst für fromme Bürgersleute,
Die Tags nur wissen, wie die Glocke geht.
Die gründlich kennen gestern, morgen, heute,
Doch nicht die Zeit, die mitten drinn besteht;
Ich aber hörte wohl das Waldgeläute,
Ein Sonntagskind ist immer der Poet;
So laßt euch denn in blanken Liederringen
Von Reim zu Reim ins Land der Märchen schwingen.

In Bulemanns Haus.

Es klippt auf den Gassen im Mondenschein;
Das ist die zierliche Kleine,
Die geht auf ihren Pantöffelein
Behend und mutterseelenallein
Durch die Gassen im Mondenscheine.

Sie geht in ein alt verfallenes Haus;
Im Flur ist die Tafel gedecket,
Da tanzt vor dem Monde die Maus mit der Maus,
Da setzt sich das Kind mit den Mäusen zu Schmaus,
Die Tellerlein werden gelecket.

Und leer sind die Schüsseln; die Mäuslein im Nu
Verrascheln in Mauer und Holze;
Nun läßt es dem Mägdlein auch länger nicht Ruh,
Sie schüttelt ihr Kleidchen, sie schnürt sich die Schuh,
Dann tritt sie einher mit Stolze.

Es leuchtet ein Spiegel aus goldnem Gestell,
Da schaut sie hinein mit Lachen;
Gleich schaut auch heraus ein Mägdelein hell,
Das ist ihr einziger Spielgesell;
Nun woll'n sie sich lustig machen.

Sie nickt voll Huld, ihr gehört ja das Reich;
Da neigt sich das Spiegelkindlein,
Da neigt sich das Kind vor dem Spiegel zugleich,
Da neigen sich Beide gar anmuthreich,
Da lächeln die rosigen Mündlein.

Und wie sie lächeln, so hebt sich der Fuß,
Es rauschen die seidenen Röcklein,
Die Händchen werfen sich Kuß um Kuß,
Das Kind mit dem Kinde nun tanzen muß,
Es tanzen im Nacken die Löcklein.

Der Mond scheint voller und voller herein,
Auf dem Estrich gaukeln die Flimmer:
Im Tacte schweben die Mägdelein,
Bald tauchen sie tief in die Schatten hinein,
Bald stehn sie in bläulichem Schimmer.

Nun sinken die Glieder, nun halten sie an
Und athmen aus Herzens Grunde;
Sie nahen sich schüchtern, und beugen sich dann
Und knien vor einander, und rühren sich an
Mit dem zarten unschuldigen Munde.

Doch müde werden die Beiden allein
Von all der heimlichen Wonne;
Sehnsüchtig flüstert das Mägdelein:
„Ich mag nicht mehr tanzen im Mondenschein,
Ach, käme doch endlich die Sonne!"

Sie klettert hinunter ein Trepplein schief
Und schleicht hinab in den Garten.
Die Sonne schlief, und die Grille schlief:
„Hier will ich sitzen im Grase tief,
Und der Sonne will ich warten."

Doch als nun Morgens um Busch und Gestein
Verhuschet das Dämmergemunkel,
Da werden dem Kinde die Äugelein klein;
Sie tanzte zu lange beim Mondenschein,
Nun schläft sie bei Sonnengefunkel.

Nun liegt sie zwischen den Blumen dicht
Auf grünem, blitzendem Rasen;
Und es schauen ihr in das süße Gesicht
Die Nachtigall und das Sonnenlicht
Und die kleinen neugierigen Hasen.

Tannkönig.

1.

Am Felsenbruch im wilden Tann
Liegt todt und öd ein niedrig Haus;
Der Epheu steigt das Dach hinan,
Waldvöglein fliegen ein und aus.

Und drinn am blanken Eichentisch
Verzaubert schläft ein Mägdelein;
Die Wangen blühen ihr rosenfrisch,
Auf den Locken wallt ihr der Sonnenschein.

Die Bäume rauschen im Waldesdicht,
Eintönig fällt der Quelle Schaum;
Es lullt sie ein, es läßt sie nicht,
Sie sinket tief von Traum zu Traum.

Nur wenn im Arm die Zither klingt,
Da hell der Wind vorüberzieht,
Wenn gar zu laut die Drossel singt,
Zuckt manchesmal ihr Augenlid.

Dann wirft sie das blonde Köpfchen herum,
Daß am Hals das güldene Kettlein klingt;
Auf fliegen die Vögel, der Wald ist stumm,
Und zurück in den Schlummer das Mägdlein sinkt.

2.

Hell reißt der Mond die Wolken auf,
Daß durch die Tannen bricht der Strahl;
Im Grunde wachen die Elfen auf,
Die Silberhörnlein rufen durchs Thal.

„Zu Tanz, zu Tanz am Felsenhang,
Am hellen Bach, im schwarzen Tann!
Schön Jungfräulein, was wird dir bang?
Wach auf und schlag die Saiten an!"

Schön Jungfräulein, die sitzt im Traum;
Tannkönig tritt zu ihr herein,
Und küßt ihr leis des Mundes Saum
Und nimmt vom Hals das Güldkettlein.

Da schlägt sie hell die Augen auf —
Was hilft ihr Weinen all und Flehn?
„Tannkönig, laß mich ziehn nach Haus,
Laß mich zu meinen Schwestern gehn."

„In meinem Walde fing ich dich,"
Tannkönig spricht, „so bist du mein!
Was hattest du die Meß' versäumt?
Komm mit, komm mit zum Elfenreihn!" —

„Elf! Elf! das klingt so wunderlich,
Elf! Elf! mir graut vor dem Elfenreihn;
Die haben gewiß kein Christenthum,
O laß mich zu Vater und Mutter mein!"

„Und denkst du an Vater und Mutter noch,
Sitz aber hundert Jahr allein!"
Die Elfen ziehn zu Tanz, zu Tanz;
Er hängt ihr um das Güldkettlein.

Schneewittchen.

Märchen-Scenen.

Zwergenwirthschaft. Links eine Thür zur Schlafkammer der Zwerge; im Hintergrunde eine Thür und Fensteröffnung. Von außen Wald und Sonnenschein. Drinnen steht ein kleiner Tisch mit sieben Schüsseln.

Die sieben Zwerge

(kommen singend nach einander herein mit Kräutersäcken auf dem Nacken, werfen die Säcke in den Winkel, treten an den Tisch und stutzen, einer nach dem andern).

Zwergenältester.

Wer hat auf meinem Stühlchen sessen?

Zwerg 2.

Wer hat von meinem Tellerlein essen?

Zwerg 3.

Wer hat von meinem Müschen pappt?

Zwerg 4.
Wer hat mit meinem Gäblein zutappt?

Zwerg 5.
Wer hat aus meinem Becherlein trunken?

Zwerg 6.
Wer hat mein Löfflein eingetunken?

Zwerg 7
(schaut in die Nebenkammer).

Wer drückt in meinem Bett das Dällchen?

Zwergenältester.
Wer rückt an meinem Schlafgestellchen?

Zwerg 2.
Wer schlief auf meinem Lagerstättchen?

Zwerg 3.
O weh! liegt Einer in meinem Bettchen!

Zwerg 4
Ein Mägdelein!

Zwerg 5, 6, 7.
Laß schaun, laß sehn!

Zwerg 7.
Ei Gott, wie ist das Kind so schön!

Zwergenältester.
O weckt sie nicht! o schreckt sie nicht!
Geschlossen ist der Äuglein Licht
Hinabgerollt die Locken dicht;
Über des Mieders blanke Seide
Gefaltet fromm die Händchen beide.

Zwerg 2.
Wer mag sie sein? Wo kam sie her?
Der Wald wächst in die Kreuz und Quer.

Zwerg 3.
Wie fand das liebe Tausendschön
Den Weg durch Dorn und Moor und Seen?

Zwerg 4.
Ist Alles so gar lieb und fein,
So rosenroth, schneeweiß und rein!

Zwergenältester.
Bis sie erwacht, bleibt mäuschensacht,
Das helle Glöcklein nehmt in Acht,
Bleibt ruhig in den Schühlein stehn,
Laßt leis das Zünglein ummegehn!

Zwerg 4.
Schau, schau! Die Wimper regte sich.

Zwerg 5.
Das Mündlein roth bewegte sich.

Zwerg 6.
Das blonde Köpfchen reckt sich auf,
Zwei blaue Äuglein schlägt sie auf!

Zwerg 7.
Sie schaut sich um ein stummes Weilchen!

Zwergenältester.
Schweigt nun! ihr Mühlchen, ihr Plappermäulchen!
Erschreckt sie nicht, geht fein bei Seit!
Sie sah wohl Zwerglein nicht bis heut.
<small>(Die Zwerge treten bis auf den Ältesten an beiden Seiten zurück.)</small>

Schneewittchen
<small>(erscheint scheu an der Thür).</small>

Zwergenältester.
Ei grau dich nicht, tritt nur herein;
Du sollst uns sein willkommen sein,
Willkommen in der Zwerge Hüttchen!
Doch sprich, wie heißt du denn?

Gedichte.

Schneewittchen.

Schneewittchen!
So hat die Mutter mich genannt;
Mein Vater ist König über dies Land.

Zwergenältester.

Schneewittchen, Königstöchterlein,
Wo ließest du die Pagen dein?
Wo ließest du die Wagen und Rosse?
Wie kamst du von des Königs Schlosse?

Schneewittchen.

Ach, ich bin kommen arm und blos!
Mütterlein schläft in Grabes Schoß;
Der König freite die zweite Frau,
Die schlug mich oft und schalt mich rauh;
Schickte mich dann mit dem Jäger zu Walde,
Sollte mich tödten auf Berges Halde,
Und der Königin als Zeichen
Sollt er mein blutend Herze reichen;
Doch ich bat ihn so lange, so lang auf den Knien —
Da schoß er den Eber und ließ mich fliehn.

Zwergenältester.

Schneewittchen, Königstöchterlein,
Wie fandst du Weg und Steg allein?
Wer zeigte dir die sieben Berge?
Wie kamst du in das Reich der Zwerge?

Schneewittchen.

Sprangen zwei Rehlein mir voran,
Sahn mit den braunen Augen mich an;
Saßen im Walde die Vöglein zu Hauf,
Schwangen zwei Vöglein sich vor mir auf;
Am Himmel zog ein Stern vor mir —
Und wie ich folgte, so bin ich hier.

Zwergenältester.

Schneewittchen, Königstöchterlein,
Schlag auf die blauen Äugelein,
Laß springen dein Herzlein wohlgemuth;
Sollst bleiben hier in unserer Hut,
Im grünen Reich der sieben Berge!

Schneewittchen.

Wie kann ich euch danken, ihr guten Zwerge?

Zwergenältester.

Kannst die Wirthschaft uns versehen,
Wenn wir Tags in die Berge gehen;
Unsern Haushalt kannst du führen!

Schneewittchen.

O wie will ich mich tummeln und rühren!
Bin wohl behend in allen Stücken;
Sprecht nur, was soll ich immer beschicken?

Zwergenältester.

Morgens im Dämmerschein
Fegst du das Kämmerlein,
Bohnest die Stühlchen,
Lockerst die Pfühlchen,
Schüttelst zurechte die Schlafestättchen!

Zwerg 2.

Und für dich selber das weichste Bettchen!

Zwergenältester.

Gehn wir zu Walde, hütst du das Stübchen,
Deckest das Tischchen, kochest die Süppchen!

Zwerg 3.

Doch von den Süppchen und von den Speischen
Das Schönste für dich, Prinzeß Schneeweißchen!

Gedichte.

Zwerg 4.
Schau nur, die Dornen zerrissen mein Röcklein!

Zwerg 5.
Streiften mir ab von dem Käppchen das Glöcklein!

Zwergenältester.
Besserst das Röcklein,
Heftest das Glöcklein,
Setzest auf Jäckchen
Saubere Fleckchen;
Doch in das Hüttchen
— Bist du allein —
Läßt du, Schneewittchen,
Niemand herein!

Schneewittchen.
Aber die Rehe, die süßen Rehe!
Wenn ich sie Morgens durchs Fensterlein
Draußen im goldenen Sonnenschein
Springen und spielen und nahen sehe?

Zwergenältester.
Rehlein stehn in hohen Gnaden,
Sind gar tapfre Kameraden;
Kannst sie immer zu Gaste laden.

Schneewittchen.
Aber die Vögel, die bunten Flämmchen,
Stieglitz mit dem rothen Kämmchen,
Ammer mit dem goldnen Latz,
Und der Star, der possierliche Matz,
Und vor den andern Vögeln allen
Die süßen Sänger, die Nachtigallen!
Wenn sie draußen durch die Zweiglein
Schauen mit den klugen Äuglein;
Wenn sie dann mählich näher schlüpfen,
Neugierig auf die Schwelle hüpfen?

Zwergenältester.

Vöglein stehn in hohen Gnaden,
Sind gar lust'ge Kameraden;
Darfst sie immer zu Gaste laden.

Schneewittchen.

Aber die Sonne, der himmlische Schein!
Wenn sie Morgens ins Fensterlein
Durch die grünen, funkelnden Blätter
Sendet das goldene Sommerwetter?
Und Abends, wandert die Sonne von dannen,
Der Mond steigt über die schwarzen Tannen;
Der wohnt am Himmel allein nicht gern,
Bringt mit sich alle die tausend Stern';
Mond und Sonne und Sternelein
Schauen alle zu mir herein,
Wie ich die Wirthschaft mag treiben und leiten —
Sie kennen mich alle seit langen Zeiten!

Zwergenältester.

Rehlein laß um dich spielen und springen,
Vöglein flattern und schmettern und singen,
Laß Mond- und Sonnenschein herein;
Nur vor den Menschen hüte dich fein!

(Zu den Andern.)

Nun kommt, ihr wackern Brüderlein,
Drei Gänge fürder noch waldein!
Dreimal noch füllt mit weichem Moos
Die Säcklein aus des Waldes Schoß,
Und richtet fein in unserm Hüttchen
Ein achtes Bettchen für Schneewittchen.

Die sieben Zwerge
(gehen singend ab).

„Da ging die Katz die tripp die trapp,
Da schlug die Thür die klipp die klapp,
Frau Füchsin, sind Sie da?
Ach ja, mein Kätzchen, ja!"

Schneewittchen
(allein).

Morgens im Dämmerschein
Feg ich das Kämmerlein,
Bohne die Stühlchen,
Lockre die Pfühlchen,
Mache die Bettchen,
Die Schlummerstättchen,
Nähe das Röcklein,
Hefte das Glöcklein,
Setz auf die Jäckchen
Saubere Fleckchen;
Rehlein und Vögelein,
Alle die Thierelein
Flattern durchs Fensterlein,
Schlüpfen zur Thür herein;
Sonne und Mondenschein,
Sternlein, die hellen,
Sind alle meine Spielgesellen.

Gemach der Königin.

Die Königin
(vor dem Zauberspiegel).

Spieglein, Spieglein an der Wand,
Wer ist die Schönste im ganzen Land?

Aus dem Spiegel.

Frau Königin, Ihr
Seid die Schönste hier,
Aber Schneewittchen hinter den Bergen
Bei den sieben Zwergen
Ist noch tausendmal schöner als Ihr!

Die Königin.

Ei, Spieglein, red nicht so unnütz!
Des Jägers Speer war blank und spitz;
Was sprichst du von Schneewittchen mir?

Aus dem Spiegel.
Ist tausendmal, tausendmal schöner als Ihr!

Die Königin.
Halt ein! Halt ein, o Spieglein licht!
Du kennst im Wald die Stelle nicht!
Eine Blume blüht in Purpurgluth,
Die Würzlein tranken rothes Blut;
Schön Mündlein hat der Wolf geküßt —
Der Wolf weiß, wo Schneewittchen ist.

Aus dem Spiegel.
Hinter den Bergen,
Bei den sieben Zwergen!

Die Königin.
Es frißt am Herzen mir so jäh!
War denn das Blut vom Elk, vom Reh? —
O Spieglein blank, der Rabe log,
Der krächzend mir ans Fenster flog!
Schneewittchen — Spieglein, sage mir!

Aus dem Spiegel.
Ist tausendmal, tausendmal schöner als Ihr!

Die Königin
(sich abwendend).
Die Schönste war ich immer noch!
Die Schönste will ich bleiben doch!
Wenn sie des Jägers Speer nicht trifft,
So hilf mir, Zaubertrank und Gift!
Die Schönste in der ganzen Welt,
Das soll mir bleiben unvergällt!

Zweites Buch.
Ältere Gedichte.

Die Herrgottskinder.

Von oben sieht der Herr darein;
Ihr dürft indeß der Ruhe pflegen:
Er giebt der Arbeit das Gedeihn
Und träuft herab den Himmelssegen.
Und wenn dann in Blüthe die Saaten stehn,
So läßt er die Lüftlein darüber gehn,
Auf daß sich die Halme zusammenbeugen
Und frisch aus der Blüthe das Korn erzeugen,
Und hält am Himmel hoch die Sonne,
Daß Alles reife in ihrer Wonne.
Da stünd es den Bauern wohl prächtig an,
Das Alles in ihre Scheuern zu laden!
Gott Vater hat auch seinen Theil daran;
Den will er vergaben nach seiner Gnaden.
Da ruft er die jüngsten Kinder sein;
Die nährt er selbst aus seiner Hand,
Die Rehlein, die Häslein, die Würmlein klein
Und alles Gethier in Luft und Land;
Das flattert herbei und kreucht und springt,
Ist fröhlich all zu Gottes Ehr
Und all genügsam, was er bringt.
Deß freut sich der Herrgott mächtig sehr,
Er breitet weit die Arme aus
Und spricht in Liebe überaus:

„All, was da lebet, soll sich freun,
Seid Alle von den Kindern mein;
Und will euch drum doch nicht vergessen,
Daß ihr nichts könnt als springen und fressen,
Hat Jedes seinen eignen Ton!
Ihr sollt euch tummeln frisch im Grünen;
Doch mündig ist der Mensch, mein Sohn;
Drum mag er selbst sein Brot verdienen!"

Käuzlein.

Da sitzt der Kauz im Ulmenbaum
Und heult und heult im Ulmenbaum.
Die Welt hat für uns beide Raum!
Was heult der Kauz im Ulmenbaum
  Von Sterben und von Sterben?

Und übern Weg die Nachtigall,
Genüber pfeift die Nachtigall.
O weh, die Lieb ist gangen all!
Was pfeift so süß die Nachtigall
  Von Liebe und von Liebe?

Zur Rechten hell ein Liebeslied,
Zur Linken grell ein Sterbelied!
Ach, bleibt denn nichts, wenn Liebe schied,
Denn nichts, als nur ein Sterbelied
  Kaum wegbreit noch hinüber?

Das Mädchen mit den hellen Augen.

Das Mädchen mit den hellen Augen,
Die wollte Keines Liebste sein;
Sie sprang und ließ die Zöpfe fliegen,
Die Freier schauten hinterdrein.

Die Freier standen ganz von ferne
In blanken Röcken lobesam.
„Frau Mutter, ach, so sprecht ein Wörtchen
Und macht das liebe Kindlein zahm!"

Die Mutter schlug die Händ zusammen,
Die Mutter rief: „Du thöricht Kind,
Greif zu, greif zu! Die Jahre kommen,
Die Freier gehen gar geschwind!"

Sie aber ließ die Zöpfe fliegen
Und lachte alle Weisheit aus;
Da sprang durch die erschrocknen Freier
Ein toller Knabe in das Haus.

Und wie sie bog das wilde Köpfchen,
Und wie ihr Füßchen schlug den Grund,
Er schloß sie fest in seine Arme
Und küßte ihren rothen Mund.

Die Freier standen ganz von ferne,
Die Mutter rief vor Staunen schier:
„Gott schütz dich vor dem ungeschlachten,
Ohn Maßen groben Cavalier!"

An die Freunde.

Wieder einmal ausgeflogen,
Wieder einmal heimgekehrt;
Fand ich doch die alten Freunde
Und die Herzen unversehrt.

Wird uns wieder wohl vereinen
Frischer Ost und frischer West?
Auch die losesten der Vögel
Tragen allgemach zu Nest.

Immer schwerer wird das Päckchen,
Kaum noch trägt es sich allein;
Und in immer engre Fesseln
Schlinget uns die Heimath ein.

Und an seines Hauses Schwelle
Wird ein Jeder festgebannt;
Aber Liebesfäden spinnen
Heimlich sich von Land zu Land.

Myrthen.

Sie brach ein Reis vom Hochzeitskranz
Und pflanzt es gläubig ein:
„Nun trage mir ein Kränzlein grün
Fürs künftige Töchterlein!"

Sind sechzehn Jahre wohl herum;
Das Reislein wuchs heran,
Hier sitzt das wackre Töchterlein —
Fehlt nur der Freiersmann.

Nelken.

Ich wand ein Sträußlein Morgens früh,
Das ich der Liebsten schickte;
Nicht ließ ich sagen ihr, von wem,
Und wer die Blumen pflückte.

Doch als ich Abends kam zum Tanz
Und that verstohlen und sachte,
Da trug sie die Nelken am Busenlatz
Und schaute mich an und lachte.

Damendienst.

Die Schleppe will ich dir tragen,
Ich will deinem Wink mich weihn,
An Festen und hohen Tagen
Sollst du meine Königin sein!

Deiner Launen geheimste und kühnste
Gehorsam erfüll ich dir;
Doch leid ich in diesem Dienste
Keinen Andern neben mir.

So lang ich dir diene in Ehren,
Gehöret dein Lächeln mein;
Deinen Hofstaat will ich vermehren;
Doch der Erste will ich sein.

Ständchen.

Weiße Mondesnebel schwimmen
Auf den feuchten Wiesenplanen;
Hörst du die Guitarre stimmen
In dem Schatten der Platanen?

Dreizehn Lieder sollst du hören,
Dreizehn Lieder, frisch gedichtet;
Alle sind, ich kann's beschwören,
Alle nur an dich gerichtet.

An dem zarten schlanken Leibchen
Bis zur Stirne auf und nieder,
Jedes Fünkchen, jedes Stäubchen,
Alles preisen meine Lieder.

Wahrlich, Kind, ich hab zu Zeiten
Übermüthige Gedanken!
Unermüdlich sind die Saiten,
Und der Mund ist ohne Schranken.

Vom geheimsten Druck der Hände
Bis zum nimmersatten Küssen!
Ja, ich selber weiß am Ende
Nicht, was du wirst hören müssen.

Laß dich warnen, laß mich schweigen,
Laß mich Lied um Liebe tauschen;
Denn die Blätter an den Zweigen
Wachen auf und wollen lauschen.

Weiße Mondesnebel schwimmen
Auf den feuchten Wiesenplanen;
Hörst du die Guitarre stimmen
In dem Schatten der Platanen?

Zur silbernen Hochzeit.

Aus einem Festzuge.

Gott Amor.

Wieder führ ich heut den Zug
Wie beim ersten Feste;
Amor bleibt die Hauptperson
In der Zahl der Gäste.

In mein Antlitz bringt die Zeit
Fältchen nicht noch Falte;
Doch wie jung ich immer bin,
Bin ich doch der Alte.

Zwei Kinder.

Erstes.

Wir sind zwei Kinder hier vom Haus
Und folgen mit Bedachte
Dem kleinen Gotte, der Mama
So unendlich glücklich machte.

Zweites.

Ja, lachet nur! Wir kommen auch
In seinen Rosentempel.
Die älteste Schwester hat schon gezeigt,
Die Kinder nehmen Exempel.

Ein Bettelkind.

Zürnt mir nicht, verehrte Frau,
Daß auch ich euch gratulire!
Armuth ist ein schlechter Gast,
Furchtsam tret ich in die Thüre.

Draußen stand ich, und ich sah
Alle Fenster hell erleuchtet;
Und ich dachte, wie so oft
Ihr mir milde Gabe reichtet.

Gönnt nur einen Augenblick,
Mich an eurem Glück zu weiden!
Schwester weint zu Haus nach Brot —
Ach, wir haben wenig Freuden.

Der Bettelvogt.

Zum Jubilar.

Verzeihen Sie, Herr Bürgermeister,
So sehr man seine Pflichten kennt,
Das Bettelvolk wird immer dreister,
So sehr man vigilirt und rennt.

Soeben sah ich solchen Rangen
Verdächtig schleichen an den Treppen;
Wenn es vergönnt, ihn einzufangen,
Werd ich ihn sacht zu Loche schleppen.

Der Narr.

Der Narr macht seine Reverenz,
Der gute derbe Geselle!
Ihr höret wohl von Weitem schon
Das Rauschen seiner Schelle.

Als alter Hausfreund bin ich ja
Nothwendig bei dem Feste;
Denn hörtet ihr die Klapper nicht,
Euch fehlte doch das Beste.

Ein tücht'ger Kerl hat seinen Sparrn!
Das ist unwiderleglich;
Und hat das Haus nicht seinen Narrn,
So wird es öd und kläglich.

Hier war ich manchen guten Tag
Gastfreundlich aufgenommen;
Heil diesem vielbeglückten Haus,
Wo auch der Narr willkommen!

Bettlerliebe.

O laß mich nur von ferne stehn
Und hangen stumm an deinem Blick;
Du bist so jung, du bist so schön,
Aus deinen Augen lacht das Glück.

Und ich so arm, so müde schon,
Ich habe nichts, was dich gewinnt.
O wär ich doch ein Königssohn
Und du ein arm verlornes Kind!

Vierzeilen.

Du weißt doch, was ein Kuß bekennt?
Sonst hör du auf zu küssen!
Ich dächt, er sei ein Sacrament,
Das alle Völker wissen.

Und weißt du, warum so trübe,
So schwer mir das Herz muß sein?
Du hast mich geküßt ohne Liebe,
Das wolle dir Gott verzeihn!

Die Lieb ist wie ein Wiegenlied;
Es lullt dich lieblich ein;
Doch schläfst du kaum, so schweigt das Lied,
Und du erwachst allein.

Das Harfenmädchen.

Das war noch im Vaterstädtchen;
Da warst du gar zierlich und jung,
Ein süß schwarzäugiges Dirnlein,
Zur Liebe verständig genung.

Und wenn dir die Mutter zu singen
Und Harfe zu spielen gebot,
So scheutest du dich vor den Leuten
Und klagtest mir heimlich die Noth.

„Wann treff ich dich wieder und wo doch?" —
„Am Schlosse, wenn's dunkel ist."
Und Abends bin ich gekommen
Und habe dich fröhlich geküßt.

Sind sieben Jahre vergangen,
Daß ich dich nicht gesehn;
Wie bleich doch sind deine Wangen,
Und waren so blühend und schön!

Wie greifst du so keck in die Saiten
Und schaust und äugelst umher!
Das sind die kindlich scheuen,
Die leuchtenden Augen nicht mehr.

Doch kann ich den Blick nicht wenden,
Du einst so reizende Maid;
Mir ist, als schaut ich hinüber
Tief, tief in vergangene Zeit.

Weihnachtsabend.

An die hellen Fenster kommt er gegangen
Und schaut in des Zimmers Raum;
Die Kinder alle tanzten und sangen
Um den brennenden Weihnachtsbaum.

Da pocht ihm das Herz, daß es will zerspringen;
„O," ruft er, „laßt mich hinein!
Was Frommes, was Fröhliches will ich euch singen
Zu dem hellen Kerzenschein."

Und die Kinder kommen, die Kinder ziehen
Zur Schwelle den nächtlichen Gast;
Still grüßen die Alten, die Jungen umknieen
Ihn scheu in geschäftiger Hast.

Und er singt: „Weit glänzen da draußen die Lande
Und locken den Knaben hinaus;
Mit klopfender Brust, im Reisegewande
Verläßt er das Vaterhaus.

Da trägt ihn des Lebens breitere Welle –
Wie war so weit die Welt!
Und es findet sich mancher gute Geselle,
Der's treulich mit ihm hält.

Tief bräunt ihm die Sonne die Blüthe der Wangen,
Und der Bart umsprosset das Kinn;
Den Knaben, der blond in die Welt gegangen,
Wohl nimmer erkennet ihr ihn.

Aus goldenen und aus blauen Reben
Es mundet ihm jeder Wein;
Und dreister greift er in das Leben
Und in die Saiten ein.

Und für manche Dirne mit schwarzen Locken
Im Herzen findet er Raum; —
Da klingen durch das Land die Glocken,
Ihm war's wie ein alter Traum.

Wohin er kam, die Kinder sangen,
Die Kinder weit und breit;
Die Kerzen brannten, die Stimmlein klangen,
Das war die Weihnachtszeit.

Da fühlte er, daß er ein Mann geworden;
Hier gehörte er nicht dazu.
Hinter den blauen Bergen im Norden
Ließ ihm die Heimath nicht Ruh.

An die hellen Fenster kam er gegangen
Und schaut in des Zimmers Raum;
Die Schwestern und Brüder tanzten und sangen
Um den brennenden Weihnachtsbaum." —

Da war es, als würden lebendig die Lieder
Und nahe, der eben noch fern;
Sie blicken ihn an und blicken wieder;
Schon haben ihn Alle so gern.

Nicht länger kann er das Herz bezwingen,
Er breitet die Arme aus:
„O, schließet mich ein in das Preisen und Singen,
Ich bin ja der Sohn vom Haus!"

Junge Liebe.

Aus eignem Herzen geboren,
Nie besessen, dennoch verloren.

Ihr Aug ist blau, nachtbraun ihr lockicht Haar,
Ein Schelmenmund, wie jemals einer war,
Ein launisch Kind; doch all ihr Widerstreben
Bezwingt ihr Herz, das mir so ganz ergeben.

Schon lange sitzt sie vor mir, träumerisch
Mit ihren Beinchen baumelnd, auf dem Tisch.
Nun springt sie auf; an meines Stuhles Lehne
Hängt sie sich schmollend ob der stummen Scene.

„Ich liebe dich!" — „Du bist sehr interessant."
„Ich liebe dich!" — „Ach das ist längst bekannt!
Ich lieb Geschichten, neu und nicht erfunden —
Erzählst du nicht, ich bin im Nu verschwunden." —

„So hör! Jüngst träumte mir" — — „Das ist
                              nicht wahr!" —
„Wahr ist's! Mir träumt, ich sähe auf ein Haar
Dich selbst Straß auf und ab in Prachtgewändern
An eines Mannes Arm gemächlich schlendern;

Und dieser Mann" — — „der war?" — „der war
                              nicht ich!" —
„Du lügst!" — „Mein Herz, ich sah dich sicherlich —
Ihr senktet Aug in Auge voll Entzücken,
Ich stand seitab, gleichgültig deinen Blicken."

„Der Mutter sag ich's!" ruft das tolle Kind
Und springt zur Thür. Da hasch ich sie geschwind,
Und diese frevelhaften Lippen müssen,
Was sie verbrochen, ohne Gnade büßen.

Dämmerstunde.

Im Nebenzimmer saßen ich und du;
Die Abendsonne fiel durch die Gardinen;
Die fleißigen Hände fügten sich der Ruh,
Von rothem Licht war deine Stirn beschienen.

Wir schwiegen Beid; ich wußte mir kein Wort,
Das in der Stunde Zauber mochte taugen;
Nur nebenan die Alten schwatzten fort —
Du sahst mich an mit deinen Märchenaugen.

Frage.

Wenn einsam du im Kämmerlein gesessen,
Wenn dich der Schlummer floh die lange Nacht,
Dann hast du oft, so sprichst du, mein gedacht;
Doch, wenn die Sonne kommen unterdessen,
Wenn dir die Welt und jeglich Aug gelacht,
Hast du auch dann wohl jemals mein gedacht?

Rechenstunde.

Du bist so ein kleines Mädchen
Und hast schon so helle Augen;
Du bist so ein kleines Mädchen
Und hast schon so rothe Lippen!

Nun schau mich nur an, du Kleine,
Auch ich hab helle Augen,
Und laß dir Alles deuten —
Auch ich hab rothe Lippen.

Nun rechne mir doch zusammen:
Vier Augen, die geben? — Blicke!
Und — mach mir keinen Fehler!
Vier Lippen, die geben — Küsse!

Letzte Einkehr.

Noch wandert er; doch hinter ihm
Schon liegen längst die blauen Berge;
Kurz ist der Weg, der noch zu gehn,
Und tief am Ufer harrt der Ferge.

Doch blinket schon das Abendroth
Und glühet durch das Laub der Buchen;
So muß er denn auch heute noch
Wie sonst am Wege Herberg suchen.

Die liegt in grünen Ranken ganz
Und ganz von Abendschein umglommen;
Am Thore steht ein blondes Kind
Und lacht ihn an und sagt Willkommen.

Seitab am Ofen ist der Platz;
Schon kommt der Wirth mit blankem Kruge.
Das ist ein Wein! — So trank er ihn
Vor Jahren einst in vollem Zuge.

Und endlich schaut der Mond herein
Von draußen durch die dunklen Zweige;
Es wird so still; der alte Mann
Schlürft träumerisch die letzte Neige.

Und bei des bleichen Sternes Schein
Gedenkt er ferner Sommertage,
Nur halb ein lauschend Ohr geneigt,
Ob Jemand klopf und nach ihm frage.

Abschied.

Mit Liedern.

1.

Was zu glücklich um zu leben,
Was zu scheu um Klang zu geben,
Was zu lieblich zum Entstehen,
Was geboren zum Vergehen,
Was die Monde nimmer bieten,
Rosen aus verwelkten Blüthen,
Thränen dann aus jungem Leide
Und ein Klang verlorner Freude.

2.

Du weißt es, Alle, die da sterben,
Und die für immer scheiden gehn,
Die müssen, wär's auch zum Verderben,
Die Wahrheit ohne Hehl gestehn.
So leg ich's denn in deine Hände,
Was immer mir das Herz bewegt;
Es ist die letzte Blumenspende,
Auf ein geliebtes Grab gelegt.

Mit einer Handlaterne.

Laterne, Laterne!
Sonne, Mond und Sterne,
Die doch sonst am Himmel stehn,
Lassen heut sich nimmer sehn;

Zwischen Wasserreih und Schloß
Ist die Finsterniß so groß,
Gegen Löwen* rennt man an,
Die man nicht erkennen kann!

Kleine freundliche Latern,
Sei du Sonne nun und Stern:
Sei noch oft der Lichtgenoß
Zwischen Wasserreih und Schloß,
Oder — dies ist einerlei —
Zwischen Schloß und Wasserreih!

---

* Steinerne am Schloßportal.

Die neuen Fiedel-Lieder.

Es war in der Studentenzeit, als in einem jetzt nicht mehr vorhandenen einsamen Wirthshause, oben im Walde an der Ostsee, mein gleichfalls nun längst von der Erde verschwundener Freund Ferdinand Röse,* oder wie er von uns und von sich selber gern genannt wurde, der Magister Antonius Wanst mir und den Brüdern Theodor und Tycho Mommsen sein tiefsinniges Märchen „Das Sonnenkind" vorlas, in welchem der Held auf dem abgelegenen Schlosse Grümpelstein von sechzig alten Tanten erzogen wurde und von Mr. Breeches, nachdem er in der Nasenkrabbelmaschine seinen Spleen ausgeniest hatte, nur noch seine carrirten Beinkleider übrig blieben. — Wir saßen in einem hohen Zimmer, in welches von draußen die Bäume stark hereindunkelten; und von fern aus den Buchenwipfeln hörten wir das Flattern der Waldtauben, als der Verfasser in seiner feierlichen Weise aus dem entrollten Manuscripte anhub: „Hans Fidelbum, der lustige Musikant, ging durch ein Seitenthal des Böhmerwaldes rüstig vorwärts."
Armer Magister Wanst! Wo sind jetzt deine Märchen? Wo dein großes Drama „Ahasver", aus dem du einst zu Lübeck in deinem altväterischen Elternhause an der Trave, aber auch nur in weihevollster Stunde, wohl ein einzelnes Blättchen mir zu lesen gabst? Wer kennt die gedruckten Bände deiner „Individualitätsphilosophie", die nach deiner Versicherung ihrem Jahrhundert vorausgeeilt war, und in welchem Krämerladen

---

* Vgl. Storms Aufzeichnungen: Emanuel Geibel. Aus Erinnerungen, Briefen und Tagebüchern. Von Carl C. T. Litzmann. Berlin, W. Hertz, 1887. S. 18 ff.

sind die nicht gedruckten, zum Theil bei strengem Winterfrost im ungeheizten Zimmer ausgearbeiteten übrigen Bände zu Düten umgewandelt worden? — Keine deiner Saaten ist aufgegangen, selbst dein Sonnenkind ist in dem „Pilger durch die Welt" pr. 1845 nur verkrüppelt an das Tageslicht getreten. Du bist gestorben, verdorben; nur ich und dein treuester, bis ans Ende hülfreicher Jugendgenosse, Emanuel Geibel, wenn die alten Tage uns besuchen, mögen deiner dann und wann gedenken.

Damals aber, an jenem Sommernachmittag im Walde, warst du noch hoffnungsreich und im Vollgefühl einer großen Lebensaufgabe; und mit Behagen hattest du neben ernsteren Studien auch jenes Märchen hingeschrieben. Nur für den Liederbedarf des Hans Fideldum, den du allein nicht zu decken wußtest, wurde die Beisteuer der Freunde in Anspruch genommen. Geibel hatte aus seinem Reichthum schon gegeben; dann schrieb auch ich die kleinen „Fiedel=Lieder", wie sie noch jetzt in der Sammlung meiner Gedichte stehen.

— — Und die Veranlassung, daß ich eben jetzt jener Jugendzeit gedenke?

Hier liegt sie vor mir, frisch aus der Presse wie aus dem Herzen: „Die Lieder jung Werners aus Scheffels Trompeter von Säckingen für eine Singstimme mit Begleitung des Pianoforte von Ludwig Scherff." — „Wer klappert von dem Thurme seltsamen Gruß mir? Horch!" — Hell und jung ist mein ganzes Haus geworden, seitdem diese herzerquickenden Lieder darin erklingen; ja dermaßen sind sie mir in die Glieder gefahren, daß ich meinen alten Fiedelbogen aus dem Staube hervorgesucht und damit gerade an der Stelle wiederum zu streichen angefangen bin, wo ich ihn vor dreißig Jahren abgesetzt hatte.

Dir aber, Meister Ludwig, dem Lebenden, dessen klare Manneskraft nicht im Sande verrinnen wird, lasse ich die frischen Blätter zufliegen. Nimm sie hin nebst jenen alten, die der todte Freund nicht mehr gebrauchen kann; und mag es gelten, ob ich dich klingen machen kann, wie du es mir gethan hast.

Und nun horch auf, wie sie gehen!

1.

Lang und breit war ich gesessen
Überm schwarzen Contrapunkt;
Auf ein Haar dem Stadttrompeter
Gaben sie mich zum Adjunct.

Hei, da bin ich ausgerissen;
Schöne Welt, so nimm mich nun!
Durch die Städte will ich schweifen,
An den Quellen will ich ruhn.

Nur die Fiedel auf dem Rücken;
Vorwärts über Berg und Strom!
Schon durchschreit ich deine Hallen,
Hoher kühler Waldesdom.

Und ich streich' die alte Geige,
Daß es hell im Wandern klingt;
Schaut der Fink vom Baum hernieder:
„Ei, Herr Vetter, wie das singt!"

Doch am Horizonte steiget
Eines Städtchens Thurm empor! —
Welchen kleinen Lilienohren
Geig ich dort mein Stücklein vor?

2.

Wenn mir unterm Fiedelbogen
Manche Saite auch zersprang,
Neue werden aufgezogen,
Und sie geben frischen Klang.

Auf dem Schützenplatz am Thore
Strich ich leis mein Spielwerk an;
Wie sie gleich die Köpfe wandten,
Da ich eben nur begann!

Und es tönt und schwillt und rauschet,
Wie im Sturz der Waldesbach;
Meine Seele singt die Weise,
Meine Geige klingt sie nach.

Trotzig hadern noch die Burschen;
Bald doch wird es still im Kreis;
Erst ein Raunen, dann ein Schweigen,
Selbst die Bäume säuseln leis.

Zauber hat sie all befangen;
Und ich weiß, wie das geschah!
Dort im Kranz der blonden Frauen
Stehst du selbst, Frau Musica!

3.

Glaubt ich doch, sie wär es selber,
— Was nur das Gedanken sind! —
Die Frau Musica vom Himmel;
Und nun ist's ein Erdenkind!

Gestern, da sie stand am Brunnen,
Zog ich flink den Hut zum Gruß;
Und sie nickt und sprach in Züchten:
„Grüß dich Gott, Herr Musicus!"

Zwar ich wußt, Marannle heißt sie,
Und sie wohnt am Thore nah;
Doch ich hätt's nicht können lassen,
Sprach: „Grüß Gott, Frau Musica!"

Was sie da für Augen machte!
Und was da mit mir geschah!
Stets nun klingt's mir vor den Ohren:
Musicus und Musica!

4.

In den Garten eingestiegen
Wär ich nun mit gutem Glück —
Wie die Fledermäuse fliegen!
Langsam weicht die Nacht zurück.

Doch indeß am Feldessaume
Drüben kaum Aurora glimmt,
Hab ich unterm Lindenbaume
Hier die Fiedel schon gestimmt.

Sieh, dein Kammerfenster blinket
In dem ersten Morgenstrahl;
Heller wird's, die Nacht versinket;
Horch! Da schlug die Nachtigall!

Schlaf nicht mehr! Die Morgenlüfte
Rütteln schon an deiner Thür;
Rings erwacht sind Klang und Düfte,
Und mein Herz verlangt nach dir.

Zu des Gartens Schattendüster
Komm herab, geliebtes Kind!
Nur im Laub ein leis Geflüster, —
Und verschwiegen ist der Wind.

5.

Sind wir nun so jung beisammen
In der holden Morgenfrüh,
Süßes, rosenrothes Mündchen,
Plaudre, plaudre immerzu!

Organiste sollt ich werden
An dem neuen Kirchlein hier? —
Kind! wer geigte dann den Finken
Feiertags im Waldrevier?

Doch du meinest, Amt und Würden,
Eigner Herd sei goldeswerth! —
Machst du mich doch schier beklommen;
So was hab ich nie begehrt.

Was? Und auch der Stadttrompeter
Starb vergangne Woche nur?
Und du meinst, zu solchem Posten
Hätt ich just die Positur? —

Hei! Wie kräht der Hahn so grimmig!
Schatz, ade! Gedenk an mich;
Mach den Hahn zum Stadttrompeter!
Der kann's besser noch als ich!

6.

Musikanten wollen wandern;
Ei, die hielte mich wohl fest!
Noch 'nen Trunk, Herr Wirth, vom Rothen;
Dann ade, du trautes Nest!

Hoch das Glas! zu neuen Liedern
Geb es Kraft und Herzenswonne!
Ha, wie lieblich in den Adern
Strömt der Geist der Heimathsonne! —

Wie dort hoch die Wolken ziehen!
Durch die Saiten fährt der Wind;
Und er weht die leichten Lieder
In die weite Welt geschwind.

Musikanten wollen wandern!
Schon zur Neige ging der Wein;
Ziehn die Lieder in die Weite,
Muß der Spielmann hinterdrein.

7.

Weiter geht's und immer weiter!
Sieh, da kommt auf müdem Fuß
Noch ein Wandrer mir entgegen.
„Bring dem Städtchen meinen Gruß!

Und am Thore, wenn des Zöllners
Blonde Tochter schaut herfür,
Bring ihr diese wilde Rose,
Grüß sie einmal noch von mir!" —

Weiter geht's und immer weiter —
Ach, noch immer denk ich dein!
Vor mir stehn im Duft die Wälder,
Rückwärts brennt der Abendschein.

Einsam werden Weg' und Stege,
Ganz alleine wandr ich bald;
Einen Falken seh ich kreisen —
Über mir schon rauscht der Wald.

8.

Nun geht der Mond durch Wolkennacht,
Nun ist der Tag herum;
Da schweigen alle Vögel bald
Im Walde um und um.

Die Haidelerch noch oben singt
Ein Stück zu allerbest;
Die Amsel schlägt den letzten Ton
Und fliegt zu Nest, zu Nest.

Da nehm auch ich zu guter Nacht
Zur Hand die Geige mein;
Das ist ein klingend Nachtgebet
Und steigt zum Himmel ein.

9.

Morgen wird's! Am Waldesrande
Sitz ich hier und spintisir;
Ach, jedweder meiner Schritte
Trug mich weiter fort von dir!

Vielen ging ich schon vorüber;
Nimmer wünscht ich mich zurück;
Warum flüstern heut die Lüfte:
Diesmal aber war's das Glück.

Von den Bäumen Thauestropfen
Fallen auf mein heiß Gesicht —
Sanct Cäcilia! Solch Paar Augen
Sah ich all mein Lebtag nicht!

Stadttrompeter, Organiste!
Wär's denn wirklich gar so dumm? —
Holla hoch, ihr jungen Beine,
Macht euch auf! Wir kehren um.

Ruf nur, Kuckuk, dort im Walde!
Siehst so bald mich nun nicht mehr,
Denn in Puder und Manschetten
Schreit ich ehrenfest einher.

Golden spielt der Staub der Straßen —
Herz, Geduld! bald bist du da.
Hei! wie lieblich soll es klingen:
Musicus und Musica!

10.

Am Markte bei der Kirchen
Da steht ein klingend Haus;
Trompet und Geige tönen
Da mannigfalt heraus.

Der Lindbaum vor der Thüre
Ist lust'ger Aufenthalt;
Vom Wald die Finken kommen
Und singen, daß es schallt.

Und auf der Bank darunter,
Die mit dem Kindlein da,
Das ist in alle Wege
Die blond Frau Musica.

Der jung frisch Stadttrompeter
Bläst eben grad vom Thurm;
Er bläst, daß nun vergangen
All Noth und Wintersturm.

Die Schwalb ist heimgekommen,
Lind weht des Lenzen Hauch!
Das bläst er heut vom Thurme
Nach altehrwürd'gem Brauch.

Herr Gott, die Saaten segne
Mit deiner reichen Hand,
Und gieb uns Frieden, Frieden
Im lieben deutschen Land!

Husum, im Juli 1871.

Nachlese.

Cornus Suecica.

Eine andre Blume hatt ich gesucht —
Ich konnte sie nimmer finden;
Nur da, wo Zwei zusammen sind,
Taucht sie empor aus den Gründen.

Constanze.

1.

Längst in das sichere Land der Vergangenheit warst du ge=
  schieden;
Nun, wie so viele zuvor, dämmerte wieder ein Tag.
Laut schon sangen die Schwalben; da neben mir krachte das
  Bettchen,
Und aus dem rosigen Schlaf hob sich ein Köpfchen empor.
„Ebbe!" so rief ich, „klein Ebbe!" — Da kniete sie schon in
  den Kissen;
Aber geheimnißvoll blickten die Augen mich an.
„Ebbe?" frug sie zurück, und leis aus innerstem Herzen
  Klang's wie ein Lachen herauf: „Elschen hieß ich ja sonst!
Wer doch nannte mich Elschen?" Da plötzlich fiel es wie
  Schatten
Über das Kindergesicht; trüb sich umflorte das Aug.

„Ja, wer nannte dich so?" — Und zögernd kamen die Worte:
„Meine Mutter." Und still senkte das Köpfchen sich nun.
Lange kniete sie so. Den sterblichen Augen unfaßbar
    War sie dem Kinde genaht, die mich so lange beglückt.

2.

Nicht dem Geliebten allein, wie Vielen wardst du entrissen!
    Glaubten die Freunde doch kaum, ohne dich blühe die
        Welt. —
Deine geliebten Rosen, nur dreimal blühten sie wieder,
    Und deinen Namen wie lang hab ich von keinem gehört.
Rastlos wandert die Zeit, in den Augen der Kinder ver=
        dämmert
    Mählich dein Bild, und bald — wer noch wüßte von dir!
Denn so schwindet der Menschen Gedächtniß: Siehe, noch einmal,
    Höher als je zuvor, hebt es die spiegelnde Fluth;
Scheidender Abendstrahl der Sonne verklärt es noch einmal;
    Doch wie die Welle verrauscht, nimmt und begräbt es die
        Nacht.

In schwerer Krankheit.
1886/87.

Nun schließ auch du die Augen zu,
Geh Phantasie und Herz zur Ruh!
Ein Licht lischt nach dem andern aus —
Hier stand vordem ein Schauspielhaus.

Im Volkston.

Ein schwarzbraunes Mädel,
So flink wie 'ne Katz,
Das hätt gern ein Jeder,
Doch Keiner noch hat's.

Ei, lauf nur! Die Zeit
Folgt dir doch auf dem Fuß,
Wo du denkst, daß ein Jedes
Gehabt werden muß.

Ein Leichenstein,
darauf der Tod mit stark gezahnten Kiefern.

Dat is de Dot, de Allens fritt,
Nimmt Kunst un Wetenschap di mit;
De kloke Mann is un vergän —
Gott gäw em selik Uperstän!

Es kommt das Leid,
Es geht die Freud;
Es kommt die Freud,
Da geht das Leid —
Die Tage sind nimmer dieselben.

Zu Mutters Geburtstag.
Mit einem Rosenstrauß.

Du und dein Sohn,
Sie sind beide schon alt;
Doch blühen noch Rosen,
Und das Herz ist nicht kalt.

Inschrift
zu meinem Buch „Vor Zeiten".

Das war zu Odysseus' Tagen,
Da that es ein Hammel gut;
Sollen itzt sie dir Rede schenken,
Du mußt sie wahrhaftig tränken
Mit deinem eignen Blut.

Widmungen.

An Erich Schmidt.

Du gehst im Morgen=, ich im Abendlicht —
Laß mich dies Buch in deine Hände legen;
Und konnt ich jemals dir das Herz bewegen,
Vergiß es nicht.

An Frau Do.

Du fragst: „Warum? — Was uns zusammenhält,
Was soll damit, was kümmert das die Welt?"
— „Ich denke: Nichts; und doch, die Lust fühlt ich entbrennen,
Den lieben Namen laut vor ihr zu nennen."

Was Liebe nur gefehlet,
Das bleibt wohl ungezählet;
Das ist uns nicht gefehlt.

Der Weg wie weit! Doch labend
Daheim die Ruh!
Und zwischen Nacht und Abend
Geliebte du!

www.ingramcontent.com/pod-product-compliance
Lightning Source LLC
Chambersburg PA
CBHW021220300426
44111CB00007B/378